国家重点档案专项资金资助项目

抗日战争档案汇编

抗战时期自贡富荣盐场增产赶运档案汇编

2

自贡市档案馆 编

清華大學出版社

图书在版编目（CIP）数据

抗战时期自贡富荣盐场增产赶运档案汇编.2 / 自贡市档案馆编.—北京：清华大学出版社，2023.4
（抗日战争档案汇编）
ISBN 978-7-302-62438-7

Ⅰ.①抗… Ⅱ.①自… Ⅲ.①盐场－档案资料－汇编－自贡－1940-1947 Ⅳ.① F426.82

中国国家版本馆 CIP 数据核字（2023）第 016933 号

责任编辑：梁云慈
封面设计：禾风雅艺
责任校对：王凤芝
责任印制：丛怀宇

出版发行：清华大学出版社
网　　址：http://www.tup.com.cn，http://www.wqbook.com
地　　址：北京清华大学学研大厦A座　　**邮　　编**：100084
社 总 机：010-83470000　　**邮　　购**：010-62786544
投稿与读者服务：010-62776969，c-service@tup.tsinghua.edu.cn
质量反馈：010-62772015，zhiliang@tup.tsinghua.edu.cn
印 装 者：天津艺嘉印刷科技有限公司
经　　销：全国新华书店
开　　本：210mm×285mm　　**印　　张**：35.5
版　　次：2023年4月第1版　　**印　　次**：2023年4月第1次印刷
定　　价：300.00元

产品编号：099242-01

抗日战争档案汇编编委会

编纂出版工作领导小组

组　长　陆国强

副组长　王绍忠　付　华　魏洪涛　刘鲤生

编纂委员会

主　任　陆国强

副主任　王绍忠

顾　问　杨冬权　李明华

成　员（以姓氏笔画为序排列）

于学蕴　于晓南　于晶霞　马忠魁　马俊凡　马振犊

王　放　王文铸　王建军　卢琼华　田洪文　田富祥

史晨鸣　代年云　白明标　白晓军　吉洪武　刘　钊

刘玉峰　刘灿河　刘忠平　刘新华　汤俊峰　孙　敏

苏东亮　杜　梅　李宁波　李宗春　吴卫东　何素君

张　军　张明决　陈念芜　陈艳霞　卓兆水　岳文莉

郑惠姿　赵有宁　查全洁　施亚雄　祝　云　徐春阳

郭树峰　唐仁勇　唐润明　黄凤平　黄远良　黄菊艳

梅　佳　龚建海　常建宏　韩　林　程潜龙　焦东华

童　鹿　蔡纪万　谭荣鹏　黎富文

编纂出版工作领导小组办公室

主　任　常建宏

副主任　孙秋浦　石　勇

成　员（以姓氏笔画为序排列）

李　宁　沈　岚　贾　坤

四川省抗日战争档案汇编编纂出版领导机构

编纂出版工作领导小组

组　长　陈念芜

副组长　张辉华

编纂出版工作领导小组办公室

主　任　王秀娟

副主任　付　劲

成　员　万　军　林　莉　王晓春　蒋筱茜　官　明　刘　勇

编纂委员会

主　任　陈念芜

副主任　张辉华

委　员　王秀娟　付　劲　张晓芳　万　军　米晓燕　蒋筱茜　官　明

抗战时期自贡富荣盐场增产赶运档案汇编编委会

主　编　黄晓燕

副主编　潘　俊　张　强

编　辑　陈彰兰　彭云英　陈　晨

总序

为深入贯彻落实习近平总书记「让历史说话，用史实发言，深入开展中国人民抗日战争研究」的重要指示精神，国家档案局根据《全国档案事业发展「十三五」规划纲要》和《「十三五」时期国家重点档案保护与开发工作总体规划》的有关安排，决定全面系统地整理全国各级综合档案馆馆藏抗战档案，编纂出版《抗日战争档案汇编》（以下简称《汇编》）。

中国人民抗日战争是近代以来中国反抗外敌入侵第一次取得完全胜利的民族解放战争，开辟了中华民族伟大复兴的光明前景。这一伟大胜利，也是中国人民为世界反法西斯战争胜利、维护世界和平作出的重大贡献。加强中国人民抗日战争研究，具有重要的历史意义和现实意义。

全国各级档案馆保存的抗战档案，数量众多，内容丰富，全面记录了中国人民抗日战争的艰辛历程，是研究抗战历史的珍贵史料。一直以来，全国各级档案馆十分重视抗战档案的开发利用，陆续出版公布了一大批抗战档案，对揭露日本帝国主义侵华罪行，讴歌中华儿女勠力同心、不屈不挠抗击侵略的伟大壮举，弘扬伟大的抗战精神，引导正确的历史认知，发挥了积极作用。特别是国家档案局组织有关方面共同努力和积极推动，「南京大屠杀档案」被联合国教科文组织评选为「世界记忆遗产」，列入《世界记忆名录》，捍卫了历史真相，在国际上产生了广泛而深远的影响。

全国各级档案馆馆藏抗战档案开发利用工作虽然取得了一定的成果，但是，在档案信息资源开发的系统性和深入性方面仍显不足。正如习近平总书记所指出的：「同中国人民抗日战争的历史地位和历史意义相比，同这场战争对中华民族和世界的影响相比，我们的抗战研究还远远不够，要继续进行深入系统的研究。」「抗战研究要深入，就要更多通过档案、资料、事实、当事人证词等各种人证、物证来说话。要加强资料收集和整理这一基础性工作，全面整理我国各地抗战档案、照片、资料、实物等……」

国家档案局组织编纂《汇编》，对全国各级档案馆馆藏抗战档案进行深入系统地开发，是档案部门贯彻落实习近平总书记重要指示精神，推动深入开展中国人民抗日战争研究的一项重要举措。本书的编纂力图准确把握中国人民抗日战争的历史进程、主流和本质，用详实的档案全面反映一九三一年九一八事变后十四年抗战的全过程，反映中国共产党在抗日战争中的中流砥柱作用以及中国人民抗日战争在世界反法西斯战争中的重要地位，反映国共两党「兄弟阋于墙，外御其侮」进行合作抗战、共同捍卫民族尊严的历史，反映各民族、各阶层及海外华侨共同参与抗战的壮举，展现中国人民抗日战争的伟大意义，以历史档案揭露日本侵华暴行，揭示日本军国主义反人类、反和平的实质。

编纂《汇编》是一项浩繁而艰巨的系统工程。为保证这项工作的有序推进，国家档案局制订了总体规划和详细的实施方案，明确了指导思想、工作步骤和编纂要求。为保证编纂成果的科学性、准确性和严肃性，国家档案局组织专家对选题进行全面论证，对编纂成果进行严格审核。

各级档案馆高度重视并积极参与到《汇编》工作之中，通过全面清理馆藏抗战档案，将政治、军事、外交、经济、文化、宣传、教育等多个领域涉及抗战的内容列入选材范围。入选档案包括公文、电报、传单、文告、日记、照片、图表等多种类型。在编纂过程中，坚持实事求是的原则和科学严谨的态度，对所收录的每一件档案都仔细鉴定、甄别与考证，维护档案文献的真实性，彰显档案文献的权威性。同时，以《汇编》编纂工作为契机，以项目谋发展，用实干育人才，带动国家重点档案保护与开发，夯实档案馆基础业务，提高档案人员的业务水平，促进档案馆各项事业的发展。

守护历史，传承文明，是档案部门的重要责任。我们相信，编纂出版《汇编》，对于记录抗战历史，弘扬抗战精神，发挥档案留史存鉴、资政育人的作用，更好地服务于新时代中国特色社会主义文化建设，都具有极其重要的意义。

抗日战争档案汇编编纂委员会

编辑说明

抗战时期，素有「千年盐都」之称的自贡，也投入到民族解放战争的大潮，做出了牺牲与贡献。七次惨烈轰炸，十里盐场变焦土；保军需供民食，富荣盐场忙增产；援前线抗倭寇，自贡捐献冠全国；报国仇雪家恨，盐都儿女赴烽烟……其中，自贡的盐业增产为抗战写下了浓墨重彩的篇章。抗日战争全面爆发后，沿海盐区相继沦为战区，海盐断于内运，国民政府财政部于一九三八年三月明令川盐增产，并提出「增加产量首先从富荣两场着手」。位于自贡地区的富荣盐场开始大量起复卤井增加盐灶，提高产量，加运盐斤，承担起供应军需民食的重任。自贡盐产量占全国和四川省的比重越来越大，分别由一九三七年的百分之七点九和百分之四十五不断上升到一九四五年的百分之三十四点七和百分之六十。全面抗战八年，自贡盐场累计生产食盐达一百九十三点九万吨，销售食盐一百七十四点九万吨，供应了西南各省、两湖地区、西北部分地区占全国三分之一人口的食盐所需。

自贡市档案馆馆藏盐业增产赶运档案主要存于民国时期四川盐务管理局（后更名为川康盐务管理局，下同）、富荣盐场场商联合办事处、民国自贡市政府等全宗之中。自贡市档案馆已于二〇二〇年编纂出版《抗战时期自贡富荣盐场增产赶运档案汇编》第一册；本册为第二册，收录了一九四〇年至一九四七年的相关档案资料六十六件（组），主要是富荣东西两场、川康盐务管理局、民国自贡市政府等的往来公文，以及川康盐务管理局与财政部盐务总局、财政部就富荣盐场增产赶运诸问题的往来公文，按照文件形成时间先后顺序编排。自贡盐业增产赶运截止时间为一九四五年十二月，但因为增产赶运这一持续八年的重大历史事件，对自贡的盐业产生了重大深远的影响，故在最后收录了一九四七年自流井场盐崖井会呈档案一件，一窥国难时自贡人民做出的牺牲，反映自贡盐业增产赶运对抗战胜利做出的历史贡献。

本书选用档案均为本馆馆藏原件全文影印，未做删节，如有缺页，为档案自身缺页。档案中原标题完整或基本符合要求的使用原标题；对原标题有明显缺陷的进行了修改或重拟；无标题的加拟标题。机构名称使用机构全称或规范简称，历史地名沿用当时地名。档案所载时间不完整或不准确的，做了补充或订正；档案无时间且无法考证的标注「时间不详」。个别档案与明确入选的档案虽然不是直接关联，但考虑对其有补充或参考作用，所以也一并选入。

书中使用规范的简化字。对标题中人名、历史地名、机构名称中出现的繁体字、错别字、不规范异体字、异形字等，予以迳改。限于篇幅，本书不作注释。

由于时间紧，档案公布量大，编者水平有限，在编辑过程中可能存在疏漏之处，考订难免有误，欢迎方家斧正。

编　者

二〇一九年十月十五日

目录

关于设法增加各场产量并将增产列为各场场长唯一考成办法等的密代电、电（一九四〇年一月三日至二十二日）

财政部致川康盐务管理局的电（一九四〇年一月三日）

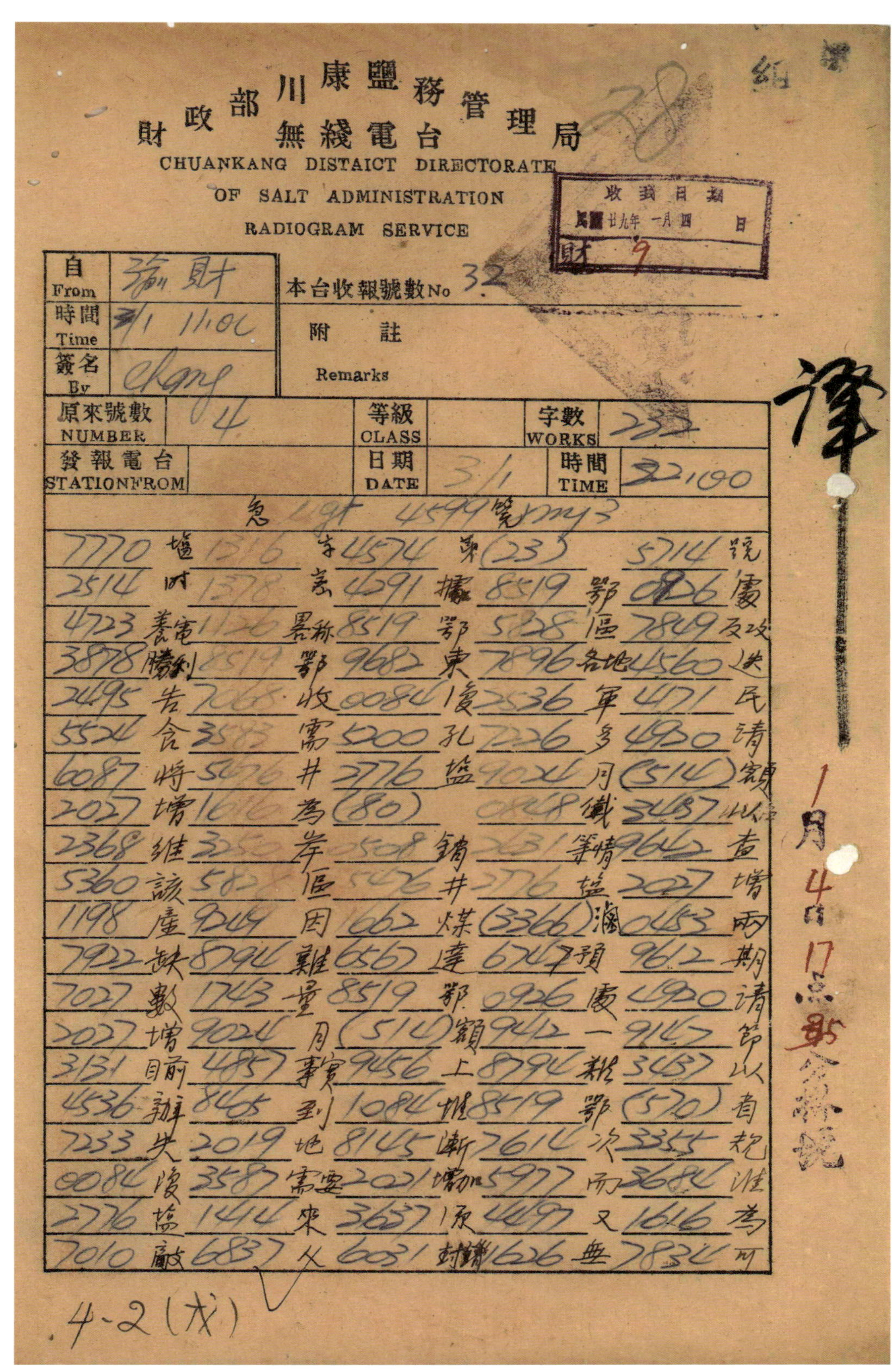

财政部川康盐务管理局
無綫電台
CHUANKANG DISTAICT DIRECTORATE
OF SALT ADMINISTRATION
RADIOGRAM SERVICE

收到日期 民國廿九年一月四日
財 9

自 From	渝財	本台收報號數 No 32
時間 Time	3/1 11.00	附註 Remarks
簽名 By	chang	

原來號數 NUMBER	4	等級 CLASS		字數 WORKS	232
發報電台 STATIONFROM		日期 DATE	3/1	時間 TIME	22.00

急

4-2（戊）

财政部川康盐务管理局无线电台

CHUANKANG DISTAICT DIRECTORATE

OF SALT ADMINISTRATION

RADIOGRAM SERVICE

自 From		本台收報號數 No	29
時間 Time		附註 Remarks	
簽名 By			

原來號數 NUMBER	4	等級 CLASS		字數 WORKS	232
發報電台 STATIONFROM		日期 DATE		時間 TIME	

(2)

6212	挽注	3957	至	3616	湘	3250	岸	6129	湖
9945	粤	0755	南	2776	盐	6557	運	8116	濟
6890	亦、	1107	異常	9602	不	2267	易	9043	是
8519	鄂	3616	湘	0453	兩	5828	區	4171	民
5524	食	2060	均	6349	臨	9888	嚴	8506	重
1549	階	4045	段	6604	势	6727	須	5360	该
5888	區	7226	多	3003	所	8899	供	2343	给
3407	今	0042	後	5360	該	5828	區	8899	供
0508	銷	2907	責任	7778	較	3896	前	9039	更
1616	為	8361	艱	1754	鉅	3810	務	3457	仰
2699	竭誠	6996	设法	2021	增加	7894	各	2006	場
1198	產	1743	量	6087	將	2027	增	1198	產
8463	列	1616	為	7894	各	2006	場	2006	場
0708	長	9805	唯	9412	一	7470	之	5965	考成
6097	實	1307	行	5964	考核	8506	重	2234	獎
9888	嚴	8269	懲	8628	切勿	4045	姑	0264	息
3957	至	0649	现在	3354	规定	7470	之	4151	每
9024	月	8116	濟	6557	運	3616	湘	8519	鄂
2776	盐	(514)	額	6007	尤	6227	須	6227	提
9024	月	6557	運	9782	足	9476	不得	6649	短

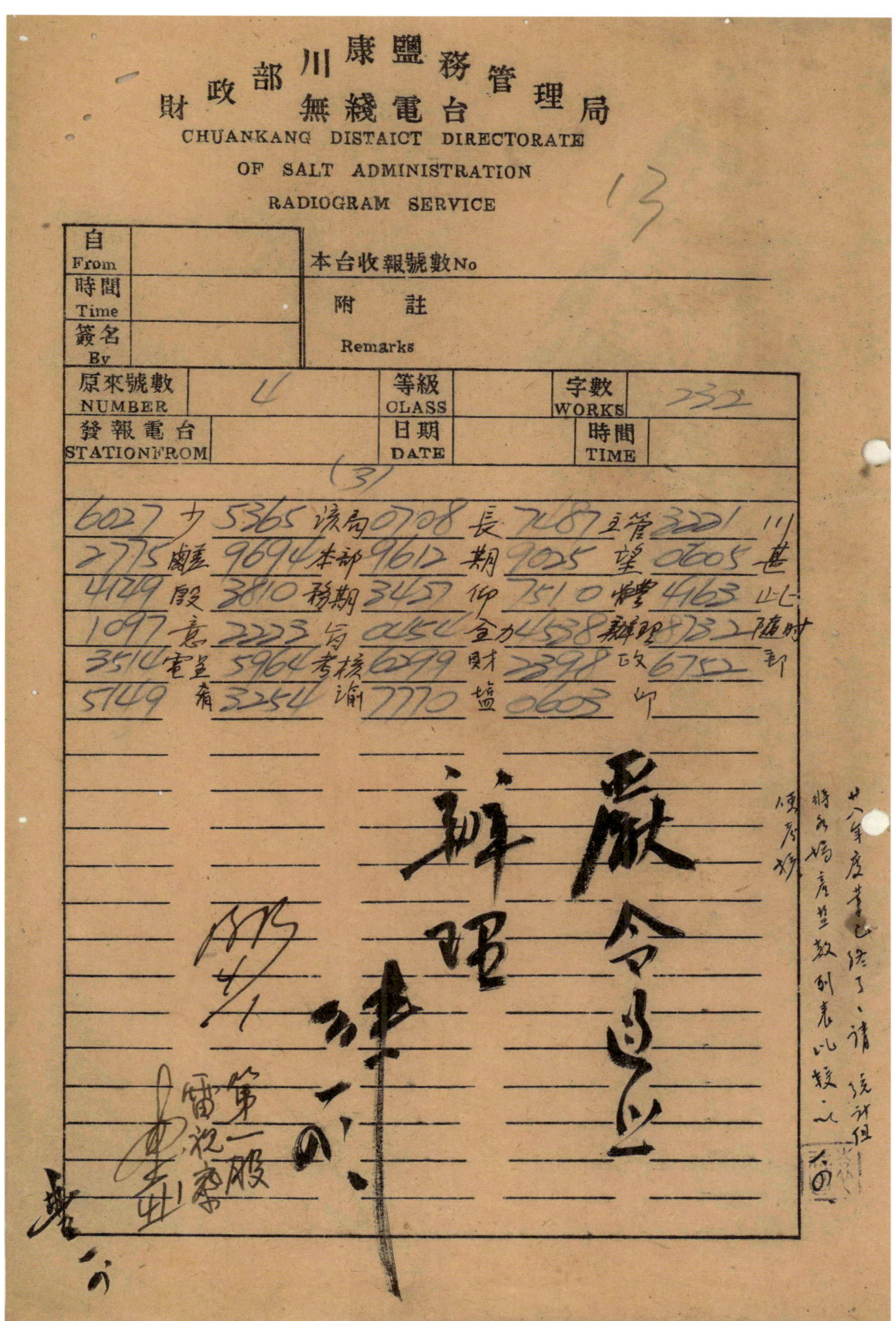

财政部川康盐务管理局无线电台

CHUANKANG DISTAICT DIRECTORATE

OF SALT ADMINISTRATION

RADIOGRAM SERVICE

13

自 From		本台收报号数 No
时间 Time		附注 Remarks
签名 By		

原来号数 NUMBER	6	等级 CLASS		字数 WORKS	232
发报电台 STATIONFROM		日期 DATE		时间 TIME	

(3)

6027 力	5365 该局	0708 长	7487 主管	2221 川
2775 卤盐	9694 本部	9612 期	9025 望	0605 甚
4129 殷	3810 務期	3457 仰	7510 嘉	4163 此
1097 意	2223 旨	0454 全力	4558 办理	8732 随时
3514 電呈	5964 考核	6299 财	2398 政	6752 部
5149 宥	3254 谕	7770 盐	0605 印	

严令遵办

办理

三十、八

廿八年度产销已结了，请统计组将各场产运数列表比较。六、四

侯存查

五、六、廿

第一股

留税案

六、八

川康盐务管理局致重庆分局、富荣东西两场公署等的密代电（一九四〇年一月六日）

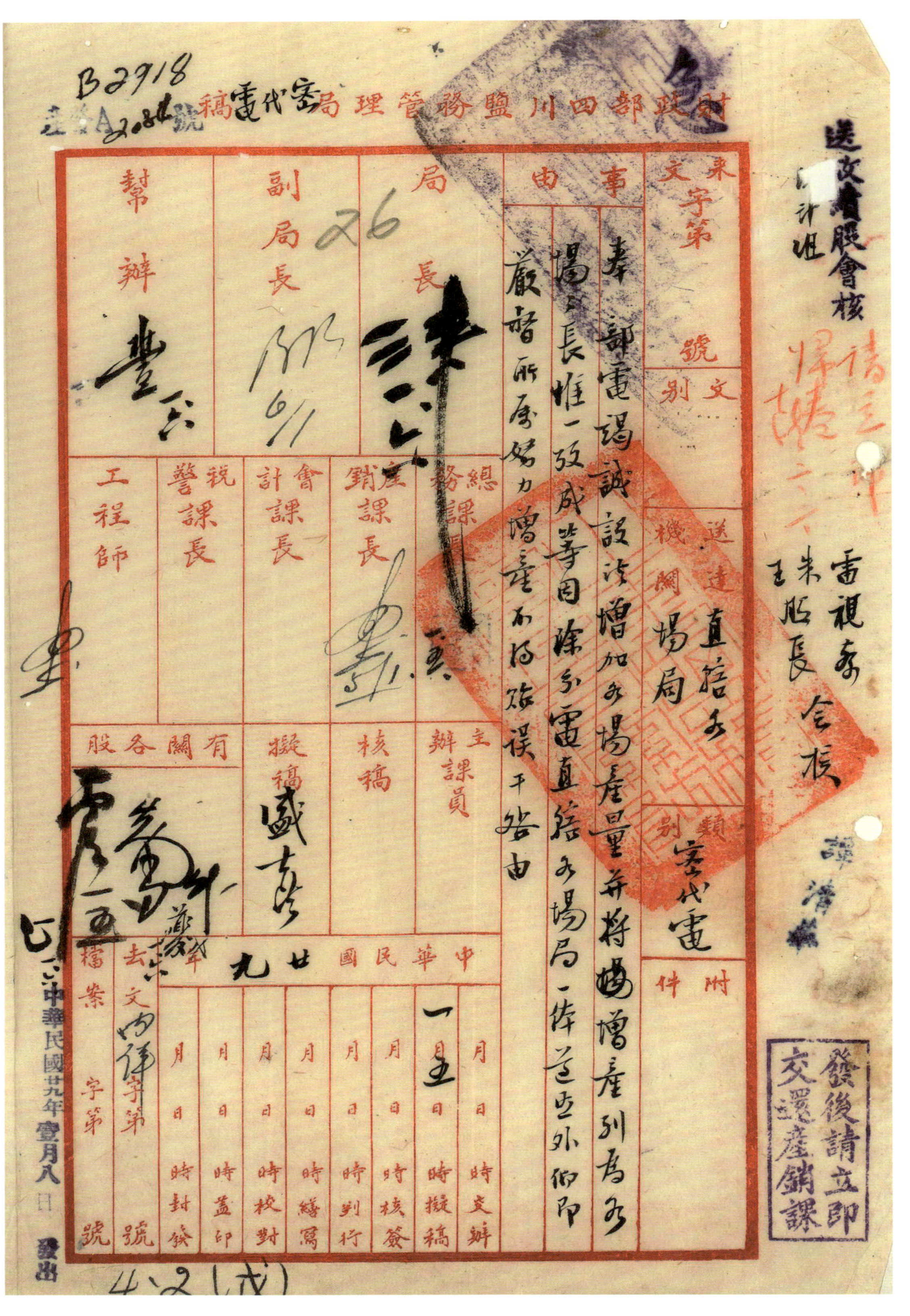

财政部四川盐务管理局密代电稿

事由：奉部电场长诚设法增加各场产量并将场增产别为各场场长惟一致成等因除分电直辖各场局一体遵照外仰即严督所属努力增产不得贻误干咎由

送达机关：直辖各场局

类别：密代电

雷视察、朱股长会核

中华民国廿九年一月五日

发后请立即交还产销课

渝 犍 特 資 東 西

七七 三六 廿九 大 豆 四

密

代電

筦 重慶 五通橋 三台
富榮 東西場署 資中場務所覽 號頃奉財
政部第二三號時密有渝鹽急電開據鄂處養電
署稱（照原電錄至）隨時電呈攷核等因奉此查本局
前以湘北軍事勝利前方需鹽急切曾經通電各
場努力增產濟銷乃攷核廿八年一二三期及十一月
各場產鹽運各短缺數均未增產是項不特濟銷
各岸未能充分供給即本銷亦時感缺乏現在各

27

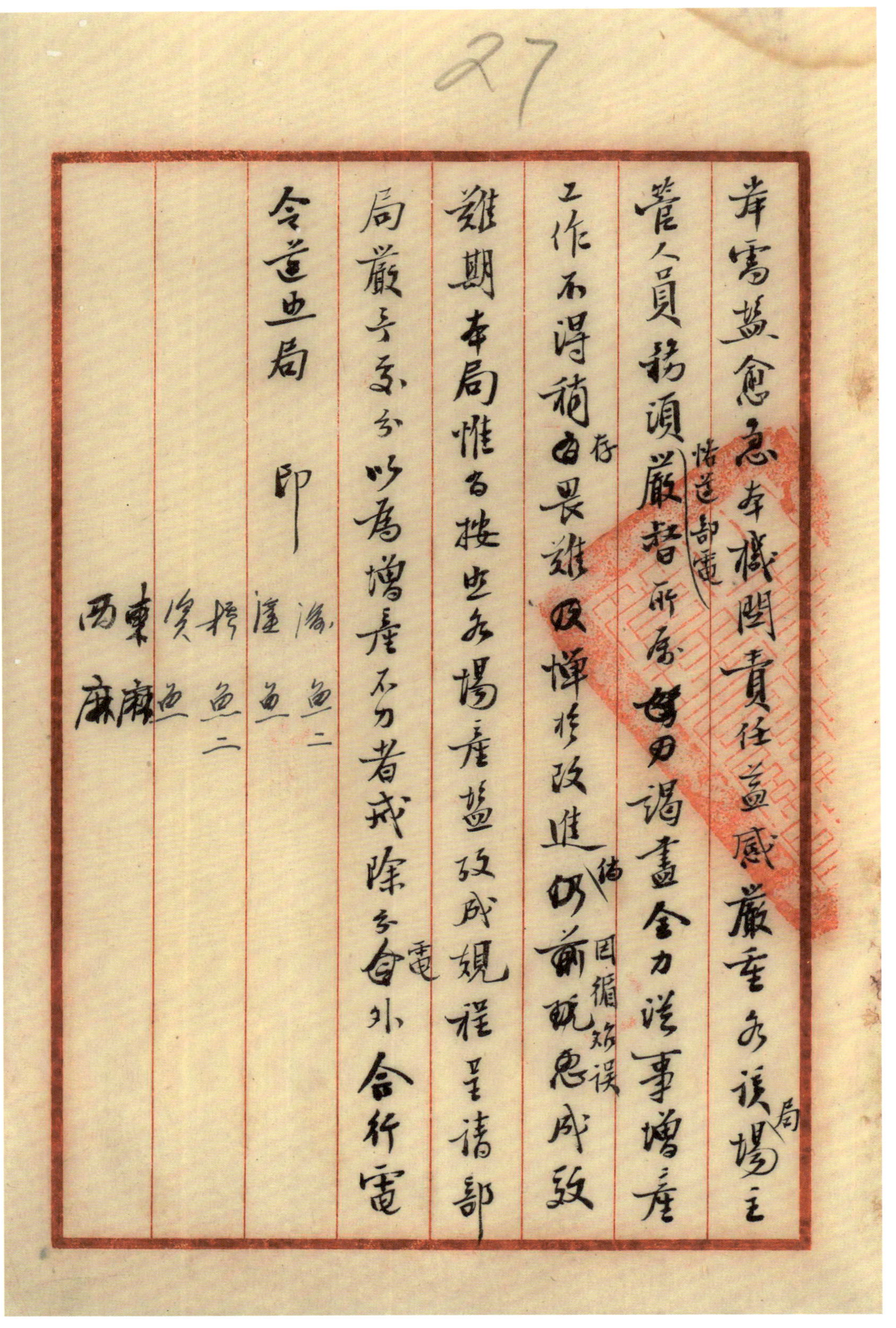

本需盐愈急，本机关责任益感严重，务望场（局）主管人员务须（恪遵部电）严督所属努力竭尽全力从事增产工作，不得稍有（存）畏难及惮于改进，（倘）仍前玩忽（因循致误）致难期，本局惟有按照各场产盐考成规程呈请部局严予分别以为增产不力者戒。除分令（电）外，合行电令遵照为要。

局 印

渝盐二

泸盐

犍盐二

贵盐

东康

西康

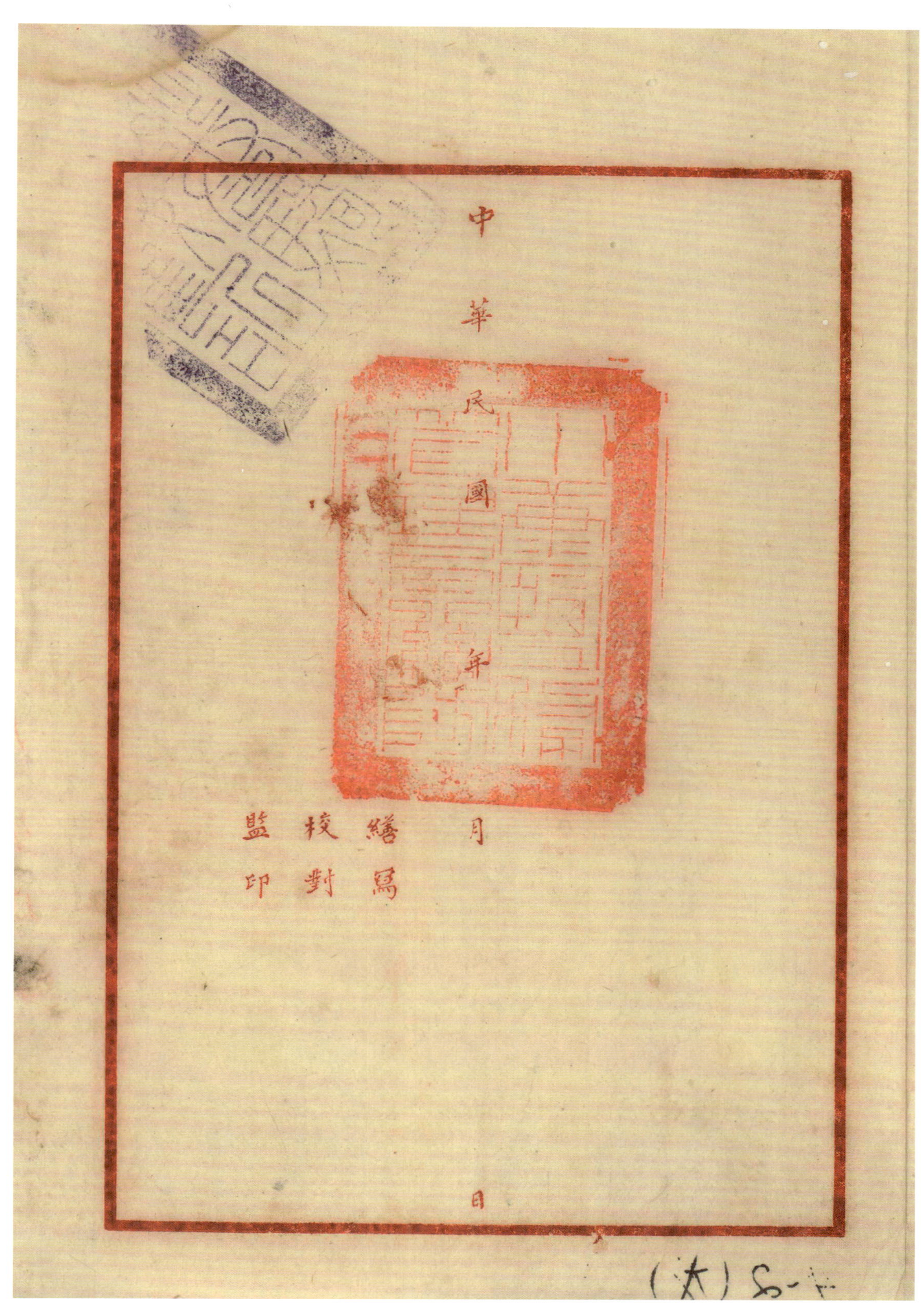

中華民國　年　月　日

繕寫

校對

監印

财政部盐务总局致川康盐务管理局的电（一九四〇年一月二十二日）

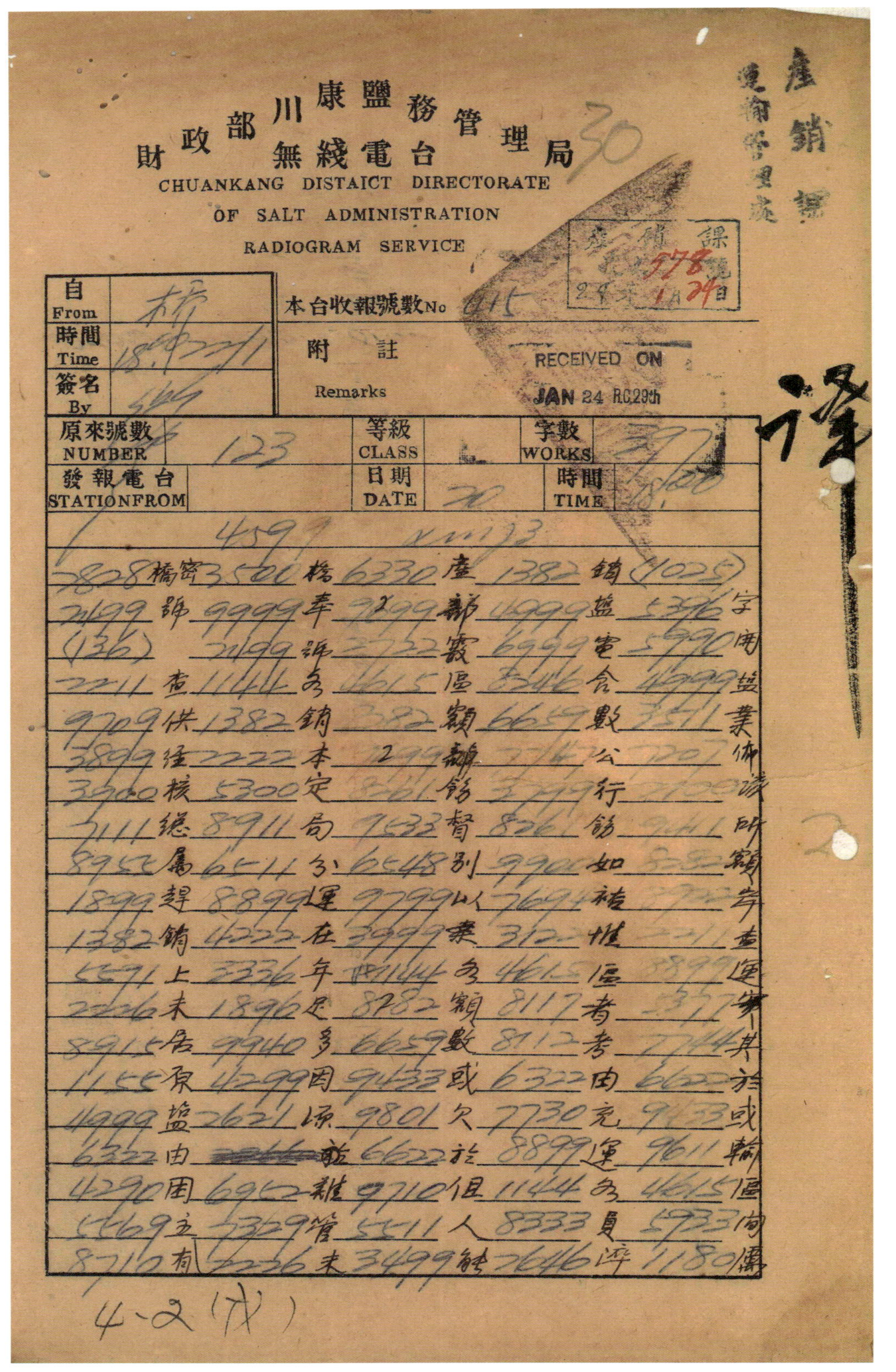
财政部川康鹽務管理局
無綫電台
CHUANKANG DISTAICT DIRECTORATE
OF SALT ADMINISTRATION
RADIOGRAM SERVICE

自 From	橋	本台收報號數No	115
時間 Time	18.1.22/11	附註 Remarks	RECEIVED ON JAN 24 RC29th
簽名 By			

原來號數 NUMBER	123	等級 CLASS		字數 WORKS	
發報電台 STATIONFROM		日期 DATE	20	時間 TIME	

產銷課 578 29年1月24日

產銷

運輸管理處

財政部川康鹽務管理局無線電台

CHUANKANG DISTAICT DIRECTORATE

OF SALT ADMINISTRATION

RADIOGRAM SERVICE

自 From	
時間 Time	
簽名 By	

本台收報號數No 31

附註 Remarks 2

原來號數 NUMBER	122	等級 CLASS		字數 WORKS	
發報電台 STATIONFROM		日期 DATE		時間 TIME	

9959 奮

8611	斧	7784	金	6566	力	9799	以	1822	赴
5541	亦	5211	為	5569	主	4299	因	5568	之
5599	一	2311	日	6533	前	2633	湖	9295	鄂
1868	贛	6766	豫	3902	桂	4399	黔	4799	等
5590	不	6330	產	4999	鹽	2325	省	9767	份
8246	食	4999	鹽	8393	向	8280	題	4511	已
1666	臨	4218	嚴	7900	重	6971	階	4800	段
9166	設	5590	不	4218	嚴	4622	加	9533	督
6862	催	8899	運	9344	濟	4698	價	5567	之
1699	至	5211	為	1133	可	3153	慮	5502	特
699[illegible]	電	2100	該	7111	總	8911	局	8822	通
8261	飭	9411	所	8955	屬	6510	切	6582	渠
9765	任	4666	務	8529	點	7990	鉅	6482	撥
6900	除	6222	萬	6952	難	9403	戰	6566	力
9699	辦	8899	運	2222	本	3336	年	8711	月
8282	額	4666	務	8299	須	7437	樓	8711	月
8899	運	1896	足	5590	不	7205	得	7755	再
8710	有	9524	短	8996	少	2100	該	7111	總
8911	局	5588	並	9422	應	9511	被	6900	除
3111	情	2710	面	6922	隨	8722	時	2144	認

財政部川康鹽務管理局無綫電台

CHUANKANG DISTAICT DIRECTORATE

OF SALT ADMINISTRATION

RADIOGRAM SERVICE

24

自 From		本台收報號數No	
時間 Time		附註 Remarks	3
簽名 By			

原來號數 NUMBER	123	等級 CLASS		字數 WORKS	
發報電台 STATIONFROM		日期 DATE		時間 TIME	

2344 真 8112 考 3900 核 7744 其 8811 進
3799 行 5590 不 6566 力 9799 以 1693 致
9534 短 8899 運 8117 者 9422 應 5571 予
9450 懲 7727 儆 7744 其 1823 趕 8282 勵
4622 加 8899 運 8117 者 9422 應 5571 予
9950 獎 4604 勵 3303 查 4111 收 9533 績
4776 策 6412 推 8811 進 5368 之 4114 效
4299 等 4299 因 2211 查 (28) 3336 年
3302 度 1144 各 4615 區 9125 杞 5300 定
9765 任 4666 務 4242 均 2226 未 3586 完
9434 成 6949 雖 7785 内 3193 屢 9988 外
6161 患 5568 之 9700 來 2711 非 3133 意
6602 料 9411 所 1122 及 8111 而 5933 關
8710 有 2400 處 1222 理 3400 職 1880 責
2226 未 3499 能 3377 盡 8712 最 9944 大
4114 效 7811 率 5541 亦 9411 所 5590 不
7774 免 6977 際 9811 此 3336 年 3302 度
5990 開 9961 始 7442 抗 9402 戰 3325 建
4230 國 4511 已 1666 臨 8712 最 7207 後
5900 關 8255 頭 1144 各 4615 區 5569 立

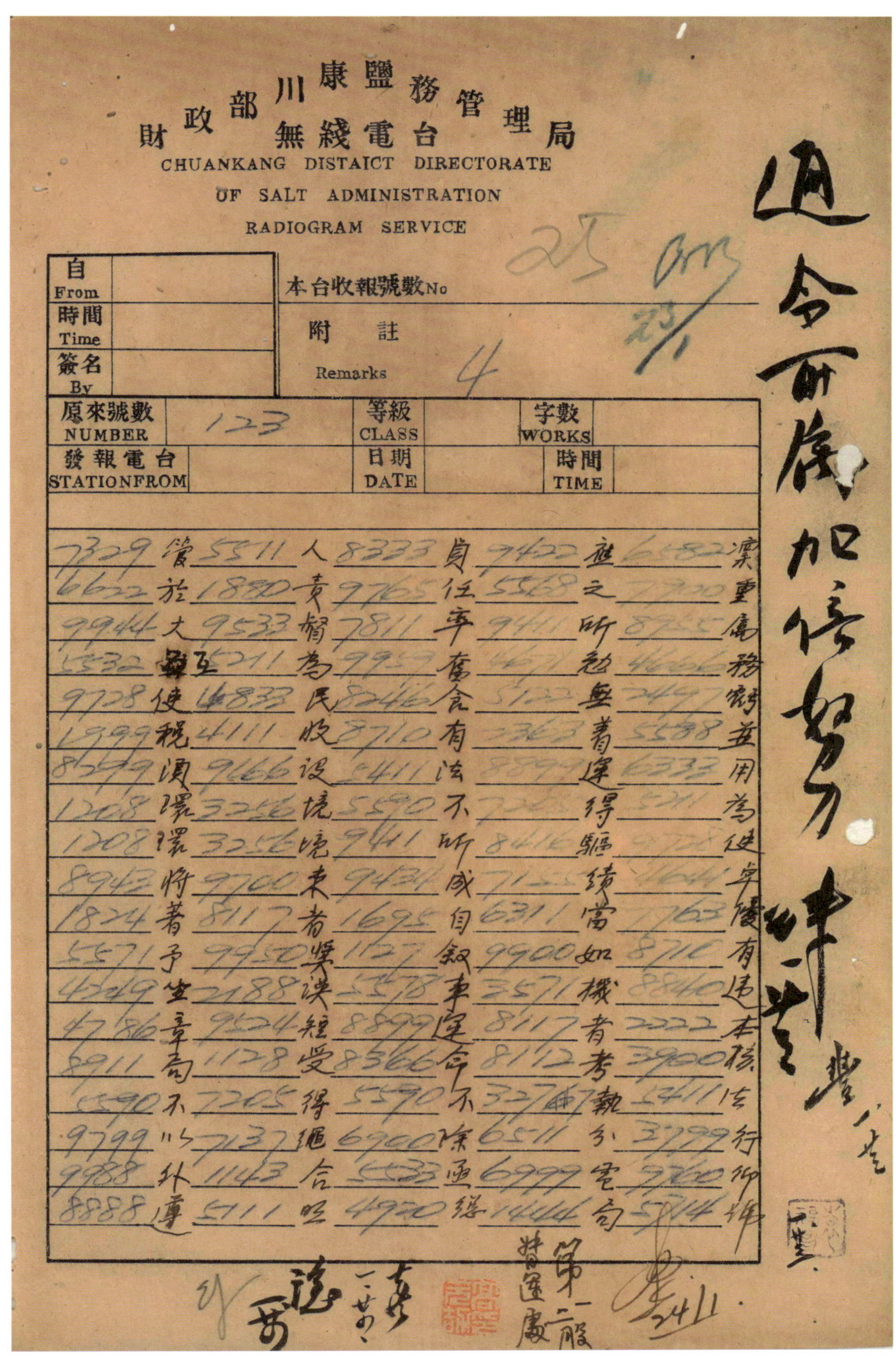

財政部川康鹽務管理局無綫電台

CHUANKANG DISTAICT DIRECTORATE OF SALT ADMINISTRATION

RADIOGRAM SERVICE

自 From		本台收報號數No	25
時間 Time		附註 Remarks	4
簽名 By			

原來號數 NUMBER	123	等級 CLASS		字數 WORKS	
發報電台 STATIONFROM		日期 DATE		時間 TIME	

7329	管	5511	人	8333	員	9422	應	6582	濱
6622	於	1880	責	9765	任	5568	之	7700	重
9944	大	9533	觸	7811	案	9411	所	8755	屬
5532	至	5211	為	9959	舊	4671	勉	4666	務
9728	使	4833	民	8246	食	5122	無	2497	竊
1999	稅	4111	收	8710	有	2363	着	5588	並
8579	須	9666	設	5411	法	8899	逢	6333	用
1208	環	3256	境	5590	不	7265	得	5211	為
1208	環	3256	境	9411	所	8416	驅	9728	使
8942	將	9700	未	9434	成	7155	績	4644	寧
1824	著	8117	者	1695	自	6311	當	7763	優
5571	予	9950	獎	1127	敘	9900	如	8710	有
4249	從	2188	淡	5578	革	3571	機	8840	違
4786	章	9524	短	8899	逢	8117	者	2222	本
8911	商	1128	受	8366	命	8112	考	3900	核
5590	不	7265	得	5590	不	3276	勤	5411	法
9799	以	7137	徊	6900	除	6511	分	3799	行
9988	外	1143	合	5533	通	6999	電	9700	御
8888	遵	5111	照	4920	總	1444	句	5714	緯

通令所屬加倍努力 肆豐

營運處 第一二股

2411

关于井场管辖权归属问题恳请恢复富荣西场管辖原状以利增产的函件（一九四〇年一月六日至二十三日）

富荣西场添海井井商黄润轩、迎江井井商李仿卿等致川康盐务管理局的呈（一九四〇年一月六日）

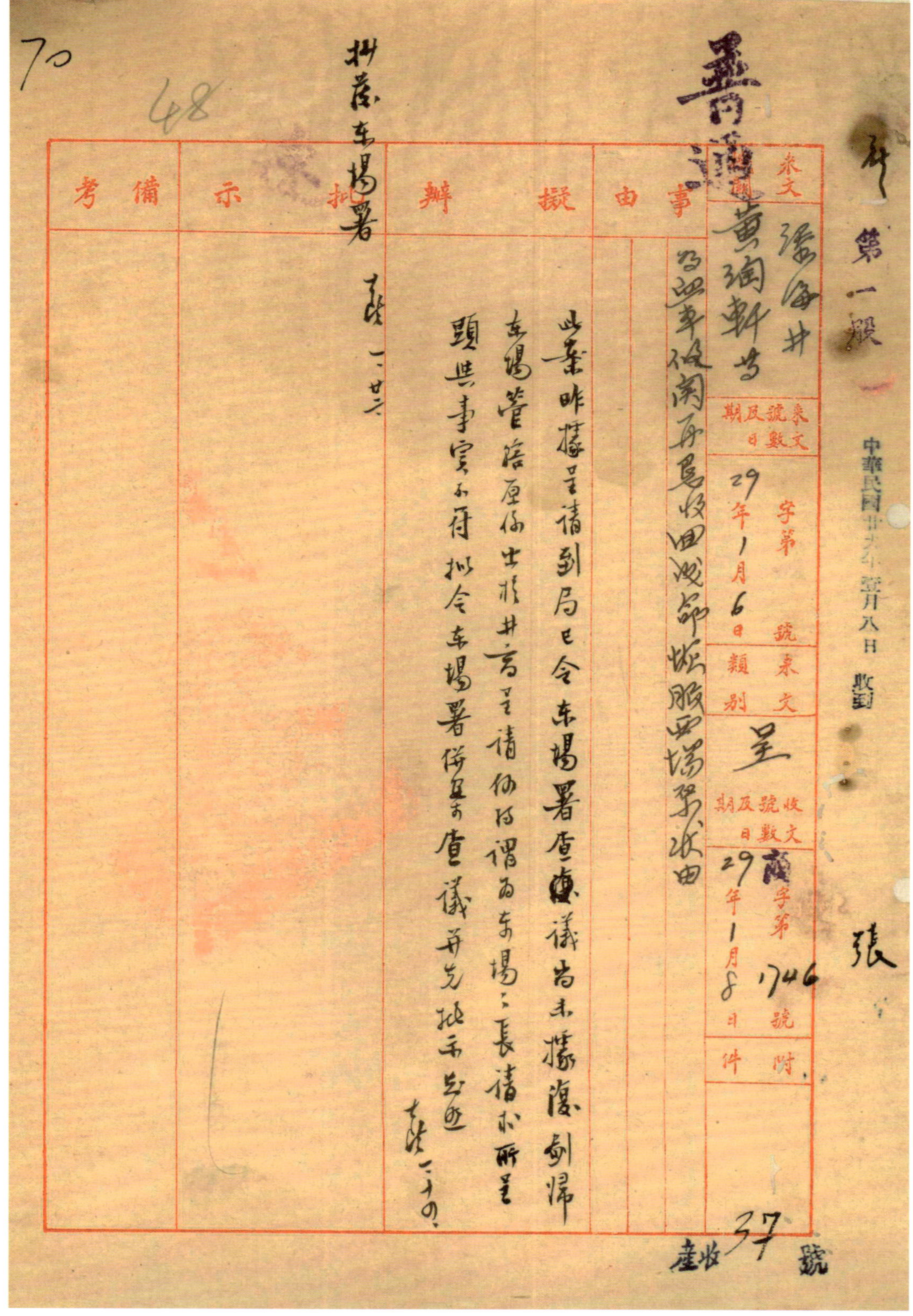

來文機關：添海井 黃潤軒等

來文號數及日期：29年1月6日

來文類別：呈

收文號數及日期：29年1月8日 商字第1746號

中華民國廿九年壹月八日收到

事由

擬辦

批示

備考

呈

具呈人西場二區雷公灘添海井井商黄潤軒等

呈為縷陳利害血本攸關再懇收回成命恢復西場原狀以濟商艱而裕增産事。緣商等前以管轄不宜有碍增産等詞，協懇收回成命在案，迄茲未奉批諭，故商等再將劃歸東場範圍對於商等血本有最大損害及妨害增産之點，縷晰分陳如下：

(一)商等各井歷為西場二區管轄所在地，所有黄滷桶碗，應依據西場為標準。查西場扡滷碗比較東場扡滷碗尤小十分之一零，東場係以崖滷碗扡，西場係以黄滷碗扡，雖均屬叁百玖拾六碗為一担，而碗量大小之比較，西場扡滷拾担，東場只有八担八分，再再考較，實而不虚，如屬劃歸東場，必須依據東場碗量，縱屬價格一體，

72 71

而商等受碗量之損害，已傷去血本百分之十二，長此以往，何堪痛苦，此其損害一也。以西場黃滷價格，每兩官估值洋五角弍仙五，東場黃滷價依據崖滷價爲轉移，每兩官估值洋叁角五仙弍，兩相比較，而東場價格每兩尤少壹角柒仙，如屬劃歸東場，必須依據商等受價格之損害，不可億計，價格損害，血本自傷，此其損害二也。綜上二點，均極重大，不但商等有保本薄息之冀望，甚至折本無底，何能踴躍將事，盡力增產，勢必旋推旋廢，總之東場西場均屬我　管理局統治之下，同時增產，否何東場長請求劃歸東場，有碍商人血本，不利增產，故商等以就地之便利，前與本區內之寧一灶成立協約，價格公開，又能預支鉅款，扶助淘辦，以資生產，而對於商等固有救助生存之力，即對於公家，似有補助增產之能，於公於私，均有裨益，若以東場長之請求劃歸東場，商等之滷只能消售五區之恩颺燮灶兩灶，查兩灶交易手續，滷價桶碗，均依據崖滷爲轉移，甚至現能推滷十担者，始得預支洋弍百元，如屬待淘起推者，一文不給，商等所有之井，大多數均屬待淘起推，勢必需款開辦，而對於公家代貸款，無擔保之可能即對於私人自動、因過去疊遭滷滯損害、已屬傾家破產、無力可爲、唯一希望、勢必灶方援助始能興工、生產滷量、如屬劃歸東場恩熙復灶兩灶、不能預支、商等各井仍如前狀、廢而未整、繼續增產、何能期望、故商等以公私利害綦重萬難聽其東場長半面請求意圖個人增產成績計而不顧及商艱增產大體是以不避惶恐謹將利害情形縷陳

鈞局俯賜鑒核准予收回暫劃東場成命恢復西場原狀以維商艱而裕增產不勝待命之至謹呈

川康鹽務管理局　鈞鑒

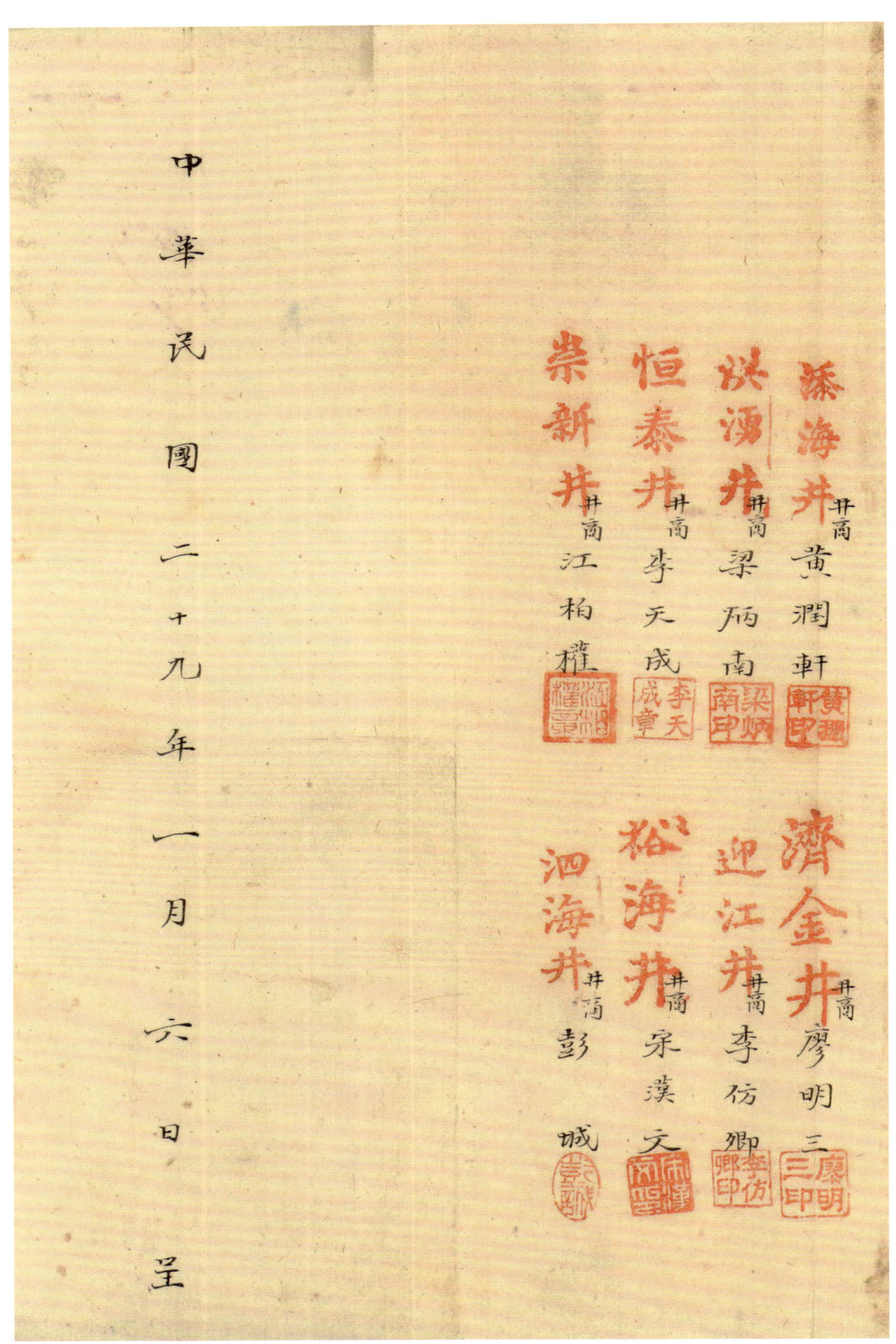
添海井井商黄潤軒
洪源井井商梁炳南
恒泰井井商李天成
崇新井井商江柏權
濟金井井商廖明三
迎江井井商李仿卿
松海井井商宋漢文
泗海井井商彭城

中華民國二十九年一月六日呈

富荣东场公署致川康盐务管理局的呈及附件（一九四〇年一月十二日）

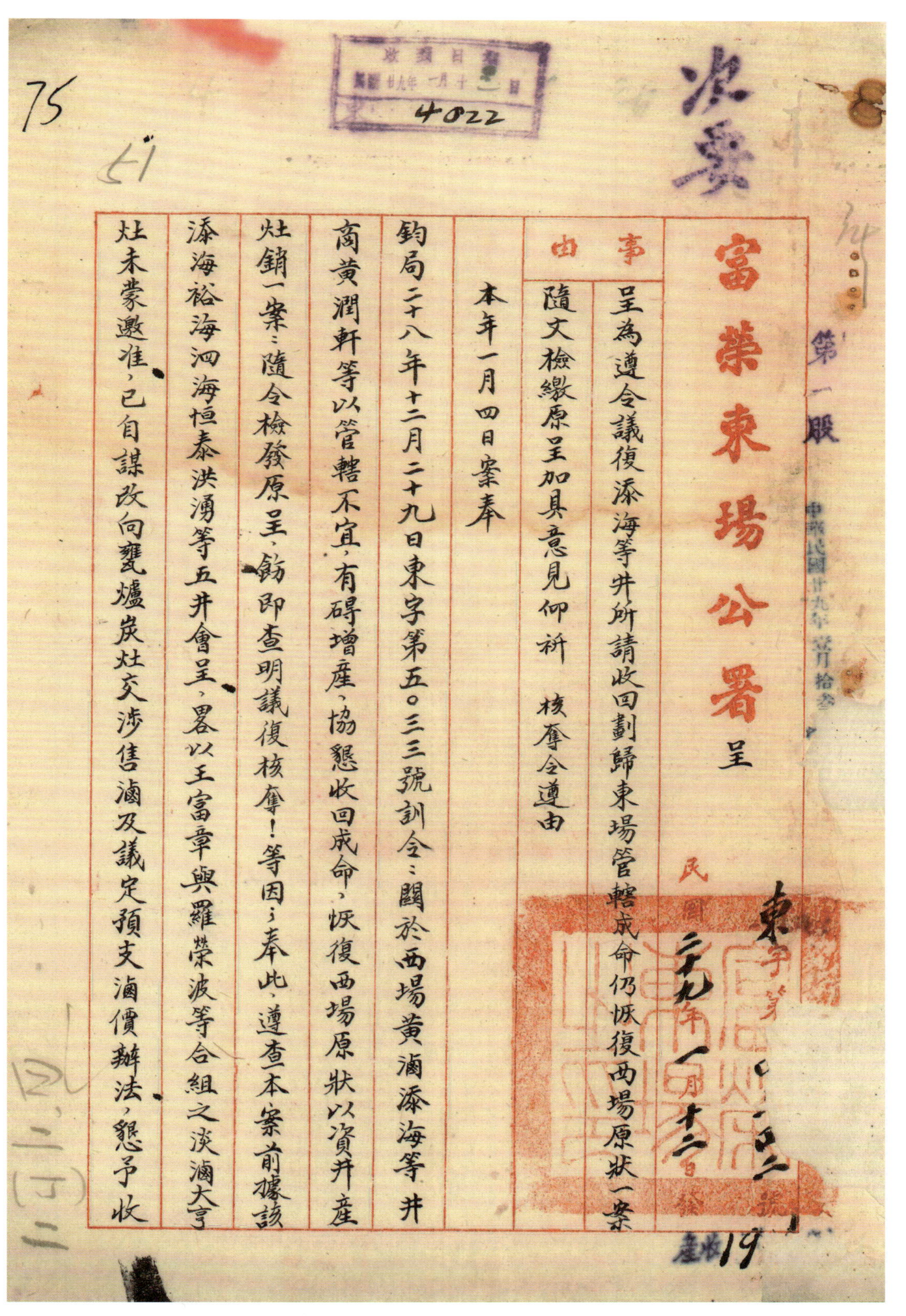
富榮東場公署 呈

事由：呈為遵令議復添海等井所請收回劃歸東場管轄成命仍恢復西場原狀一案隨文檢繳原呈加具意見仰祈核奪令遵由

東字第 號

民國二十九年一月十二日發

本年一月四日案奉

鈞局二十八年十二月二十九日東字第五〇三三號訓令：「關於西場黃滷添海等井商黃潤軒等以管轄不宜，有碍增産，協懇收回成命，恢復西場原狀以資井産灶銷一案，隨令檢發原呈，飭即查明議復核奪！」等因，奉此，遵查本案前據該添海裕海泗海恒泰洪湧等五井會呈，畧以王富章與羅榮波等合組之淡滷大亨灶，未蒙邀准，已自謀改向甕爐炭灶交涉售滷及議定預支滷價辦法，懇予收回貸款成命前來，曾由職署酌察情勢，以東字第四一九五號呈加具意見轉請優准儘先登記，於炭花灶兩月限滿後，再准設灶煎燒有案。覆核奉發原呈陳述各情，按該處各井黃滷，昔歸東場郭區煎燒，該添海等井既已自認確係事實，並自稱：「依據部令公家可以貸款救濟扶助，縱貸款困難，並有現在呈請設立之大亨灶，依據商場習慣，承認預支滷價，以創生產，商等奉聞之下，不勝欣慰」等語，尤足証明該具呈人等對於各該井奉准劃歸職場管轄之令，前已樂於接受。茲復據呈請收回成命之用心，似由於因大亨灶呈請設立炭灶前案，未蒙鈞局批准，無從向其預支滷價，同時復受西場寧一灶利誘，謂可移灶就煎，因而預支滷價數千元之故，遂復有舍此就彼前後不符之請求。查該寧一灶移灶就煎案，是否業經奉准，職署無可稽考，倘已確蒙核准，則該具呈人等所請恢復西

場原狀一節、應請
鈞局統籌核定、揆以東西兩場在形式上雖不無軫越、而實際則純以能於增產為最大前題、該井等無論應否仍予劃回西場管轄、職場決不敢有若何成見也。奉令前因、理合檢同奉發原呈、隨文復請
鑒核令遵！

謹呈

局長張
副局長畢

附繳還原呈一件

場長徐開第

東字4342號呈 據悉 二九、一、廿三

具呈人西場二區雷公灘添海井井商黃潤軒等

呈為管轄不宜有碍增產協懇收回成命恢復西場原狀以資井產灶銷而利增產事緣商等所有黃鹵各井均毗連相接歷為西場管轄之二區範圍自反正以還鹽崖逐漸侵略黃鹵即日見推殘相繼停廢幾妥無存苟延殘喘以迄今日尚有推煎數井者因有兌斯關係欲罷不能雖鹵水折本而有兌斯收益得失相品勉為生存但所產鹵量因屬微少而碍難組合運至西場大灘垻各灶煎燒因以雷公灘地居河岸以河流之便即順流由船運至牛角沱由肖龍馬平翻返由梘渡至東場五區郭家坳等灶煎燒本以運輸過遠又兼崖鹵侵略大碗翻運低價措買商等受灶方梘方之剝削痛苦不堪言狀此次 鈞局奉令增產督催嚴緊月前有東場場長分諭大塘山同業之羅榮波組合黃鹵同人一致閉辦依據 部令公家可以貸款救濟扶助縱貸款困難並有現在呈請設立之大亨灶依據商場習慣性承認預支鹵價以創生產商等奉聞之下不勝欣慰乃一面以將來鹵價收益在東場範圍故依據收益所在地逐分呈東場署懇予轉呈 鈞局貸款以資開辦殊東場署據商等貸款呈詞附帶請求 鈞局將商等十一井劃歸東場管 鈞局允准暫劃東場範圍於本月六日以[illegible]字第[illegible]號牌告商等始悉情由乃屢續會商羅榮波殊於四號據羅榮波答覆大亨灶之呈請設立經東場署呈請 鈞局未予批准根本推翻商等自忖對於公家貸款又無擔保可能而對於大亨灶預支又失所望進退維艱無法可策乃集商同人力謀自救取得全體同意跟即覓尋西場本二區內之寧一炭花灶交涉售鹵以期供求相濟殊寧一灶之經理即慨然接受移灶就煎並提出相當價額並以每日能產鹵

格担者預支滷價洋叁百元，以資週轉，兩利增產，遂於八號正式成立協約，井灶双方相諧，始終足資井產灶銷供求相濟，而對於公家增產稅收日漸增進，即對於黃滷生計，亦可樹立根基，於公於私，均有裨益。故商等於九號以貸款困難並附帶聲明經過等詞協懇東場署收回成命，在案附粘原文呈電，迄茲兩週，有逾未奉批諭。茲商等謹將經過情形據實呈明，鈞局俯賜鑒核，協懇收回暫劃東場範圍成命，並懇恢復西場原狀，以資供求相濟，產銷適合，公私兩便，沾感無涯。謹呈

川康鹽務管理局

鈞鑒

附抄呈東場署原呈

呈為貸款困難，懇予收回成命，並聲明經過，懇予備查，以維滷商生計事。前以貸款滷井四家等情呈請在案，述鈞署指令 管理局核准，昨春牌告核定辦法三項：(甲)買兩有生產能力井灶兩家担保，查當出號有生產能力井灶僅有數井，其餘多數皆属停廢待淘，此得非覓取有生產能力担保一家；(乙)商資抵償貸款之不動產，其價值在貸款額數以上，比查滷商近十餘年以來，迭遭災滷疲滞，四推時停，再無灶商保證，指買均已折本過鉅，所執力尚稍有不動產業已當押，價值折耗，亳無餘力，以得難提出不動產担保二家；(丙)各貸款之戶，應各十家以上編為一組，連帶負責。商等再三籌議之餘，不勝焦慮。旋奉牌告之後，屢續召集各業分開組合，以期早日達到借款目的，殊各有所見，而各業當中有生產能力，如一殷井陸續辦煤陸總東源井周隆丰諸屋井產，既已當場極力聲明不願組合，各負各責，勉強奔累，無得難組合連帶負責，三條已三項均難以到商，均乃股印屋商大塘山同葉之男洪波，已照前項但組合集貸，滷戶所有大亨灶依照商場習慣性承認預支滷價，接助開辦，殊於四月男洪波乃切實落實大亨灶之呈請設立，蒙鈞署核呈 管理局未予批准，根本推翻。商等聞之，不勝驚刺，乃極謀自救無法，限速覓尋就近之寧一炭灶承議集滷，照已取得双方同意，每日能產滷十担，按預支價叁百元滷價條，批大亨灶陸續為辦，積業已承諾成立，已於三日開办。當此特將因難貸款及經過情形詳細呈明，鈞署懇予收回商等貸款成命，並懇予以備查，實為便。此呈

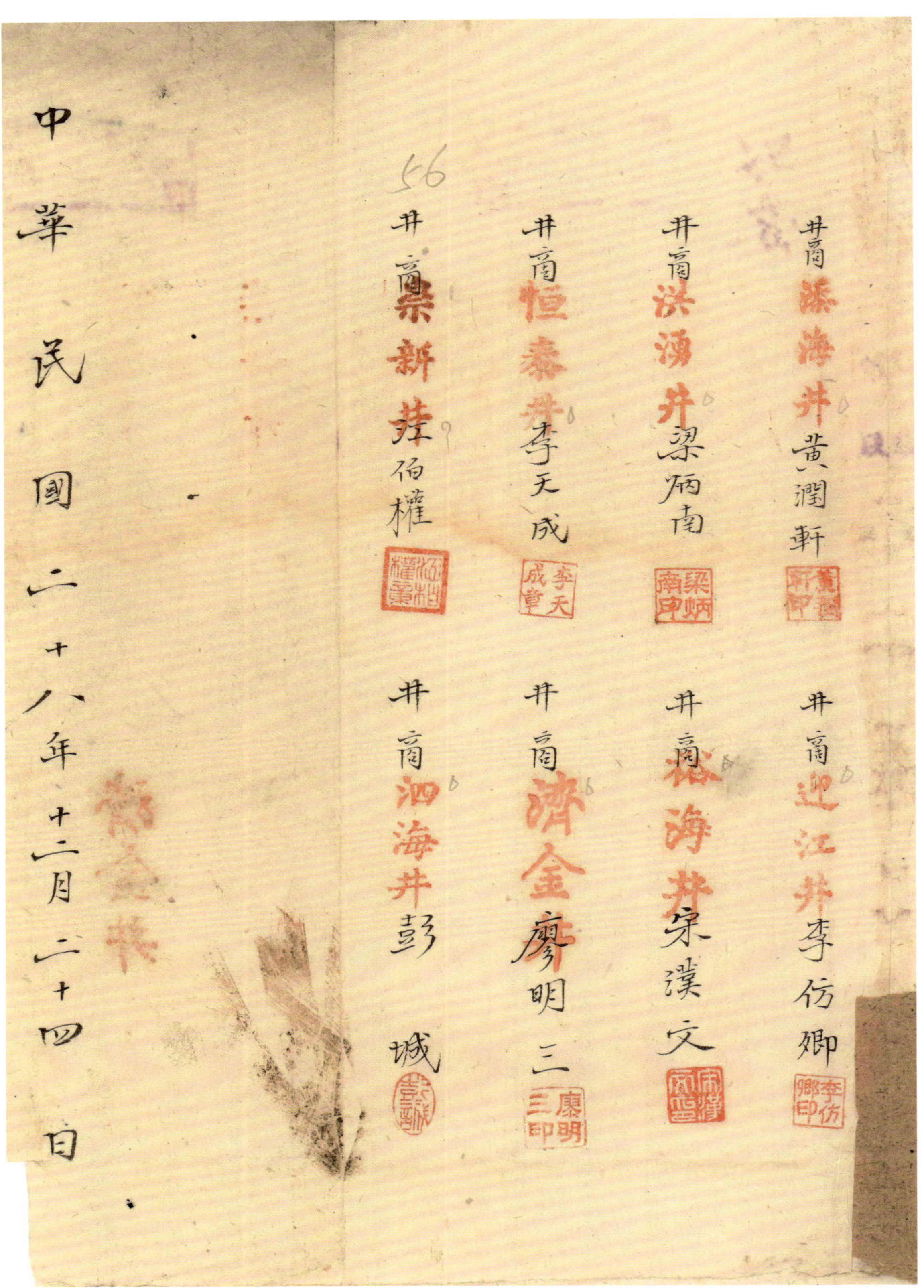
井商添海井黄润轩
井商迎江井李仿卿
井商洪源井梁炳南
井商松海井宋汉文
井商恒泰井李天成
井商济金井廖明三
井商荣新井王伯权
井商泗海井彭城
中华民国二十八年十二月二十四日

富荣东场公署致川康盐务管理局的呈（一九四〇年一月十三日）

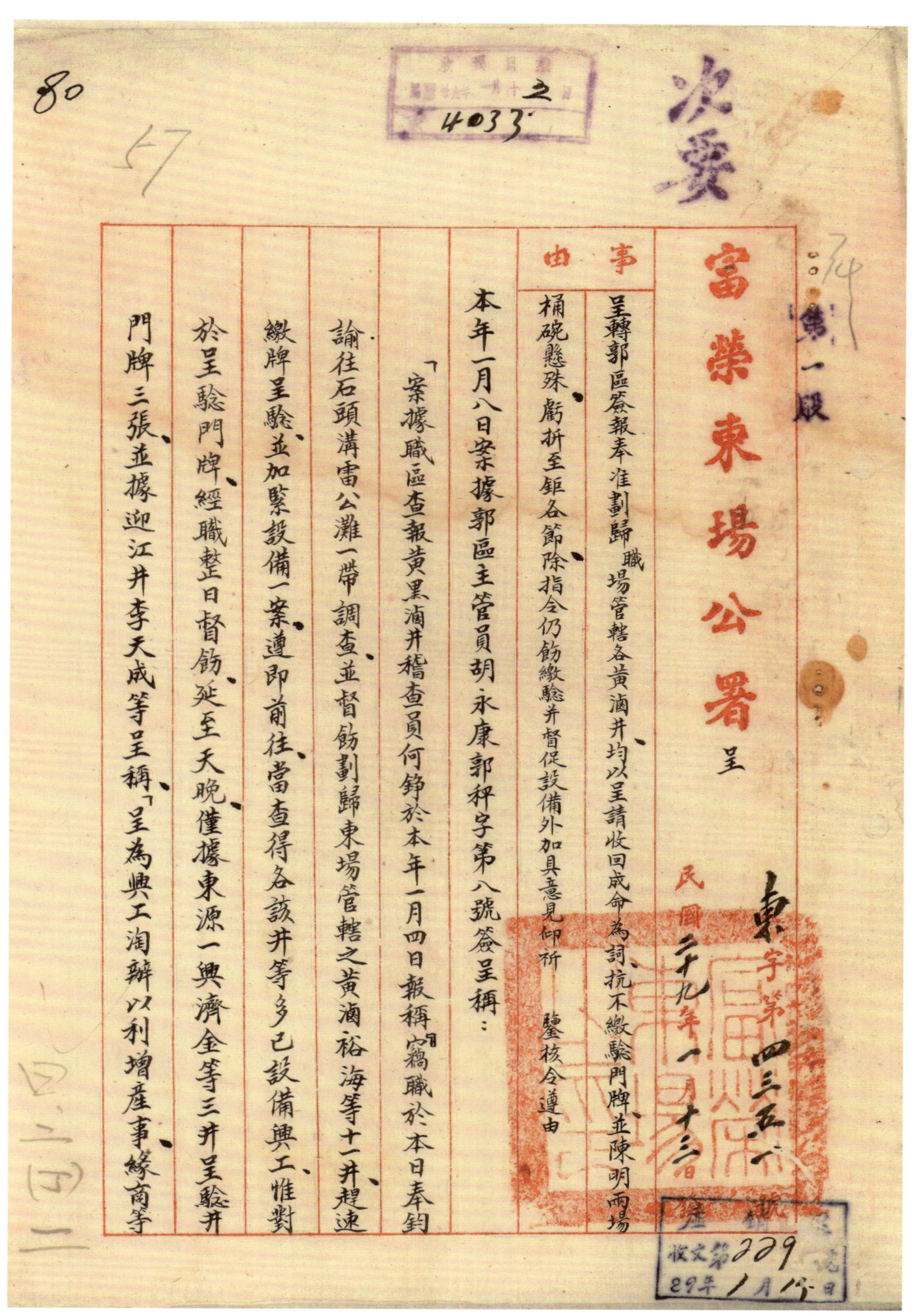
富榮東場公署　呈

事由
呈轉郭區簽報奉准劃歸職場管轄各黄滷井均以呈請收回成命為詞、抗不繳驗門牌、並陳明兩場桶碗懸殊、虧折至鉅各節、除指令仍飭繳驗并督促設備外加具意見仰祈鑒核令遵由

東字第四三五八號
民國二十九年一月十三日

本年一月八日案據郭區主管員胡永康郭秤字第八號簽呈稱：「案據職區查報黄黑滷井稽查員何錚於本年一月四日報稱『竊職於本日奉鈞諭往石頭溝雷公灘一帶調查、並督飭劃歸東場管轄之黄滷裕海等十一井趕速繳牌呈驗、並加緊設備一案、遵即前往、當查得各該井等多已設備興工、惟對於呈驗門牌、經職整日督飭、延至天晚、僅據東源一興濟全等三井呈驗井門牌三張、並據迎江井李天成等呈稱「呈為興工淘辦以利增產事、緣商等

迎江井於民國二十九年一月一日興工淘辦、所有每日工作另書簿局以備查核、商裕海井於十二月十八日興工淘辦、每日工作仍書簿局以備查核、商泗海井現以購牛加推、尅日進行、本日何稽查員來井查驗門牌、督率增產、理應遵照辦理、但商等之井原屬西場、以西場滷價桶碗比較東場大相懸隔、商等不無羸餘反虧血本、商等於二十八年十二月二十四日呈報管理局、懇請收回成命、迄茲未奉批示、俟奉批之後、再行更換門牌、以符手續、商等所受困苦情形、另行具文呈報、謹將遵辦情形呈報鈞處鑒核、是否之處、俯賜鑒原」等情、顯有故違功令、影響增產進行、理合將督飭經過情形報請察核」等情、據此、查雷公灘等處黄滷井、既經局令轉移管轄、該井户等應即遵將現有門牌呈請驗換、乃迭經督催、竟以呈請管局收回成命、奉批再行更換為詞、抗不呈驗、殊屬非是、

究應如何辦理之處理合檢同迎江井等原呈一件隨文賫請鈞署鑒核指令

祇遵」。

等情，附原呈一件，據此，覆查各該井等自奉准劃歸職場管轄後，曾據添海等八井先後呈請收回貸款成命，及遷向鈞局具呈要求回復西場原狀各情，迭經職署據情轉報並奉令議復各在案。但各井在未經奉准恢復原狀以前，該管郭區分飭各將門牌呈請換驗，自係正當辦法。至該迎江井經手李天成以西場滷價桶碗，比較東場大相懸隔，故不特毫無贏餘，反虧血本一節，查核尚係實情，且全部黄黑滷井商，亦皆以此為鉅大損失，大都觀望不前，此種情形，曾經職署以簽字第九九七號簽呈報請改定桶碗在案，職場處此開放黄滷各井力謀增產濟銷時期，為期其劃一滷價，俾維商人血本而利增產推進

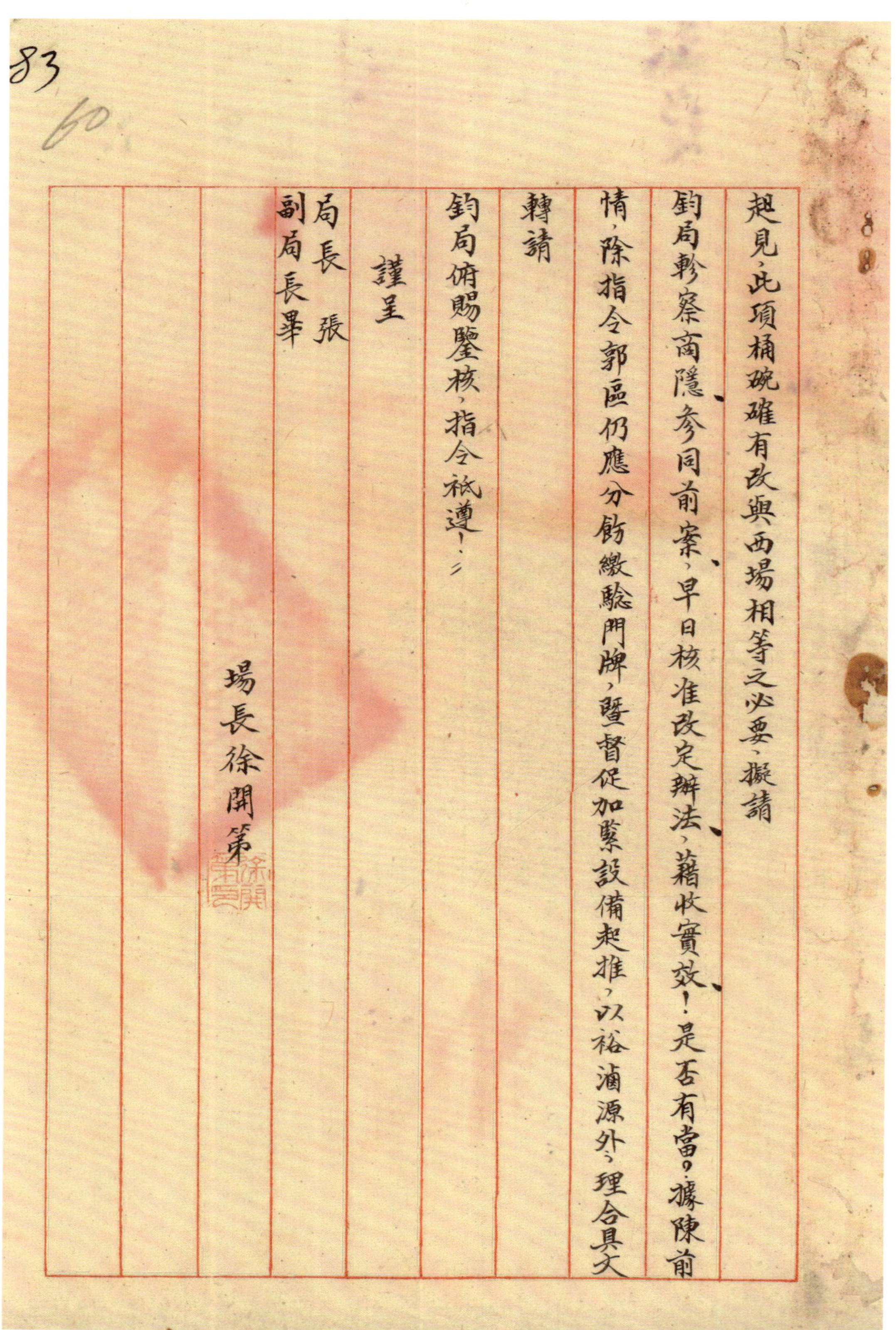
83
60

起見，此項桶碗確有改與西場相等之必要，擬請
鈞局彰察商隱參同前案，早日核准改定辦法，藉收實效！是否有當？據陳前
情，除指令郭區仍應分飭繳驗門牌，暨督促加緊設備起推，以裕滷源外，理合具文
轉請
鈞局俯賜鑒核，指令祇遵！！
謹呈
局長 張
副局長 畢
場長 徐開第

富荣西场添海井井商黄润轩、迎江井井商李仿卿等致川康盐务管理局的呈（一九四〇年一月十七日）

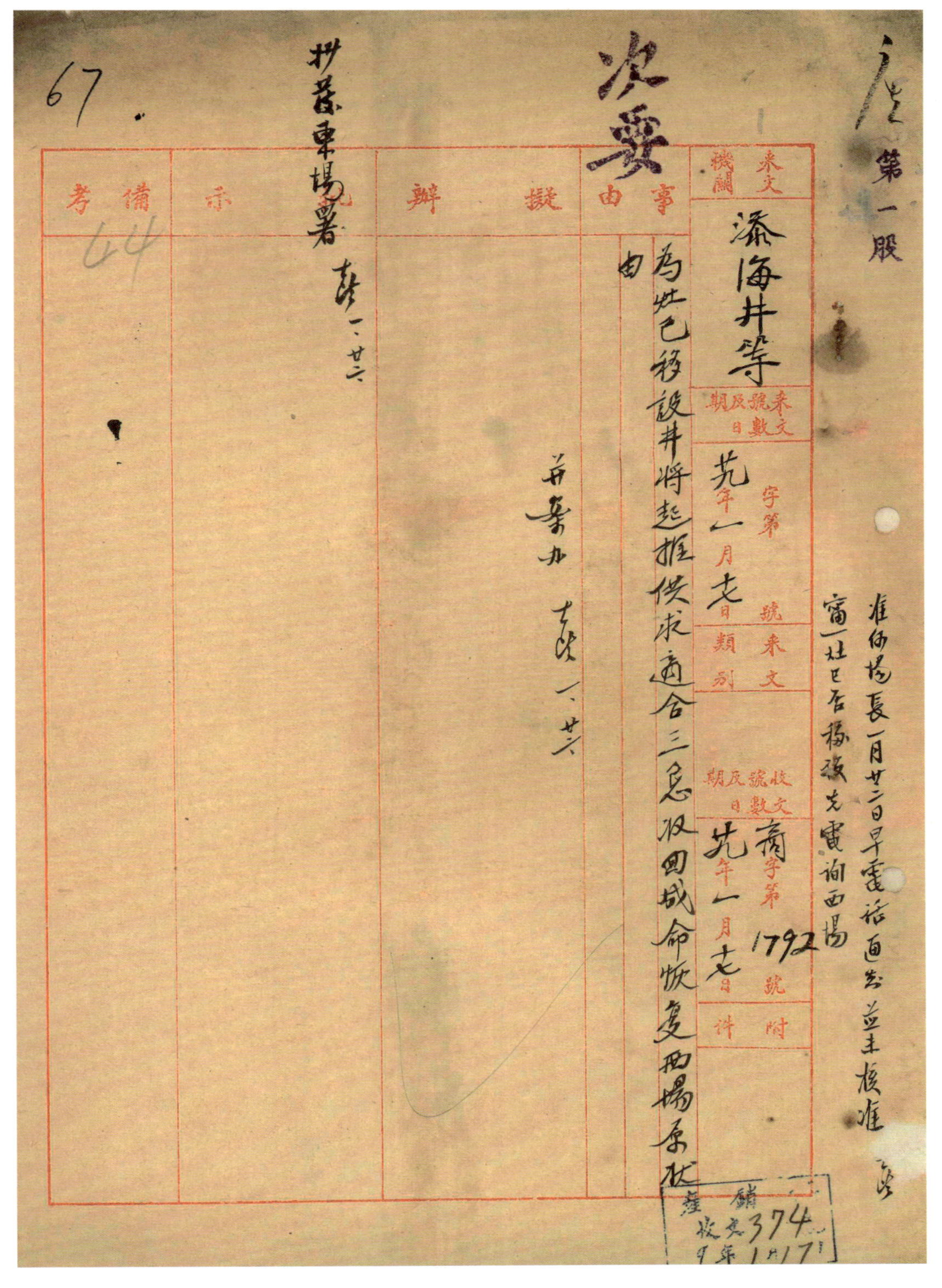

次要

第一股

来文机关	添海井等
来文号数及日期	字第　号　廿九年一月十七日
来文类别	
收文号数及日期	商字第1792号　廿九年一月十七日
附件	

事由：为灶已移设井将起推，恳求适合三急，收回成命，恢复西场原状

拟办：准任场长一月廿二日早电话面告，并主核准。富一灶已否移设，当电询西场

并案办　一、廿六

批示：抄发东场署　一、廿六

盐铺　收文374　9年1月17日

呈

具呈人西場二區雷公灘添海井井商黃潤軒等

呈為灶已移設井將起推供求適合三懇收回成命恢復西場原狀以濟商艱而裕增產事緣商等前以管轄不宜有碍增產繼以縷陳利害血本攸關各詞協懇收回成命在案迄今未奉批諭茲本區內之寧一灶昨已移灶於商等各井適中之五皇洞炭垻子建設灶基不日即可完竣商等各井已淘至相當程度繼續亦可起推足資井產灶銷供求相濟而公家增產補益逐漸增進商等滷業自此樹立根基公私兩利至盡至極故商等謹將現在情形據實呈明

鈞局俯賜鑒核三懇收回成命並懇我

管理局體恤商艱以有關井灶自行交易不加限制之原則準其商等之滷放與寧一灶濟煎以期供求適合同時增產迫切上陳毋任待命之至謹呈

川康鹽務管理局 鈞鑒

46

添海井 井商 黄潤軒 黄潤軒印

洪源井 井商 梁炳南 梁炳南印

恒泰井 井商 李天成

崇新井 井商 江柏權 江柏權印

迎滋井 井商 李仿卿 李仿卿印

濟金井 井商 廖明三 廖明三印

裕海井 井商 宋漢文

泗海井 井商 彭城

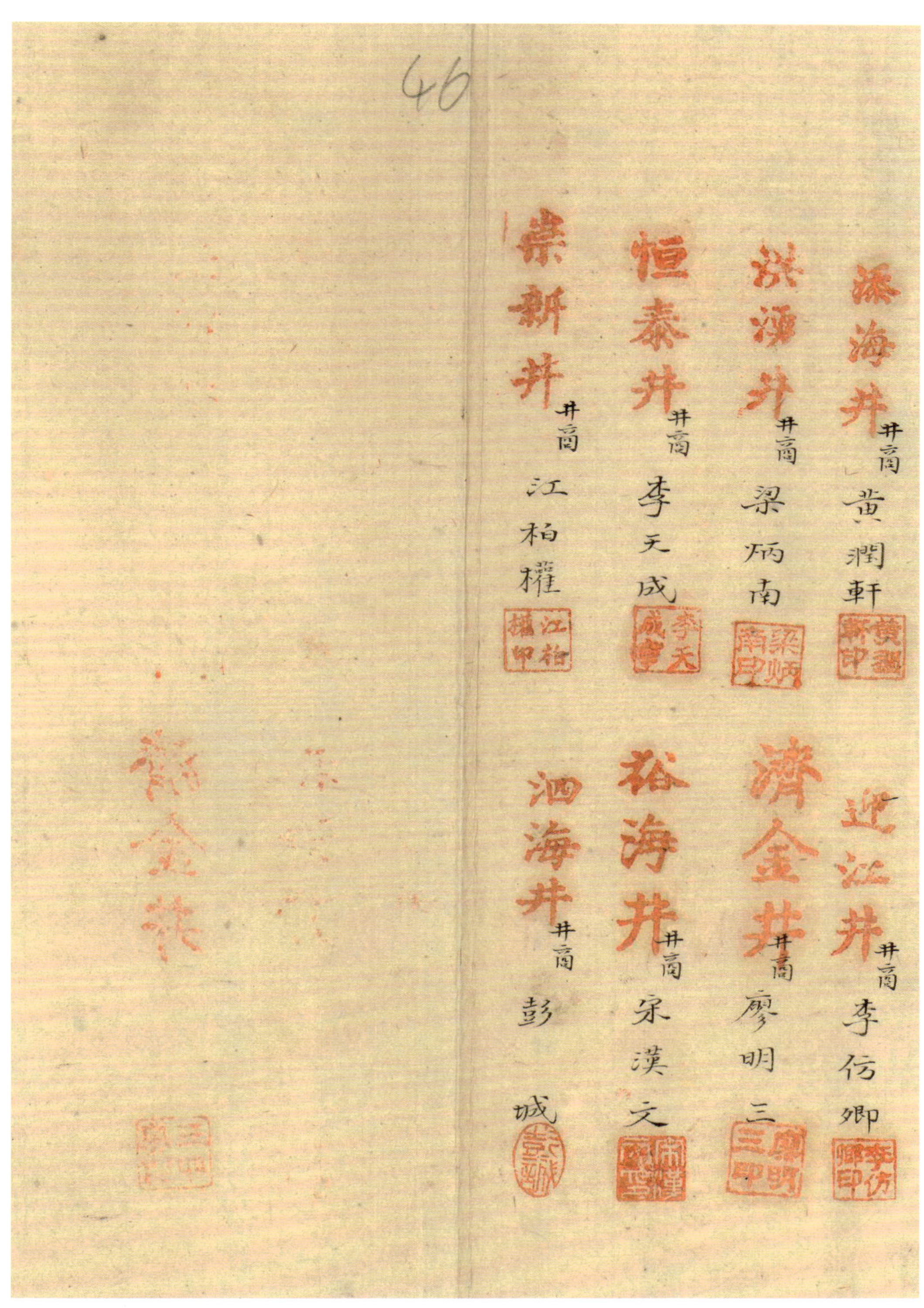

中華民國二十九年一月十七日呈

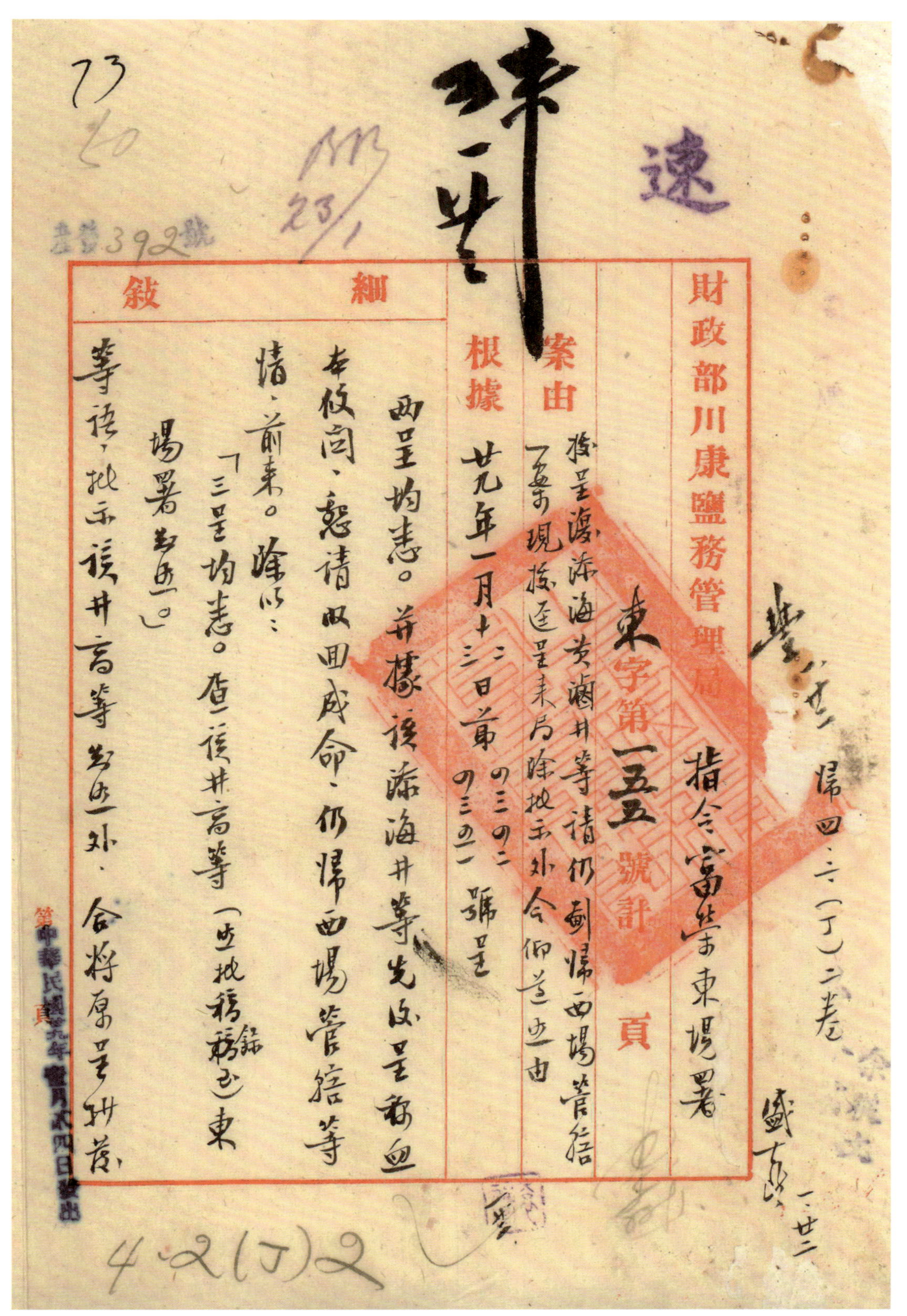

速

財政部川康鹽務管理局

指令　東字第一五五號　計　頁

令富榮東場署

案由：據呈滄海井等請仍劃歸西場管轄一案現據逕呈本局除批示外合仰遵照由

根據：廿九年一月十三日第〇三〇二、〇三〇一號呈

細敘：

西呈均悉。並據該滄海井等先後呈稱由本校問，懇請收回成命，仍歸西場管轄等情。前來。除以：

「三呈均悉。查該井商等（照批稿錄）東場署知照」。

等語，批示該井商等知照外，合將原呈抄發

中華民國廿九年壹月貳四日發出

川康盐务管理局致富荣东场公署的指令（一九四〇年一月二十三日）

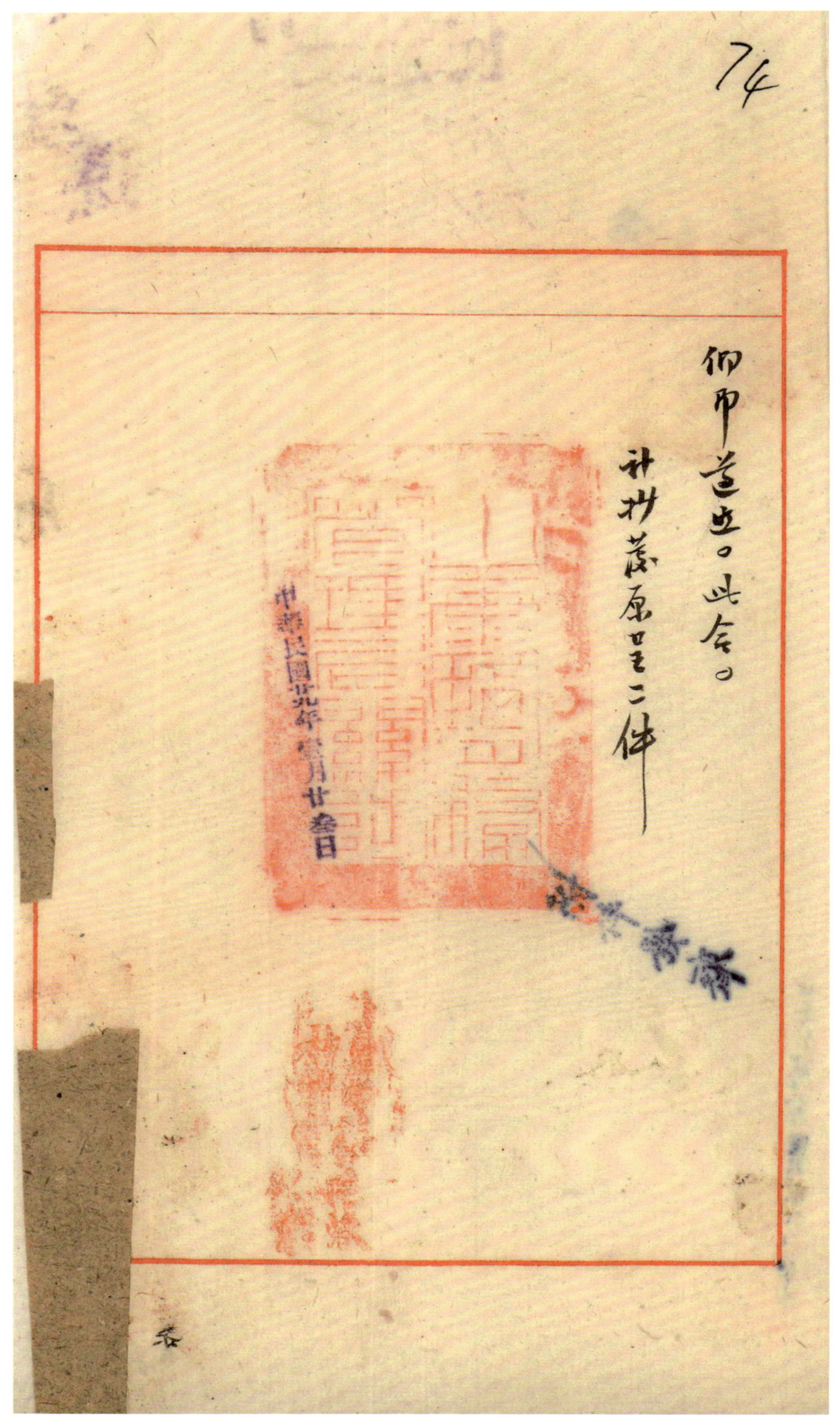

74

仰即遵照。此令。

计抄发原呈二件

中華民國廿九年壹月廿叁日

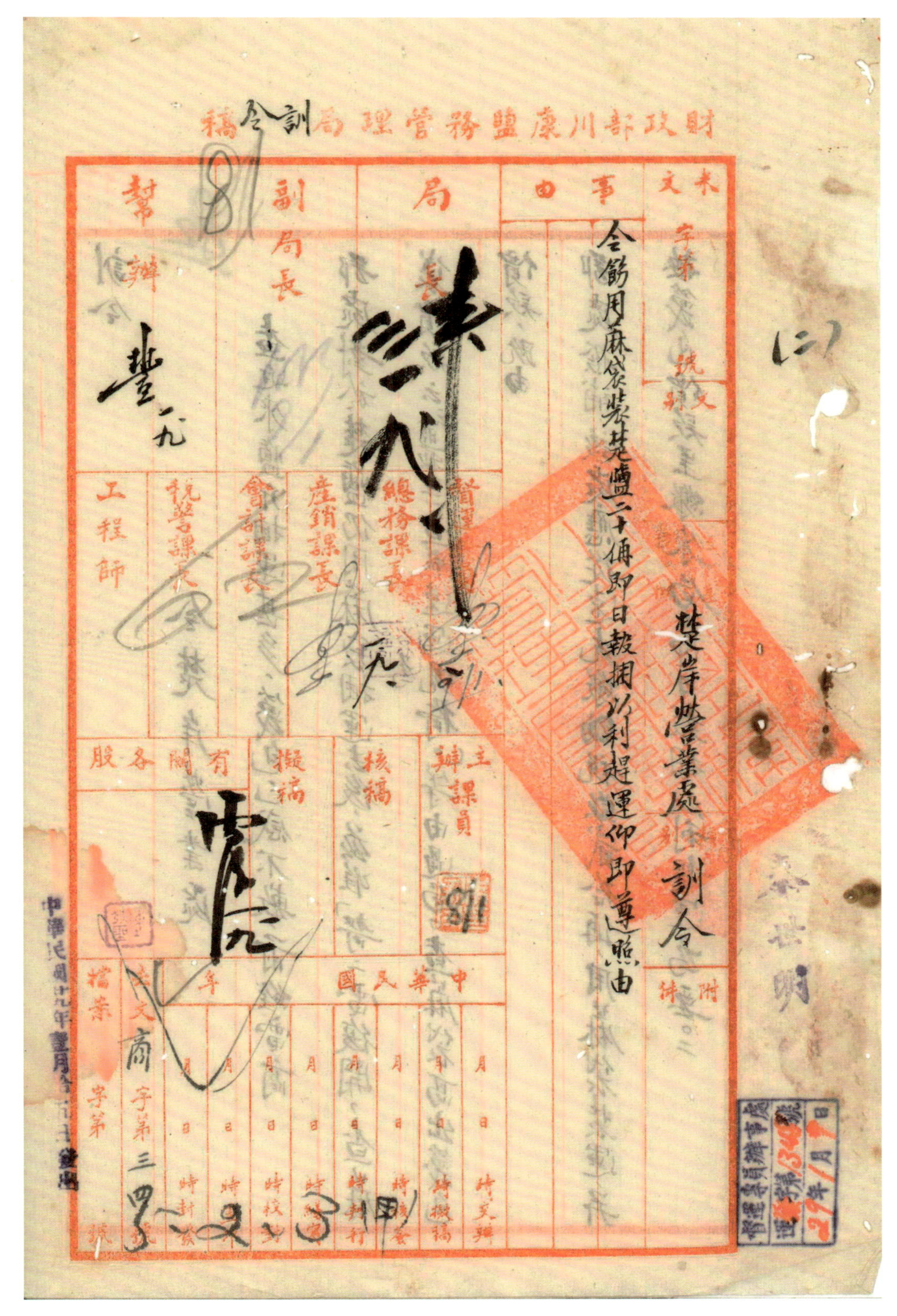
財政部川康鹽務管理局訓令稿

事由：令飭用麻袋裝楚鹽二十儎即日報捆以利趕運仰即遵照由

楚岸營業處 訓令

川康盐务管理局关于用麻袋装楚盐二十儎即日报捆以利赶运致楚岸营业处的训令（一九四〇年一月九日）

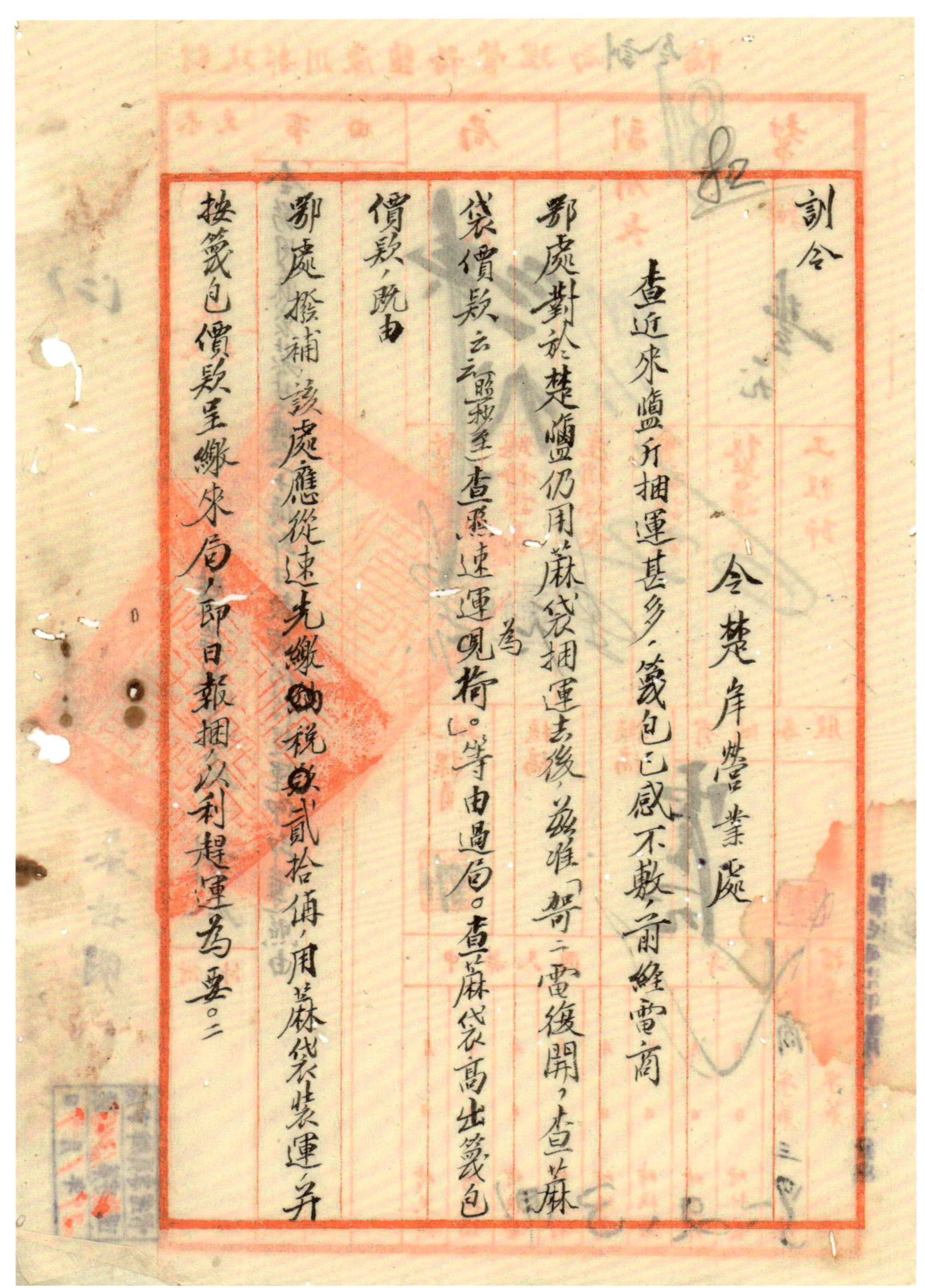

訓令

令楚岸營業處

查近來鹽斤捆運甚多，篾包已感不敷，前經電商

鄂處對於楚鹽仍用蔴袋捆運去後，茲准「鄂」電復開，「查蔴

袋價款云云（照録至）查照速運為荷」等由過局。查蔴代袋高出篾包

價款，既由

鄂處撥補，該處應從速先繳納稅款貳拾倆，用蔴袋裝運，并

按篾包價款呈繳來局，即日報捆，以利趕運為要。二

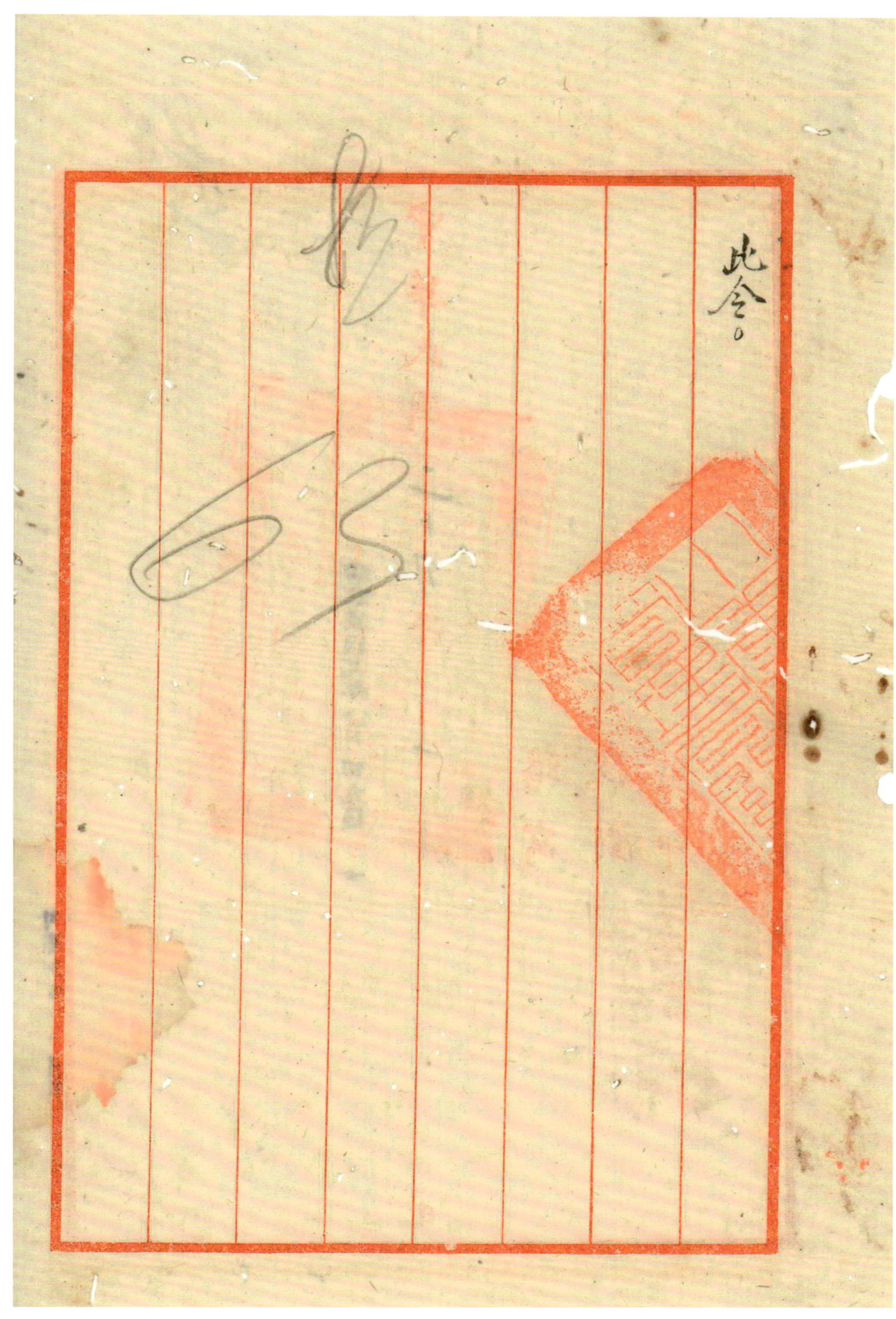
此令。

中華民國二十九年一月　日

繕寫

校對

監印

中華民國廿九年一月初九日

自贡市政府关于准予严拿究办天龙井等屠户擅宰推牛妨害增产致川康盐务管理局的公函（一九四〇年一月十二日）

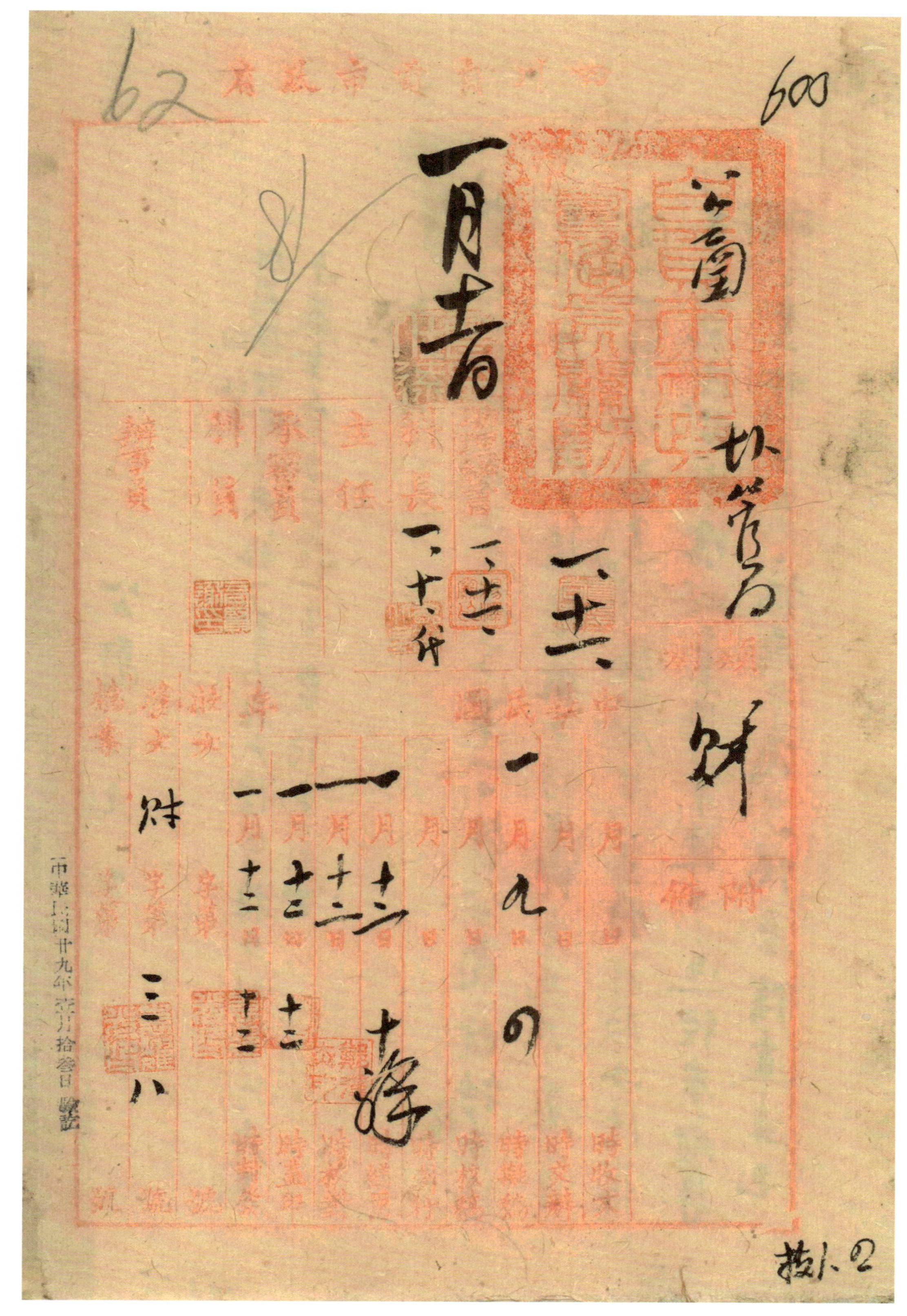

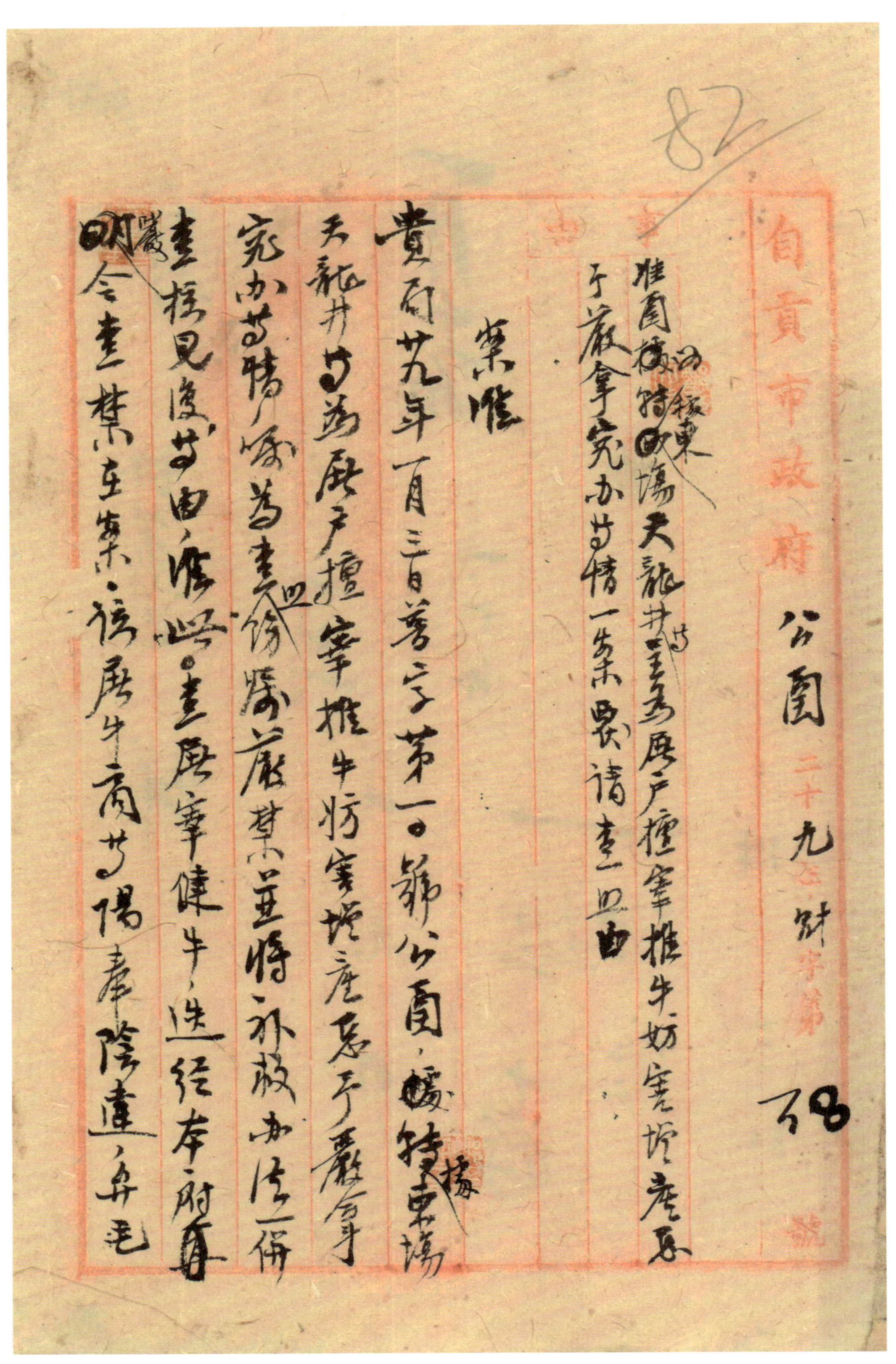

自貢市政府公函

二十九財字第78號

准貴局函據稽核東場天龍井等爲灶戶擅牽推牛妨害堰座懇予嚴拿究辦等情一案覆請查照由

案准

貴局廿九年一月三日蓉字第一〇號公函，據稽核東場天龍井等爲灶戶擅牽推牛妨害堰座，懇予嚴拿究辦等情，囑爲查照嚴禁，並將補救辦法一併查核見復等由，准此。查灶戶牽犍牛，迭經本府

明令查禁在案，該灶戶牛商等陽奉陰違，弁髦

法紀，殊屬不合已極。昔據西塢源性井等以同
樣情形呈請查禁到府，飭准
業經廿六年十一月廿二日署字第四九四三號令飭公函，
據情查禁，等由過府，將該分令飭禁各及縣保
處及各征收兌人一律遵照嚴拿究辦在案，並一
函飭東西兩塢共生水公會擬具補救辦法呈府
核示去訖。二條該公會等擬具辦法呈核，再
行函述前來，准前由，相應照請
查照為荷。此致
川康鹽務管理局

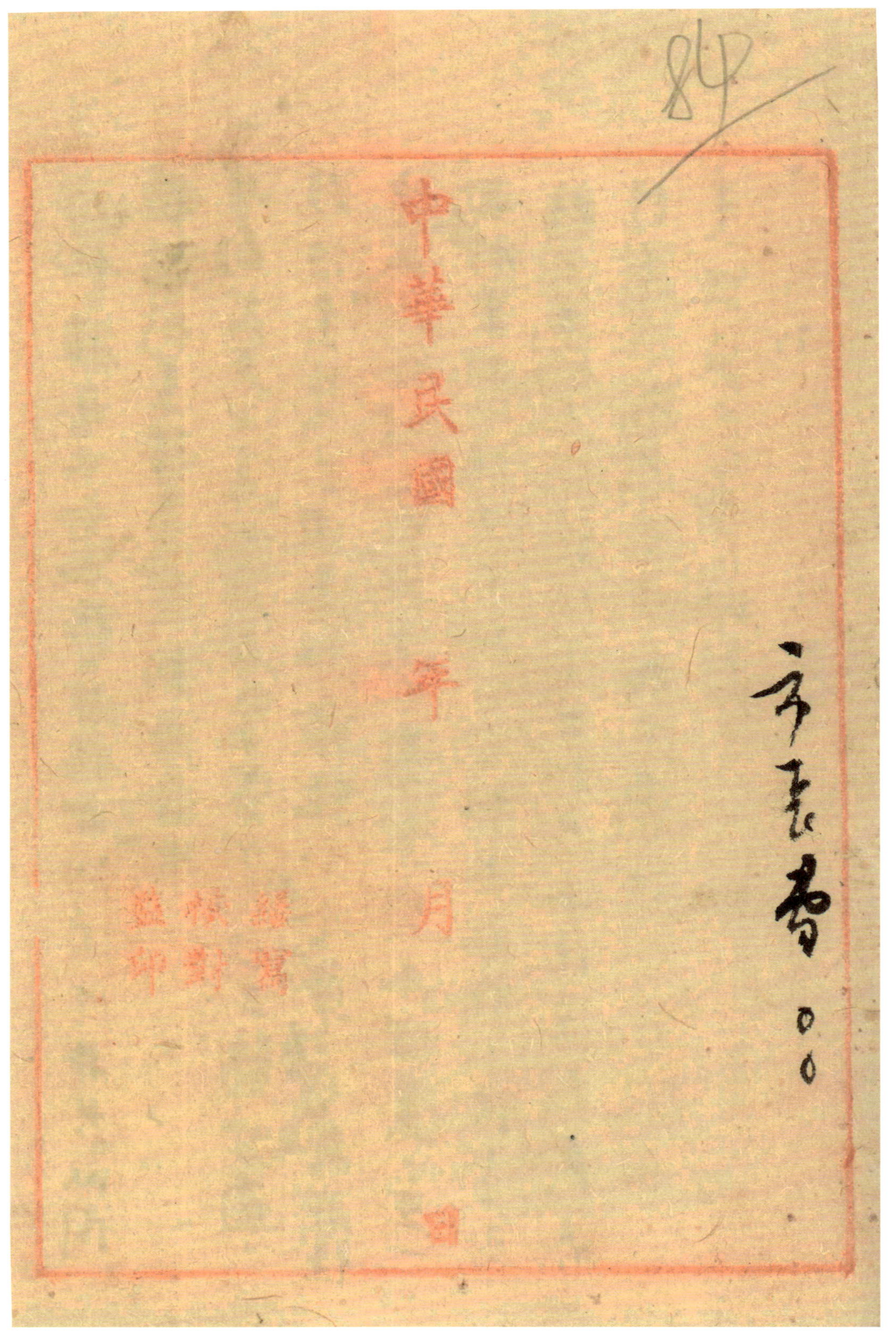
中華民國 年 月 日

繕寫
校對
監印

附：川康盐务管理局致自贡市政府的公函（一九四〇年一月三日）

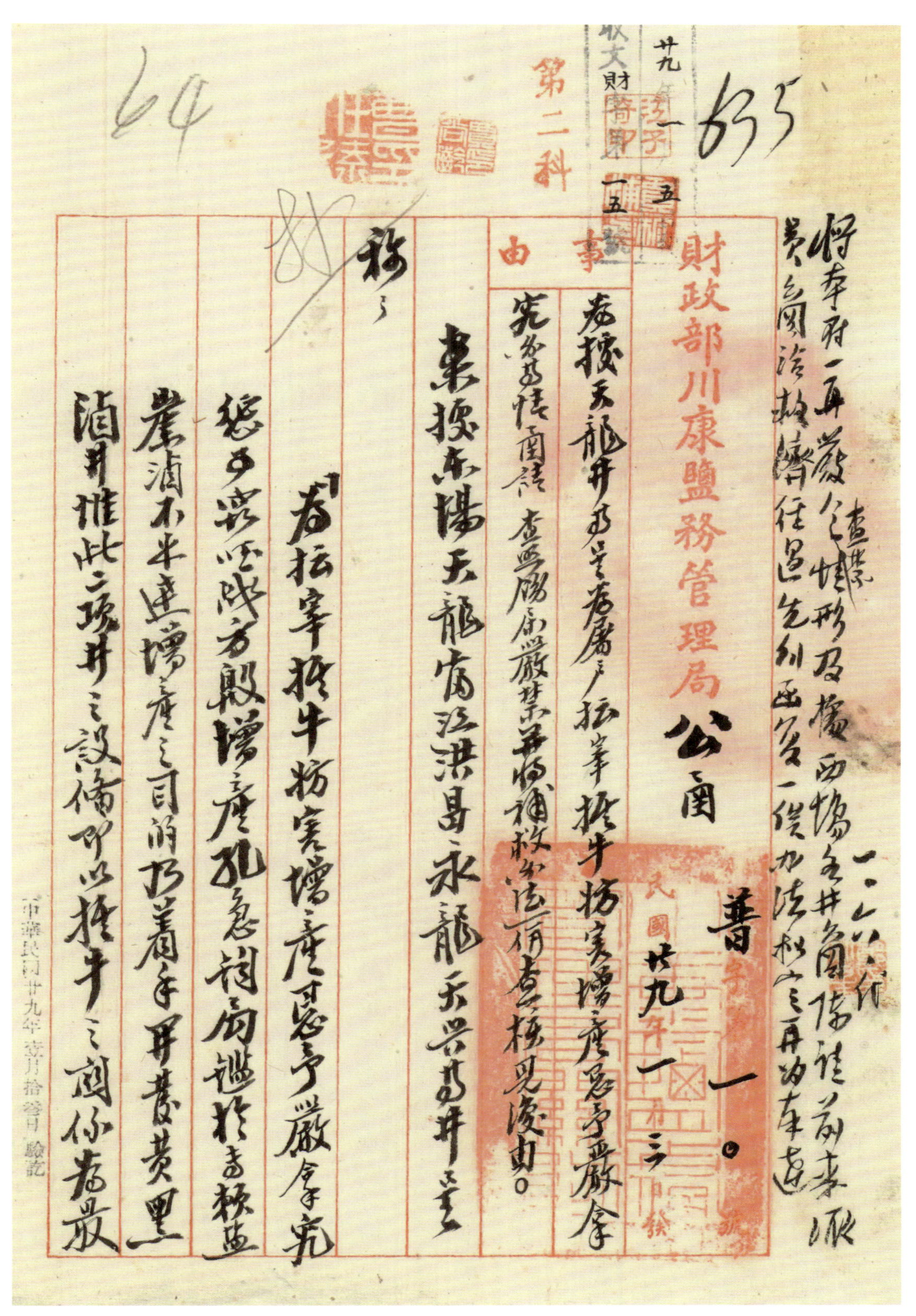

第二科

財政部川康鹽務管理局公函

事由

民國廿九年一月三日

重爱惜使用，正虑不平，乃有无知之宰牛帮

以歆年利，以高价争购佳良精壮之耕牛而

供宰杀，私人自可获厚利，卤井即感有牛而

不能买，供求而难与争，增产前途受损匪浅。

健壮牛只之充分增产力量，供宰杀而化为

乌有，其关系何堪！为此具情上陈，恳予严令禁

止屠宰，派员日夜密查，拿获充公，并予查

封该店，不稍宽容，以除积弊而增产前途

大不能注意之。

等情。据此，查前据西场分署呈据该业井户等呈为盐

宰牛及妨害增產，抄具救濟辦法，另予核轉等情到
局。當經於十二月十八日以蕪字第四九五三號函請
貴府明定罰則，嚴令飭禁屠宰業并核前情查宰
牛犢，屠殺牛之風近未稍減，對於增產影響
日益嚴重，相應具函
貴府煩為查照，併案轉飭嚴禁，并將敝局前
函所擬補救辦法一併
賜予核復，實紉公誼。

此致

自貢市政府

67 88

張績文

畢部鍋

鹽印張之洤

校對雷毅

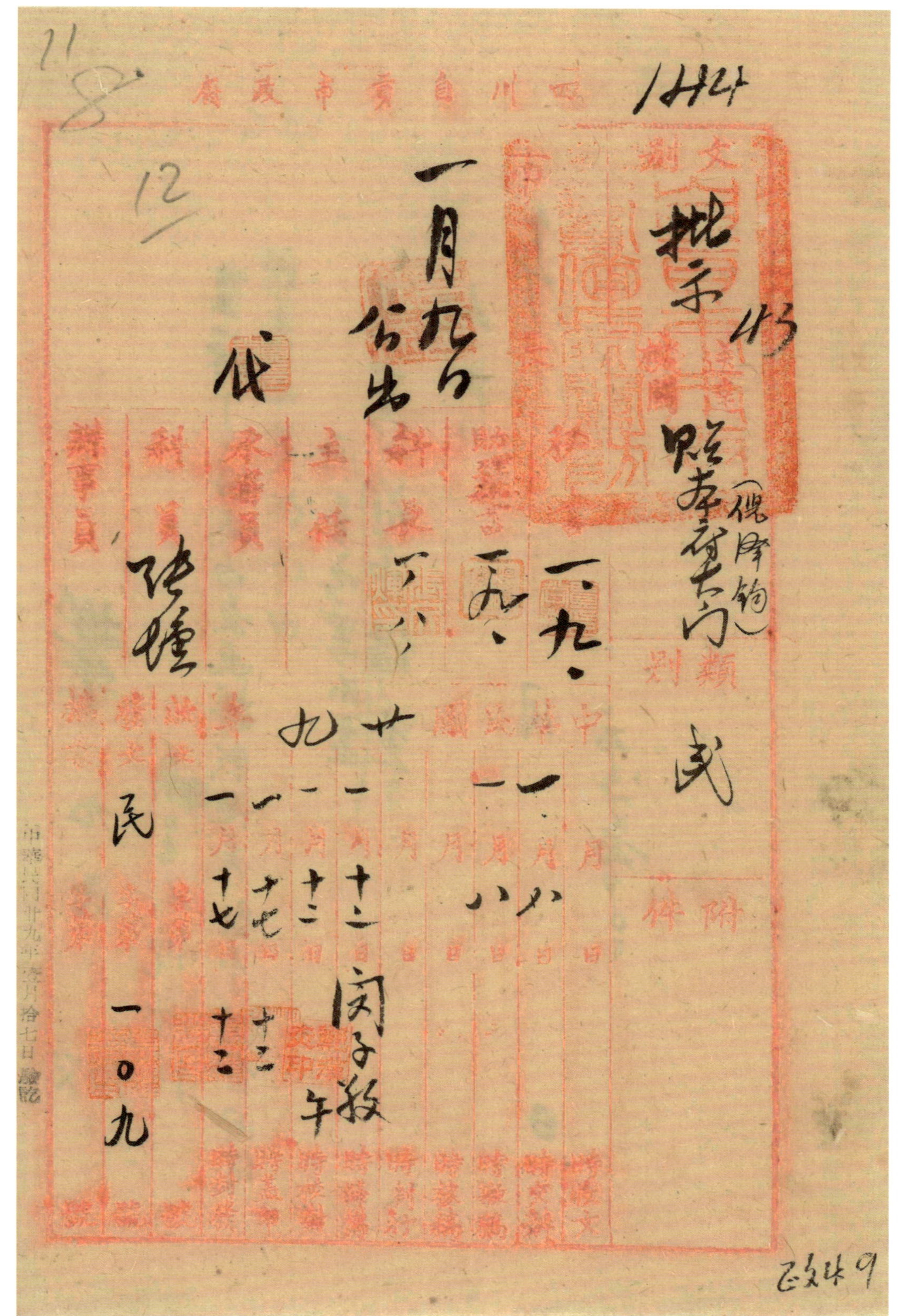

自贡市政府关于陈雨高等违约卷款逃匿恳予备查以维增产致倪泽钧的批示（一九四〇年一月十七日）

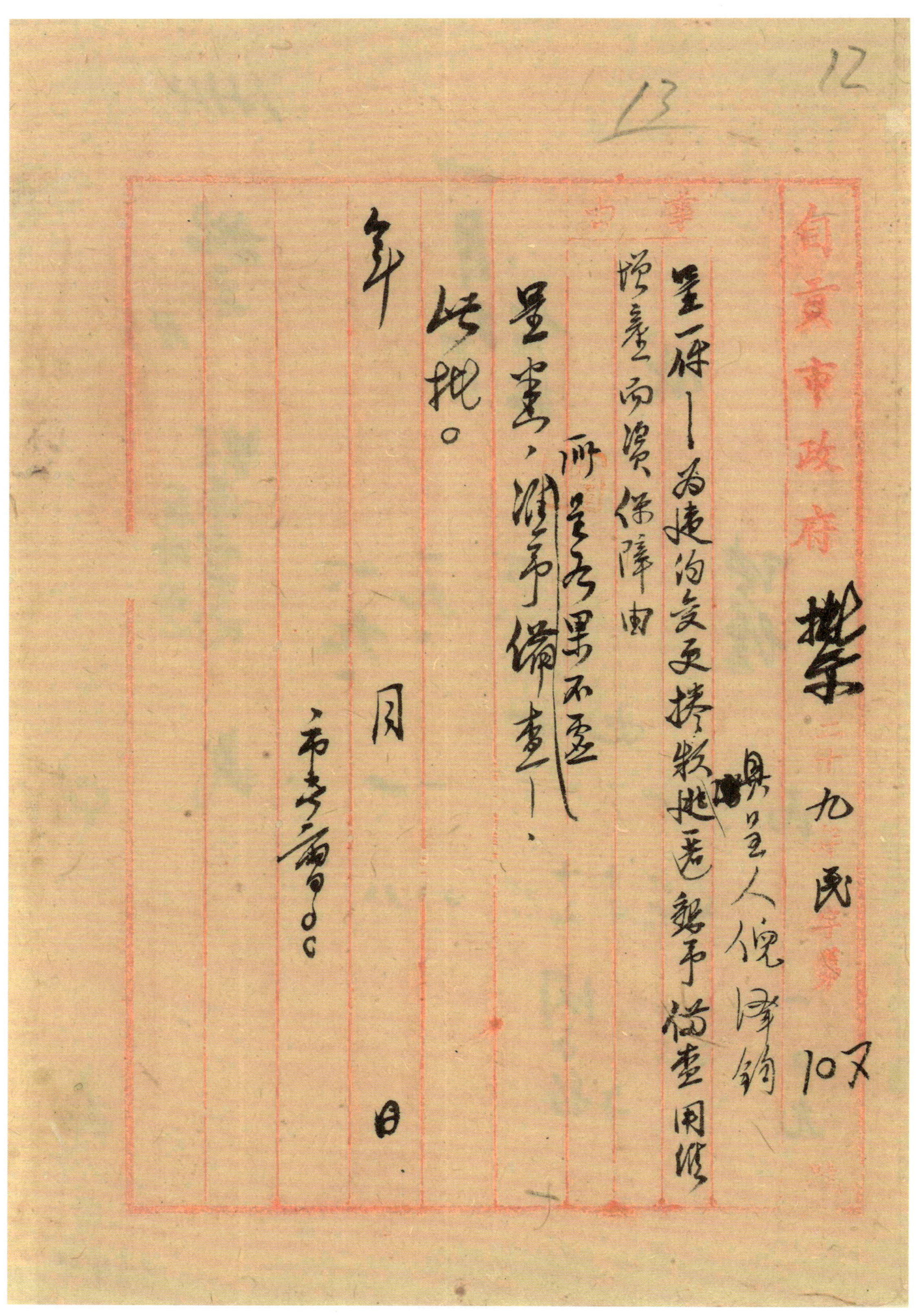

13

12

自贡市政府 批 二十九年 民字第 10X 号

具呈人倪泽钧

事由 呈一件——为建沟灶更换枧挑卤恳予备查用维增产而资保障由

呈悉。所呈各果不遥，准予备查。

此批。

市长曹〇〇

年 月 日

附：倪泽钧致自贡市政府的呈（一九四〇年一月）

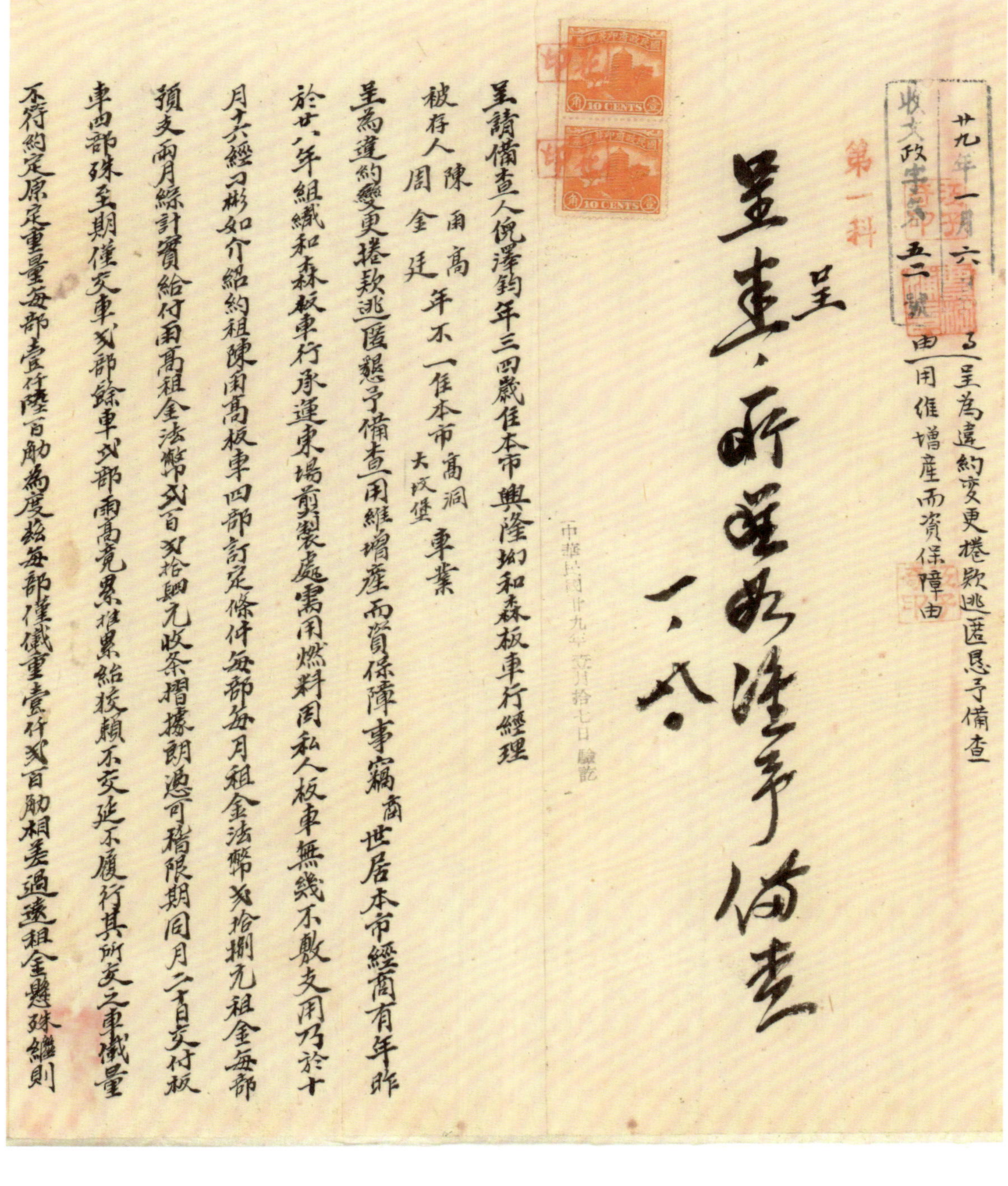

收文政字第五二號 廿九年一月六日

由：呈為違約變更搽款逃匿懇予備查用維增產而資保障由

第一科

呈悉，所呈均准予備查 一、八

中華民國廿九年壹月拾七日 驗訖

呈請備查人倪澤鈞年三四歲住本市興隆坳和森板車行經理

被存人 陳雨高 周金廷 年不一住本市高洞大坟堡 車業

呈為違約變更搽款逃匿懇予備查用維增產而資保障事竊商世居本市經商有年昨於廿八年組織和森板車行承運東場煎製處需用燃料因私人板車無幾不敷支用乃於十月十六經刁彬如介紹約租陳雨高板車四部訂定條件每部每月租金法幣〤拾捌元租金每部預支兩月綜計實給付雨高租金法幣〤百〤拾肆元收條摺據朗憑可稽限期同月二十日交付板車四部殊至期僅交車〤部餘車〤部雨高竟累推累給拖賴不交延不履行其所交之車儀量不符約定原定重量每部壹仟陸百觔為度茲每部僅儀重壹仟〤百觔相差過遠租金懸殊繼則

雨高不車不面捲款逃匿以致運車不敷迭被場署飭責迫於無法乃于十二月份復租周金廷板車四部每部每月以所得三股歸金廷七股作火食車工等費倘營業虧折概歸商負擔金廷毫不涉累

金廷殊商自遭雨高詐欺捲逃前後損失營業已達叁百餘元債權無法措償茲金廷乘機妨害意圖翻異迭支伊徒迭次阻車不准運儎種種阻擾并大言叱稱若不給車非盜賣燃料不可商職責所在

實難旁待衹得據實呈請

鈞府作主俯賜鑒核准予備查用維增產而杜冉累是否有當伏乞 示遵謹呈

自貢市市政府

鈞鑒

呈請備查人 倪澤鈞 十

中華民國二十九年一月 日

川康盐务管理局关于拟定增产办法一案致富荣东西两场公署的训令（一九四〇年一月三十日）

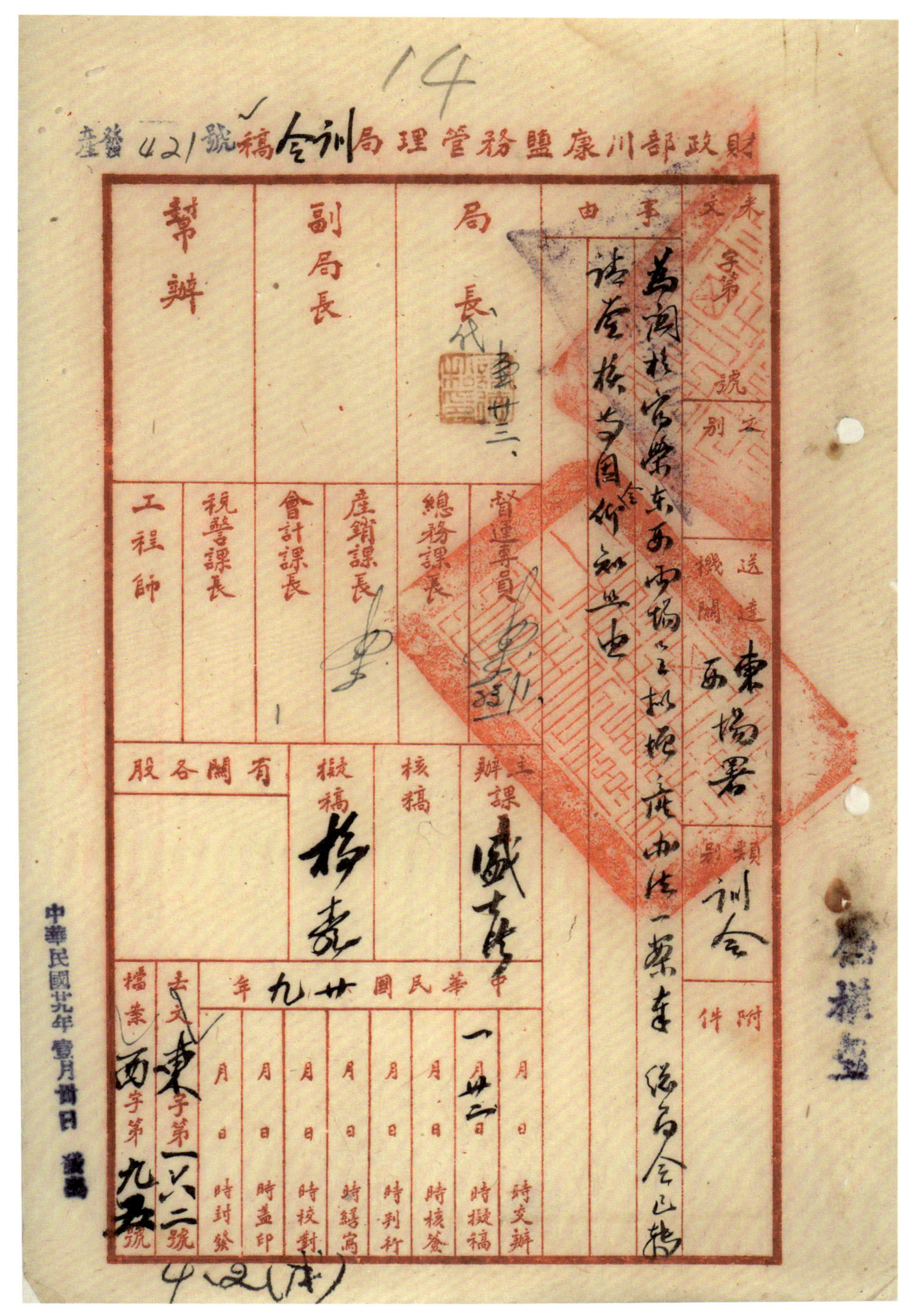

14

財政部川康鹽務管理局訓令稿 421號 發產

來文 字第 號	事由	局長	副局長	幫辦
文別	為關於富榮東西兩場公署擬定增產辦法一案令仰遵照並轉知各灶户知照由	長 代 （印） 廿三		

督運專員	總務課長	產銷課長	會計課長	稅警課長	工程師

送達機關：東西場署

類別：訓令

附件：

主辦課	核稿	擬稿	有關各股
盛		楊	

中華民國廿九年

月 日 時 交辦	一月廿二日 時 擬稿	月 日 時 核簽	月 日 時 判行	月 日 時 繕寫	月 日 時 校對	月 日 時 蓋印	月 日 時 封發	去文 東字第一八二號	檔案 西字第九五號

中華民國廿九年壹月卅日 發出

4 2(产)

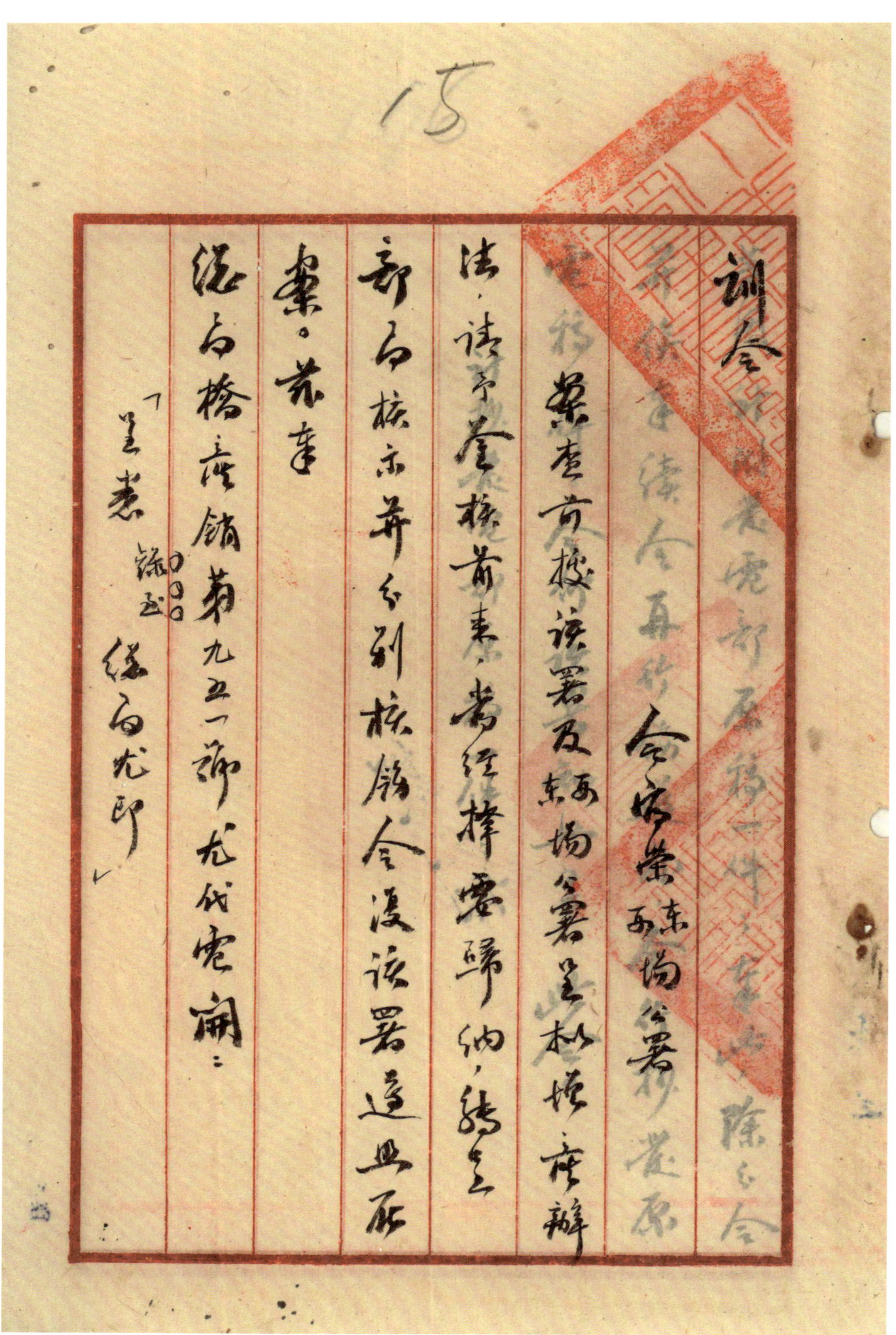
15

訓令

令富榮東西場公署

案查前據該署及東西場公署呈報增產辦法，請予查核前來，當經摘要歸納，轉呈部局核示並分別核飭令復該署遵照在案。茲奉

總局稽產銷第九五一號尤代電開：

「呈悉。」總○○○函

總局尤印

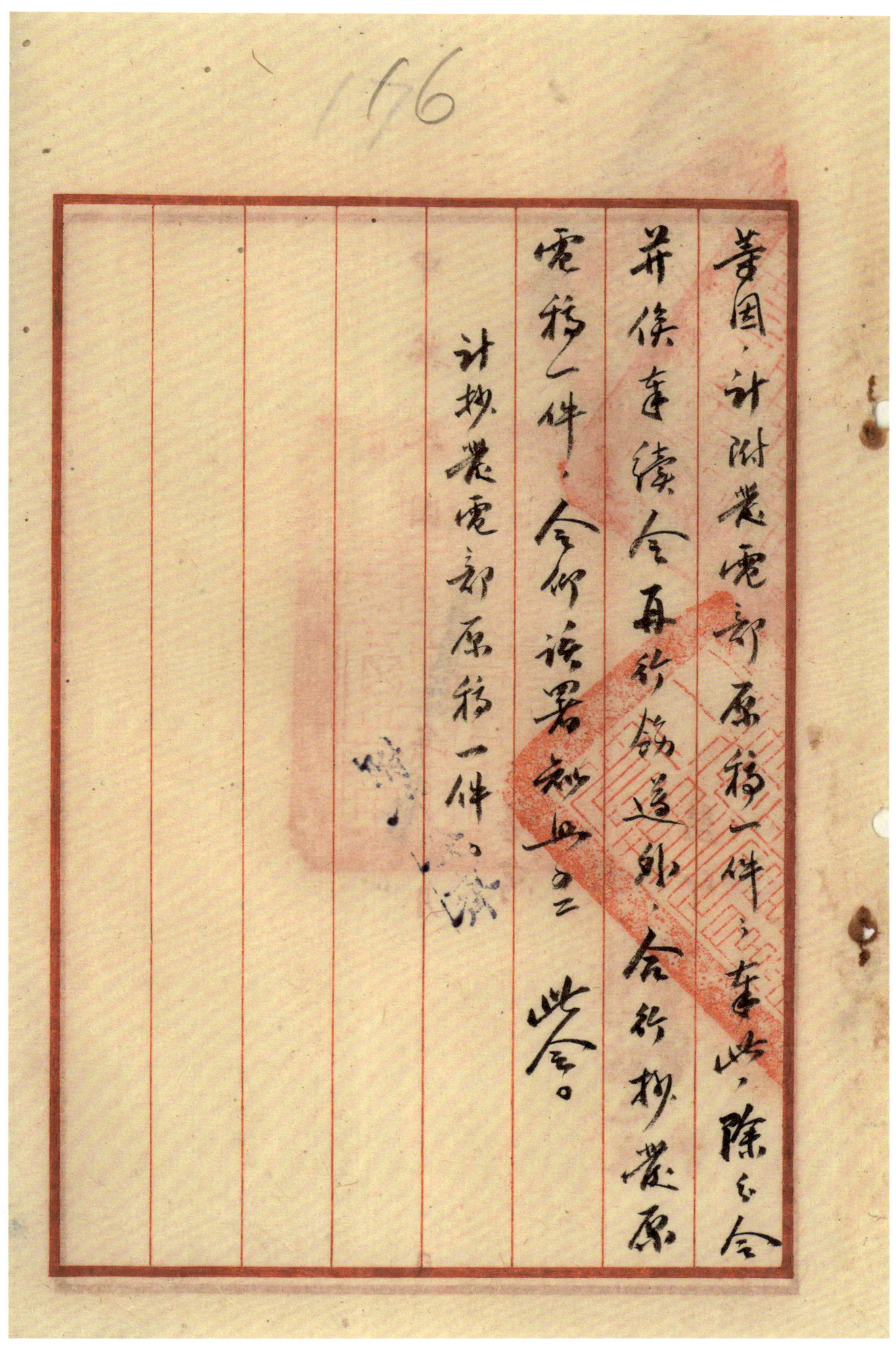

176

等因。計附發電部原稿一件。奉此。除分令
並候奉續令再行飭遵外。合行抄發原
電稿一件。令仰該署知照。此令。
計抄發電部原稿一件。

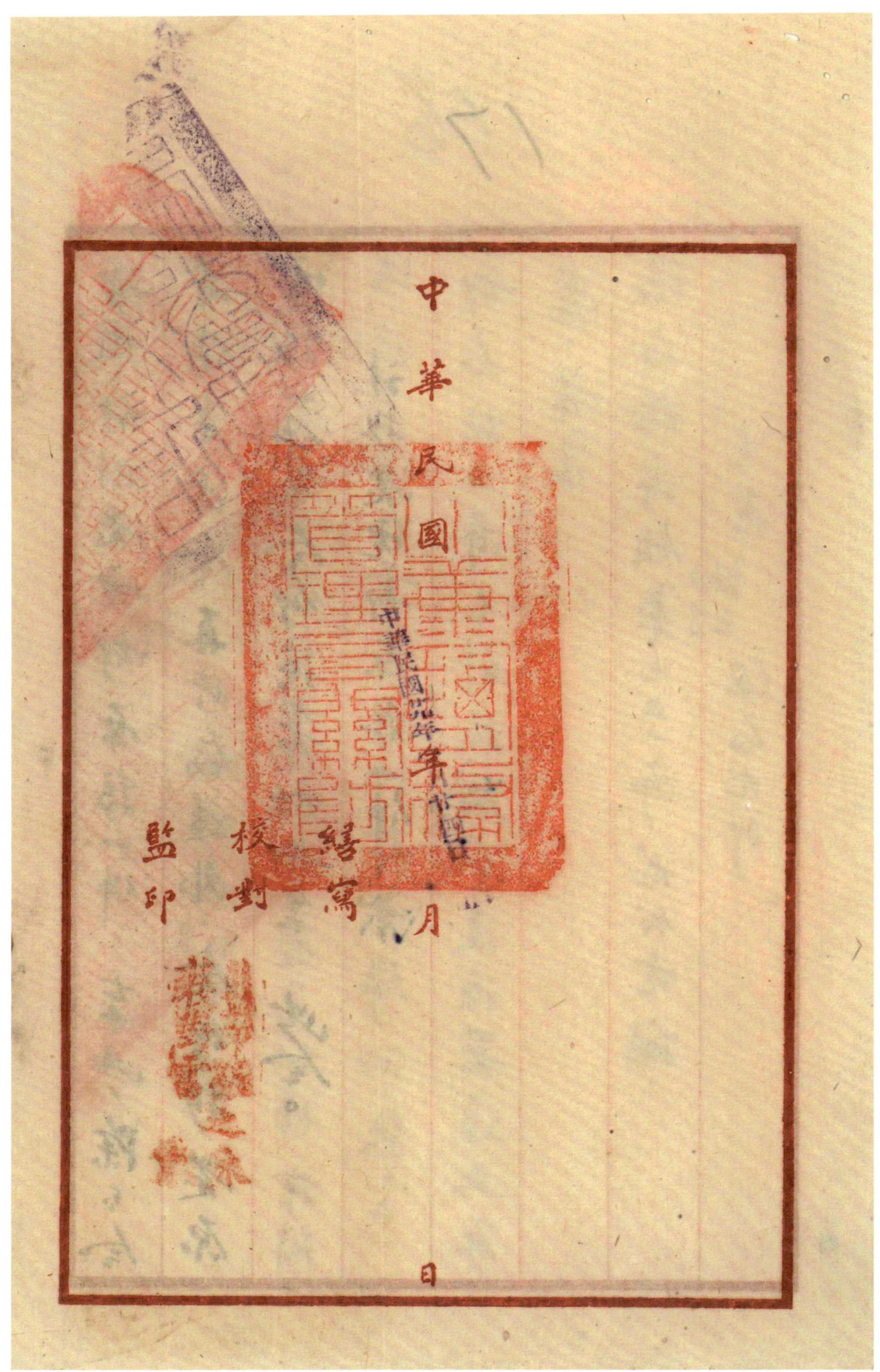

中華民國　年　月　日

繕寫
校對
監印

附：财政部盐务总局致川康盐务管理局的代电及附件（一九四〇年一月十一日）

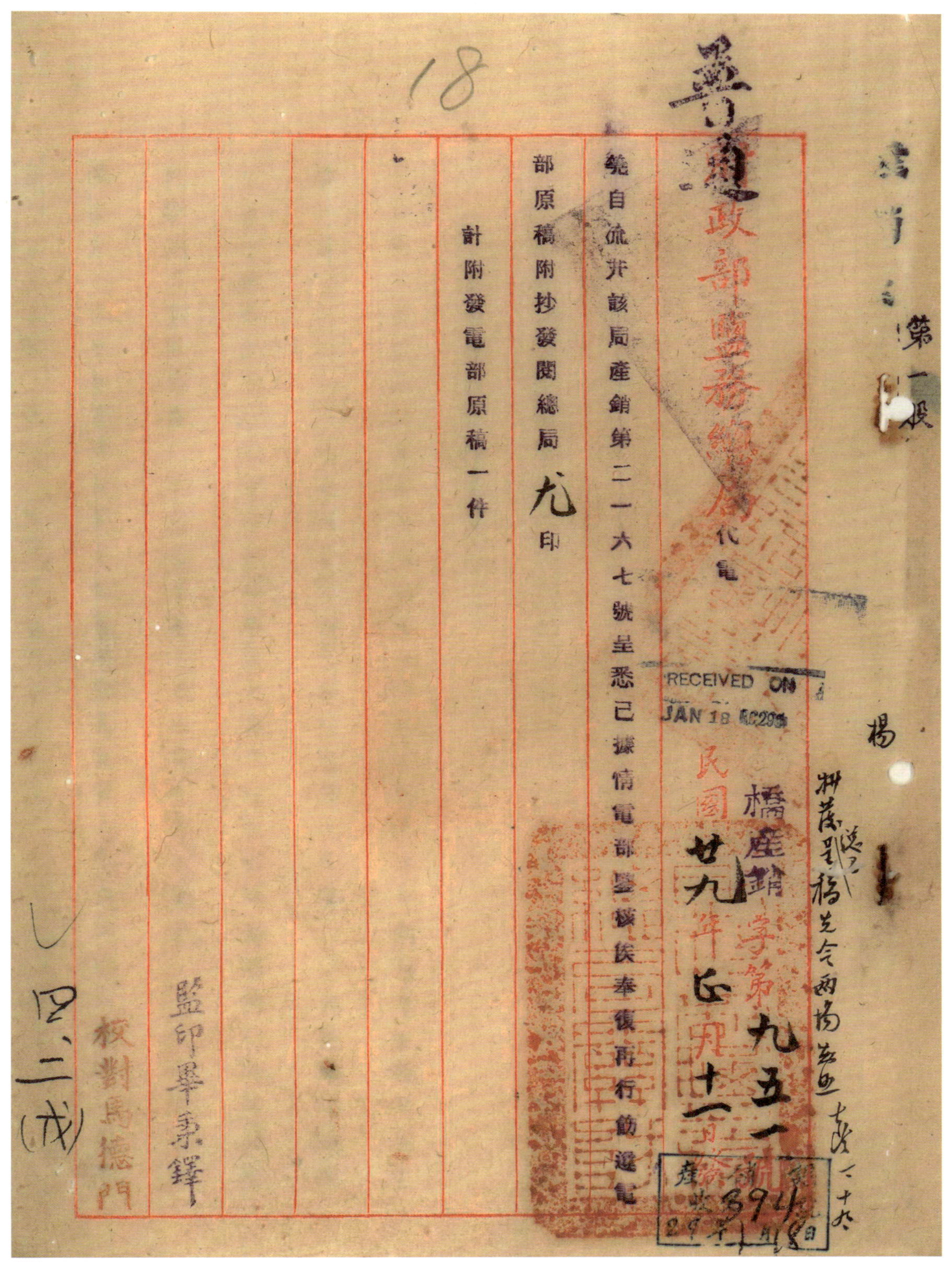

財政部鹽務總局代電

橋產銷字第九五一號

民國廿九年丑月十一日

川康鹽務管理局：本年一月十六日第二一六七號呈悉。已據情電部鑒核，俟奉復再行飭遵。電部原稿附抄發閱。總局尤印

計附發電部原稿一件

監印畢秉鐸

校對馬德門

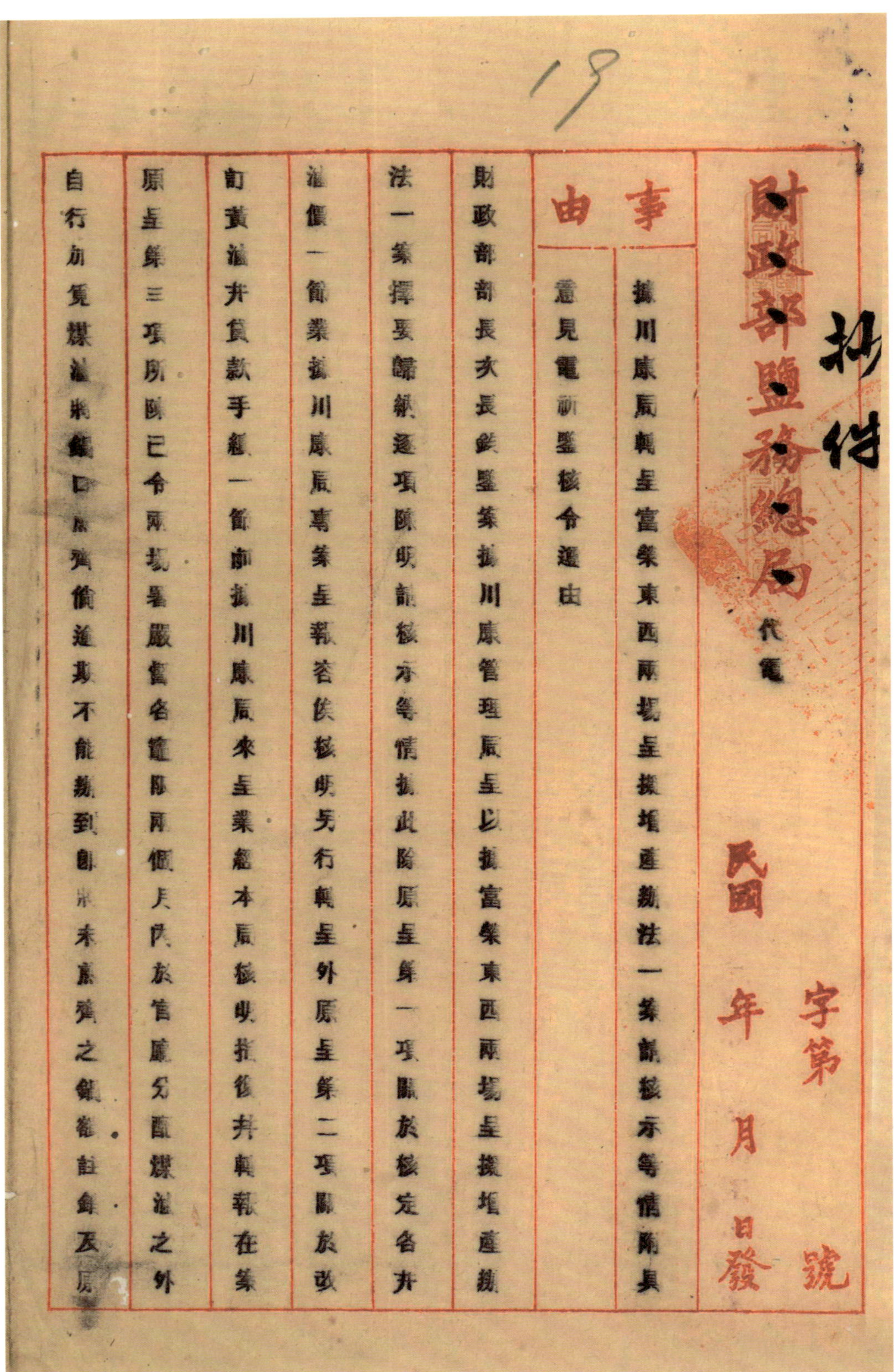

抄件

財政部鹽務總局 代電

字第 號

民國 年 月 日發

事由：據川康區轉呈富榮東西兩場呈擬增產辦法一案請核示等情除具意見電請鑒核令遵由

財政部部長次長鈞鑒案據川康管理局呈以據富榮東西兩場呈擬增產辦法一案擇要歸納逐項陳明請核示等情查此案原呈第一項關於核定各井灶價一節業據川康局專案呈報呈候核明另行轉呈外原呈第二項關於改訂黃滷井貸款手續一節前據川康局來呈業經本局核明指復并轉報在案原呈第三項所陳已令兩場署嚴飭各灶除兩個月內於管廠分配煤滷之外自行另覓煤滷來源以補償其不能趕到部令未來產額之餘額藉註銷及原

第四項所陳集廠產鹽區內如有新礦准由商人自行開採備用惟運售及運
費仍應照統制會裁定辦理各節查核倘無不合似可予以備案原呈第五項
所請按月核定鹽價准售一節查鹽價准售向係根據實需成本公平核定茲
月按照與否并無若何區別惟按月核定於產岸價不無困難所請似可
無庸置議又原呈第六項所陳擬准久大集鹽廠在西場安設平鍋專煎黃滷
一節係為移電就滷增加產量起見原則上自屬可行擬飭其籌劃呈再行
核明請示辦理至原呈末段所陳於將來川鹽不需要增產時所有區增產建
設之井灶產出鹽滷應由鹽務官廳負責設法銷納以杜虧虛而利增產一節
似可暫予備案除原呈業已逕呈鈞部外理合備文鈔附呈請鑒核令遵謹呈
鹽務總局局長　　　　白

飭其届時再行查酌情形擬具詳細辦法呈核

富荣盐场场商联合办事处关于限期迁移坟墓以利防空而便增产致自贡市政府的呈（一九四〇年一月二十六日）

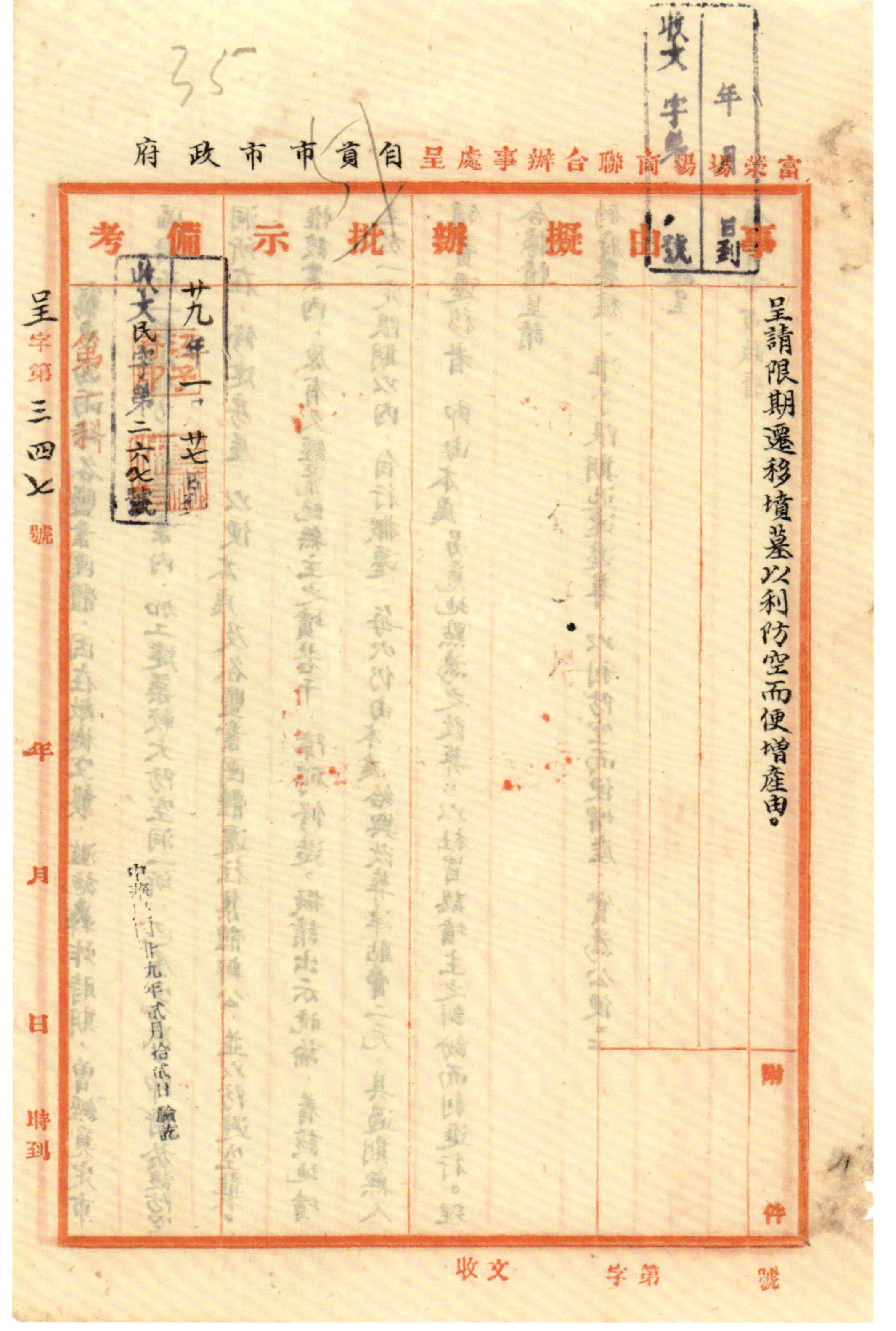

富榮場場商聯合辦事處呈　自貢市市政府

事由　呈請限期遷移墳墓以利防空而便增產由。

擬辦

批示

備考

附件

呈字第三四七號

年　月　日　時到

收文　字第　號

52

竊東西兩場各鹽業團體，因在敵機空襲，濫施轟炸時期，曾經覓定市區附近一對山地方，自置業內，加工建築較大防空洞一所，已屆完成。即將於該防空洞所在，修建房屋，以便本處及各鹽業團體遷往集體辦公，並以防避空襲。惟該業內，原有久經荒絕無主之墳若干，障碍修造。擬請出示曉諭，着該地墳主於一定限期以內，自行搬遷，每穴仍由本處給與改葬津貼費二元，其過期無人領費遷移者，即由本處另覓地點為之改葬，以杜冒認墳主之糾紛而利進行。理合據情呈請

鈞府察核，准予限期迅速遷葬，以利防空而便增產，實為公便。二

謹呈

自貢市市政府

富榮場場商聯合辦事處主任幹事李雲湘
副主任幹事宋席九
顏心畬

中華民國二十九年一月二十六日

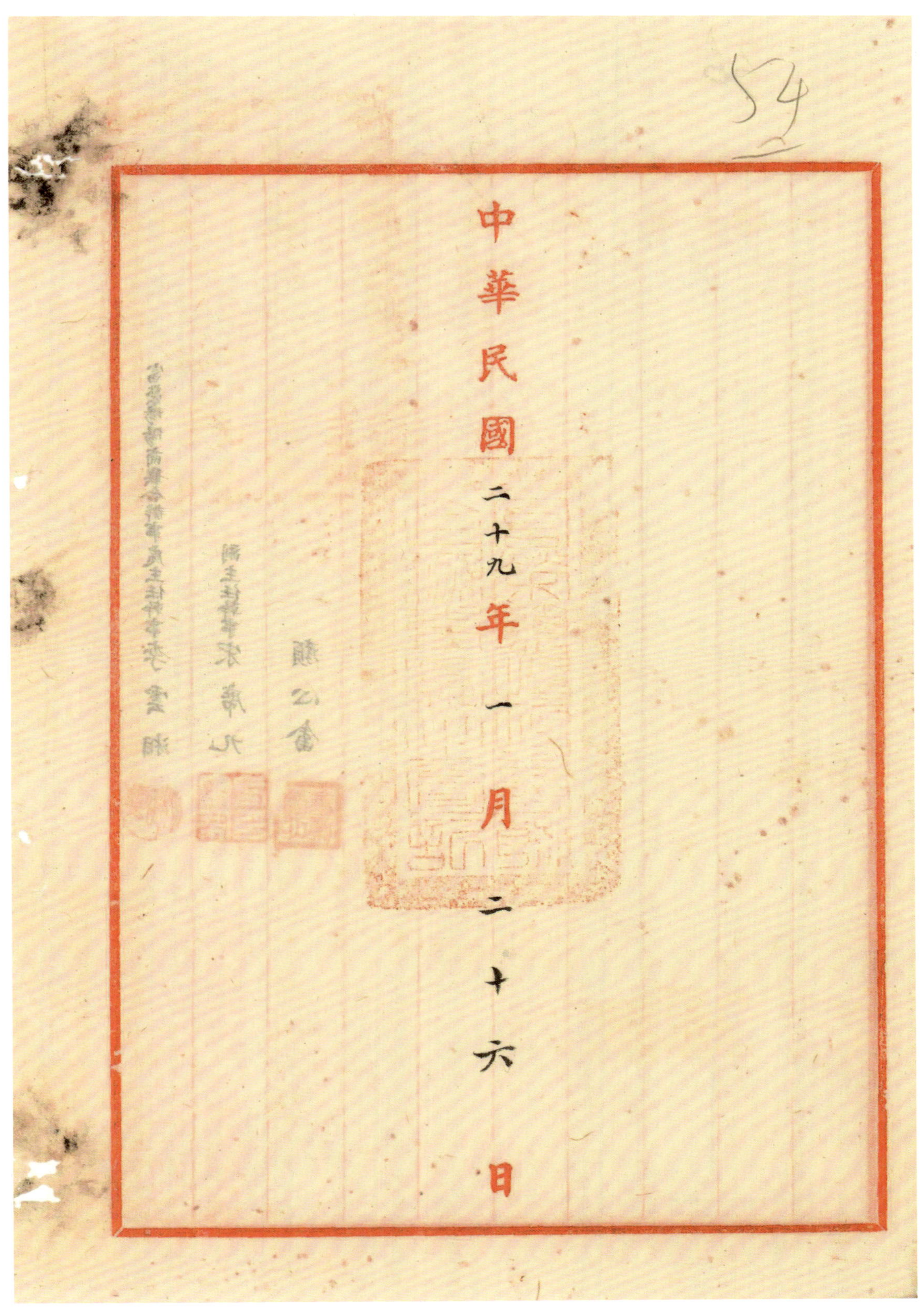
中華民國二十九年一月二十六日

自贡市汲卤索商业同业公会主席汪吉六关于折本过巨无力经营再恳核卤索价格以利增产致川康盐务管理局的呈（一九四〇年一月二十六）

248

收到日期 民國廿九年一月卅 日

普 6697

事由

第三股

為折本過鉅無力經營再懇核價以利增產由

擬辦

批示

備考

字第 號

年 月 日 時到

收文 字第 號

5·1（甲）

為折本過鉅無力經營再懇核加公佈用恤小商以利增產事竊本會所屬會員與布
區內各井户滷索交易概照上季價格結算推因物價自去歲九月增高營業從茲折
本雖一再向井户請求添價悉皆推諸大市藉以紿延其時本會各員意欲停止營業吉六
等一面盡情開導勸其忍苦負重免維其難一面由本會負責函請井公會主張公道按物價
增漲級數酌量添價乃專函去訖久候未覆迫不已始于二十八年十一月將上下季物價比
較表及折本困難情形陳明
場署聲請核價在案當蒙批准查明核辦嗣經東場公署指派郭家垭秤放處及西
場羅布土副秤放處調查完竣召集井方代表吳崇周與吉六在郭區秤放處議決大車
與翻夜牛車索價每觔二角二仙大井推氣索價每觔二角雙方簽字呈覆請
場署公佈殊靜候至今將近三月仍未見公佈亦未令飭井公會通知井户而井户口

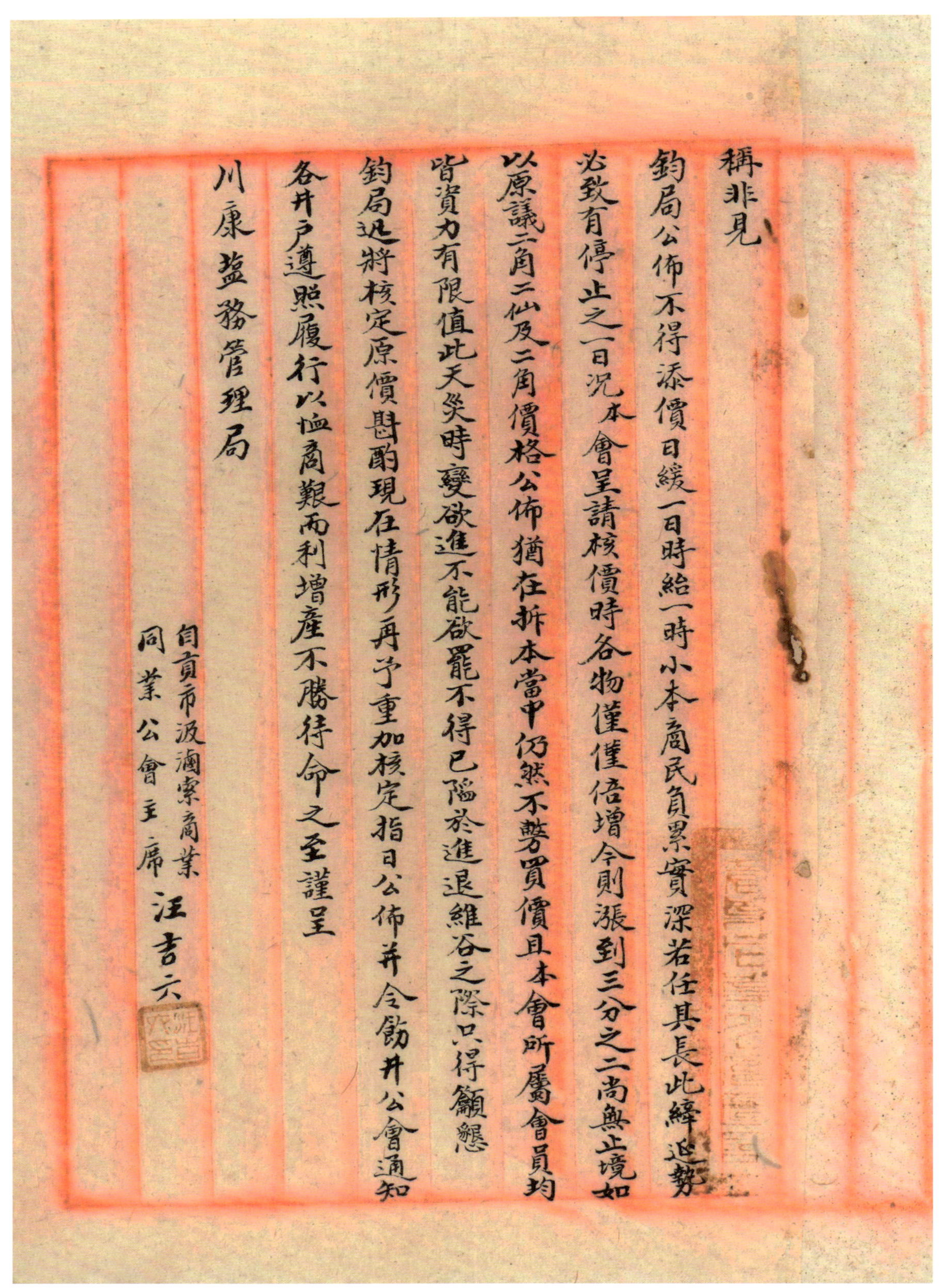
稱非見
鈞局公佈不得添價日緩一日時給一時小本商民負累實深若任其長此綿延勢必致有停止之一日況本會呈請核價時各物僅僅倍增今則漲到三分之二尚無止境如以原議二角二仙及二角價格公佈猶在折本當中仍然不敷買價且本會所屬會員均皆資力有限值此天災時變欲進不能欲罷不得已陷於進退維谷之際只得籲懇
鈞局迅將核定原價斟酌現在情形再予重加核定指日公佈并令飭井公會通知各井戶遵照履行以恤商艱而利增產不勝待命之至謹呈
川康盐務管理局

自貢市汲滷索商業
同業公會主席 汪吉六

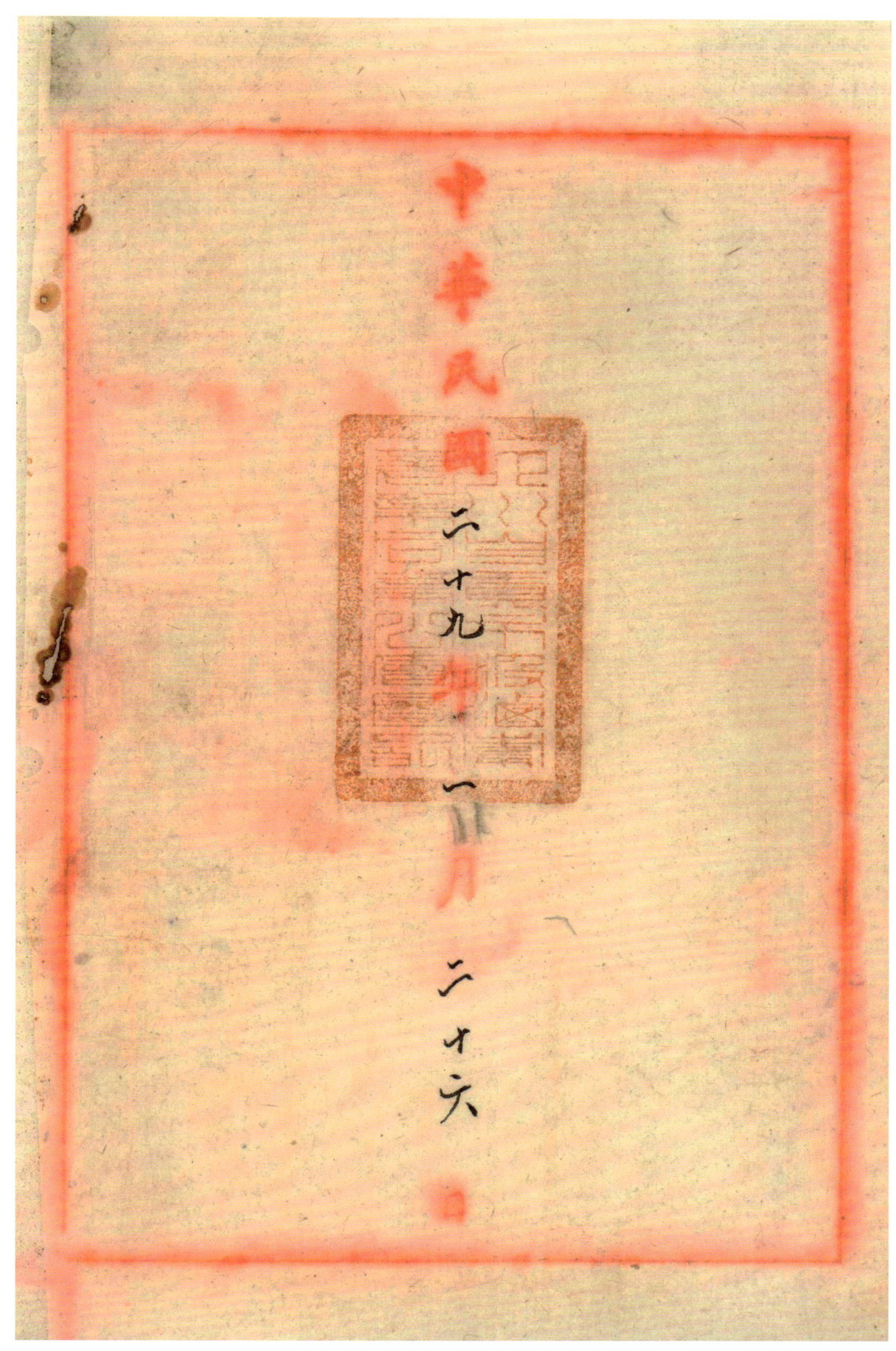

中華民國二十九年一月二十六日

久发井经手刘炳村、黄纯武关于请求函咨法院从速执行相关案件以便早日起推盐井以免延误增产致川康盐务管理局的呈（一九四〇年二月十五日）

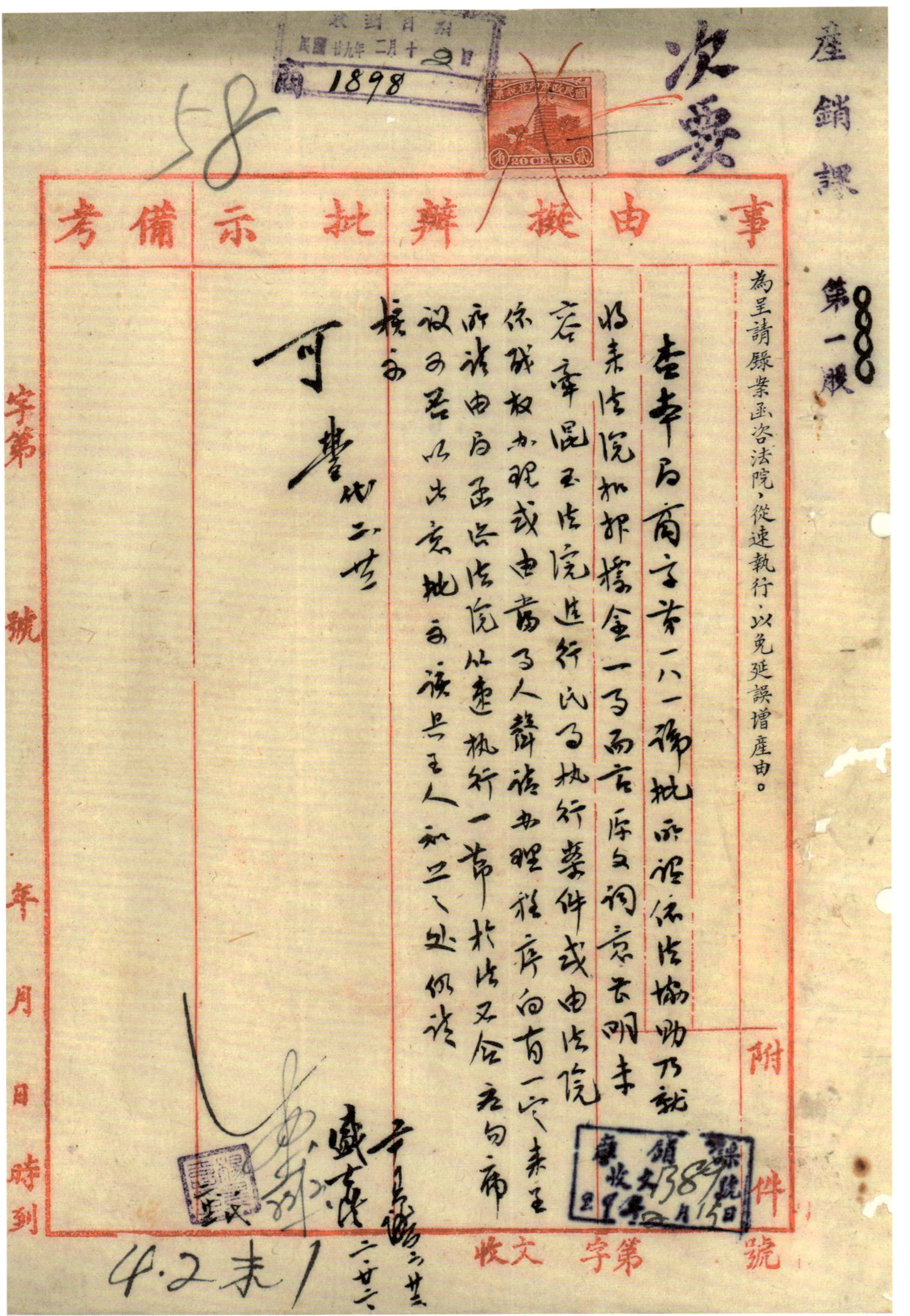

產銷課

事由：為呈請縣案函咨法院，從速執行，以免延誤增產由。

擬辦

批示

備考

附件

緣商井因被推戶顔伯師，落濫不取停推一案，呈奉

鈞局二十九年二月六日商字一八一號批示應遵，昌瀆，惟查商井因司法程序執行較緩，未能如限

設備起推，致降頒標金，在利益上固已受損失，但因此即影響司法執行，蓋降頒標金，解釋上含

有永不許推之意，似不能以有用之錢，取無用之井，故法院在商井被降頒標金後即停未執行，

茲奉批前因，似予降頒標金乃商井在公司内分配利潤之限制，不涉及井之推汲問題，降頒

標金一事也，取井起推又一事也，在降頒標金期中，如能取井設備起推，似亦不能加以

限制，故

鈞批後段仍許協助司法執行，此雖商之臆測，但值此增産期中，應有如此措置，為此

呈請

鈞局録案函咨法院，從速予以執行，俾早取井起推，公私有益，仍候批遵。

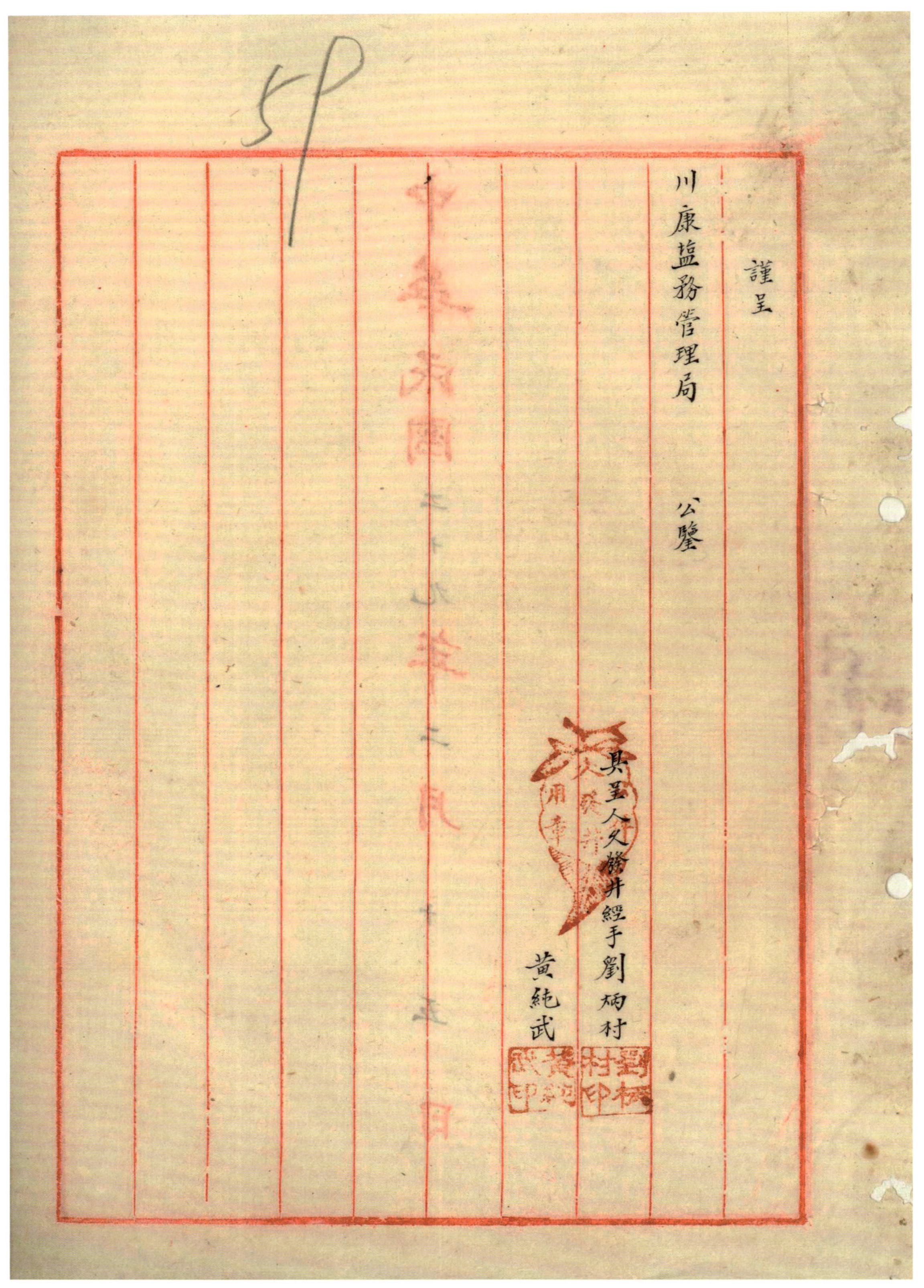
謹呈

川康鹽務管理局

公鑒

具呈人久發井經手劉炳村

黄純武

中華民國二十九年七月十五日

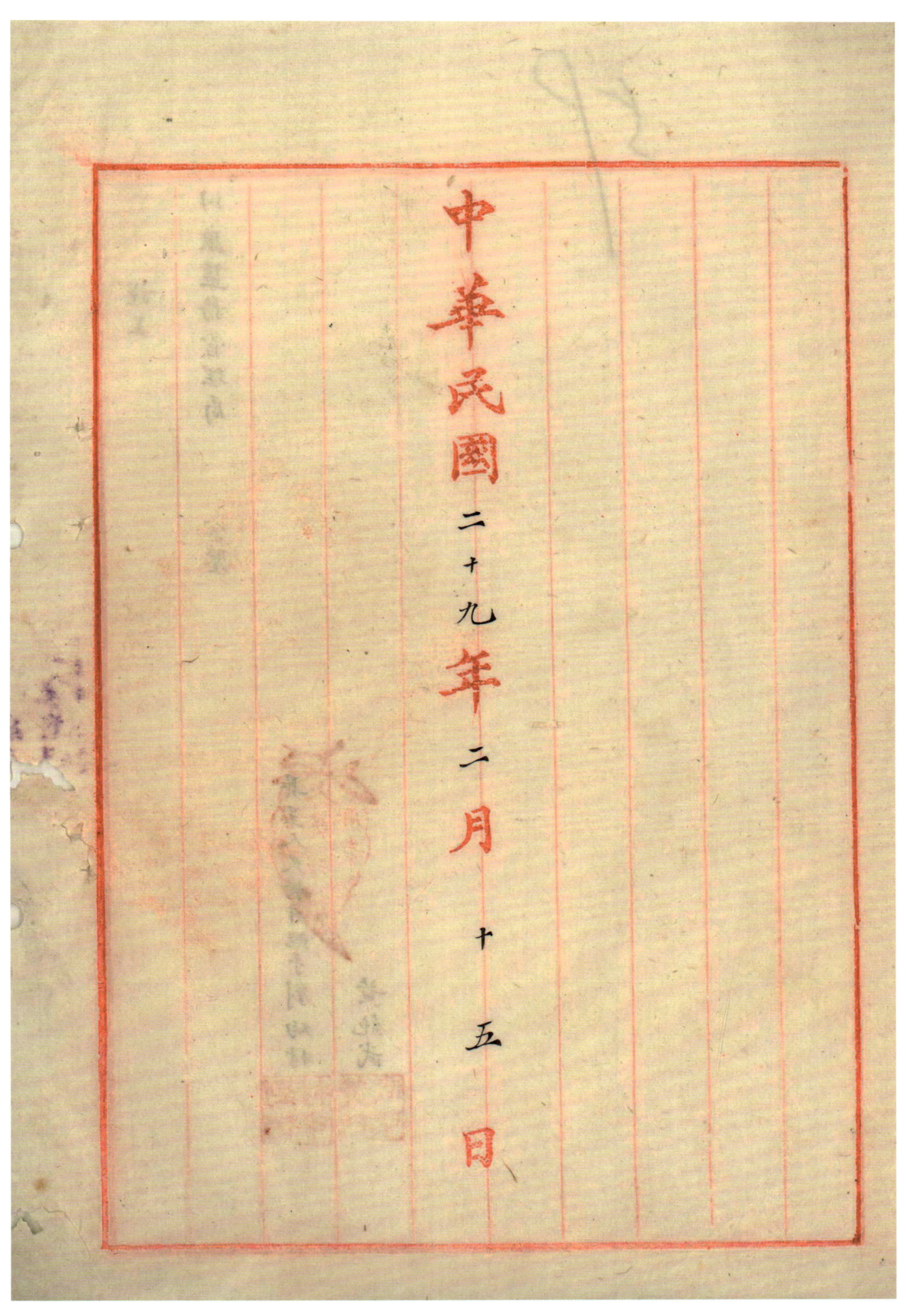
中華民國二十九年二月十五日

富荣西场公署关于民国二十九年分配月额产盐数目表、民国二十八年短产原因并请免予处罚致川康盐务管理局的呈及附件（一九四〇年二月十五日）

富榮西場公署　呈

西字第二一六號

民國二十九年二月十五日

事由：為呈報二十九年份分配月額產鹽數目表并陳明二十八年份短產原因擬請免予處罰仰祈核轉一案由

案奉

鈞局本年二月五日西字第一五七號訓令，關於

財政部核定富榮場產鹽年額，應以伍百伍拾萬担為標準，按東七西三分配一案，飭遵

部令將年產額數佈告各商登記認製，呈候核定轉報，并分別淡旺月份將產額按月分配，

先行列表呈核，至二十八年短產各灶，有無人事未盡，應予照章處罰之處，并着查明擬議呈

復，等因；除分別令飭各灶商團體，并佈告各灶商登記認製，一俟登記完竣，再行彙報外，查

67

大灶產鹽本有淡旺月之分，因在每年十月至次年三月之間，氣候寒冷，火力微弱，產鹽較少，即為淡月，過此時間則屬旺月，而炭灶則無分淡旺，惟當春夏之際，火灶雖旺，適值農忙時間，人工較少，運炭不免困難，炭灶勢必減煎，如在農隙之時，運炭便利，雖大灶產量減短，炭灶自能加緊趕製，似此產量尚可平衡，無須分別淡旺月份，茲照富榮場產鹽年額伍百伍拾萬担，西場佔百分之三十計算，應為壹百陸拾伍萬担，再按月份之大小分配月額產鹽數目，造具詳表，附呈查核。至於二十八年短產，係因隨時發出空襲警報，各井灶倉卒停止推煎，以致井多落難，產滷不濟煎燒，而炭灶所需之燃料，又時感缺乏，是以產未足額，並非人事不臧，不自盡力所致，擬請免予處罰，用示體恤，除隨時嚴督各井灶加緊推煎外，所陳是否有當？理合具文檢同二十九年分配月額表，呈請

鈞局俯賜核轉，指令祇遵！！

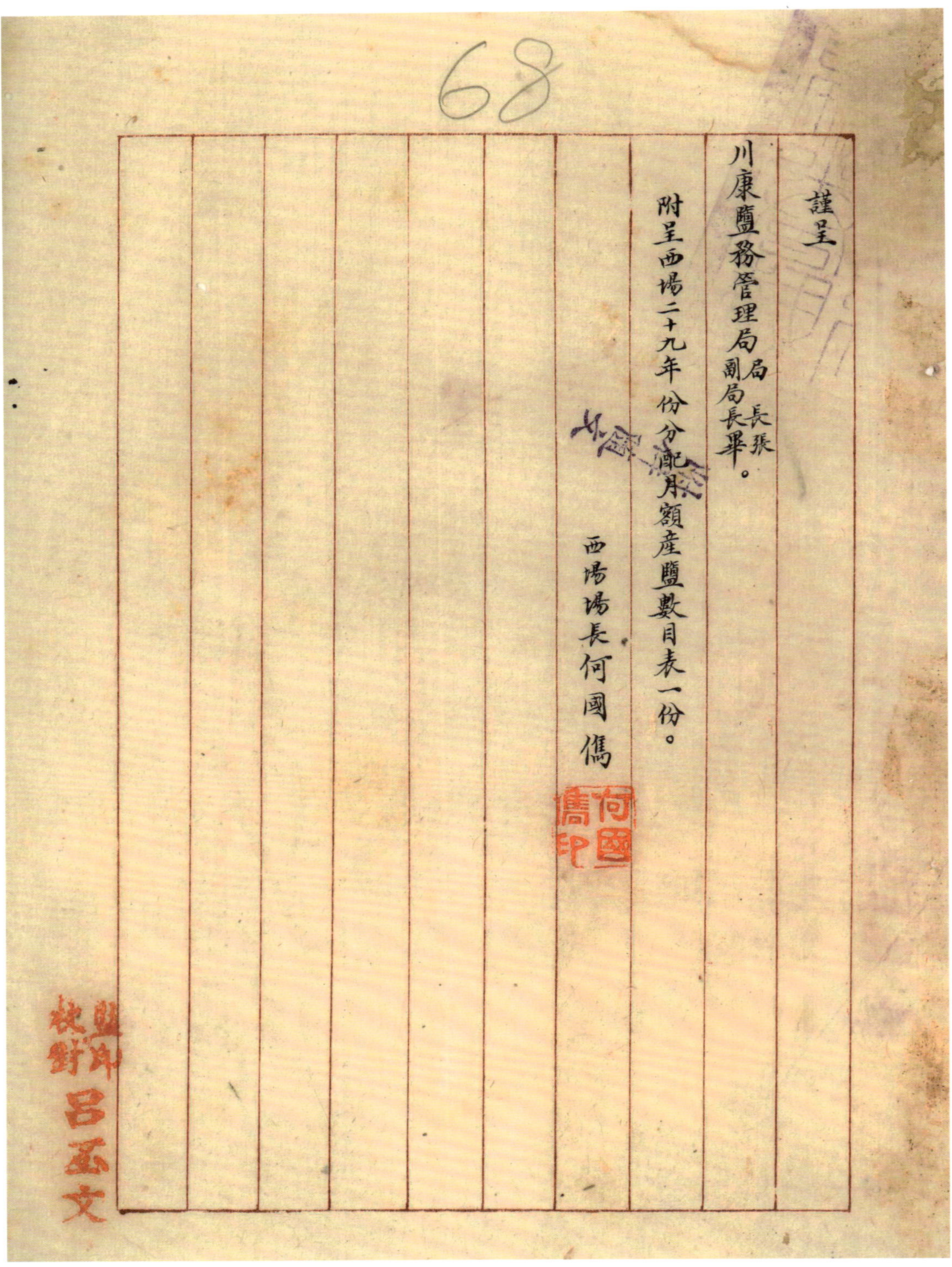

68

謹呈

川康鹽務管理局局長張
副局長畢。

附呈西場二十九年份分配月額產鹽數目表一份。

西場場長何國儁

何國儁印

鹽印校對 呂丕文

富榮西場二十九年份分配月額產鹽數目表

類別	鹽別	引別	1	2	3	4	5	6	7	8	9	10	11	12	全年總數
原產分配數	火花	引	422 31	395 07	422 31	408 69	422 31	408 69	422 31	422 31	408 69	422 31	408 69	422 31	4,986 00
		票	11,148 47	10,429 22	11,148 47	10,788 85	11,148 47	10,788 85	11,148 47	11,148 47	10,788 85	11,148 47	10,788 85	11,148 47	131,623 00
	火巴	引	18,496 33	17,303 01	18,496 33	17,899 67	18,496 33	17,899 67	18,496 33	18,496 33	17,899 67	18,496 33	17,899 67	18,496 33	218,376 00
		票	3,885 08	3,634 40	3,885 08	3,759 76	3,885 08	3,759 76	3,885 08	3,885 08	3,759 76	3,885 08	3,759 76	3,885 08	45,869 00
	炭花	官	4,138 50	3,871 30	4,138 50	4,004 90	4,138 50	4,004 90	4,138 50	4,138 50	4,004 90	4,138 50	4,004 90	4,138 50	48,860 40
		商	15,793 65	14,774 73	15,793 65	15,284 18	15,793 65	15,284 18	15,793 65	15,793 65	15,284 18	15,793 65	15,284 18	15,793 65	186,467 00
	炭巴	引	14,695 72	13,747 60	14,695 72	14,221 66	14,695 72	14,221 66	14,695 72	14,695 72	14,221 66	14,695 72	14,221 66	14,695 72	173,504 30
		票	6,672 15	6,244 88	6,672 15	6,457 00	6,672 15	6,457 00	6,672 15	6,672 15	6,457 00	6,672 15	6,457 00	6,672 15	78,774 93
	合計		75,252 21	70,397 23	75,252 21	72,824 71	75,252 21	72,824 71	75,252 21	75,252 21	72,824 71	75,252 21	72,824 71	75,252 21	888,461 54
增產分配數	火花	引	365 40	341 80	365 40	353 70	365 40	353 70	365 40	365 40	353 70	365 40	353 70	365 40	4,314 40
		票	10,367 88	9,699 00	10,367 88	10,033 46	10,367 88	10,033 46	10,367 88	10,367 88	10,033 46	10,367 88	10,033 46	10,367 88	122,408 00
	火巴	引	15,740 10	14,724 58	15,740 10	15,232 32	15,740 10	15,232 32	15,740 10	15,740 10	15,232 32	15,740 10	15,232 32	15,740 10	185,834 56
		票	2,889 41	2,703 00	2,889 41	2,796 21	2,889 41	2,796 21	2,889 41	2,889 41	2,796 21	2,889 41	2,796 21	2,889 41	34,113 71
	炭花	官	3,484 30	3,259 59	3,484 30	3,371 85	3,484 30	3,371 85	3,484 30	3,484 30	3,371 85	3,484 30	3,371 85	3,484 30	41,137 00
		商	13,427 27	12,560 99	13,427 27	12,994 13	13,427 27	12,994 13	13,427 27	13,427 27	12,994 13	13,427 27	12,994 13	13,427 27	158,528 40
	炭巴	引	12,152 53	11,368 51	12,152 53	11,760 52	12,152 53	11,760 52	12,152 53	12,152 53	11,760 52	12,152 53	11,760 52	12,152 53	143,478 30
		票	6,075 00	5,683 00	6,075 00	5,879 00	6,075 00	5,879 00	6,075 00	6,075 00	5,879 00	6,075 00	5,879 00	6,075 00	71,724 00
	合計		64,501 89	60,340 47	64,501 89	62,421 19	64,501 89	62,421 19	64,501 89	64,501 89	62,421 19	64,501 89	62,421 19	64,501 89	761,538 46
原產增產總計			139,754 10	130,737 70	139,754 10	135,245 90	139,754 10	135,245 90	139,754 10	139,754 10	135,245 90	139,754 10	135,245 90	139,754 10	1,650,000 00
備攷			本表係照富榮場產鹽年額伍百伍拾萬担西場佔百分之三十計算再按月份之大小分配月產鹽數如上理合聲明												

59

财政部盐务总局关于订购富荣盐井增产应用锅炉钢板等材料致川康盐务管理局的代电（一九四〇年二月十九日）

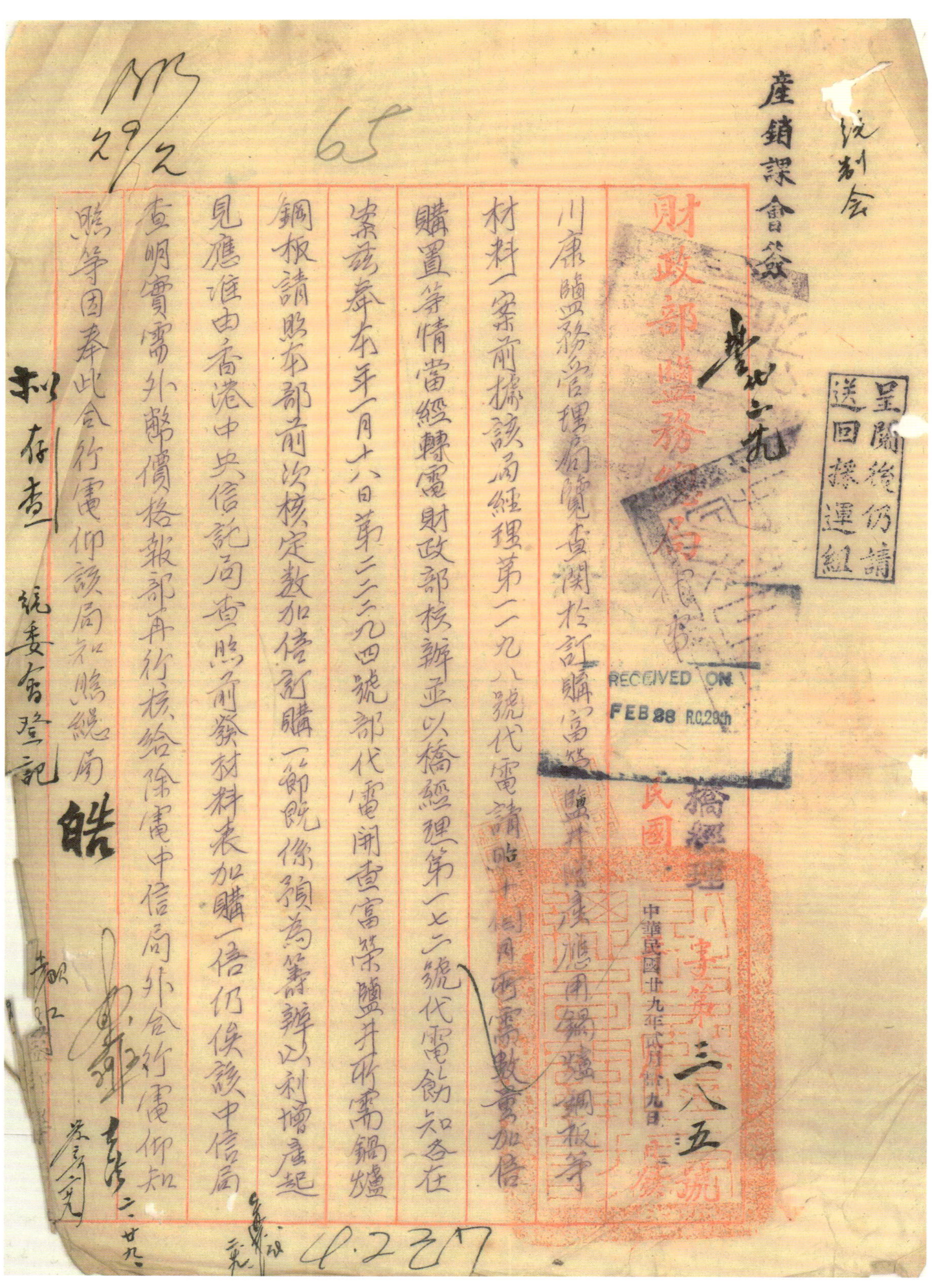
產銷課會簽

川康鹽務管理局覽：查關於訂購富榮鹽井增產應用鍋爐鋼板等材料一案，前據該局經理第一九八號代電，請將所需數量加倍購置等情，當經轉電財政部核辦，並以橋經理第一七二號代電飭知各在案。茲奉本年一月十六日第二二九四號部代電開：「查富榮鹽井所需鍋爐鋼板，請照本部前次核定數加倍訂購一節，既係預為籌辦以利增產起見，應准由香港中央信託局查照前發材料表加購一倍，仍俟該中信局查明實需外幣價格報部再行核給。除電中信局外，合行電仰知照。」等因。奉此，合行電仰該局知照。總局皓

中華民國廿九年貳月十九日

橋經理字第三八五號

呈閱後仍請送回搶運組

擬存查

統委會登記

关于富荣盐场增产考成办法的函件（一九四〇年二月至三月）

财政部致川康盐务管理局的指令（一九四〇年二月二十三日）

普通

財政部指令

渝盐字第二一四四三號

民國二十九年二月廿三日發

事由：據陳富榮場增產辦法分别核示由

令川康鹽務管理局

二十八年十二月十三日財字第一一二一號呈一件，據富榮東西兩場呈擬增產辦法請予鑒核一案，謹擇要歸納各項陳明仰祈

鑒核示遵由

呈悉。並據總局核議轉陳到部。茲分别核示如下：

（一）關於從優核定滷價一節，近據該局財字第一一四九號呈報會同擬定富榮場廿年午關場價案內關於滷價部份請予從優核定，計鹽崖、

80

担增七角四分七厘，東場黑滷每担增八角八分八厘，西場黑滷，每担增八角六分七厘，凡黃滷特淡另予核價，業經本部以渝鹽字第二零四八號指令照准在案，應即督飭各井商努力推汲，切實增加產量，以副本部優定滷價之意。

（二）關於改訂黃滷井貸款手續一節，前據該局專案以財字第一一一零號呈報，業經本部核明，分別指示，以渝鹽字第二零二九五號指令飭遵在案，應即遵照前令辦理，其有逾限而不進行設備趕推者，即由公家接收管理，以資促進。

（三）關於開放增產炭花灶一節，查增產各炭花灶，自建設以來，開煎不及半數，該灶商等專賴官廳配給煤滷，不自盡力增闢來源，該局已限令於兩個月內，在官廳分配煤滷之外，自行加覓煤滷，將鍋口煎齊，如有逾限，即將未煎鍋口註銷，辦理甚是，應俟限滿後，將各灶已未增闢煤滷及該局核辦情形，詳細報查。

（四）關於開發煤礦一節，據稱威遠煤區，現已准由商人自行開採新礦備用，惟運價及運費，仍應照統制會規定辦理，自可照辦，惟查該富榮東西兩場每月共需煤十二萬餘包，而實能運到各處之煤，據該局歷月列報，每月至多不過八萬包，計尚短四萬餘包，即使由商人自行開採，仍恐難於補足，究竟該兩場用煤，應否於原定威遠煤區之外，再行加劃他處煤區專供兩場煎用，應詳細查議，如須轉請加劃，究以何處煤區為宜，應一併籌議呈報核辦。

（五）關於按月核定鹽價滷價一節，業據總局議稱「按月核定對於釐訂岸價不無困難」等語，察核尚係實情，查最近核定富榮場廿八年午關場價案内，關於各項工物價，均係按各月至八月物價，平均核計，原填按月核價，並無差異，所請應毋庸議。

（六）關於籌設平鍋改用煎盐一節，據擬准由各大製盐廠在西場安設平鍋專煎黃滷，俾可銷納淡滷，增加產量，已飭場所開導場商，毋事阻撓，應俟將開導情形及設廠辦法報部，再憑核奪。其他場商能否籌設平鍋併應顧及。

（七）關於原呈末段請於將來川盐不需要增產時，凡新設井灶所產盐滷，得由盐務官廳負責設法銷納一節，業據總局核擬暫予備案。仍飭屆時再行查酌情形，擬具詳細辦法呈核，覆核總局所議尚屬可行，應准照辦。

83

58

以上各節，除令總局知照外，仰即遵照。

部長 孔祥熙

川康盐务管理局致富荣东西两场公署的训令（一九四〇年三月五日）

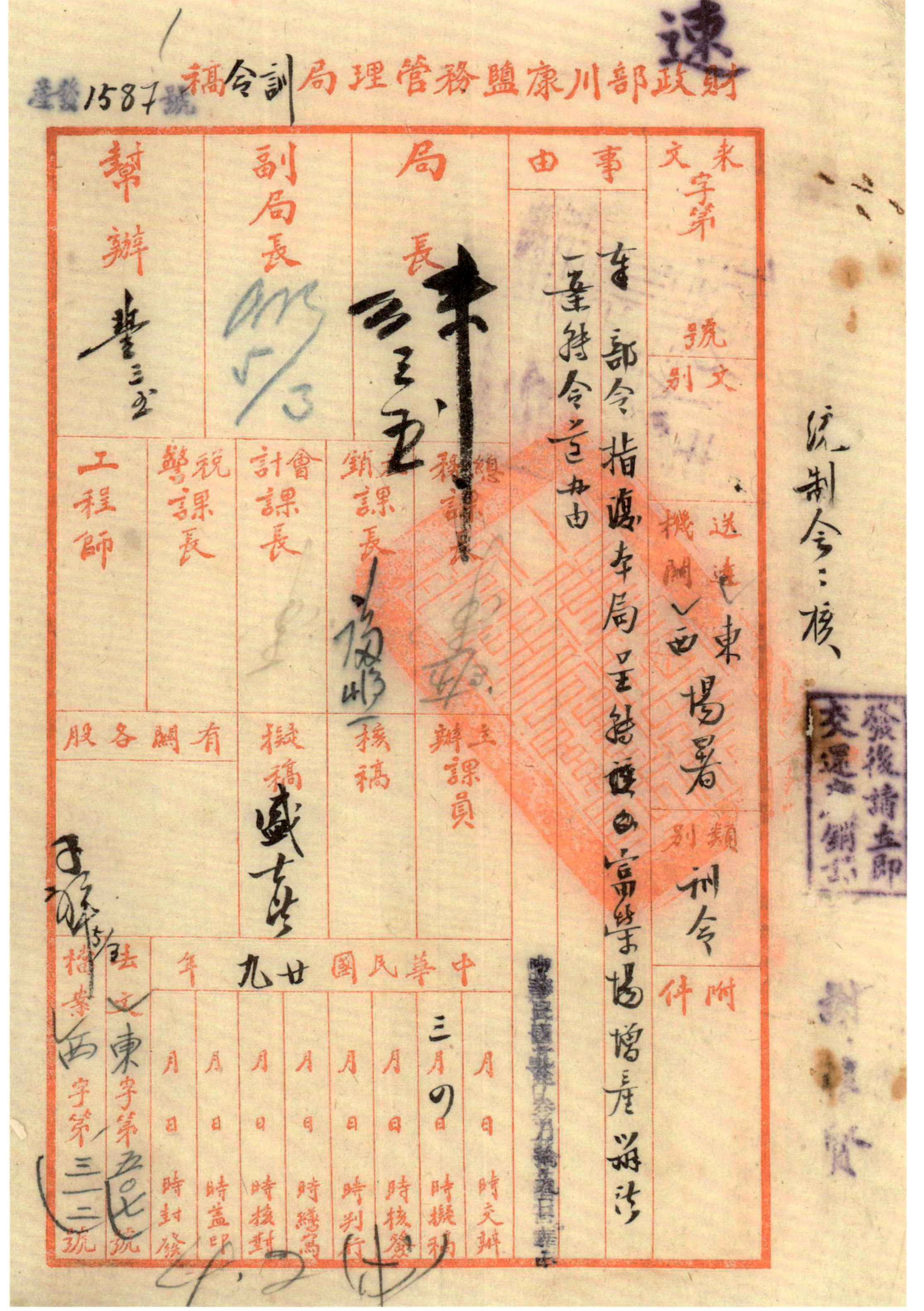
财政部川康盐务管理局训令稿
速
事由：奉部令指饬本局呈转饬由富荣场增产办法一案转令遵办由
送达机关：东、西场署
类别：训令
中华民国廿九年三月四日

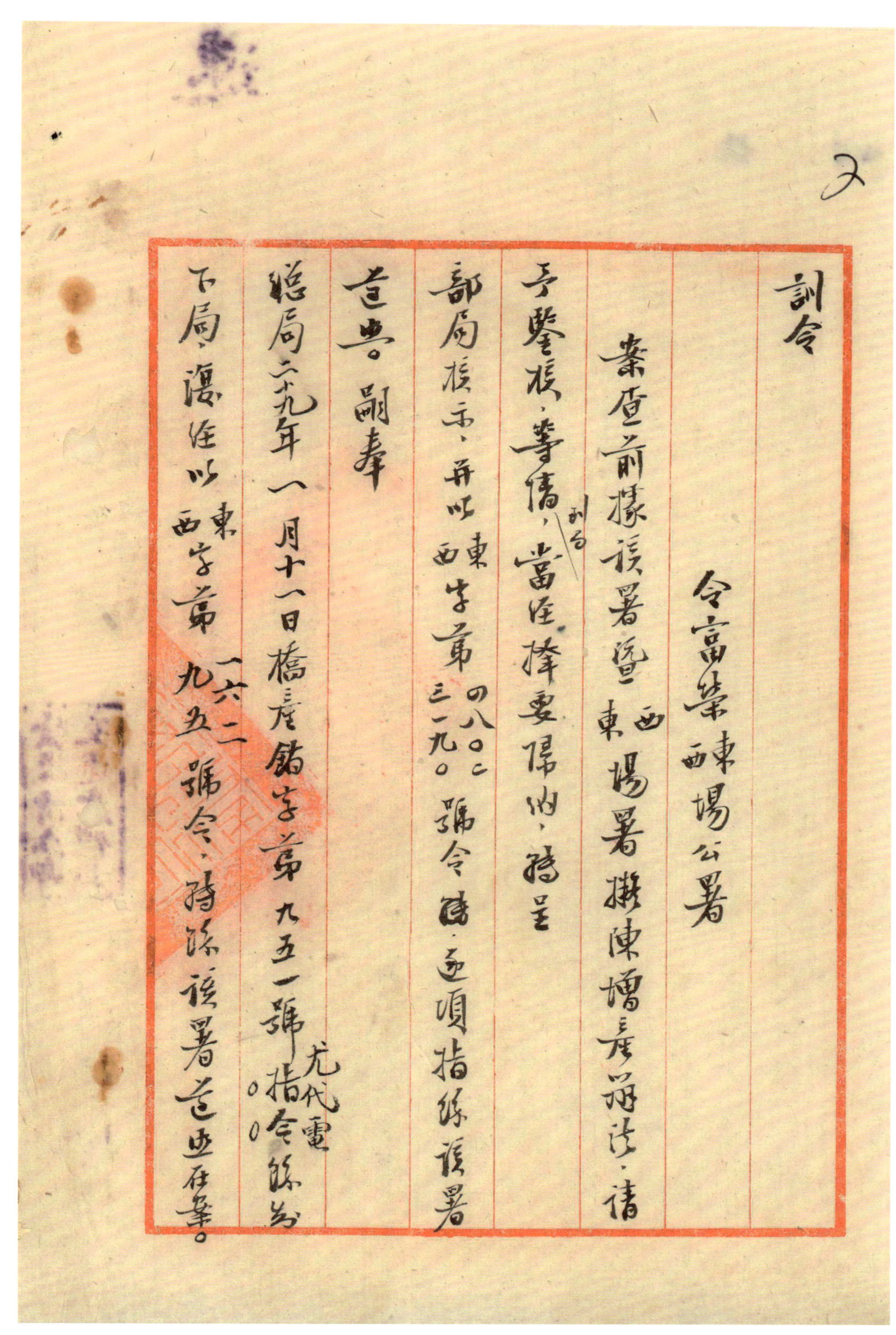

訓令

令富榮東西場公署

案查前據該署暨東西場署擬陳增產辦法，請予鑒核，等情，到局，當經擇要歸納，轉呈

部局核示，並以東西字第四八〇二／三一九〇號令飭，逐項指飭該署

遵照。嗣奉

總局二十九年一月十一日橋產鹽字第九五一〇〇號尤代電指令飭為

下局，復經以東西字第一六二一／九五號令，飭該署遵照在案。

4

案奉

財政部本年二月廿三日渝鹽字第二〇〇三號指令，內開：

「呈悉，令仰遵照由」等因。除關於核增滷價、改定黃滷

井貸款手續、開放增產岩花灶，均經轉令該自署局遵辦

案。暨加劃煤區，應由本局籌議核辦外，合行抄

發

部令暨本局呈稿，令仰該署即便分別遵照

並將

部令第四項納川鹽一節，佈告場商知照，仍一面

核唯據本局建議我係錯

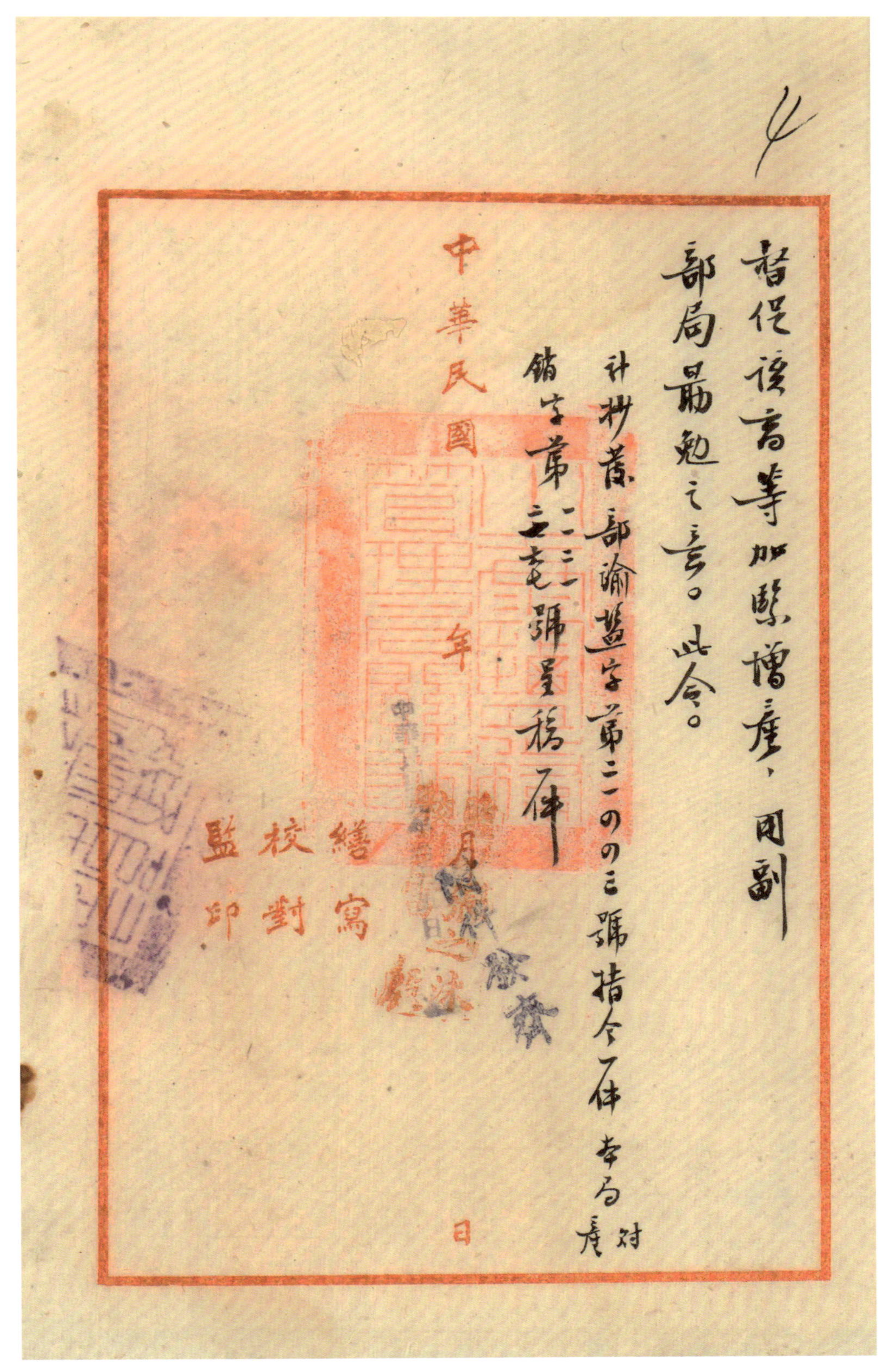

4

督促該商等加緊增產，用副
部局勗勉之意。此令。
計抄發部諭鹽字第二一〇〇三號指令一件，本局
銷字第二二三二七號呈稿一件
对 底

中華民國 年 月 日

繕寫
校對
監印

财政部盐务总局致川康盐务管理局的训令（一九四〇年三月十三日）

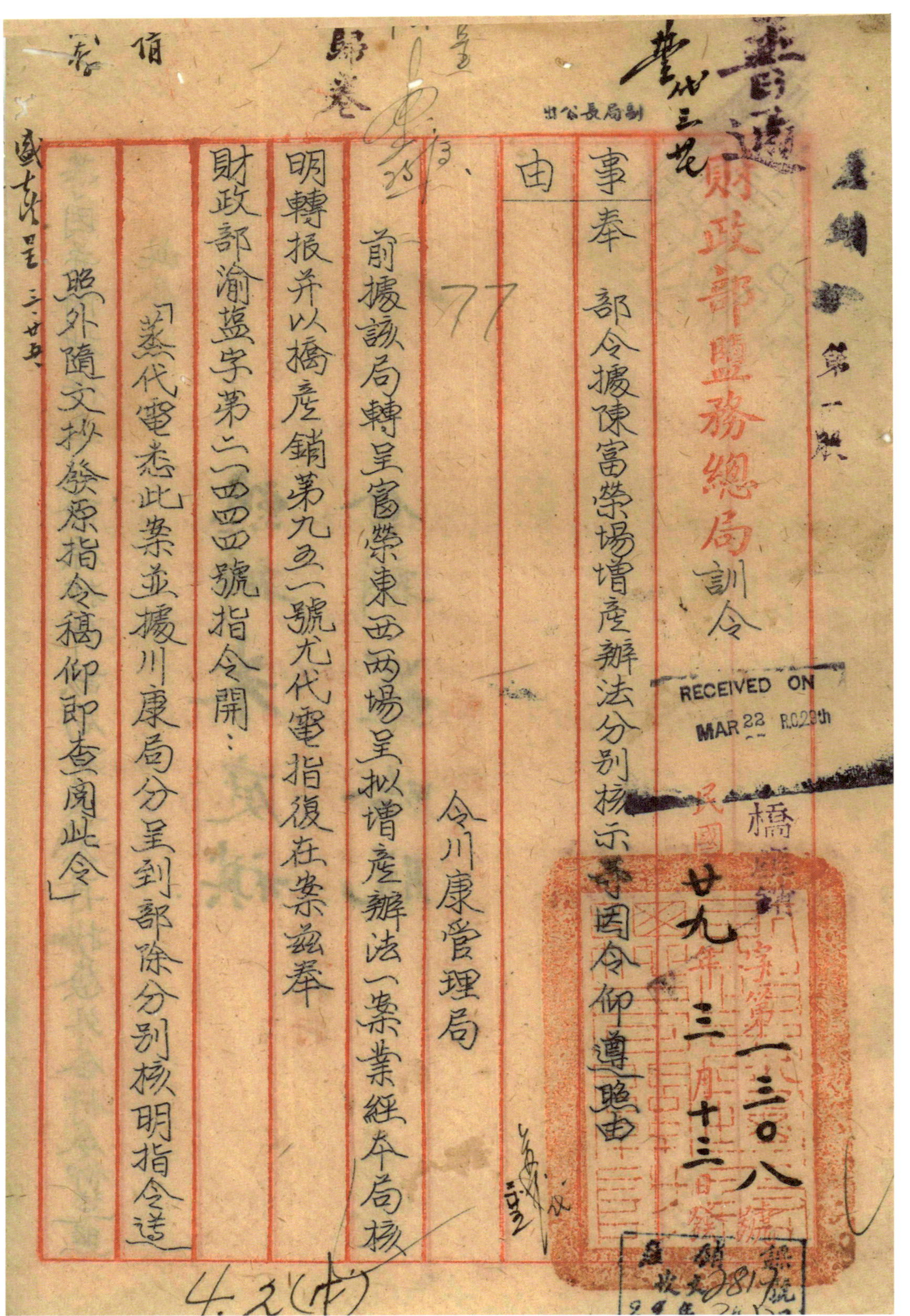

财政部盐务总局训令

事由：奉部令据陈富荣场增产办法分别核示等因令仰遵照由

令川康管理局

前据该局转呈富荣东西两场呈拟增产办法一案，业经本局核明转报并以桥产销第九五一号丸代电指复在案。兹奉财政部渝盐字第二一四四四号指令开：

「蒸代电悉。此案并据川康局分呈到部，除分别核明指令遵照外，随文抄发原指令稿，仰即查阅。此令。」

桥产销字第一三〇八号
廿九年三月十三日

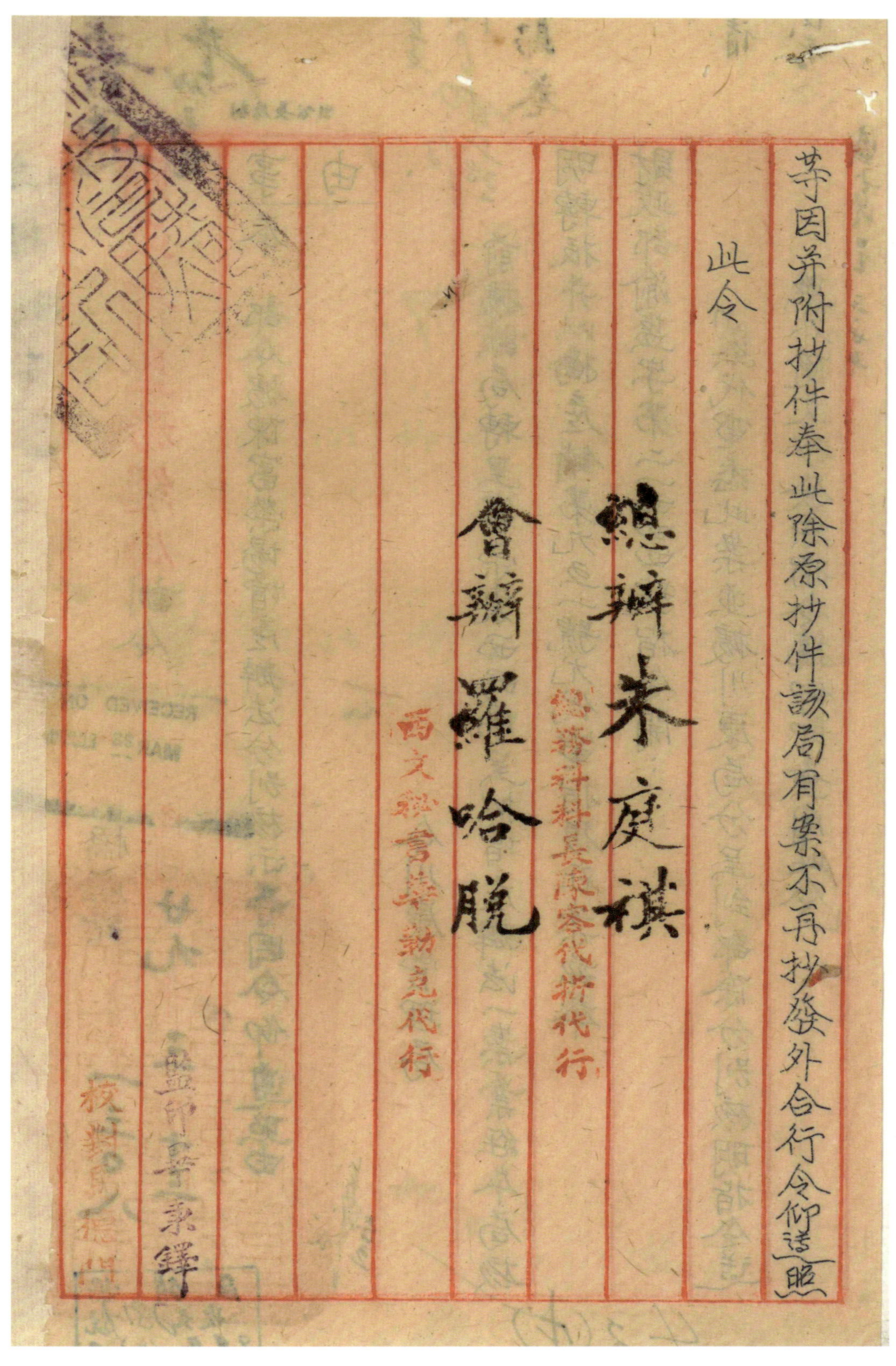
等因并附抄件奉此除原抄件该局有案不再抄发外合行令仰遵照

此令

总办朱庆祺

总务科科长陈容代拆代行

会办罗哈脱

西文秘书毕勃克代行

监印葛秉铎

校对吴德坤

关于各场产盐考核表格式及富荣东场增产时期考核人员办法的函件（一九四〇年一月至四月）

财政部盐务总局致川康盐务管理局的代电及附件（一九四〇年一月二十三日）

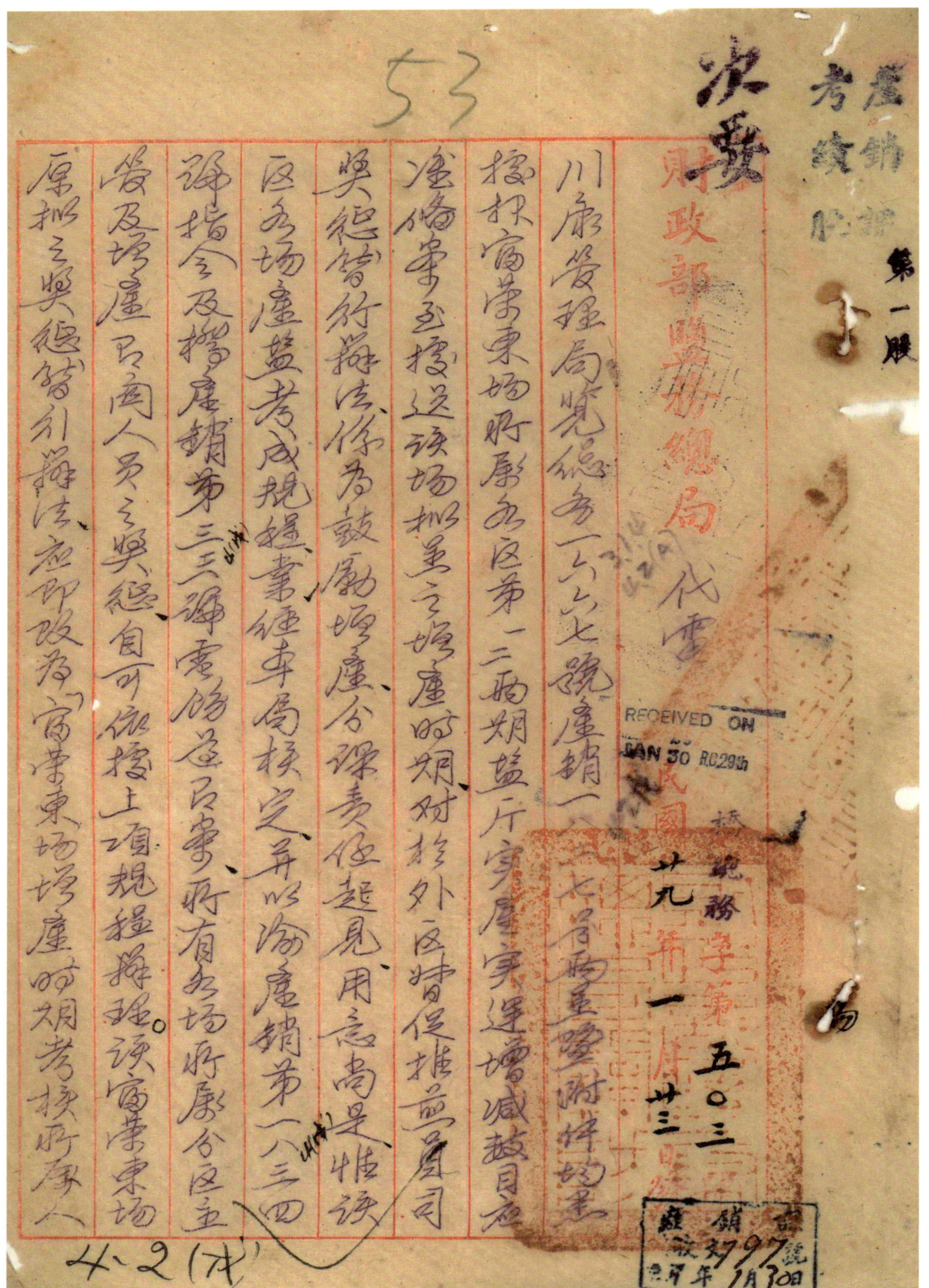
53

产销 考核 股办

急要

财政部盐务总局代电

第一服

RECEIVED ON JAN 30 RC29th

盐务字第五〇三号

廿九年一月廿三日

川康盐务管理局览：总务一六六七号产销一八……
据称富荣东场各区第一二两期盐斤实产实运增减数目应
造备表式报送该场拟具之各期对于外区增促推进盐司
奖惩管行办法，係为鼓励场产分课责任起见，用意尚是。惟该
区各场产盐考成规程业经本局核定，并以渝产销第一八三四
号指令及产销第三三号电饬各场有本局分区主
管及场产商人员之奖惩，自可依据上项规程办理。该富荣东场
原拟之奖惩管行办法，应即改为富荣东场增产时期考核办法人

4.2（戊）

54

员办法」以资补充。惟七、八、九各条所规定□办法，核与原定考成

规程不无抵触，应予删除，并将第十条文并应改为「本署查增产

时，对于所属各区主管员或办理增产直接员司人员之考核，

除该令别另规定外，依本办法行之」。前项人员之奖惩，得适用川康

区各场产盐考成规程之规定」。此项办法应定地各场遵办，总局必须仰令

饬依照办理。嗣后令领每年行考核时，并应照附发考核表式样填列呈核。

至一二两项该东场所属各区盐厅产运增减，该场务该主管员分

别奖励，免予各节，应俟本年终考核时（即四期并计）另案核办。

总局　梗一

附各场产盐考核表格式一份

查前案经令东场遵办并饬各场仿办，謄正呈为备查，一面通令各场仿办。

监印　毕东铎

校对　马德门

十□·二六

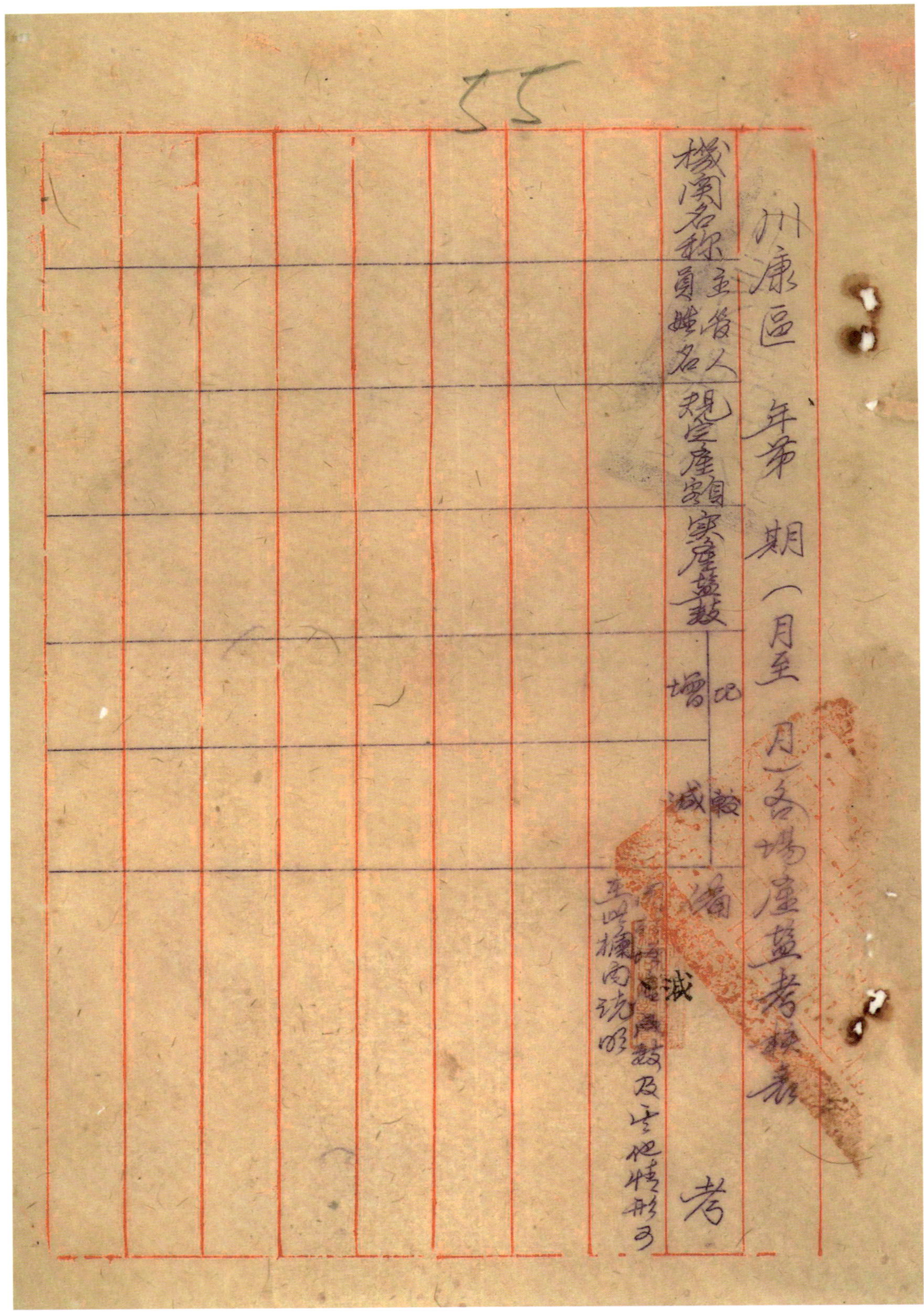

55

川康区　年第　期（　月至　月）各场产盐考核表

机关名称	主管人员姓名	规定产额	实产盐数	比较 增	比较 减	备考

增减原因数及当地情形可在此栏内说明

川康盐务管理局致重庆分局、富荣西场公署等的训令（一九四〇年三月八日）

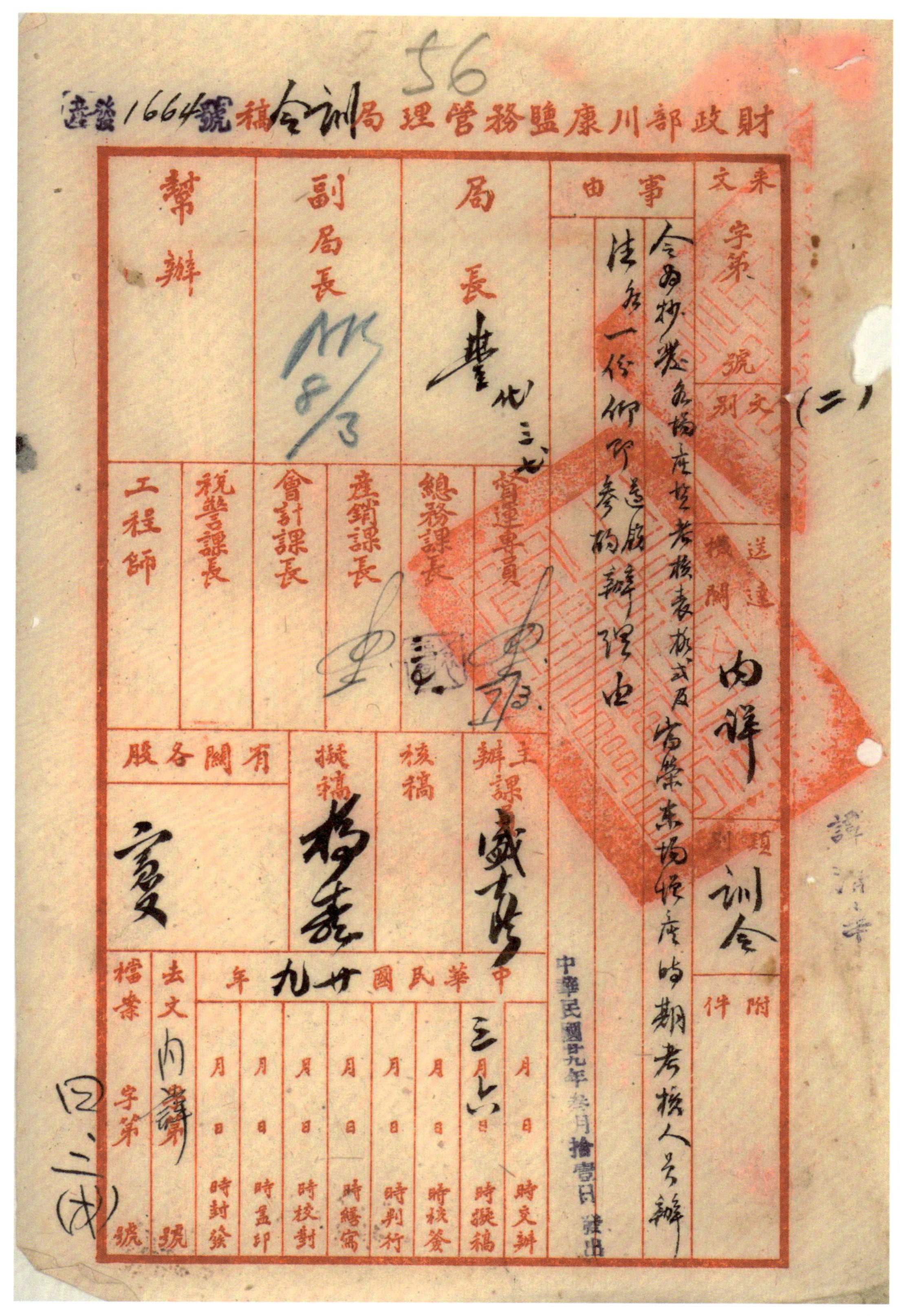
財政部川康鹽務管理局訓令稿 1664號

來文 字第 號

文別

事由 令爲抄發各場產鹽考核表格式及富榮東場總處臨時期考核人員辦法各一份仰即參酌辦理由

送達機關 內詳

頭別 訓令

附件

局長

副局長

幫辦

管運專員 總務課長 產銷課長 會計課長 稅警課長 工程師

主辦課 核稿 擬稿

有關各股

中華民國廿九年

月 日 時交辦

三月六日 時擬稿

月 日 時核簽

月 日 時判行

月 日 時繕寫

月 日 時校對

月 日 時蓋印

月 日 時封發

去文 內詳 字第 號

檔案 字第 號

中華民國廿九年叁月拾壹日發出

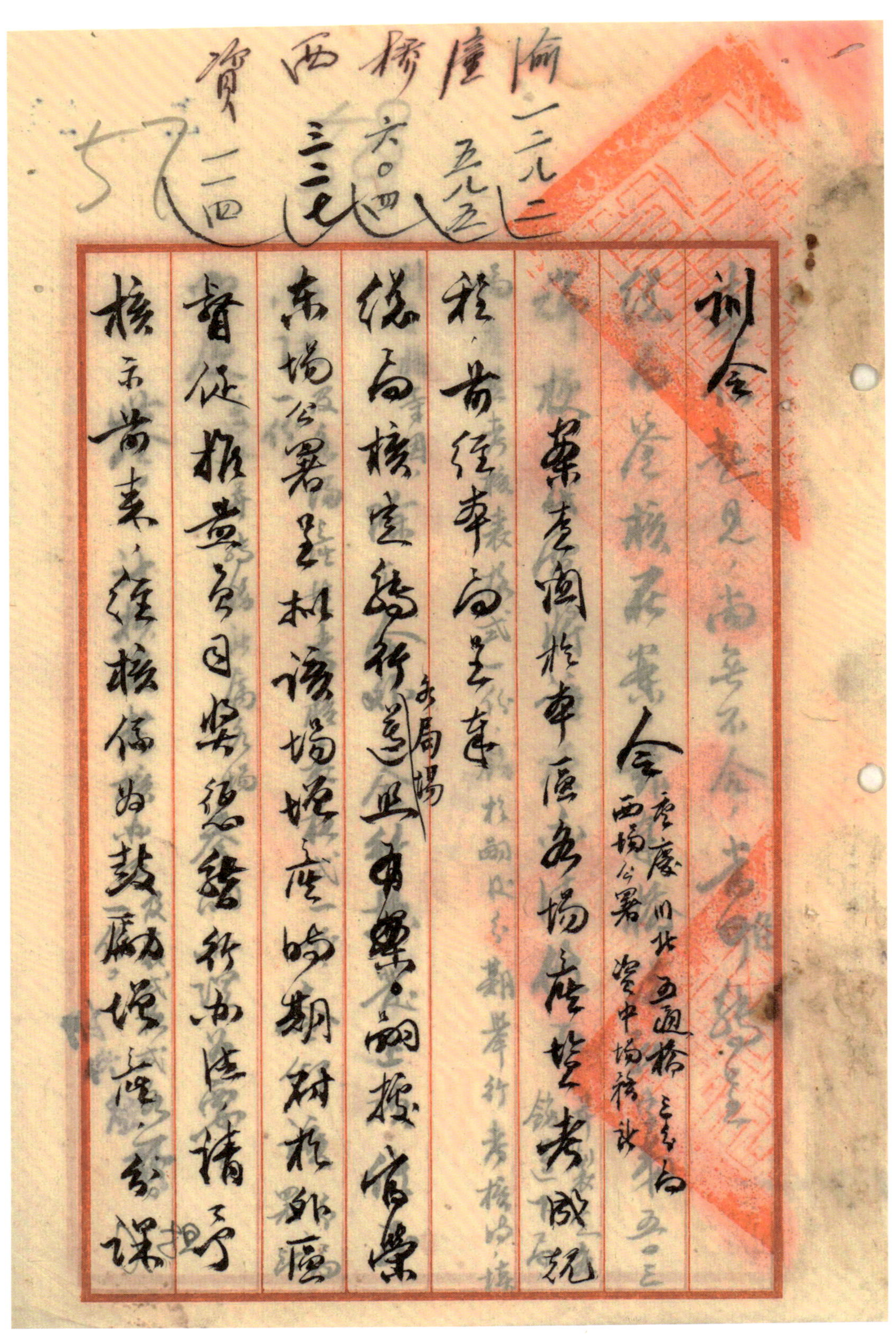

渝 一二九二
廬 五九五
橋 六〇四
西 三二七
資 一二四

训令

令 重庆、川北、五通桥、三台、西场公署，资中场务所

案查陶於本區各場產鹽考成規程，前經本局呈奉
總局核定，飭行遵照有案。茲據富榮
東場公署呈擬該場增產時期財務非區
督促推廣自因獎懲辦法外，請予
核示前來，經核係為鼓勵增產之謀

表经批见，尚无不合，当经缮呈
总局鉴核存案，并奉总务字第五〇三
号核一代电将该项办法修正，并制定各饬遵下局，
场产盐考核表格式一份，饬按嗣后各期举行考核，据
列呈核等因，除分令外，合行抄发上项修正
办法一份及各场产盐考核表格式一份，令仰该分局、署、站
即便遵照，并转饬所属各场参酌办理为要。
此令。
计抄发考核办法及表式格式各一份。

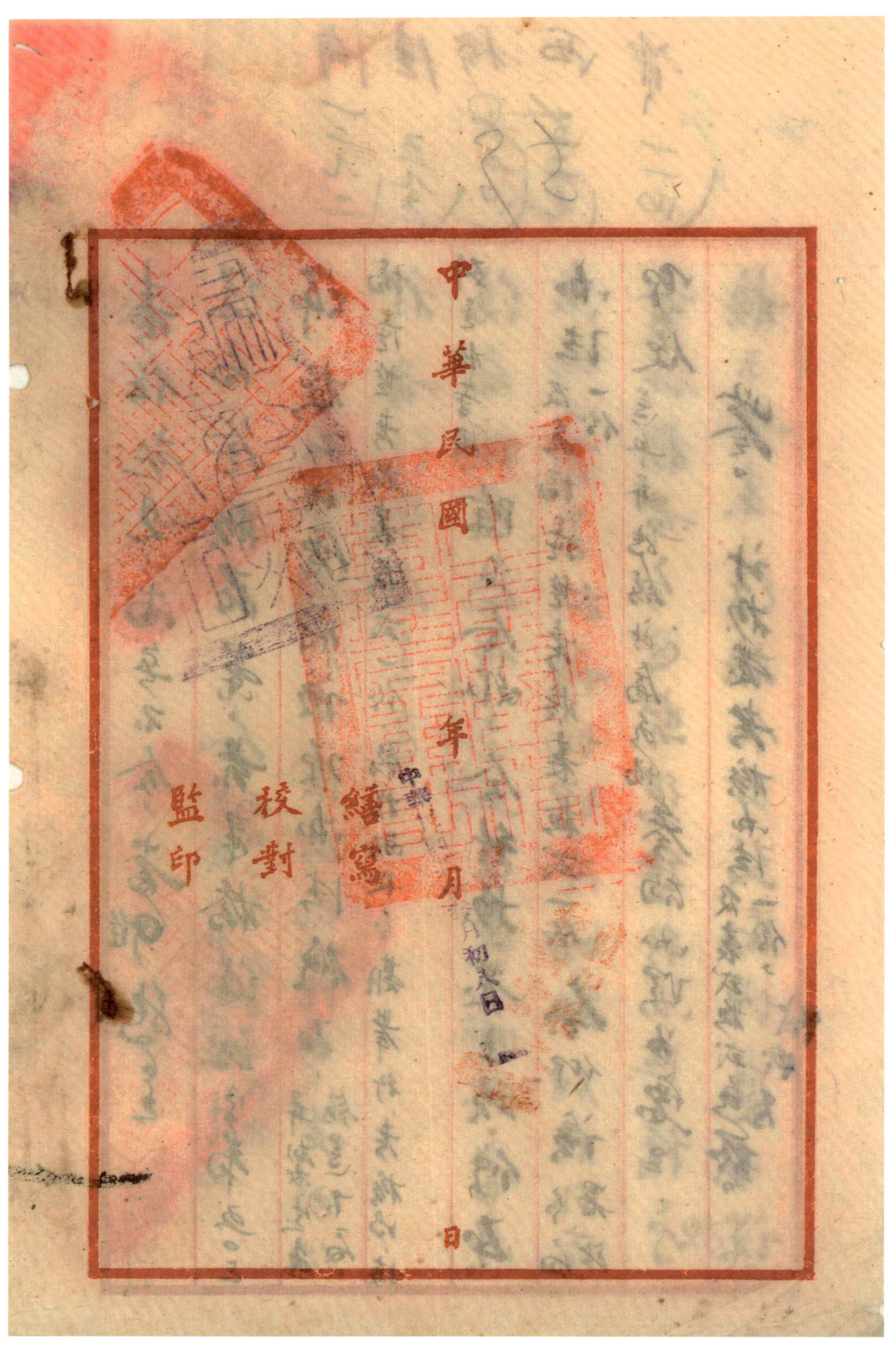
中華民國　年　月　日
繕寫
校對
監印

富荣东场公署致川康盐务管理局的呈及附件（一九四〇年四月二日）

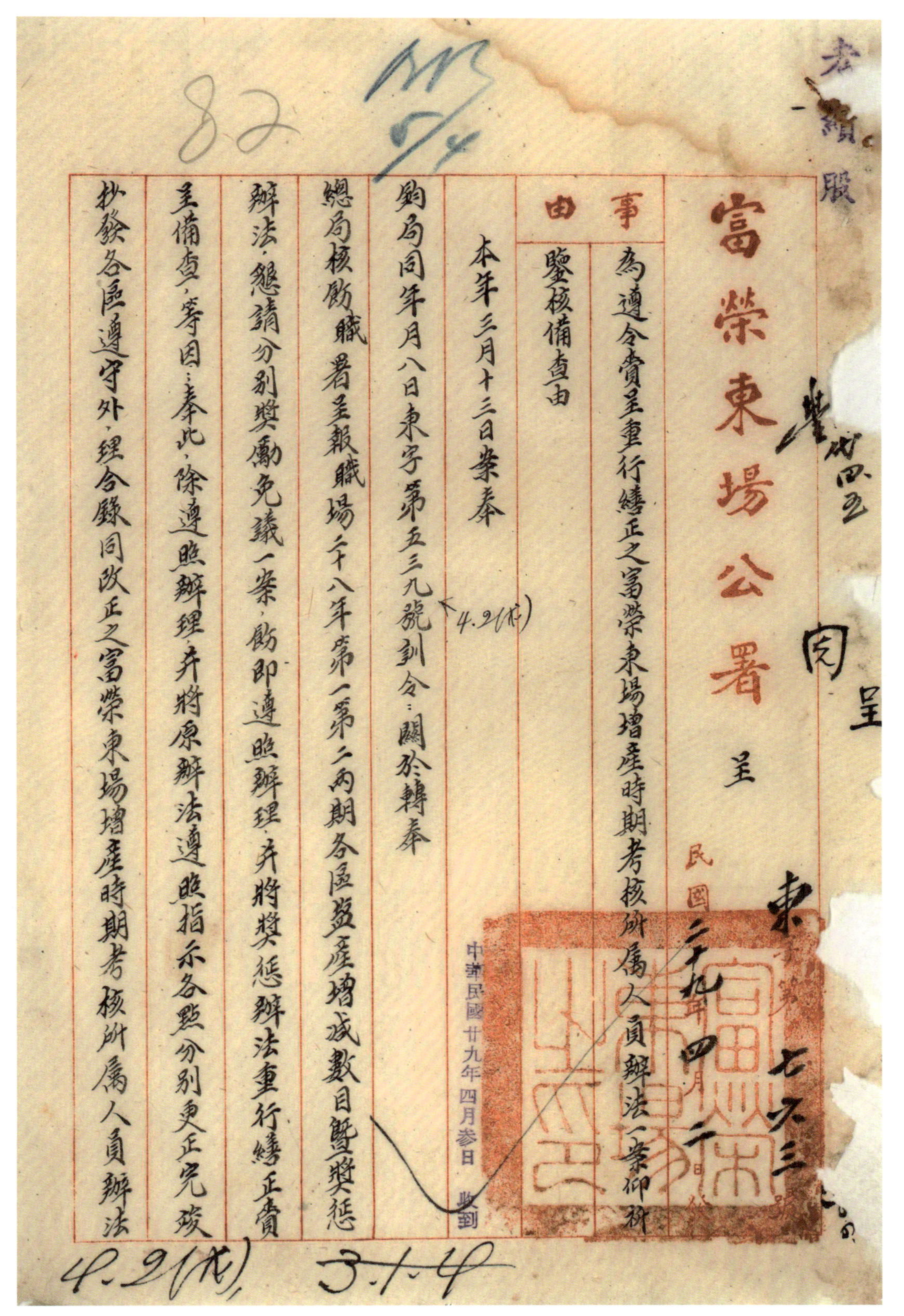

富榮東場公署 呈

東字第七六三號

民國二十九年四月二日

事由：為適令賚呈重行矯正之富榮東場增產時期考核所屬人員辦法一案仰祈
鑒核備查由

本年三月十三日案奉
鈞局同年月八日東字第五三九號訓令：「關於轉奉
總局核飭職署呈報職場二十八年第一第二兩期各區盈產增減數目暨獎懲辦法，懇請分別獎勵免議一案，飭即遵照辦理，並將獎懲辦法重行矯正賚呈備查」等因，奉此，除遵照辦理，並將原辦法遵照指示各點分別更正完竣抄發各區遵守外，理合錄同改正之富榮東場增產時期考核所屬人員辦法

中華民國廿九年四月叁日 收到

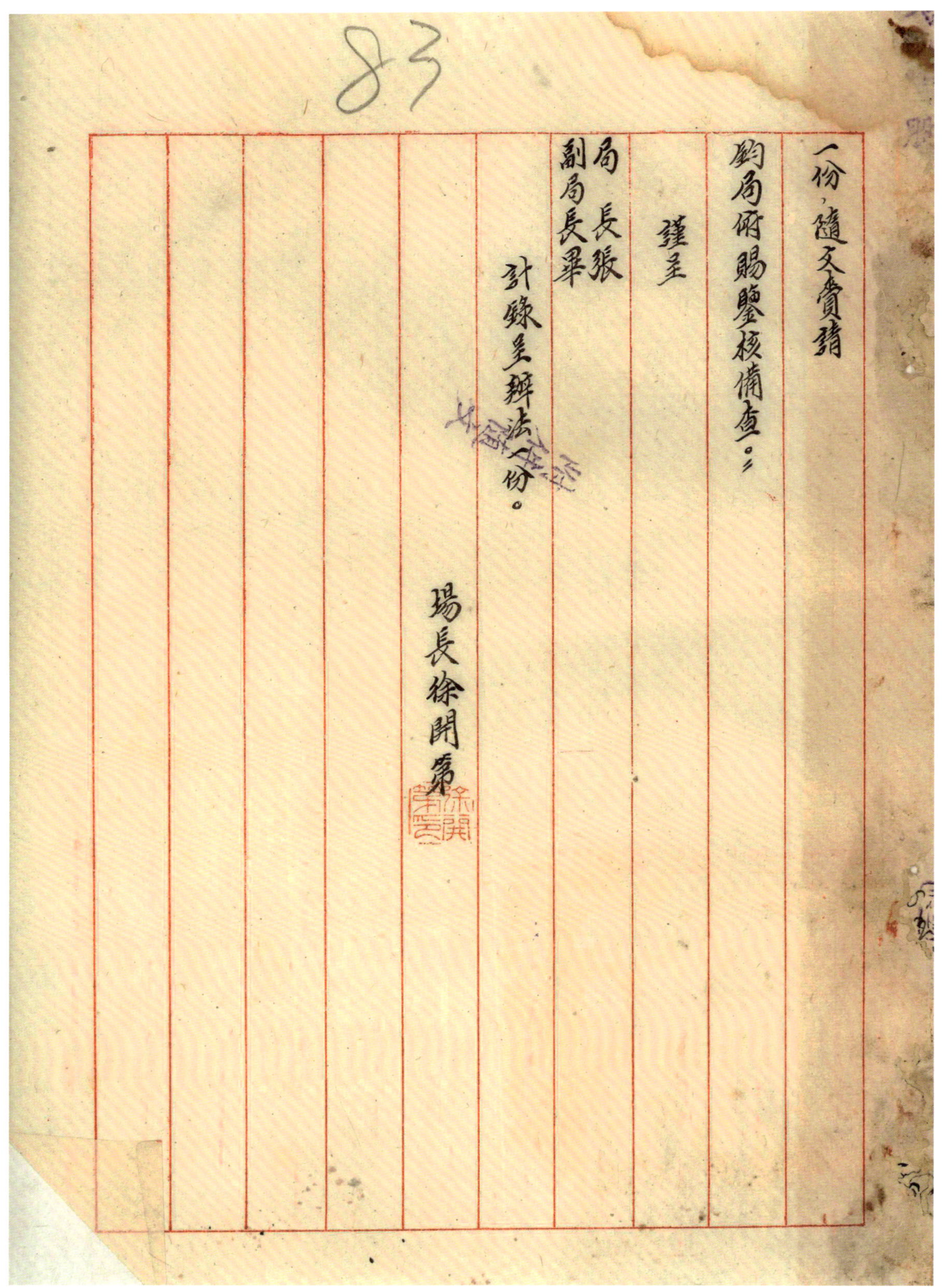

83

一份，随文赍请

钧局俯赐鉴核备查。

谨呈

局长张

副局长毕

计录呈办法一份。

场长徐开第

80

富榮東場增產時期考核所屬人員辦法 奉總局稽總務第五〇三號梗(一)代電改定

(一)本署在增產時期，對於所屬各區主管員或辦理增產直接有關人員之考核除法令別有規定外，依本辦法行之

前項人員之獎懲得適用川康區各場產鹽考成規程之規定

(二)各區現推鹽產黑滷各井每月產額曾分別具有負責書面并奉局令須定各滷井及工人獎懲規則飭遵有案均應由該區主管員及執行有關稽查職務員司妥為遵照施行以裕滷源。

(三)凡為增裕滷源，經呈奉核准設備之各滷井應由各該區嚴督進行設備依限完成，并應將各井設備進行狀況，每半月表報場署查核一次，如有設備不力以及將屆限滿而距見功尚遠者，并應飭該井主陳明充分理由專案呈轉場署核轉。

（四）本場所屬大炭引票各灶均經核定年產認額，應由各該區按照產製情形，分定淡旺月產鹽担數，先行册報查核，一面嚴督各灶按月如數產製足額，不得短少，并於每月終將未產足各灶之灶名及其短產數量，詳為彙報核辦。

（五）現推鹽崖及黑滷各井，如有因故停推致未能產足應產滷担時，除應另案依據滷井及工人獎懲規則考核彙報外，並應由各該管區將停推時期及少產滷担詳實登記，隨時專案呈報，仍須按月將各井應產實產水担比較，加註說明，彙列詳表呈署察核。

（六）現推各井應需器材及各灶應需煤滷原料，均應由該管區稽查人員隨時注意查察，倘有須預為領取者，應報明該區主管員并飭該井灶先事準備，勿任臨時缺濟，影響推煎。

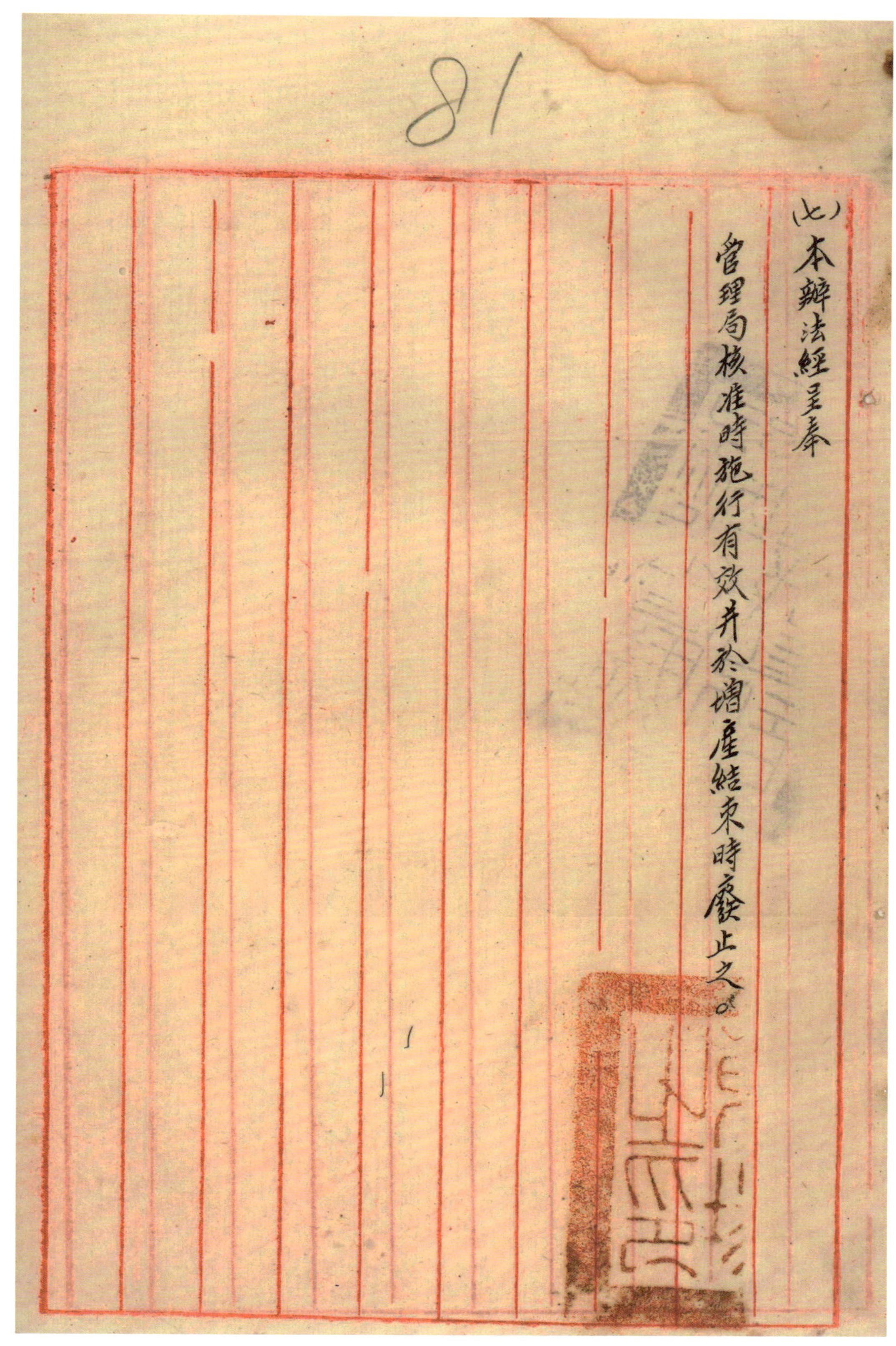

81

（七）本辦法經呈奉

實業部

管理局核准時施行有效并於增產結束時廢止之。

关于富荣盐场民国二十八年实产盐数未能增产足额应努力增产的来往文书（一九四〇年一月至三月）

川康盐务管理局致财政部、财政部盐务总局的呈（一九四〇年一月十二日）

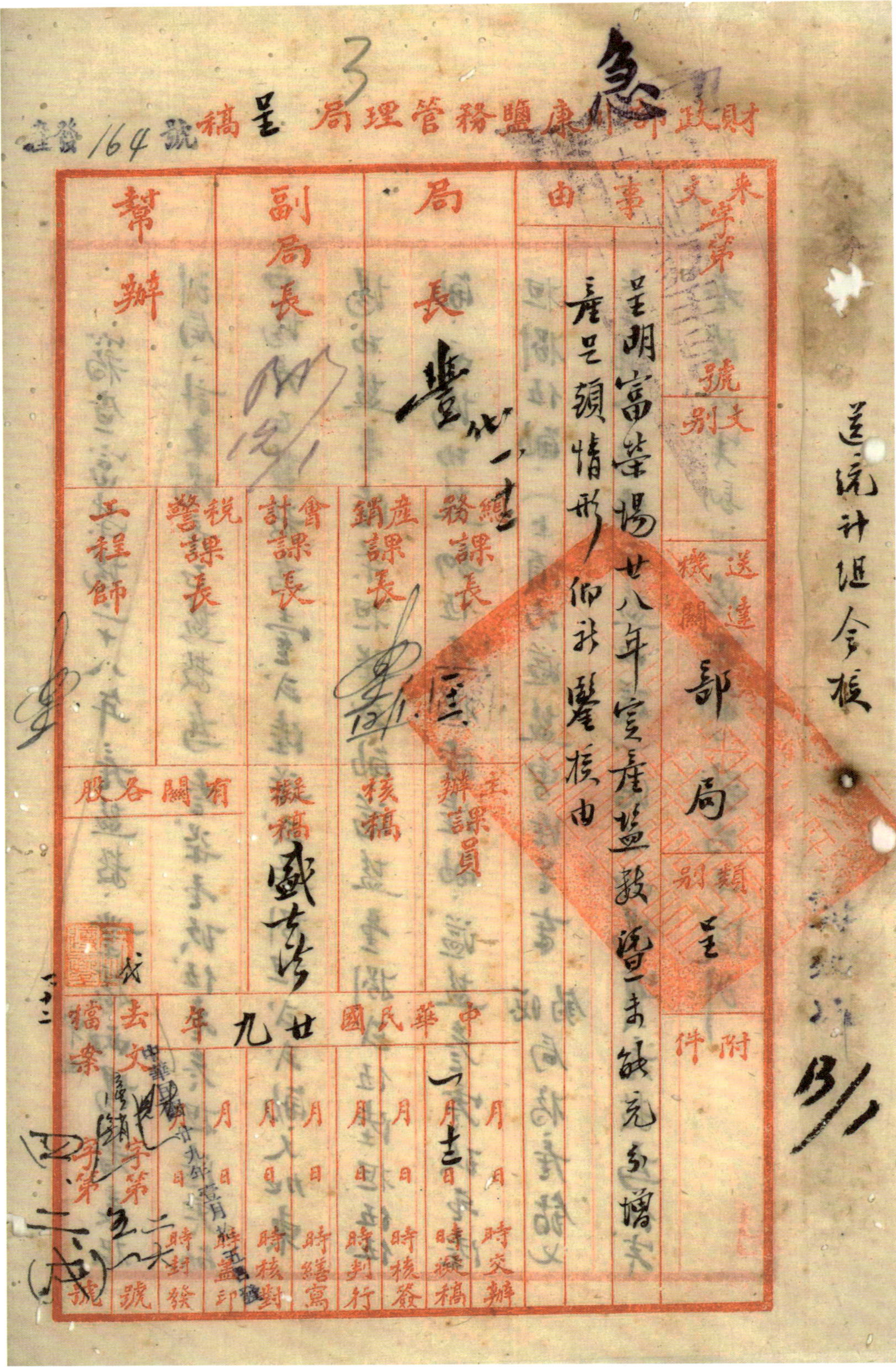

鈞部核定富榮場額產伍百伍拾萬担之數，但去
年天旱水枯、鹽岩井渡水缺乏、感煤運輸困難、以
及空襲兵役等意外阻礙，無一不影響產製（迭經詳呈有案），在此極
端困難之下，兩場產鹽仍達伍百萬担以上，較廿七年產
鹽額增加貳拾萬担，是富榮場廿八年產額之未能充
分增加，純係受天然之限制，尚非人力未盡所致。除逕呈
鹽務總局
財政部鑒核，並俟該場廿八年十二月實產鹽數報
齊，再行彙列比較表，賫請

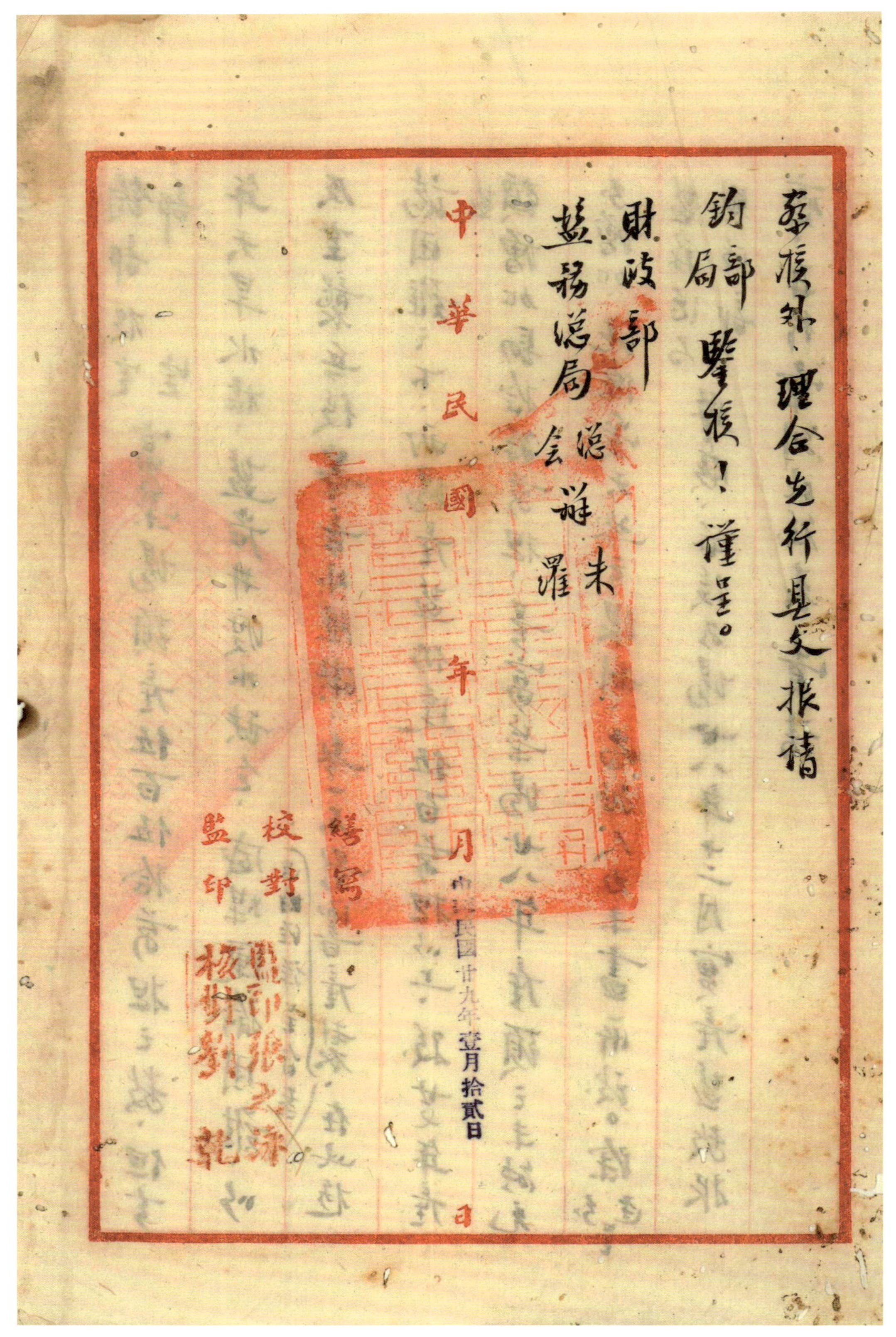

委核外，理合先行具文报请

钧部局鉴核！谨呈。

财政部

盐务总局

总办 朱

会办 罗

中华民国 年 月 日

中华民国廿九年壹月拾贰日

缮写

校对 [illegible]

监印 [illegible]

财政部致川康盐务管理局的指令（一九四〇年三月八日）

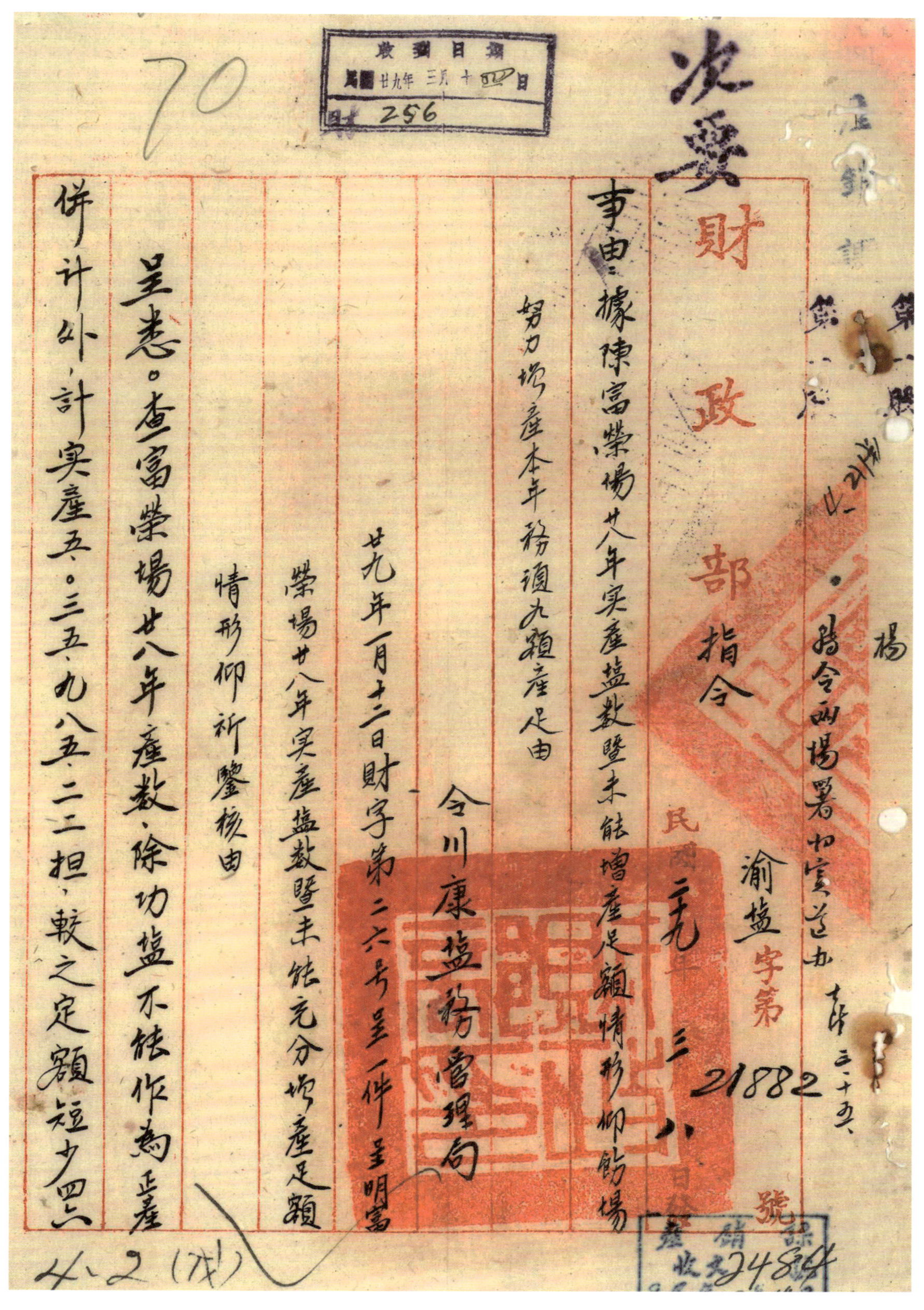

财政部指令 渝盐字第21882号

民国二十九年三月八日

事由：据陈富荣场廿八年实产盐数暨未能增产足额情形仰饬场努力增产本年务须九额产足由

令川康盐务管理局

廿九年一月十二日财字第二六号呈一件，呈明富荣场廿八年实产盐数暨未能充分增产足额情形仰祈鉴核由。

呈悉。查富荣场廿八年产数，除功盐不能作为正产并计外，计实产五。三五。九八五。二二担，较之定额短少四〇八

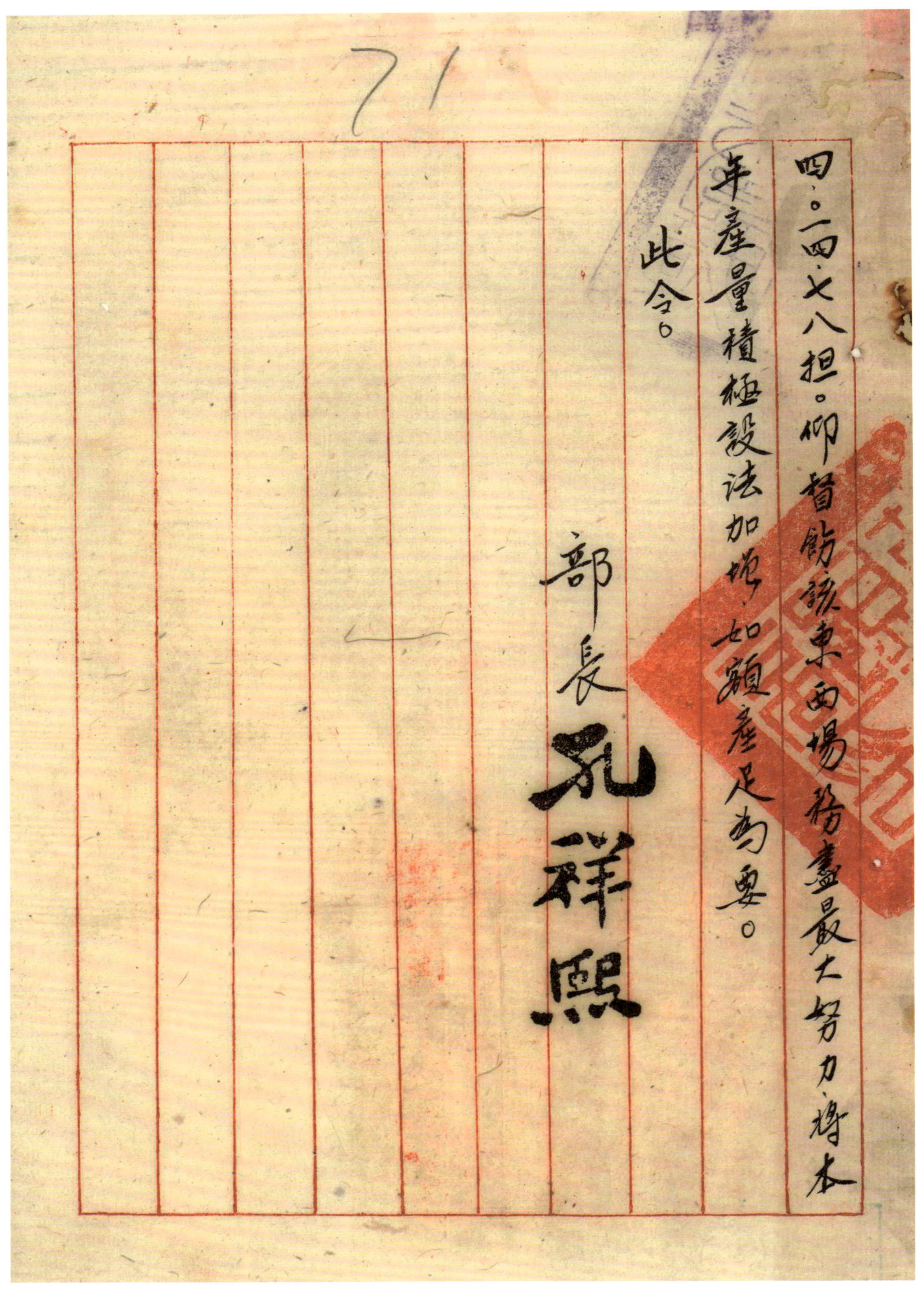
71

四，〇二四，七八担。仰督饬该东西场务尽最大努力，将本年产量积极设法加增，如额产足为要。

此令。

部长 孔祥熙

关于川盐增产情况和运销指示办法的函件（一九四〇年三月至四月）

财政部致川康盐务管理局的令及附件（一九四〇年三月十四日）

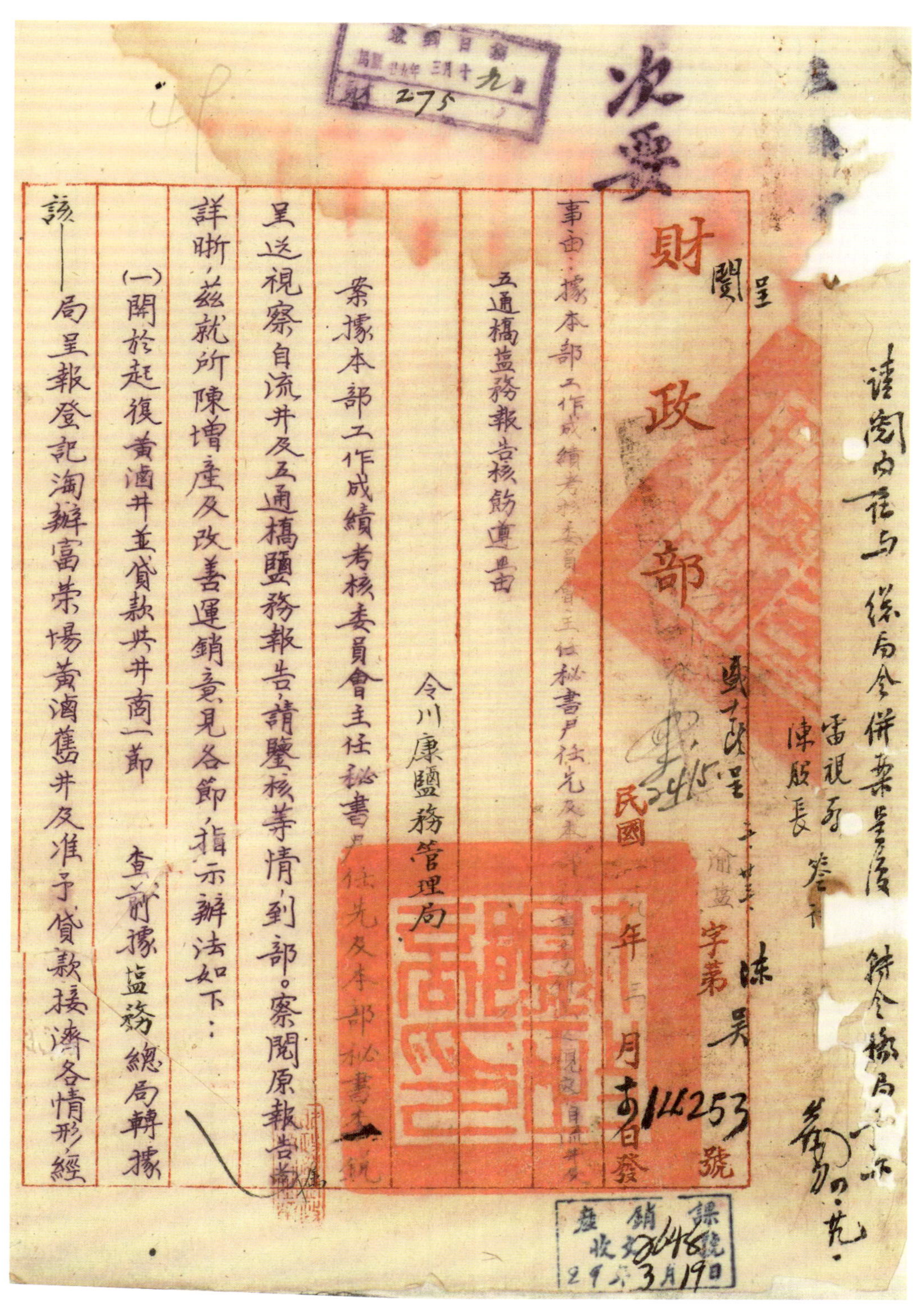

財政部

事由：據本部工作成績考核委員會主任秘書尹任先及本部秘書王　呈送視察自流井及五通橋鹽務報告核飭遵照由

令川康鹽務管理局

案據本部工作成績考核委員會主任秘書尹任先及本部秘書　呈送視察自流井及五通橋鹽務報告，請鑒核等情到部。案閱原報告詳晰，茲就所陳增產及改善運銷意見各節，指示辦法如下：

（一）關於起複黄滷井並貸款與井商一節　查前據鹽務總局轉據該——局呈報登記淘辦富榮場黄滷舊井及准予貸款接濟各情形，經

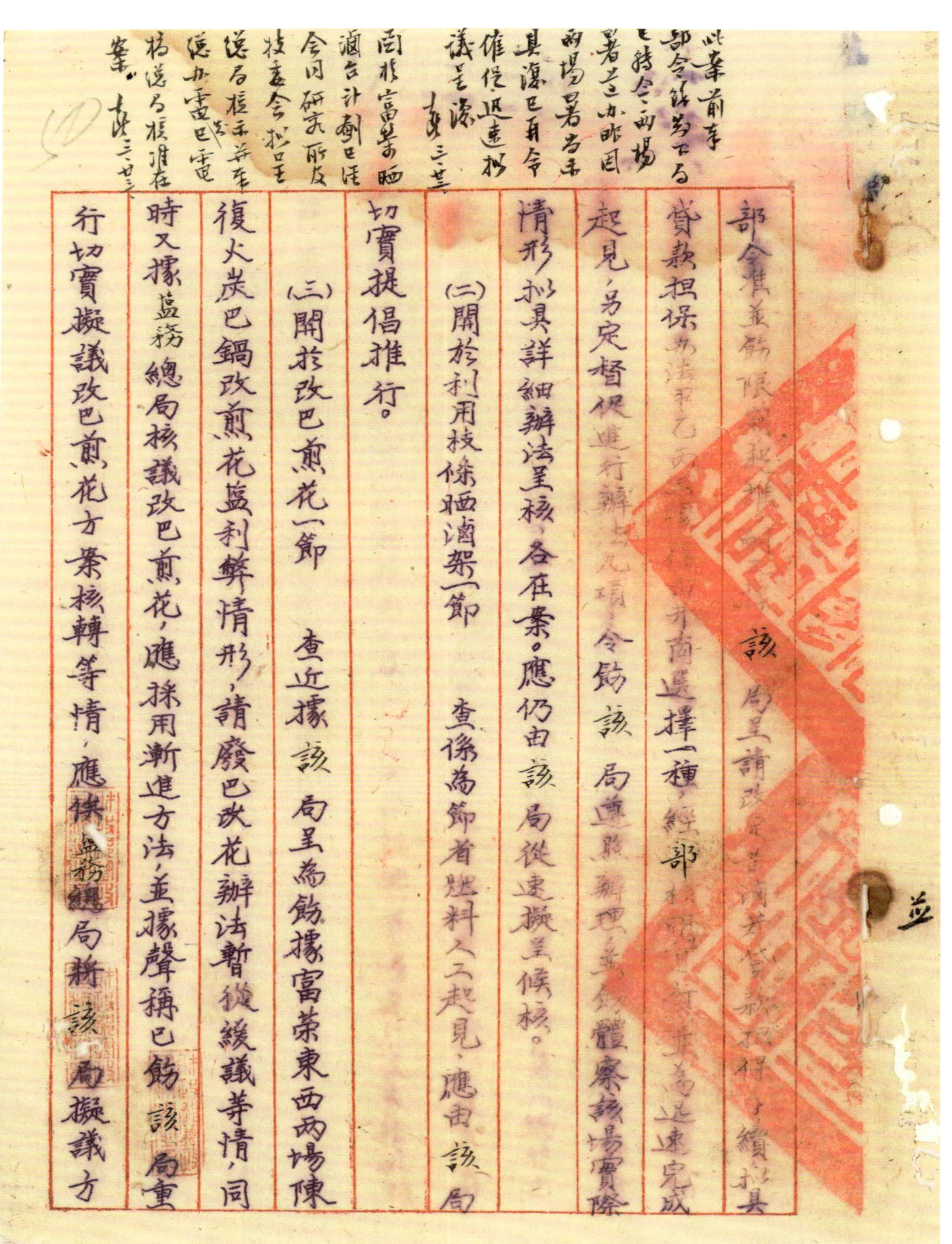

部令准並飭限期[illegible]該　局呈請改定[illegible]擬具

貸款担保辦法[illegible]並選擇一種，經　部[illegible]為迅速完成

起見，另定督促進行辦法兩項，令飭該　局遵照辦理，並飭體察該場實際

情形，擬具詳細辦法呈核，各在案。應仍由該　局從速擬呈候核。

(二)關於利用枝條曬滷架一節　查係為節省燃料人工起見，應由該　局

切實提倡推行。

(三)關於改巴煎花一節　查近據該　局呈為飭據富榮東西兩場陳

復火炭巴鍋改煎花鹽利弊情形，請廢巴改花辦法暫從緩議等情，同

時又據鹽務總局核議改巴煎花，應採用漸進方法，並據聲稱已飭該　局重

行切實擬議改巴煎花方案核轉等情，應俟鹽務總局飭該　局擬議方

案呈轉到部，再憑核奪。

(四)關於改良鍋灶一節 查前據鹽務總局轉據該局呈報川鹽增產加運工作案內，曾擬有富榮場改良炭灶蓋鍋進行新法，經部電飭將上項改良辦法已否籌備完成及成效如何查明具報。至犍樂場舊式鍋灶，亦於本年一月間由部電飭鹽務總局轉飭改良各在案。原意見所擬改良各點，應由該局切實督飭進行，一面迅將富榮犍樂等場進行改良情形報轉查核。

(五)關於優核場價一節 查該局近來對於各場場價，均尚從優核定，並核價期間，除犍樂兩場自上年八關起，已改為每關之兩個月中加評一次，實際即等於每兩個月核價一次外，其富榮東西兩場，雖曾

關於改巴並花已令兩場署再行擬議呈復 三、廿六

51

關於改良鍋灶一案原係委托技委會設計，但久無具體計畫，昨已由局函請國防最高會議統籌了特召經濟部代聘專家來場研究以便設計改良 三、廿六

以上原擬四項已成近古書，惟存局現情將呈稿分別修改 五、十八

52

據井灶商請求[illegible]場產鹽，大多[illegible]於[illegible]計，度濟銷各岸，業據鹽務總局[illegible]每月核價一次，對於岸價[illegible]運[illegible]，有礙行銷，且查最近核定富榮二十八年年底場價，原係將二十八年五至八個月物價平均估計，與每月核價並無差異，自可毋庸更改。

（六）關於湘西及嘉定鹽價並請訓練辦理鹽運人才一節　查本部前以湘處所呈川鹽運抵津市常德等處成本細目，大體根據商人所報數目，湘處既未自辦官運，當無客觀標準以憑比對，本部更無從審核，經於二十八年十二月八日以渝鹽字第一八八三八號指令飭鹽務總局轉飭湘處迅將川康局在渝撥交之官運鹽接辦官運入湘，詳稽運本，呈報來部，以憑考核在案。原報告所稱運鹽至湘西每一儎可獲淨利九千餘元，究竟真相

如何，應由鹽務總局[illegible]遵前次部[illegible]

距牛華溪[illegible]四十九一節，如果[illegible]該[illegible]通

橋分局依照川康區票岸[illegible]管理規則，切實取締[illegible]鹽價抑平，勿任奸

販非法弋利。至原意見所擬訓練辦理鹽運人材一節，係為改進鹽務應有

之基本工作，亟須規畫盡善，以利實施，應由鹽務總局擬議具體辦法專

案呈候核奪。

（七）關於擇地試辦官運一節　原意見此項建議用意尚無不合，惟所擬

由公家添置木岸車數部，於納谿至敘永公路進行官運，究竟是否相宜，

應由　該　局查明議復核辦。

（八）關於不給固定銷岸保障一節　原意見所陳不為無見，應由鹽

保岸心理係出於商人[illegible]

由車輛[illegible]免受運商操縱[illegible]務

肆係核分局查照核規則，嚴禁[illegible]並嚴禁。為要。

木炭車購辦價大且數少，核不合算，應飭核局辦令速籌備[illegible]板車或獨輪手車利運[illegible]

自貢[illegible]核分局查明，為要。

總局及該　局

（九）關於管理銷商一節　　查管理銷商辦法，業經本部核定，及川康區計岸鹽店管理規則，及川康區綦岸鹽店管理規則，兩種令飭遵照在案。該項規則，對於核定銷商售價，牌示週知，及取締操縱抬價，均有詳明規定，應由該　局隨時督飭認真實行。至原意見所擬發給銷商運照單，以杜中途抬價改銷一節，應由該　局查明該區各地現在辦理情形，擬議呈候核奪。

（十）關於各級負責人員應具積極任事精神一節　　本部前以目前食鹽問題，已臨嚴重階段，經於本年一月寒日電飭鹽務總局通飭所屬，切實任務艱鉅，排除萬難，戮力辦運。該總局並應破除情面，隨時認真考核，其進行不力以致短運者，應予懲儆；其超額加運者，應予獎勸，庶收督策

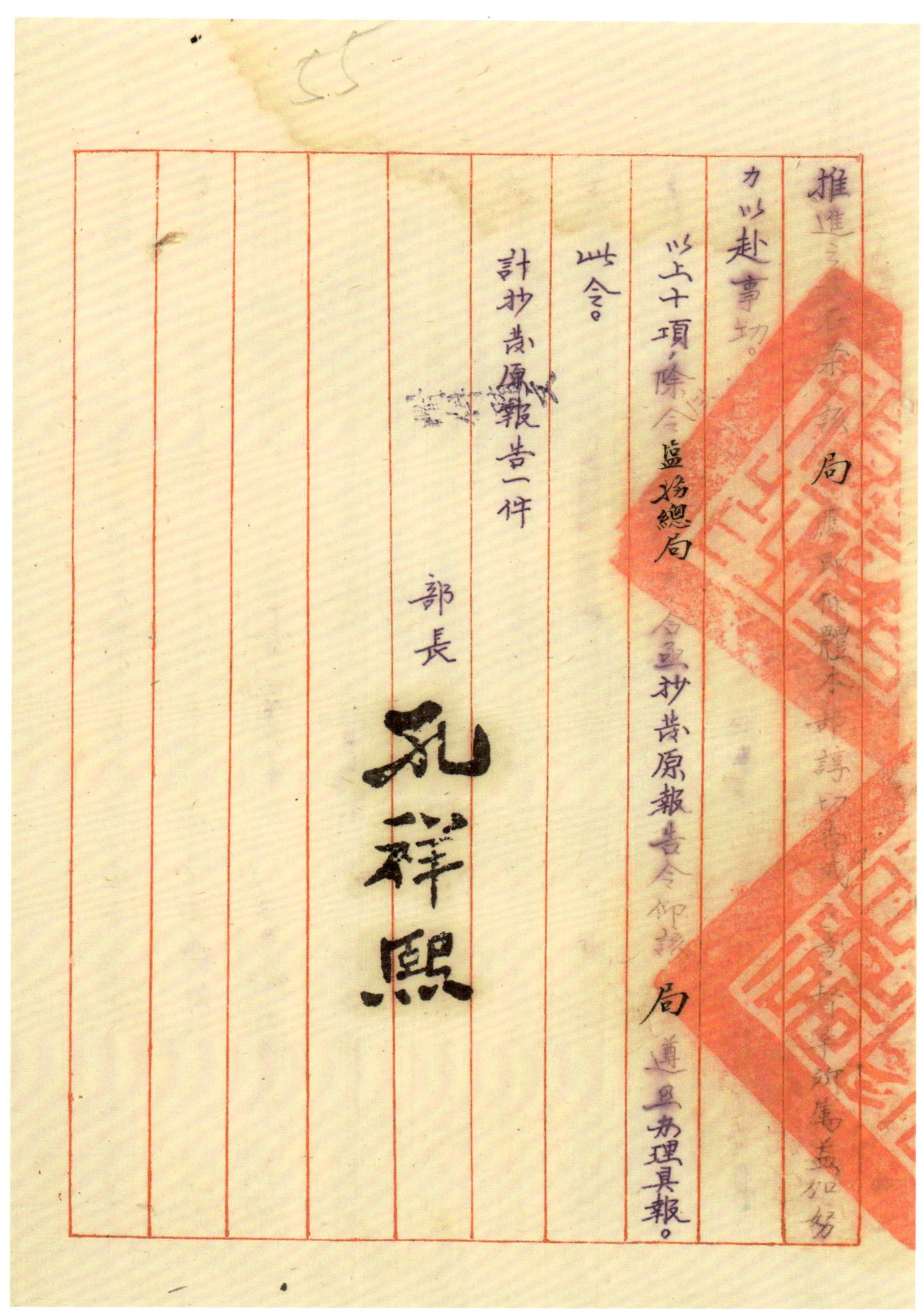

推進之各条，該局應即仰體本部諄切告誡，責令所屬益加奮力，以赴事功。

以上十項，除令鹽務總局外，合亟抄發原報告，令仰該局遵照辦理具報。

此令。

計抄發原報告一件

部長 孔祥熙

56

視察富榮犍樂鹽務報告

前月二十三日，赴五通橋視察犍為樂山兩場鹽產情形及運銷現狀。句留旬，即轉自流井，調查富榮東西兩場增產情形及運銷現況，來井以後，復將攜回資料，加以研討。謹就調查所得，與管窺所及，分別簡陳於后

一、場產及運銷現情

甲、富榮東西兩場

一、增產　自貢區富榮東西兩場所產之鹽，計佔川省各區總產額百分之五十以上，自增產以來，二十七年全年產鹽四百五十六萬餘担，較二十六年增產一百二十八萬餘担。本年一月至十月間，兩場已共產四百一十六萬担，較二十七年所產，雖短少三十九萬餘担，若連十一、十二兩月計之，為數當稍有超溢。再就川康區各場本年產鹽進度

言，第一期（一月至三月），計新[illegible]火眼[illegible]增[illegible]二期（四月至六

月），計增產四〇九[illegible]第三期（七月至九月）[illegible]短產一〇四九，

七七八担。

川省增產，純賴富榮東西兩場。兩場滷井，在未增產前，計有一百七十餘眼。增產期間，已增至二百二十餘眼，惟因煤缺，實際推汲者僅二百餘眼之譜，而正在設備者尚有五十餘眼。兩場所需之煤，按煎滷八十萬担計月需煤十二萬包，煤之来源，即為威遠，但威遠每月能供之產量，祇能在五六萬包左右，最多亦不能超過九萬包，僅可充煎滷六十萬担之用。

增產問題之先決條件，一為增裕滷源，一為增加煤料。增裕滷源，據管理局報告，亟須提倡淘辦黃滷井。提倡之法，決為貸款，惟貸款必

須由井戶負責担保，事實上頗感困難。該處擬定改訂辦法三種如下：（甲）覓取有生產力之井，向本局貸有款項之井灶兩家，或殷實舖官保兩家担保。（乙）凡可以資抵償之不動產，其價值在貸款額數以上者。（丙）如貸款井戶連合十家以上，編為一組，連帶負責，并聲明如有一戶屆期不能還款，組內各井，甘願連帶負責者。上述三種辦法，似以甲種為適用，惟實際上貸款扶助以由場署監督用途，視其建設情形，按期分發，預防浮支濫用，較為妥當。至於燃料方面，煤之供給既不甚豐，今後似應一方面設法增加開採與疏通煤運，一方面利用種種改革，節省燃料，例如採用枝條晒滷架辦法，即可濃縮鹹質，改良灶之排列，即可節省煤炭與瓦斯。双方并進，增產始有可能，否則今後不但增產無望，即穩產亦似甚有问題。

(二)運銷　富榮兩場放鹽數，二十七年共約四百七十七萬擔，本年一月至十一月

間之放運數，共為四百二十六萬擔，較之二十七年[illegible]兩

月計之，亦可超逾二十七年全數。再就川康區各場本年產銷情形言，第一期

中，較部定限額增進二六〇、五二四担，第二期較部定限額超運四六六、七七七担，

第三期短運五八〇、七七一担。短運原因，據管理局所稱係(一)因黔邊永岸銷

商借口核價不足，存鹽過多，不肯多提，而銷商復拖欠鹽價數十萬元，

以致運商之鹽，存岸過多，商本擱壓，不肯多運，近因需要激增，岸口

存鹽，提撥驟罄，致又形成鹽缺之象。(二)因水道枯乾，船運困難，致運

濟未能如願。自改用築堰蓄水撥船之法，九月內共放出二百二十儎，較自

二十五年同月所運之數，多出一倍，嗣後續用人力縴運過灘自十一月六

60

日至二十三日積存[illegible]滯之鹽[illegible]運出（有十[illegible]傤）已出鄧關者一百三千餘傤，其餘均存鄧關待卸。自攔灘過坳，未採用疏運積滯鹽傤，已見成效。

查觀音灘至鄧關，為運鹽河道。重灘至沿灘，其間須攔灘過坳之處甚多，今後能從自流井敷設輕軌至沿灘，則鹽運問題之困難，即可減除泰半。沿灘至鄧井關，雖中間有老鴉灘之險，較之上段之河運便利多矣。管理局現似先敷設鄧沿（鄧井關至沿灘）輕軌，再逐步上移，改為井沿（自流井至沿灘）輕軌。祇要鋼軌有辦法，此實為改良運輸最急要之圖。

乙、犍為樂山兩場

一、鹽產　五通橋區共轄犍為樂山井山鹽源四場，而以犍樂兩場為較大之十七年[illegible]產[illegible]計[illegible]估[illegible]十[illegible]四[illegible]年各[illegible]
中，第一二兩期，犍樂兩場[illegible]較[illegible]數目，均有增[illegible]餘担不
等。第三期中，則[illegible]短產二千餘担，樂場短產[illegible]短產原因據
調查有下列四種：(一)井滷鹵量太輕，犍為製鹽滷水，鹹者每滷一斤可成鹽一
兩八錢（富榮兩場之鹽崖滷及黑滷，平均在三兩六錢左右），淡者祇可煎成八錢，
惟鹹者少而淡者多，平均計算，每滷一斤可成鹽一兩二錢之譜，樂場鹹者
可煎一兩六錢，淡者僅四錢耳。邇來物價飛漲，產鹽成本日貴，而鹽場核價
原定四個月一次，所核定之價，初雖不無利潤，但時經一二月，製鹽原料之價
格，多又超出核定成本數目之外，以致場商觀望。(二)空襲警報時，不僅灶丁逃
避，且須封窯火烟，時熄時燃，影響場產，加以兵役拉夫，新遷工廠，競雇

62

工人，致使人[illegible]成[illegible]因[illegible]製[illegible]原料，且去平水時間，未能[illegible]積[illegible]統制，且[illegible]缺[illegible]價低劣，灶戶又無力購買，且煤[illegible]成本蓁事，以致不肯積極[illegible]四[illegible]井為增產之基本工作，整新淘廢，歷時久而耗費多，將來銷路非有相當保障，难期踴躍進行，遂來破除岸制之說，亦足使商人𢙇生疑慮。此種短產原因當期負責人以為可採用下列補救辦法：(一)變通評價改四個月一次為兩月一次(二)優核場價(三)貸款淘井予以寬限還款(四)確定銷岸免除井戶戒心(五)舉辦存煤及枝條晒滷架貸款。

犍樂兩場鹽產，有巴鹽花鹽兩種。巴鹽色灰黑，形類石塊，便於囤積，堆積日久，受有水氣，則增加重量，無形可以獲利，因之囤積者多，釀成人

造鹽[illegible]

件，現樂場方面[illegible]已[illegible]為花，犍[illegible]前大

都尚屬煎巴（富[illegible]并煎巴）

二運輸　五通橋所轄兩場，除井仁鹽源兩場，純產票鹽，全由陸運外，犍為樂山兩場，引鹽票鹽兼製，但票鹽大都小販（亦有幫夥）經營，資本微末，其運往出售目的地，恒視各地銷市暢滯為轉移，惟引鹽則運商組有團體分岸負責。犍樂兩場在本年第一第二兩期，銷數均有增加，自六千餘担至二萬八千餘担不等。惟第三期犍場短運二千餘担，樂場短運一千餘担，犍場所屬之永邊岸係供給黔西民食，月額一七二引，鹽由場至納谿運輸尚便，由納谿至叙永，係逆水上行，水程約七百里，河身淺狹，灘磧甚多，最速一月，遲則三月始能抵

64

岸。本年入[illegible]來，[illegible]雨太少，[illegible]至[illegible]方[illegible]，船隻停滯，納給者為數甚多，納谿以上在途者[illegible]除[illegible]運達[illegible]，仍屬以[illegible]之際，天雨難期，乃思採用陸運辦法以為補救。此[illegible]經管理局將江门以上在途鹽一百餘引，先行陸運以資接濟。此項陸運，每引加運費三百元。即將八閘運費，每担核加陸運費五角，以供此項開支之用，管理局令准照辦。惟在鹽引尚未實行陸運之時，復據敘永鹽運處電稱，業已雨下水起，江门以上之一百餘引，已陸續水運至岸。其餘仍船水運，但船户以物價人工高漲，請求每担增加水運費五角，以便趕運，又經管理局電准，合前後計之，共核准增加水陸運費每担一元，此項增加之運費，已在黔處加入銷價。至犍為所屬之滇邊岸，以宜賓為到岸地點。運輸尚稱便利。最近鹽荒之主要原因，係為人民囤積巴鹽，與小販抬價居奇。同

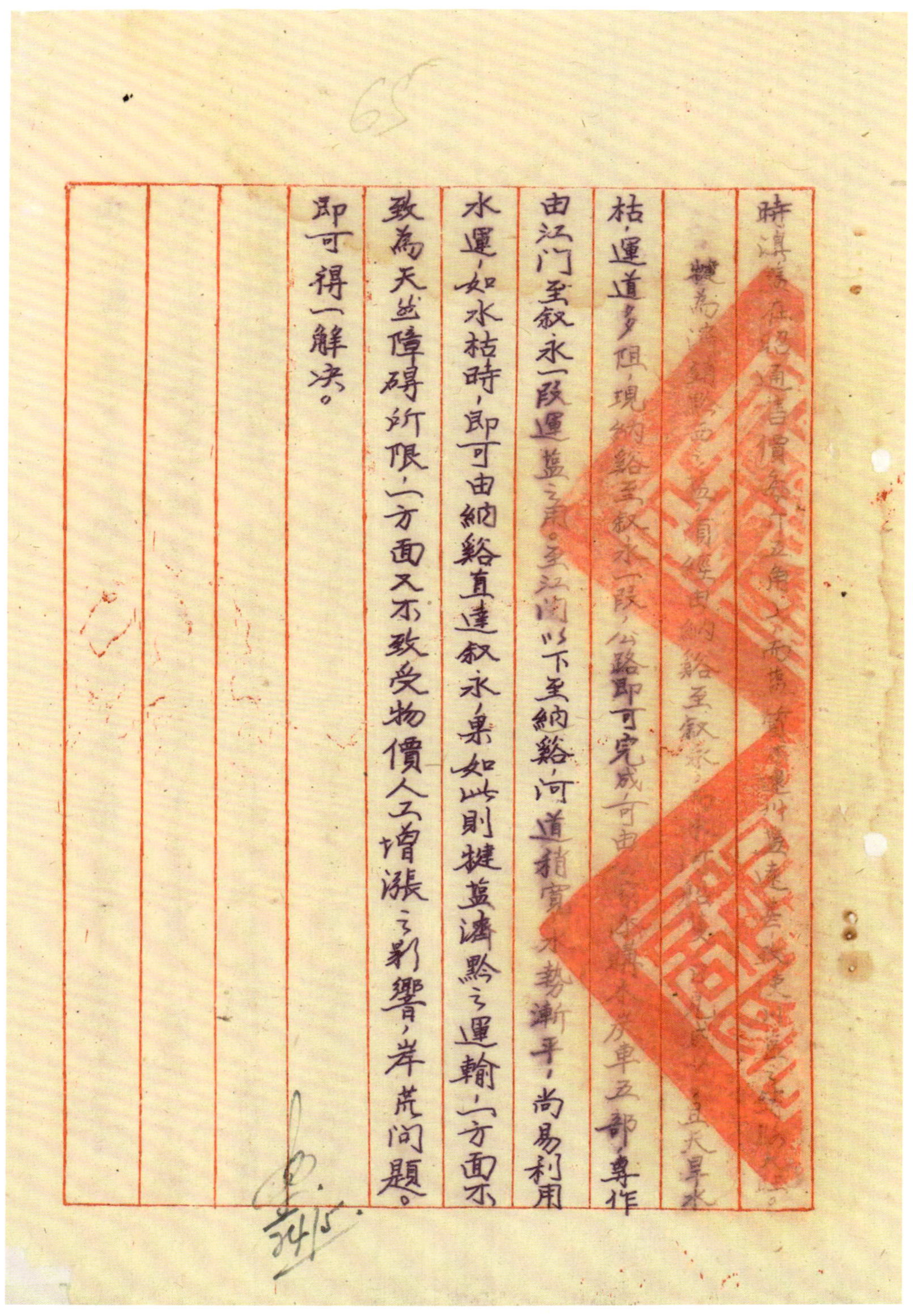

時滇省在昭通售價每[illegible]十五角，大部[illegible]川鹽[illegible]之[illegible]。

犍為濟銷黔西之鹽，貫經由納谿至敘永，[illegible]天旱水

枯，運道多阻，現納谿至敘永一段，公路即可完成，可由[illegible]車五部，專作

由江门至敘永一段運鹽之用。至江門以下至納谿，河道稍寬，水勢漸平，尚易利用

水運，如水枯時，即可由納谿直達敘永集，如此則犍鹽濟黔之運輸，一方面不

致為天然障碍所限，一方面又不致受物價人工增漲之影響，岸荒問題

即可得一解決。

一、關於增產

（一）查川省鹽產主要為富榮東西兩場。兩場製鹽原料，有鹽崖滷、黑及黃滷三種。就鹹度言，鹽崖滷為上，黑滷次之，黃滷又次之。目前西場尚有可開採之黑滷井十餘眼，東場有停推黑滷井七眼，惟黑滷井深度率有三百餘丈，因無車爐，不易從事淘辦，兼之機車推滷，容易發生落難，淘取動需數月，往往推滷時少，取難（指取出斷落井中之物）時多。依賴黑滷井增滷，實無把握。除現推及設備淘辦之各滷井外，似非儘量起復黃滷井不為功。蓋因黃滷井深度較淺，淘辦較易，兼用牛車推汲，危險甚少，而所用之竹筒篾索，均係土產，其產滷雖不及機車黑滷之豐，然能多數推汲，亦可收集腋成裘之效。現東場有停推之黃滷井六眼，西場有坍淘辦者一十餘眼，惟舊井停廢，起復淘辦，竪立天車，購買牛隻，在在需費，似應飭由川康管理局貸款扶助井商，加速進行，以增加鹽產之基本原料。

(二)黃滷鹺質，較黑滷為低，在此煤價甚昂供給不敷之際，自應利用枝條晒滷架方法，將各井所産淡滷及黃滷，經過枝條架吹晒濃縮鹺質後，再分配各灶煎燒，以節燃料而省人工。此項枝條架，久大公司及樂山場已經採用，頗著成效。似應由川康管理局貸款提倡，或竟由公家建設枝條晒滷架使灶商得蒙其利，願意煎燒黃滷。

(三)巴鹽與花鹽兩種，就品質方面言，花鹽白淨，遠勝巴鹽，且巴鹽硬如石塊，含雜質，藏垢納污，不合衛生。儲藏居奇，吸收水熱氣，又可遂時[illegible]，其他[illegible]縣之所生，雖川康永岸、鎮、户[illegible]駁雜，但鮮之所任，不宜長此終古，亟應設法糾正屬府[illegible]，以重民食，以杜居奇，且煎熬容易壞鍋，又多需燃料，據專家研究之估計，川省能實行改花，年可省煤鐵等成本一千餘萬元。改煎之後，欲期便於長途運輸，可先壓成鹽磚，所需工費，亦極有限。此種改革，推行並無困難，惟須得熱心幹練之人，切實遵辦，始能期有成效，蹈常習故，認一切改革有困難者，自不足以辦此。

（四）灶商煎鹽之鍋灶，方法陳舊，相沿未改，就現狀言，灶之排列，鍋之形式，煙道之疏通，均有亟謀改善之必要，試一觀久大公司所用之長方鍋其燒煤方法，則知熬煎之法一加改進，便可省煤省鐵。不僅煤鐵可省，即

鹽所亦可更求□□，似應由管理局研究提倡，或予□獎，或□□□□，以
促進此種改革。且查去年新、灶丁生活可改善，□□□□，能有
進步，政府稅收，亦即在其中。

（五）核定場價，宜稍從優。按規定每四個月為一閘，每年分午八臘三閘，
每閘核價一次，殊嫌太長，因初核定時，雖尚敷成本，或有餘潤，但在此非
常時期，物價飛騰，過一二月後，常不能與鹽價平衡，以致場商訴苦
不肯積極生產，此後似應改為兩月核價一次，時間縮短，核價手續，尤
宜迅速，使場商能於每兩月後，即知其場價，明其贏虧。過去八閘（五
六七八四個月）之場價，至今尚在派員複查之中，似此遲延，懸而不定，實
失鼓勵生產之意。據調查所得，目前所核鹽價，尚算從優。壯丁

所獲之利不下三分。今後果欲於核價之中，寓剌激增産之意，應速改爲兩月一次。每屆期滿後半月内，即應速核揭布，俾商人能適時了，其營業之贏虧。

二、關於運銷

(一)查運鹽至湘西，每担可售三十餘元，據有實際經驗者云，除購鹽成本運費保險費捐税及雜支等費外，可獲净利八九元之多，運鹽一儎即可獲净利九千餘元。樂場牛華溪之票花場價九元零，外加正税及附加共四元，計共十四元，而肩運至嘉定，相距只二十華里，則有售至四十元者，就常理言，票鹽係由小販肩運，如有厚利，人將爭趨。但事實上票販亦僅限於其已有之幫伙，他人不易染指。現官收官運爲既定原則，固應澈底實行，滌除積弊。惟利之所在，運商把持其中，事前苟無準備，驟言官運，或招商代運，運商從而消極抵制，袖手旁觀，進行甚有困難，且政府即有船隻，運送無得力人，亦成問題。今後要採行新制，首須訓練新人。本部果決心實行官運，似應招考大學及中學生仿所得稅訓練班辦法，施以訓練，以充辦理鹽運人材。現為運鹽船隻，政府有權統制。苟有一訓練幹部，便可不仰賴舊運商之伙隊。此實為採行官運之先決條件。

(二)整個驟改官運，事實上既有困難。在此時際，政府似可擇一二處，試將官運，以觀成效。例如從納谿至叙永，公路即將完成，管理局添置木炭車數部，即可進行官運，行之有效，逐漸推廣，運商岸制，無形打破，同時運商亦不能有所藉口，借此抵抗。

(三)保障銷路，即由岸制之井商淘井增產，要保障銷路，此事似不可公開承允，於此決意廢除岸制之際，再為將來改革增添幾許困難。關於此點，祇宜對於淘井增滷之井商，予以經濟扶助，俾能具有資力進行政府為渴求增產計，不得已時，寧蒙貸款損失，而不宜給以固定銷岸之保障。

(四)鹽列銷岸，即由銷商分運，惟鹽務機關對於場價及運價均有核定之權。而以銷商分運後，其售價如何，則鹽務機關無權過問。此在平時交通無阻，價格本身，即能調劑盈虛。第在此戰時，產量既不甚豐，交通工具又復時感缺乏，因之銷商遂得從中操縱，索價遠逾所需成本之外。此事似應由岸上鹽務機關對銷商發給運鹽聯单，註明銷地及鹽斤數量，不得中途抬價私銷，違者嚴加處罰。并應由銷岸省府，查明銷商購入之價格，再參酌其達到運往目的地，所需之運費，規定價格，由縣政府牌示，違者亦嚴取締，以免銷商任意叫價之弊。

以上所陳，係就管見所及，摘要述之，惟鹽務複雜，不易明瞭，此次外出調查，為期甚短，視察所及，亦多挂漏。惟竊以為鹽務方面，過去重視稅收，因之一切改革，多為稅字所束縛，而不能進行。在此抗戰建國之際，欲改革鹽務，增加生產，非暫弛稅收不可。蓋因非革新鹽業，不能期多額增產，非政府貸款扶助不足，以言革新鹽業。同

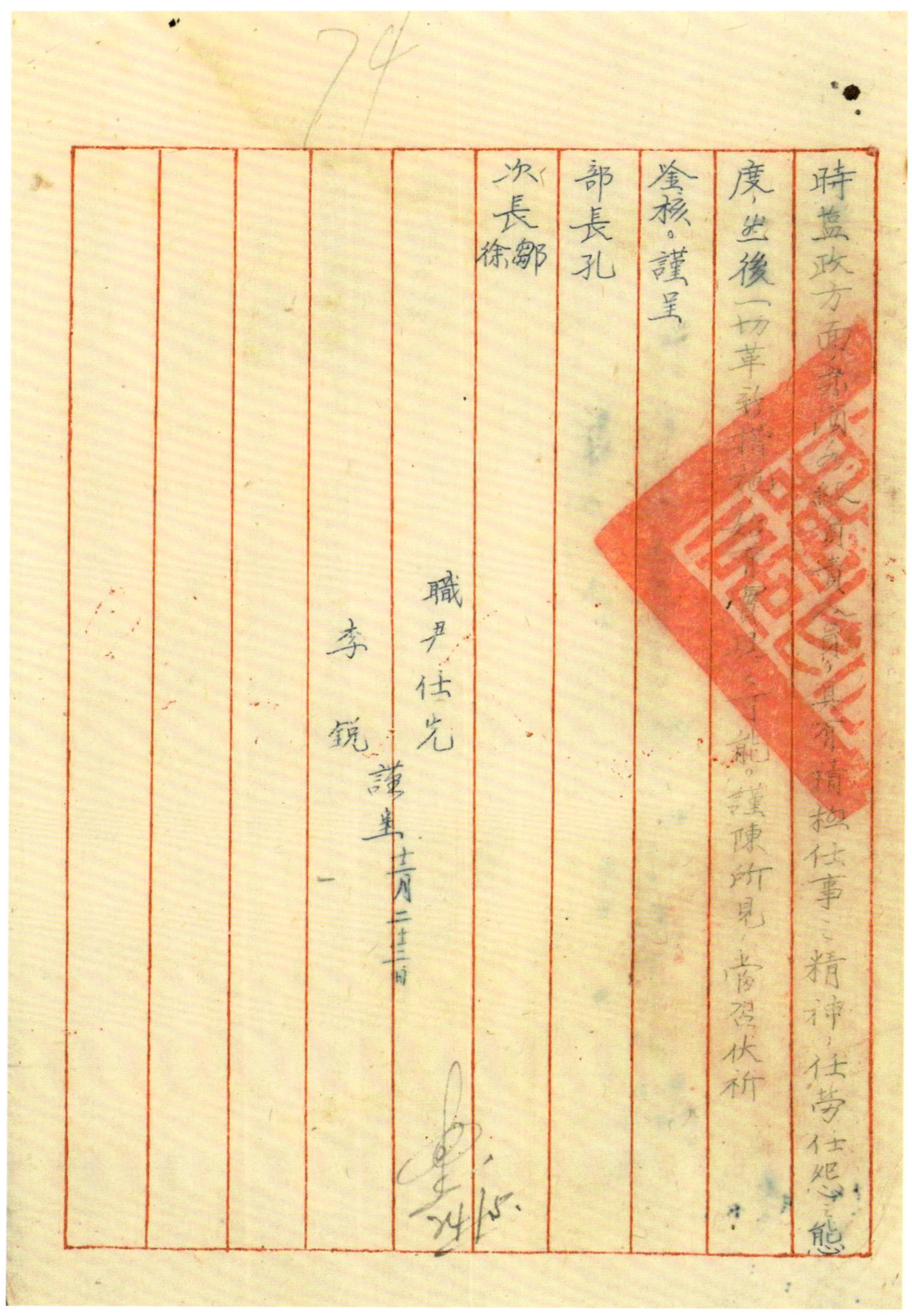

74

時盐政方面，尤須以負責之實，具有積極任事之精神，任勞任怨之態
度，出後一切革新措施，始有實現之可能。謹陳所見，當否伏祈
鑒核。謹呈
部長孔
次長鄒徐

職尹仕先
李銳
謹呈 十二月二十三日

财政部盐务总局致川康盐务管理局的训令（一九四〇年四月十一日）

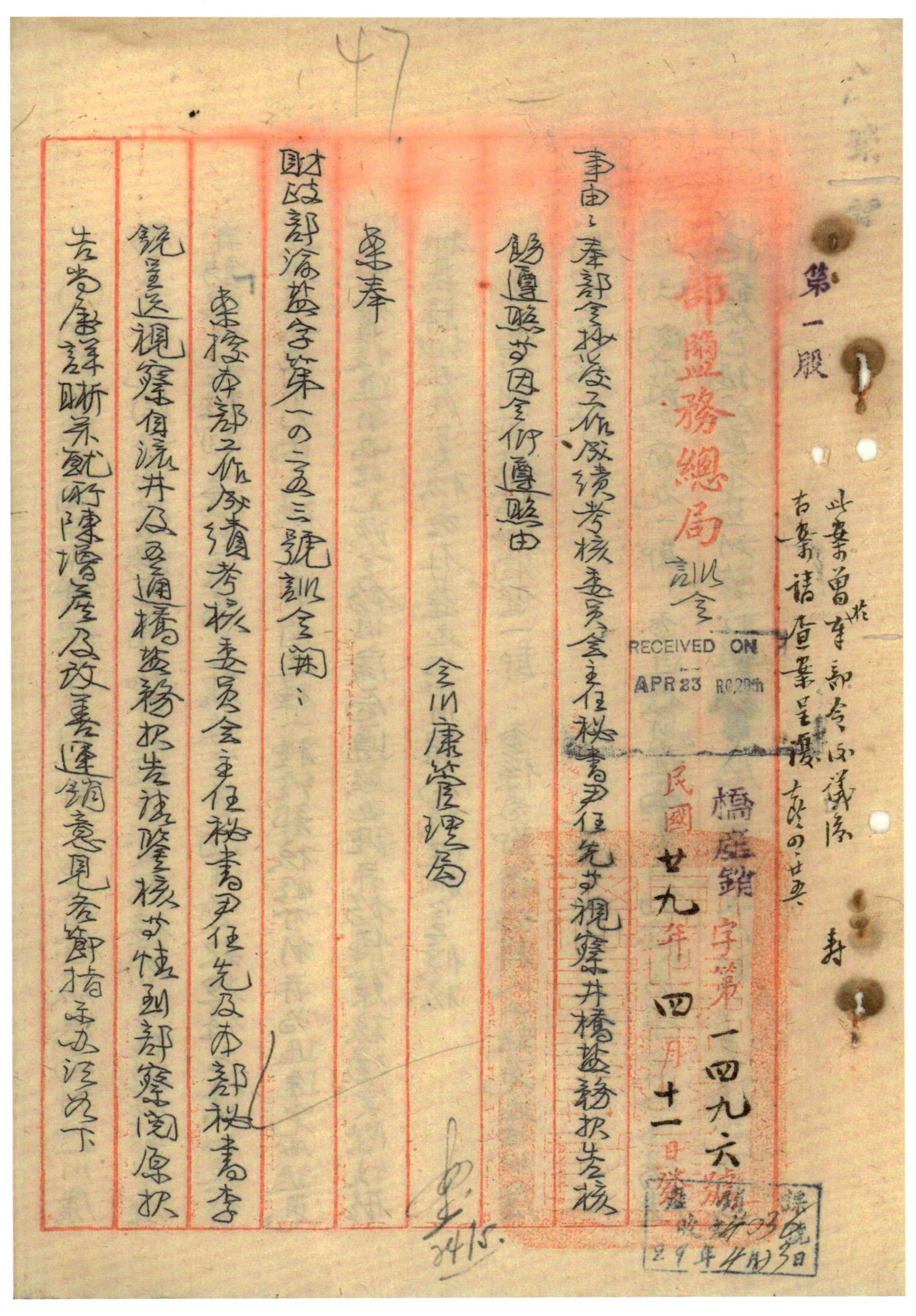

財政部鹽務總局訓令

橋鹽銷字第一四九六號

民國廿九年四月十一日發

事由：奉部令抄發工作成績考核委員會主任秘書尹任先等視察井橋鹽務報告核飭遵照等因令仰遵照由

令川康管理局

案奉

財政部渝鹽字第一〇二五三號訓令開：

案據本部工作成績考核委員會主任秘書尹任先及本部秘書李銳呈送視察自流井及五通橋鹽務報告請鑒核并檢到部察閱原報告尚屬詳晰，茲就所陳增產及改善運銷意見各節指示如次：

（1）關於赶凿黃滷井并貸款與井商一節　查前據該總局轉據川康局呈擬登記淘安富榮場黃滷舊井及派予貸款接濟各情形經部令派并飭限期赶推翻文據川康局呈請設定黃滷井貸款擔保手續擬具貸款擔保辦法甲乙丙三項任由井商選擇一種經部核明可行並為迅速完成起見務宜措促進行辦法九項令飭川康局遵照辦理并飭体察該場實際情形擬具詳細辦法呈核各在案茲仍由川康局從速擬呈候核

（2）關於利用枝條晒滷架一節　查係為節省燃料人工起見並由川康局切實提倡推行

（3）關於改巴煎花一節　查近據川康局呈為飭據富榮東西兩場陳復大炭巴鍋改煎花鹽利弊情形請將廢巴改花辦法暫從緩議等情到部

48

又據該總局核議改巴為花，又稱因漸進方法再據聲稱已飭川康局重行切實擬議改巴為花方案核轉等情，又據該總局將川康局擬議方案呈轉到部，再候核奪。

(六)關於改良鍋灶一節　查前據該總局轉據川康局呈報增產加速工作案內曾擬有富榮場改良炭灶鹽鍋進行，并經部電飭將上項改良辦法已否籌備完成及成效如何查明具報，至犍樂場舊式鍋灶亦於本年一月間由部電飭該總局轉飭改良各在案，原意見所擬改良各点，應由川康局切實轉飭進行，一面迅將富榮犍樂等場進行改良情形報部查核。

(5.)關於優核場價一節　查川康局近來對於各場場價優核定至核價期間，除犍樂兩場自上年八閲起已改為每閲之兩個月中加詳一次實際即當於每個月核價一次并於富榮東西兩場迭曾按井灶商請求每月核定一次但該兩場產鹽大多數外銷核計及濟銷各岸業據該總局議復以每月核價一次對於岸價變動過速有礙外銷且查最近核定富榮廿八年午閱場價原係將廿八年五至八月四個月物價平均估計與每月核價並無差異自可毋庸更改

（六）關於湘西各處定鹽價並請訓練辦理鹽運人才一節　查本部前以湘處所呈川鹽運抵津市常德等處成本細目大體根據商人所報數目湘處既未自辦官運尚無參照標準以憑比對本部無從審核經於廿八年十二月八日以渝鹽字第一八八三八號指令飭該總局轉飭湘處迅將川康局在渝撥交之官運鹽接辦官運入湘詳細運本呈報來部以憑考核

在案原狀告所稱運鹽至湘西每一傤可獲淨利九千餘元究竟真相如何應由
該總局飭催湘案途遭岸次部會同切實核復原狀告稱如嘉金張牛華溪只升
里鹽價僅至四十元一節如果非虛應由川康局責成五通橋分局依照「川康區
票岸鹽店管理規則」切實取締務將鹽價抑平勿任商販非法牟利至原意
見所擬訓練鹽理鹽運人材一節係為改進鹽務應有之基本工作亟須規畫
妥善以利實施應由該總局擬議具體辦法專案呈候核奪
（7）關於擇地試行官運一節　原意見此項建議用意尚無不合惟所擬
由公家添置本岸車輛並推納溪至叙永公路進行官運究竟是否相宜應
由川康局查明議復核辦
（8）關於不給固定銷岸保障一節　原意見所陳不為無見應由該總

局及川康局切实予以注意

（九）关于管理销商一节　查管理销商办法业经本部先后核定「川康区计岸盐店管理规」及「川康区边岸盐店管理规则」两种令饬遵照在案该项规则对于核定销商售价牌示周知及取缔操纵抬价均有详明规定应由川康局随时督饬认真实行至原意见所拟发给销商运盐联单以杜中途抬价改销一节应由川康局查明该区各地现在办理情形拟议呈候核夺

（十）关于各级负责人员应具积极任事精神一节　查本部前以目前食盐问题已趋严重曾经于本年一月虞电饬该总局通饬所属切懔任务艰钜排除万难戮力抢运该总局并应破除情面随时认真考

48

核定運到不力以致短運者亦予懲儆，其超額加運者亦予獎勵，庶收督策、推進之效在案。該總局應即仰體本部諄切告戒之意，督率所屬益加努力，以赴事功。

以上十項除分令川康局外，合亟抄發原呈，令仰該總局遵照辦理具報。

此令。

茲因另抄件來此，除原抄件該局有案不再抄發外，合行令仰該局即便遵照部令中（一）（二）（三）（四）（六）（七）（八）（九）等項辦理具報。

此令。

運銷科科長劉宗[illegible]代拆代行

總辦朱庭祺

會辦 羅哈朧
監印畢秉鐸

川康盐务管理局关于宝源井因增产受困恳请设法救济致富荣东场公署的训令及井商朱鹤年的批示（一九四〇年三月十六日）

财政部川康盐务管理局训令批示稿　产发1958号

来文	字第　号
文别	
送达机关	东场署、井商朱鹤年
类别	训令、批示
附件	

事由：为据宝源井经理朱鹤年呈以因增产受困恳请设法救济，转饬遵照令仰东场署查复核夺由

局长：
副局长：
帮办：

管运专员　总务课长　产销课长　会计课长　税警课长　工程师

主办课：　核稿：　拟稿：

有关各股：

中华民国廿九年三月十五日

月日时交办　月日时拟稿　月日时核签　月日时判行　月日时缮写　月日时校对　月日时盖印　月日时封发

去文　字第　号

档案　字第　号

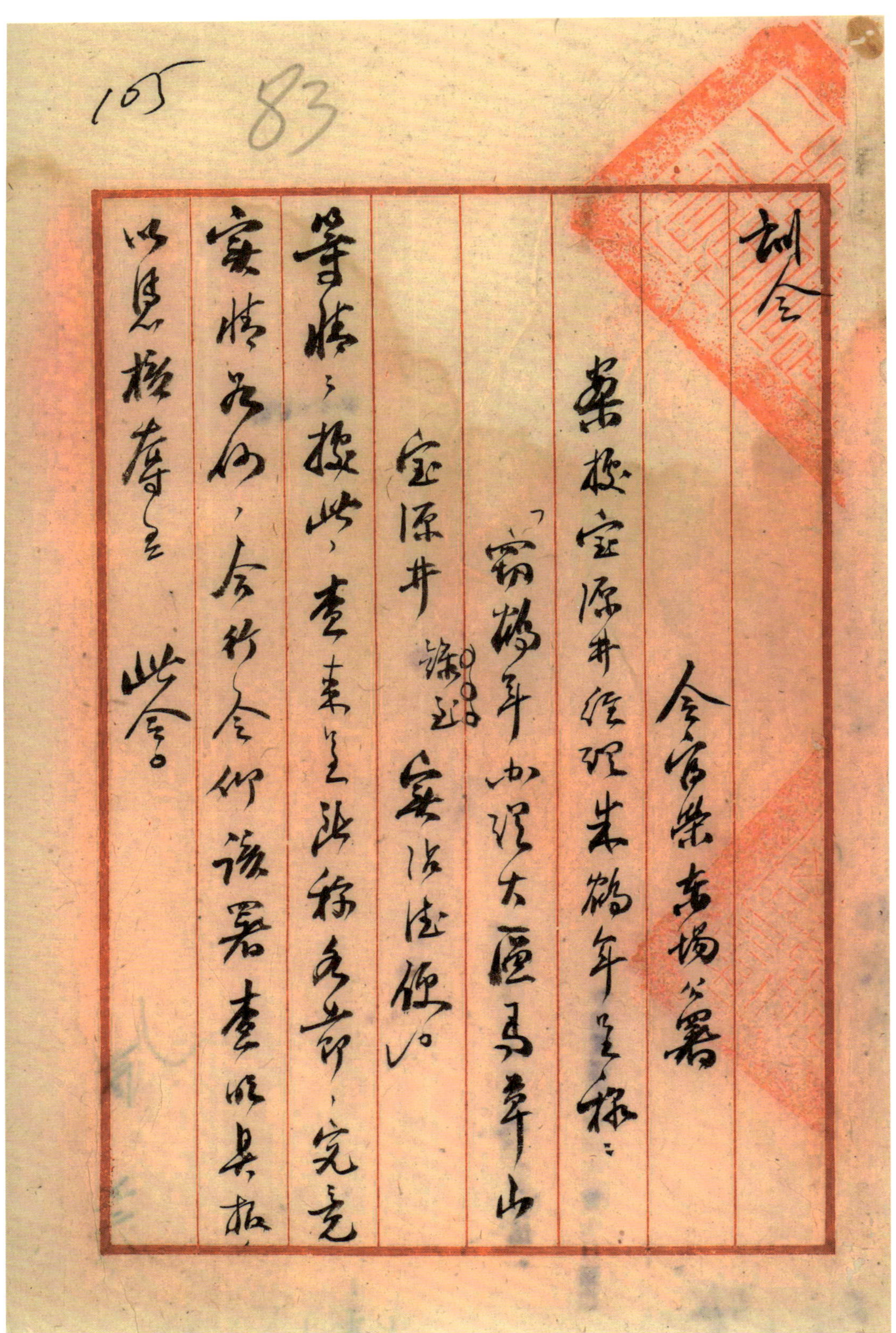
训令

令富荣盐场公署

案据宝源井经理朱鹤年呈称：

「窃鹤年办理大垣马草山

宝源井……案经依法便以

等情。据此，查来呈既称系争节，究竟

实情如何，令行令仰该署查明具报

以凭核夺。此令。

批示

具呈人宝源井經理朱鶴年

呈為苦因培底受困懇請設法救濟由

呈悉。查所稱各節，究竟實情如何，候令行東場公署查明具報，再行核奪。仰即知照。此批

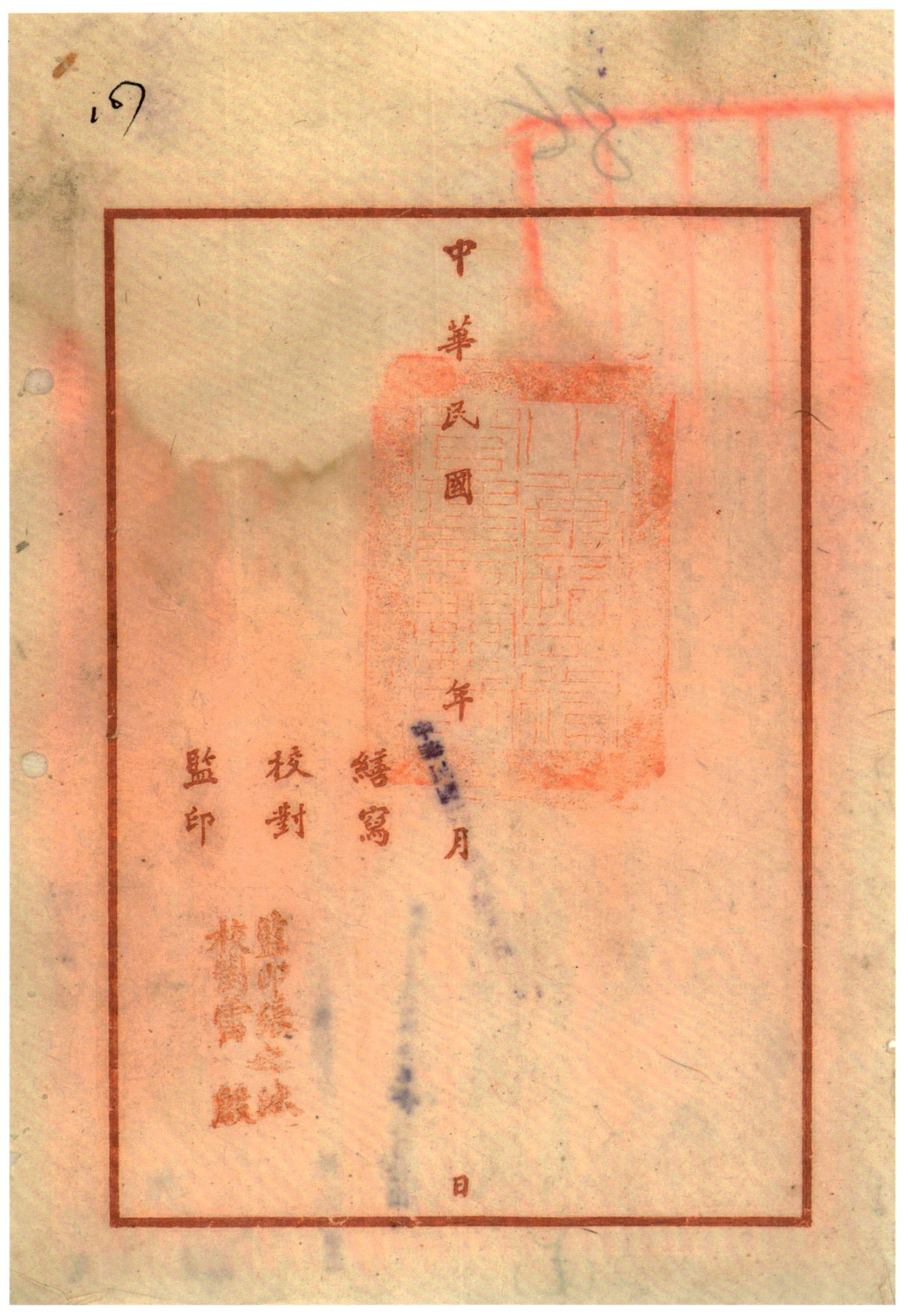

中華民國　年　月　日

繕寫

校對

監印

附：宝源井经理朱鹤年致川康盐务管理局的呈（一九四〇年三月九日）

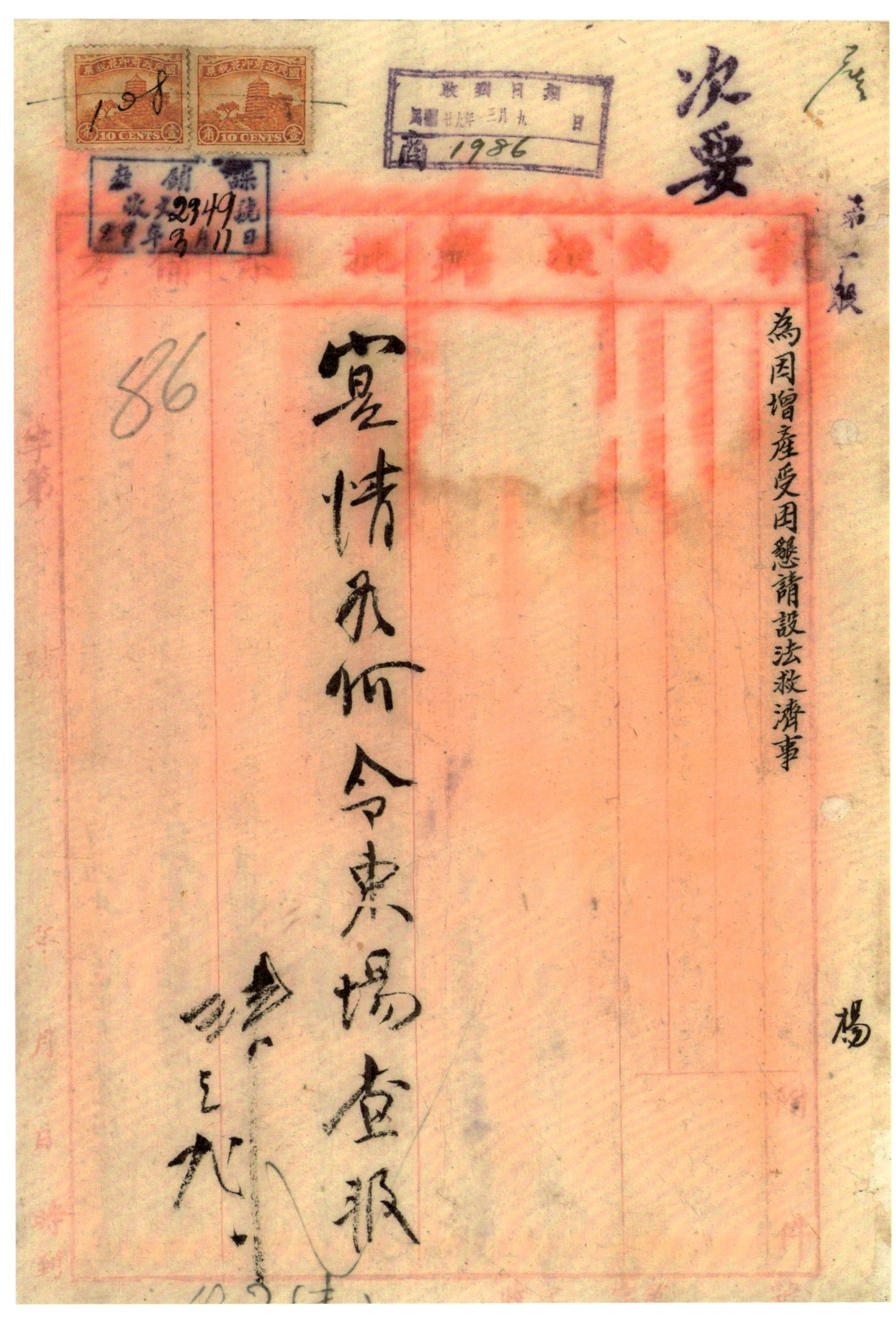

次要

第一報

為因增產受困懇請設法救濟事

宜情飭令東場查報

三、九

竊鶴年辦理大區馬草山寶源井歷有年所此井產量素豐枯量亦重只因厰市疲滯產浮於銷由鹽崖井水公司令其停推民國二十七年奉鈞局命令增產其時鶴年即主張三十眼井應該完全設備起推、如果枯量不足、應由公司設法補助、適有同業楊晋堂別有用意、居心搗亂、朦請繆局長違背法律、妨害私權、直言之即係以命令變更法律、故有臨時辦法之頒佈、將鹽崖井同人苦心經營之良好團體、一擊破、不旦私人權利受損、對於增產要政亦受重大之阻碍、文卷俱在勿待贅言、惟是鶴年見團體已受摧殘、增產又急不可緩、只得加緊淘辦鹽井、以盡後方人民應盡之義務、而圖個人營業之生存、詎料事與願違、淘辦時間轉瞬已届兩年、金錢耗費至四萬餘金、以鶴年之財產而論、業已傾家、以身力而論、亦已焦慮成疾、

事業既未成功、而生命財產已瀕於危、欲再進行、受經濟之壓迫、如果停止、豈

不功虧一簣、再四思維、莫可如何、貧病交加、一籌莫展、用是不揣冒昧呈請

鈞座俯賜體卹、懇祈於短產津貼項下、提撥四萬元、以便清償債務、既可

鼓勵增產、而又體卹商民、至寶源井之進行、前已呈請富榮東場公署請求

由公家淘辦、如果淘炶起推、儘先歸還公款、然後交還鶴年、以重公帑、而利增

產、伏思鶴年於奉命增產之初、即首先積極提倡、勸免同人多推鹽水井以

副

鈞局之要政、現在大區之鹽井紛紛設備起推者、鶴年不無微力、且不惜犧

牲一切、首先遵命淘辦、目的雖未達到、責任確已盡夠、刻下全家廿餘口

之生活已受影響、故爾披瀝陳情、伏乞

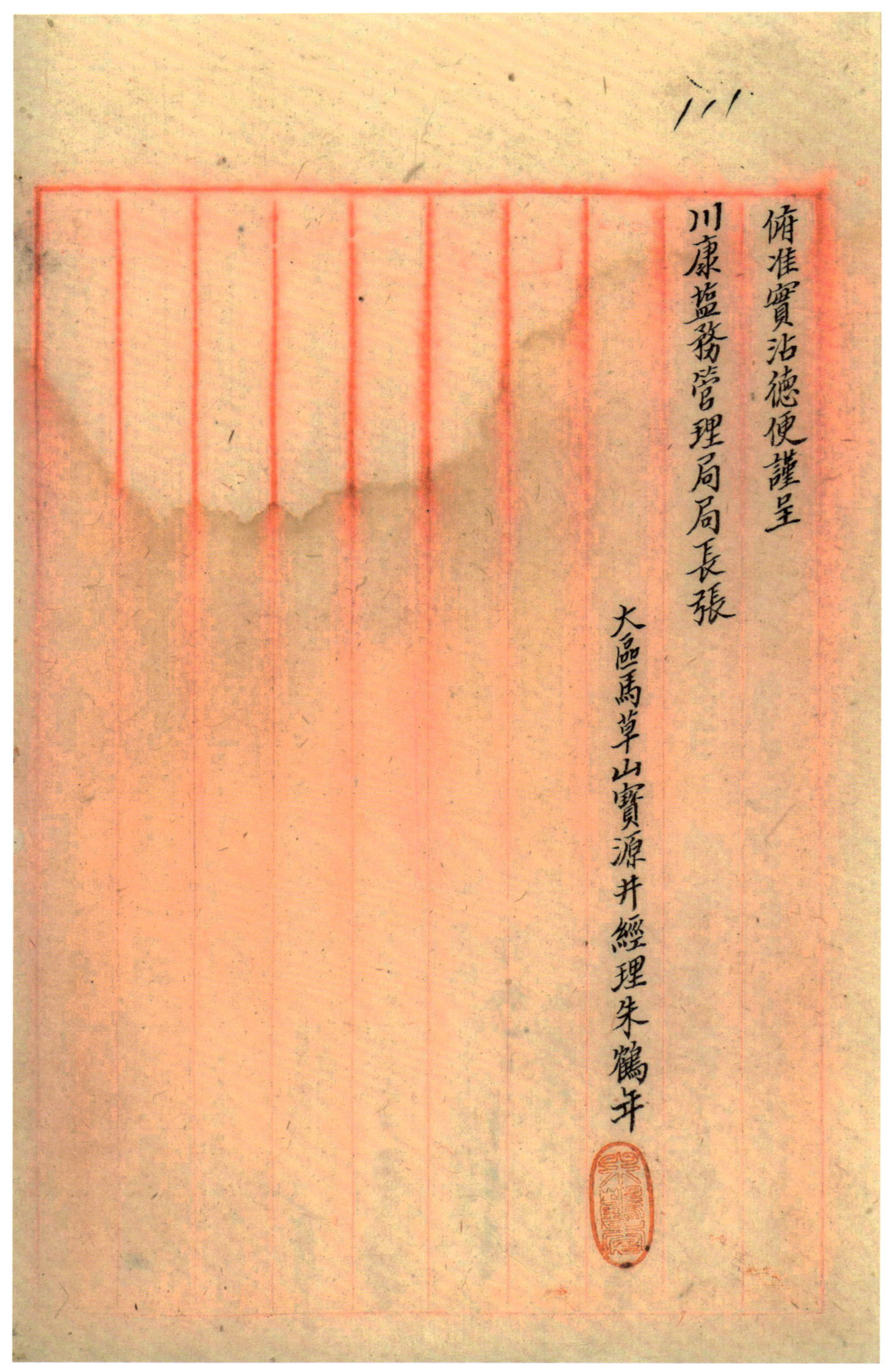
111

俯准實沾德便謹呈

川康盐務管理局局長張

大區馬草山實源井經理朱鶴年

富荣东场公署关于按照民国二十九年应产盐额分配每月应产盐斤致川康盐务管理局的签呈及附件（一九四〇年三月二十日）

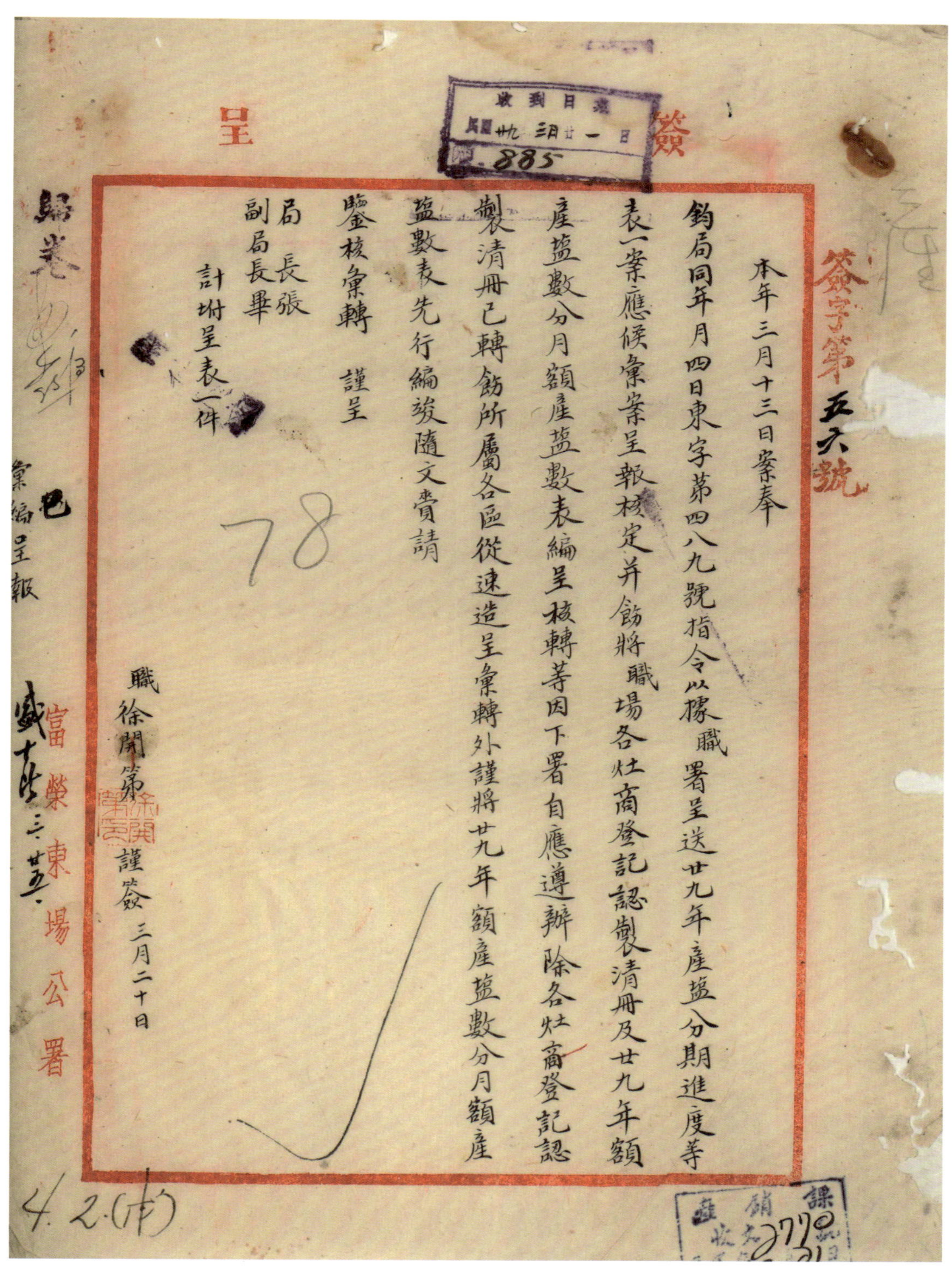
呈

簽

簽字第五六號

本年三月十三日案奉

鈞局同年月四日東字第四八九號指令以據職署呈送廿九年產鹽分期進度等表一案應候彙案呈報核定并飭將職場各灶商登記認製清册及廿九年額產鹽數分月額產鹽數表編呈核轉等因下署自應遵辦除各灶商登記認製清册已轉飭所屬各區從速造呈彙轉外謹將廿九年額產鹽數分月額產鹽數表先行編竣隨文賫請

鑒核彙轉　　謹呈

局長張

副局長畢

計賫呈表一件

職徐開第謹簽　三月二十日

富榮東場公署

79

富榮東場公署按[illegible]二十九年應產[illegible]額[illegible]勑担數分配每月應產黃勑數目表

月份/類	一月	二月	三月	四月	五月	六月	七月	八月	九月	十月	十一月	十二月	合計
火花	115,038 37	115,038 38	115,038 38	114,854 82	114,854 8[illegible]	[illegible]	[illegible]	[illegible]89 02	115,589 02	113,386 44	113,386 45	113,386 45	1,376,606 00
火巴	1,511 49	1,511 80	1,511 80	1,509 09	1,509 08	1,509 08	1,518 73	1,518 73	1,518 73	1,489 79	1,489 79	1,489 79	18,087 [illegible]
火花	43,680 22	43,680 22	43,680 22	43,610 52	43,610 53	43,610 53	43,889 30	43,889 30	43,889 30	43,052 98	43,052 99	43,052 99	522,699 10
炭巴	21,424 44	21,424 43	21,424 43	21,390 25	21,390 25	21,390 25	21,526 99	21,526 98	21,526 98	21,116 79	21,116 78	21,116 78	256,375 35
炭花	96,791 14	96,791 04	96,791 04	96,636 61	96,636 61	96,636 61	97,254 35	97,254 34	97,254 34	95,401 14	95,401 14	95,401 14	1,158,249 40
大炭花	34,687 17	34,687 18	34,687 18	34,631 84	34,631 83	34,631 83	34,853 22	34,853 21	34,853 21	34,189 07	34,189 08	34,189 08	415,083 90
炭花	8,598 93	8,598 92	8,598 92	8,585 21	8,585 20	8,585 20	8,640 08	8,640 08	8,640 08	8,475 45	8,475 44	8,475 44	102,898 95
計	321,731 66	321,731 67	321,731 67	321,218 34	321,218 33	321,218 33	323,271 68	323,271 66	323,271 66	317,111 66	317,111 67	317,111 67	3,850,000 00

一、東總產額係以富榮場核定為五百五十萬担，東場佔70%計算。

二、本表分配法係根據本署各分期進度表每三月數目平均分配之，至分期進度表分配法仍遵 鈞局上年六月廿五日東字第3094號代電附表分配，而未合併聲明。

編造 王寬甲

覆核

川康盐务管理局关于每日须产足傤额以济岸销致富荣东西两场公署的训令（一九四〇年四月四日）

（二）

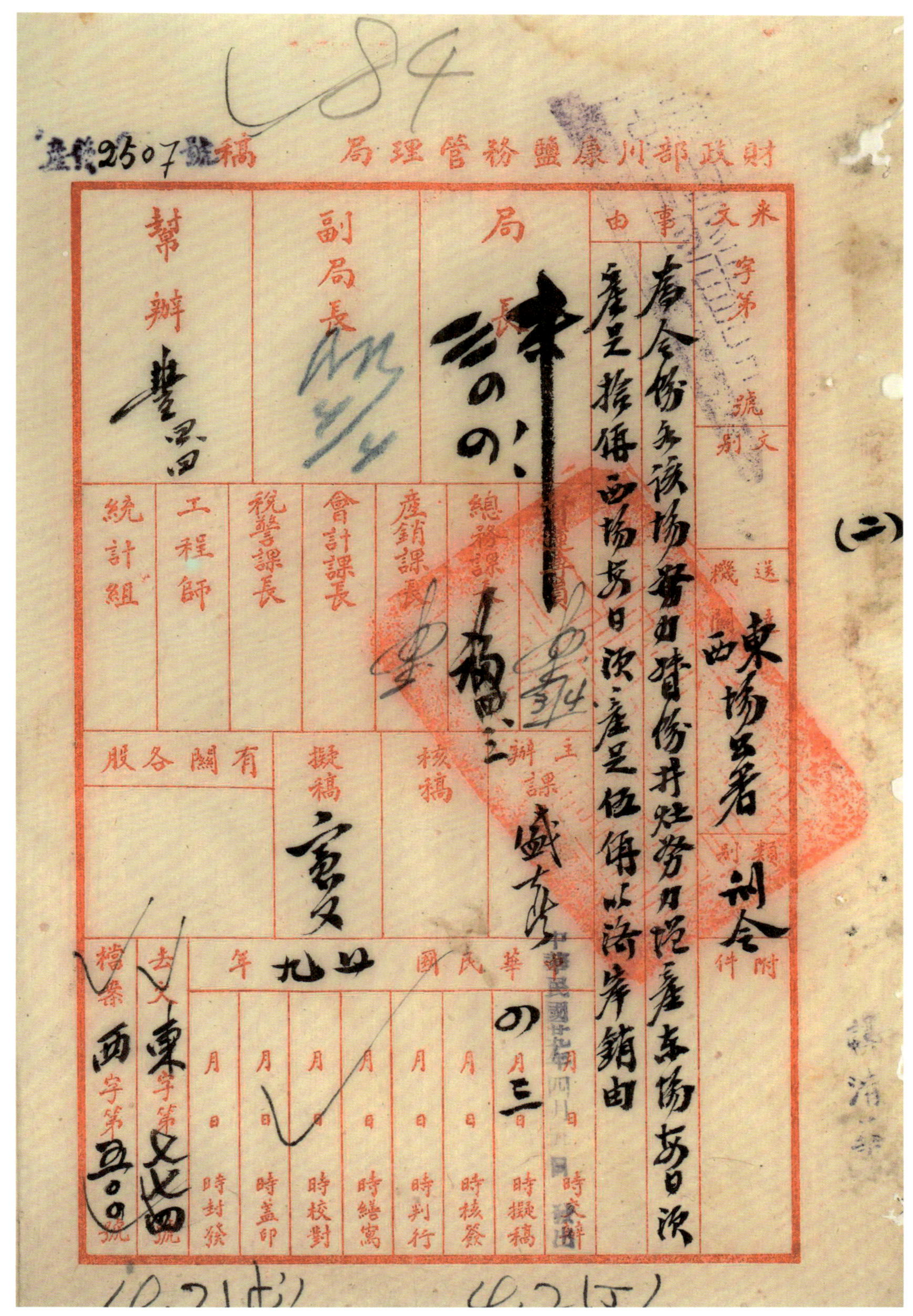

财政部川康盐务管理局稿

局长	副局长	帮办

总务课长	产销课长	会计课长	税警课长	工程师	统计组

事由：为令仰该场署督饬井灶务须按日产足东场每日傤产足伍傤以济岸销由

送达机关：东、西场公署

类别：训令

中华民国廿九年四月三日

训令

令東西場公署

查近以來岸需鹽孔急，必須趕速運濟，業經奉局通令各場努力增產，以維稅食，在案。查本富榮東西兩場，為本區最大場務，對於增產，所關尤為重要，該場長等務須召集井灶各商，嚴行督飭，加緊工作，以東場產額，暫定每日須產鹽足擔，西場每日須產足伍係，至东西两场開發黄黑滷井，應由四月份起，分段進行，以三個月為一段，第一段（自四月至六月）預计可以起推井数若干，增產滷水若干，第二三段，可起推井数及增產滷水各若干，并應切实查明，呈报查核。而各场增產，関係国軍糈民食，至為重要，切勿稍有延误，致干咎戾！除分令东西场署外，合行令仰该场署切实遵照！

此令。

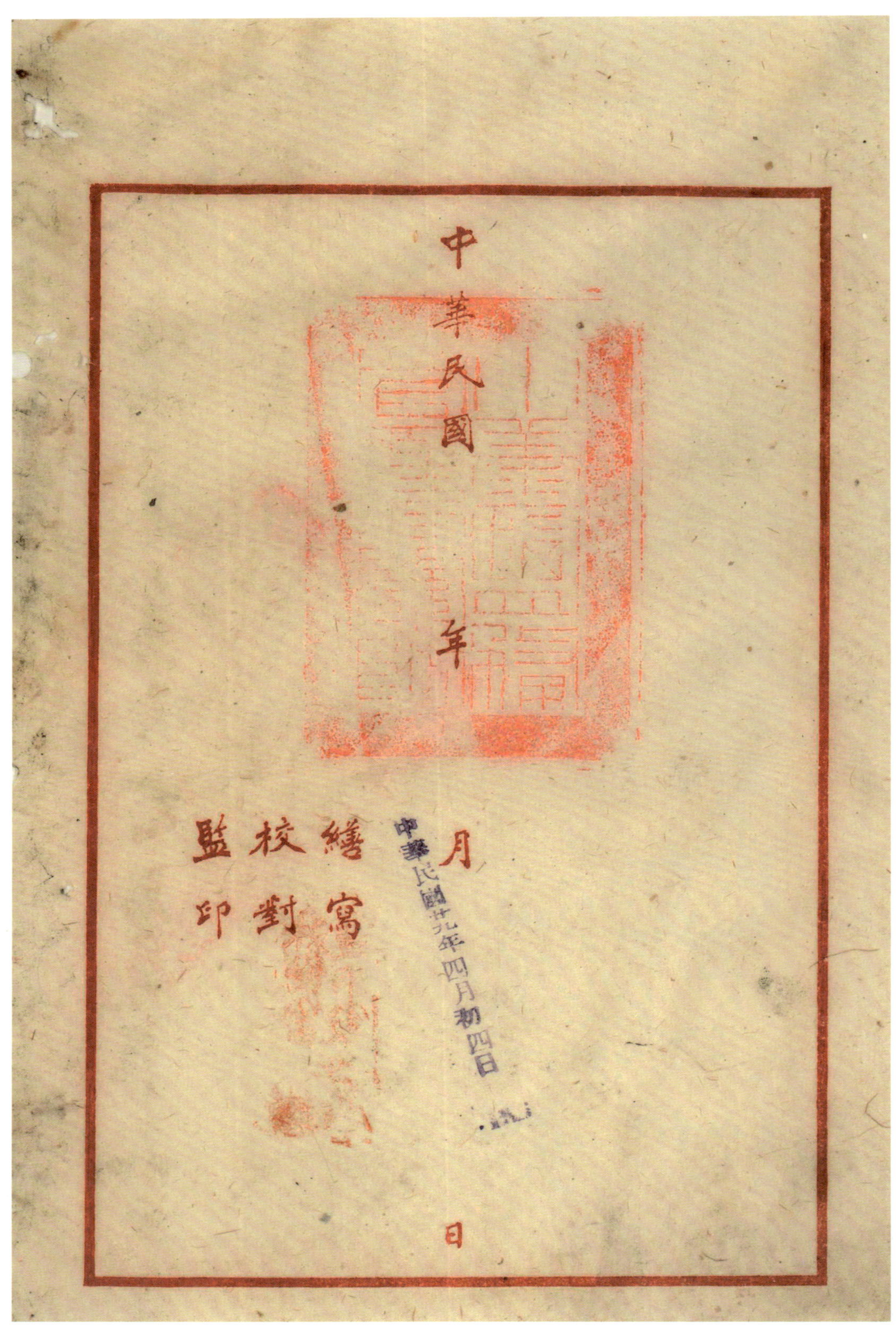
中華民國　年　月　日

中華民國廿九年四月初四日

繕寫

校對

監印

关于释回被强拉壮丁之盐工及申请缓役以利增产的函件（一九四〇年四月至一九四三年十二月）

自贡市政府与富荣西场公署就释回盐工曹习中事宜的往来公函（一九四〇年四月十五日至十七日）

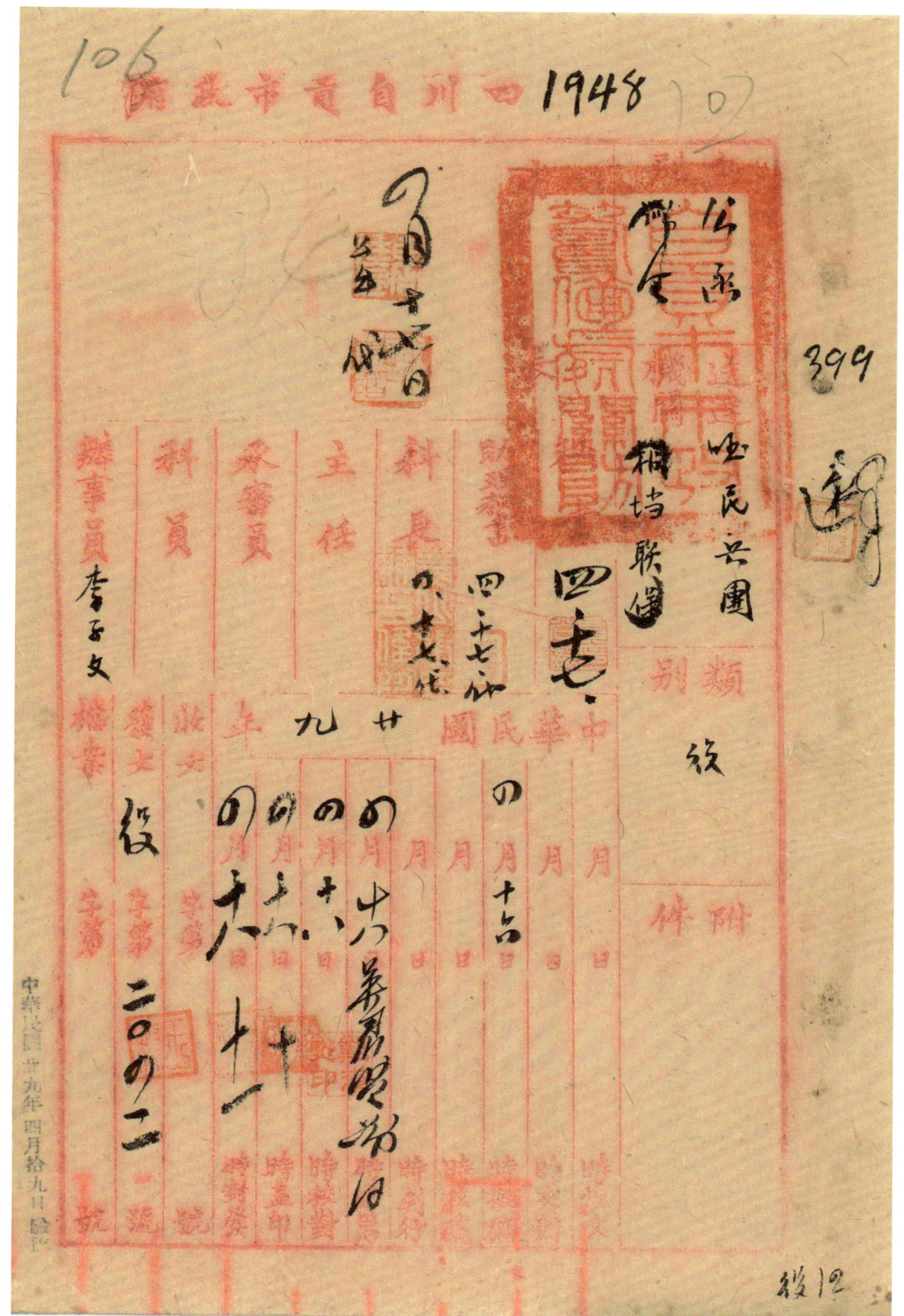

四川自貢市政府

類別

附件

中華民國廿九年

辦事員 李子文

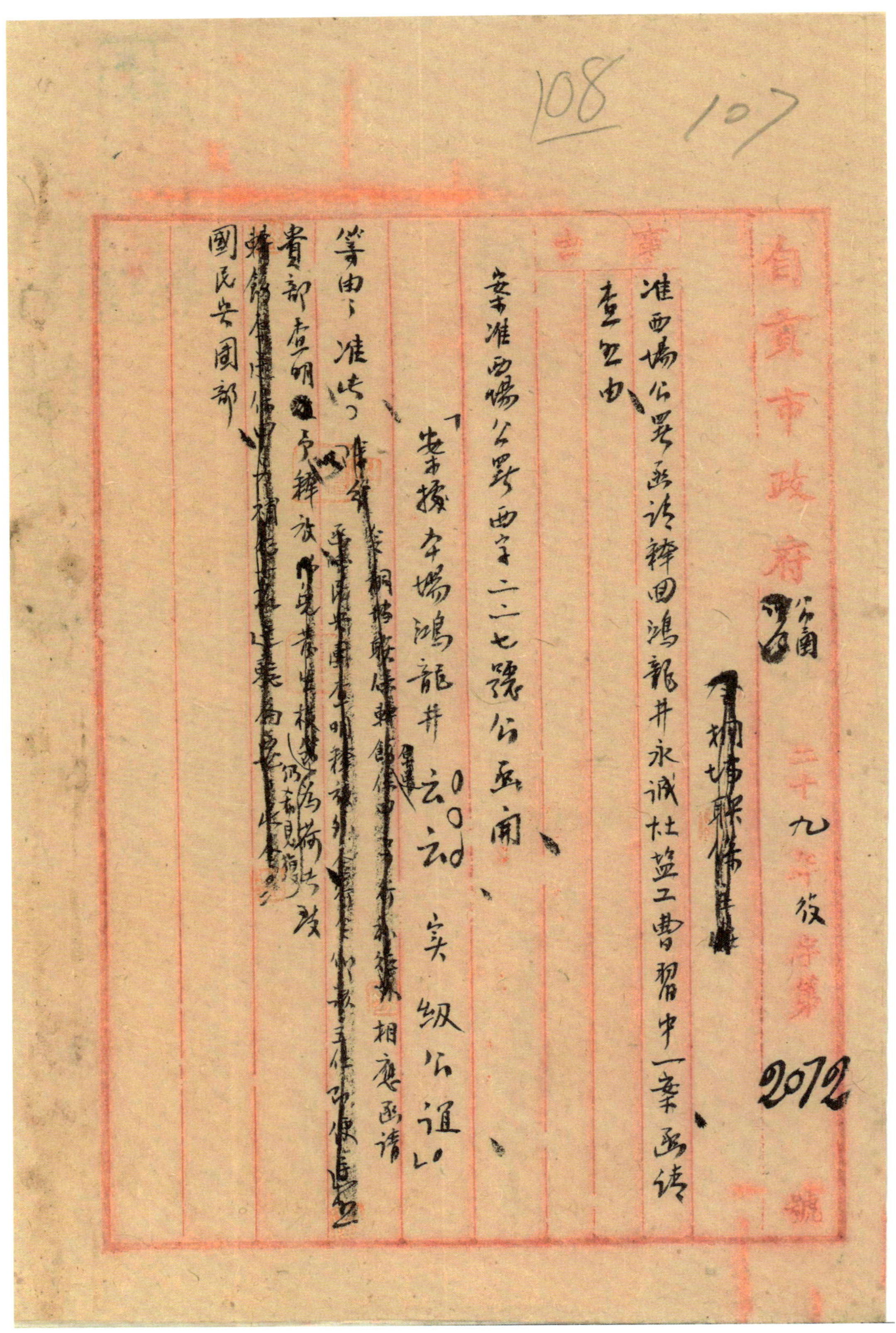

108 107

自貢市政府公函 二十九年 發 字第 2072 號

准西場公署函請釋田鴻龍井永誠杜鹽工曹習中一案函請
查照由

案准西場公署西字二二七號公函開：
「案據本場鴻龍井 云云 實級公誼」
相應函請
等由。准此，
貴部查明予釋放為荷。此致
國民兵團部

收文役字第二一四八號
廿九年四月十六日到

兵役科

富榮西場公署公函

西字第二二七號

民國二十九年四月十五日

事由：為據情函請查照轉知國民兵團部將本場新淘辦之鴻龍井永誠灶鹽工曹習中予以釋放以利增産由

案據本場鴻龍井永誠灶經理人顏伯馨本年四月十三日呈稱：

「竊查本井奉令增産淘辦滷井，每日淘鉎若干深度，均着工人持送報飛，以憑考查，殊本月十日午後，本井鹽工曹習中送報飛到街行經八塊橋，被桐壋鎮拉充兵役轉送國民兵團部在案，查直接鹽工，曾經上峯明令緩役，該曹習中係屬直接鹽工之例，竟被拉去，應請轉懇釋放，以利增産，為此呈請鈞署俯賜鑒核，速轉自貢市國民兵團部將鹽工曹習中予以釋放，不勝沾感。」

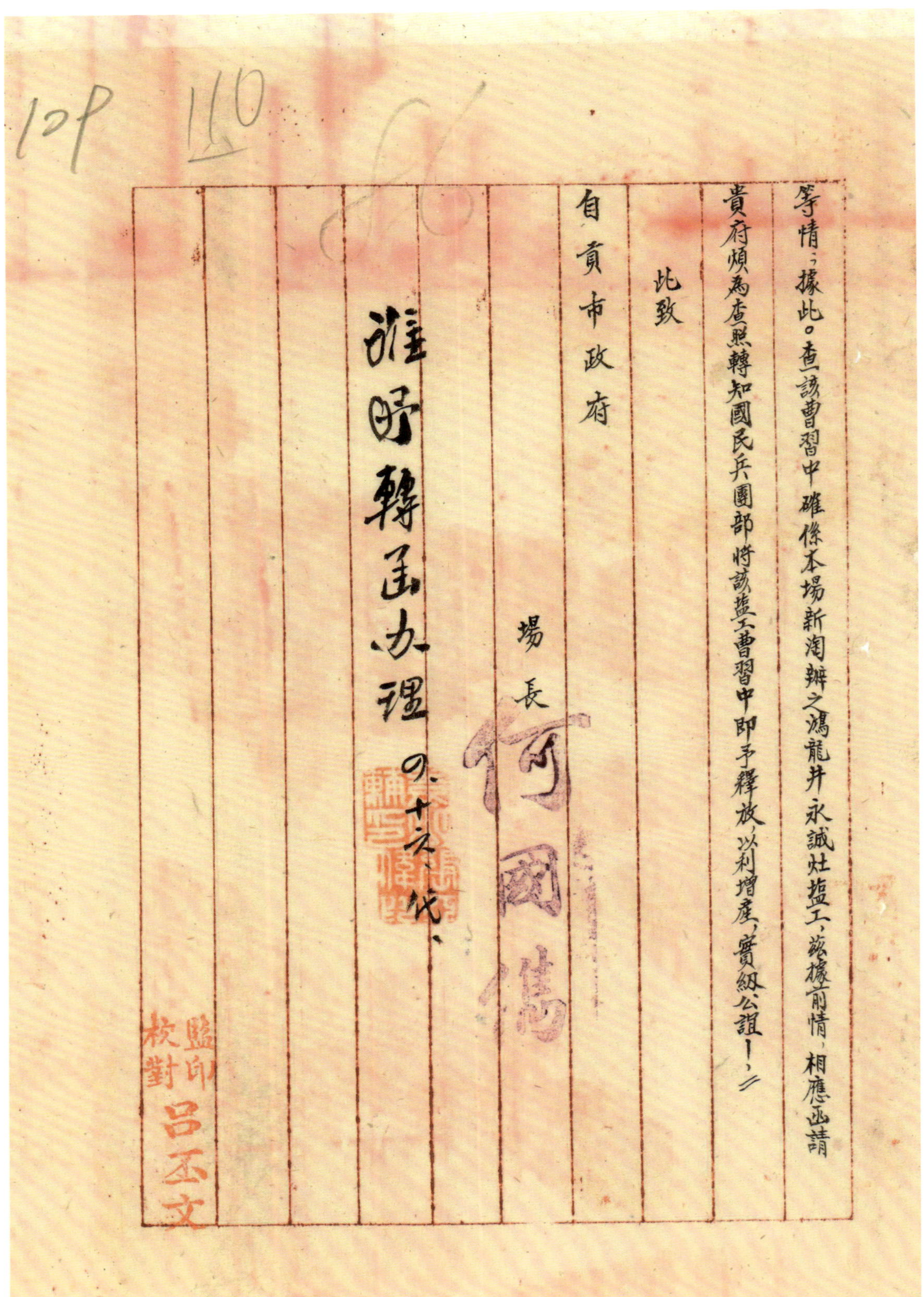
等情。據此。查該曹習中確係本場新淘辦之鴻龍井永誠灶盐工，兹據前情，相應函請
貴府煩為查照轉知國民兵團部將該盐工曹習中即予釋放，以利增產，實級公誼！
此致
自貢市政府
場長　何國儁
准既轉函办理　○八、十六、代
監印　校對　呂丕文

自贡市政府与富荣西场公署就释回挑水盐工甘绍清事宜的往来公函（一九四〇年六月十八日至二十八日）

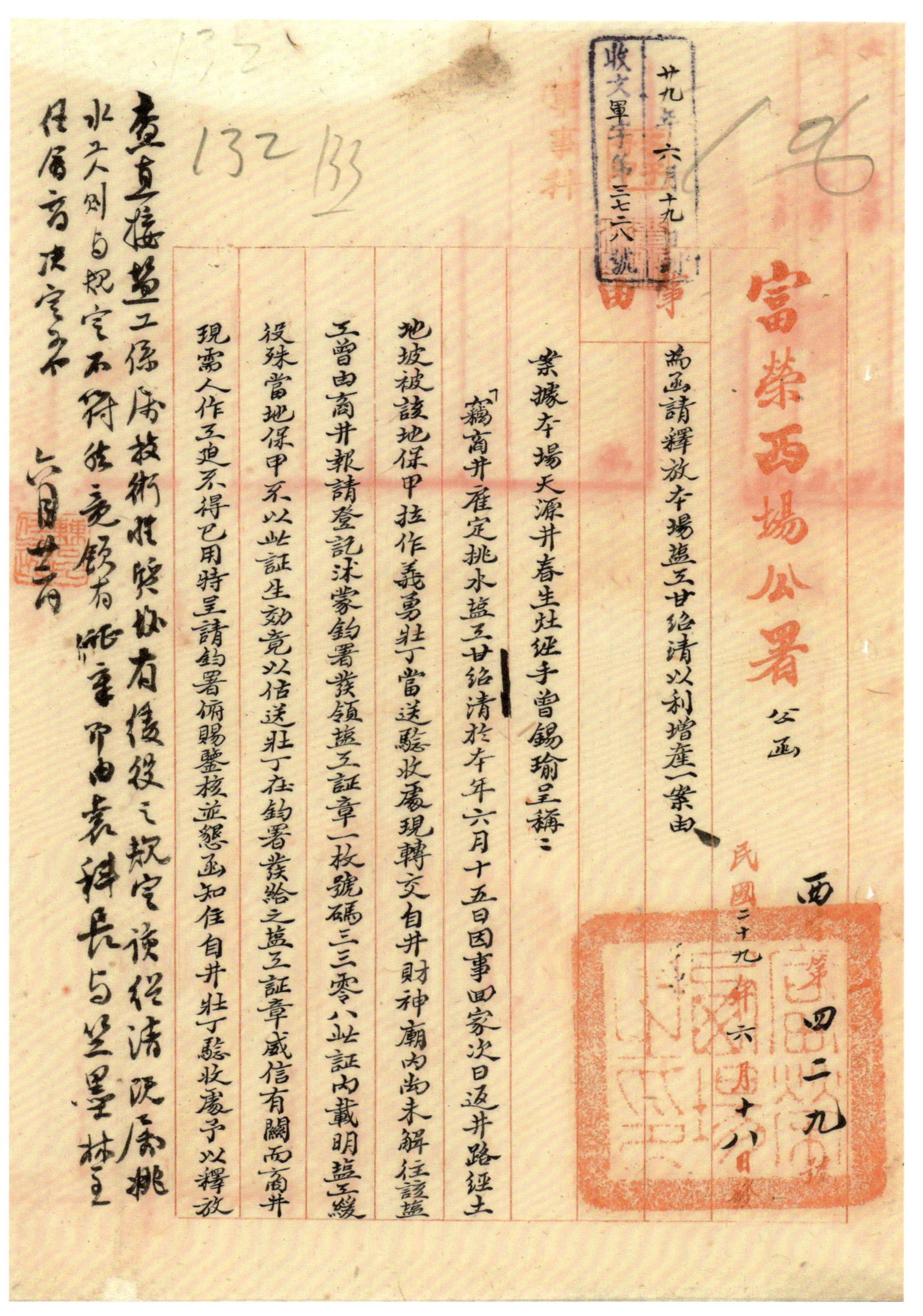

收文 軍字第三七二八號 廿九年六月十九日

富榮西場公署 公函

西字第四二九號

為函請釋放本場鹽工甘紹清以利增產一案由

案據本場天源井春生灶經手曾錫瑜呈稱：「竊商井雇定挑水鹽工甘紹清於本年六月十五日因事回家次日返井路經土地坡被該地保甲拉作義勇壯丁當送驗收處現轉交自井財神廟內尚未解往該鹽工曾由商井報請登記沐蒙鈞署發領鹽工證章一枚號碼三三零八此証內載明鹽工緩役殊當地保甲不以此証生效竟以估送壯丁在鈞署發給之鹽工証章威信有關而商井現需人作工迫不得已用特呈請鈞署俯賜鑒核並懇函知住自井壯丁驗收處予以釋放

查直接鹽工係屬技術性質始有緩役之規定該甘紹清既係挑水工人則自規定不符然竟領有證章即由袁科長与呈墨林任局方決定可也

六月廿一日

民國二十九年六月十八日

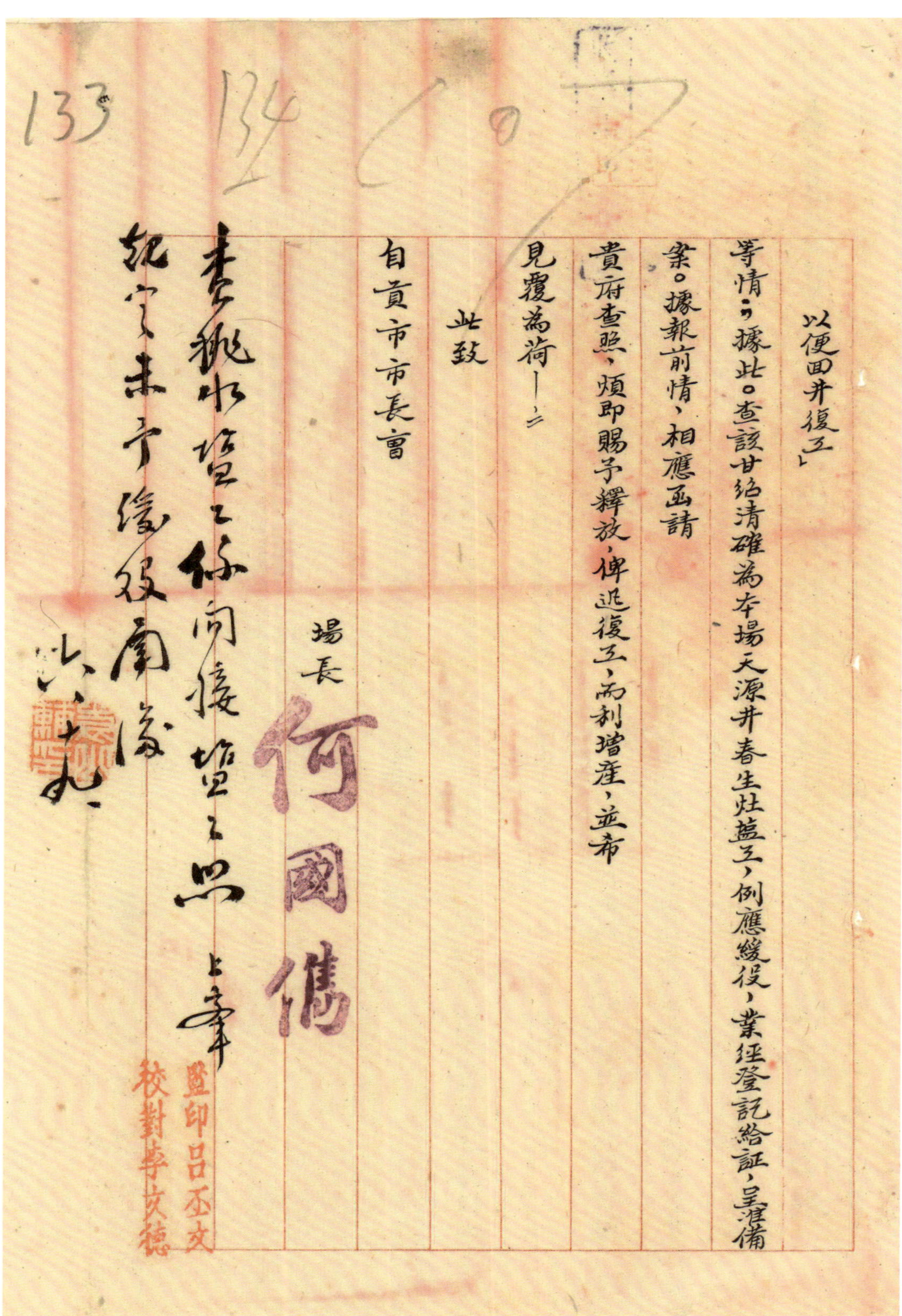

以便回井復工」

等情。據此。查該甘紹清確爲本場天源井春生灶盐工，例應緩役，業經登記給証，呈准備案。據報前情，相應函請

貴府查照，煩即賜予釋放，俾返復工，而利增産，並希

見覆爲荷！

此致

自貢市市長曾

場長 何國僑

監印 呂丕文

校對 李玄德

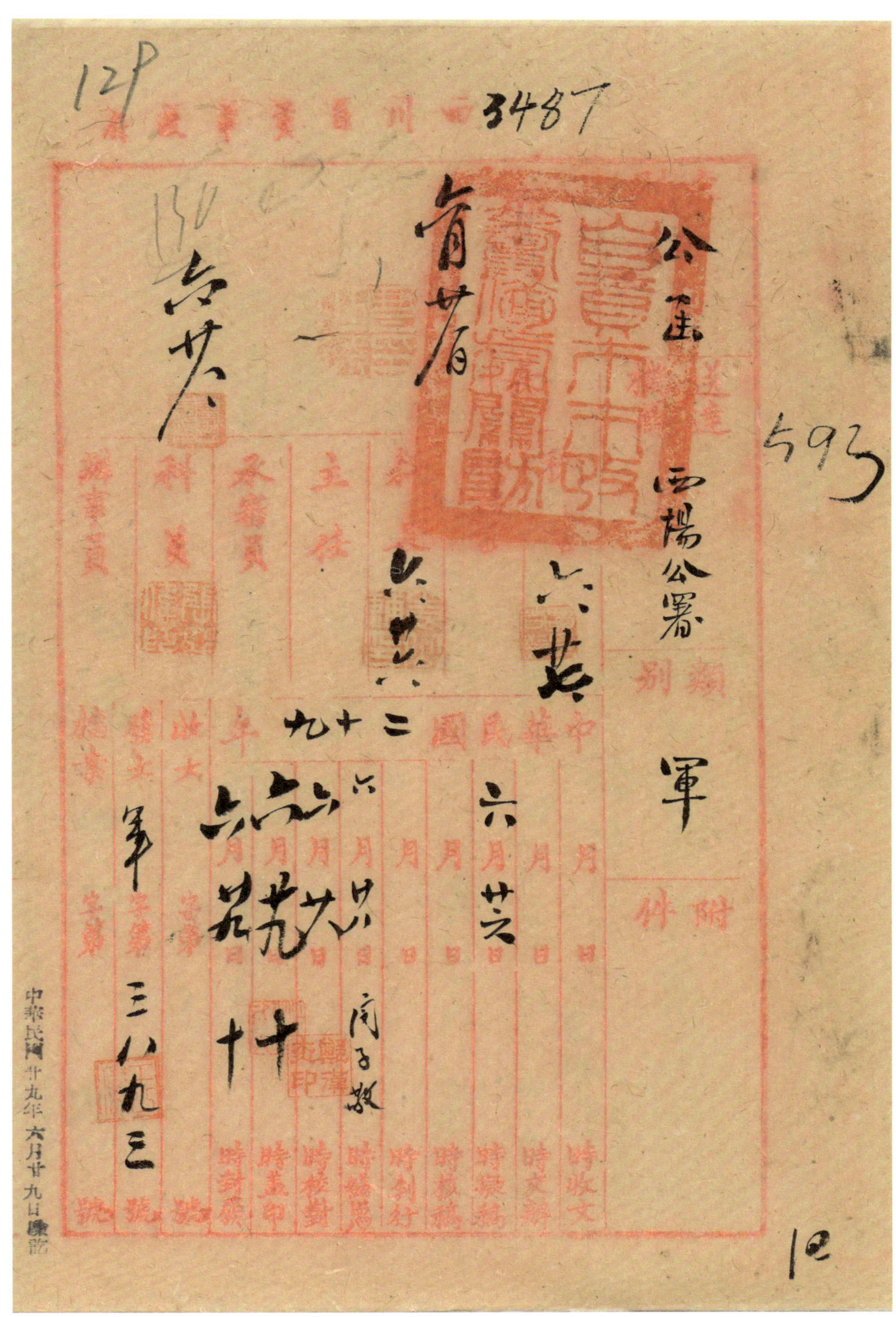

128

3487

公函

酉陽公署

軍

類別

附件

中華民國廿九年六月廿九日

收文 六月廿六日

繕寫 六月廿九日

校對 六月廿九日

蓋印 六月廿九日

封發 六月廿九日

主任

承辦員

科員

辦事員

第三八九三號

593

12

131 130

自貢市政府公函 二十九年軍字第3925號

事由：准函查挑水鹽工甘紹清一案，覆請查照由。

案准

貴署本年六月十八日西字第四二八九號公函：囑查明釋放挑水鹽工甘紹清，以利增產，等由；准此。查該甘紹清，業經檢驗，體格太差，難堪服役，已予開釋矣。准此函覆，即希

查照為荷！此致

富榮西場公署

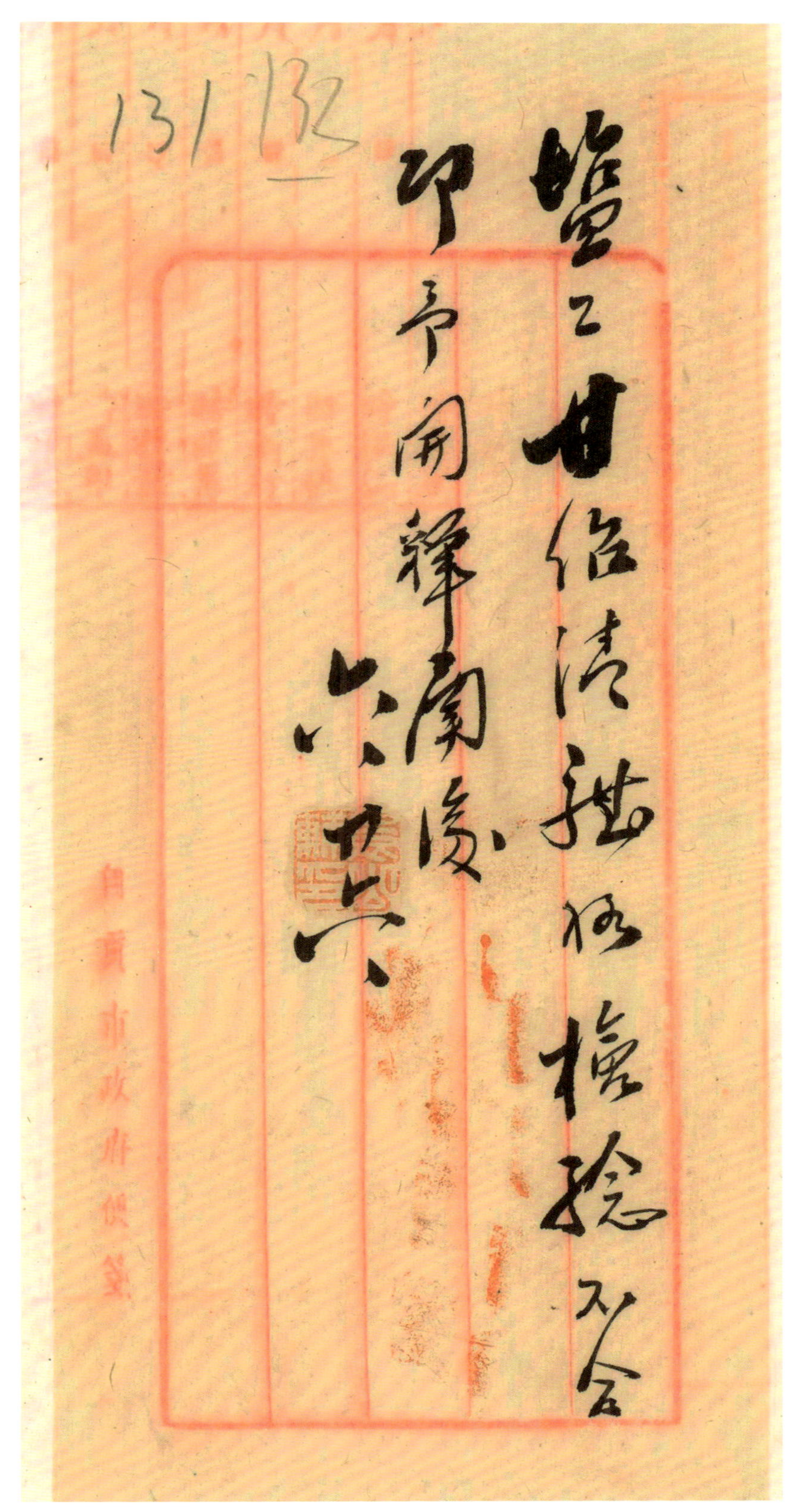

131　132

鑒之。甘維清經撥檢發之令

印予開釋蘭後

六六

自貢市政府用箋

自贡市政府与高硐乡车水工人杨少明就缓役事宜的批示及呈（一九四〇年六月至七月二日）

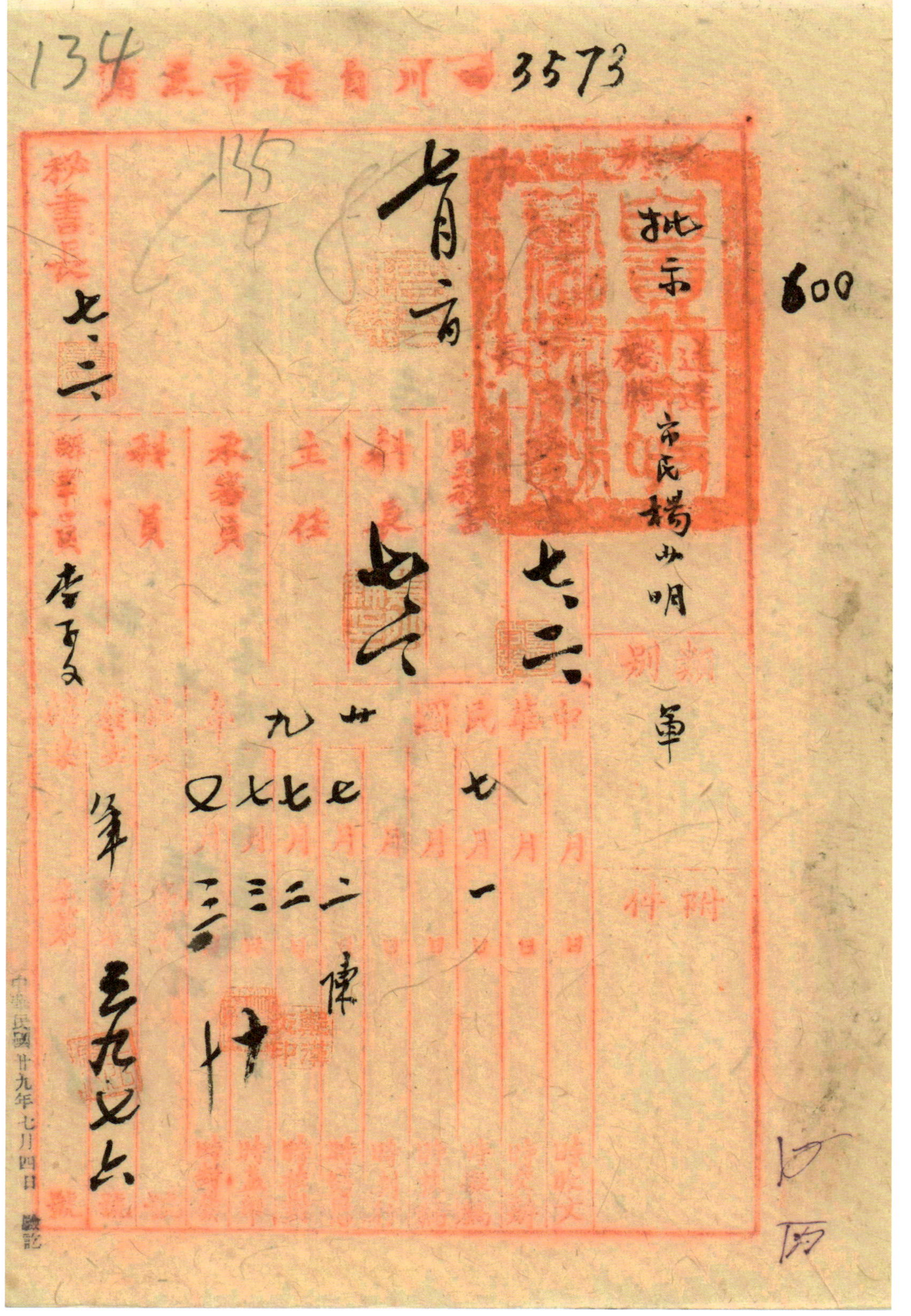
四川自貢市政府
批示
市民楊少明
中華民國廿九年七月四日

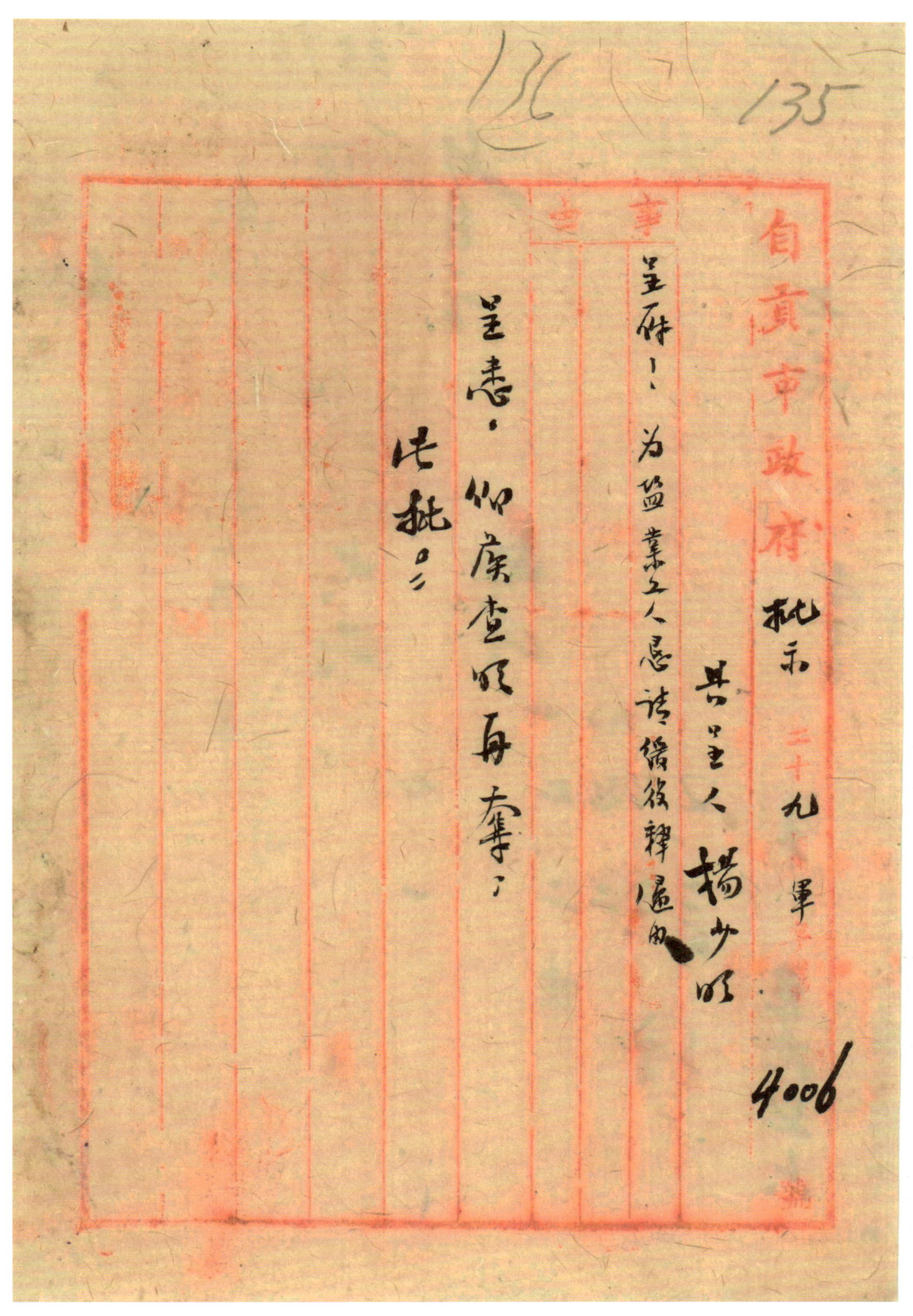

自貢市政府批示　二十九　畢　4006　號

具呈人　楊少明

事由　呈件，為鹽業工人懇請緩役釋還由

呈悉。仰候查明再奪。

此批。

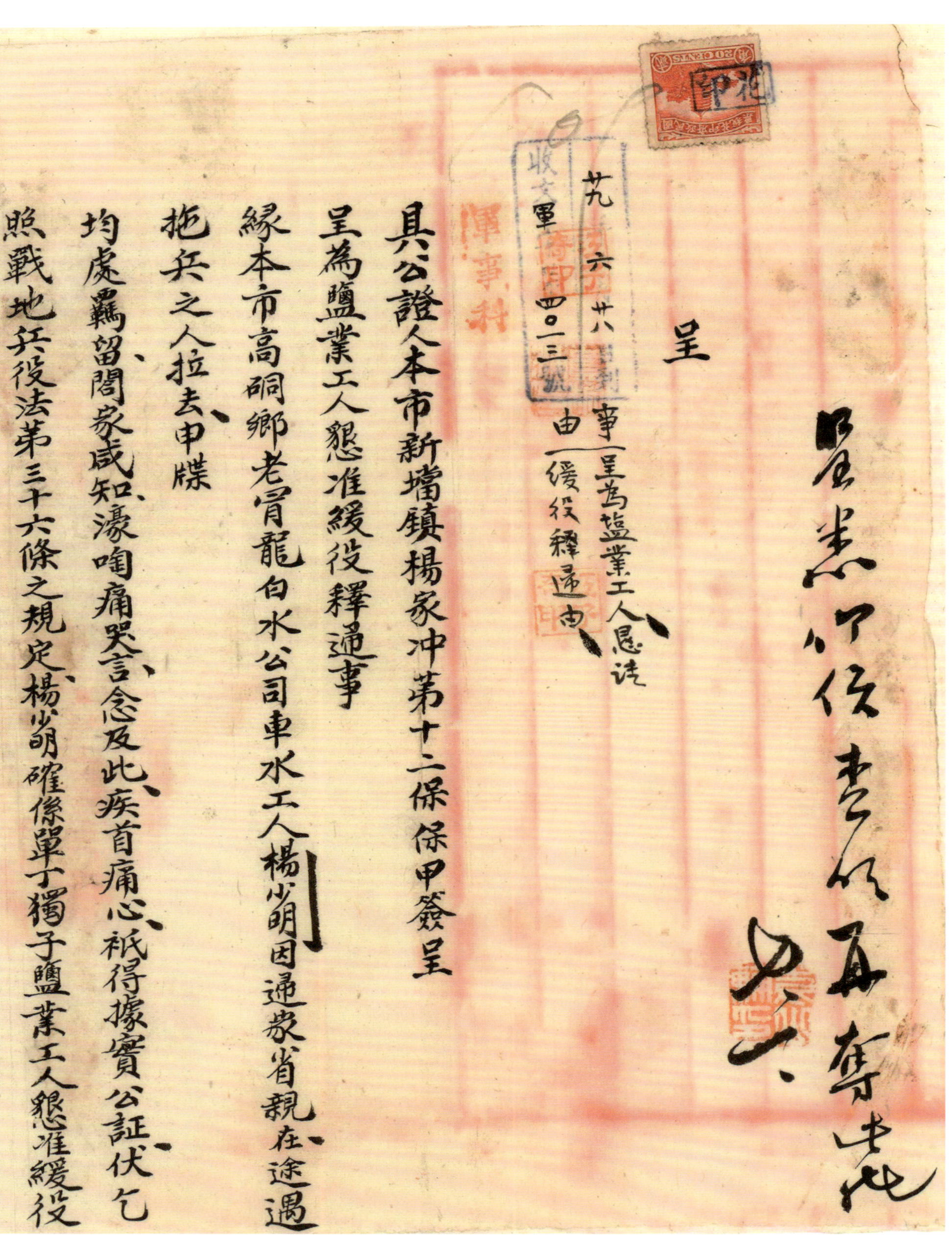

呈悉仰候查明再奪此

呈

事由　呈為鹽業工人懇請緩役釋逃由

收文　廿九　六　廿八　第四〇一三號

具公證人本市新墻鎮楊家冲第十二保保甲簽呈

呈為鹽業工人懇准緩役釋逃事

緣本市高硐鄉老胃龍白水公司車水工人楊少明因逃家省親在途遇

拖兵之人拉去申牒

均處羈留閤家咸知、嚎啕痛哭、言念及此、疾首痛心、祇得據實公証伏乞

照戰地兵役法第三十六條之規定、楊少明確係單丁獨子鹽業工人懇准緩役

本管保甲倘有謬言
均處令文白水公司調查是實此呈
自貢市市政府公鑒
保長王佐成
甲長毛德明
具請緩役人楊少明十
中華民國二十九年六月日

136

132

自贡市政府与富荣西场公署就释放盐工罗大培事宜的往来公函（一九四〇年七月四日至八日）

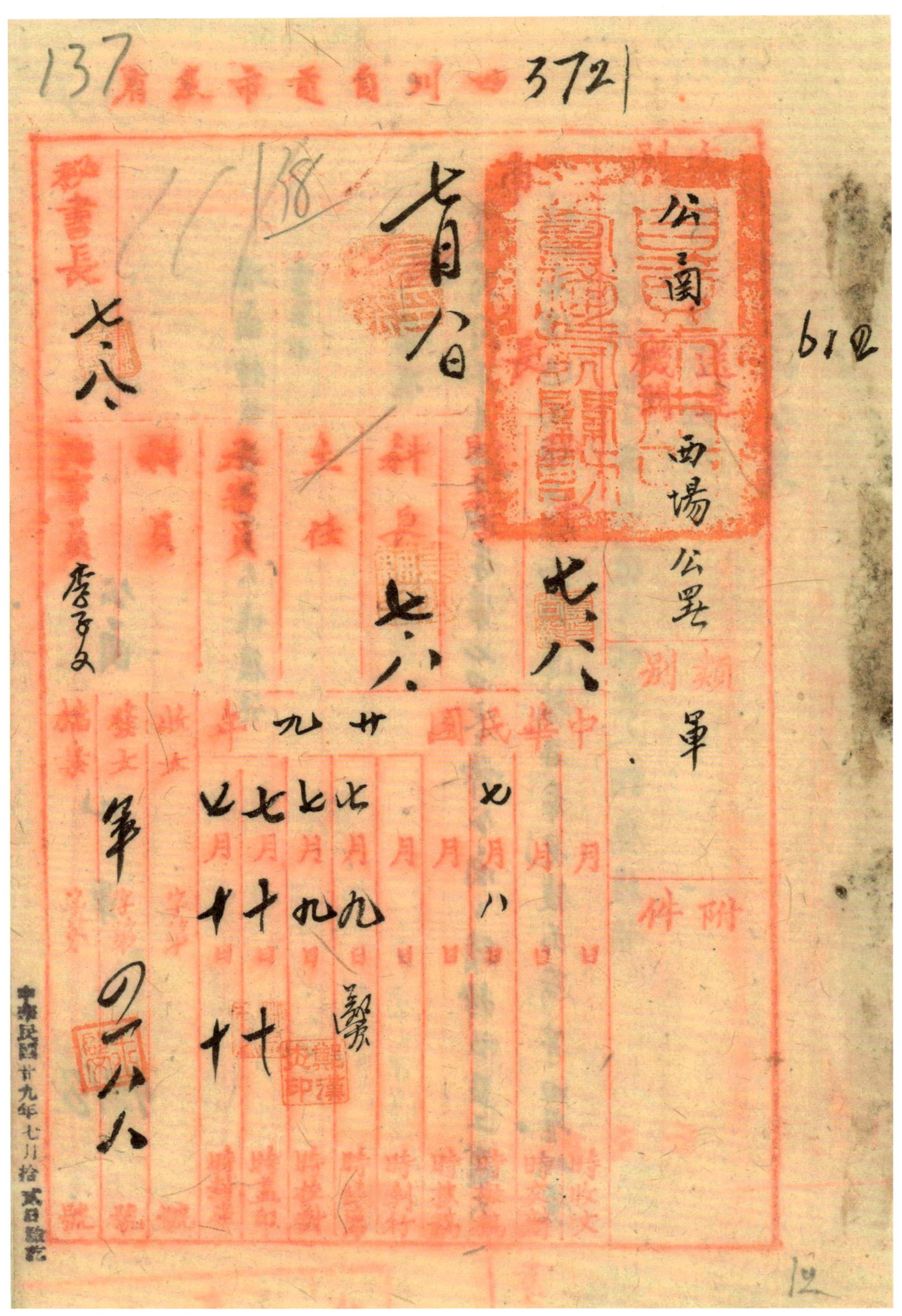

138

139

自貢市政府公函

工十九字第4218號

事由：准函釋放盐工罗大培復请查照由

案准

貴署同年月晋日西字第七四零號公函請釋放盐工羅大培一名俾返回垣工作而利運輸并希見復為荷等由准此查此次征调壮丁并無羅大培其人相應復请

查照為荷此致

富榮西場公署

富榮西場公署公函

西字第七四〇號

民國二十九年七月四日發

事由：函請釋放鹽工羅大培俾復工作一案由

案據本場筍區第四鹽垣經理高偉勛報稱：「抬鹽工人羅大培曾經劇署派員覆查登記，填發第三三九號証章，以資緩役在案。頃間因事請假，赴親戚家，竟被太平鄉上游鎮聯保拉服兵役，轉送自貢市政府。懇予轉函釋放，俾便復工」等情前來。查該羅大培確為本場筍區抬鹽工人，業予登記給證，並彙列清冊，函達

140

貴府備查在案，據報前情，相應函請

查照，煩將該鹽工羅大培一名，提出釋放，俾返回垣工

作，而利輸運，并希

見復為荷！此致

自貢市市政府

西場場長 何國傳

李伍以紙詞壯丁羅大培係人剮後

兌六

監印呂丕文

校對李友德

富荣东场公署关于释回盐工林树成等三名工人致自贡市政府的公函（一九四〇年八月十三日）

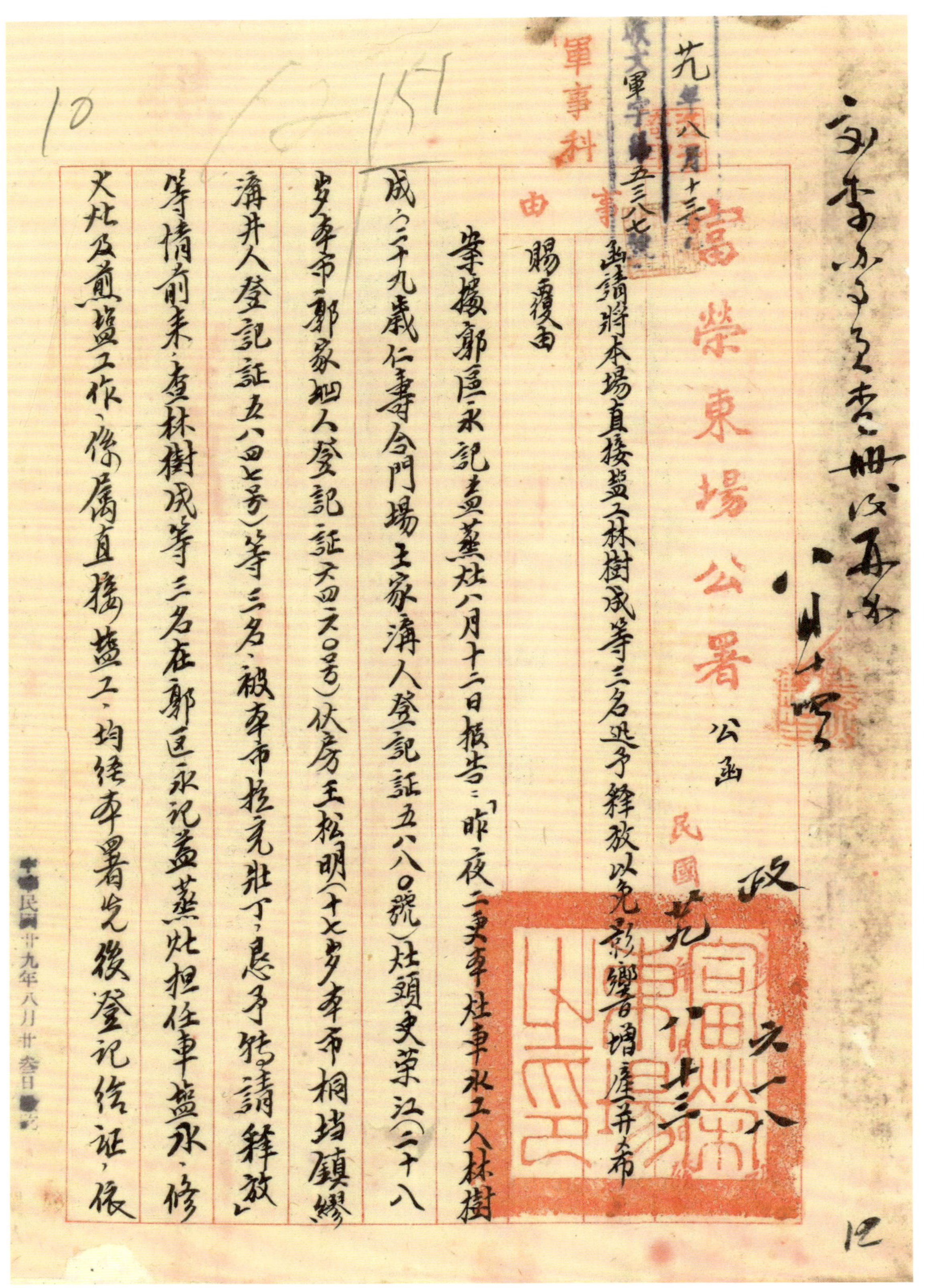
富榮東場公署公函 民國廿九年八月十三日

函請將本場直接盐工林樹成等三名迅予釋放以免影響增産希

賜覆由

案據郭區永記盐蒸灶八月十二日報告：「昨夜二更本灶車水工人林樹成（二十九歲，仁壽合門場王家濟人，登記証五八八〇號）、灶頭史榮江（二十八歲，本市郭家垇人，登記証六四六〇號）、伙房王松明（十七歲，本市桐垱鎮繆濟井人，登記証五八四七號）等三名，被本市拉充壯丁，懇予轉請釋放」等情前來。查林樹成等三名在郭區永記盐蒸灶担任車盐水、修火灶及煎盐工作，係屬直接盐工，均經本署先後登記給証，依

中華民國廿九年八月廿叁日收

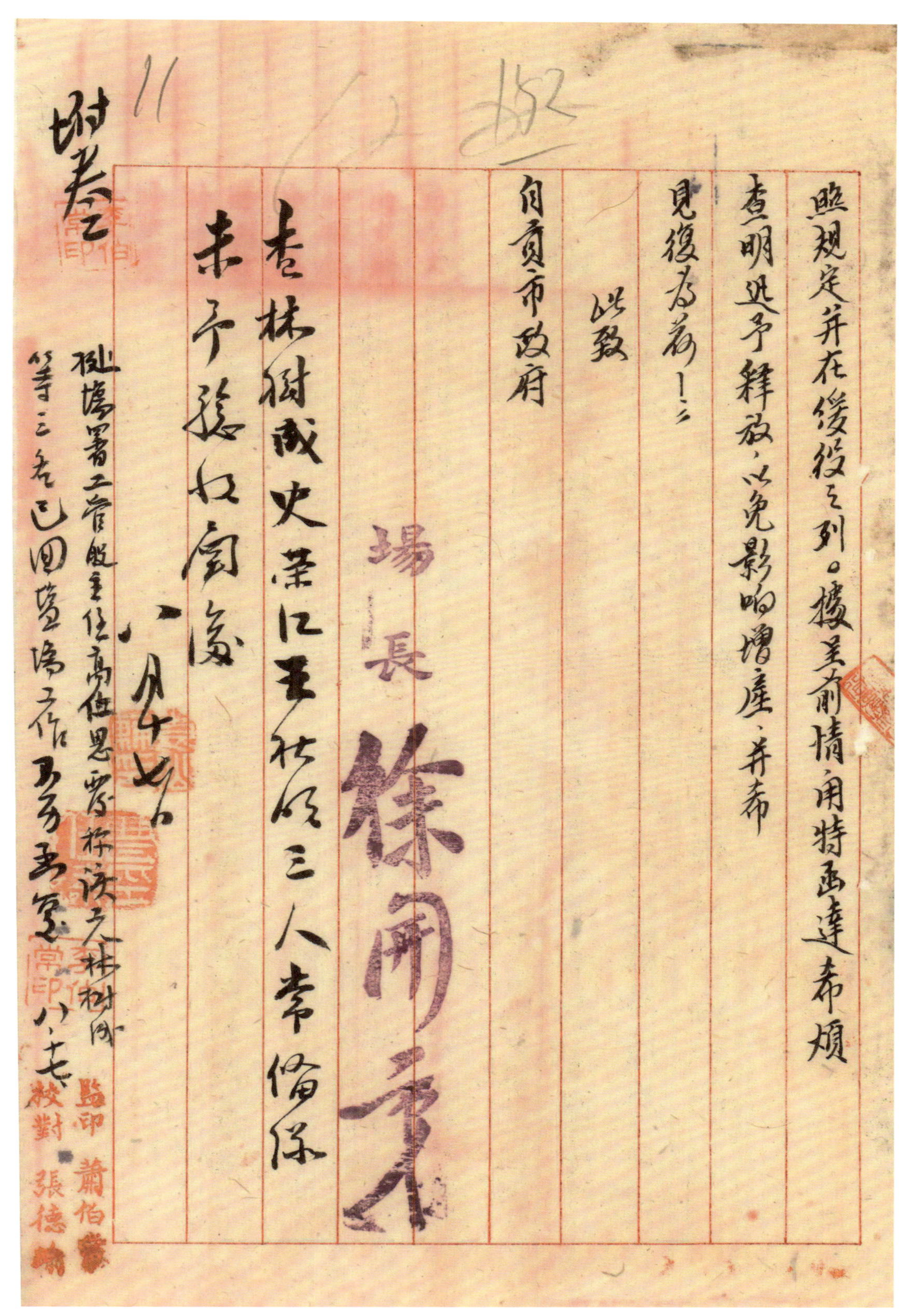

照规定并在缓役之列。据呈前情，用特函达，希烦
查明迅予释放，以免影响增产，并希
见复为荷！！
此致
自贡市政府
场长 徐开□
查林树成、史荣江、王松林三人常备保
未予发给，附闻。
八月十七日
拟复：据县署三管股主任高仕思声称，该之林树成
等三名已回盐场工作。
□□□ 八、十七
监印 萧伯□
校对 张德□

富荣西场公署关于释回盐工罗汝清等三名工人致自贡市政府的公函（一九四〇年九月十八日）

富榮西場公署公函

西字第六〇三號

民國二九年九月十八日發

事由：函請釋放燒鹽工人羅汝清等三名以利增產由

案據西場燒鹽組幹事粟仲文、明仲卿報稱：燒鹽工人羅汝清被上垴鎮保長王友懷拖充壯丁，白水工人鄧德輝、楊樹懷被上垴鎮保長萬耀光拖充壯丁，當均陳明理由，雖是鹽工，仍不見放，已送市府扣留，懇予轉函開釋，以利工作等情前來。查該羅汝清為本場復興灶燒工，鄧（八四零五）德輝、楊（八四零三）樹懷為德餘井白水工人，例

應緩役均經登記給証呈准備查併彙送清册函送
貴府查照緩役各在案（白水二人係七月廿四日成立白水組未及列入原册）據
報前情除派本署職員王光健前赴
貴府面请釋放外相應函達
查照煩將該工羅法清三名迅賜釋回俾利增產至為
盼切并希見復為荷　此致
自貢市政府
場長　何國儁

羅法清
查燒工係支援場工應予緩役，函因兵團 邓德銀楊樹懷係 擔
開釋 正函收容 伊開 場工四法令 為
未准緩役劃除
查燒工羅法清等已由兵團部於九月十四日釋放
惟邓德銀楊樹懷二名已撥服兵役部隊開送 存
九月十五
四作附
卅五.九.十六

覆印 呂亞文
校對 李文植

富荣东场公署关于释放盐工吴绍成致自贡市政府的公函（一九四〇年十二月六日）

富榮東場公署公函

政字第九四三六號

民國二十九年十二月

事由：函請將本場直接鹽工吴紹成迅予釋放以利增產并希見復由

頃據報本場蘊蒸井碓工吴紹成於本月四日被貴屬貢井上垭聯保拉充壯丁，查該工人係威遠縣新市鎮第八保第九甲人，前由家來井中途被拉，覆查該吴紹成係本署登記給證之直接鹽工，依照規定應予緩役，用特函達，務請貴政府查照釋放，以利增產而符部令，并希

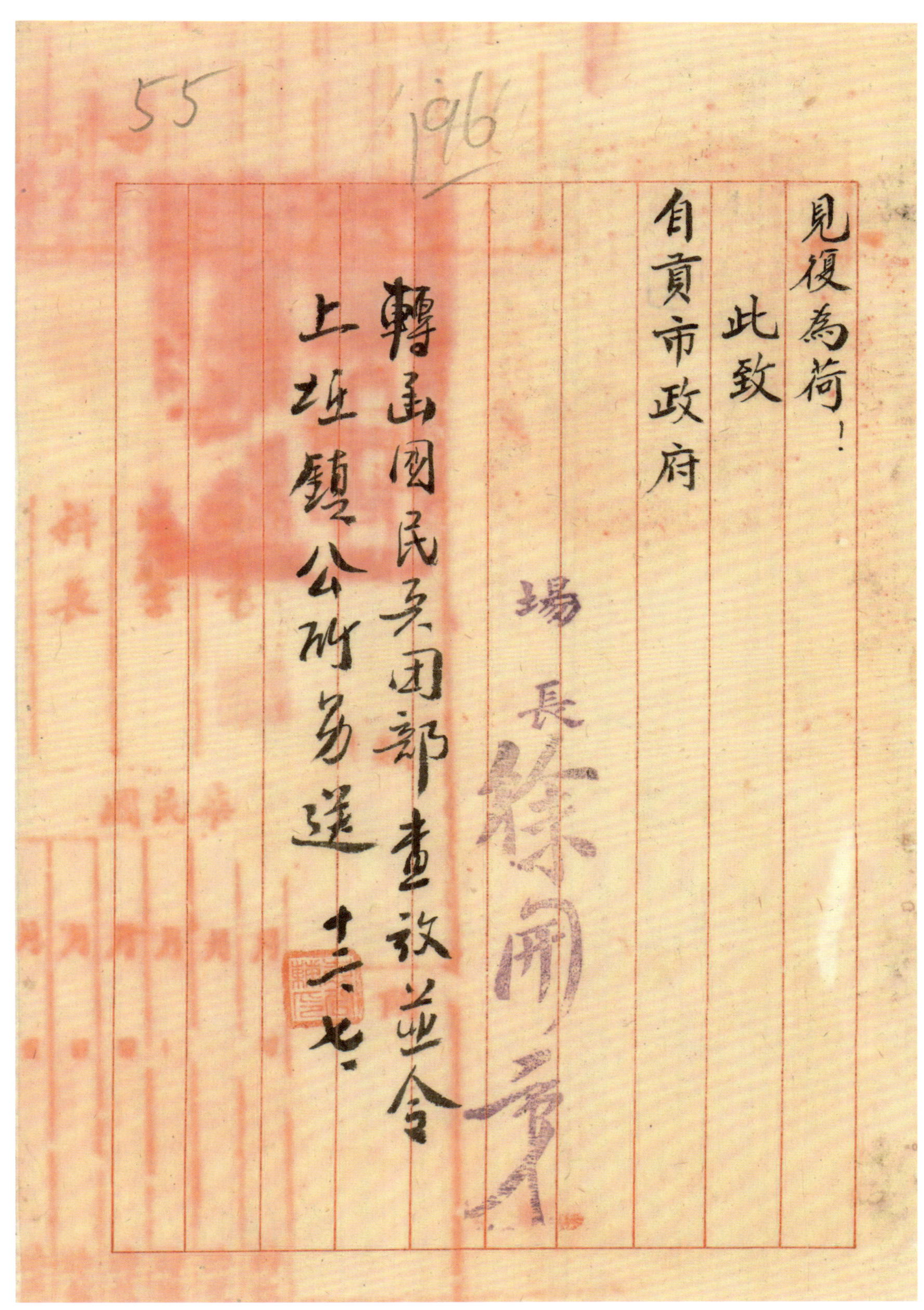

55

196

見復為荷！

此致

自貢市政府

場長　蔣開（章）

轉函國民兵團部查放並令

上垭鎮公所另選　十二、十七

自贡市政府与自贡市盐业职员联谊社关于将盐业职员列入直接盐工予以缓役事宜的指令及呈（一九四一年一月九日至十三日）

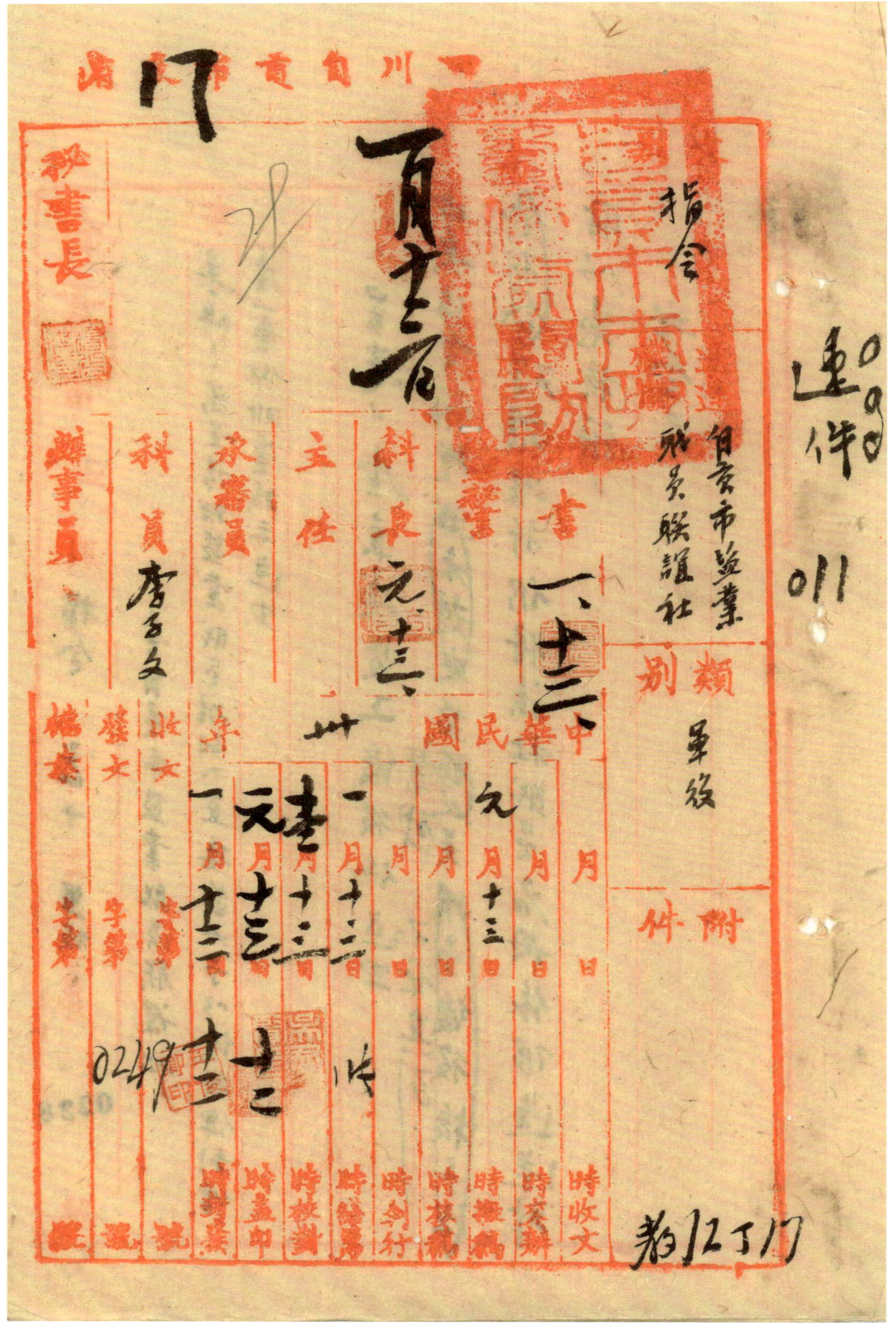
四川自贡市政府

類別	指令
附件	

受文者：自贡市盐业职员联谊社

中華民國卅年元月　日

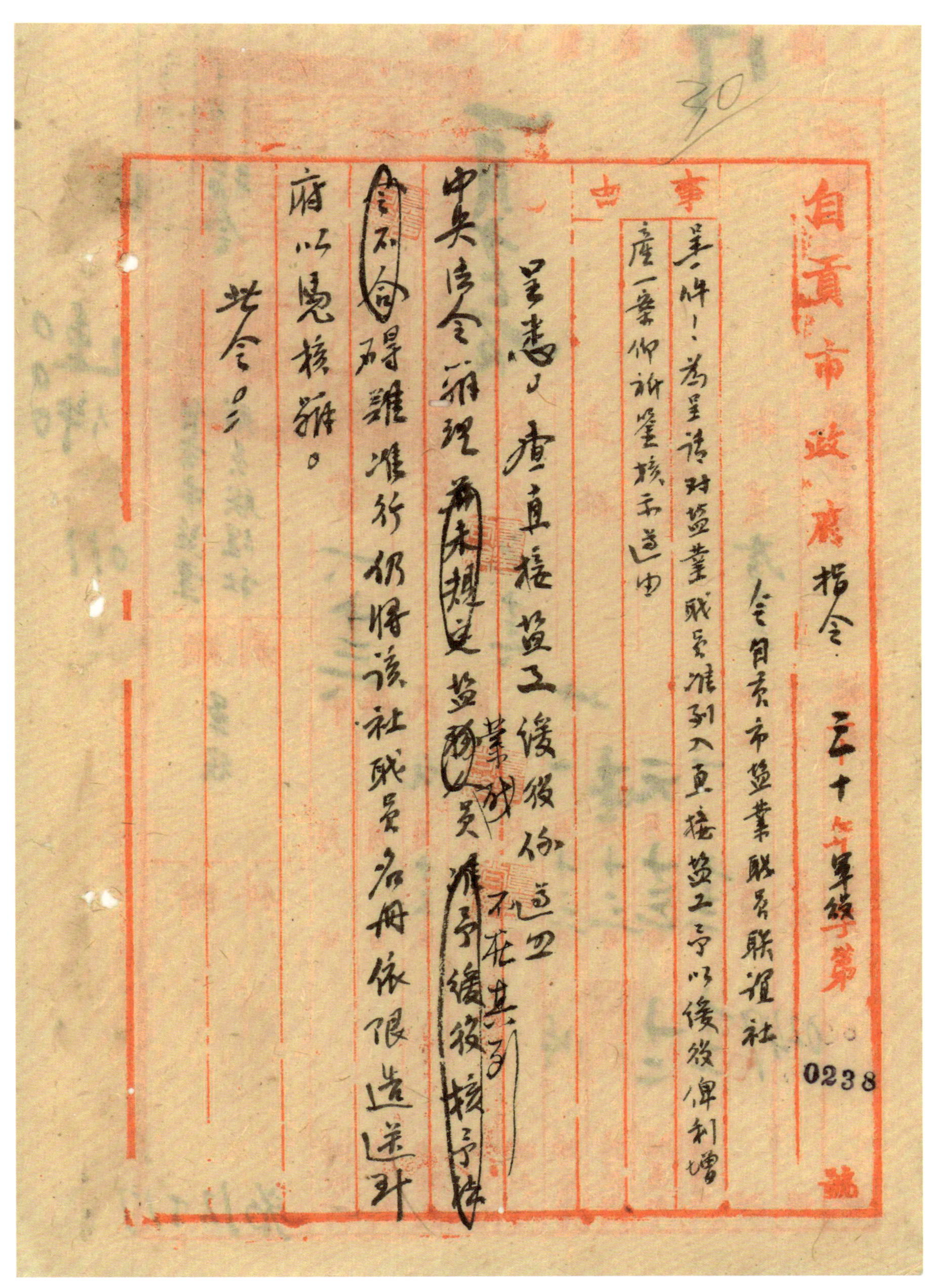

自貢市政府指令　三十　年　字第0238號

令自貢市盐業職員联誼社

事由：呈一件：為呈請對盐業職員准列入直接盐工予以緩役俾利增產一案仰祈鑒核示遵由

呈悉。查直接盐工緩役，係遵照
中央法令辦理，盐業職員不在其列，礙難准行，仍將該社職員名冊依限造送到
府以憑核辦。

此令。

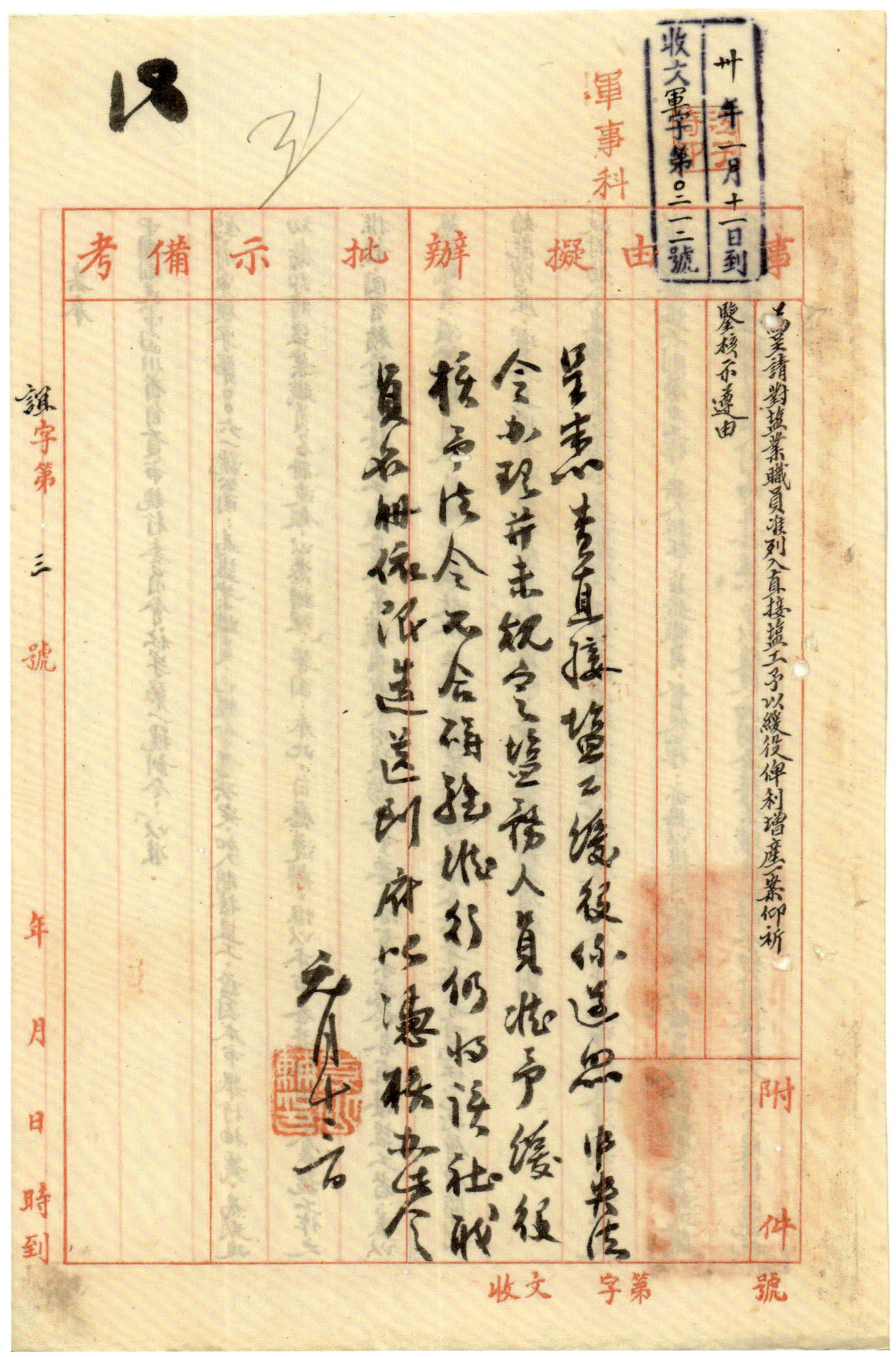

18

軍事科

收文軍字第〇二一二號
卅一年一月十一日到

事由	擬辦	批示	備考
為呈請對盐業職員准列入直接盐工予以緩役俾利增產一案仰祈鑒核示遵由	呈悉。查直接盐工緩役，係遵照中央法令辦理，並未規定盐務人員准予緩役。核示法令不合，碍難照准。仰將該社職員名冊依法造送到府，以憑核辦。 元月十一日		

附件

收文　　字第　　號

謀字第 三 號　年　月　日　時到

案奉

中國國民黨四川省自貢市執行委員會社字第一號訓令：「以准

鈞府軍役字第〇〇六一號公函：為鹽業職員已經會議決定，加入間接鹽工，茲因本市舉行抽籤，為期迫切，飭即將鹽業職員名册造報，以憑辦理」等因。奉此，自應遵辦，惟以本市各井灶規垣倉號工作之推動，固有賴於各直接鹽工，但各鹽業職員在本市鹽場之重要，亦有不減於各直接鹽工者，蓋以鹽業職員，須分經理、司賬、外場、管錢、放水、坐灶、庶務等職務，又須各具專長，方可充任，尤必層層節制，始能增產，實與其他普通商業店員，大有區別。假使不設置上列各項職員，則

政府飭令鹽場增產之法令，無以奉行，即鹽工亦必失去督促與領導，而終必使鹽場工作散漫，減少生產。是以鹽場無鹽工，則勞力工作，無人担任；若無職員，督促工作，亦無以推行。比則鹽工與職員，兩相比較，同足重輕。近聞

政府將燒鹽鑿井等工人列為直接鹽工，予以緩役，而對各鹽業職員，則明令加入間接鹽工，不予緩役。當此抗

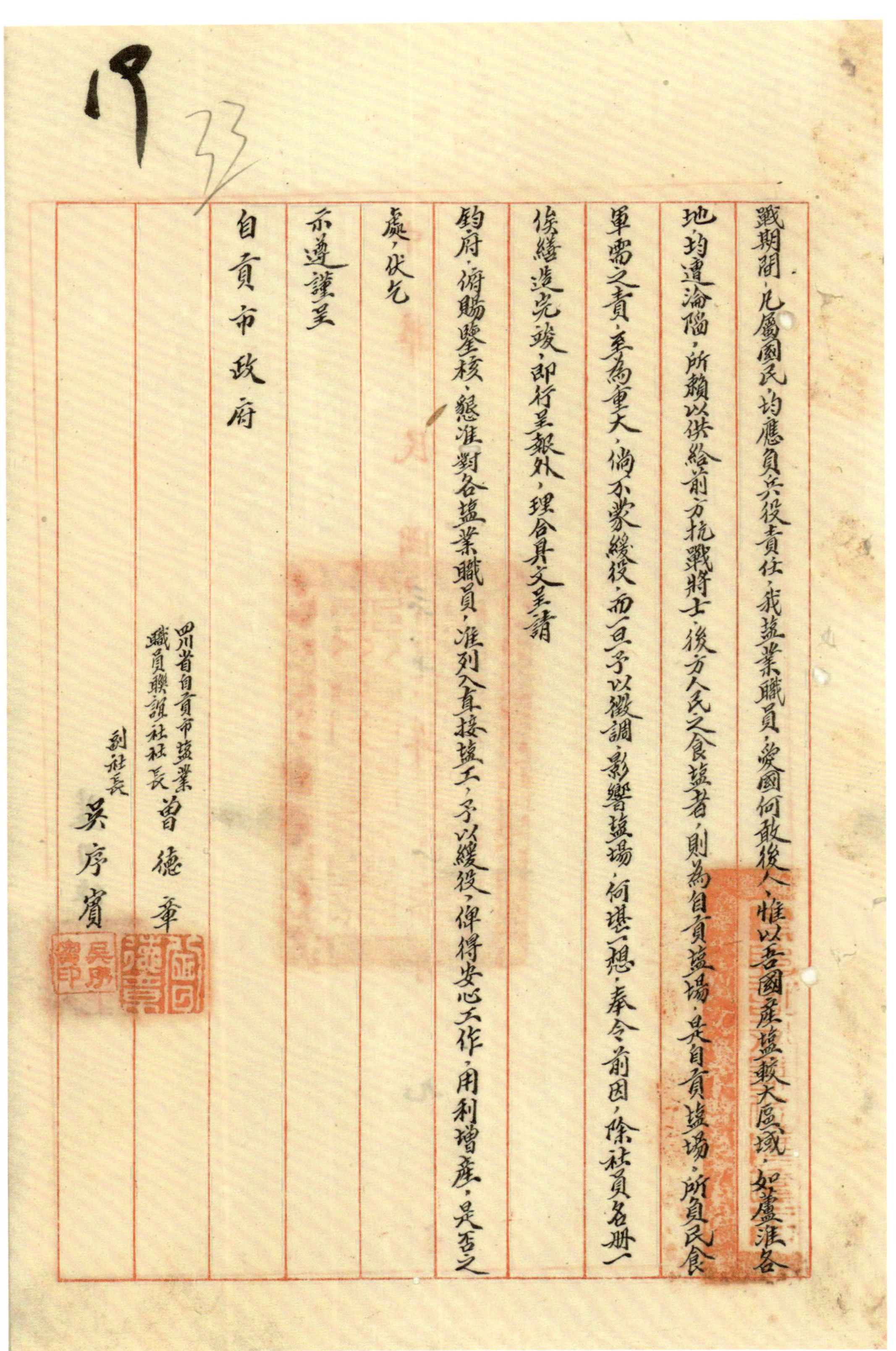

17 33

戰期間，凡屬國民，均應負兵役責任，我鹽業職員，愛國何敢後人，惟以吾國產鹽較大區域，如蘆淮各地均遭淪陷，所賴以供給前方抗戰將士，後方人民之食鹽者，則為自貢鹽場，是自貢鹽場，所負民食軍需之責，至為重大，倘不蒙緩役，而一旦予以徵調，影響鹽場，何堪設想，奉令前因，除社員名冊一俟繕造完竣，即行呈報外，理合具文呈請

鈞府，俯賜鑒核，懇准對各鹽業職員，准列入直接鹽工，予以緩役，俾得安心工作，用利增產，是否之處，伏乞

示遵。謹呈

自貢市政府

四川省自貢市鹽業職員聯誼社社長 曾德本

副社長 吳序賓

藍自瑋

中華民國三十一年一月九日

永生盐锅工厂关于发给技术工人缓役证致自贡市政府的呈及附表（一九四一年四月）

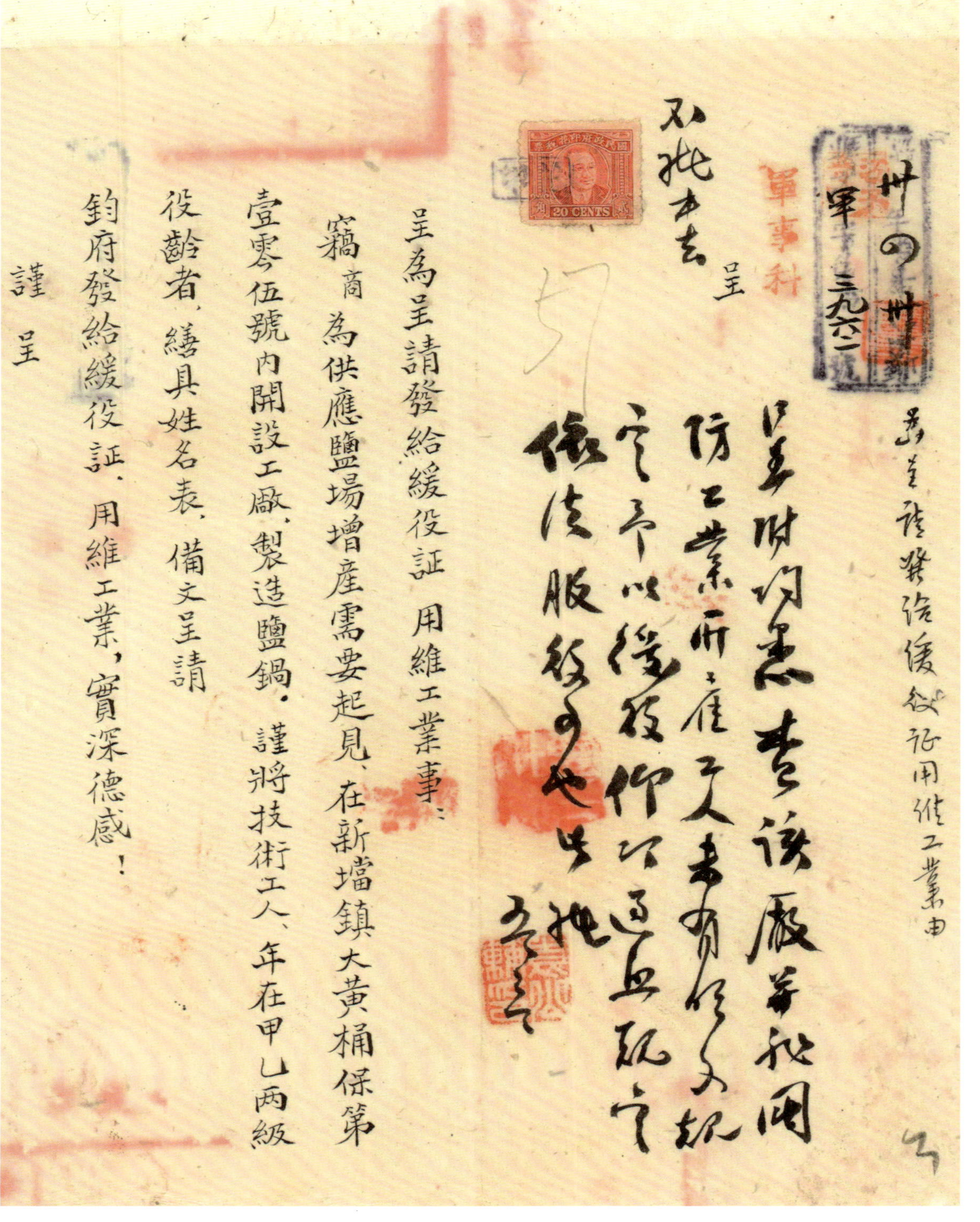
為呈請發給緩役証用維工業由

呈

呈為呈請發給緩役証　用維工業事：

竊商　為供應鹽場增產需要起見，在新墻鎮大黄桶保第壹零伍號内開設工廠，製造鹽鍋。謹將技術工人、年在甲乙兩級役齡者，繕具姓名表，備文呈請

鈞府發給緩役証，用維工業，實深德感！

謹呈

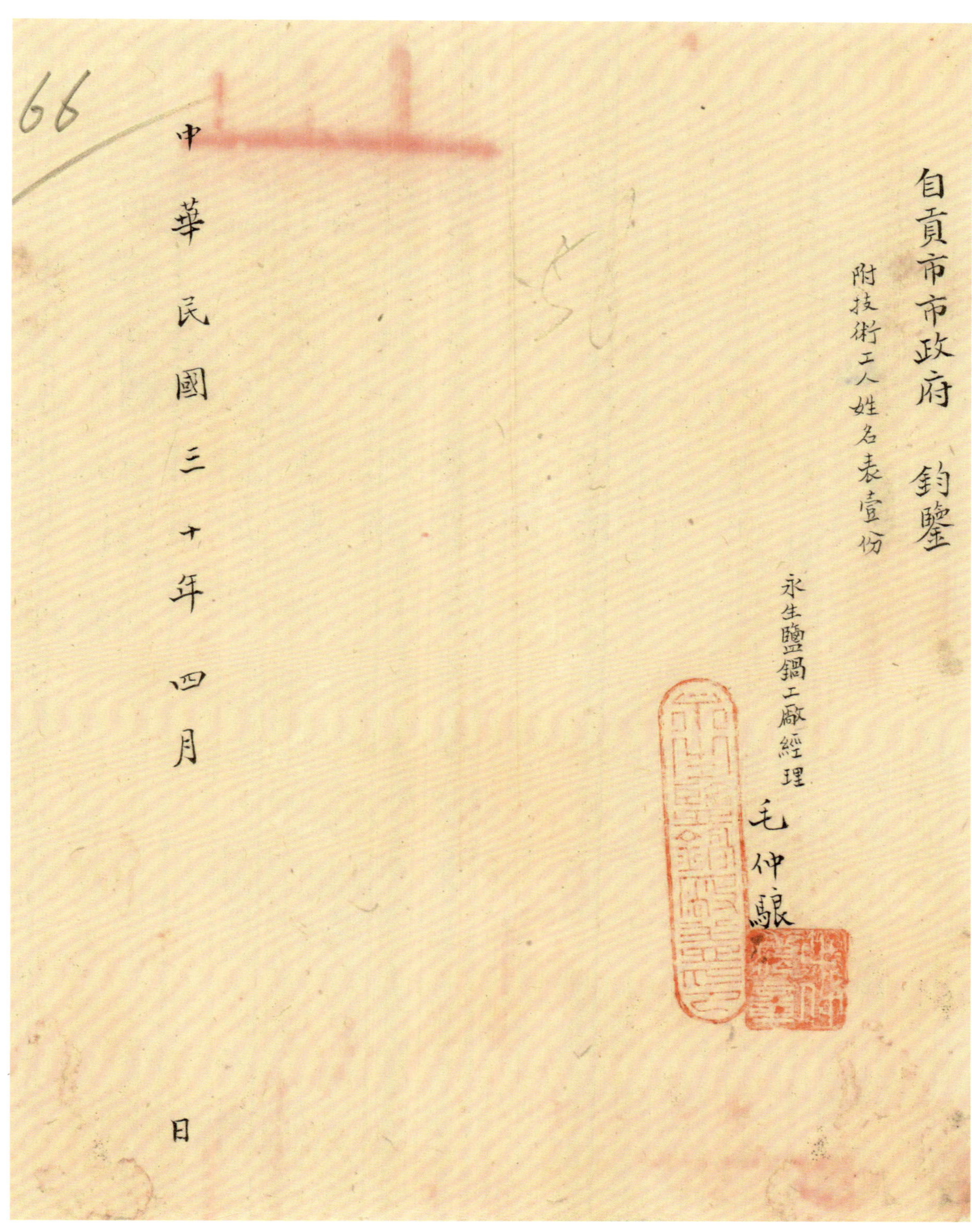

自貢市市政府　鈞鑒

附技術工人姓名表壹份

永生鹽鍋工廠經理　毛仲馥

中華民國三十年四月　日

67

永生鹽鍋工廠技術工人姓名表

姓名	年齡	籍貫	備考
曾澤儒	三八	榮縣	
唐炳章	四〇	榮縣	
丁同春	四一	榮縣	
陳光明	二五	富順	
萬仲祥	二一	榮縣	
周天衢	二三	富順	
華德明	三七	富順	
何有餘	三二	富順	
王澤民	三八	榮縣	
李紹三	三九	富順	

中華民國三十年四月二十九日

經理 毛仲騄 造呈

贡井盐场公署关于释放盐工王树云等四名工人致自贡市政府的公函（一九四三年十二月二日）

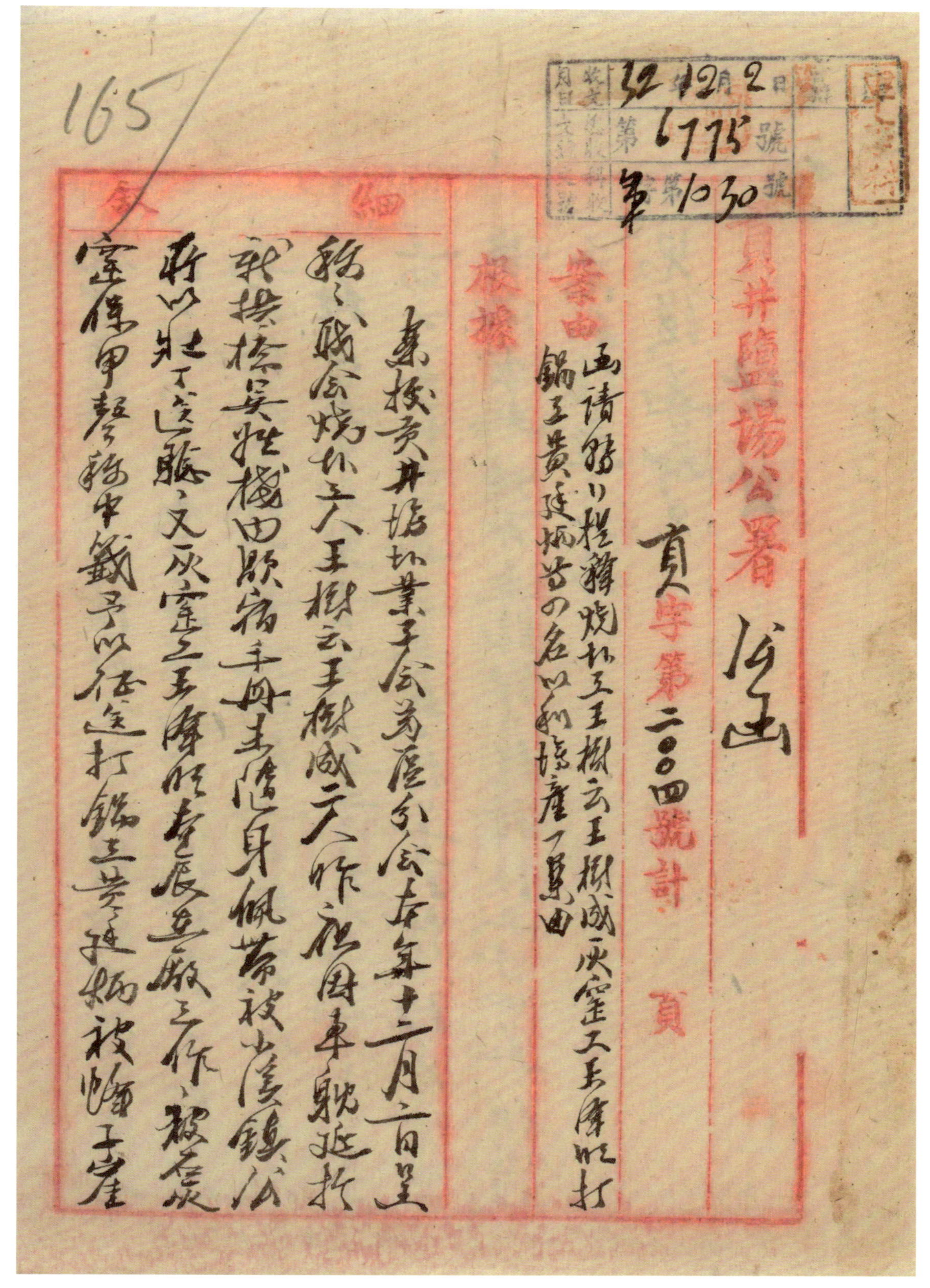

165

贡井盐场公署　代电

案由：函请转行提释烧盐工王树云王树成灰窑工吴泽旺打锅工黄廷炳等四名以利场产由

贡字第二〇〇四号　计　页

事据贡井场盐业公会为灶户公会本年十二月二日呈称：窃公会烧盐工人王树云王树成二人，作灶因事耽延于我提督吴姓机田院宿，半夜突被当地镇公所以壮丁送联，又灰窑工吴泽旺晨起做工作，被县府保甲督务中截留以作送，打锅工黄廷炳被拘于崖

166

保甲送縣，並予函請貴府核辦等情前來。查該王樹云、王樹臧二名確為本場燒坊工人，王隆明確為本場灰窯坊工，黃達廷炳確為打鍋工人，俱應緩役，前經本署分別製發第四六五五號及八〇六八號、一三三〇號、三〇六六號坊工手冊各在案。據呈前情，相應函達貴府查照，煩即迅賜轉飭核辦該王等四名，俾得緩工而利場產，並希見復為荷。

此致

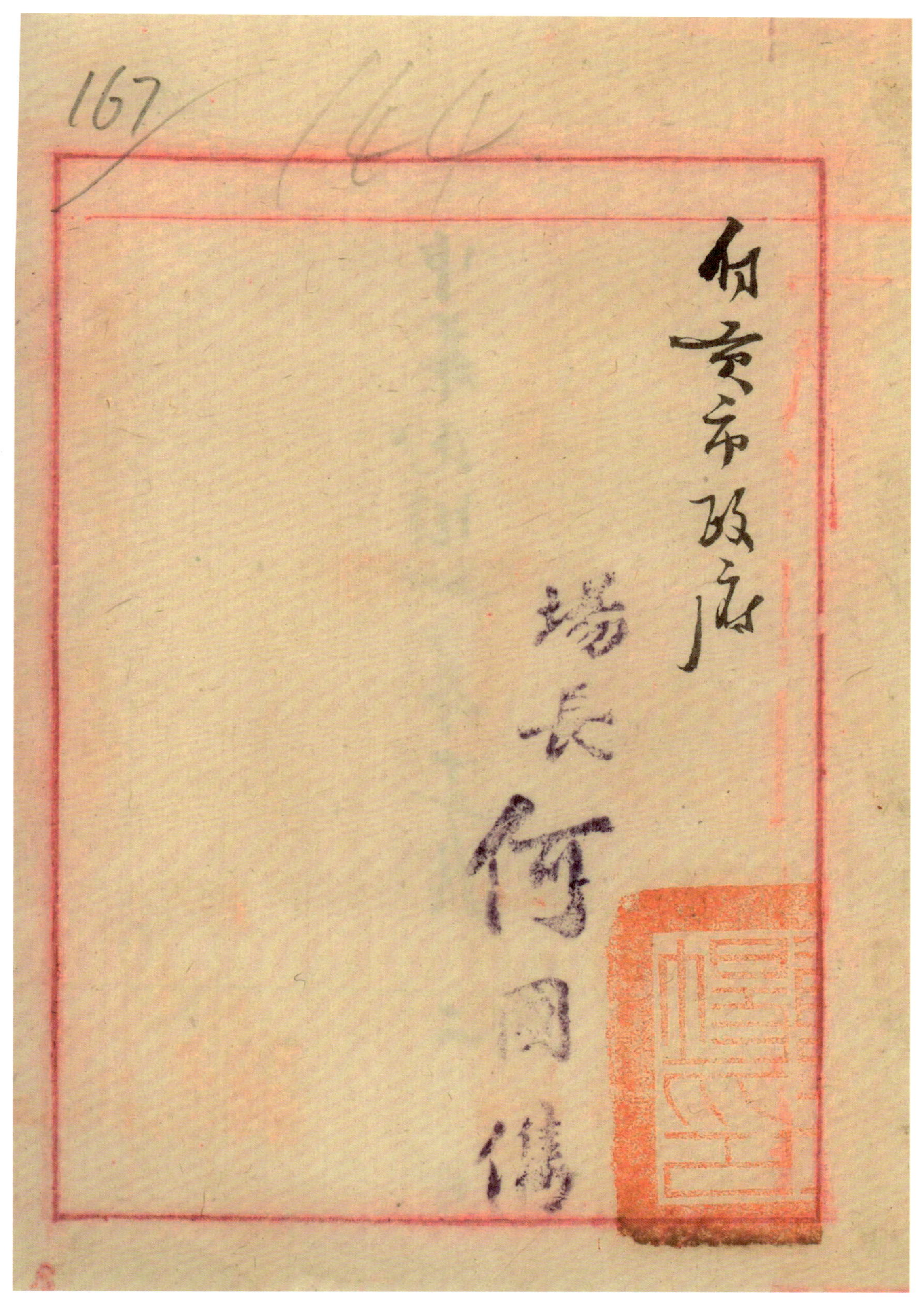
167
144
南京市政府
場長
何
同
儁

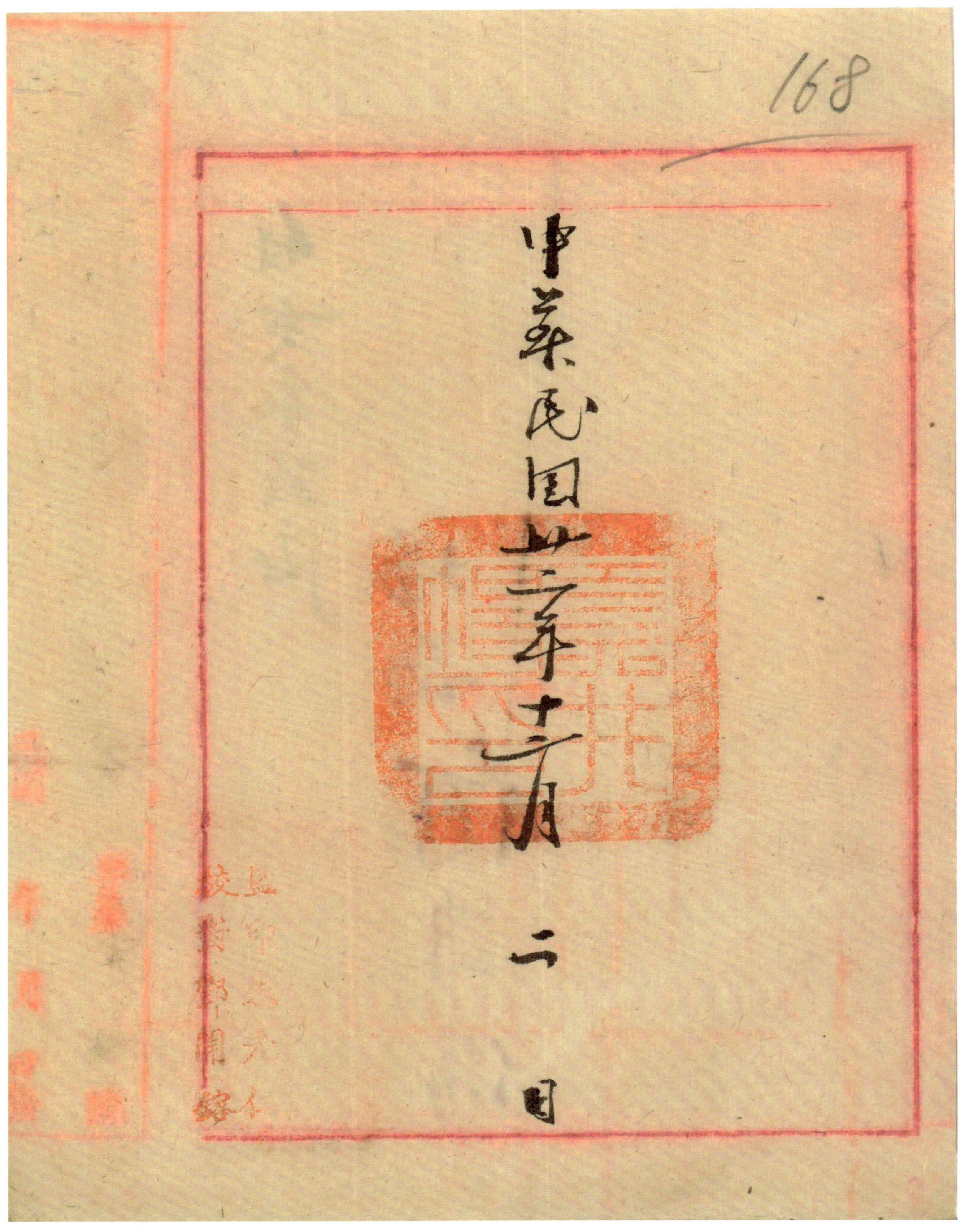
168
中华民国卅二年十二月 二 日
监印 文 校对 封发

自贡市小溪镇镇公所关于提释机车工人黄镇帮致自贡市政府的呈（一九四三年十二月十三日）

自貢市小溪鎮鎮公所　呈

為准函轉請提釋黃鎮帮由

案准貢井鹽場公署貢字第二零二五號函開：

「案據貢井場鹽業工會貢鹽總字第一三玖號呈稱：黃區機車工人黃鎮帮於十二月五日被小溪鎮公所征充壯丁，已轉送住貢井福音堂接兵連，懇予轉函釋放等情。據此，查該黃鎮帮確為本場機車支部直接鹽工，依法應予緩役，曾經本署製發第五八六二號鹽工手冊，并分函自貢市縣政府備查各在案。據呈前情，相應函達貴公所查照，煩即迅賜轉行提釋，俾利場產而符法令，并希見復為荷。

呈

三十二年十二月十三

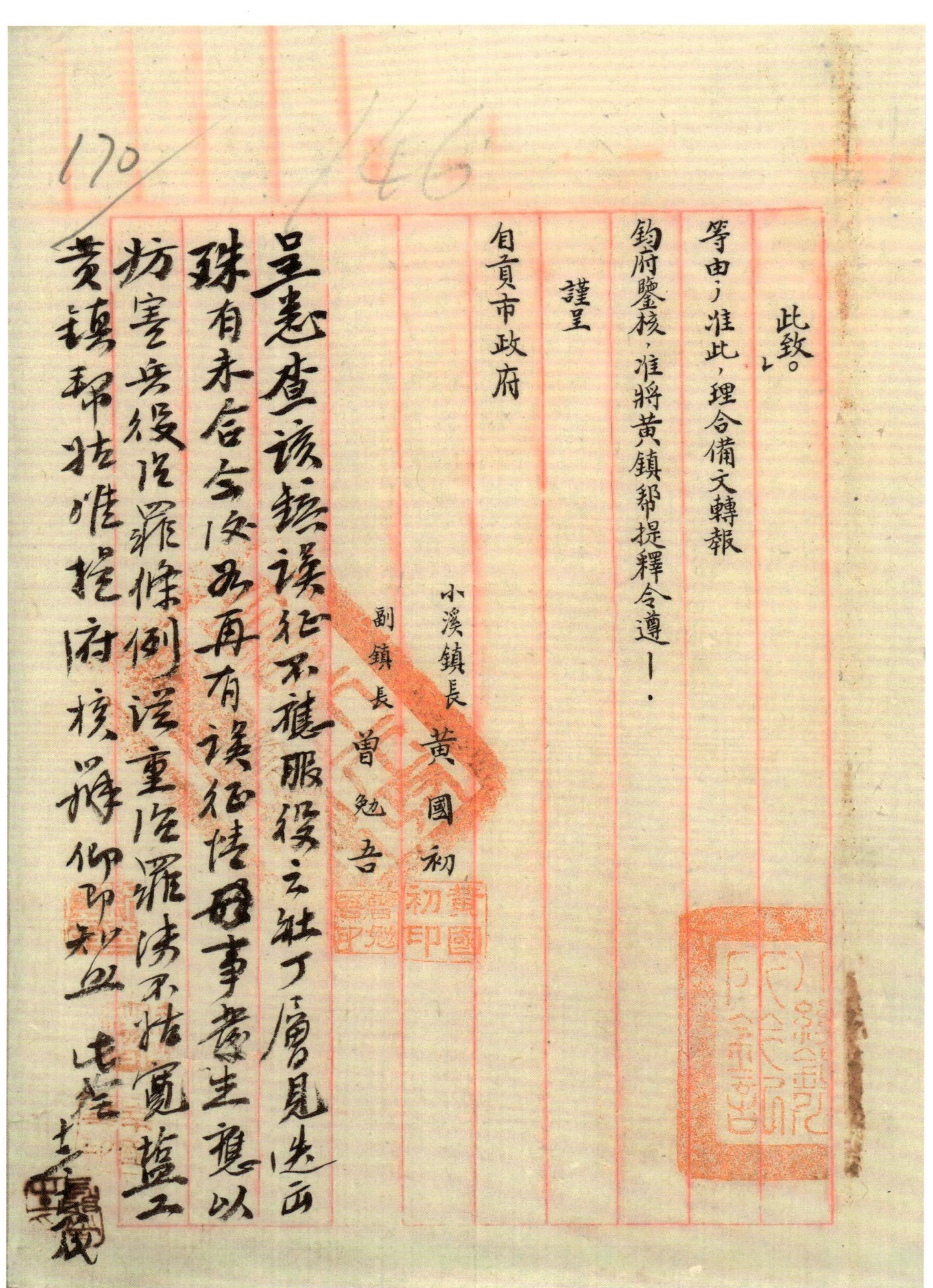

此致。

等由；准此，理合備文轉報

鈞府鑒核，准將黃鎮帮提釋令遵——。

謹呈

自貢市政府

小溪鎮長 黃國初

副鎮長 曾勉吾

呈悉。查該鎮誤征不應服役之壯丁，屢見迭出，殊有未合，今後如再有誤征情事發生，應以妨害兵役治罪條例從重治罪，決不姑寬。鹽工黃鎮帮姑准提府核辦。仰即知照。此令。

国民党四川省自贡市执行委员会计划委员熊楚关于恳迅创设井富官笕煎盐以收增产速效而纾前方军食民用致川康盐务管理局的呈（一九四〇年四月二十三日）

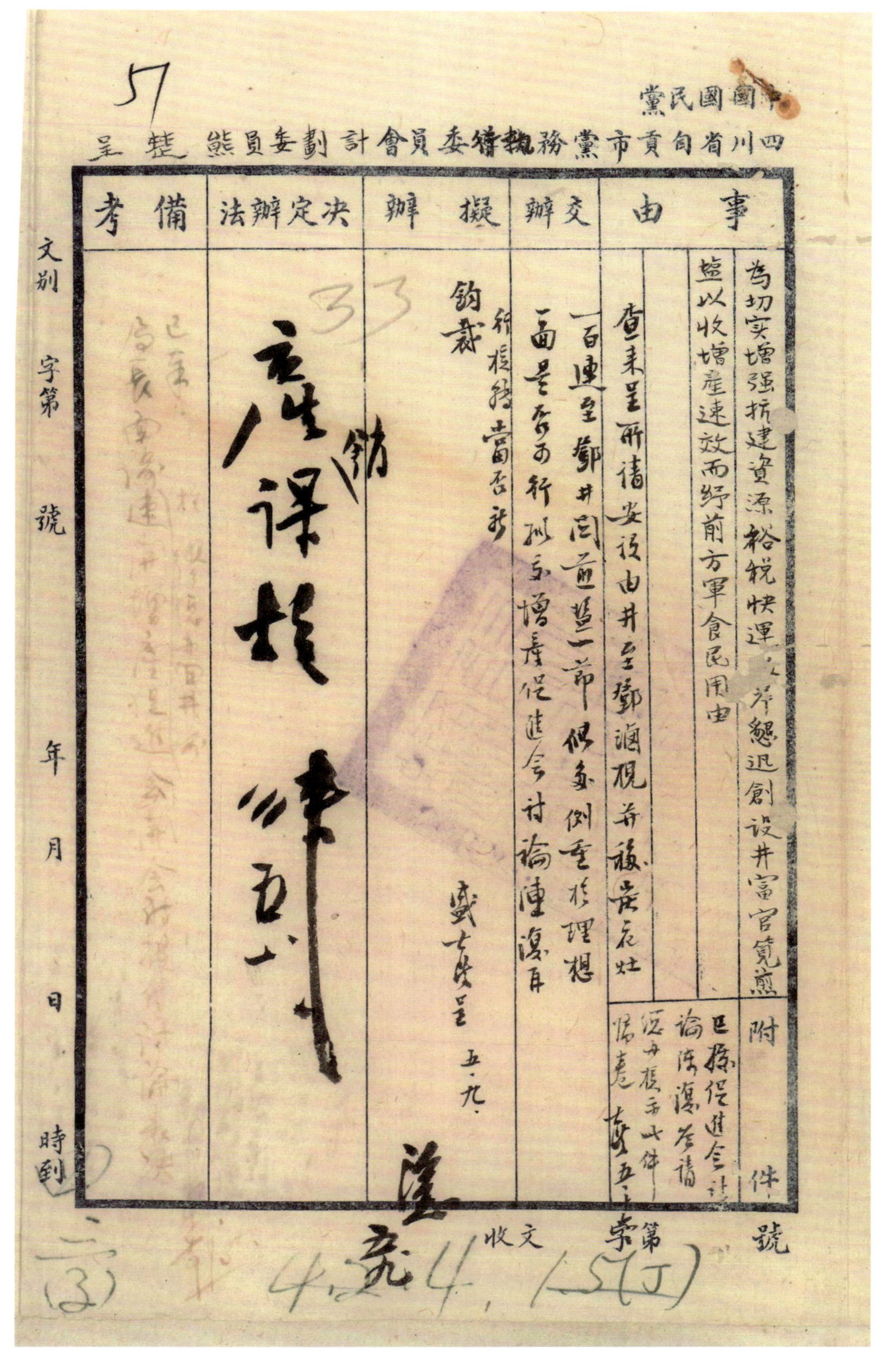
57

中國國民黨

四川省自貢市黨務執行委員會計劃委員熊楚呈

事由	交辦	擬辦	決定辦法	備考
為切實增强抗建資源，裕税快運，並懇迅創設井富官笕煎鹽，以收增産速效而紓前方軍食民用由	查來呈所請安設由井至鄧涸筧并復安花灶一百連至鄧井間筧鹽一節，似系側重於理想一面，並無可行辦法，增産促進會討論陳鴻年所擬，擬請鈞裁	産課核辦		

附件：已據促進會討論陳鴻年所擬復函七件，據憲啟五、六

盛廿五呈 五·九

第　號

收文

4 24 1 57 (J)

52

2.

為切实增强抗建資源裕税快運救岸，懇迅創設井富官筧煎盐以收增産速效而紓前方軍食民用事、

理由——(一)我國平時盐務財政宗旨，首在如何減低成本以旺税收，自前抗战緊急之际，又在如何加速增產，加速運輸以濟軍食(欲求鞏固川盐富源，須依"拙作川盐改進与資源"以顧)，双管斉下之外(二)当兹前後方生活物价指数有加無已，盐之汲煎成本已変高数倍，乃至数十倍，兼以數力不继，五金船品購入困艰，以致年来实际自贡原有火灶且缺滷燒，名曰增産，实近在短産，目前尤有急持直下之势，且以空襲时虞，此産場最大危机也。(三)至於運輸方面，虽有短距汽車輸暨轻便鉄路及加造卜船，添官卜店之設，然而長途什九唯一仰賴木船下行江巴，卜産既少，運道又艰險遲緩，不能加速，故前方食卜行至數元之鉅，每傾運抵岸价常在三四十万左右，淡食所及，平民救生不易，而前线浴血健兒時有盐色，長此以往，抗战之谓何!?

乃查自贡自前年春季 钧局奉命增産以来，除旧有火灶额外增加之炭花灶，総数不过三百餘傾連，而滷炭寧多供不应求，行至目前，有滷可煎者僅得其小半，榮威煤用於推煎，運道險遠，每包四元，昂至十五至廿元，计炭花成本每担較前倍增，而此炭花燃料渝煤由李家湾運井，每傾起出千元以上，煎成之後，将卜包由井運鄧九十里，閘水道月餘始達，每傾水力又動在四百元以外，合计浪费高至二千元不等，故自貢增産炭花三百傾卜每年之時，經此往返靡费即至一千八百万元之鉅，在岸即需每傾增加二千元負担，盐商縱可少賺二千元，但只税额，每年实已短收一千八百万元矣！已佔平時税额之半，可勝浩嘆！欲求根本解决，何如去此枉费，速其運時，每月穩々增税一百五十万元乎，以此速供战费，以此速供軍民食需，何乐不為乎!?

辦法——(一)一次提摘現有增産炭花三分之一，疏散百里外江边(距鄧閘五里李家湾為煤盐上下集散之地)可免空襲損害，縱有亦易修復，節省長期枉浪鉅费，行之有效，全部炭花增産可倣行，其盐尤大！(二)沿井富公路参照架笕竿，按日流放李湾煎卜，則自贡産場原有炭煤价因供可求，其价立

53　34

言之易行之难
试问以盐务当局
之[illegible]前载。

按目前增產[illegible]
况之情况是能有
两月之限期时间
耶？

低其他油柴米菜生活物品因人工減少而変低，設筧五十万元，其数極少，尚不及三五眼起抵井津貼之數！筧為官設，每月过价即由官收，其數亦可观。（三）捨此無调整產地工本而減低運本之二法。（四）由最高盐政之批准，貴局按此步驟施行，咄嗟可办。（五）抽派員司及税警管理巡防，试办就場徵税「一税」之法，以陪襯「官運」「官收」作「官產」之先声，使战时灶商節縮格外增值，踴躍涓滴归公，做到「減賺救國」，然後毁家纾难，始可見諸今日非常時期之实行。（六）先抽派各高增產炭花灶额一百連鍋具，由船運李前燒，如不願則归官前。（但）鍋具等須增加預称為五十万元，合计筧灶共需百万元已足）或另拾高妥办。（六）即工程條下之（六）款。

工程——（一）筧灶同時分段動手，两個月即可完成。（二）工程及费用由官筧办事処指高提標包[illegible]每里需費一[illegible]萬路齊數設，土木所费即輕，管理亦易，工作較便。（四）每華里需鋪净筧竹筒一二〇根元，大坟堡至李家湾一〇五里共需一八九〇〇，安裝双筧共需三七八〇〇〇元，共需四〇〇〇〇〇元[illegible]意外雜支一〇〇〇〇元，合计共需五〇〇〇〇〇元，（丁）土本人可自製（其詳載计劃書上從略）（五）双筧每画夜可过四〇〇〇担盐滷，岩卦水每日可成卦二個，每月可出七八十個（六）先搭小竹，杉條草蓬作灶房由臨時费内撥出八万元已够）（二）每天每連兩輪煎燒滷卅二担，每連每日成盐十個，兩個卦需九十連已足，（三）官筧完成之後，每日每個節省煤卦上下柸费及两免过价与低減之物价以二千元计，即每日可增收卦税四千元，亦即每年可增税一百五十万元，時間僅數小時即可由李湾入鍋抬卦上船下行。（四）滷源旺時，以全數三百個增產炭花傚行计劃，則每年财政部可增收一千八百万元盐税以裕国庫，藉收开发西南以肇国中國抗战資源之速效，切实加以实施拙著改造富榮卦業计劃，則税尤裕，運尤速，岩尤毅，三年内税收二萬萬元，国税报效国家，民安物阜矣。（五）如全変官筧煎卦，每月節省十二万元，开办四月之後，可抵全部设筧建灶之费，然後实行官煎，則贵局公文一纸，每年责成該办事處增税一千八百万元，而民不病，連卦純利每個四千元计，合计每年增收至三千七八百万元，此年所得五千六百万元總數，是為官筧

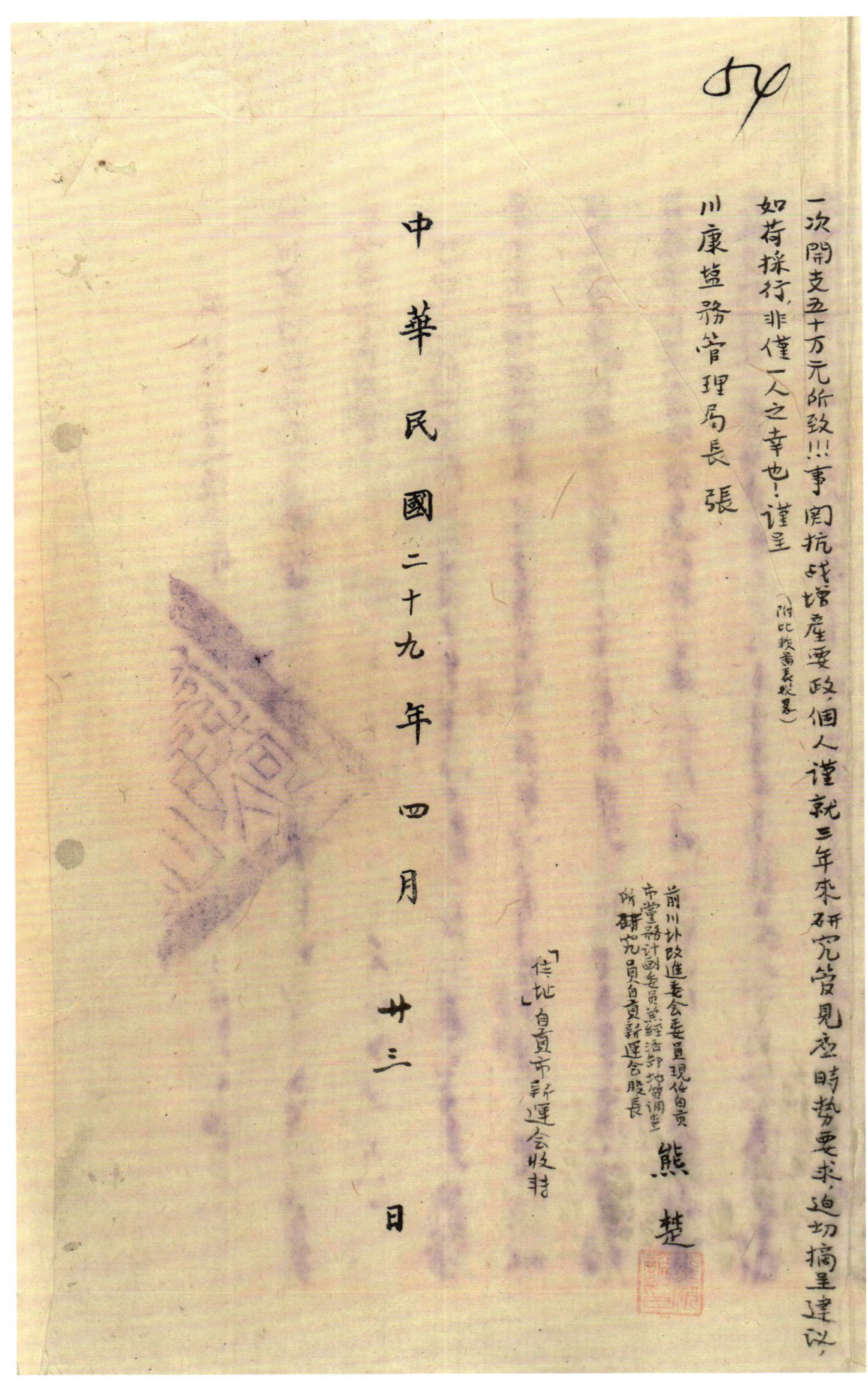

一次开支五十万元所致！！！事关抗战增产要政，个人谨就三年来研究管见应时势要求，迫切摘呈建议，如荷採行，非仅一人之幸也！谨呈

（附比较当表从略）

川康盐务管理局长 张

前川补政进委会委员现任自贡市党务计划委员兼经济部地质调查所研究员自贡新运会股长 熊楚

「住址」自贡市新运会收转

中华民国二十九年四月廿三日

川康盐务管理局关于长坵镇联保主任李学恬违令擅代直接盐工抽签服役及强拉兵役激成罢工风潮妨害增产致自贡市政府的公函（一九四〇年五月一日）

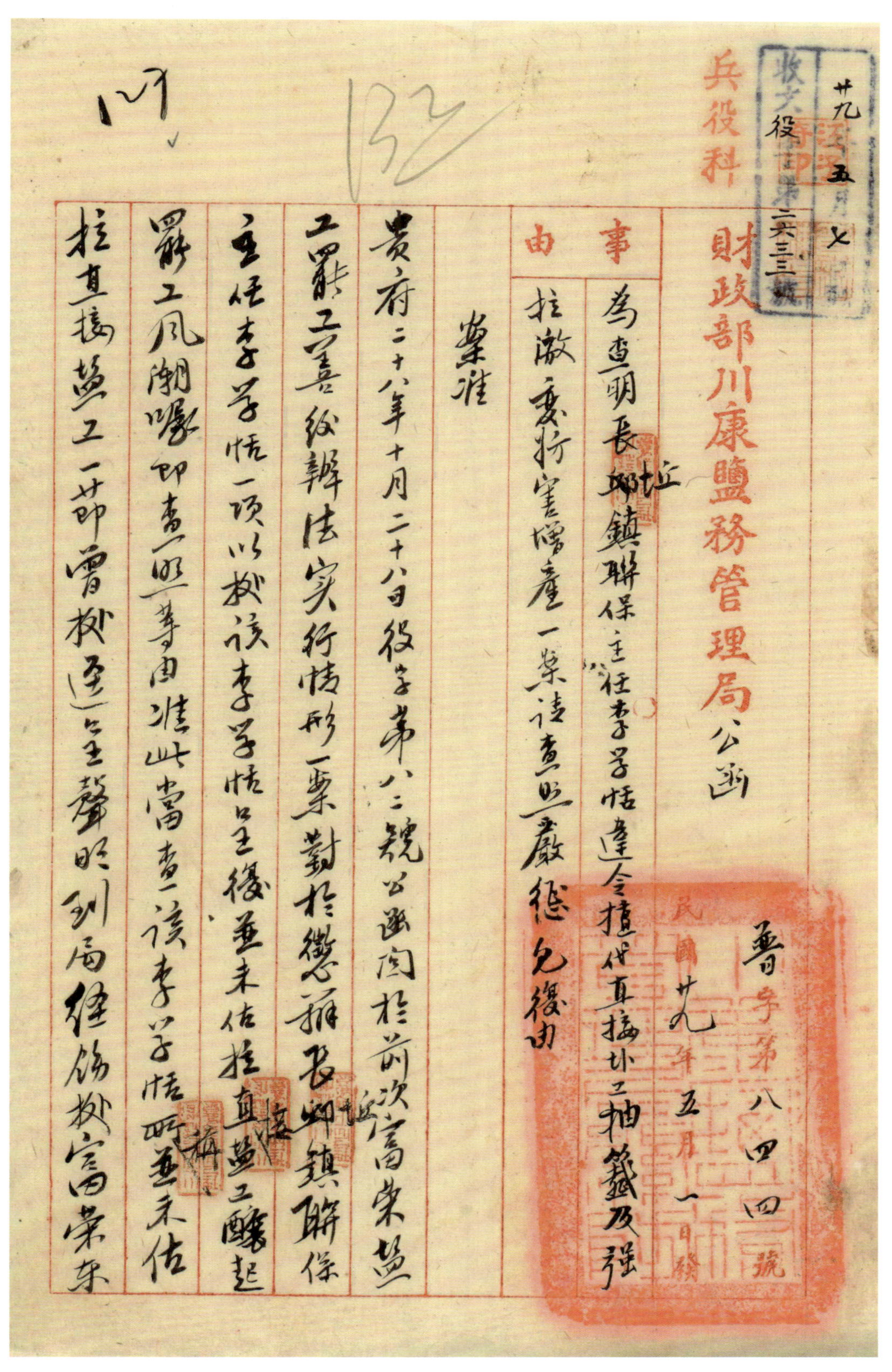
廿九 五 七
收文 役字第二六三三號
兵役科

財政部川康鹽務管理局公函

晉字第八四四四號
民國廿九年五月一日發

事由：為查明長坵鎮聯保主任李學恬違令擅代直接鹽工抽籤及強拉激變妨害增產一案請查照嚴懲見復由

案准

貴府二十八年十月二十八日役字第八二號公函開：於前次富榮鹽工罷工善後辦法實行情形一案，對於懲辦長坵鎮聯保主任李學恬一項，以擬該李學恬已經並未估拉直接鹽工釀起罷工風潮，囑即查照等由。准此，當查該李學恬既並未估拉直接鹽工一節，曾據送上年聲明到局，經飭據富榮東

場署三十八年八月二十六日第三三六二號呈查獲該李學愷
不遵
貴府第十一次兵役會議竟將直接鹽工加入抽籤並估拉
双盛灶燒戶邱少云、郭福井外工王吉和、袁绍章等激成罷
工風潮，計兩到該李學愷擅代直接鹽工抽籤清冊，據同籤票
參拾叁張，請予鑒核轉請究辦等情。正核辦間，復准前
由，為再求切實起見，復經令飭東場署徹查覆奪在案。茲據
該署陳復：該李學愷違令擅代直接鹽工抽籤及強拉激變
情事確屬實在，仍懇轉函 市政府依法議罰等情前來。
據此。案經本局一再飭查，該李學愷不遵兵役法決案強拉

128

174

直接益工激釀重大事变妨害增產大計殊有確切證據若不嚴加懲辦其何以彰法紀而儆效尤相應抄同該罪犯各原呈暨清冊並檢同原簽票函請

貴府查照辦理并希

見復為荷。

此致

自貢市政府

计抄送东場署卅八年八月廿六日第三三六二號呈及卅九年三月七日第五四五號呈各一件李子峰擅代直接収工抽簽清冊一份檢送益工簽票三十四張

130

张绩文
罪部纳 盐

折呈黄运盐局

监印张之濂
校对李焕韬

131

抄东場署二十八年八月二十八日东字三三六二號呈

本年八月十八日案奉

鈞局同年月十四日东字第四零五九號訓令以據長山鎮聯保主任李学恬呈畧以該鎮所屬新双國井双國安灶盐工邱紹華因回往高硐鄉被拉送五雲村義勇壮丁隊由該鎮係毫無過問並以本市直接轄盐工人車工人鍉井工人尚未加入抽籤何敢估拉直接盐工充当兵役有违禁令兹因佈告錯誤恳予收回成命等情究竟实情如何令仰迅即查明呈復以憑核辦等因奉此伏查职署本年八月三日东字第三一七六號江代電呈報盐工被長山鎮所拉壮係邱

云並飭邱紹章，該邱廿六云：原在瑯家郭巨（屬長胜鎮）双盛井双盛官灶燒鹽，因長胜鎮不遵自貢市籌処第十一次兵役会議議决案，公然一併為抽中一百九十三籤（請參閱附件一號），藉詞拉充壯丁，遂因將拉載福井鹽工王清和、袁紹章等一併拘禁。該邱紹章等群向稽核处要求轉請釋放，該处乃轉函聯保处請為釋放，以免事端擴大，竟被拒不接受。同时並將該所拉之人，卽於次日解送瀘州。鹽工等情急，轉向該聯保原駐之五雲村呼籲要求釋放，不果。又因代表被扣，槍擊工人，始釀成此次罷工風潮。究考其原，實由該鎮違法抽籤擅拉鹽工所致，焉得謂與該鎮絲毫無関？該主任事後自

知行動不法難逃咎戾乃復強詞掩飾希圖淆亂聽聞藉為
解脫條地殊數不合已極且一查該主任違令擅代直接鹽工
抽籤藉詞估拉充丁之事難以枚舉不僅邱少云等數人即如
天灶井井工林建修双盛灶桶子匠張友三周少云等以及同兴
灶同崇灶之桶子匠黃占云達生榥之捆山匠祝青云等捆風
直接鹽工（請參閱附件三號至九號）概經職署登記並
奉部令核准緩役亦被該鎮擅行抽籤藉詞估拉除黃、
占云至今尚未釋放外其餘並經職先後函請自貢市警
察局轉飭該鎮查照釋放各在案甚至如德一井繆英甫一生灶
燒鹽工鍾國川（請參閱附件十號至十一號）雖尚待補行登

記給證中，但實際該盐工並未中籤，該鎮何以乃於深夜熬灶將其佔拉充丁，事實昭然如此，仍謂盐工尚未加入抽籤，何敢佔拉直接盐工充當兵役，有違禁令等語，豈能掩耳盗鈴，欺人自欺。該鎮對於本市直接熬盐工人及鑿井工人等既稱尚未將其加入抽籤，何以郭區（區長盐鎮）各井灶直接盐工均被該保甲長代為抽籤（請參閱附件一號至二號）。該鎮既未佔拉直接盐工充當兵役，何以井灶盐工林建修等被拉後，嗣經助署函請自貢市籌處轉飭查明釋放，即使次第遵辦，可見該主任申辯各節全非事實，並敢妄誣佈告錯誤，請准收回成命，尤屬行為悖謬，目無省府況佐拉鹽工充兵迭經會峯懇為厲禁而直接鹽工人曾奉 軍財兩部明令特准緩役至於間接鹽工參加抽籤辦法亦由自貢市籌處於本年六月二十二日召開第十一次兵役會議議決實行各在案則直接鹽工不能與間接鹽工一併參加抽籤毫無疑義該主任果何人斯敢於不顧一切擅代抽籤藉詞拉充壯丁者如韓觀長宋陽李隆達卽敢弁髦法令別有用心翔查該主任前於本年七月七日曾將捆鹽工人李恆有鄭昭亮等藉名拘捕以致工人相率逃亡演出無形停運狀態經職再三開導竭力防範暗潮始告平息未致擴大此次又復故違法令任意妄為釀成重

大綵綸全場停止煎汲兩日公私損失不貲設再要挾不予
轉詳嚴究終見各聯保相率效尤狼狽為奸影響增產
前途不知伊於胡底奉令前因所有王復義鎮聯保
主任李崇輝違法抽鹽捐拉鹽工懸予轉詳嚴究以利
增產而遏私源據由呈是否有當理合檢同卯廿五中鹽
票途同附件一併呈祈
鈞局俯賜鑒核！！
謹呈
局長繆
副局長畢
計呈附件十一份（一號至十一號）

134

138

場長 徐庯第

附（二）：富荣东场公署致川康盐务管理局的呈（一九四〇年三月七日）

抄东场署东字第四五号呈

案奉

钧局上年十一月十六日东字第四七六号指令，略以"查该李学恬强拉盐工邱少云引起罢工风潮，前据该场署查报有案，兹核市政府转抄该李学恬所称七月份征送壮丁并无邱少云等及因伪造命令到某保勒派，致滋乡所送各节究系如何实情，应再澈查核办。仰即遵照确切查明具复，以凭察夺"等因。奉此，查一直接盐工系奉部令核准缓役，不能每向场外工一律列册由保甲任意代为抽签征调，故之宅无疑义。兹两上年六月二十二日市政筹备

處呈兩第十一次兵役會議對於間接鹽工始飭令參加抽籤

服役即係根據

部令辦理呈以上年七月一日市籌處致地署第四六〇號公

函亦以請轉飭各種間接鹽工按期依法參加各該管聯保

舉行抽籤並未聲明直接鹽工亦須參加抽籤經調

服役各在案乃該聯保主任李學恬竟違反法令指派

長塘鎮(即郭家坳坪區)直接鹽工與間接鹽工一並列冊

任意擅代抽籤而雙盛灶燒鹽工(直接)郭世雲即被該鎮

代抽中一百九十三籤(請參閱上年八月三十一日東字第三三六二

號呈文附件第一號)按名強拉入營於五營村復又擅自、

用槍死盐工一名傷盐工四名而盐工不甘折服遂致釀成罷工风潮公私損失不資復使該鎮不但直接盐工抽中籤者强拉入營何致發生罷工风潮此实為該主任李習悟强拉盐工之鐵證似不能任其牽混巧辯即可逍遥法外也至其該鎮所称七月份征調義勇隊壯丁並無邱廿五云等一節仍係遁詞理由殊不充足盐工邱廿五云等於七月三十一日始被拉入營於八月二日即發生事變當晚即由兵役科長李文達親往五營村聯保处釋放风潮始息在此短促期间何能立刻造冊呈報既已釋放當然無邱廿五云等之姓名但該鎮抽籤及中籤壯丁冊内或有其名亦未可知且因荣灶桶

子匠（直接小工）黄、吕云曾被该镇代抽中二十八签于送壮丁事在上年七月二十二日设将其七月份真实征调壮丁名册调验当亦为该主任强于监工阻挠增产之有力证据也其因备袭命之刘某开条西场监工详情如职场所能令遵拟请仍照职呈第三三六二号呈即将抽签违令擅抽直接监工之联保主任李某情转函市府依法议罚以儆效尤而彰法纪是否有当理合具文呈祈

钧局俯赐鉴核示遵 谨呈

局长 胡

副局长 毕

场长 徐甬第

附（三）：富荣东场公署造呈长垭镇联保主任李学恬违法擅代直接盐工抽签清册（日期不详）

富榮東場公署造呈長垭鎮聯保主任李學恬違法擅代直接鹽工抽籤清册

姓名	年齡	籍貫	工作類別	工作地點	現住地點	中籤號碼	中籤地點	場署證章號數	備攷
華福祥	二六	富順	化灶	新双盛井 富昌灶	長垭鎮十二保二甲	61	長垭鎮	12447	
郎玉堂	二〇	自井	桶子匠	五福灶	〃〃〃〃三甲	101	〃	11568	
彭安欽	二〇	富順	化灶工	興盛灶	〃	176	〃	11741	
何樹銀	三〇	〃	〃	〃	〃	200	〃	11742	籤票名字改爲何述良
蕭湘勳	二五	〃	〃	〃	〃	51	〃	11744	
李敦五	一八	〃	〃	〃	〃	195	〃	11745	
李洪順	二五	〃	〃	〃	〃	67	〃	11746	
邱紹云	二八	〃	燒司	〃	高硐鄉八保四甲	193	〃	11727	

楊汉成	二六	威遠	燒司	〃	長垣鎮十二保三甲	145	〃	11748	
黃海榮	一八	隆昌	化焰工	〃	〃	45	〃	11749	
曾紹榮	二九	富順	〃	〃	〃	81	〃	11750	戴票名字省寫為曾廿云
袁澤民	二四	〃	〃	〃	〃	1	〃	11753	
陈金成	三二	〃	〃	〃	〃	128	〃	11754	
明紹云	二九	〃	〃	〃	〃	173	〃	11755	
何玉成	二〇	〃	〃	〃	〃	188	〃	11762	
朱秋成	二七	〃	放水	長垣鎮土門子双威灶	高硐鄉	184	〃	11668	
江澤民	二三	〃	〃	〃	新又鄉一保一甲	113	〃	11669	
朱子泉	二四	自井	〃	双威井德成新灶	高硐鄉馬冲口	129	〃	15857	戴票名字省寫為朱子全

138

143

王根國	二九	〃	〃	〃	新塘鎮二十七保七甲	170	〃	15658
伍炎和	三四	富順	桶子匠	〃	公鄉十保八甲	165	〃	15580
顏靜修	二五	〃	燒盐	蜫龍井 益同昆龍灶	高硐鄉五保十一甲	102	〃	15553
陳樹榮	二七	威遠	〃	和豐灶	威遠山東鄉八保十三甲	224	〃	12565
楊雨金	二八	自井	放水	源開昆龍灶	長坡金魚灣源流保四甲	108	〃	12457
江子和	二八	富順	帮車	福崇灶	貢井灰包上	259	〃	12228
陳永先	二四	〃	座灶	福華灶	富邑長坡鎮大灣井西保	114	〃	12186
李平國	二八	〃	燒盐	〃	富邑長坡鎮大灣井西保	47	〃	12199
王仲華	三〇	江北	〃	〃	鴛鴦鎮清和團九保四甲	161	〃	12215
殷洪炎	二〇	内江	打桶子	〃	威邑四方碑	168	〃	12244

梁炳權	二九	本市	放水	大燊井 燊大灶	本市下坡镇 金竹塥九保三甲	51	一	12647	签戴票名字有写为梁炳全
宋海云	三六	富顺	桶子匠	〃	富顺五市镇 十六保四甲	47	一	12870	
余江河	二八	威远	扯水匠	〃	威远三观音 七保二甲	212	〃	12866	
邓绍之	二〇	资中	車工	〃	资中新献 乡六保五甲	36	一	12846	
林子成	三二	富顺	車工 推水	大源井 裕铭灶		31	〃	12799	签戴票名字改易为林子云
孙志清	二〇	〃	司灶	通灶井 富新灶	桐垱镇一保四甲	90	一	15192	
李继积	四三	自井	坐灶	〃 孝友灶	長坡镇九三保南	13	〃	15834	
郑学成	二二	富顺	燒司	〃 双溪灶	叁江镇南街乡 八保二甲	292	一	15843	
王云宗	二五	〃	桶子匠	〃 地二灶	舒石乡五保六甲	70	〃	15840	
朱桃九	二八	自井	坐灶	〃 灶福灶	高硐乡六保七甲	25	〃	15809	

138

142

楊大炎	四七	威遠	燒鹽	榮海井和昌灶	富順沙平場	75	〃	20051	
陳萬聊	二一	〃	〃	〃	新增鎮黄嵓山	64	〃	20058	
黄占榮	二一	富順	桶子匠	源流井同常灶	長塅鎮六保六甲	25	〃	19900	
張炳全	一八	〃	燒鹽	〃	〃	47	〃	19899	
李偉民	二四	自井	放水	積美井中和灶	長塅鎮双全保十甲	27	〃	15715	籤票名字改易为李偉明
蕭学誠	二六	〃	灶头	全海井大閫	桐墻四保九甲	129	〃	13738	
許銀章	二七	〃	〃	〃	長塅郭家壩保	94	〃	13739	籤票名字改易为許榮章
湯文明	一六	〃	〃	〃	〃	74	〃	13740	籤票姓名為唐文明
胡十三	三二	本市	打桶子	全海井清和灶	長塅十保十甲	7	〃	12740	
劉洪發	三一	安岳	桶子匠	全海井達記春明灶	双河場鑼鈸十保一甲	75	〃	12779	

倪福棠	二二	富順	看倉	全海井 四生灶	長垭鎮三保四甲	64	〃	11913
陸水銀	一四	〃	車工	灯海井 大閩	橋头鄉十二保五甲	104	〃	11600
張淡炎	三二	陽縣	桶子匠	誠〃 記達新灶	長垭鎮五保五甲	132	〃	15589
鍾伺章	三三	本市	放水	葆真井 太和灶	本市長垭鎮十四保四甲	205	〃	12044
康應匡	三三	〃	燒鹽	〃	本市長垭鎮一保一甲	189	〃	12048
陈有章	二八	榮縣	桶子匠	〃	榮縣樹東鄉十二保一甲	81	〃	12056
丁柏超	二一	〃	〃	〃	榮縣一区九聯保六甲	17	〃	12058
尹金華	二三	資中	〃	〃	資中縣五區十三聯保六保六甲	72	〃	12054
曾海云	二八	威遠	〃	〃	威遠二区七聯保九保一甲	19	〃	12062
張利和	二六	富順	灶頭	〃	富順鄧鄉市十四保十四甲	185	〃	12050

140

袁樹云	二〇	本市	〃	〃	無家	247	〃	12052	
蒲治民	三一	〃	司灶	〃	本市桐垱鎮金子巡保	63	〃	12044	
賴萬蘐	二五	富順	車工	福明井 福明灶	胡垱一甲	44	〃	13573	
賴洪発	二八	〃	〃	〃	〃	134	〃	13532	
姚桓元	三〇	威遠	桶子匠	〃	昇平鄉廿四保廿甲	159	〃	13570	
劉绍云	三一	本井	〃	就胜井 富榮灶	大山鄉山顶上小保一甲	80	〃	12427	
黄玫祥	二〇	富順	石住工	榮生井	長垭鎮春漱井一保三甲	29	〃	12968	
汪匡舟	二〇	簡陽	匠鄰	双全井 勝大灶	長垭鎮十二保八甲	179	〃	12294	
萬九洲	一七	富順	桶子匠	濉盛井 大同灶		78	〃	11900	藏案名字爲萬[illegible]宗
魏子誠	二二	資陽	灶头	葆真井 太和灶	長垭鎮一保三甲	177	〃	12053	

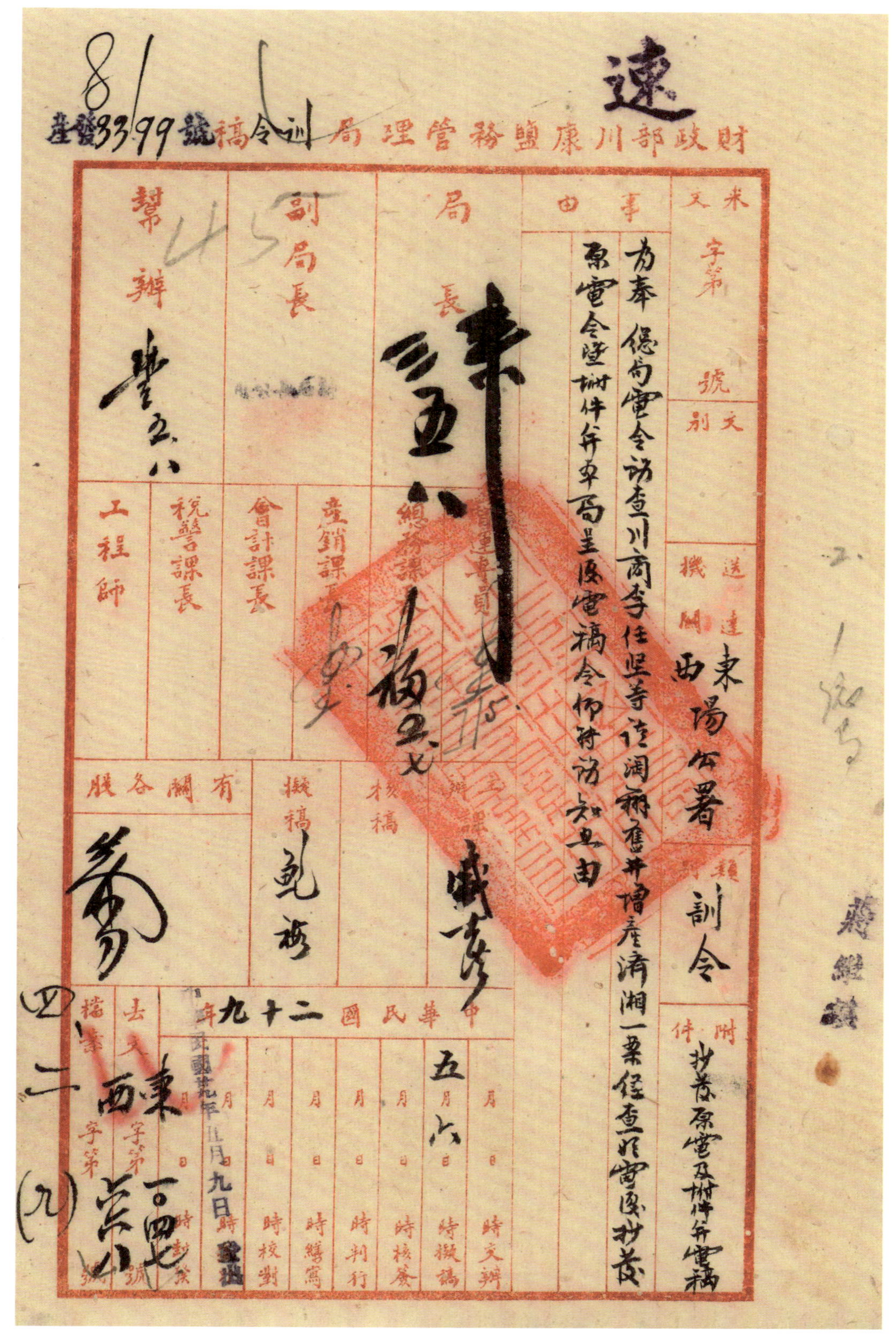
速

財政部川康鹽務管理局訓令稿 產發3399號

事由	為奉總局電令飭查川商李任堅等請淘辦舊井增產濟湘一案經查明實復抄發原電令暨附件并本局呈復電稿令仰轉飭知照由
送達機關	東西場公署
文別	訓令
附件	抄發原電及附件并電稿

中華民國二十九年五月六日

川康盐务管理局关于奉总局电令饬查川商李任坚等请淘办旧井增产济湘一案致富荣东西两场公署的训令
（一九四〇年五月九日）

訓令

令富榮東西場公署

案准

總局本年四月十一日橋產銷字第一四九五號尤五代電、據湘岸辦事處簽呈、以川商李任堅等、呈請組設富榮井灶運銷處、每月在自井增產五千儎、運湘濟銷、懇請保障等情、抄發原呈、飭即查照議覆等因，當以前准湘處張景垣君特交富榮場商遵運開覆各黃黑滷井名、曾經令飭據該署查覆在案

83

46

據呈前因、除將任通情形查明電復并分令西康場署外、合行抄發原電暨并附件本局復電、令仰該署即便轉飭該李任堅等知照。

此令。

計抄發德局電令及附件并本局電稿共三件。

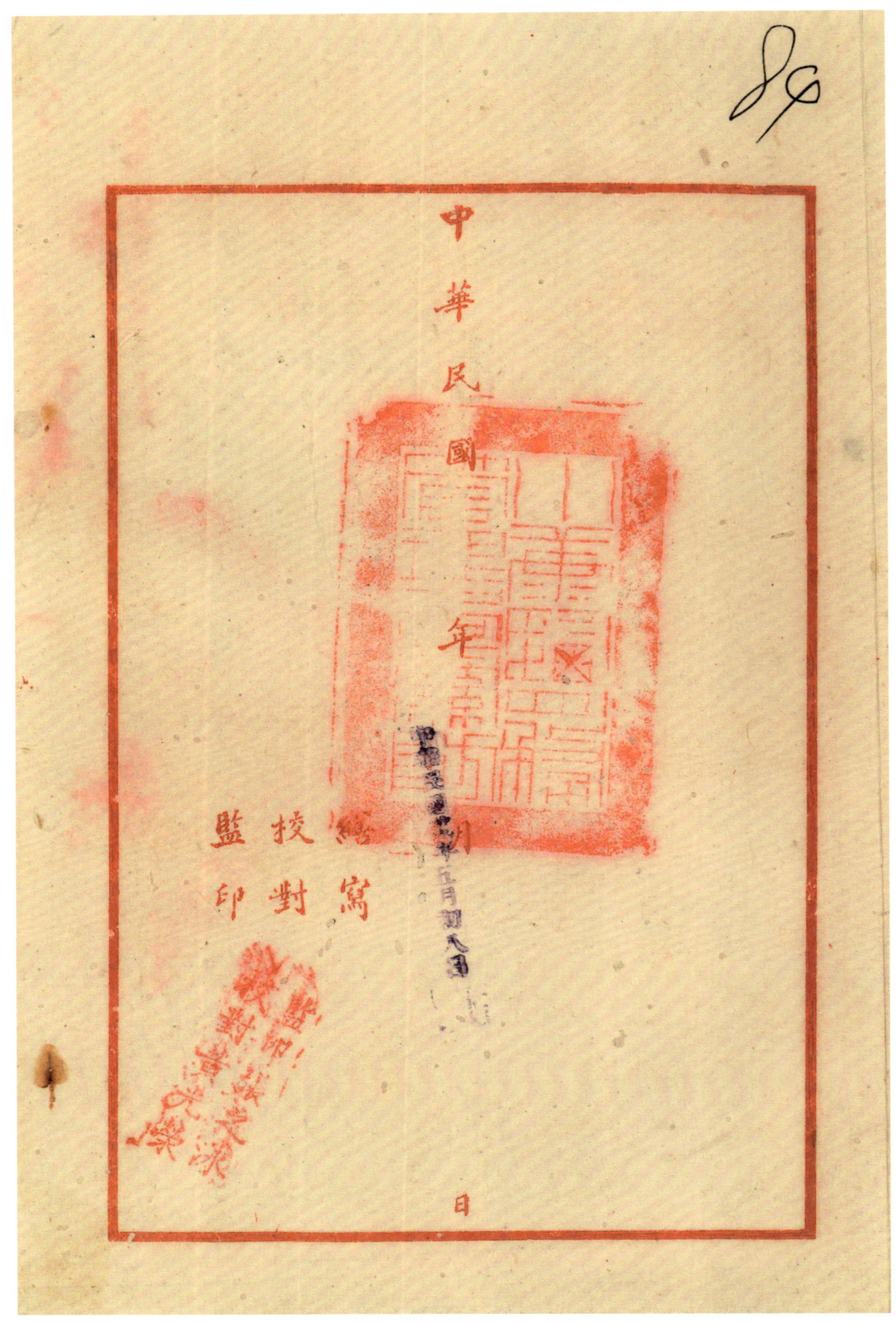

中華民國　　年　　月　　日

五月初八日

繕寫

校對

監印

1

銷

第一股

財政部鹽務總局代電

筧自流井案據湘岸辦事處處長陳始金簽呈稱：據川商李傳堅穎心畲本月廿五日呈略以組設富榮井灶運銷處，每月負責在自井增產五千儎，運湘濟銷，並擬保障辦法兩點：（一）懇特案批准此次奉令增產之鹽由增產井灶商人長期承運湘岸；（二）請劃定銷區，於抗戰終結後准予繼續專銷湘岸等語。擬此查關於第一點，該項增產鹽儎既在常額之外，而川鹽配湘儎額又迭奉減縮，該項增產之鹽擬請作為特案准予長期運湘。關於第二點，自前湘省已有浙閩粵川鹽配銷辦法，戰事結束之後，該項增產之鹽擬請准予繼續配銷，惟為保障該商按月運足濟銷起見，擬令飭該商具結每傳

4.2(2)

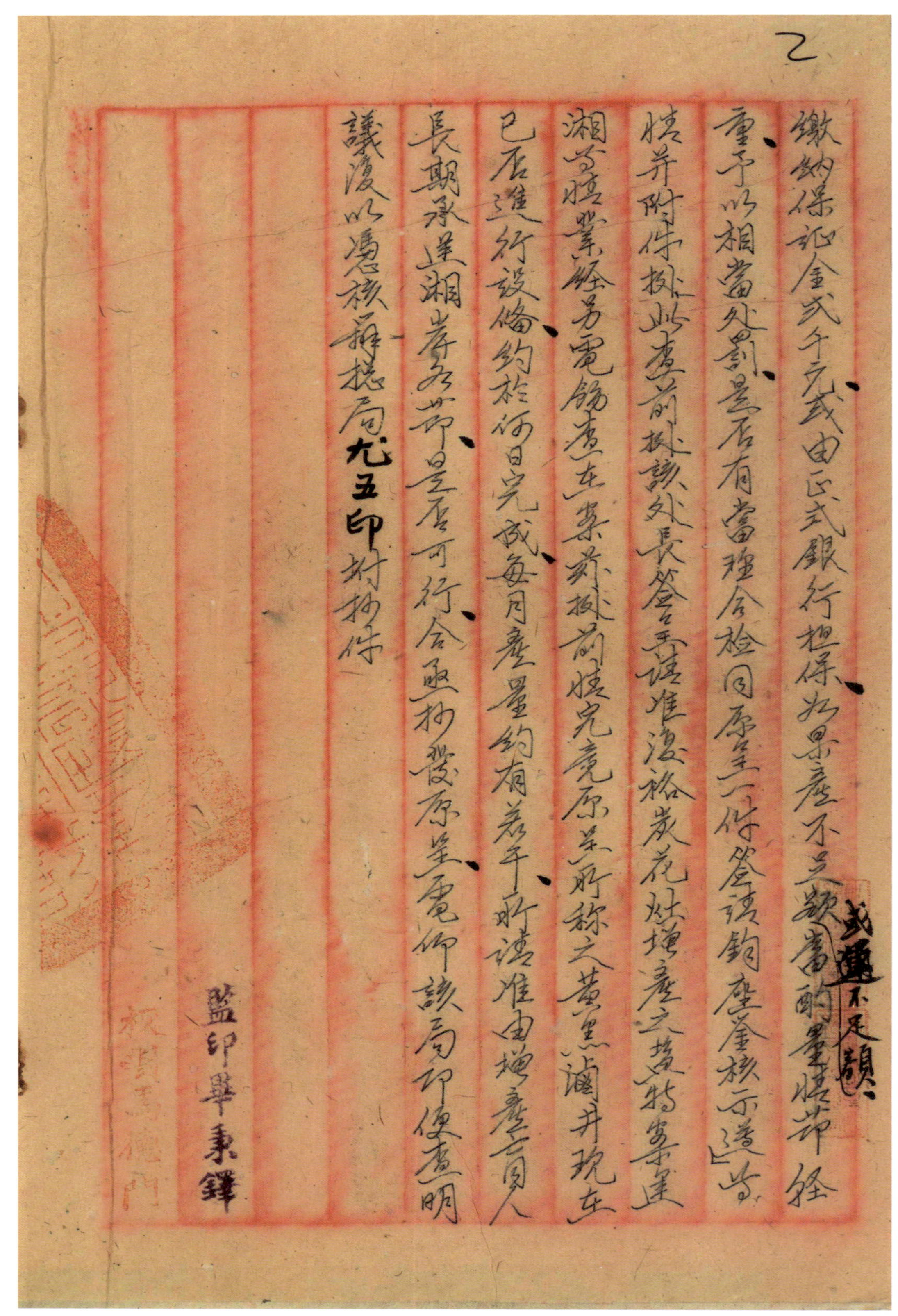

2

缴纳保证金贰千元，或由正式银行担保，如果产不足额，当酌量情节轻重予以相当处罚。是否有当，理合检同原呈一件，签请钧座鉴核示遵。皆据并附件。据此。查前据该处长签呈请准复裕炭花灶增产之黄炭特案呈迳湘岸销业，经另电饬查迳在案。兹据前据黄完竟原呈所称之黄黑卤井现在已在进行设备，约于何日完成，每月产量约有若干，所请准由增产人员长期承运湘岸各节，是否可行，合亟抄发原呈，电仰该局即便查明议复，以凭核办。总局九五印。附抄件。

监印 毕秉铎

3　2

抄件

窃商字第遂庠

川康鹽務管理局飭令增設鞍次井灶以濟岸銷同時並籌

鈞處張科長莊井恭察諭同前因事關國稅民食自應略遵辦理惟是

起復建設動需鉅資商人財力有限何敢輕於嘗試雖公家准予貸款

岸銷但係借貸性質終須償還更不得不加以慎重除関於增產問題已

逕函

川康鹽務管理局就近禀呈一面迅速着手進行俟有困難另案呈請

鈞處外参量扶植外并敬陳者查商民冒險投資起復廢井添設新灶首

重保障而保障之道莫要於艱難生產之後不致因無岸推銷而遭虧折

9

並且因銷滯而停廢井灶致大量血資擲於虛牝增產迄今歷時將近兩年而若干灶戶較重之滷井所以尚未完全起復此職是之故值此國家多難商民應盡職責自當盡量擁護政府完成抗戰建國任務但使事實可能無不竭力以赴何忍於艱危之際故作無厭之求一再籌維簡單懇求兩點列陳如左

(一)擬懇特案核准此次奉令增產井灶商人長期承運湘岸

查自前濟銷湘岸各運商牌名累易更換不常關於應准某商承運自屬政府權衡惟商等係專為增產而建設且專為湘岸濟銷而建設情形特殊自不能與普通專營運業商人一例等視兼以此次湘岸增運鹽額本係常額之外與現行運湘各商毫無妨礙所有此項新增之鹽

5

3

应恳比照制表盐数量特准由各该井灶长期承运一则以资鼓励一则以资守岸

(二)请划定销区于抗战终结后准予继续专销湘岸

查川盐成本本即较重而此次产量之增加中亦以各井灶其成本尤重在目前盐缺时代自不患无地销售一旦战事结束海运畅通此项成本尤重之盐灶及其井灶按照竞销常情必在首先淘汰之列若不蒙特案划定界线则此项为救岸而新兴之井灶必将因救岸而先遭消灭揆诸权义似觉失平为此拟恳于抗战终结后在政府未与此项井灶觅得相当岸区或其他良好推销办法以前应请准予专销湘岸以维井灶生命

右列两点系属简单要求伏恳

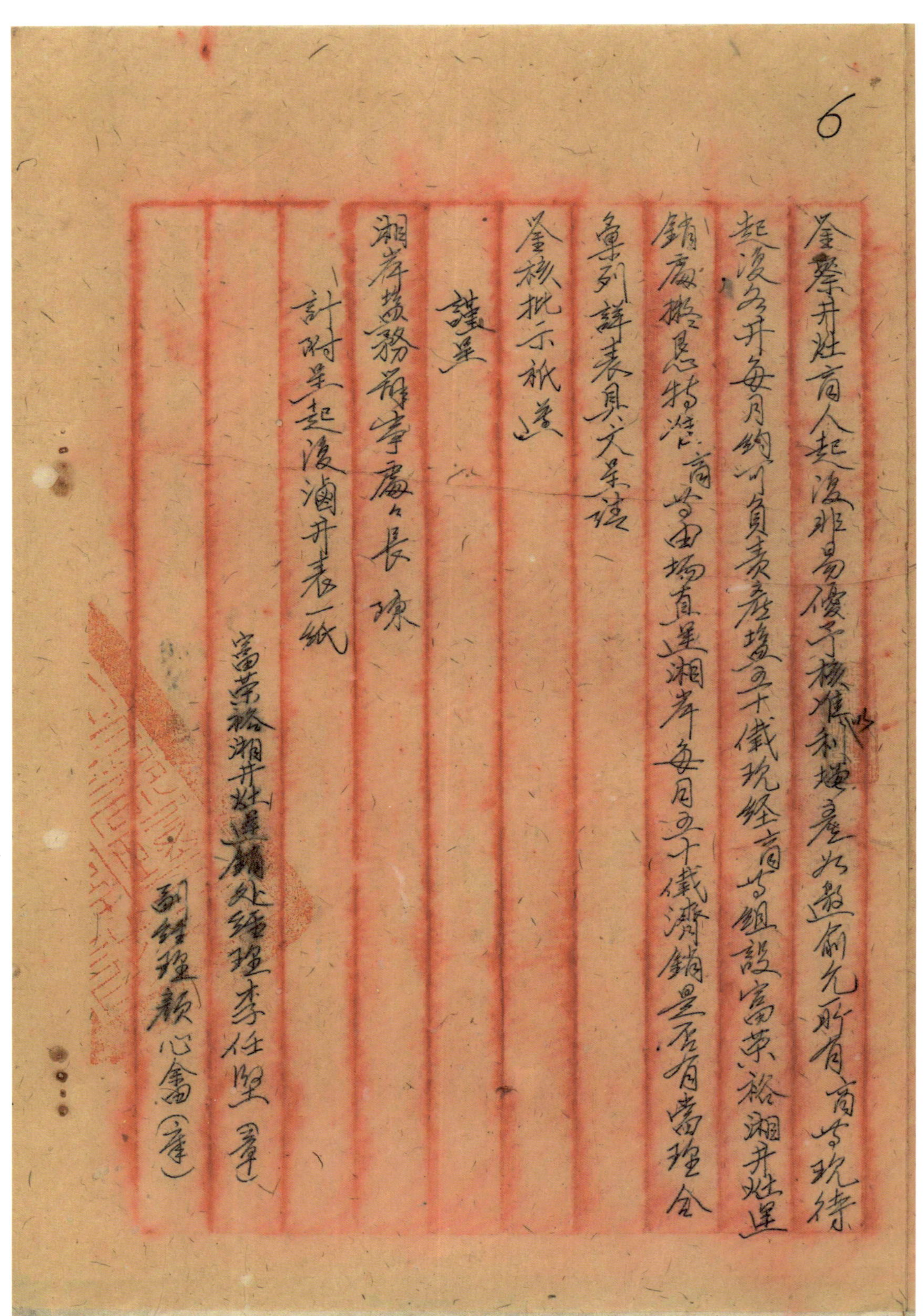

6

鉴察井灶商人起复非易，优予核准，以利增产。兹查所有商等现待起复各井，每月约可负责产盐五十余载，现经商等组设富荣裕湘井灶运销处，据恳特准商等由场直运湘岸，每月五十载济销。是否有当，理合汇列详表具文呈请

鉴核批示祇遵。

谨呈

湘岸盐务办事处处长 陈

计附呈起复卤井表一纸

富荣裕湘井灶运销处经理 李任坚（章）

副经理 颜心畲（章）

富榮鹽場即可起復黃黑滷井表

場別	井名	滷別	口徑	動力	產量	所在地	停廢時	鹹量	備攷
東場	洪盛井	黃水	〤〥寸	牛車	〡〥〇担	黃葛灣	民國六年	〡〥月	據東場署調查并無此井　東一〇九
同	湧福井	同	〤〥寸	同	〡〣〇担	同	民國二年	〡〥月	仝
同	源福井	同	〤〣寸	同	〡〥〇担	石桥塥	同	〡〣月	仝
同	金利井	同	〤〦寸	同	〢百担	黃葛灣	同	〡〦月	據東場調查現改名金麗正設備廠廢準備開淘
同	玉堂井	同	〤〥寸	同	〥十担	土地坡	民國八年	〡〥月	據東場調查現未抽僅有車房
同	洪龍井	黑水	〤〦寸	鐵車	〤百担	上黃石坎	民國廿二年	〢〨月	
同	双全井	同	〤〢寸	同	〣百担	下黃石坎	民國廿年	〢〨月	
西場	新鹽井	黃水	〤寸	牛車	〢百担	蘿葍塘	民國廿三年	〡〣月	

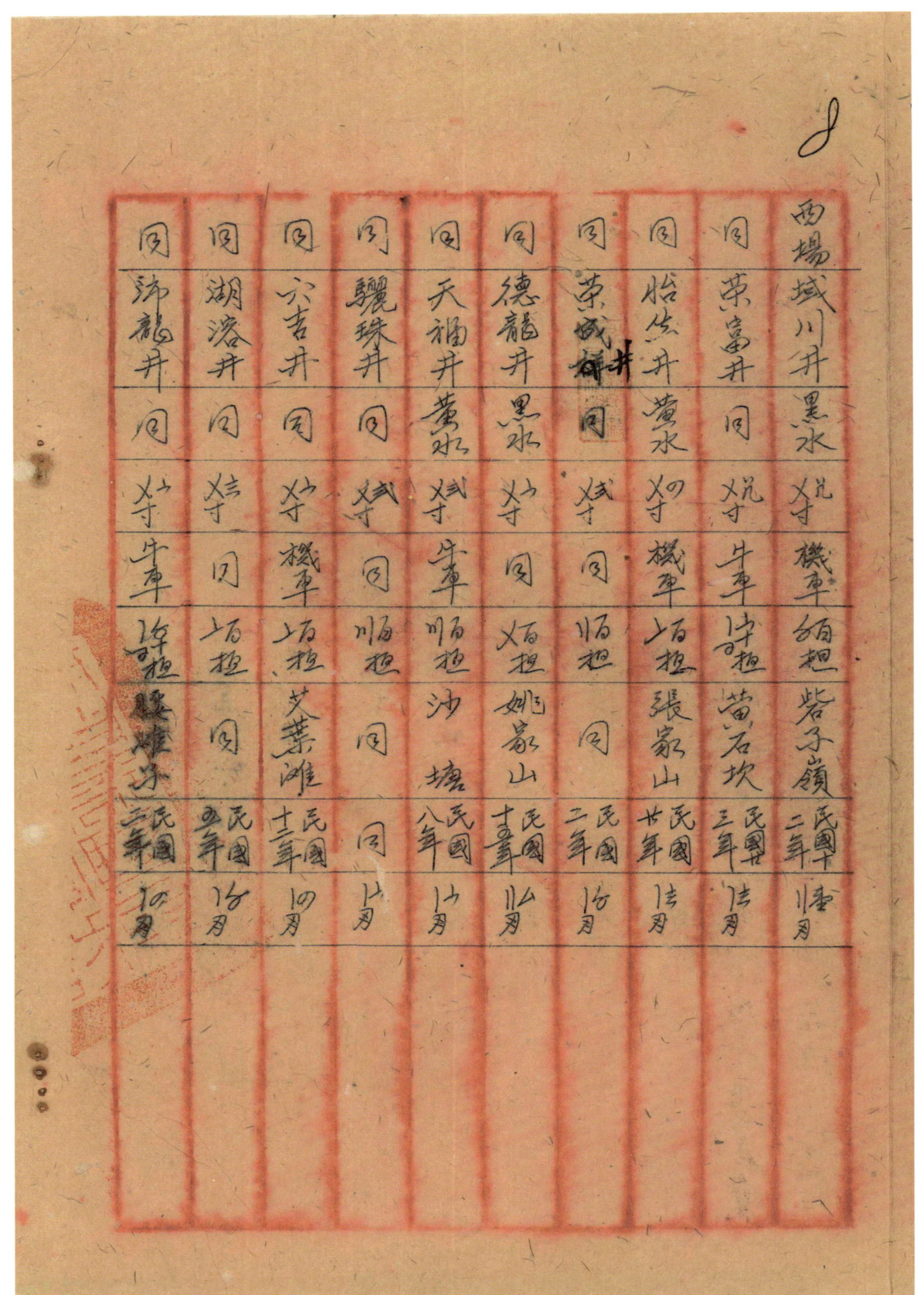

8

西場	域川井	黑水	〤丈九寸	機車	〥佰担	紫子嶺	民國十二年	〢〤月
同	榮富井	同	〤丈九寸	牛車	〡〥担	黃石坎	民國廿三年	〡〥月
同	怡然井	黃水	〤丈四寸	機車	〦百担	張家山	民國廿年	〡〥月
同	榮城井	同	〤丈二寸	同	〢百担	同	民國二年	〡〦月
同	德龍井	黑水	〤丈六寸	同	〤百担	姚家山	民國十二年	〢〤月
同	天福井	黃水	〤丈二寸	牛車	〣百担	沙塘	民國八年	〡〤月
同	驪珠井	同	〤丈二寸	同	〣百担	同	同	〡〤月
同	六吉井	同	〤丈六寸	機車	〦百担	艾葉灘	民國十二年	〡〇月
同	湖洛井	同	〤丈三寸	同	〦百担	同	民國五年	〡〦月
同	錦龍井	同	〤丈六寸	牛車	〡〥担	[illegible]灘子	民國二年	〡〥月

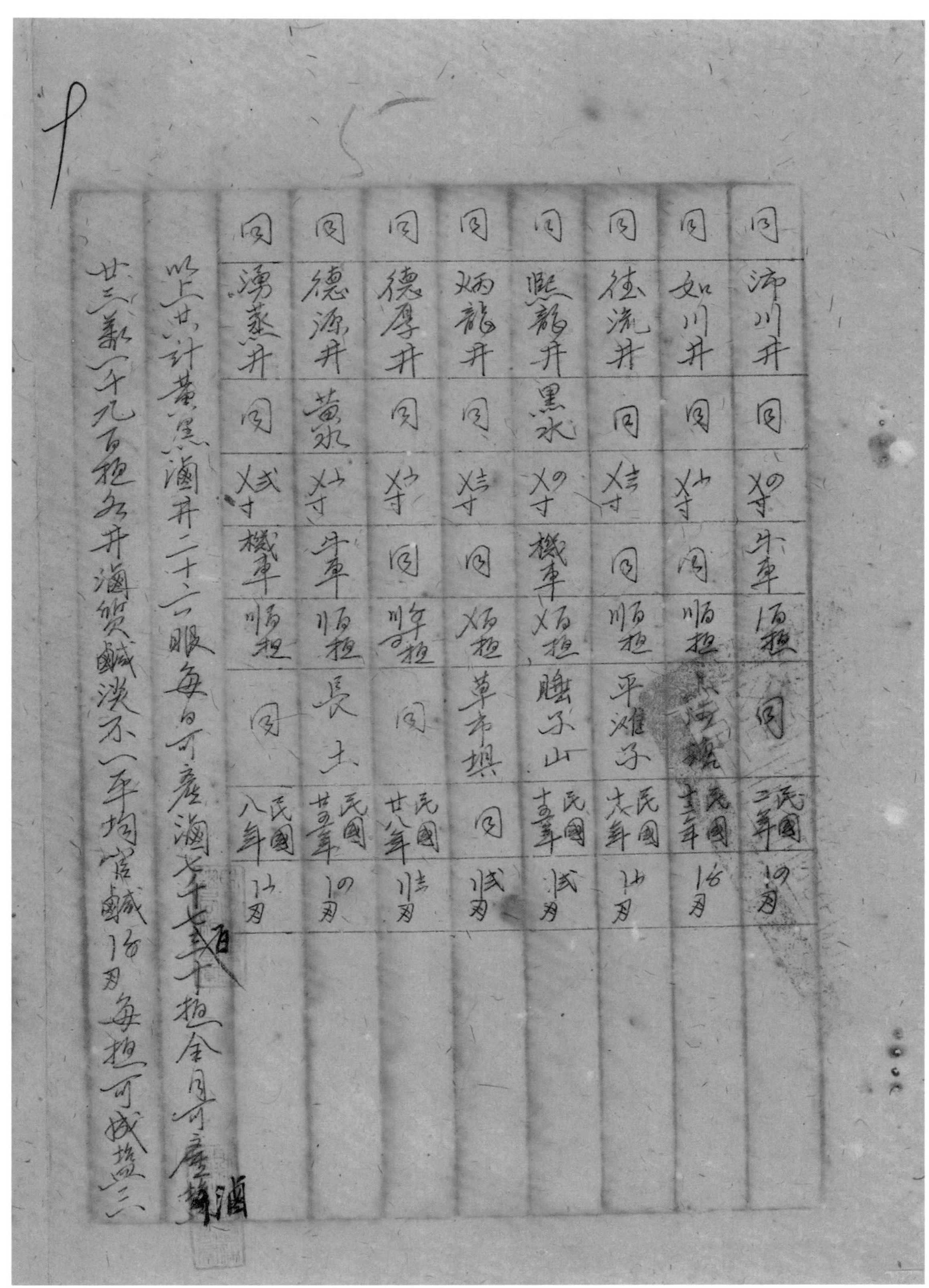

同	沛川井	同	〤〇寸	牛车	〡百担	同	民国二年	〡〇月
同	如川井	同	〤〥寸	同	〣百担	[illegible]	民国十三年	〡〦月
同	徒流井	同	〤三寸	同	〣百担	平滩子	民国十六年	〡〥月
同	毓龍井	黑水	〤〇寸	機車	〤百担	臨尔山	民国十三年	〡弍月
同	炳龍井	同	〤三寸	同	〤百担	草市坝	同	〡弍月
同	德厚井	同	〤〥寸	同	〣千担	同	民国廿八年	〡三月
同	德源井	黄水	〤〥寸	牛车	〣百担	長土	民国廿五年	〡〇月
同	湧蒸井	同	〤弍寸	機車	〣百担	同	民国八年	〡〥月

以上共计黄黑卤井二十二眼每日可产卤七千七百十担全月可产卤酒

共三万一千九百担各井卤质鹹淡不一平均含鹹〡〦两每担可成盐三八

十斤全月合計可減盐六萬九千三百七十担

附（二）：川康盐务管理局致财政部盐务总局的代电（一九四〇年五月八日）

财政部川康盐务管理局代电稿

遠

來文字第號別	事由	局長	副局長	幫辦
送達 渝總局 別類 代電 附件	奉電查復川高序任巡顧叩會等請淘井舊井博序酒湘一案謹分別查覆請鑒核由	三五		

總務課長	會計課長	銷鹽課長	會計課長	稅警課長	工程師

主辦課員	核稿	擬稿	有關各股

中華民國廿九年

月日時文辦	五月八日時擬稿	月日時核簽	月日時判行	月日時繕寫	月日時核對	月日時蓋印	月日時封發	去文鹽務字第五七一號	檔案字第號

中華民國廿九年五月九日

晰重慶

號、鈞局榷產銷字第一〇九五號卯五代電奉悉、查前據湘岸辦事處代表張景垣君持來富榮場商造送開復及黃黑鹵井井名到局、當曾經本局令行東西兩場署調查呈復、茲查該商等附呈之井名表所列井名、與上次張景垣君持來者又略有不同、本局對於兩場黃黑鹵舊井、早經一律開放、並令兩場署佈告各井商、限期登記在案、該李經理等既擬復淘舊井、從事增產、自應遵照本局規定辦該白場署轉請登記，至周彬該商等請求自運一節，查目前川鹽供不濟求，本銷滇銷各岸需鹽均為急切，該商等商辦之井，如能見功，所有增產鹽觔，自應由本局斟酌岸銷情形，統籌支配。~~惟產~~

~~該場增產鹽見將來該商等辦井見功，產額超過滇~~

~~增湘鹽運須略自請准該商等自運臨湘以資鼓勵~~

[illegible]奉電前因，除令東西兩場署轉飭該商等遵照外，謹此電復，伏祈鑒核。職張○○叩

庚三

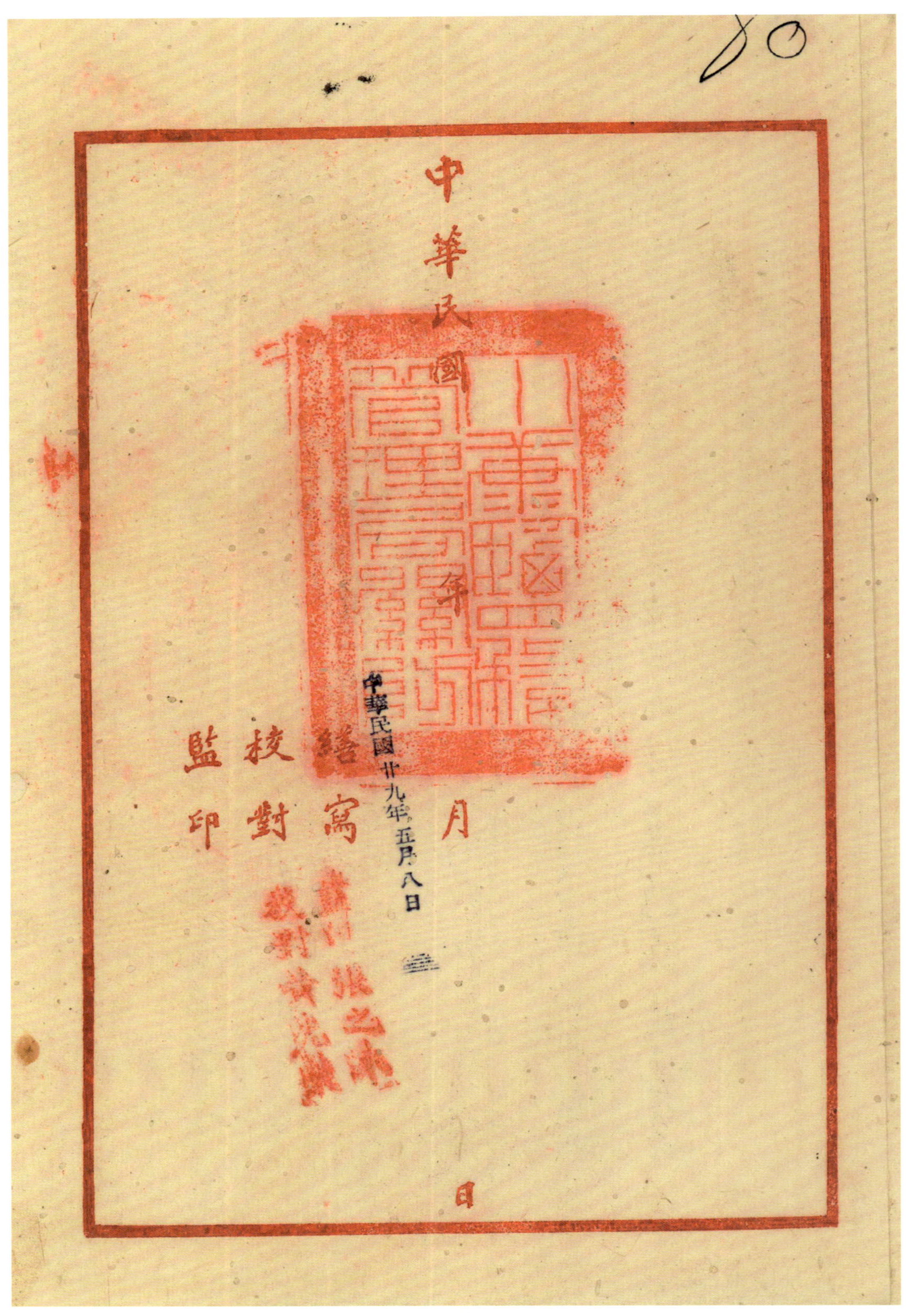
80

中華民國　年　月　日

中華民國廿九年五月八日

繕寫　繕寫張之沛

校對　校對黃[illegible]

監印

川康盐务管理局关于督促所属员司及井灶商等努力增产倘有贻误定呈请财政部及财政部盐务总局严予处分致富荣东西两场公署的训令（一九四〇年五月二十一日）

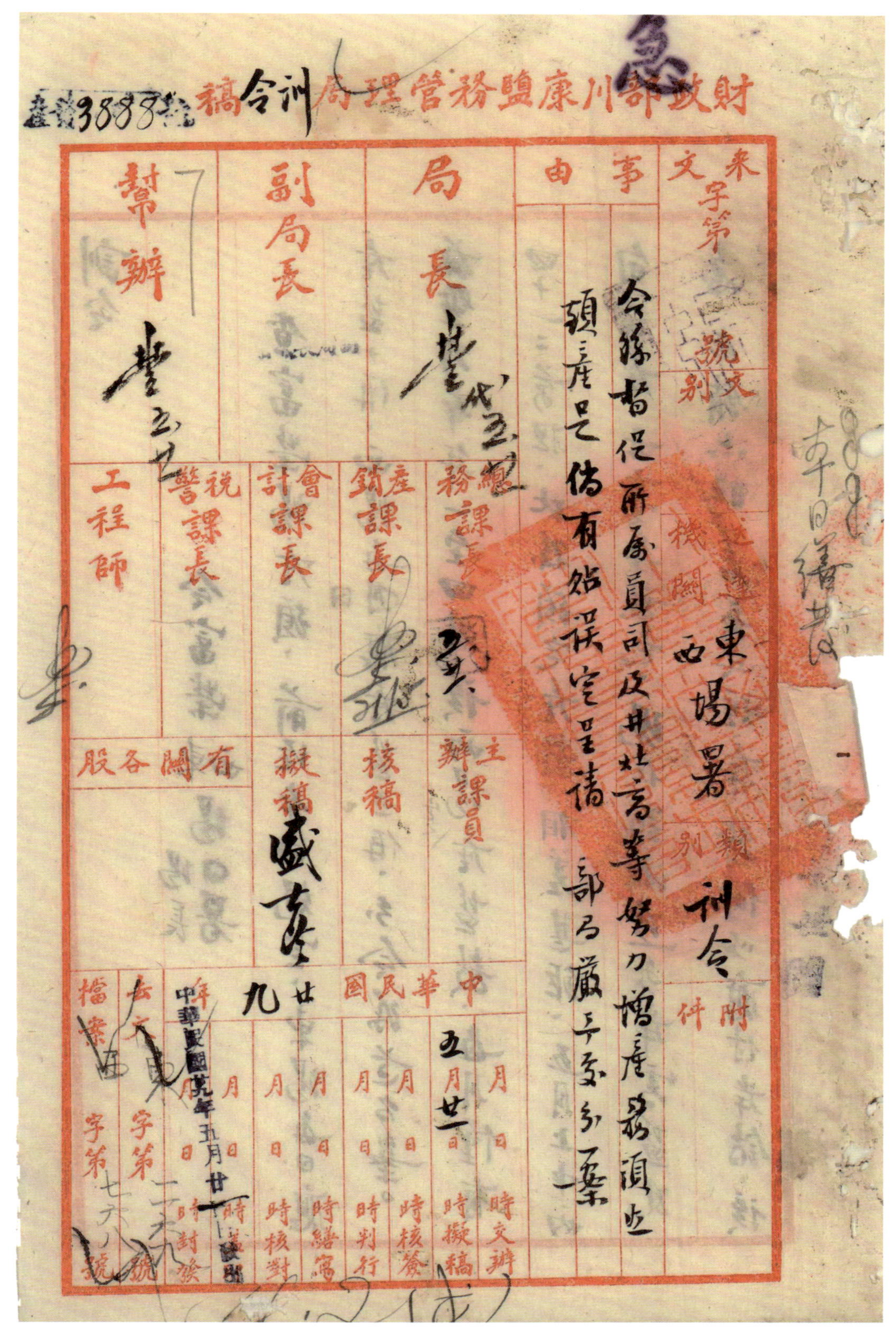
财政部川康盐务管理局训令稿

来文字第号	事由
	令饬督促所属员司及井灶商等努力增产，务须迅赴頍（？）产，倘有贻误，定呈请部局严予惩处

送达机关：东西场署
类别：训令

中华民国廿九年五月廿一日

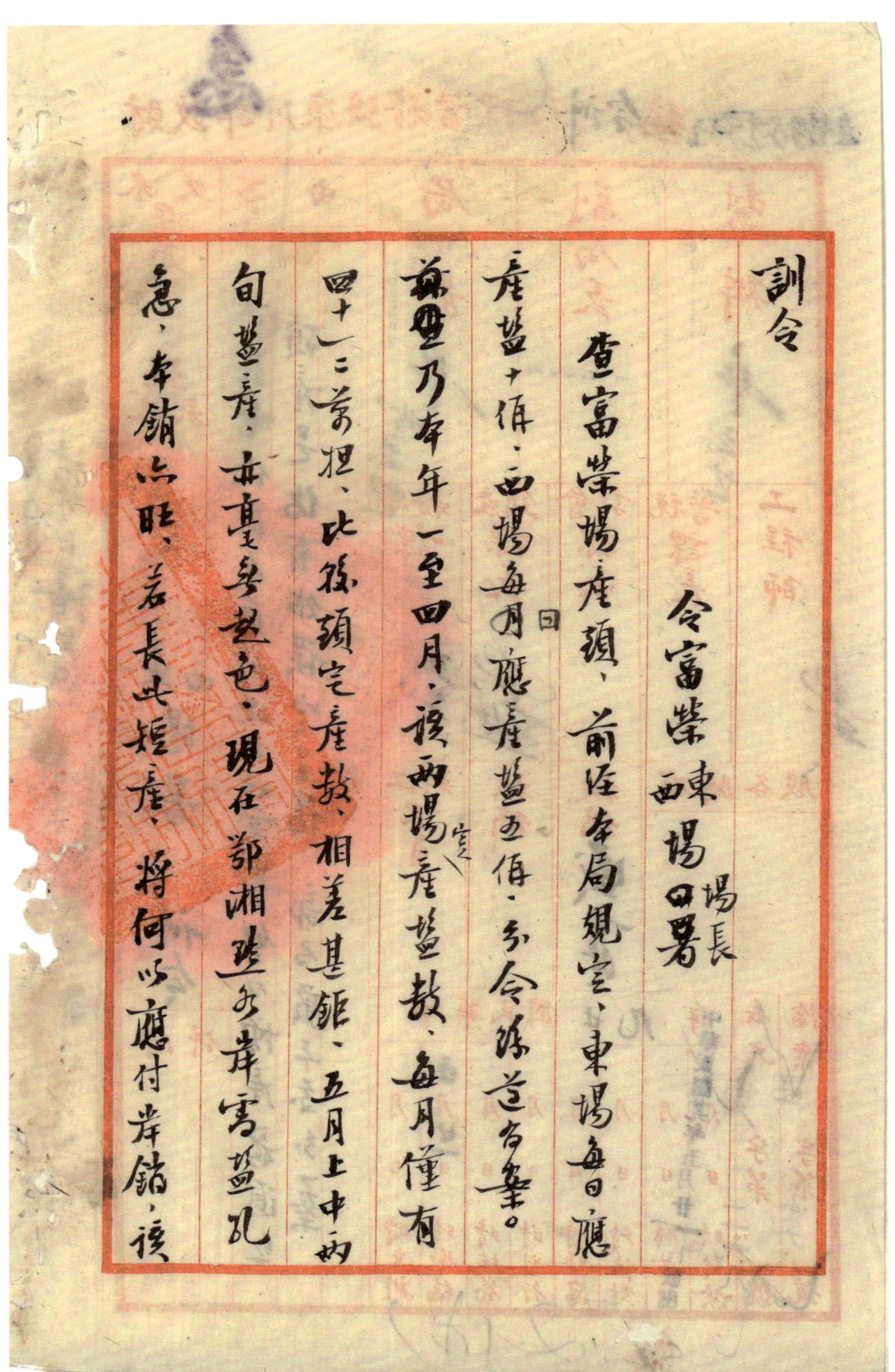

訓令

令富榮東西場署場長

查富榮場產額，前經本局規定，東場每日應產鹽十傳，西場每月應產鹽五傳，分令遵照各案。茲查乃本年一至四月，該兩場產鹽數，每月僅有四十一二萬擔，比較額定產數，相差甚鉅，五月上中兩旬鹽產，亦毫無起色，現在鄂湘運銷岸需鹽孔急，本銷亦旺，若長此短產，將何以應付岸銷，該場長等責任所在，無可諉卸，務須督率所屬員司及井灶竈等，努力設煎，積極增產，務期按月如額產足，不得短少，倘有仍前貽誤，定當即呈請部局嚴予處分，決不姑寬。除分令西東場署外，合行令仰該場長遵照辦理，並將遵辦情形尅日具復核爲要！此令。

10

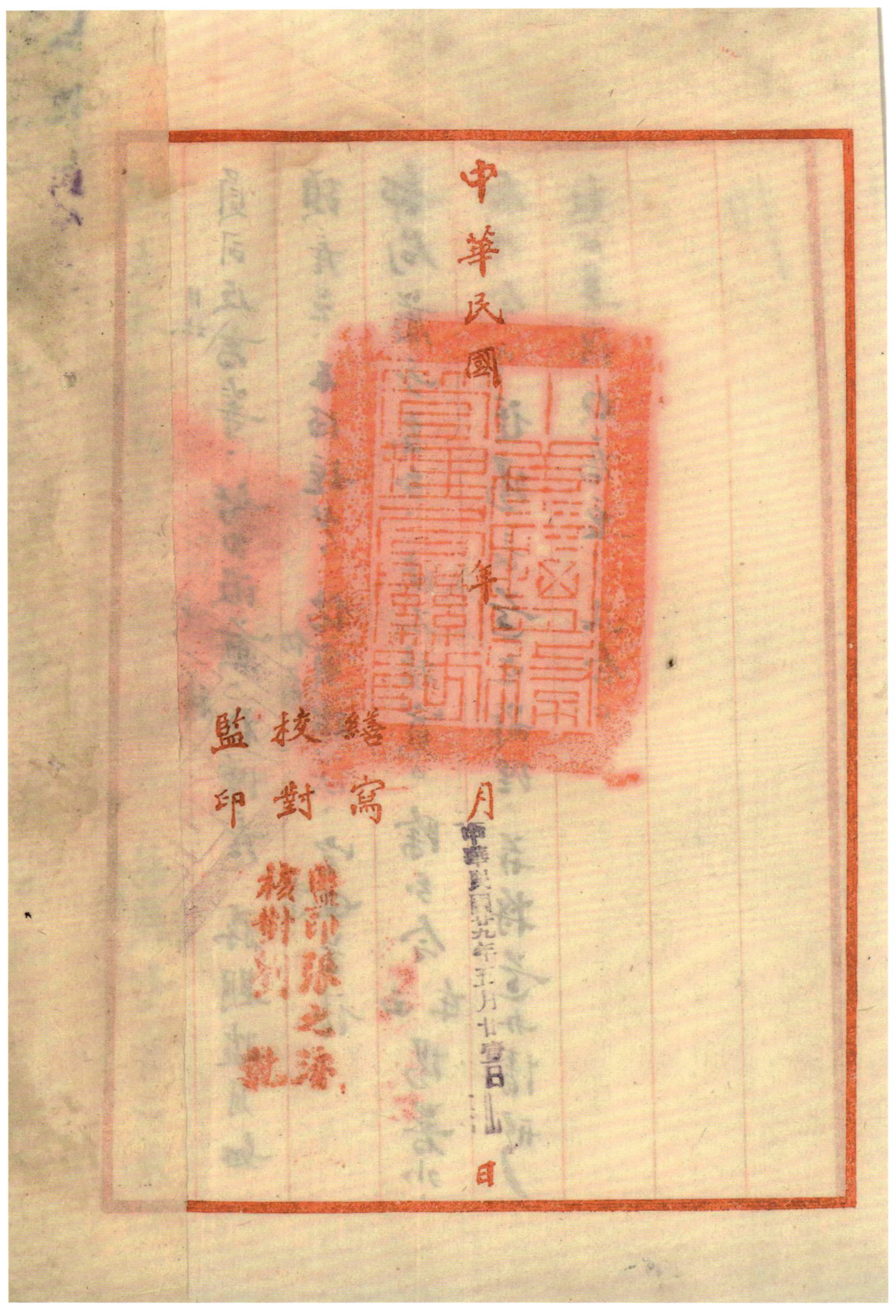

中華民國　　年　　月　　日

中華民國廿九年五月[illegible]日

繕寫

校對　核對劉[illegible]

監印　監印張之濬

川康盐务管理局关于惩究抬盐工人冒充盐贩企图牟利影响赶运致自贡市政府的公函（一九四〇年五月二十八日）

財政部川康鹽務管理局公函

晉字第一〇七一號
民國二十九年五月二十八日發

事由：函為取締抬鹽工人冒充鹽販希圖牟利影響趕運及取銷登記收回証章各辦法涂佈告週知外函請貴府查照由

案據關外督運員呈，以據放鹽代表陳相如、楊海東、劉海廷、陳謀遠等呈，略稱：「近來一般頑誣抬鹽工人，假裝鹽販，每日肩米避轉，希圖漁利，不顧法紀，若不呈請嚴辦懲究，恐運放之為害，不知伊於胡底，擬懇迅賜嚴令制止，并派兵明察查緝，依法懲辦，以儆效尤」等情，轉請核示前來。查該項抬鹽工人等，以販鹽事業，有利可圖，竟將工作擱置，相率販鹽，希圖牟利，遂使近日運輸發生困難，影響及於趕運，殊屬不成事體，若不嚴加取締，將來貽誤必多，除出示佈告，嗣後凡未曾請假及無

故不到之抬盐工人，均应取缔登记及收回证章，不予保障，以免发生流弊外，相

应函达

贵市府烦为查照是荷！

此致

自贡市政府

张绩之

毕郡纳

公出

监印张之澜

校对李效侯

存查

五月卅日

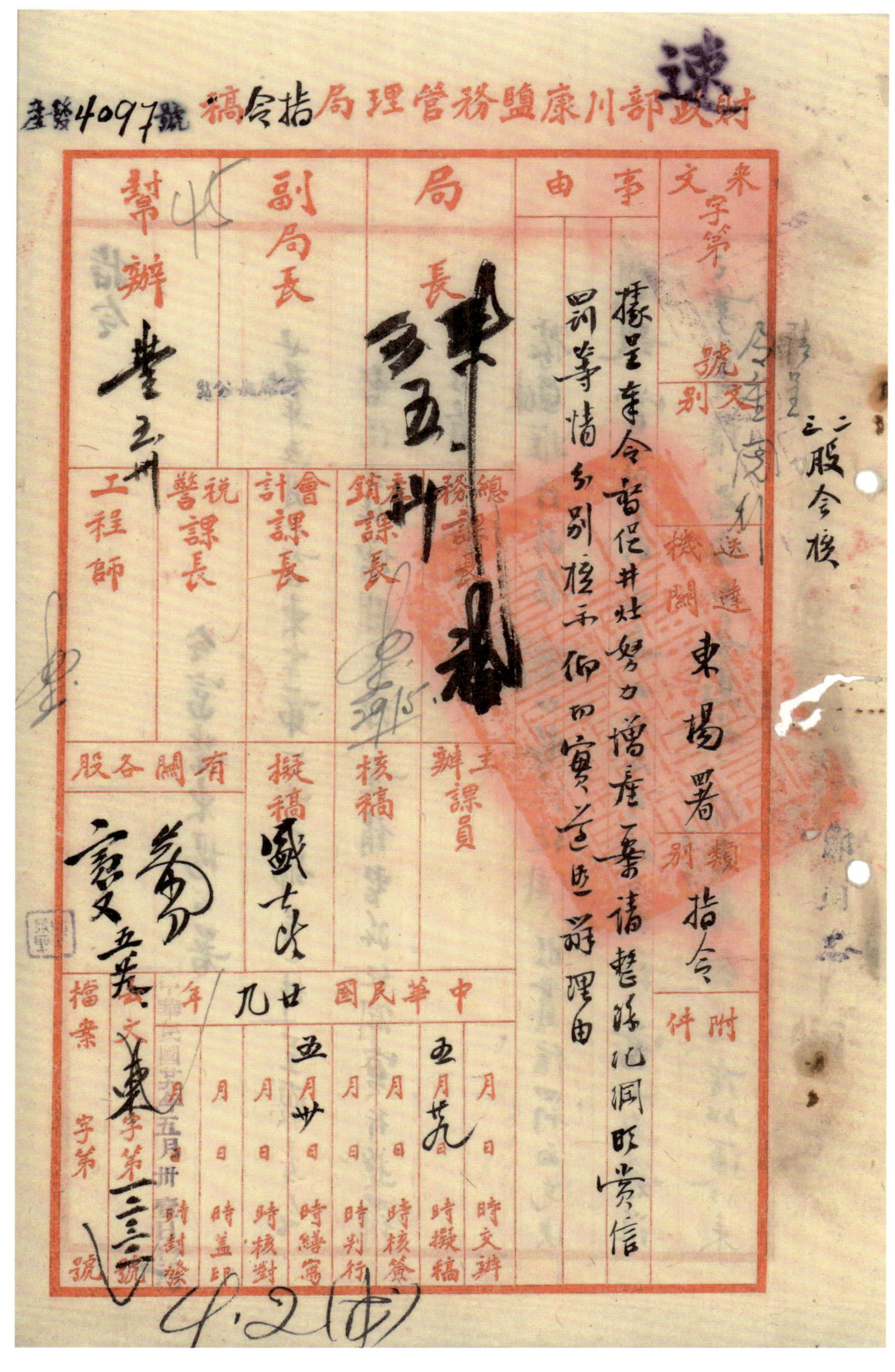
财政部川康盐务管理局指令稿
（发4097号）
来文字第　号
文别
事由　据呈奉令督促井灶努力增产一案请转饬汇案呈核奖罚等情，分别核示仰即遵照办理由
机关　东场署
类别　指令
局长
副局长
帮办
总务课长
产销课长
会计课长
税警课长
工程师
主办课员
核稿
拟稿
有关各股
中华民国廿九年　月　日
档案　字第　号

川康盐务管理局关于督促井灶努力增产并按办法奖罚致富荣东场公署的指令（一九四〇年五月三十日）

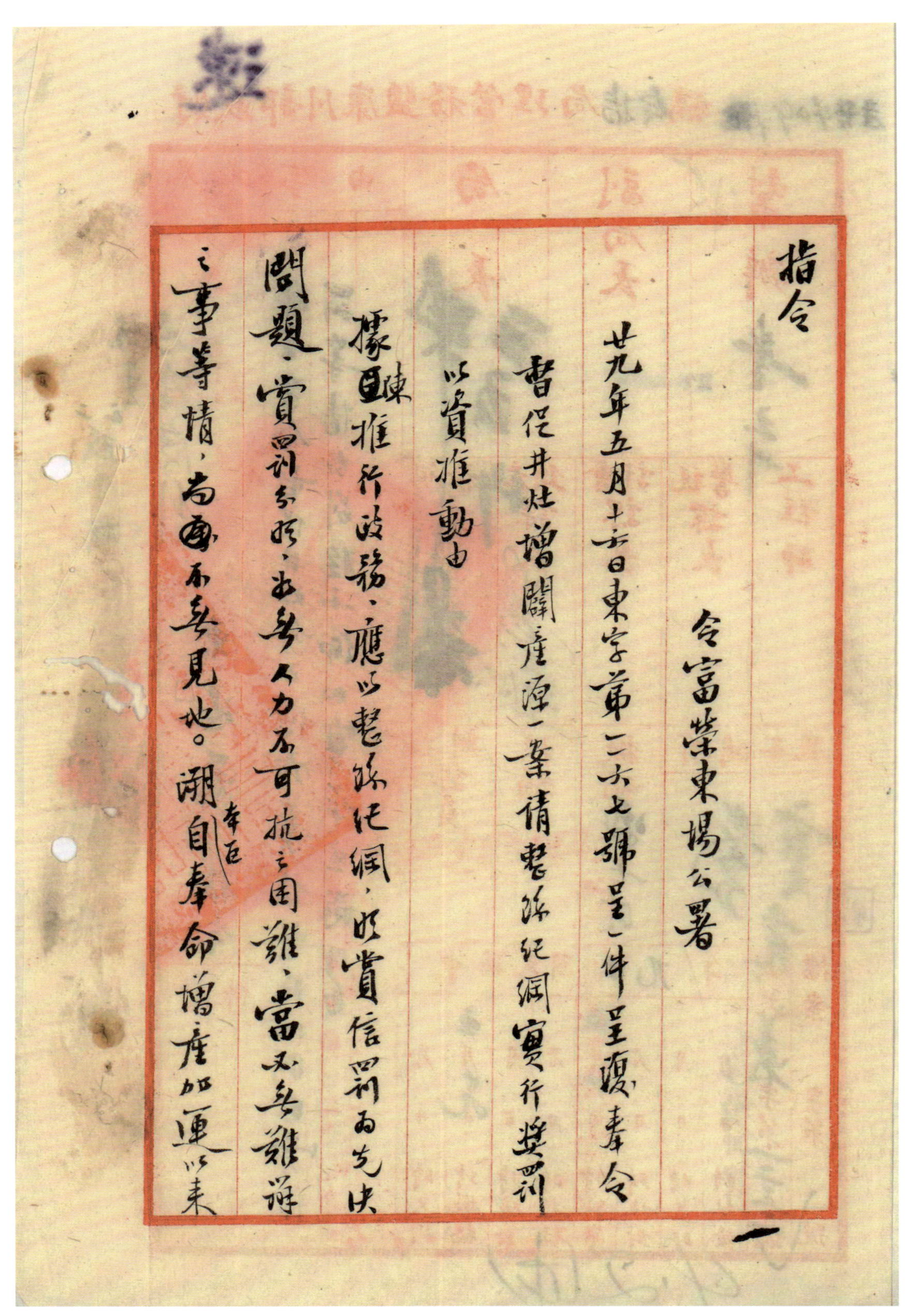

指令

令富榮東場公署

廿九年五月十六日東字第一六七號呈一件呈覆奉令

督促井灶增闢產源一案請整飭紀綱實行奬罰

以資推動由

據呈陳推行政務、應以整飭紀綱、明賞信罰為先決

問題、賞罰分明、然後人力可抗之困難、當亦無難辦

之事等情、尚屬不無見地。潮（本臣）自奉命增產加運以來

本局對於各井灶之生產製、運商之辦運、以及鹽業工人工作、均訂有獎罰辦法、如灶商短產受罰規則、運商短運按價受罰規則、鹽店黑滷各井及工人獎懲規則、機車滷井超過或不及負責產量獎罰辦法、均經令行該場署遵照、並深切實執行在案、至對於人員考績除原有人事章程、已詳細規定外、卅七年七月、復行由各場產鹽考成規程、呈奉

總局令准實施、該場各區並另通行有考覈辦法、

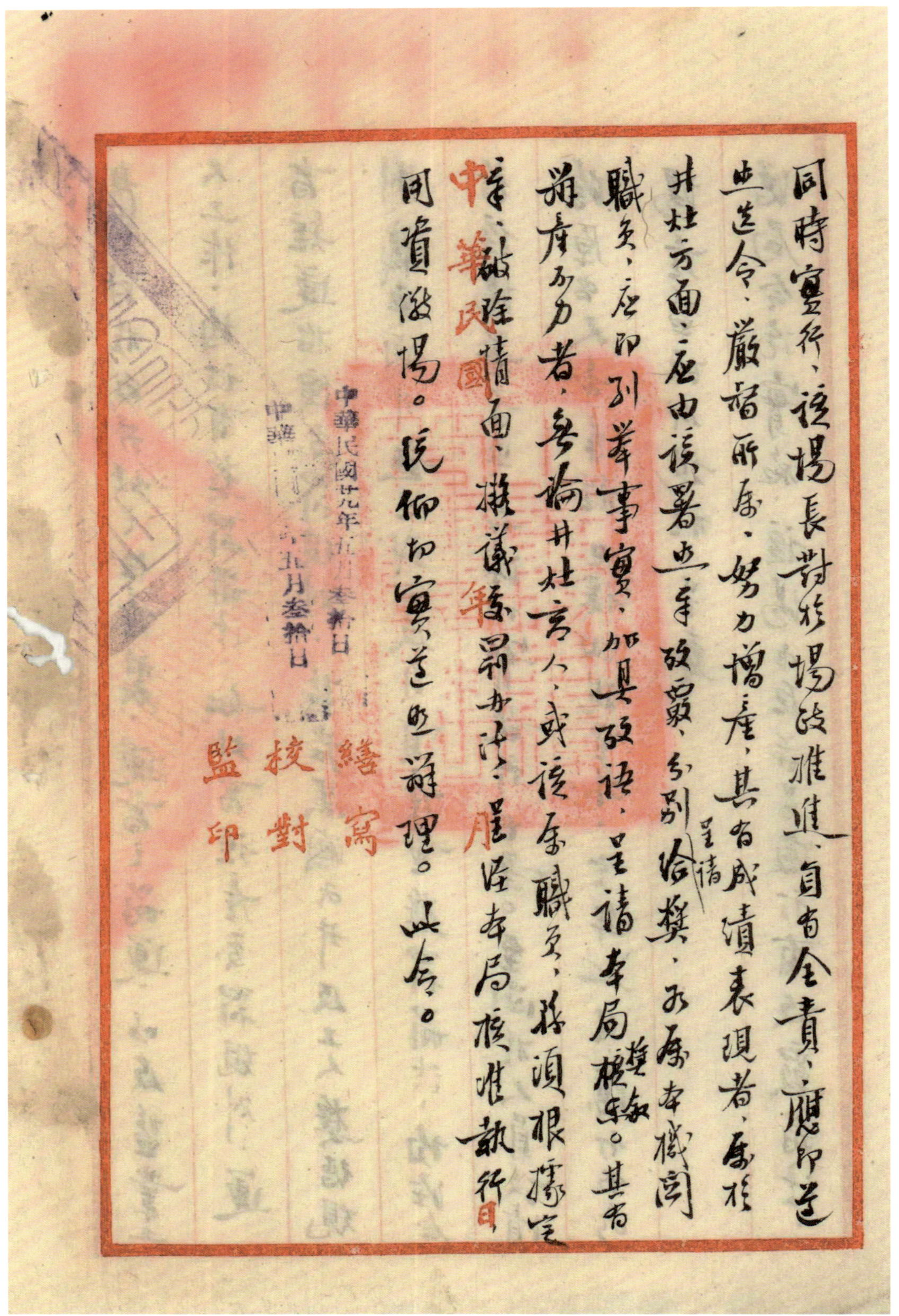

同時宣布，該場長對於場務推進，自當全責，應即遵照迭令，嚴督所屬，努力增產。其有成績表現者，屬於井灶方面，應由該署照章敘獎，分別呈請給獎；如屬本機關職員，應即列舉事實，加具考語，呈請本局核獎轉叙。其有辦事不力者，無論井灶商人，或該屬職員，務須根據實情，破除情面，擬議懲罰辦法，呈候本局核准執行，用資儆惕。仰即切實遵照辦理。此令。

中華民國廿九年五月叁拾日

中華民國廿九年五月叁拾日

中華民國　年　月　日

繕寫

校對

監印

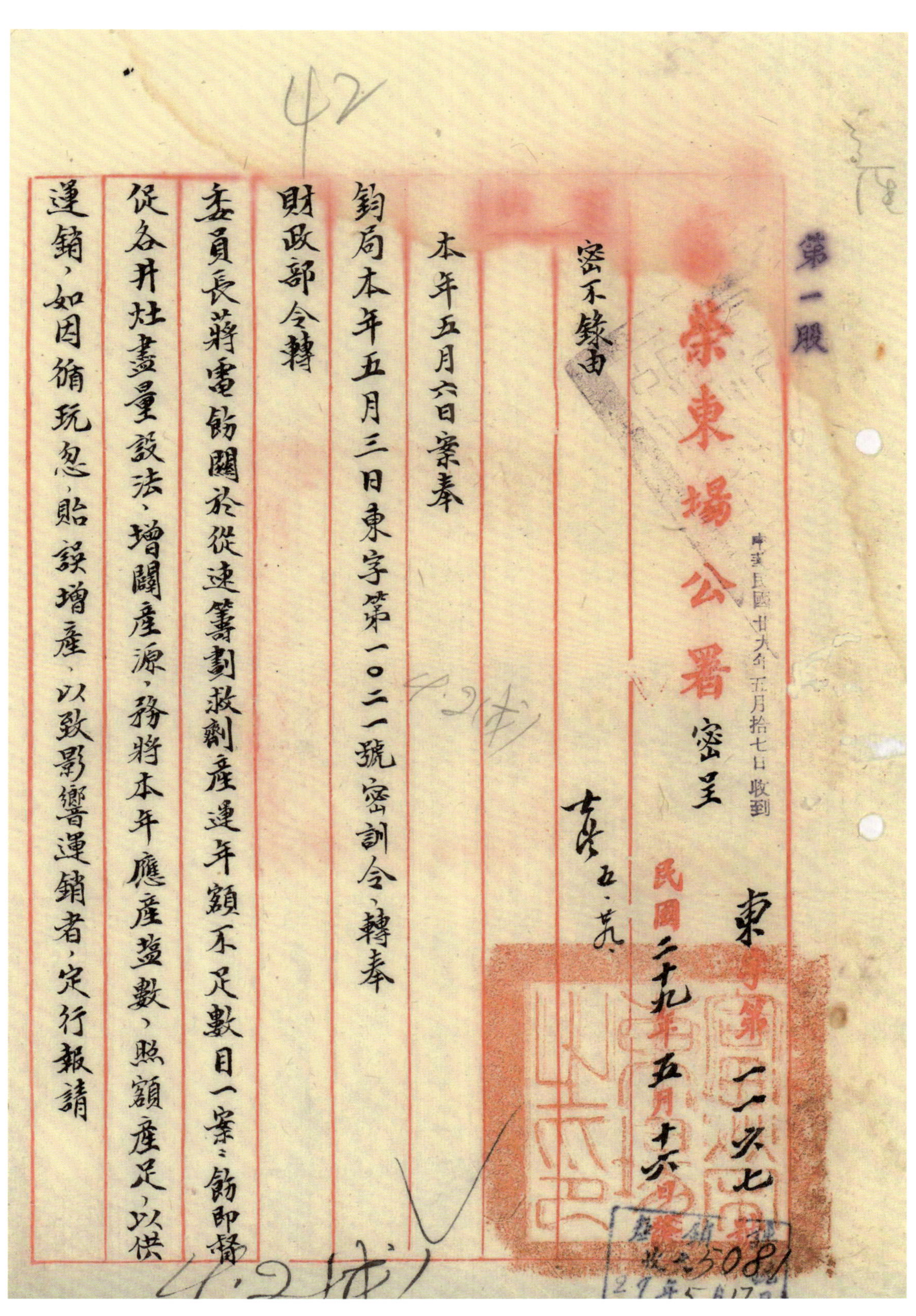

第一股

榮東場公署密呈

東字第一一六七號

民國二十九年五月十六日

中華民國廿九年五月拾七日收到

密不錄由

本年五月六日案奉

鈞局本年五月三日東字第一〇二一號密訓令，轉奉

財政部令轉

委員長蔣電飭關於從速籌劃救濟產運年額不足數目一案：飭即督

促各井灶盡量設法，增闢產源，務將本年應產鹽數，照額產足，以供

運銷。如因循玩忽，貽誤增產，以致影響運銷者，定行報請

43

部局懲處不貸，等因；奉此，自應恪遵辦理，第以推行庶政之順利與否，純視夫能否整紀肅綱，明罰信賞為先決問題，況用兵之道，重賞之下必有勇夫，若推而至於實施增產加運工作，又何獨不然！近來職場奉令督飭開發滷井，已到最嚴厲階段，是無論於官於商，對內對外，如確有事實證明者，均務請獎必從重，罰必從嚴！竊謂賞罰分明，如無人力不可抗拒之困難，當必無難辦之事，此則亟應陳請特為從優核准者也。所擬是否有當？奉令前因，除分令各區切實遵辦外，理合具文復請

鈞局俯賜鑒核施行！！

謹呈

局　長張
副局長畢

場長徐聞第

自贡市政府关于大川笕柜房佃户盘踞不迁捏词蒙诉阻止拆修防碍增产致颜伯馨、赖明钦、黄萼生的批示

（一九四〇年六月一日）

四川自贡市政府 2851

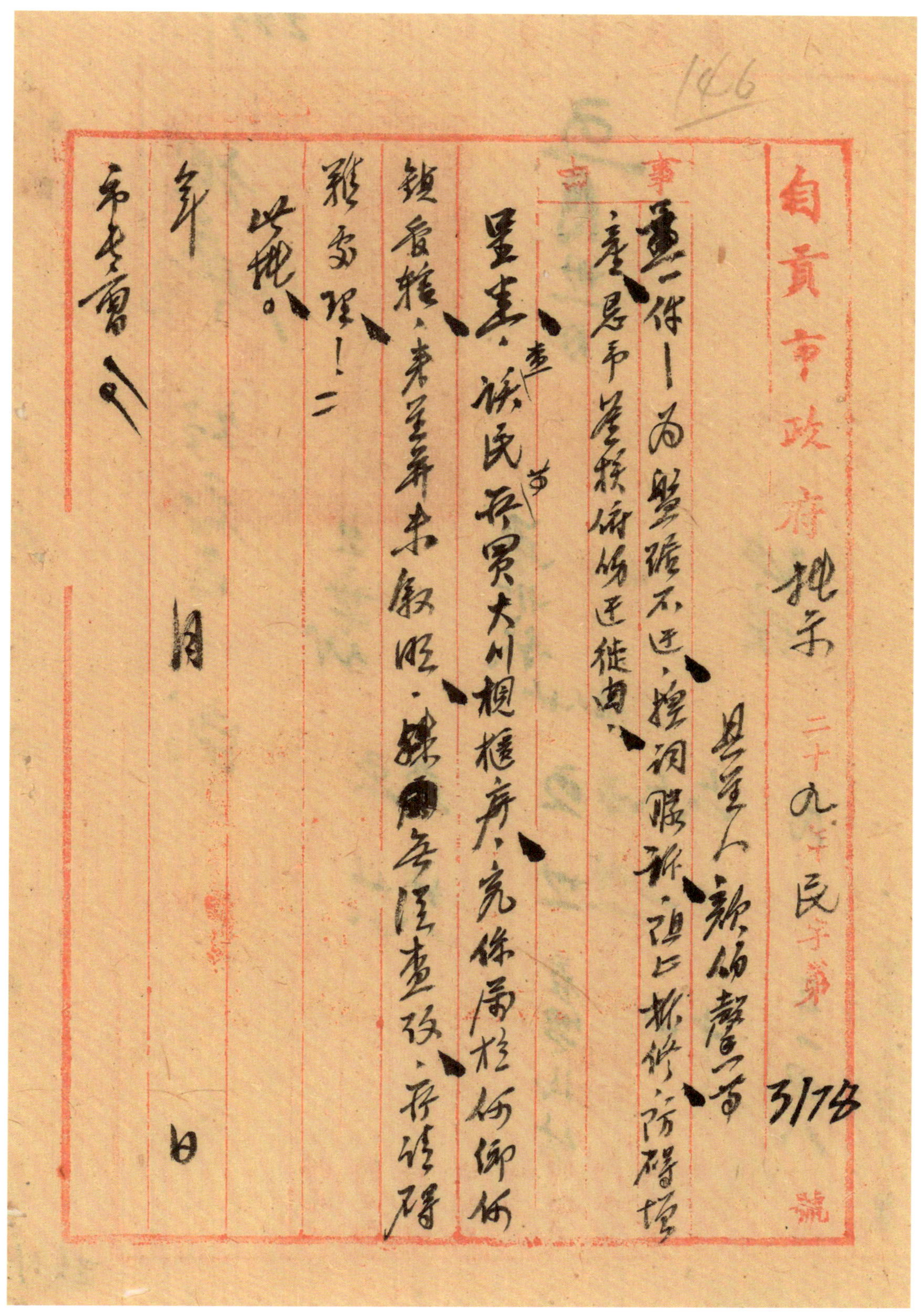

自貢市政府批示　二十九年民字第3178號

具呈人顏伯聲一名

事由：呈一件——為盤踞不遷，控詞瞞訴，請上拆修，防礙墳塋，懇予查核飭遷徙由。

呈悉。查該民所買大川楓樹房，究係屬於何鄉何鎮管轄，來呈并未敘明，殊屬無從查考，所請礙難予受理！二

此批。

市長曹○○

年　月　日

附：颜伯馨、赖明钦、黄萼生致自贡市政府的呈（一九四〇年五月十六日）

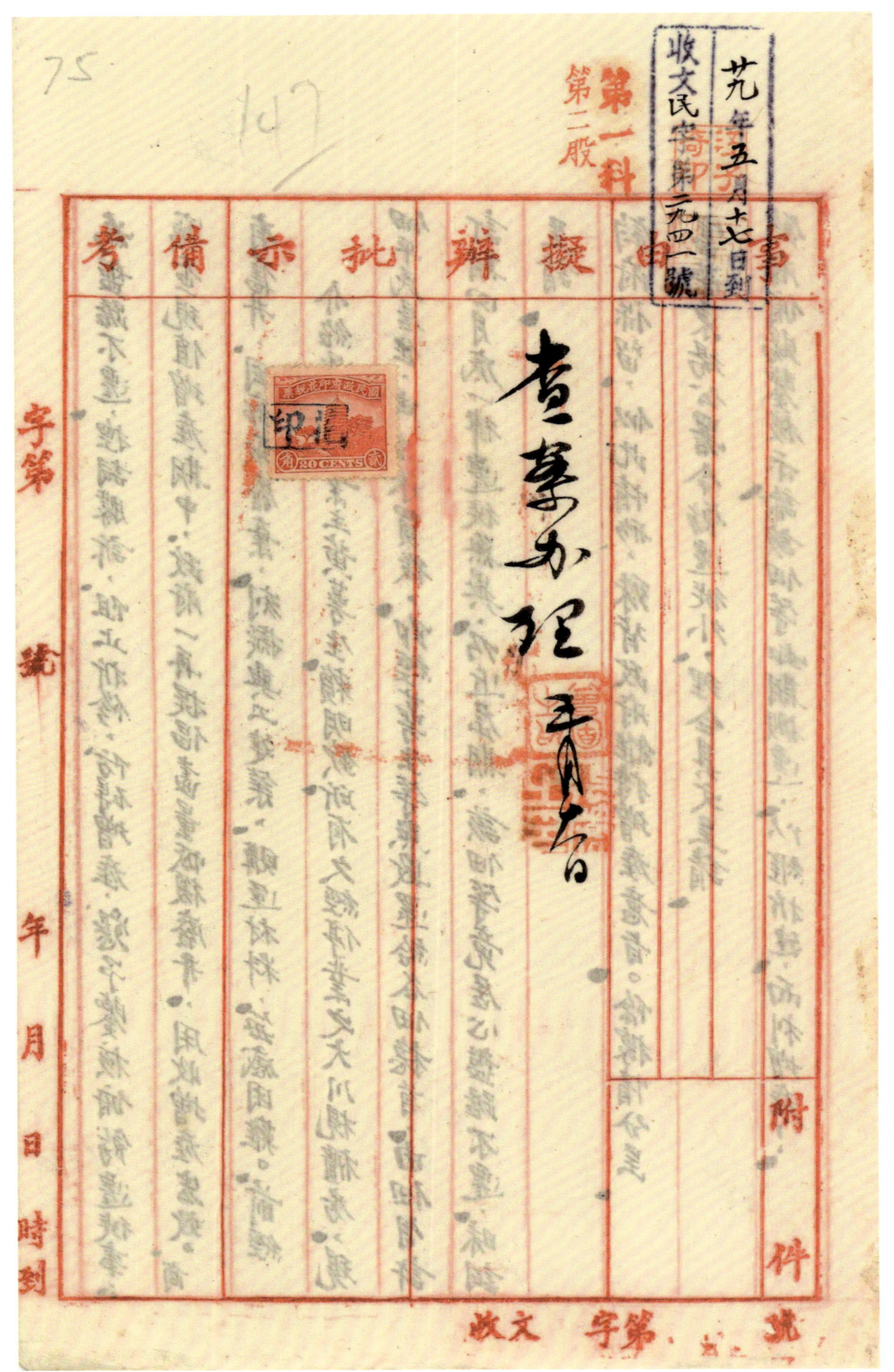
第一科
第二股

廿九年五月十七日到
收文民字第二九四一號

事由
擬辦
批示
備考
附件

查案办理
五月十七日

收文　字第　號

字第　號　年　月　日　時到

為盤踞不還，捏詞朦訴，阻止拆修，防碍增產，懇予鑒核，俯飭遷徙事。

竊查現值增產期中，政府一再提倡盡量恢復廢井，用收增産宏效。商有舊井，因廊廠廢棄，刻擬興工建築，購運材料，每感困難。前經介紹承買得業主黄蕚生、賴明欽所有久經停業之大川梘櫃房，現佃平民居住。由商承買後，即經蕚生等照數還給各佃穩首，由佃自許訂期四月底一律遷徙無異。乃近屆期，該佃等竟居心盤踞不還，昧詞呈請

鈞府保留，似此情形，殊背政府維持增產意旨。除據情分呈

富榮東場公署令飭遷徙外，理合具文呈請

鈞府俯賜鑒核，示諭該佃等如期搬遷，以維拆建，而利增產。

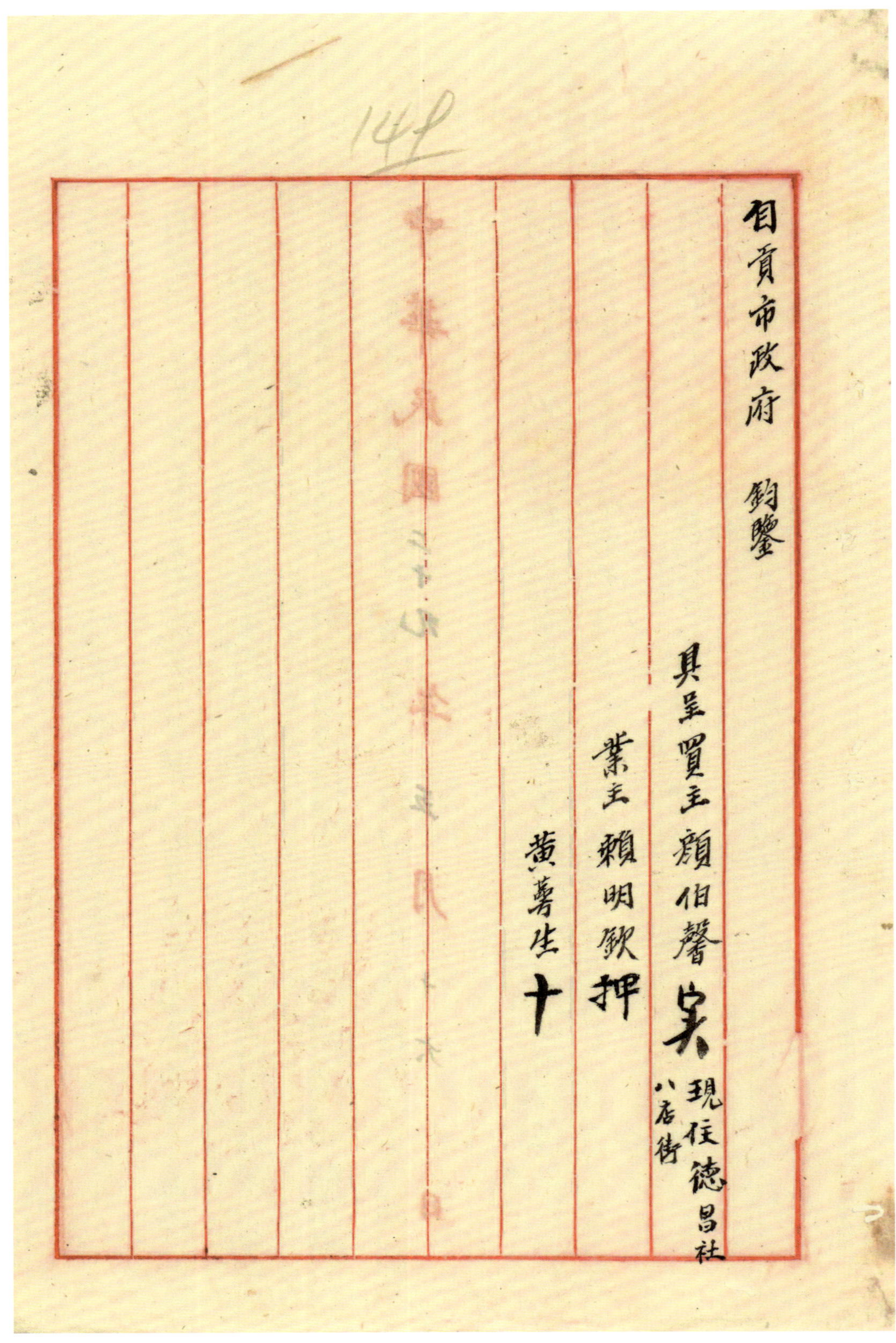
141

自貢市政府　鈞鑒

具呈買主顏伯馨　㕣　現住德昌社八店街

業主賴明欽押

黃壽生十

中華民國三十四年三月　日

150

中華民國二十九年五月十六日

富荣盐场场商联合办事处关于将民国二十九年一至四月按产提扣之款迳发场商济用以利增产致川康盐务管理局的呈及附表（一九四〇年六月十七日）

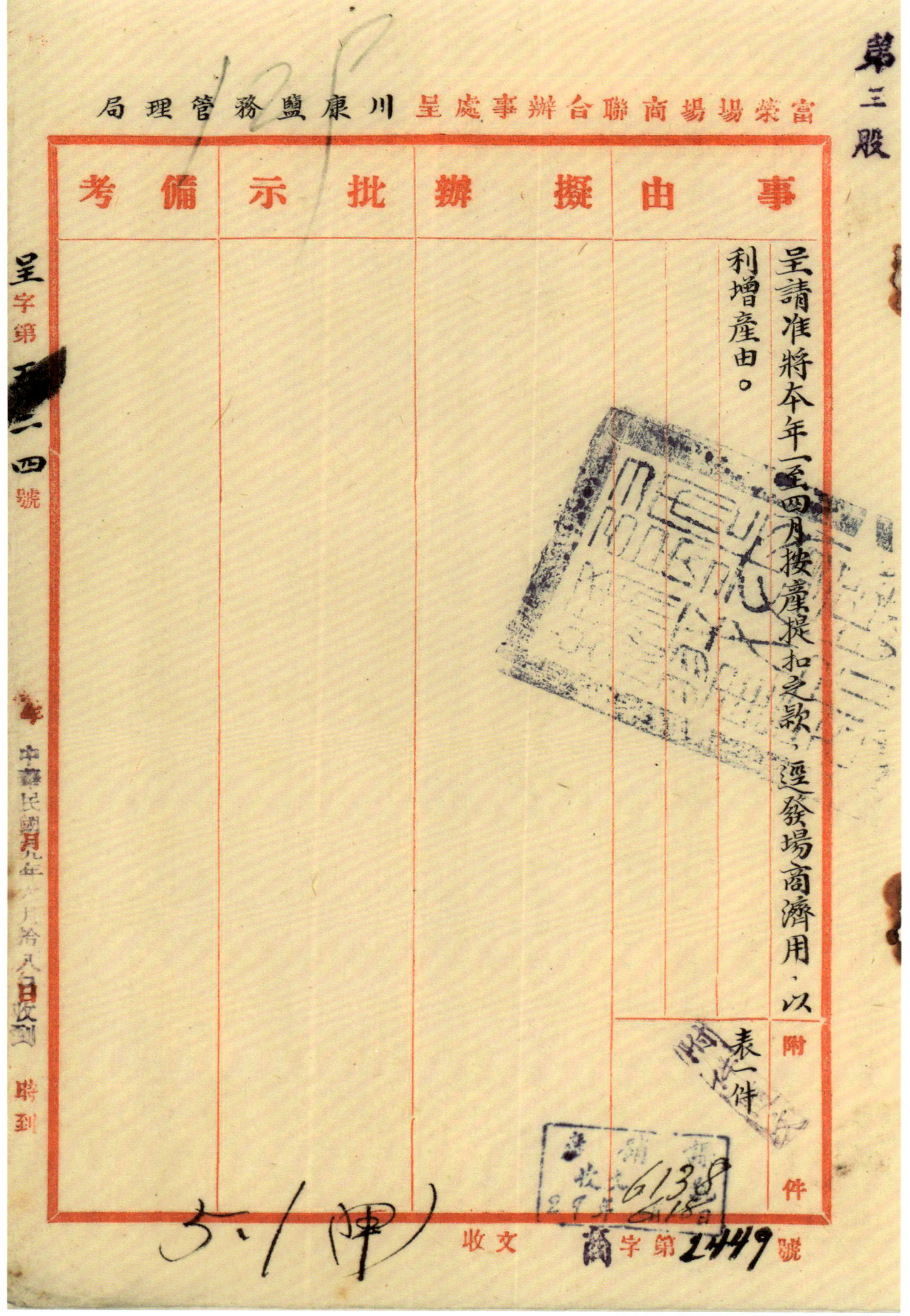

第三股

富荣场場商聯合辦事處呈 川康鹽務管理局

事由	擬辦	批示	備考
呈請准將本年一至四月按產提扣之款，逕發場商濟用，以利增產由。附件：表一件			

呈字第二四號

中華民國二十九年六月拾八日收到

收文 商字第2449號

竊查二十九年一至四月場商產鹽，除票鹽不計外，所有引鹽遵照規定應
按各類鹽觔產量，由
鈞局分别提扣二十八年五至八月所加場價，以為補還運商奉令照核價墊付之款。
惟查場運兩方，收交鹽價，原係依照成交儎額計算，與實在產鹽數量不相
符合。且本年一至四月產出鹽觔，尚有一部係填補上年午關欠儎，前後牵混，結
算殊感困難。本關為結束上關欠鹽，改為照產收價，所有運商墊付本處之款，
應即全數提還，因之場商不免益加拮据。至於
鈞局按鹽提扣之款，又須發交運商，然後轉付場商，週折費時，更兼
鈞局對產提扣之款，與運商墊款數目，原不相符，將來仍須核對清算，始能結
束。茲為省略手續，接濟場商起見，特將一至四月各類鹽產量扣款，彙列成表，

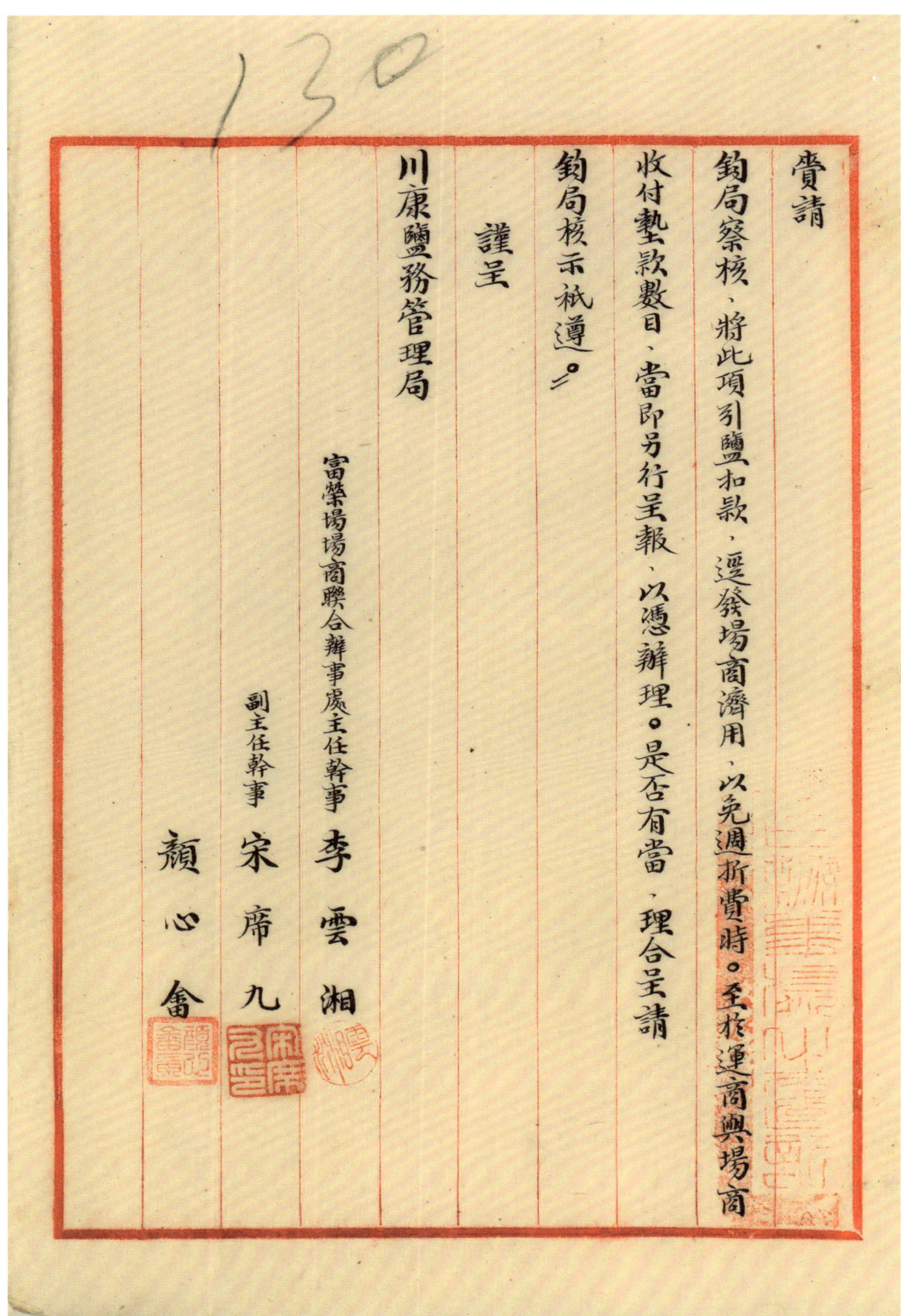

130

賫請
鈞局察核，將此項引鹽扣款，逕發場商濟用，以免週折費時。至於運商與場商
收付墊款數目，當即另行呈報，以憑辦理。是否有當，理合呈請
鈞局核示祇遵。
謹呈
川康鹽務管理局

富榮場場商聯合辦事處主任幹事　李雲湘
副主任幹事　宋席九
顏心畬

中華民國二十九年六月十七日

131

富榮場商聯合辦事處造呈廿九年一至四月產鹽管理局扣付運商墊款金額表

鹽別	廿九年一至四月產担數	每担差價	管理局扣款	備考
東引火花	五一四、六六九 五五	一 七九	九二一、二五八 四九	
東引火巴	一、二三二 七〇	二 一〇	二、五八八 六七	
東引炭巴	五三、五四七 九〇	三 二二	一七二、四二四 二三	
東引炭花	一七四、七六六 四九	二 一五	三七五、七四七 九五	
東黃滷引炭花	八、二五九 三八	六 〇七（五 七三）	五〇、一三四 四三（四七、三二六 二五）	
東甕爐引炭花	九、五五六 〇〇	二 一五（一 七九）	二〇、五四五 四〇（一七、一〇五 二四）	
西引火花	三九二 六〇	二 四四	九五七 九四	
西引炭巴	一〇三、五五七 〇〇	四 〇〇	四一四、二二八 〇〇	

西引火巴	二〇、七二四	三八	二	八六	三一六、六四三	一二（旁注：三）
西黑滷引炭花	六七、六六一	二七	三	二三	二一八、五四五	九〇
西黄滷引炭花	九〇、三七七	六一	五	四四	四九一、六五四	一九（旁注：二〇）
合計					二九八四七二八（旁注：二九七八四八〇）	三二（旁注：〇一）

富荣西场公署关于管理及增产两部分月需公费数目致川康盐务管理局的呈及附表（一九四〇年六月二十九日）

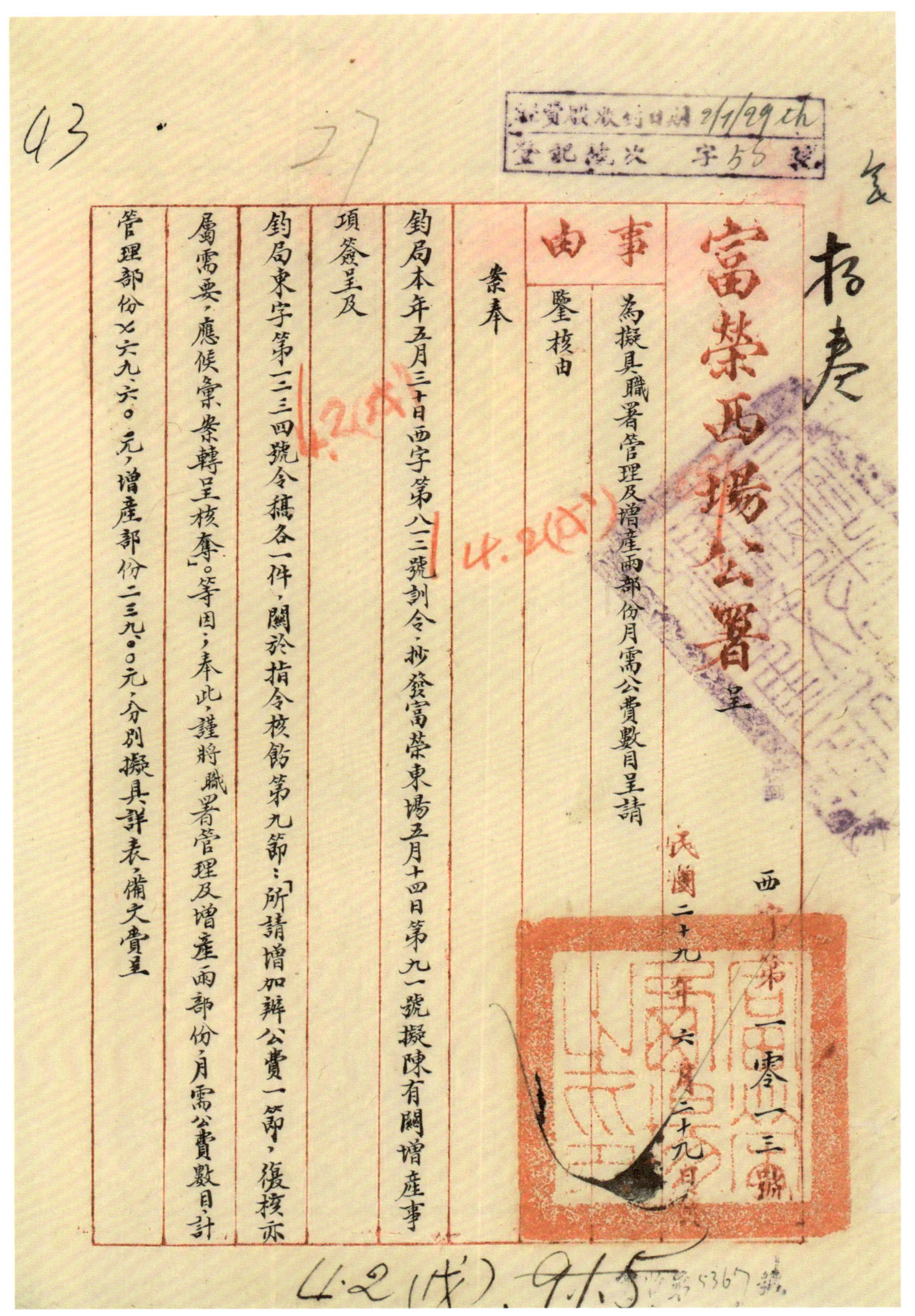
富榮西場公署 呈 西字第一零一三號

事由：為擬具職署管理及增產兩部份月需公費數目呈請鑒核由

案奉

鈞局本年五月三十日西字第八二三號訓令，抄發富榮東場五月十四日第九一號擬陳有關增產事項簽呈及

鈞局東字第一三三四號令稿各一件，關於指令核飭第九節：「所請增加辦公費一節，復核亦屬需要，應候彙案轉呈核奪」。等因；奉此，謹將職署管理及增產兩部份月需公費數目計管理部份七六九.六○元，增產部份二三九.○○元，分別擬具詳表，備文賫呈

民國二十九年六月二十九日

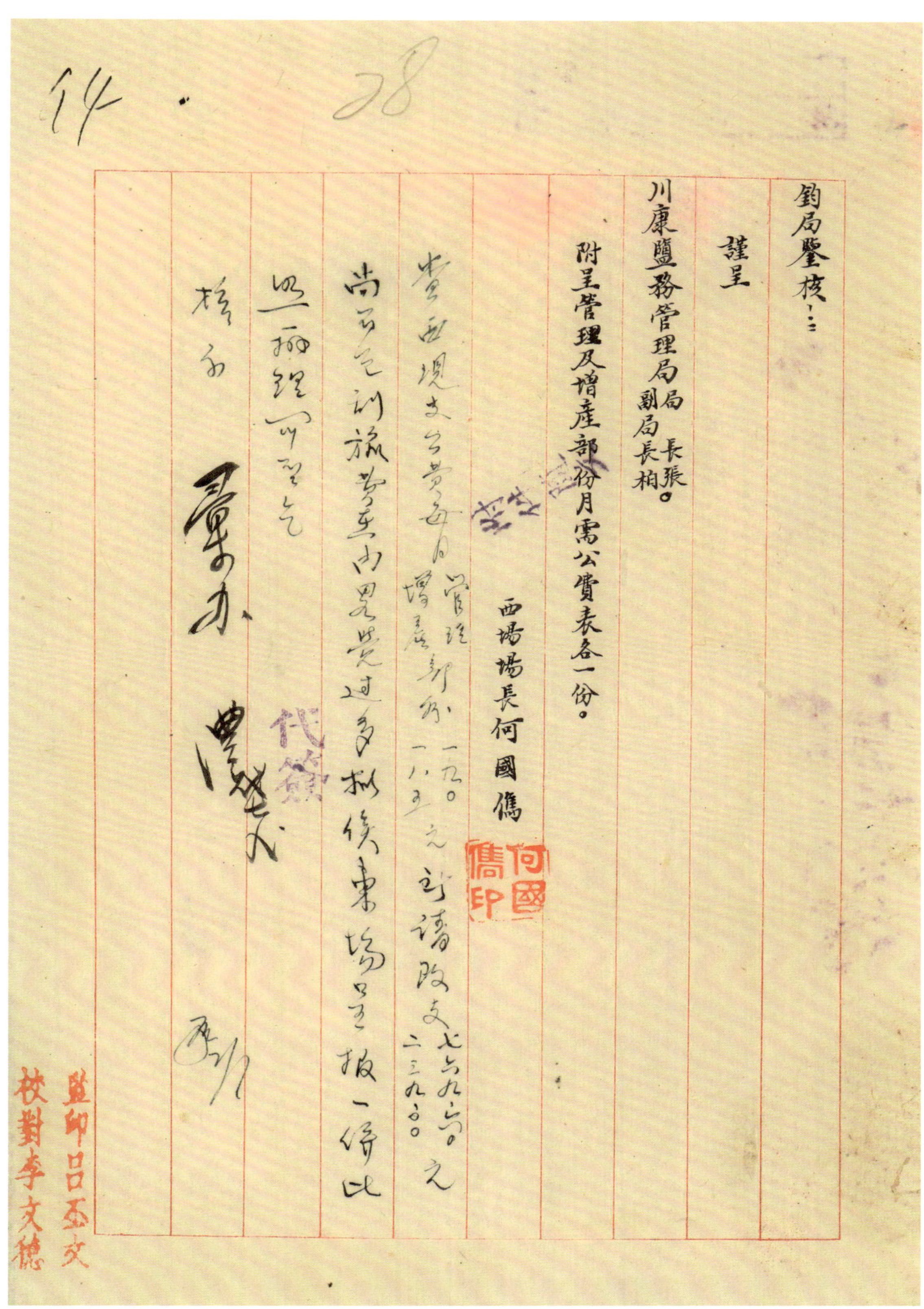

14 · 28

劉局鑒核。

謹呈

川康鹽務管理局局長張
副局長柏

附呈管理及增產部份月需公費表各一份。

西場場長何國儁（何國儁印）

查西場現支公費每月管理一九〇元、增產部份一八五〇元，計請改支七六九六〇元、二三九六〇元，尚不包括旅費在內，尚覺過多，擬俟東場呈報一併比照辦理可也。

核示

（代簽）

監印 呂丕文
校對 李文德

30　18

富榮西場公署造呈管理部份月需公費數目表

摘要	月需數目	備考
管理部份公費	七六九六〇	
場署公費	五〇七八〇	
紙張	一一二三〇	每月約用對方紙二刀合洋一五元大貢紙一刀合洋五元勾邊紙一刀合洋三元二貢紙一刀合洋一·四元呈文紙頭尾二百張合洋六·四〇元，公函紙頭尾二百張合洋六·四〇元，文稿紙頭尾八百張合洋二一·六〇元令文紙頭尾四百張合洋五·六〇元粉白雙十行紙三百張合洋一〇·八〇元本色雙十行紙三百張合洋八·四〇元呈文桶子五〇個合洋三元，公函桶子五〇個合洋四元令文桶子一百個合洋一·六〇元扯紙本一〇本合洋八元信封一百個合洋一·五〇元信箋二百張合洋三·六〇元複寫紙三〇張合洋六元共計如上數。
筆墨	七一〇〇	每月約用鷄狼毫小楷筆三〇支合洋三〇元羊毫筆一〇支合洋五元香墨二〇錠合洋一四元鋼筆尖一〇盒合洋四元卅鉛筆一打合洋一·二元紅墨水一瓶合洋二元藍墨水二瓶合洋四元共計如上數。
簿籍	三二三〇	收發文簿二本合洋三·四〇元檔卷簿二本合洋三·四〇元捆盐簿一本合洋一·七〇元考勤簿二本合洋一元收詞簿一本合洋一·七〇元送審簿一本合洋一·七〇元各區倉盐銷存簿一本合洋五·三〇元分倉分灶簿平均月用一本合洋四元領物簿二本合洋二·八〇元通行簿二本合洋五·四〇元合計如上數。

品名			說明
雜品	一四	二〇	每月約用迴形針一盒合洋二·六〇元，打印油一瓶合洋二元，硃磦二刀合洋六元，檳蔴油四兩合洋二元，艾絨二兩合洋一元，膠墊尺合洋六角，共計如上數。
郵費	三	九〇	每月平均約計交郵局單掛號公文三〇件，共計如上數。
燈火	四九	〇〇	電燈八盞合洋二十四元，清油一〇斤合洋一六元，牛油燭五斤合洋九元，共計如上數
茶水	二四	二〇	毛尖茶葉每月約用四斤合洋一九·二〇元，白水一百挑合洋五元，共計如上數。
薪炭	六四	〇〇	每月約燒煤炭八百斤（天平秤）合洋六四元，計如上數。
印刷表單	八二	八〇	鹽斤總結表五〇張合洋四元，驗卡表一百張合洋二·五〇元，收據二百張合洋四元，快郵電箋一百張合洋一·八〇元，結案訊結通知單一百張合洋一·三〇元，引鹽出倉報告表一百張合洋三·五〇元，成本及場價目報告表二〇張合洋一·二〇元，捆放鹽斤表一百張合洋四元，鹽價細目表五〇張合洋一·四〇元，各岸鹽斤日報表一五〇張合洋四·五〇元，分倉分灶鹽斤旬結表一百張合洋八元，生活津貼表一百張合洋四·二〇元，產數累計表一百張合洋三·五〇元，官倉公倉封条紙三千張合洋三九元，共計如上數。
修繕房屋	四	〇〇	每月平均約計如上數
修理器械	一〇	〇〇	每月平均約計如上數

旅費	三〇	〇〇	每月平均約支零星旅費如上數、
運費	三	〇〇	每月平均約支如上數
報紙費	三	一〇	計重慶報一份合洋二·四〇元新運日報一份合洋七角計如上數、
雜支	四	〇〇	每月平均約支如上數、
三收稅處公費	二〇二	四〇	
紙張	一〇	七〇	三收稅處每月約用粉对方紙四〇張合洋三元呈文紙一百張合洋三·二〇元文稿紙一百張合洋二·七〇元複寫紙一二張合洋一·八〇元共計如上數、
筆墨	一九	五〇	三收稅處每月約用小楷筆六支合洋四·八〇元羊毫筆三支合洋一·五〇元香墨三錠合洋二·二〇元膠墨三錠合洋一·五〇元鋼筆尖六顆合洋二·四〇元鉛筆三支合洋一·二〇元藍墨水三瓶合洋六元共如上數、
簿籍	二一	六〇	三收稅處每月約用通行簿三本合洋八·一〇元考勤簿平均每月共用二本合洋二元本色灶存簿三本合洋一·五〇元計如上數、
雜品	二七	五〇	三收稅處每月約用硃磦三兩合洋九元棕蔴油六兩合洋三元艾絨三兩合洋一·五〇元土紅一二斤合洋六元黑烟子六斤合洋二·四〇元灰面六斤合洋三元別針两合洋二·六〇元計如上數、

33

燈火	四四	〇〇	三收稅處共用清油二〇斤合洋三六元又蓆草由收稅處電燈兩盞合洋八元如上數
茶水	一二	二〇	三收稅處約用白水一百挑合洋五元茶葉一斤半合洋七·二〇元如上數
薪炭	四八	〇〇	三收稅處約用煤炭六百斤如上數
房租	一九	六〇	蓆區收稅處每月房租共計一一·二〇元苟區收稅處每月房租二·四〇元萬區收稅處每月房租六元
報費	九	三〇	重慶報共三份合洋七·二〇元新運日報共三份合洋二·一〇元如上數
苟區放鹽分處公費	一三	九〇	
紙張	二	一五	對方紙一〇張合洋七角五分通行紙五〇張合洋一·四〇元如上數
筆墨	一	二五	小楷筆一支合洋五角小香墨一錠合洋三角五分鉛筆一支四角如上數
雜品	二	〇〇	硃磦五錢合洋一·五〇元檳蔴油一兩合洋五角如上數
茶水	一	二〇	茶葉四兩合洋一·二〇元

34

燈火	一	八〇	清油一斤如上數
薪炭	五	〇〇	松料柴一百斤
房租		五〇	
十三驗卡公費	四五	五〇	
紙張	七	五〇	十三處每月約用對方紙二百張合洋七·五〇元
筆墨	五	二〇	十三處每月約用小楷筆一三支合洋五·二〇元
雜品	二六	〇〇	硃碟每驗卡五錢十三卡共計六兩五錢合洋一九·五〇元櫃蔴油一三兩合洋六·五〇元
房租	六	八〇	

35

21

富榮西場公署造呈增産部份月需公費數目表

摘要	月需數目	備考
增産部份公費	三九〇〇	
場署公費	二〇九〇〇	
紙張	七〇九〇	每月約用對方紙一刀合洋七、五〇元大頁一刀五元呈文紙頭尾二百張合洋六、四〇元公函頭尾二百張合洋六、四〇元文稿紙頭尾四百張合洋一〇、八〇元全文紙二百張合洋二、八〇元粉白雙十行紙二百張合洋七、二〇元本色雙十行紙二百張合洋五、四〇元呈文桶子五〇個合洋三元公函桶子五〇個合洋四元全文桶子一百個合洋一、六〇元扯紙本五本合洋四元信封四〇個一元信箋一百張合洋一、八〇元複寫紙二〇張四元共計如上數
筆墨	三八八〇	每月約用鷄狼毫二〇隻合洋一〇元羊毫筆一〇隻合洋五元香墨一〇錠合洋七元鉛筆一打合洋四、八〇元藍墨水一瓶二元共計如上數
簿籍	九二〇	每月約用通行簿二本合洋五、四〇元須物簿二本合洋二、八〇元考勤簿一本一元共計如上數
雜品	八六〇	每月約用撇針一兩合洋二、六〇元硃磦一兩合洋三元櫃麻油四兩二元艾絨二兩一元共計如上數
郵費	三九〇	每月約計交郵局單掛號公文三〇件計洋如上數

36

項目	數目	說明
燈火	一一六〇	每月約用清油五斤合洋八元牛油燭二斤合洋三·六〇元共計如上數
茶水	一二一〇	每月約用毛尖茶葉二斤合洋九·六〇元白水五〇挑合洋二·五〇元合計如上數
薪炭	四八〇〇	每月約用煤炭六百斤（天平稱）合洋四八元計如上數
印刷表單	五一〇	炭花公倉表二百張合洋二·五〇元黄黑滷水表二百張合洋二·六〇元共計如上數
旅費	一六〇〇	每月約計支零星旅費如上數
雜支	二〇〇	每月平均約計支如上數
房租	二四〇〇	每月佃家具職員宿舍房租支如上數
關外臨時官倉公費	三〇〇〇	
紙張	六二〇	每月約計用對方紙一〇張合洋七角駒邊紙三〇張合洋九角本粗雙千行紙一百張合洋一·六〇元呈文紙二〇張合洋五角模高紙五張一元單信封五〇個合洋五角信箋一百張合洋一元共計如上數
筆墨	五一〇	小楷筆一隻合洋八角羊毫筆一隻合洋七角鉛筆一隻合洋八角元條墨一錠合洋八角藍墨水一瓶合洋一元共計如上數

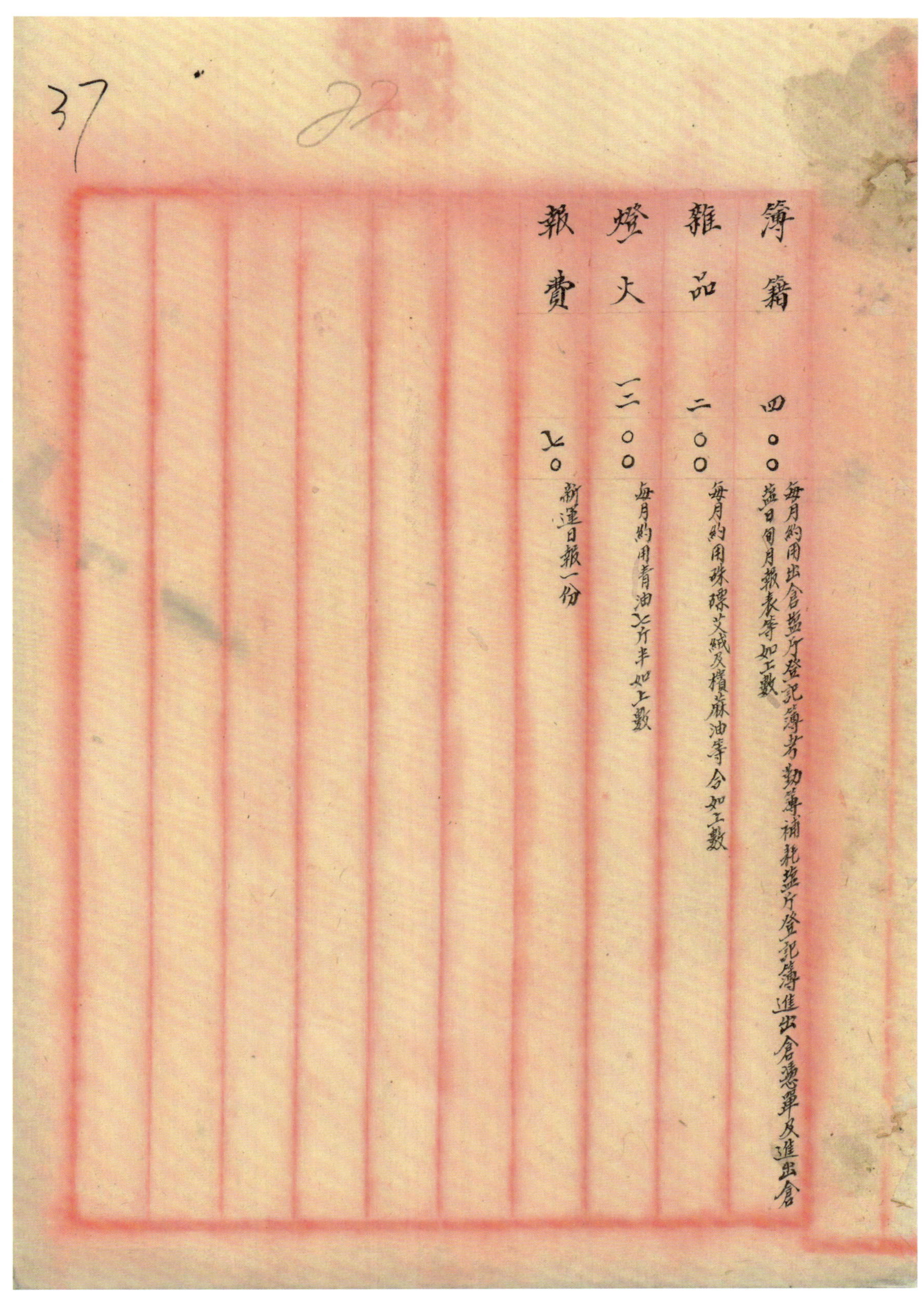

簿籍	四〇〇	每月約用出倉盐斤登記簿考勤簿補耗盐斤登記簿進出倉憑單及進出倉盐日旬月報表等如上數
雜品	二〇〇	每月約用珠碌艾絨及積麻油等合如上數
燈火	一二〇〇	每月約用青油七斤半如上數
報費	七〇	新運日報一份

关于加紧增产以济湘岸的函件（一九四〇年七月三日至八月二十一日）

富荣东场公署致川康盐务管理局的呈（一九四〇年七月三日）

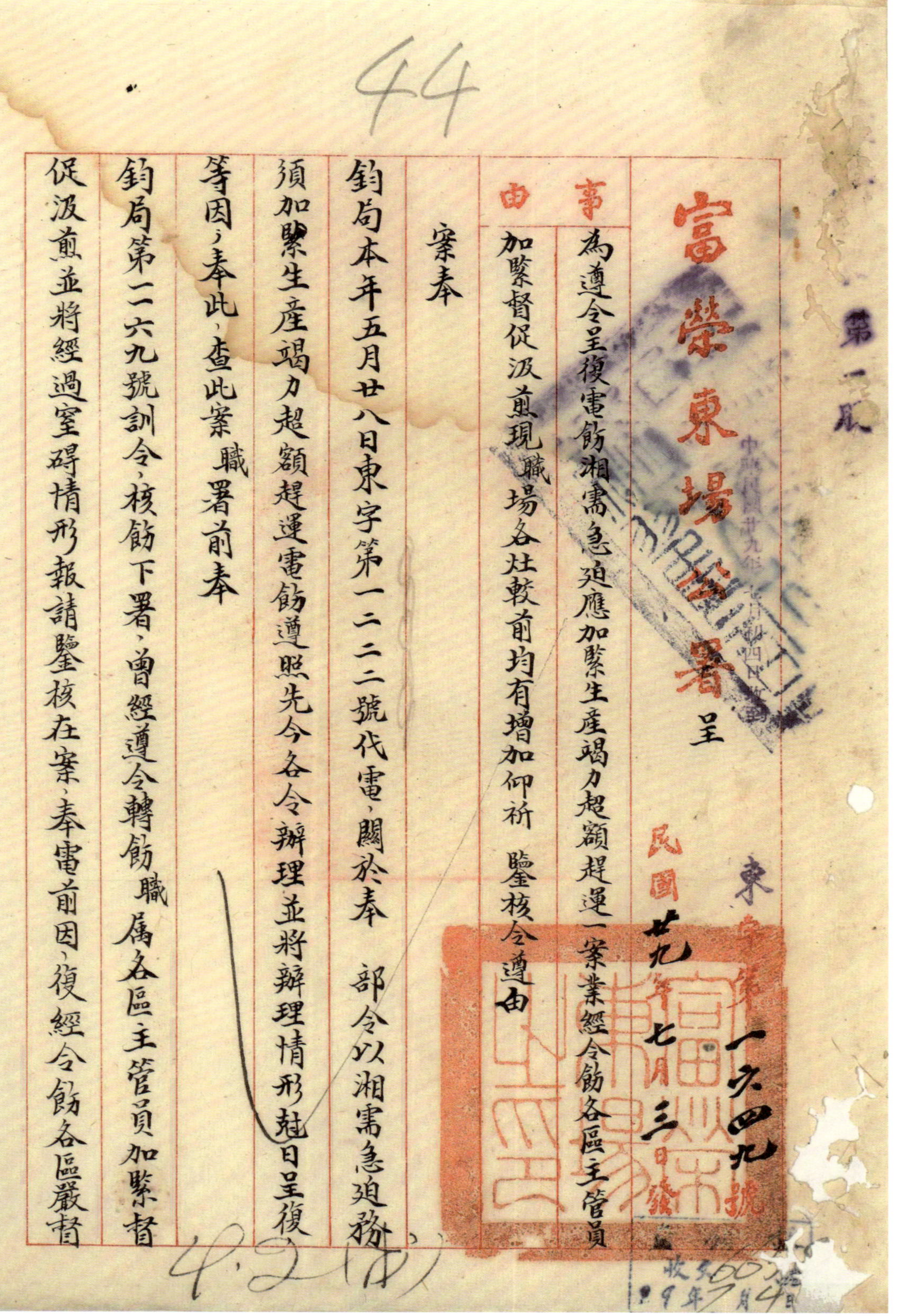
富榮東場公署 呈

東字第一六四九號

民國廿九年七月三日發

事由：為遵令呈復電飭湘需急迫應加緊生產竭力超額趕運一案業經令飭各區主管員加緊督促汲煎現職場各灶較前均有增加仰祈鑒核令遵由

案奉

鈞局本年五月廿八日東字第一二二二號代電，關於奉 部令以湘需急迫務須加緊生產竭力超額趕運電飭遵照先令各令辦理並將辦理情形尅日呈復等因，奉此。查此案職署前奉

鈞局第一一六九號訓令，核飭下署，曾經遵令轉飭職屬各區主管員加緊督促汲煎並將經過窒碍情形報請鑒核在案，奉電前因，復經令飭各區嚴督

各炭灶尅速起煎，並飭大區多予配放久大滷水，促其大量煎燒濟運

以供需要去訖。現據先後呈覆遵辦經過情形到署，復核較前均有增加，

計東區第一第六兩炭花組，由註册九十二口加煎至一百一十口，每日可產鹽七

百餘担，豆區民生甕炉炭花灶由四口增煎至六口，產鹽由十餘担增至廿六担

郭區炭花第四第十五兩組及復興炭灶，均各增煎為三十六口或廿四口，並其他

停煎各灶亦已陸續起煎，除仍飭加緊督促汲煎外，理合將遵辦情形具

文復請

鈞局鑒核令遵！！

謹呈

局長張

副局長栢

46

場長徐開第

富荣西场公署致川康盐务管理局的呈（一九四〇年七月十九日）

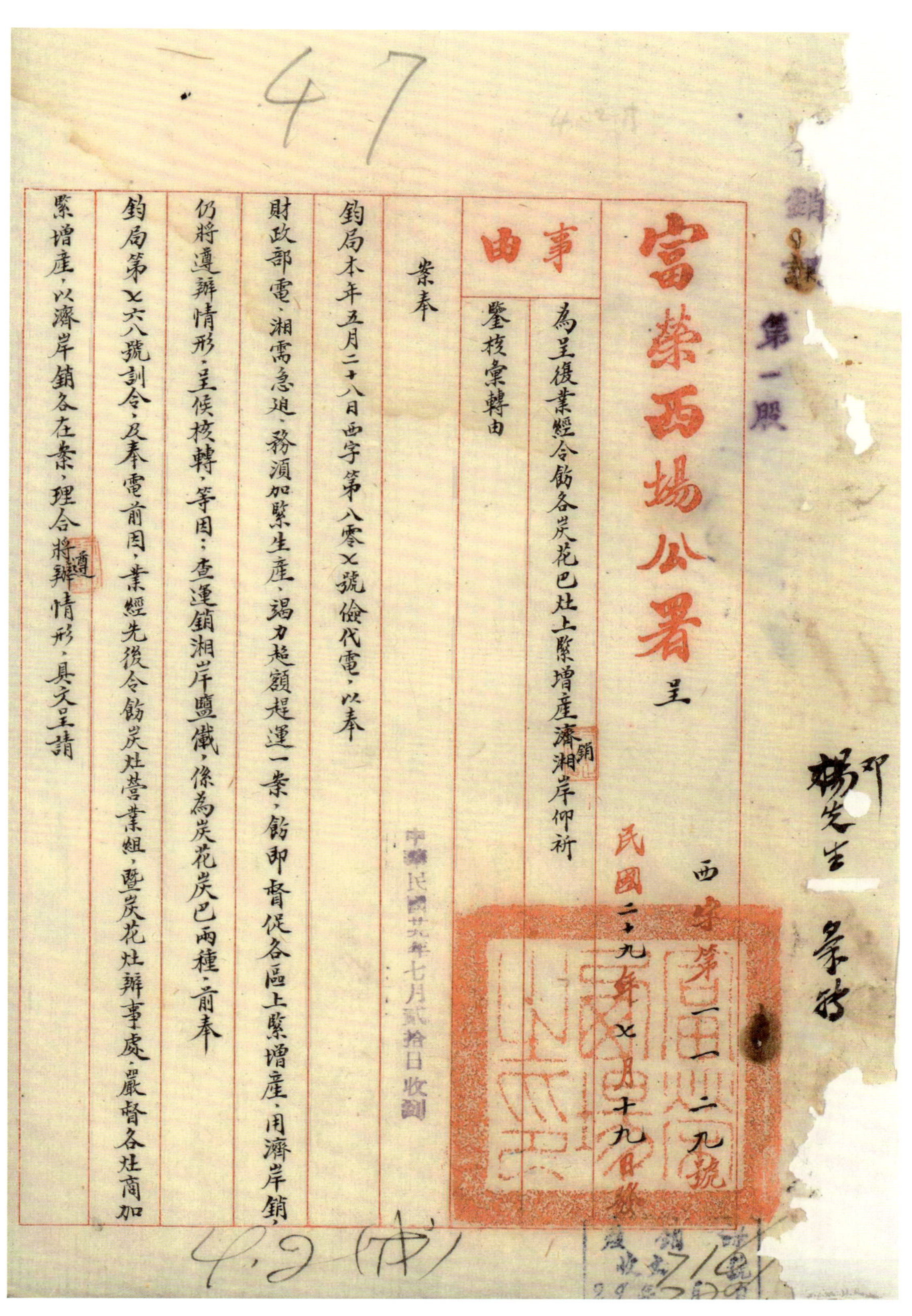

富榮西場公署 呈

西字第一一二九號

民國二十九年七月十九日發

事由：為呈復業經令飭各炭花巴灶上緊增產濟湘岸仰祈鑒核彙轉由

案奉

鈞局本年五月二十八日西字第八零七號儉代電，以奉財政部電，湘需急迫，務須加緊生產，竭力超額趕運一案，飭即督促各區上緊增產，用濟岸銷，仍將遵辦情形，呈候核轉，等因；查運銷湘岸鹽儎，係為炭花炭巴兩種，前奉鈞局第七六八號訓令，及奉電前因，業經先後令飭炭灶營業組，暨炭花灶辦事處，嚴督各灶商加緊增產，以濟岸銷各在案，理合將遵辦情形，具文呈請

中華民國廿九年七月貳拾日收到

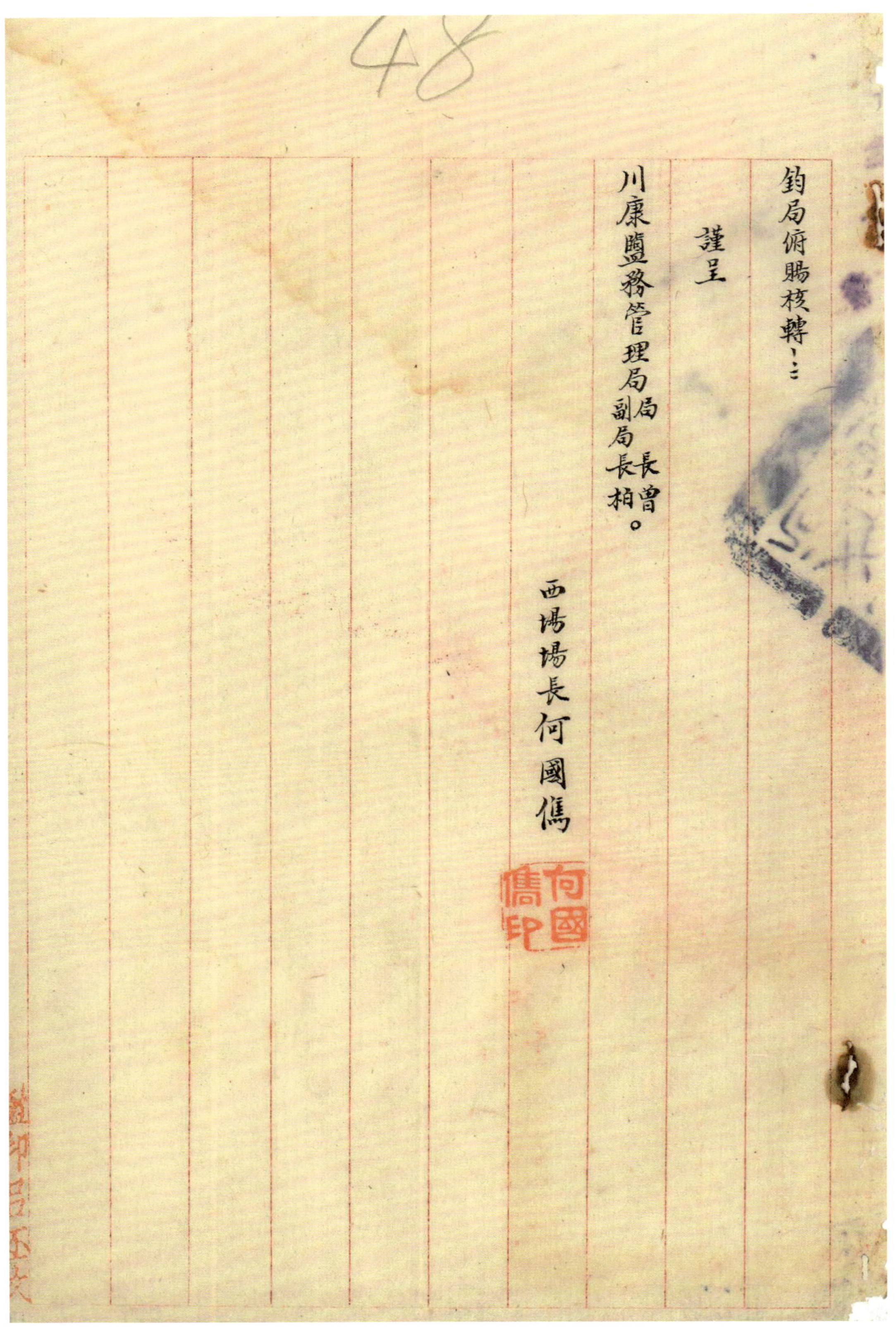

钧局俯赐核转！！

謹呈

川康鹽務管理局局長曾
副局長柏。

西場場長何國儁

川康盐务管理局致富荣东西两场公署的指令（一九四〇年八月二十一日）

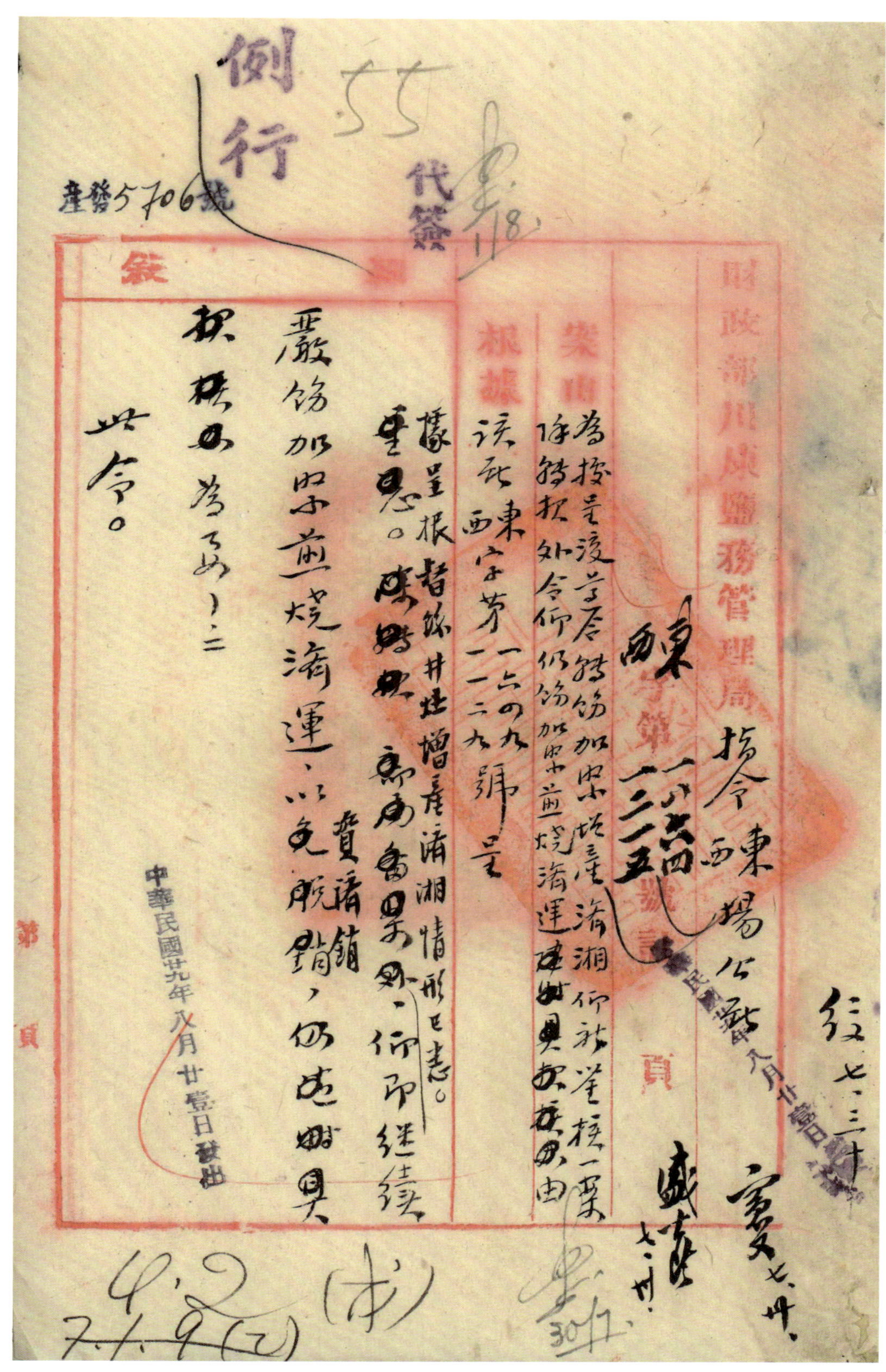

例行

代簽

產發5706號

財政部川康鹽務管理局指令 東西字第一一六四 一二二五號

令東西場公署

事由：為據呈復奉令飭加緊煎產濟湘仰就筆接一案除指外令仰仍飭加緊煎燒濟運具報由

根據：該東西字第一一六〇九、一一二九號呈

據呈報各井灶增產濟湘情形已悉。據所具各節，仰即繼續嚴飭加緊煎燒濟運，以免脫銷，仍隨時具報核為要。

此令。

中華民國廿九年八月廿壹日發出

川康盐务管理局关于盐崖井等井公会函述窒碍增产四点拟请明令公布一案致富荣盐场场商联合办事处的指令及富荣东西两场公署的训令（一九四〇年七月二十日）

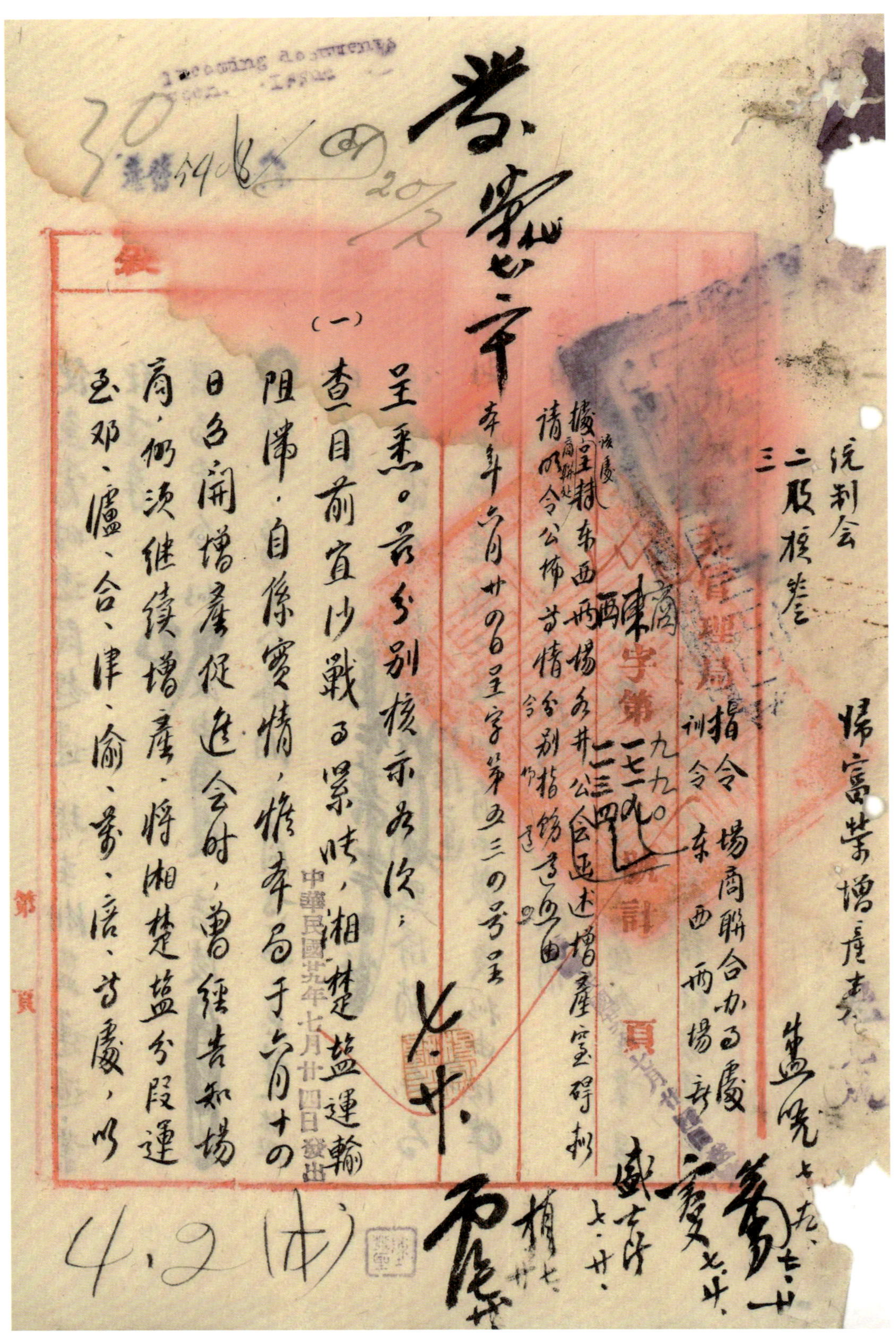

统制会
二股核签
三

指令 场商联合办事处
训令 东西两场署

据该处呈转东西两场各井公会函述增产窒碍拟请明令公布情形分别指饬遵照由

本年七月廿四日呈字第五三〇号呈

呈悉。兹分别核示如次：

（一）查目前宜沙战事紧张，湘楚盐运输阻滞，自系实情，惟本局于七月十日召开增产促进会时，曾经告知场商，仍须继续增产，将湘楚盐分段运至邓、泸、合、津、渝、万、涪、等处，以

便急需时逐段赶運，現在湘盐運道，業
經電達，奉
總局電令，擬先改由重慶、涪陵
運入，曾分令濟湘各商遵办，並楚盐
昨奉
總局電令，暫改由江津運黔濟銷，本局
以綦河運輸工具，照有不敷，復擬由合江津
分運一部份，以資疏浚，亦已復請
總局核准，一面電令楚商遵照在案，是
湘楚盐運雖略有變更，而銷納方面，仍

不生问题，况本局上次曾向

部局建议，将来不需要川盐增产时，所有因增产建设之井灶产出盐卤，由公家负责设法销纳，业奉

部局核准令知有案，该井灶当仍应照常努力增产，毋存观望，致滋贻误。

（二）关于充裕煤料及整理运道方针，已饬援制委员会查复，兹将该会签呈，随令抄发查阅。

（三）查关于贷款办法第七条规定，不能觅得卤源及碱轻量微各井弥补办法，除本场

（三）

盐岩井现已给有补咸津贴，两场机车圈井，现已给有少产津贴外，其余不足官咸或产量微弱之井，应如何酌定津贴办法，亦正在核拟之中。业经令行东西两场彻查核具报，以候具复到局，再为拟定办法，呈请部局核实，至量丰咸重各井产出之卤，既已定有销纳办法，自毋须（不必）再请弥补，又建设井灶，购买器材，如虑因军事受损，可向中央信托局投保兵险，用资保障，所请在井灶保障基金项下拨发之处，应

32

毋庸议。

（四）查此次开发多黄黑卤井，本局向以行总处贷款壹千万元，以现在物价之高，开发卤井之多，此壹千万元贷款，犹虑不敷应用，故局实上祗能拨地面建设费用，至多贷给八成，且未将周转费包括在内，而贷给之款，实较从前各井贷款数字超过甚高，且贷款仅以器材及建筑物作抵，并不另觅担保，已予各商以种种便利，未呈谓反不若初期待遇之厚，殊为局实不符，至貸款交由銀行保存，分期動用，係為慎重公帑起見，蓋當前法幣缺乏，市面子金，月息已高至二三分之際，本局貸款，係專為增產而設，自不得不預籌辦法，以防挪移。該商等需用時，儘可隨時向場長申請簽發，場長自當斟酌予簽發。便利，所謂不能伸縮自如，請予豁除一節，亦在毋庸置議。

秋冬後井延役程……

以上四項，除分令東西兩場長遵照外，仰即遵照并轉知井商公會知照！

33

此令。

计抄发统制委员会签呈一件。

训令

令富荣东西场公署

案据场商联合办事处本年六月二十四日呈字第五三四号呈，称东西两场各井商公会陈述增产窒碍之点，请予鉴核等情，前来，除指令印发并分令东西场署外，合亟抄发原呈暨本署指令，令仰该署即便遵

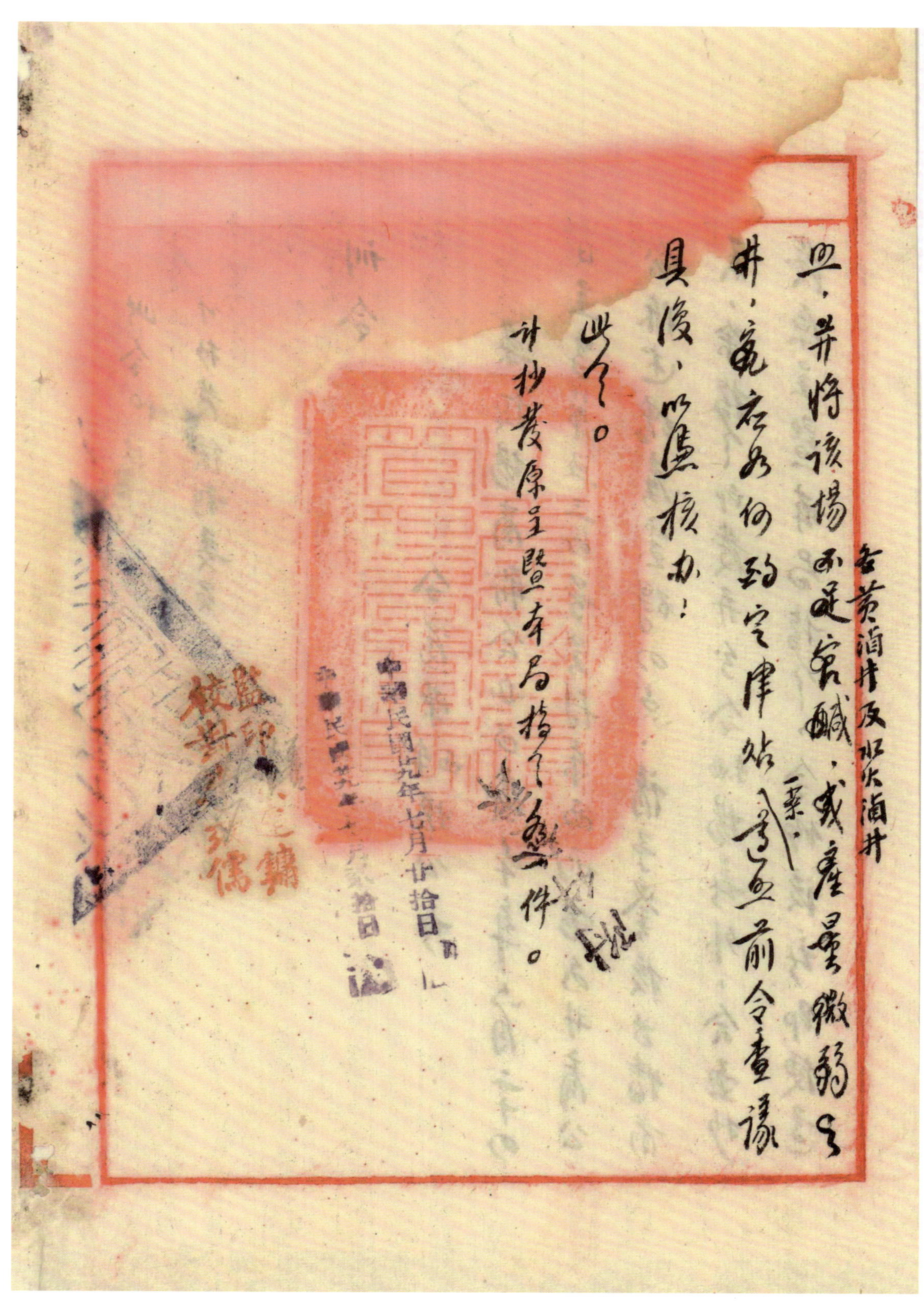

照，并將該場不產鹽滷（含黃滷井及水火滷井）、或產量微弱之井，究應如何酌定津貼一案，專呈前令查議具復，以憑核辦！

此令。

計抄發原呈暨本局指令各一件。

中華民國卅九年七月廿拾日

監印
校對

附（一）：川康盐区盐业燃料材料统制委员会致川康盐务管理局的签呈（一九四〇年）

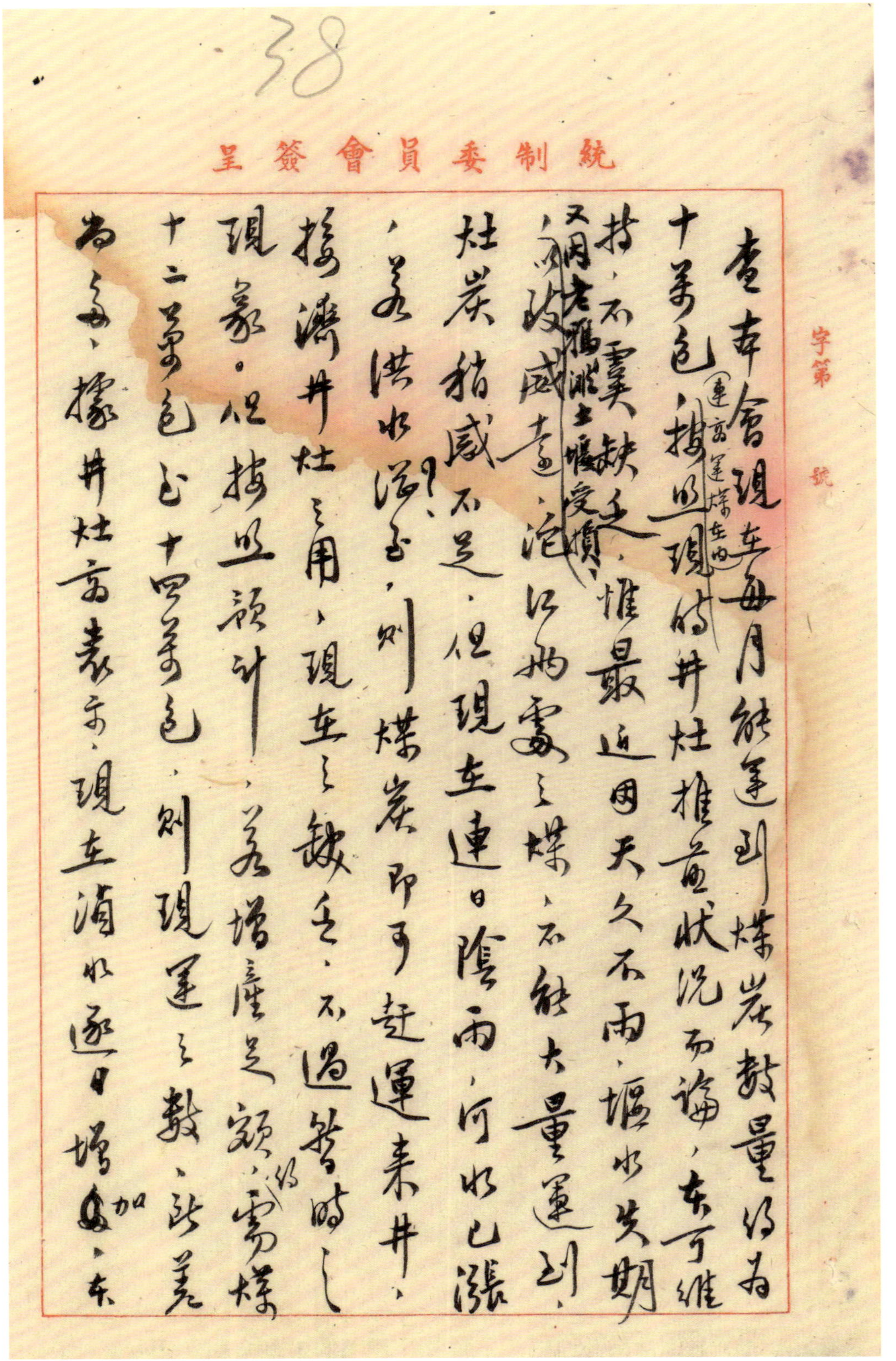
38

統制委員會簽呈

字第　號

查本會現在每月能運到煤炭數量約為十萬包，按照現時（連宜賓煤在內）的井灶推算狀況而論，尚可維持，不過實缺乏，惟最近因天久不雨，堰水失期，又因老鴉灘土堰受損，以致成塗沱以需之煤，不能大量運到，灶炭稍感不足，但現在連日陰雨，河水已漲，若洪水消退，則煤炭即可趕運來井，接濟井灶之用，現在之缺乏，不過暫時之現象。但按照預計，若增產足額，所需煤十二萬包至十四萬包，則現運之數，所差尚多，據井灶方表示，現在須將水運日增加，未

統制委員會簽呈

字第　　號

令院負統籌煤炭供給責任，自應妥議開闢煤源辦法，付諸實施，俾期燃料得以充分供給。其辦法如下：

(一)修築道路　對於威遠礦區修道路，竭力興修，并請　工程處對於公路未完工程趕緊完成，以利交通。

(二)增加運輸工具　本會訂購板車六百部現已運至海防，擬電催趕運來井，同時請加運費，招致商車，以增強運輸效率。

(三)擴運礦煤　擬由威煤統籌處竭力[illegible]

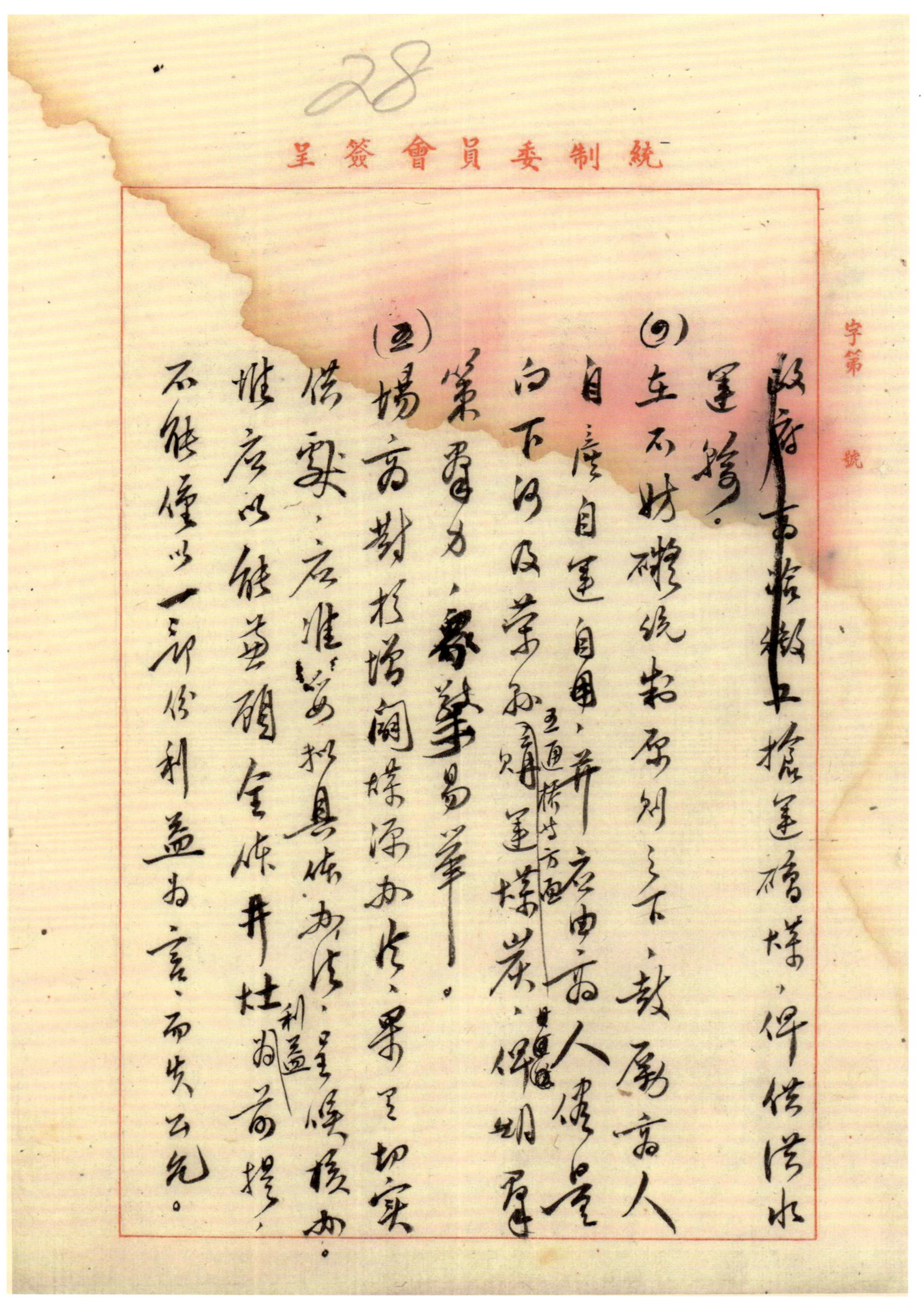

28

統制委員會簽呈

字第　號

政府亦應徵工搶運積煤，俾供洪水運輸。

(四)在不妨礙統制原則之下，鼓勵商人自產自運自用，並應由商人儘量向下河及至通、橋井方面購運煤炭，俾增厚業力，籌畢易舉。

(五)場商對於增闢煤源辦法，果至切實供需，應准其擬具辦法，呈候核辦。惟應以能無礙食鹽井灶利益為前提，不能僅以一部份利益為言，而失公允。

附（二）：富荣盐场场商联合办事处致川康盐务管理局的呈（一九四〇年六月二十四日）

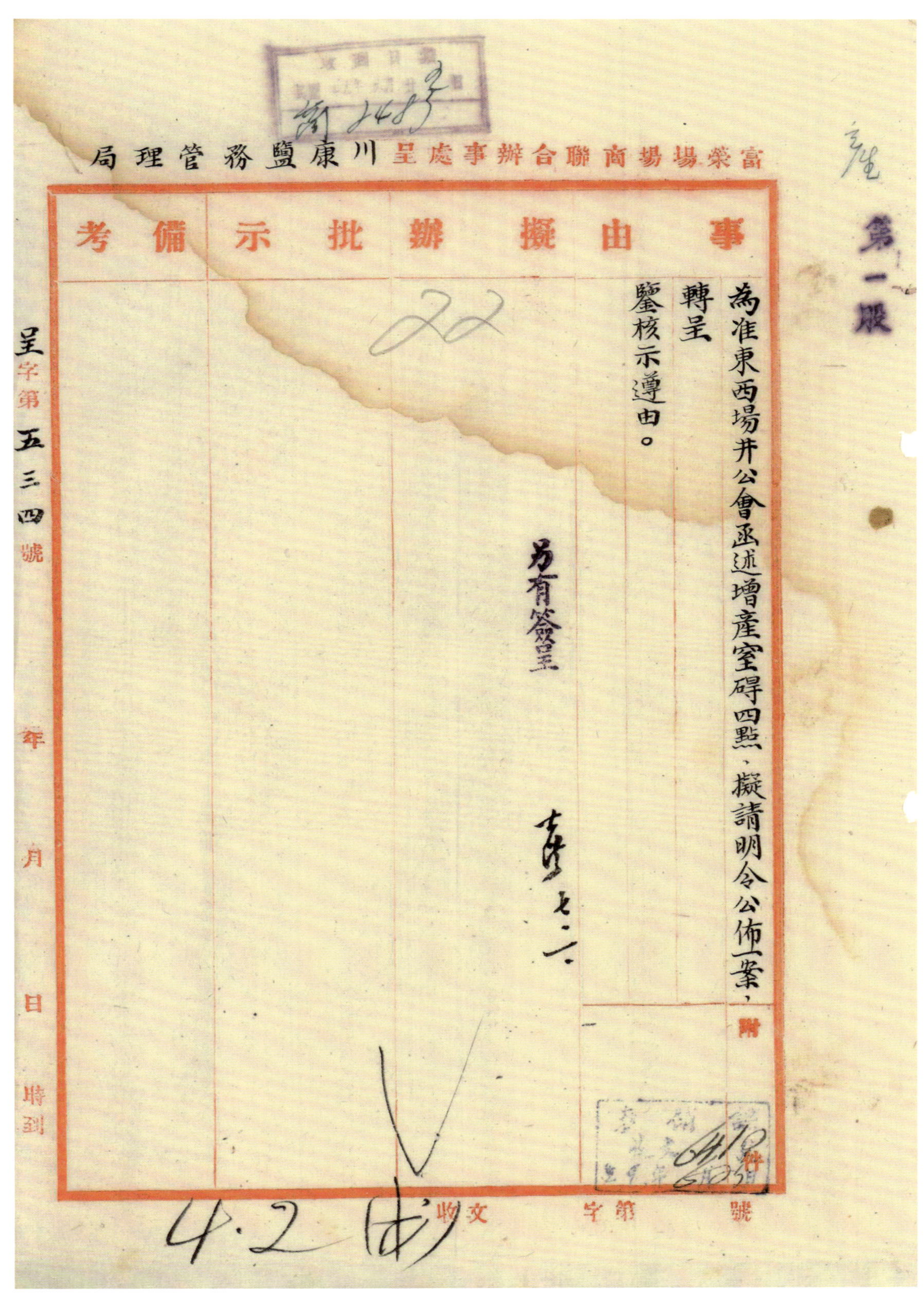
富榮場場商聯合辦事處呈川康鹽務管理局

呈字第五三四號

事由	擬辦	批示	備考
為准東西場井公會函述增產窒碍四點，擬請明令公佈一案，轉呈鑒核示遵由。	另有簽呈		

附件

年　月　日　時到

文收　字第　號

竊本處接准東場鹽崖井公會東場黃黑滷井公會西場黃黑滷井公會會函內開：

「逕啟者：查近日以來，時局轉變，湘楚鹽儎，似將停止運行。富榮鹽場方在積極增產之中，而大部賴銷於湘楚各岸，因之滷井各商相與疑懼，不無影響增產前途。本會等以抗戰期長，增產仍無疑問，反復開曉，各商難釋疑團。若不轉懇官廳發布明令，解決目前之困難，堅其以後之信念，則鹽場增產將發生最大影響。茲將卓犖大端，分述於次：目前湘楚兩岸，月銷富榮引鹽一百六十餘儎，值茲時局搖曳，若一停運，則所產即無所銷，我 鹽政長官碩畫藎籌，究以何法消納，以免井停灶歇，擬請明令公佈，用釋羣疑，此其一。

富榮場天然瓦斯有限，增產必賴者煤，煤滷如形影相依，缺一無能為力。現在西場煤缺，已覺滷水難銷，各井工料齊全，豈能停推晷刻，假如再增滷產，更必受無煤停擱之苦，因之各商相與懷疑，擬請公佈充裕煤料辦法及整理運道方針，俾知滷不患銷，安心增產，此其二。增產保障曾奉明令規定楚岸專銷三年，最近復奉富榮場開發黃黑滷井建設貸款辦法九條，其第七條載：「貸款各井如淘辦結果不能覓得滷源，或覓得滷源而枯輕量微，不能合於一般標準者，得請由場署查明轉請 管理局設法彌補」。等因；仰見官廳體察入微，群商悅服。惟究竟如何彌補之處，尚未奉讀明文。至如已得滷源，量豐枯重，將來或因節產停廢者，似應在彌補之例。又如因建設井灶，四方購買器材，中途因軍事受損，事前據報有案，事後查明有據者，似應由轟炸保障基金內彌補。擬請一併公佈，庶使增產各井，益堅厥心，此其三。官廳貸款，原慮井商資本週轉不靈，特予扶掖。在初期增產起復者，皆天車廊廠機車鍋鑪齊全之井，而政府猶貸款井商，助其淘費，今當積極增產時期，貸款規定，僅就地面建設担保，貸給八腿以下資金，而淘費純由商人負担，顧後瞻前，似反不如初期待遇之厚。況兼物價高漲，井繳十倍於前，除建設不計外，每井猶月費六七千元，乃至萬數千元，每淘動經一年半載，商力何以堪此，擬懇將淘辦建設兩費，合併計算貸足八腿。先發半數，餘俟建設完成，全數發給。至於貸款限交銀行保存，由各區管理員監督支用，譬如膠柱鼓瑟，不能伸縮自如，障碍進行，已成事實，有失我官廳活動金融之本意，似應剷除。擬請一併公佈，以厚商力，此其四。以上四點，經本會等反復磋議，詢謀僉同。相應函請貴處煩為查照轉呈，至紉公誼。仍希將辦理情形見復為荷。

等由；准此，案關增產窒碍，本處未敢壅於上聞。理合具文轉呈

鈞局俯賜鑒核施行！指令祇遵。

謹呈

川康鹽務管理局

富榮場場商聯合辦事處主任幹事李雲湘

副主任幹事宋席九

顏心畬

中華民國二十九年六月二十四日

关于张贴禁止各井灶商民对增产怀疑观望轻信谣言布告的函件（一九四〇年八月十六日至二十三日）

二、川康盐务管理局致富荣东西两场公署的训令（一九四〇年八月十六日）

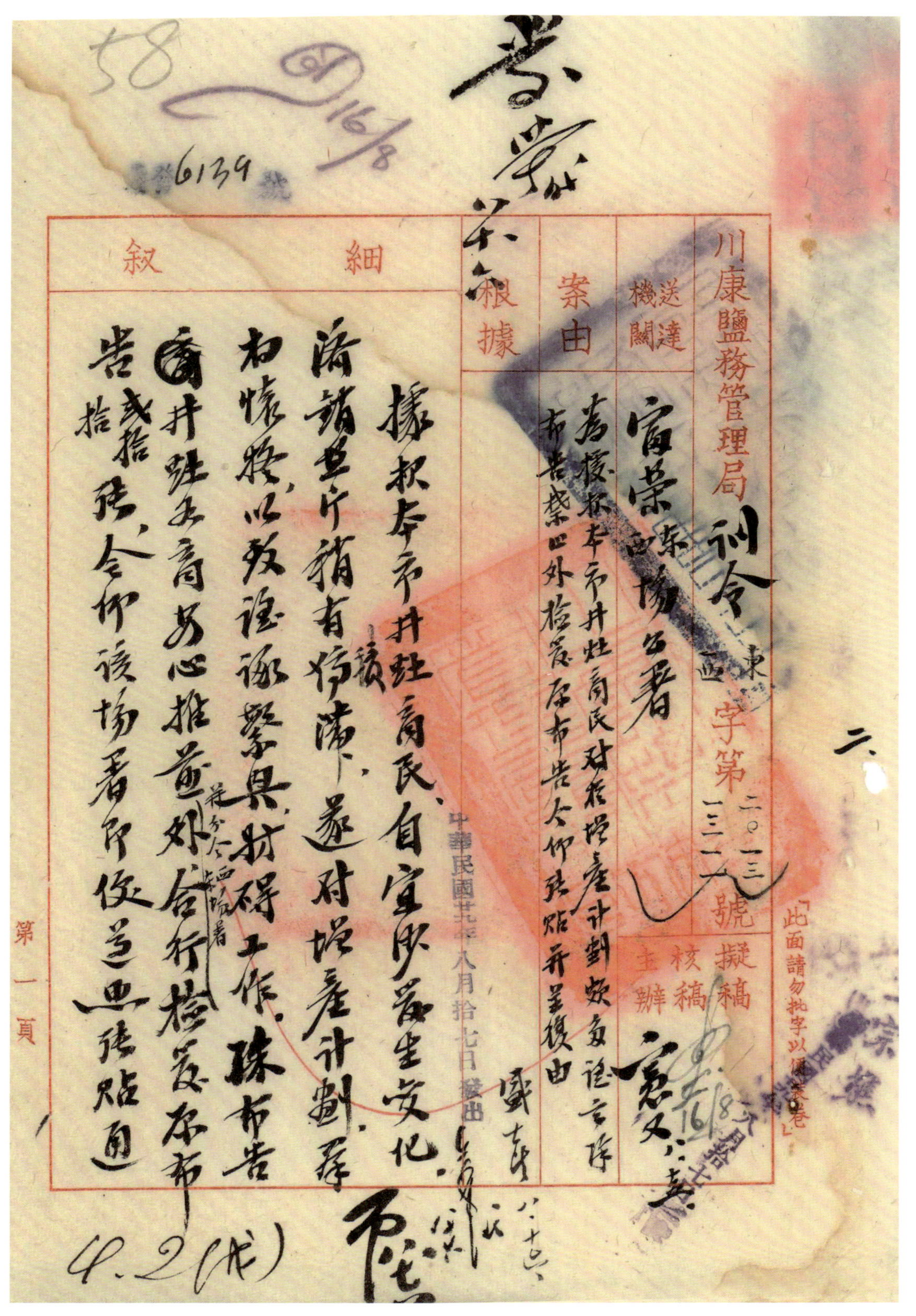

川康鹽務管理局 訓令 東西字第二〇一三/一三二號

送達機關	富榮東西場公署
案由	為據報本市井灶商民對於增產計劃妄起謠言除布告禁止外檢發原布告仰張貼并呈復由
根據	
擬稿	
核稿	
主辦	

細叙

中華民國廿九年八月拾七日發出

第一頁

「此面請勿批字以便裝卷」

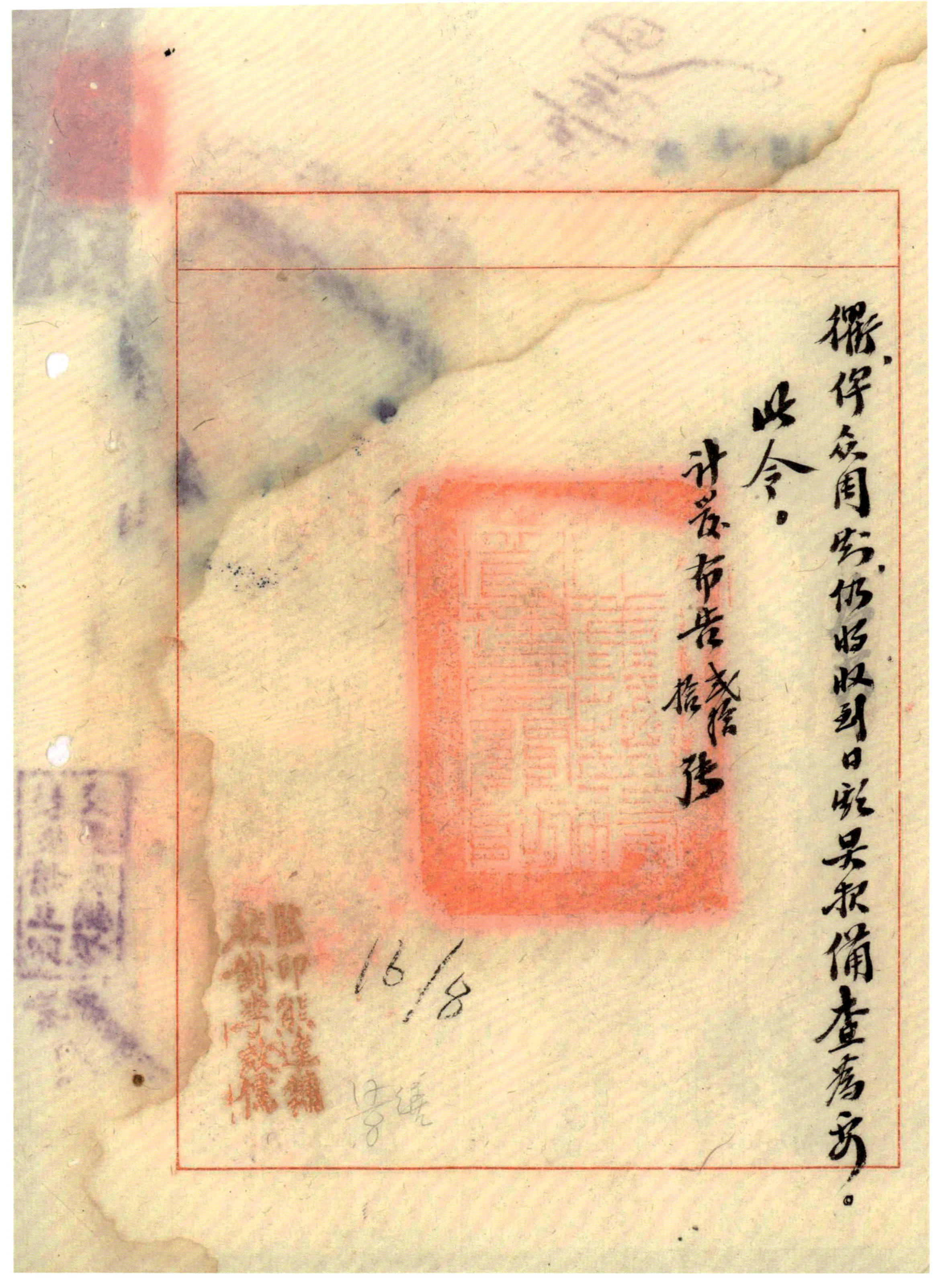
据，俾众周知，仍将收到日期呈报备查为要。

此令。

计发布告[illegible]张。

川康盐务管理局致自贡市井灶商民的布告（一九四〇年八月十六日）

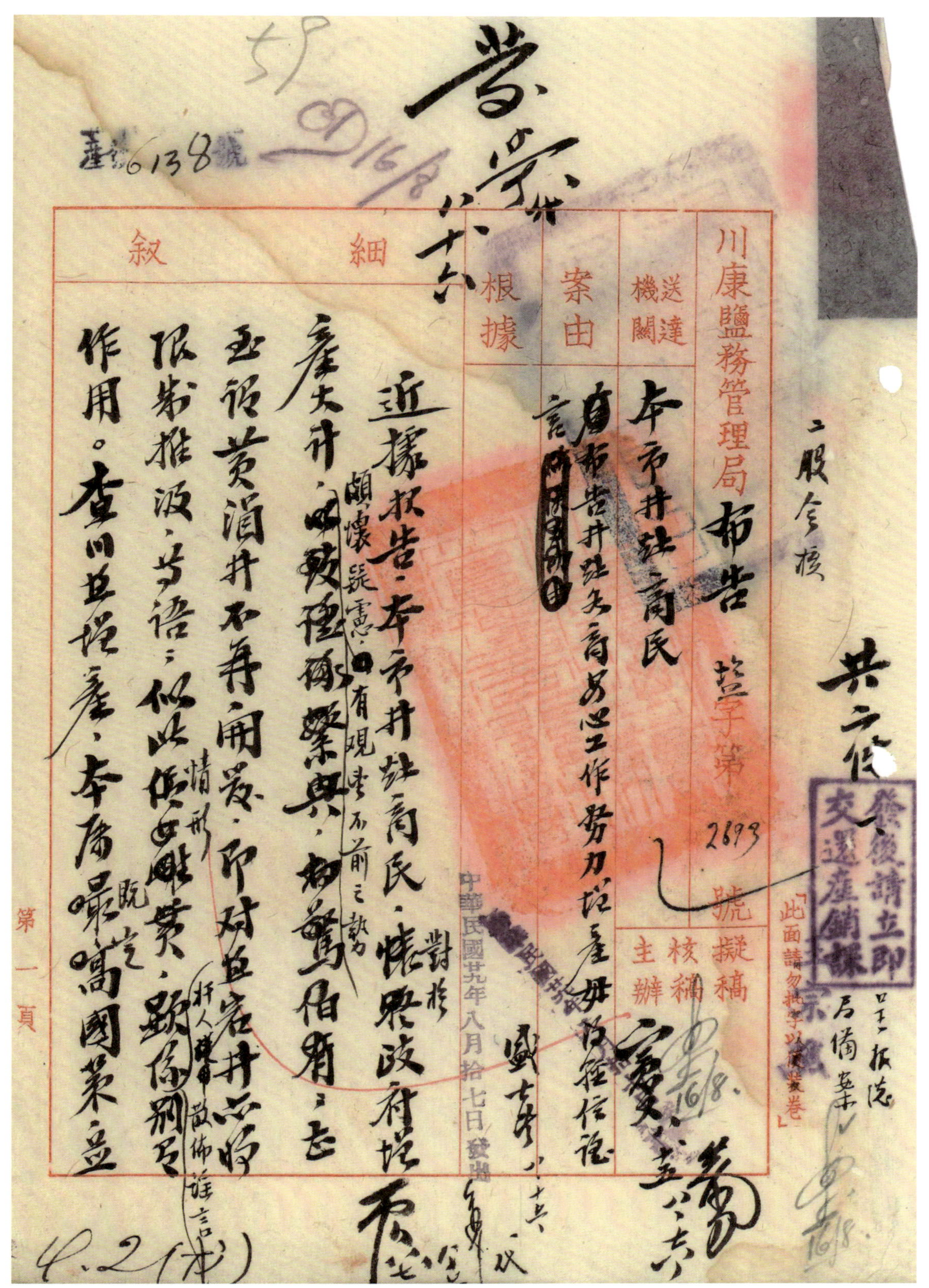

经中央规定月额,严限运办,自不能中途有所变更;且现时各岸需盐,仍在急切,正须赶运接济,亦不能减产。虽近两场有一部份花盐,因运输困难,积存灶房,本局已督饬运商赶紧疏运,以利灶盐,此系偶然现象,更与增产整个大计,毫无影响。所有两场井灶商民暨盐工等,务须各就本位,安心工作,一面认真推销,一面加紧建设,毋信谣言,贻误增产,致干罚办。自当遵行

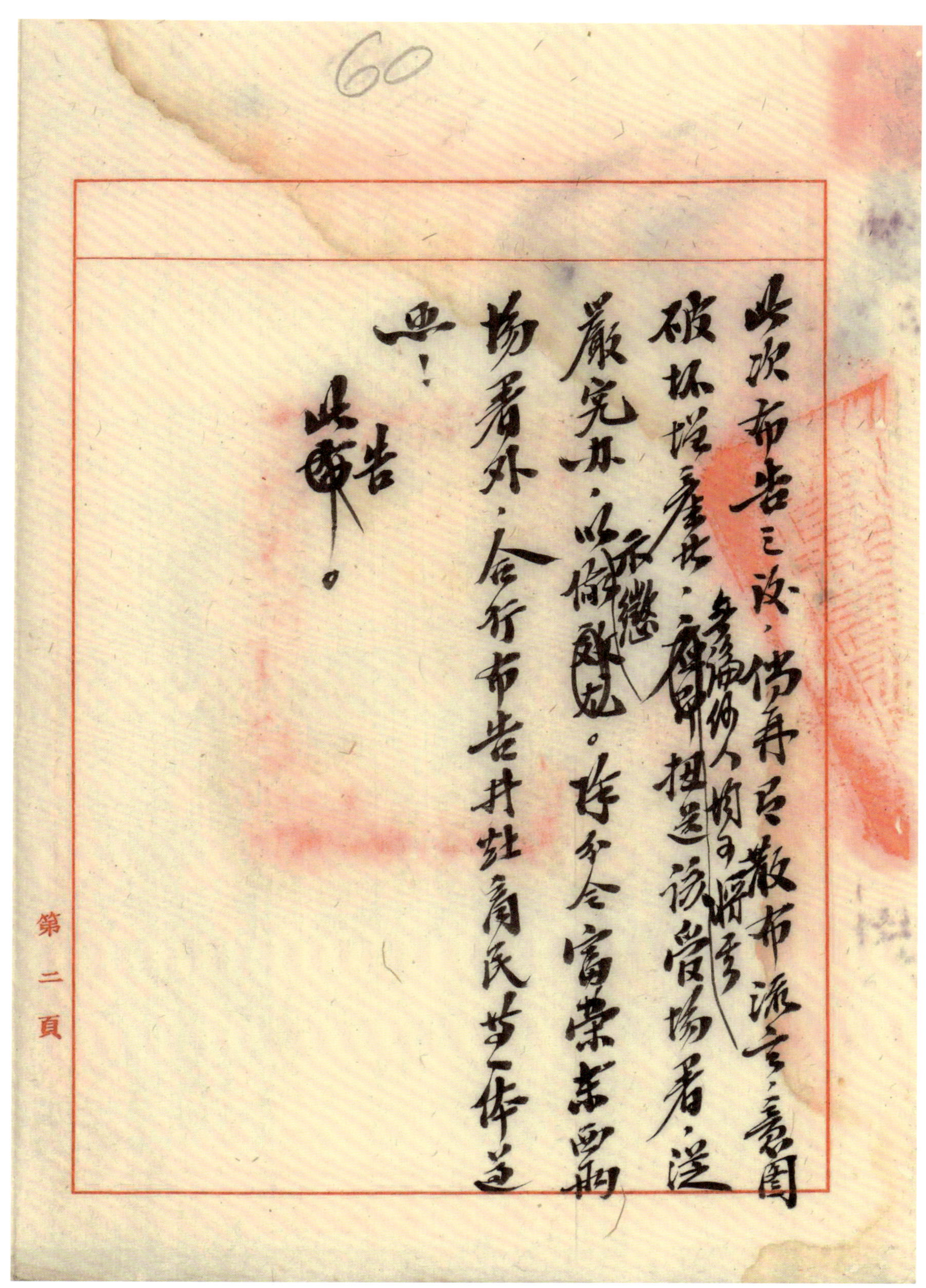

此次布告之後，倘再有散布流言，意圖破壞墟產者，一經各區保甲人員均可將其查明扭送該管場看，從嚴究辦，以示懲儆效尤。除分令富崇等兩場看外，合行布告，仰該場商民等一體遵照！

此布告。

第二頁

川康盐务管理局致财政部盐务总局的呈（一九四〇年八月二十三日）

川康鹽務管理局 呈 字第一〇七三號

送達機關：鹽務總局

案由：呈有富榮場井灶商民對於增產懷疑觀望，經佈告解釋，檢同佈告呈祈鑒核備查由

根據：本年八月十六日本局佈告井灶各商安心工作佈告一件

細叙：

竊查富榮場井灶商民，近因宜沙戰事關係，濟銷鹽觔稍有積滯，並對增產計劃，羣相懷疑，謠諑繁興，幾有觀望不前之勢。職局深恐影響所及，妨礙推進，因違背既定國策，鹽以供應軍民食用，尤為主要產場，開發資源之所亟待

擬稿 核稿 主辦

第一頁

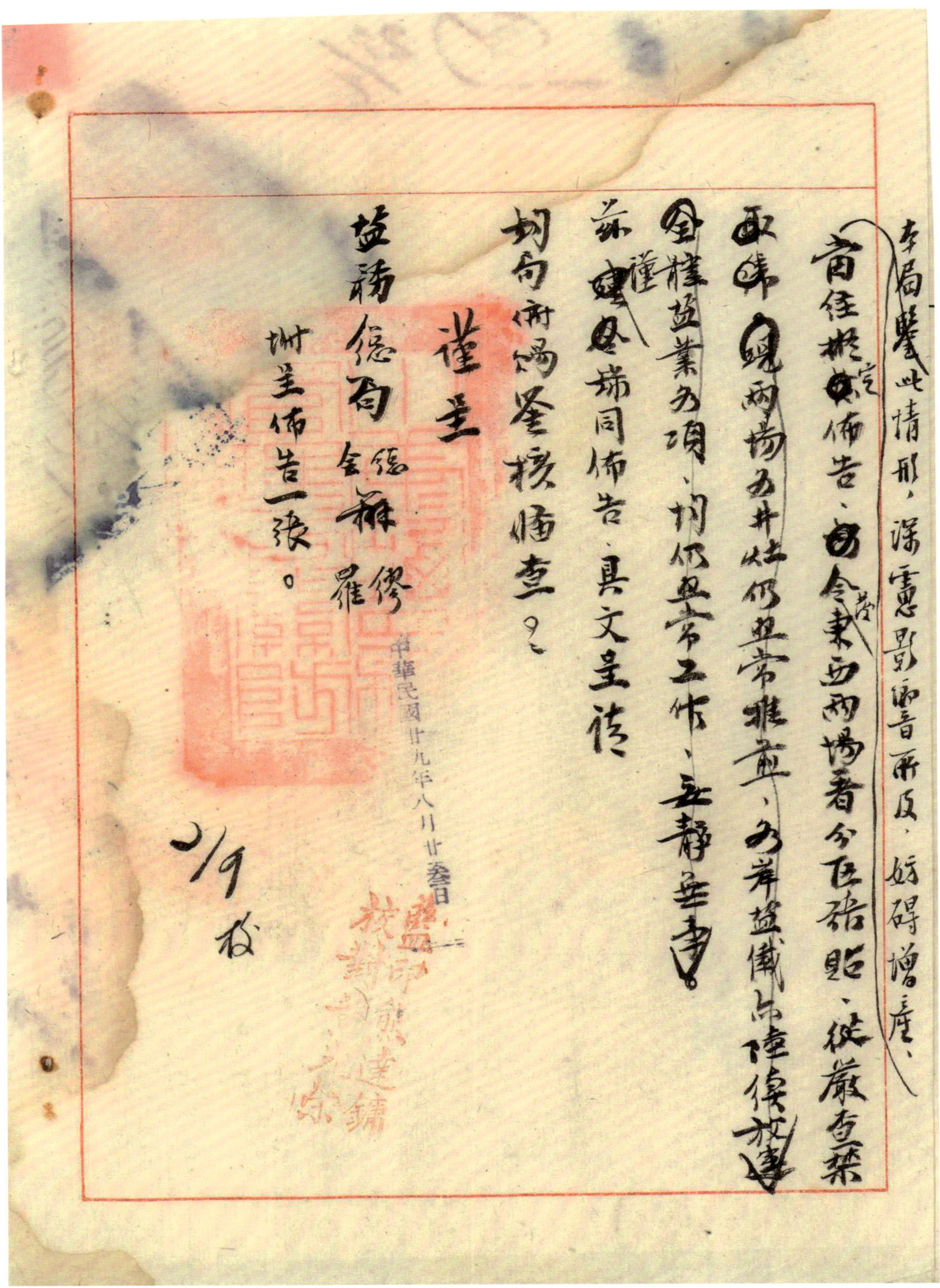

本局鑒此情形，深慮影響所及，妨礙增產，

當經擬定佈告，分令東西兩場署分區張貼，從嚴查禁

取締。現兩場各井灶仍照常推煎，各岸鹽載亦陸續放運，

全體鹽業各項，均仍照常工作，安靜無事。

謹檢具該項佈告，具文呈請

鈞局俯賜鑒核備查。

謹呈

鹽務總局總辦繆 會辦羅

附呈佈告一張。

中華民國廿九年八月廿叁日

2/9 收

富荣西场公署致川康盐务管理局的呈（一九四〇年八月二十三日）

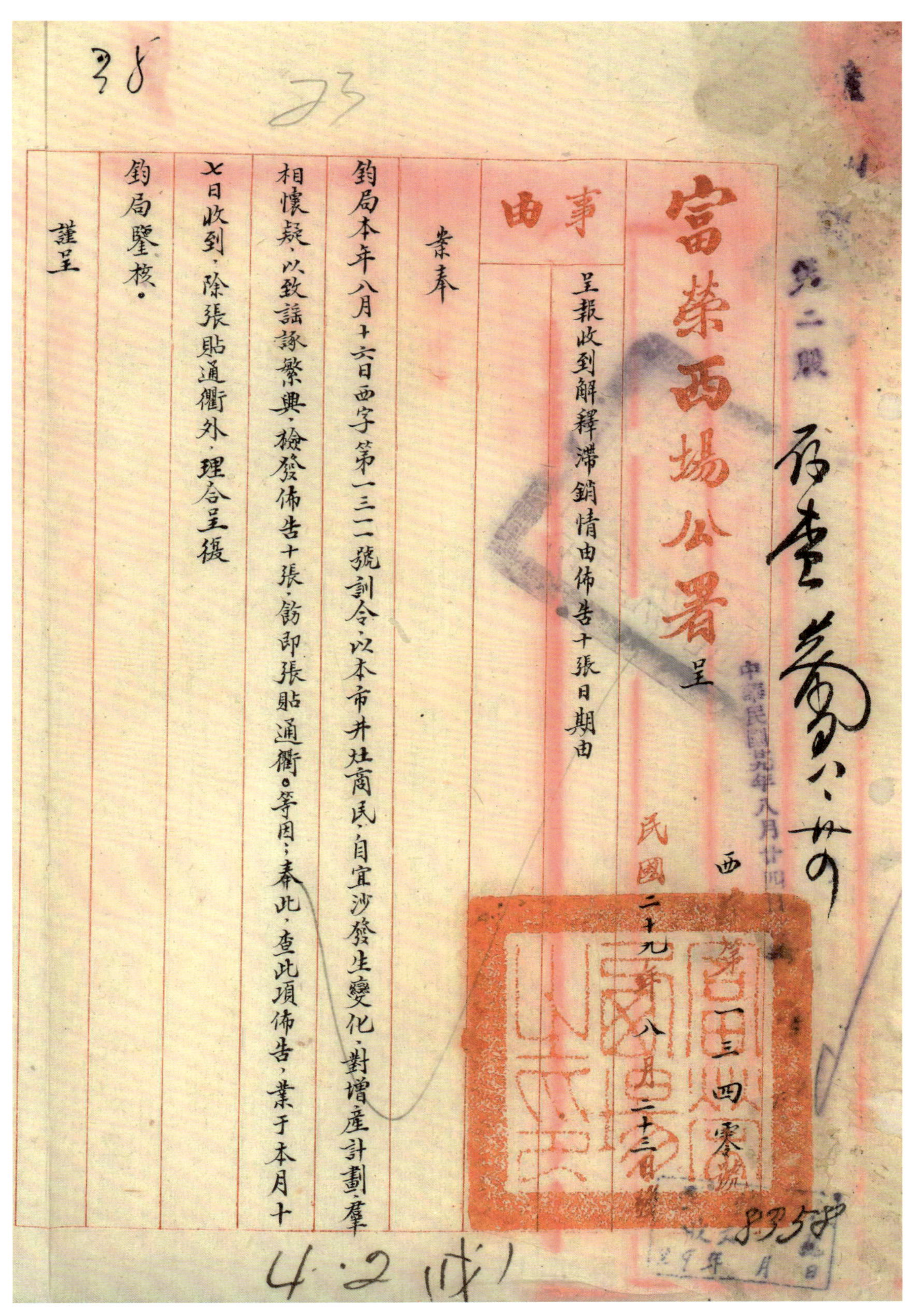

富榮西場公署呈

事由　呈報收到解釋滯銷情由佈告十張日期由

民國二十九年八月二十三日　西字第一三四零號

案奉

鈞局本年八月十六日西字第一三二號訓令，以本市井灶商民，自宜沙發生變化，對增產計劃羣相懷疑，以致謠諑繁興，檢發佈告十張，飭即張貼通衢。等因，奉此，查此項佈告，業于本月十七日收到，除張貼通衢外，理合呈復

鈞局鑒核。

謹呈

川康鹽務管理局局　長曾
副局長柏。

西場場長何國雋

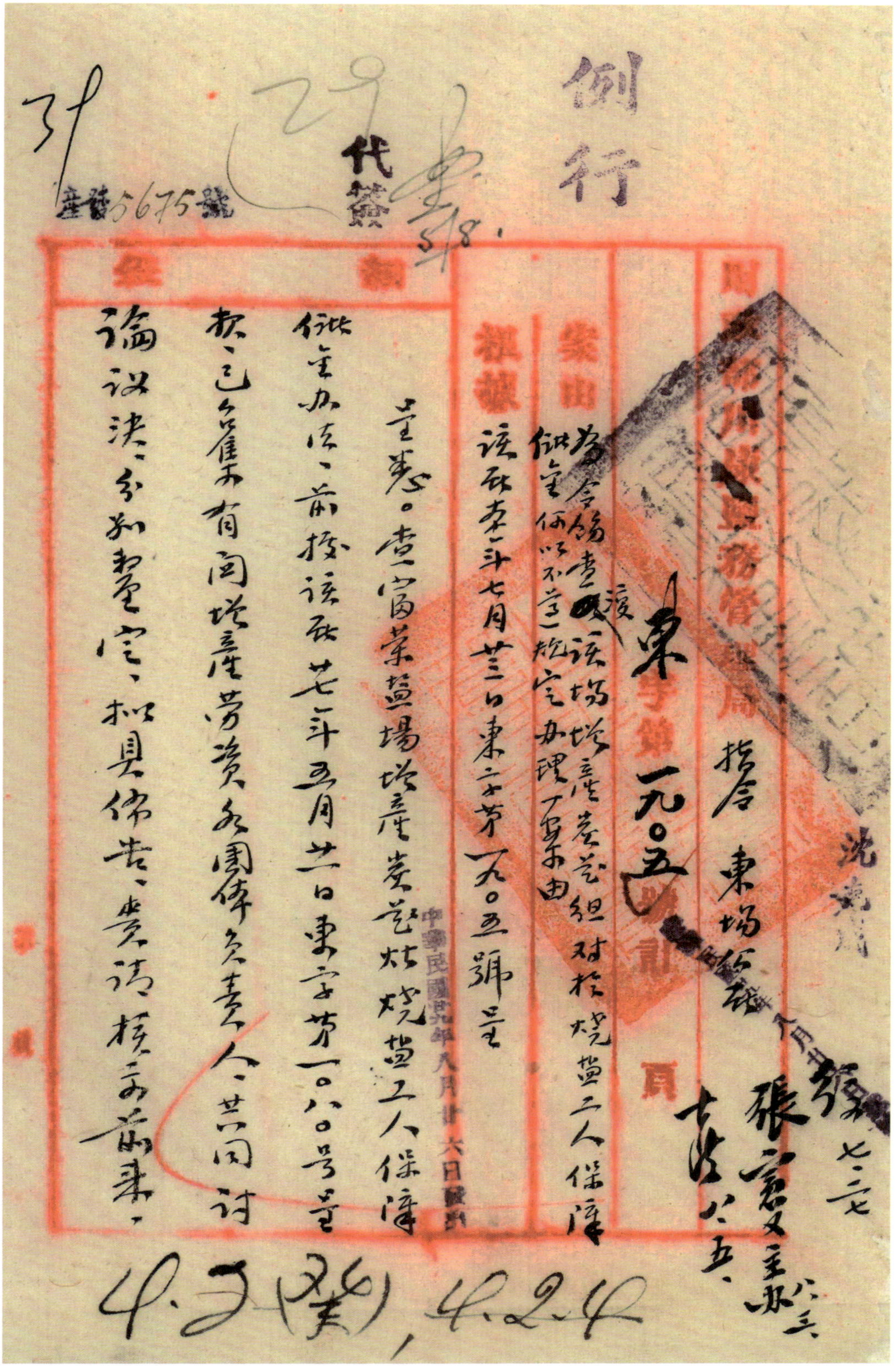

川康盐务管理局关于令饬查复增产炭花组之烧盐工人保障储金何以不遵规定办理致富荣东场公署的指令

（一九四〇年八月二十六日）

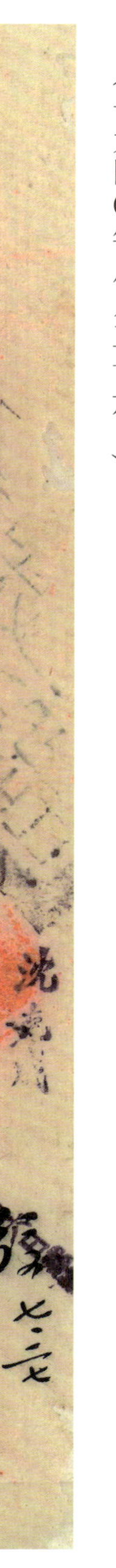

例行

代签

產發5675號

川康鹽務管理局 指令 東場公署

東字第一九〇五號

案由：為令飭查復該場增產炭花組對於燒鹽工人保障儲金何以不遵規定辦理由

該場本年七月廿三日東字第一九〇五號呈一件，呈悉。查富榮鹽場增產炭花燒鹽工人保障儲金辦法，前據該場本年五月廿二日東字第一〇八〇號呈，已召集有關增產勞資各團體各代表人共同討論議決，分知遵照，並具報告，當請核示前來

中華民國廿九年八月廿六日發出

經查該佈告內第三條規定：「凡提煉炭灶廠於臨時休業，為保障工人生活安定起見，亦應按照工資一個，作為保障傭金，存於指定銀行生息，俟提煉結束時，一次發給承領。……」等語，當即指令照准。旋據該廠因本年八月十七日東字第一三九二號呈轉場商聯合辦事處具報業務情形，該經令飭會查各在案。茲閱來呈，係以該鹽工代表羅散初等又稱：「商家各灶，今於每月發薪工資時，將保障傭

生、碍难给發、案查[所称]黄某奉實、如果不虛、該
商炳芮、黄某某拟[擬署]有案、統仰查該米局再
憑核办。此二
此令。

中華民國[illegible]年八月初六日

監印熊遠鏞
校對趙[illegible]儒

川康盐务管理局关于富荣两场贷款办法致富荣东西两场公署的训令（一九四〇年十月十八日）

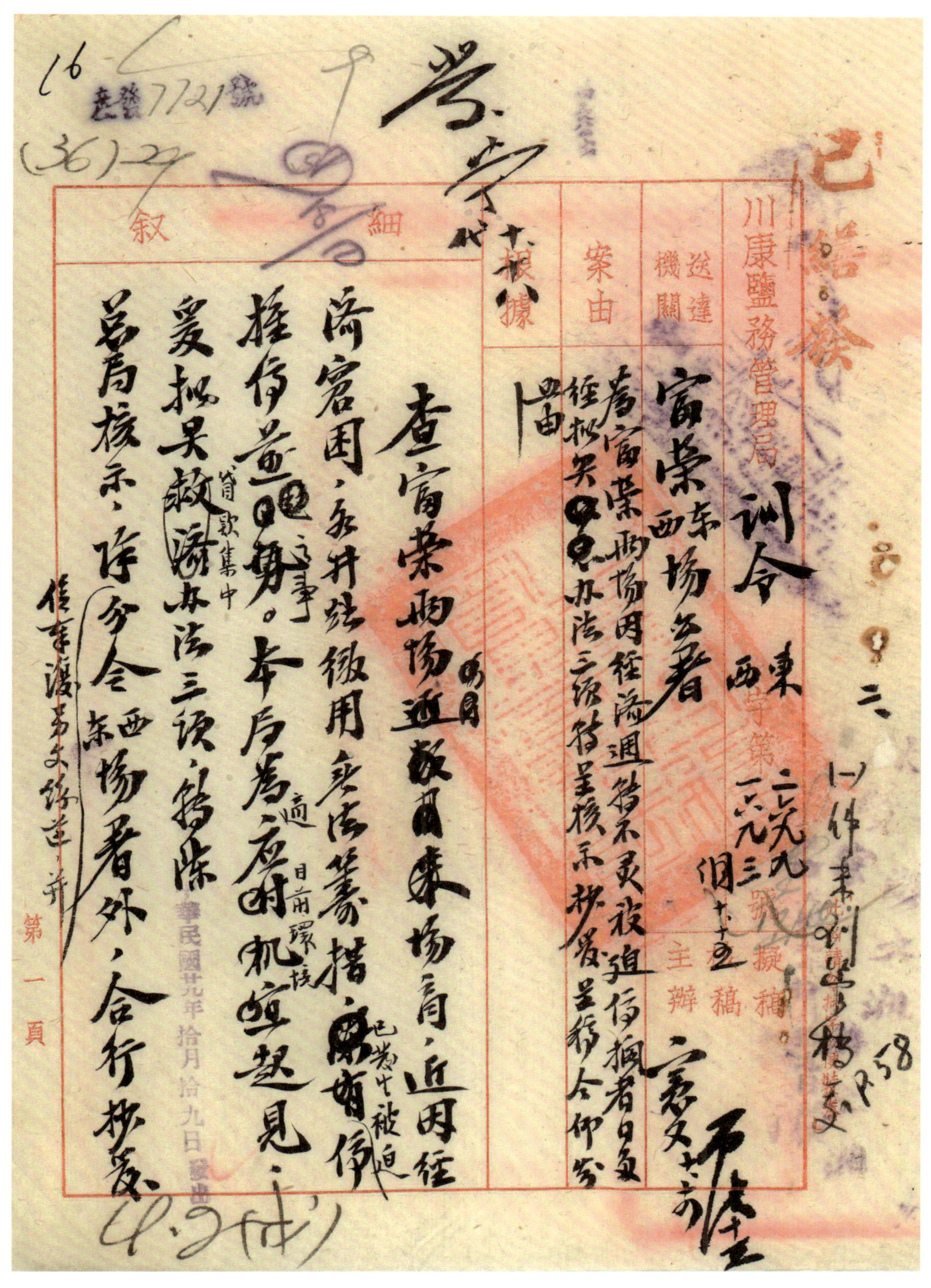

17

奉呈

核稿

令仰该场署知照。

此令。

计抄发呈稿一件

附件发齐

中华民国三十一年拾月拾八日

盐务总局局长 缪秋杰

附：徐开弟、何国俊、盛吉皆致川康盐务管理局的签呈（一九四〇年十月八日）

18　　10

簽呈

竊富榮場近數月以來，因金融枯窘，現鈔缺乏，場運不高，經濟週轉不靈，場聯處自七半起即未辦理收兌，以致各井灶每日以需款用，均無法籌措，有被迫停煎停推之勢，新起推及淡滷井因滷水無處銷納，先後停擱者已有多家，影響增產實屬非小。截至本年九月底止，兩場實產鹽共三百八十餘萬担，比該年預定差一百七十餘萬担，似此情形，如不設法挽救，不僅額產鹽數難於產足，恐大部份井灶均有被迫停工之一日。查井灶需用既如是急切，而籌碼又極端缺乏，似應斟酌緩急，妥籌應付之方，俾現狀可以維持，不致影響增產，兹謹就管見所及，擬陳辦法如次：

財政部川康鹽務管理局

已派 程日[?]

呈　　　　签

(一)第二第三两期黄黑卤井之未动工者一律停止开采，分家不予贷款，惟自愿措款洽办者听。（呈总局）

日产不及八十担者改在最后一期开采。已呈总局[illegible]

(二)已经开采或已由本局贷款之井，应视其建设情形，就本局黄黑卤井贷款内酌予贷款扶助，原定保障办法仍不变更。

(三)本年一至四月盐价请于十月底以前算明补请。

(四)两场官盐灶，仿照川北及犍场搭炉灶办法，再予建灶若干，淡卤由技术室立即派员赴犍场考察，限十月底建设成立。（令东西场署）　已办　十·十六

第同东西官盐灶职工各一名

(五)淡卤除官盐灶外，并分配试验盐厂盐制。

俟该厂成立时另案办理。

财政部川康盐务管理局

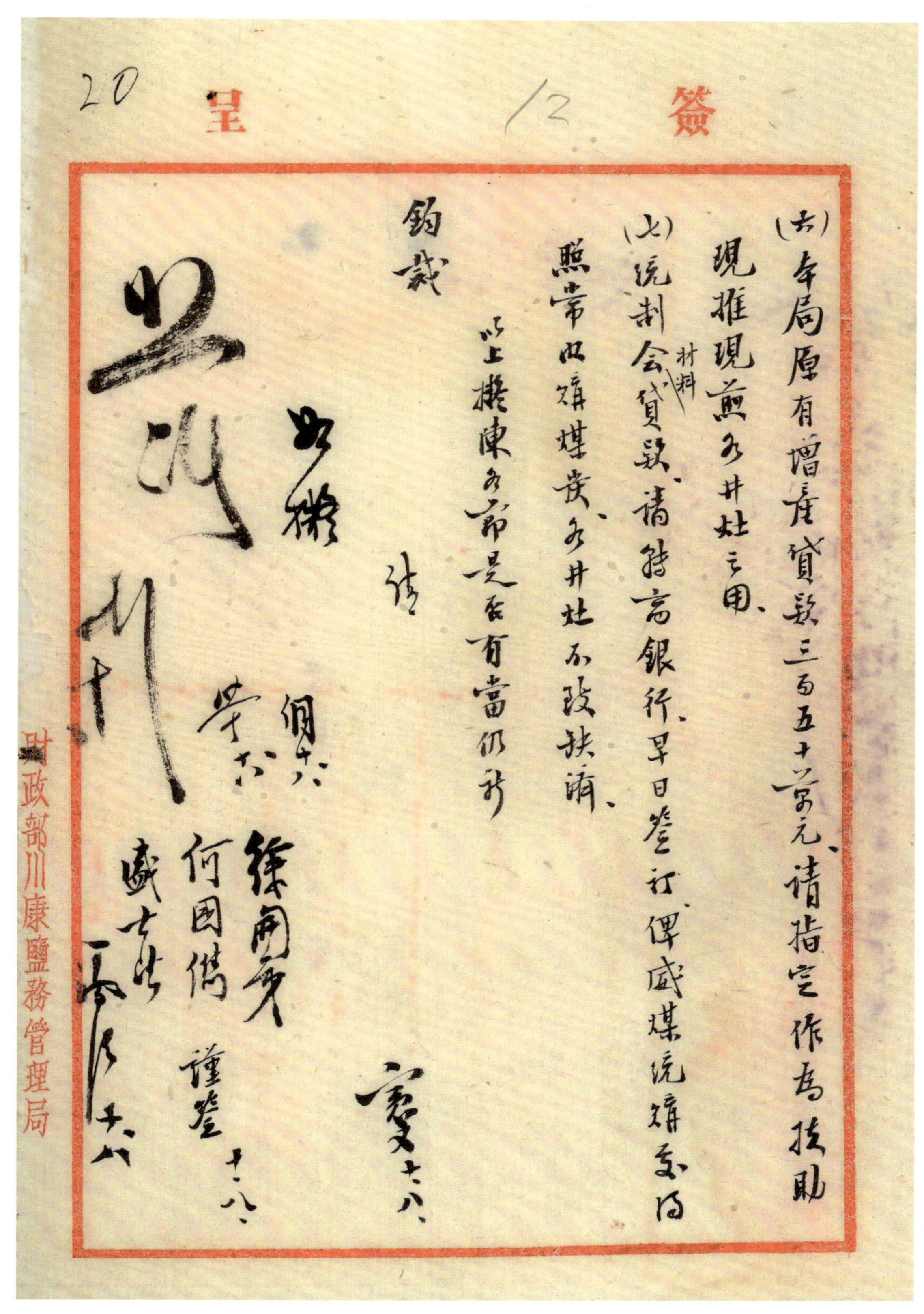
20　呈　12　簽

（六）本局原有增產貸款三百五十萬元，請指定作為扶助現推現煎各井灶之用。
（七）統制會貸款、請轉商銀行早日簽訂，俾威煤統銷暨同照常收購煤炭，各井灶不致枯竭。
以上擬陳各節是否有當，仍祈
鈞裁
謹簽
何國儁
[illegible]

財政部川康鹽務管理局

川康盐务管理局关于《大公报》所载川盐增产问题各节致财政部盐政司的公函（一九四〇年十月二十四日）

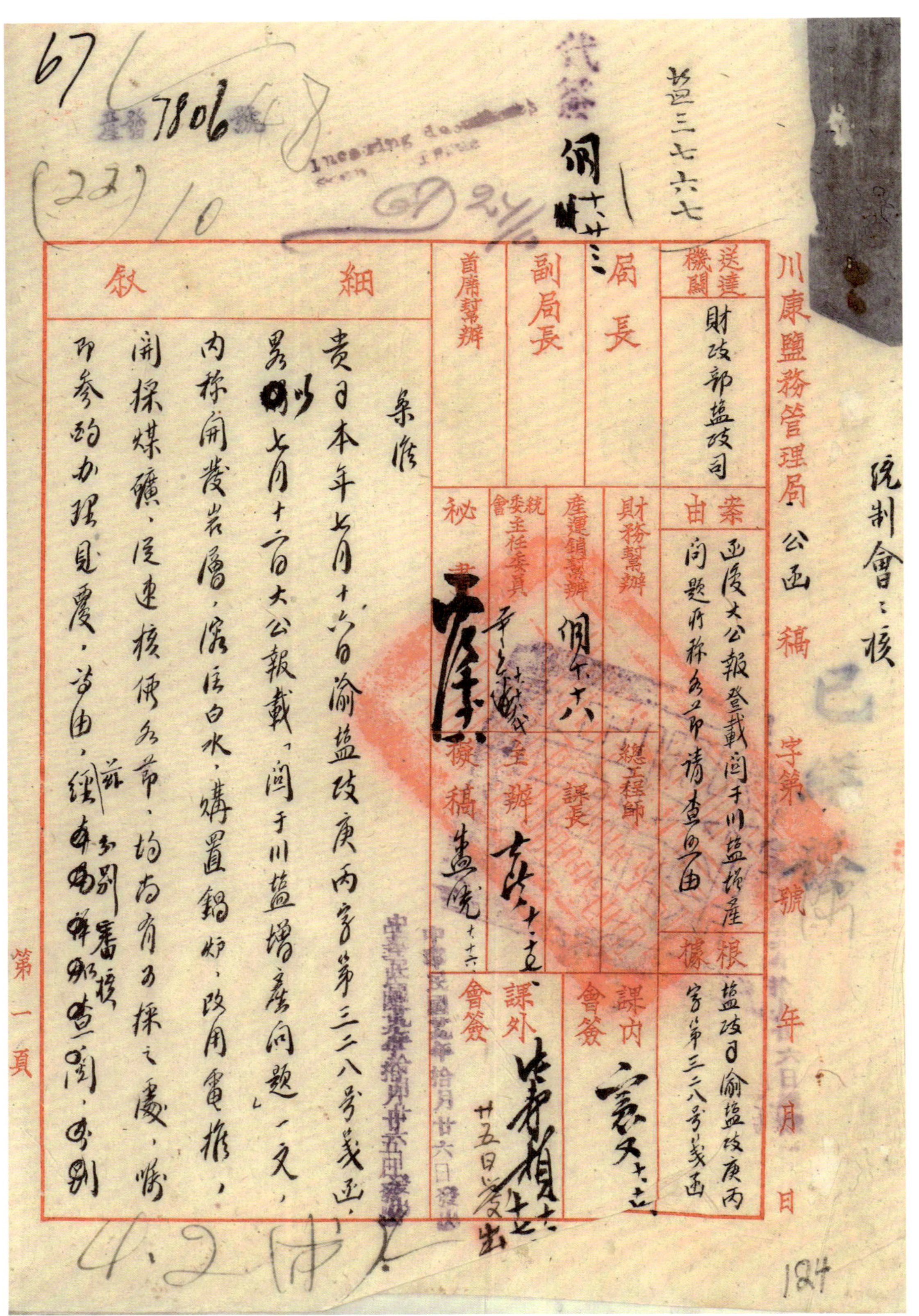

川康鹽務管理局公函稿　字第　號　年　月　日

送達機關：財政部鹽政司

案由：函復大公報登載關于川鹽增產問題所稱各節，請查照由

根據：鹽政司渝鹽政庚丙字第三二八號箋函

細敘：

案准

貴司本年七月十八日渝鹽政庚丙字第三二八號箋函，以七月十一日大公報載「關于川鹽增產問題」一文，內稱開發岩層、深淘白水、購置鍋炉、改用電推，開採煤礦、從速核價各節，均為有益採之處，囑即參酌辦理見覆，等由。經本局分別審核，查關……

第一頁

逐項奉復如次：

（一）開發岩層溶注白水，查大坟堡盐岩中心區，因開發已久，半數滷井，鹹量均已減輕，不如未龍坝扇子壩等處，岩層豐厚，滷汁濃厚，為白水灌注过多，則盐岩溶化不及，鹹量必更減輕，此在增產後儘有可能，足資证明，所謂「坑之上部尚有盐岩層存在因白水少未能溶化」一節，不過理想之詞，至扇子壩等處停廢盐岩井，現在從事開办中者，約計十餘井，均在進行中。

（二）添置鍋炉及改用電推：各機車滷井鍋炉破舊，時有耽延，確屬可能，本局為避免危險起

69

見，曾派令技術員隨時前赴各井，檢查指導，遇有
破壞，立飭修理，并先後在渝購買鋼板，向中央工
業試驗所訂製鍋炉七套，此外各商自行向省
內外訂購者，不下二十餘套，如完全運到，則可以換
下一部份破舊鍋炉，從而修理，并以一部份安設閘加
見功之井，得以增加滷量。至改用電推一節，本局早
曾已迭向
鈞部及鹽務總局建議，但以富榮場機車滷井汲
滷需要動力計算，約有一萬啟羅瓦特電機，不足
供用，現自貢電力廠安設電機僅五百啟羅瓦特，
力量相差甚遠，自不合用，似仍應由

第二頁

鈞部特商經濟部就前方運回之電機，擇其動力較大，足供富榮場撥鹵之用者，撥交一部，以便改用電力推汲。惟如此鉅大電機，不特搬運裝置，耗時費財，而估計需要煤炭，每月亦在叁千噸以上，且在此燃料來源尚感缺乏之際，是否能充分供給，亦爲難逆料也。

（三）從速核價：查富榮場價，原係于每月之內核定，嗣因物價隨時上漲，場商對于本月內核價後所增加之成本，彌補困難，迭請設法補救，乃改爲期滿核價辦法，于每月終了時，按照各商之個月實需成本，予以平均核定，此種辦法，雖稍费时日，然于商本亦可顾及，似觉较前妥善。至本局核定场价，凡属折旧、资本利息，以及工作耽延（如开井换圜子以及跑马落商等）等项，其有正当理由者，无不尽量核入，所谓尖刻一节，完全与事实不符。所拟再加利益每担至少一元，数目甚钜，如运销商及零万足盐店一律援例要求，则盐价将益形增高，似不宜采用。现在本局对于场价，已呈准改为月一核，岸价则拟改用牌价办法，斟酌制盐运盐成本运缴增减情形，随时予以核改，不必按月核定，（于十月十二日）免受物东业经呈奉以案已部局核准，通电各岸盐务及岸盐运处饬各重慶運輸委員會，於本年電日起實行本案。

（四）開採煤礦，查所謂「××煤現產既不豐……」云云，當係指威遠而言，據本局調查，威煤現在產量，每月在八萬包以上，將來運輸便利，隨產隨運，產量可增至十萬包以上，若黃荊溝煤礦完成，則尚不止此數，頗足敷鹽場之需，所困難者，爲運輸問題，現在竭最大之努力，威煤運井，每月僅運五萬包之譜，因運疲致產滯，其原因則以威礦多商，資本均不充實，故產量加多而不能運出，則資金既被擱壓，礦中又少堆存餘地，況時

73

有洪水沖洗，積久燒堆之虞，本局為扶助鹽商場產起見，於收購預煤之外，并酌予貸款，獎勵開發。至公營煤礦，如黃荊溝煤礦公司，早在進行籌劃，刻已正式成立，以期大量增產。再威煤採取方法，所以未能廢除土法者，則以威煤儲量雖豐，而大部份煤層甚薄，蓋山特厚，若完全改用機械，誠恐得不償失，關於煤之運輸，分別詳敘各項，分述於次，

甲、運輸方面，本局已將由鹽至棧內段舊有石板路，大部份予以培修，其餘中西北三幹路，亦由公家出資修築公路，俾使煤運無阻，現在西段公路，及由威至井之公路，均已通車，中北兩路，正在動工

第二頁

74

提修，此外关于水運设閘问題，本局以前曾請華北水利委员会查勘，但结果，不特需费过鉅，为目前经济力量所不許，而沿河農田，均賴威河灌溉，若澈底整理，势必影响農田，关係亦大，非所能解决，因是始改建砂石木堰，用資兼顾。

二、关于燃料问题 查威煤之质，较其他荣縣沱江流域各處所產为佳，附近各縣燃料，均取給于斯，富荣两場煎盐，亦惟威煤是赖，政府为免除競爭抬價，及兩場煎盐燃料不致缺乏起見，始对威煤加以统制，自本局所属统制委员会成立迄今，一載有半，两場製盐燃料之供給，尚未发生窒碍，至于煤價雖已隨物價之上漲而逐漸增高，惟官運價格，終較商運為廉，且實具在，可以覆按，再查兩場預計將來需煤最高額，為十四萬包，並威煤現在產量而言，所不足者有限，一旦黃荊濟煤鑛出煤後，則足以敷用，目前最困感難者，為運輸不便，不能盡量運出耳，至于配煤方法，原係並前總制專員辦公處辦法，召集兩場有關各井灶團體當会議分配，祇以商人立場，純以個人利益為前提，罔知兼顧他人，決議前既多爭執，決議後又藉口表示不滿，易滋紛擾，現已改為一面由總制委員会調查各井灶現在需用數量，以為參考，各井灶

第二頁

領煤时，更須經过該區主管员予以證明，然後配發，更無所謂分配不均之弊。且煤質煤價之評定，以前僅憑經驗，漫無標準，弊竇叢生，礦商嘖有煩言，現已未設煤質檢定员，完全依據科學方法，採樣化驗，決定等級，辦理以來，礦商均無異議，該文作者，謂有任意高下之弊，殊屬不明真像，且对于咸煤，尚屬一知半解，并無深切之認識，亦覘其意旨，似有不滿意于現行辦法，故發為空言高調，希圖破壞統制辦法，殊無可取也。

至改良生產，自係技術問題，未可強不知以為知，

77

63

自屬確切不移之論，惟本局為鹽務行政機關，對于改良生產之問係技術問題，然前既有技術委員會之設置，自不能不該會之協助，而技術委員會各會員，多係兼任，平時往來井渝不定，對于改良技術辦法，極少有實上之表現。前如改良炭灶一案，撥款數萬，研究經年，結果毫無具體辦法，試驗鹽廠亦交商接辦，甚引起鹽業方面及外界人士之不滿，自屬無可諱言。本局為謀事便利起見，已呈奉鹽務總局核准組織技術室，歸本局直轄，以便隨時研究改良鹽業生產方面技術問題，近奉令准改為官辦，現正準備接收，並呈請由技術室，該技術室業已組織成立，以後對于改良生產方面，有專人負責辦理，而機構既一，推動自易，不致再蹈前轍，此則可為本會告者也。

18

准函前由，相应覆请
贵司烦为查照！
此致
财政部盐政司

中華民國[illegible]年拾月廿四日

附：财政部盐政司致川康盐务管理局的笺函（一九四〇年七月十三日）

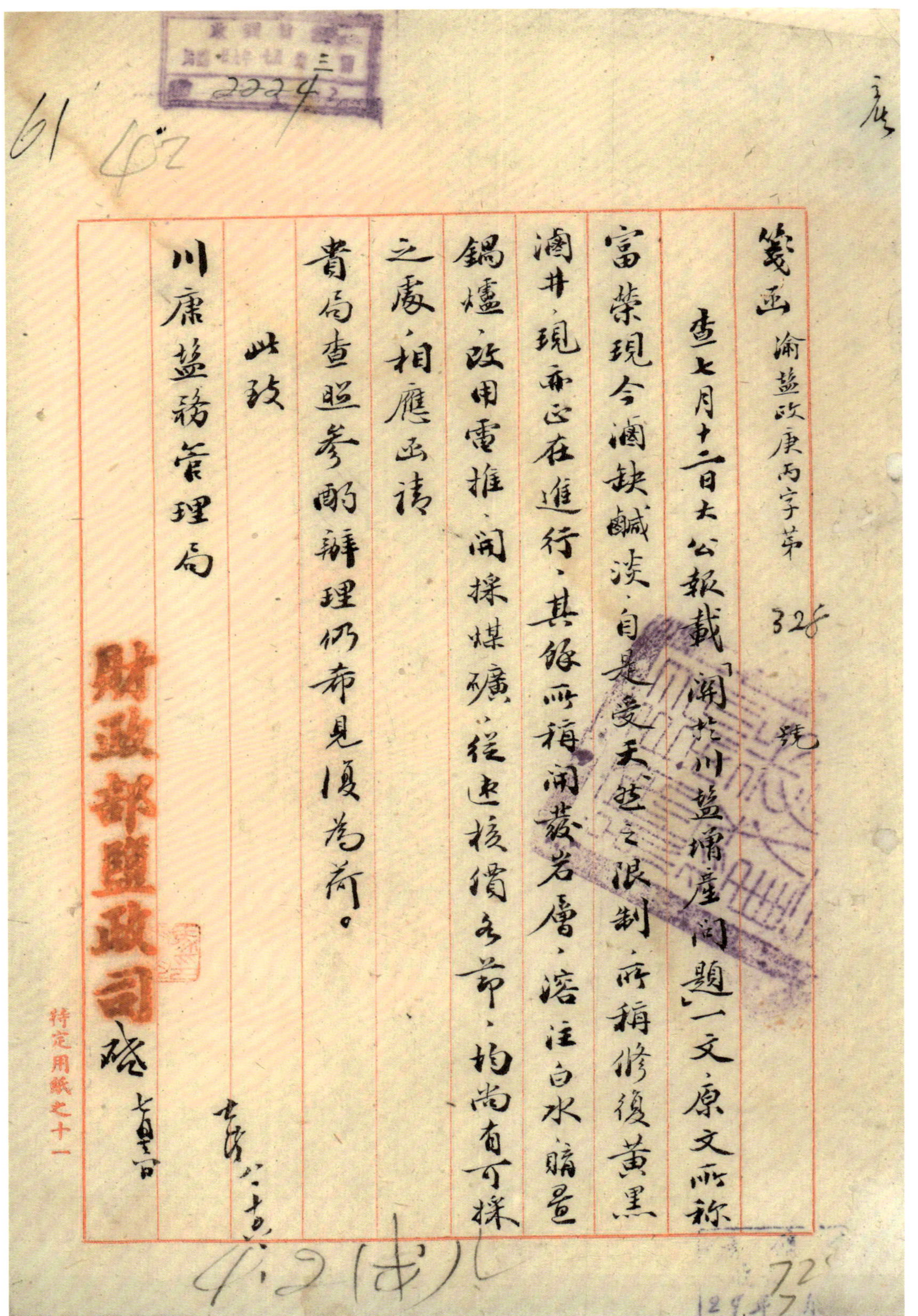

箋函　渝鹽政庚丙字第328號

查七月十二日大公報載「關於川鹽增產問題」一文，原文所稱富榮現今滷缺鹹淡，自是受天然之限制，所稱修復黃黑滷井，現亦正在進行，其餘所稱開發岩層，溶注白水，騰置鍋爐，改用電推，開採煤礦，從速核價各節，均尚有可採之處，相應函請

貴局查照參酌辦理，仍希見復為荷。

此致

川康鹽務管理局

財政部鹽政司啓

七月十三日

特定用紙之十一

关于不法盐工及操纵制盐装盐原料器材价格之商人应仍由地方法院严加羁押惩办的函件（一九四〇年十一月至十二月）

财政部盐务总局致川康盐务管理局的训令（一九四〇年十一月十八日）

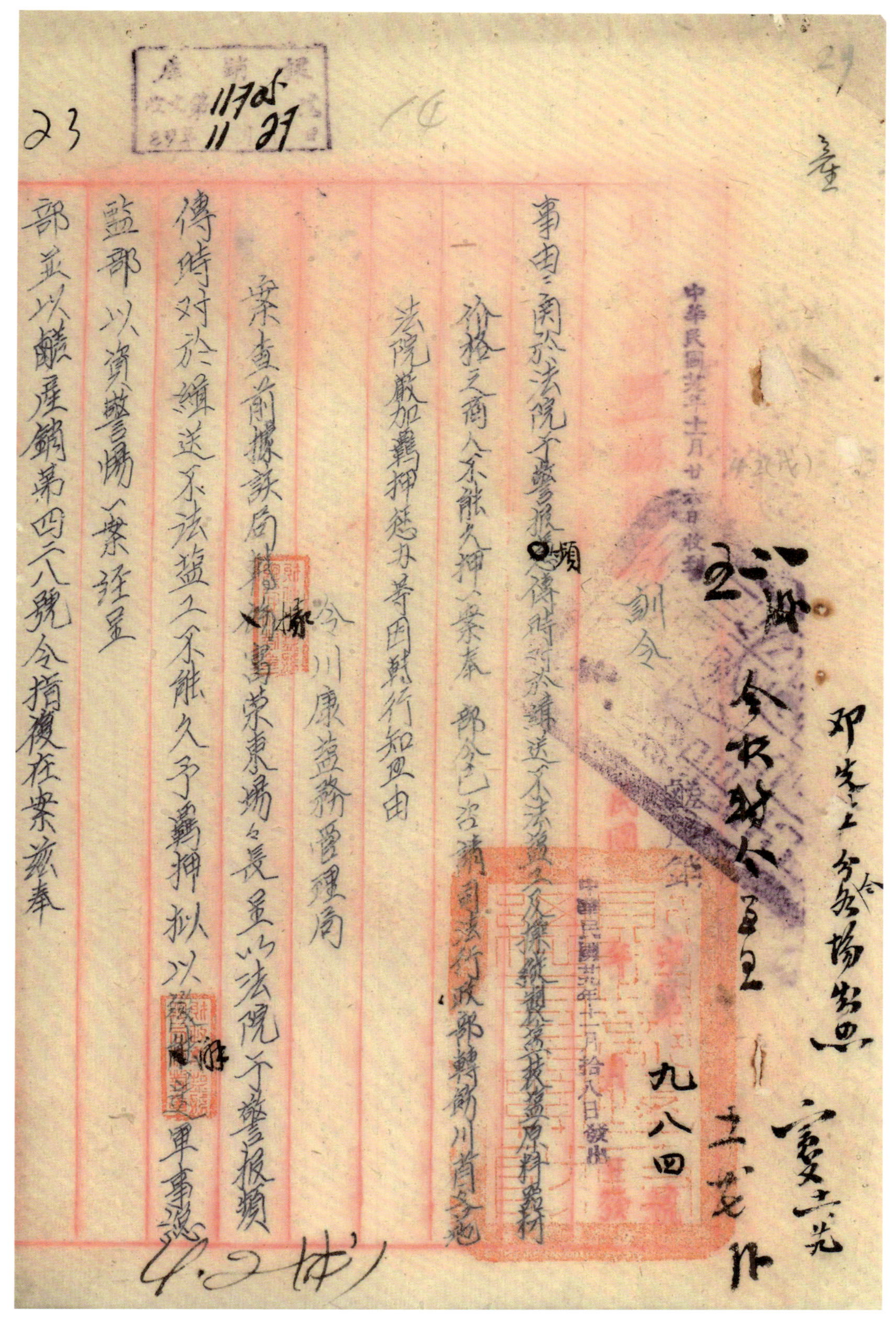
训令

事由：關於法院予警振頑傳時對於緝送不法盐工及操縱製盐原料器材價格之商人不能久押一案奉部令已咨請司法行政部轉飭川省各地法院嚴加羈押懲辦等因飭行知照由

令川康盐務管理局

案查前據該局荣東場場長呈以法院予警振頑傳時對於緝送不法盐工人不能久予羈押擬以軍事總監部以資警惕一案經呈部並以鹽產銷第四二八號令指復在案茲奉

中華民國廿九年十一月拾八日發

24

財政部渝鹽丙第三〇五八九號指令開：

「呈悉。查不法之鹽工及操縱囤積鹽炭、鹽原料器材價格之商人，應仍遵照本部陳奉委座核准之辦法，由鹽務機關或地方行政機關拿送該管法院治罪。來呈所請將上項鹽工及商人解送軍事總監部懲辦，節於法無據，應毋庸議。除由部咨請司法行政部轉飭川省各地法院嗣後對於鹽務機關及地方行政機關解送之不法鹽工及操縱囤積鹽炭、鹽原料器材價格之商人，務須注意嚴加羈押，依法懲治，其因空襲關係羈押有困難者，亦應設法排除其困難，毋得擅予釋放，以資懲儆

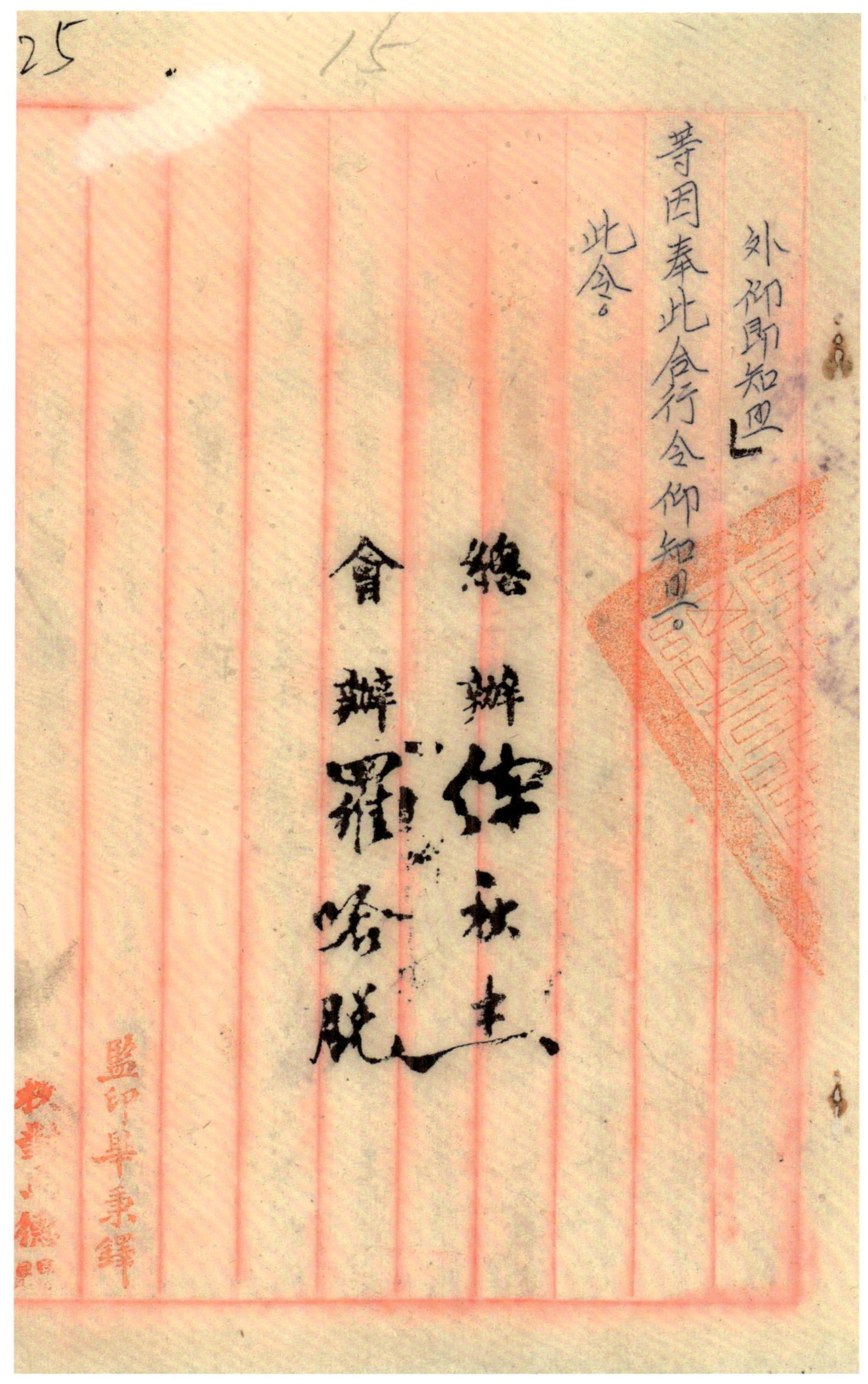

外部即知照。

等因奉此合行令仰知照。

此令。

總辦 徐秋木

會辦 羅啓晄

監印 畢秉鐸

校對 □總

川康盐务管理局致自贡地方法院的函（一九四〇年十二月二十四日）

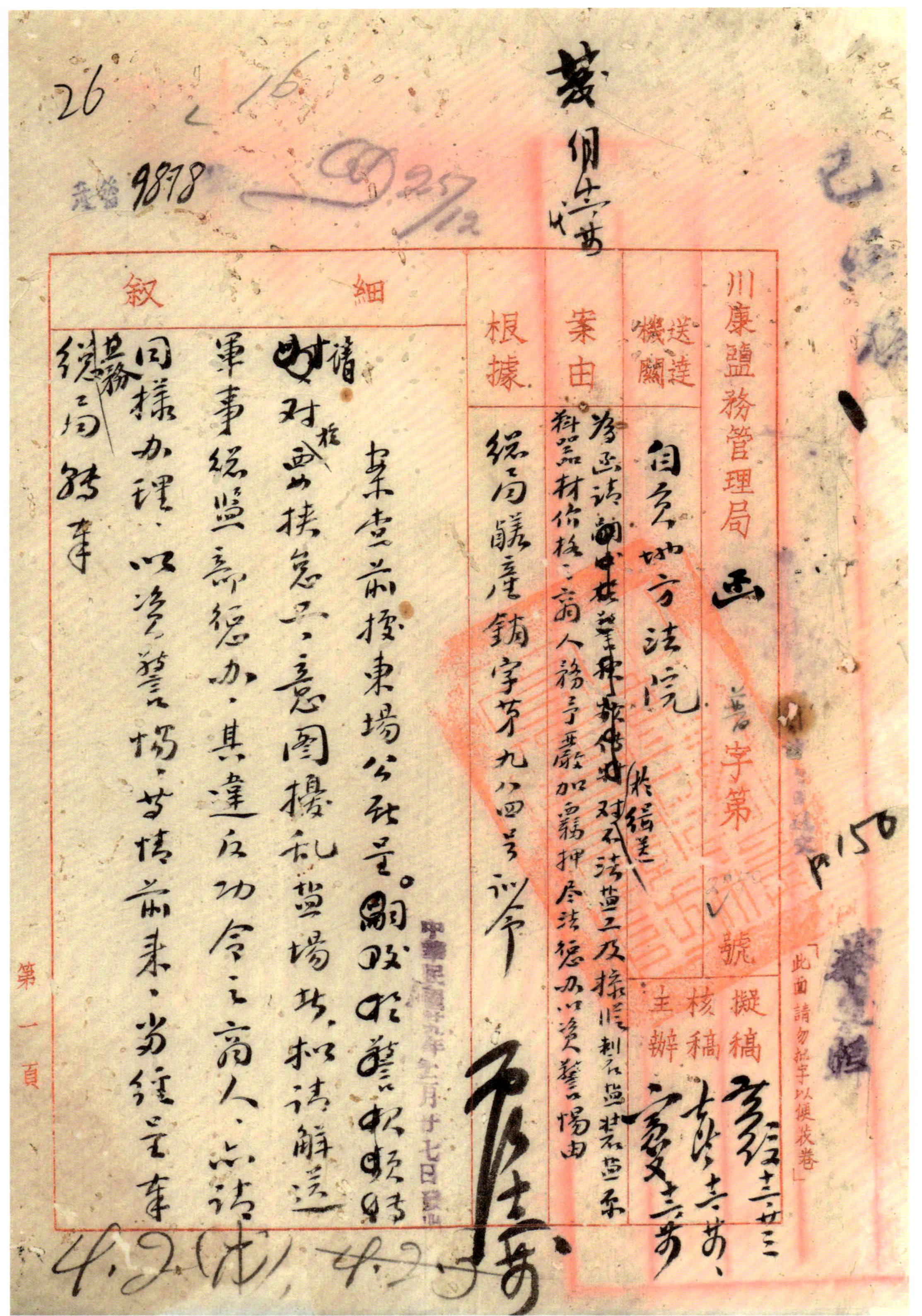

財政部渝鹽函第壹五九号指令覆開：查不法鹽工、及操縱製造鹽類鹽原料器材價格之商人，亦仍應照本部陳奉委座核准办法，由鹽務機關或地方行政機關，會同送該管法院治罪。除由本部洽請司法行政部轉飭川省各地法院，嗣後對於鹽務機關及地方行政機關解送之不法鹽工、及操縱製造鹽類鹽原料器材價格之商人，務須注意嚴加羈押，依法懲治。其因空襲關係，羈押有困難者，亦應設法排除其困難，毋得輕予

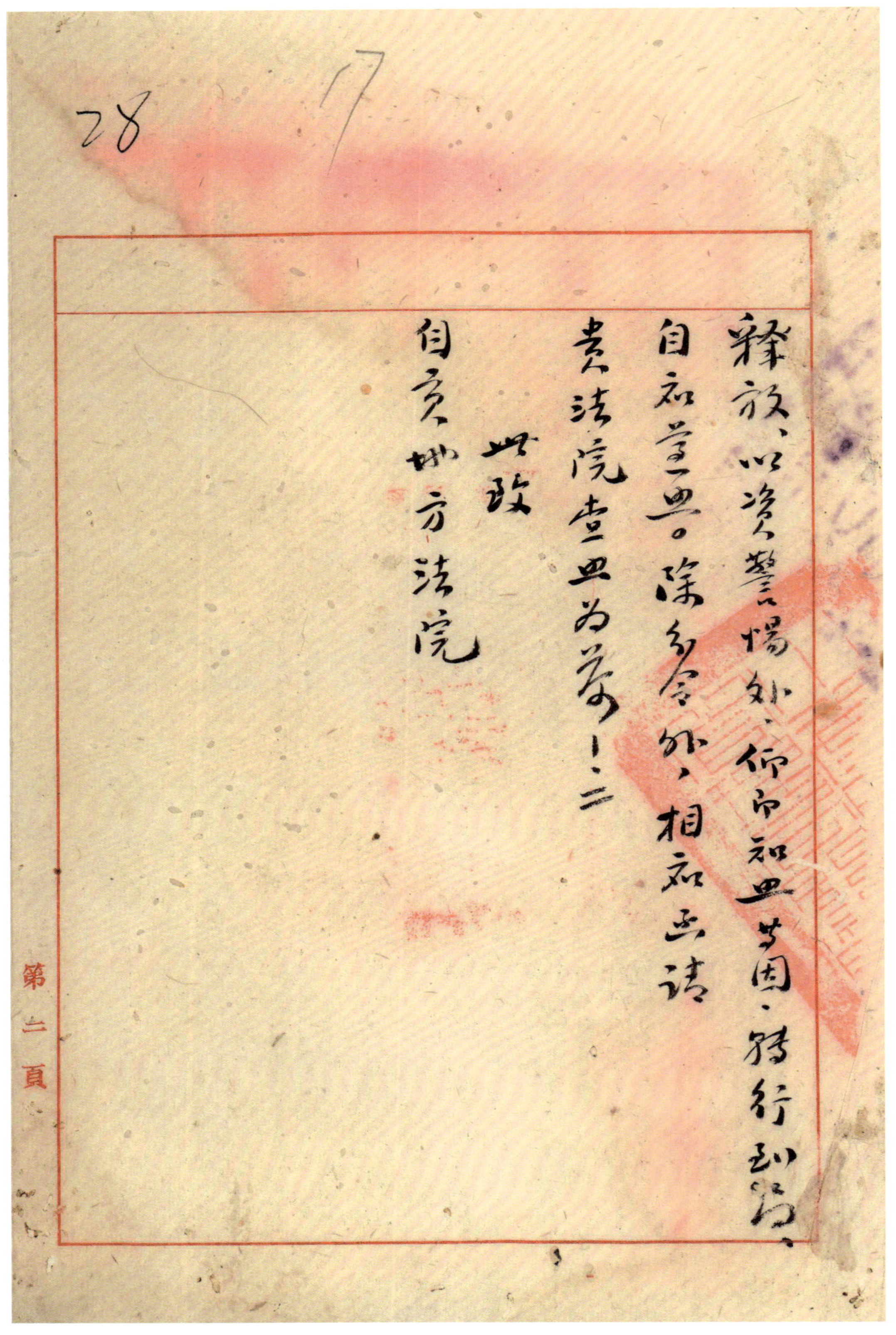

釋放、以資警惕外，仍予知照"等因。轉行到署，自應查照。除分令外，相應函請

貴法院查照為荷！二

此致

自貢地方法院

第二頁

中華民國元年二月廿四日

監印熊達舖

校對張鑄

川康盐务管理局致富荣东西两场公署、五通桥盐务分局等的训令（一九四〇年十二月二十五日）

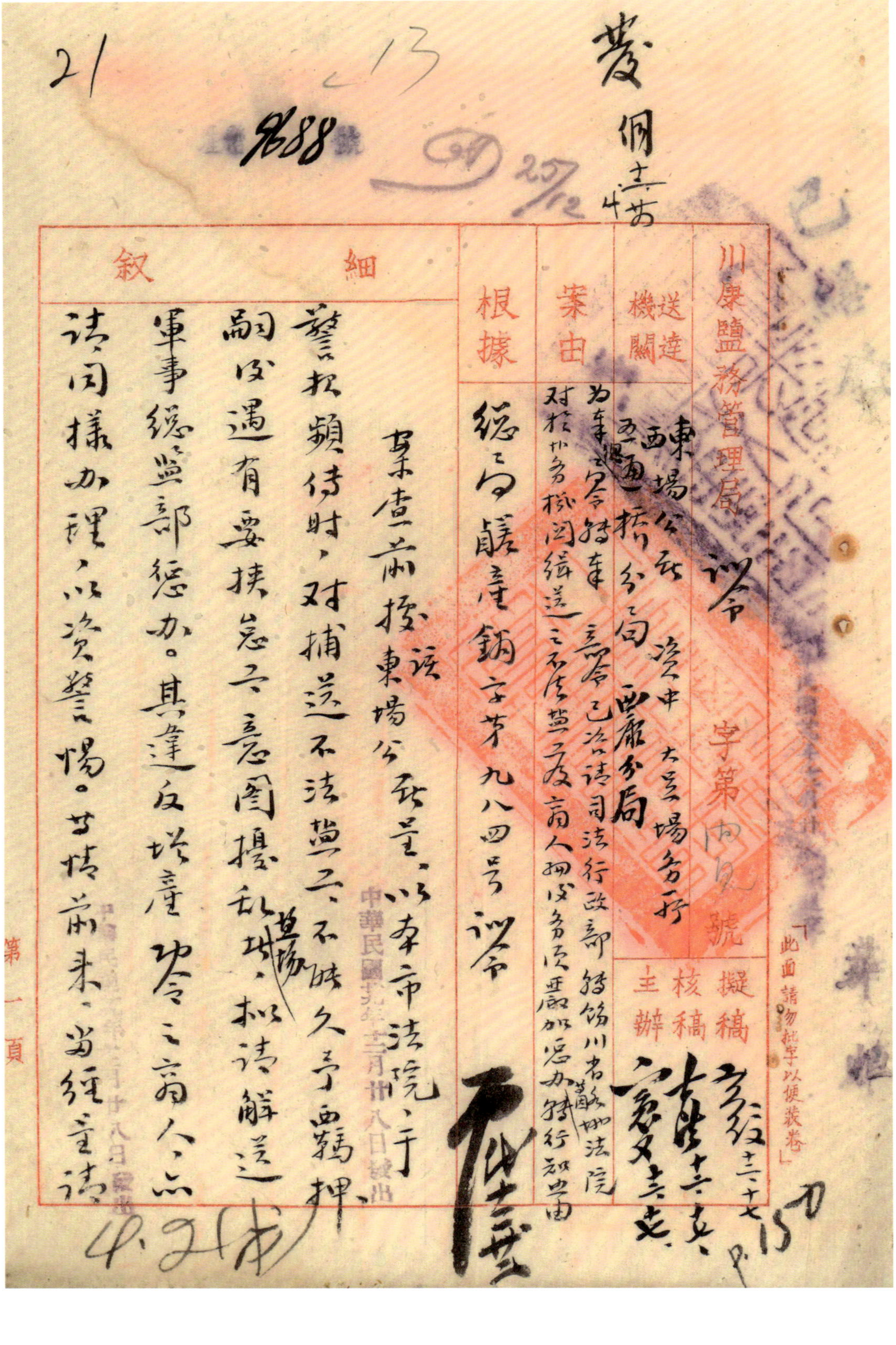

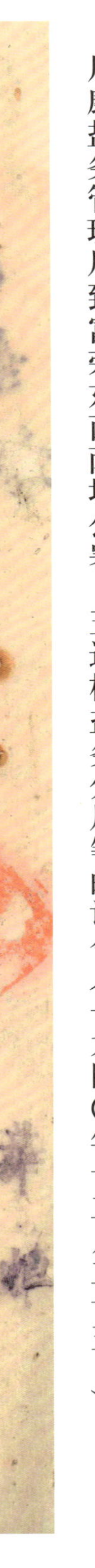

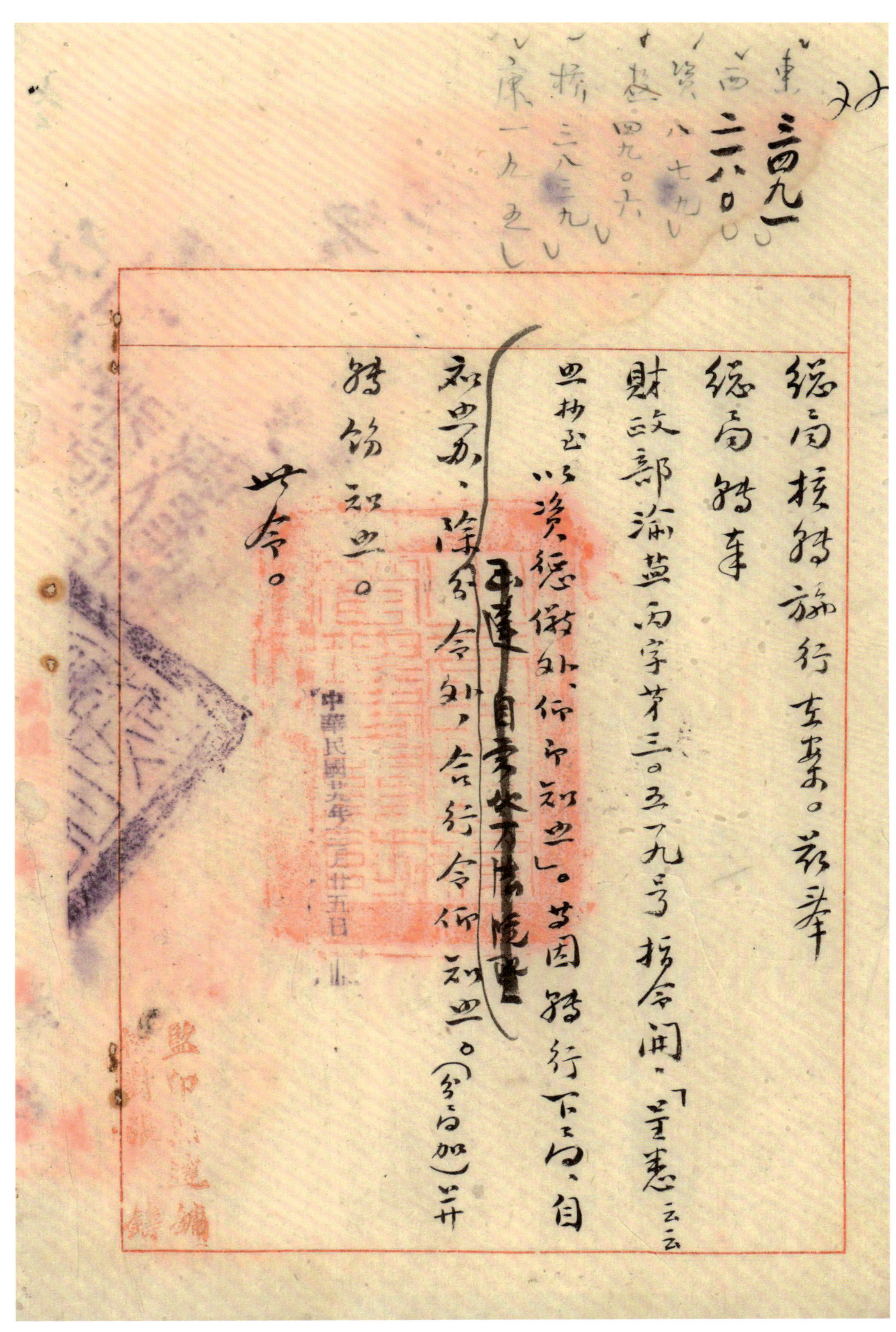

總局核轉論行去案。茲奉

總局轉奉

財政部渝鹽丙字第三〇五一九號指令開：「呈悉云云

此抄丞以資總務外，仰即知照」。等因轉行下局，自

知照辦，除分令外，合行令仰知照。

轉飭知照。

此令。

中華民國廿九年二月廿五日

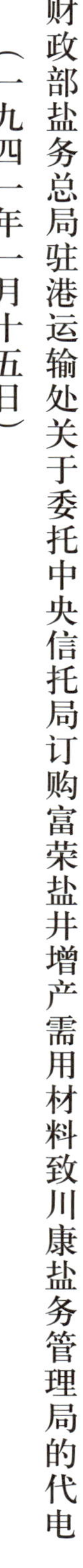

财政部盐务总局驻港运输处关于委托中央信托局订购富荣盐井增产需用材料致川康盐务管理局的代电

（一九四一年一月十五日）

財政部鹽務總局駐港運輸處代電

字第 73 號

民國三十年一月十五日

事由

自流井川康管理局公鑒。運字第73號代電敬悉。委託中央信託局訂購富榮鹽井增產需用材料，其第77及97項鋼帶兩種，其詳細程式，厚薄尺寸，前准中信局函，以商行報價比較表內并未註明，未能洽購，等語，過處。本處以無案可稽，經以運字第212號真代電電達在卷。頃再准中信局函稱，略以代訂鹽井材料一案，除該項鋼帶，因未明詳細程式以及用途，尚未訂購外，其餘各項，均已訂妥等語。相應再行電達，即希　查案電復，以便照辦。為荷，副。

鋼帶一項，兩場需用不多，且可將鋼板裁成合式之尺寸代替，既未訂購擬不再購，電復從略。

彭　張

小木擬

查用鋼板裁替一節，在鋼板之長度不够，若接焊應用既不耐久又不如原帶便利，仍擬請再行函請訂購（請注明在机車上為制動帶用）以應要需，其尺寸為4″×⅛″（或3½″×3/32″，或1″×3/32″）二種，長度至少須十五尺。

代　卅五　六

監印劉麟生
校對徐吉敏

财政部盐务总局关于富荣盐场增产关键当先解决财政及金融困难等情致川康盐务管理局的指令（一九四一年一月二十三日）

財政部鹽務總局 指令

事由：據呈報富榮場增產關鍵當先解決財政及金融困難等情除飭（？）部外核飭遵照由

令川康管理局

產銷第一五一一號呈一件為奉 部令飭對富榮特別增產辦法仍應照案進行等因陳明增產關鍵當先解決財政及金融困難否則原產尚難維持遑言增產仰祈鑒核轉陳指令祗遵由

呈悉。茲分別核飭如次：

（一）關於解決官收湘岸鹽價資金一節，業據該局專案陳報，業經電 部請即轉商四聯總處對於增加押濟總額及加辦在場押款各節按前辦理，並在新合約未訂立以前先行酌撥一部份資金以應急需，並經另電飭知在案。

中華民國三十年壹月廿叁日

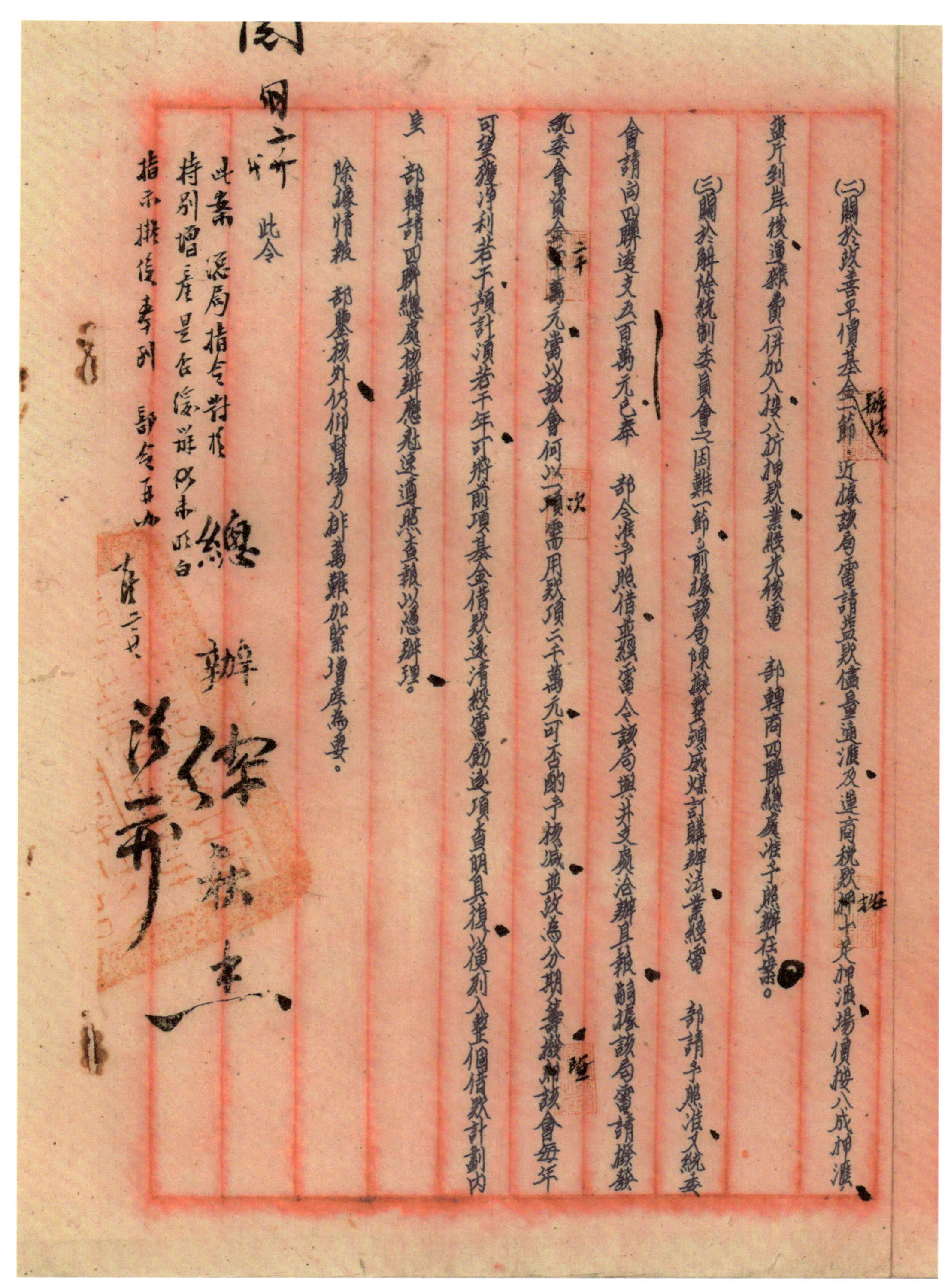

(二)關於改善平價基金一節，近據該局電請並款儘量運滬及運商稅款加十足加滬場價按八成抽滬並斤到岸後運雜費一併加入按八折抽欵，業經先後電 部轉商四聯總處准予照辦在案。

(三)關於解除統制委員會之困難一節，前據該局陳擬變賣頭威煤討購辦法，業經電 部請予照准，又統委會請向四聯透支五百萬元，已奉 部令准予照借，並經電令該局與井支處洽辦具報。嗣據該局電請撥發統委會資金二千萬元，當以該會何以一次需用欵項二千萬元，可否酌予核減，並改為分期籌撥，並該會每年可望獲淨利若干，預計須若干年可將前項基金借欵還清，經電飭逐項查明具復，以憑列入整個借欵計劃內呈 部轉請四聯總處核辦，應飭迅遵照查報，以憑辦理。

除據情報 部鑒核外，仍仰督場力辦萬難加緊增産為要。

此令

此案滬局指令對於特別增產是否派員以未明白指示擬候奉到部令再辦

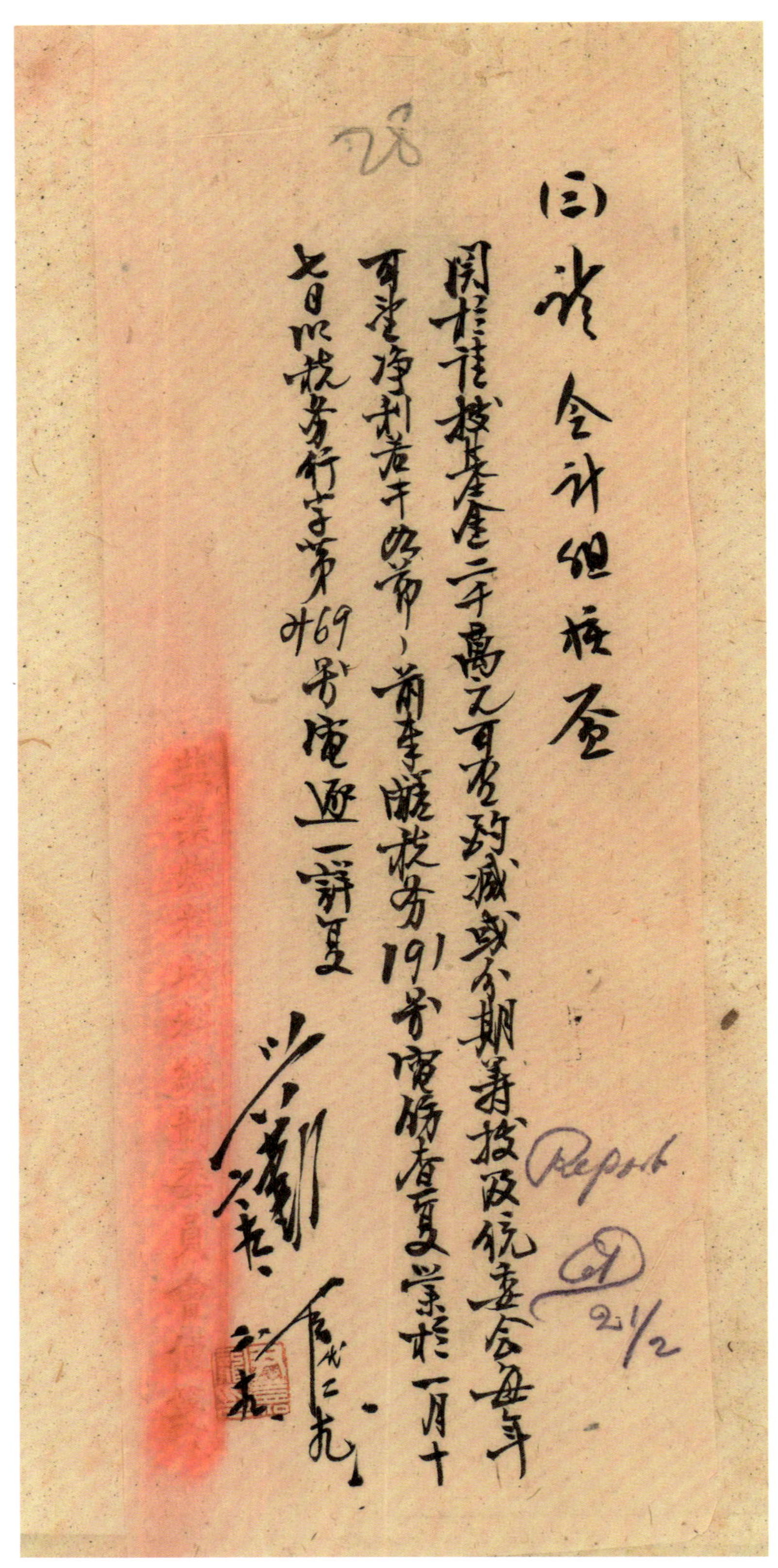

28

（三）业务会计组核签

关于请核基金二千万元可否豁减或分期筹拨及统委会每年可望净利若干两节，前奉盐务191号函饬查复，业于一月十七日以盐务行字第469号函遵一并复

业 刘 六、九

六、九

Report

21/2

富荣东场公署关于转请分电沪港两处迅速购置冒龙炉管回自流井以泯纷争而利增产致川康盐务管理局的呈（一九四一年二月八日）

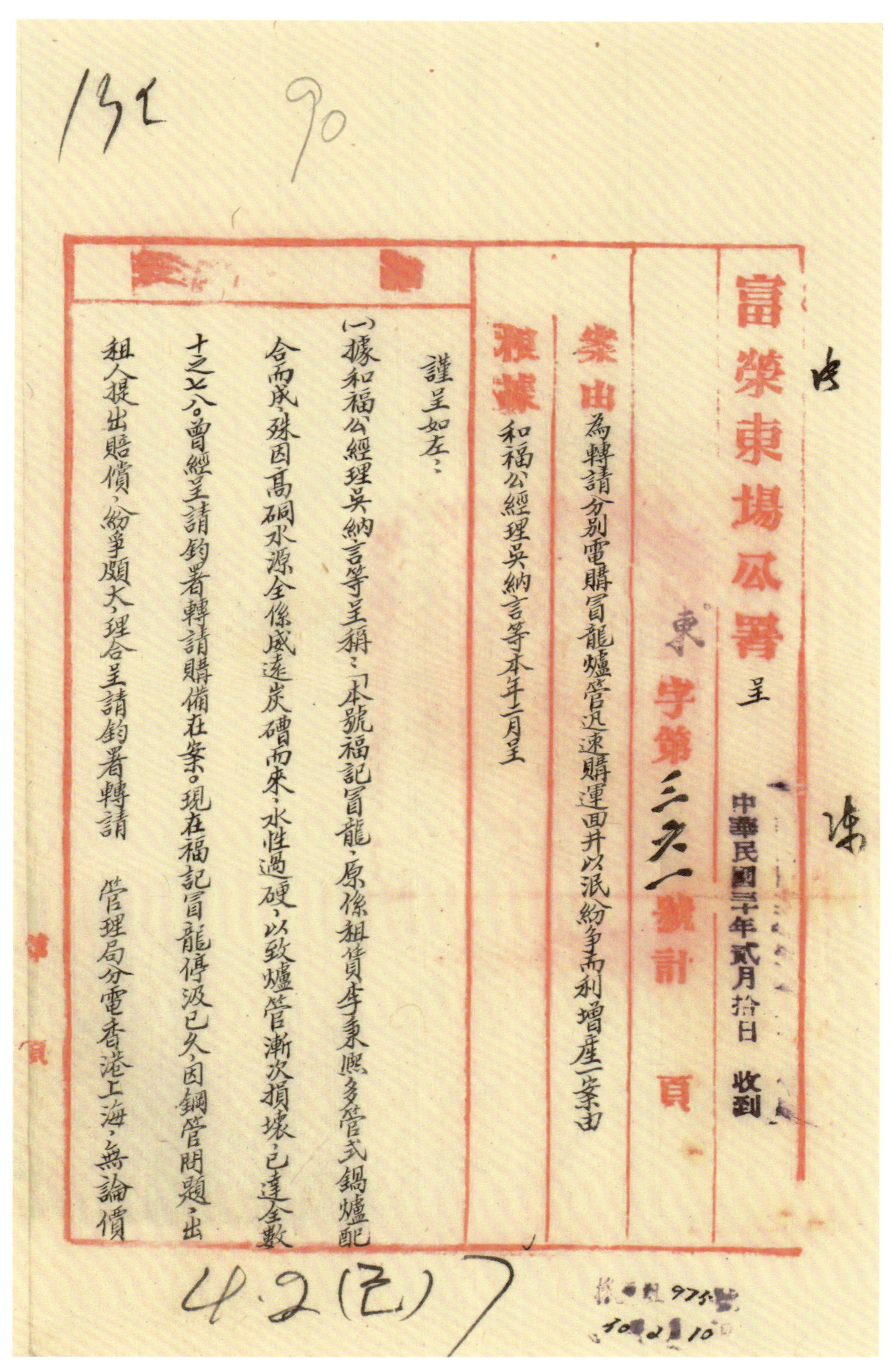

富榮東場公署 呈

東字第三六一號

中華民國三十年貳月拾日收到

案由 為轉請分別電購冒龍爐管迅速購運回井以泯紛爭而利增產一案由

根據 和福公經理吴納言等本年二月呈

謹呈如左：

（一）據和福公經理吴納言等呈稱：「本號福記冒龍，原係租賃李秉熙多管式鍋爐配合而成，殊因高硐水源全係威遠炭礦而來，水性過硬，以致爐管漸次損壞，已達全數十之七八。曾經呈請鈞署轉請購備在案。現在福記冒龍停汲已久，因鋼管問題，出租人提出賠償，紛爭頗大，理合呈請鈞署轉請管理局分電香港上海，無論價

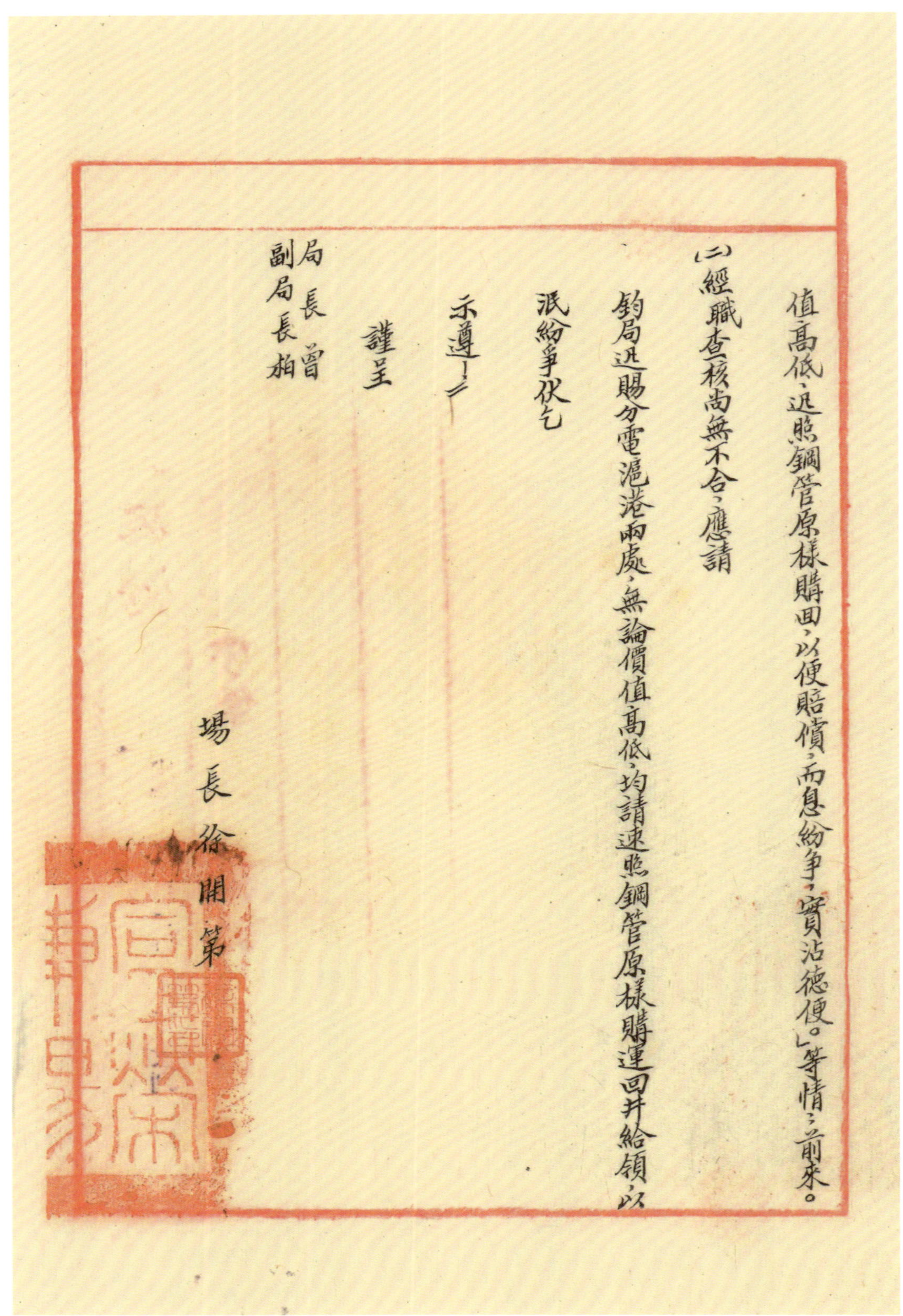

值高低，迅照鋼管原樣購回，以便賠償，而息紛爭，實沾德便。」等情，前來。

(二)經職查核尚無不合，應請

鈞局迅賜分電滬港兩處，無論價值高低，均請速照鋼管原樣購運回井給領，以泯紛爭，伏乞

示遵！

謹呈

局長 曾

副局長 柏

場長 徐開第

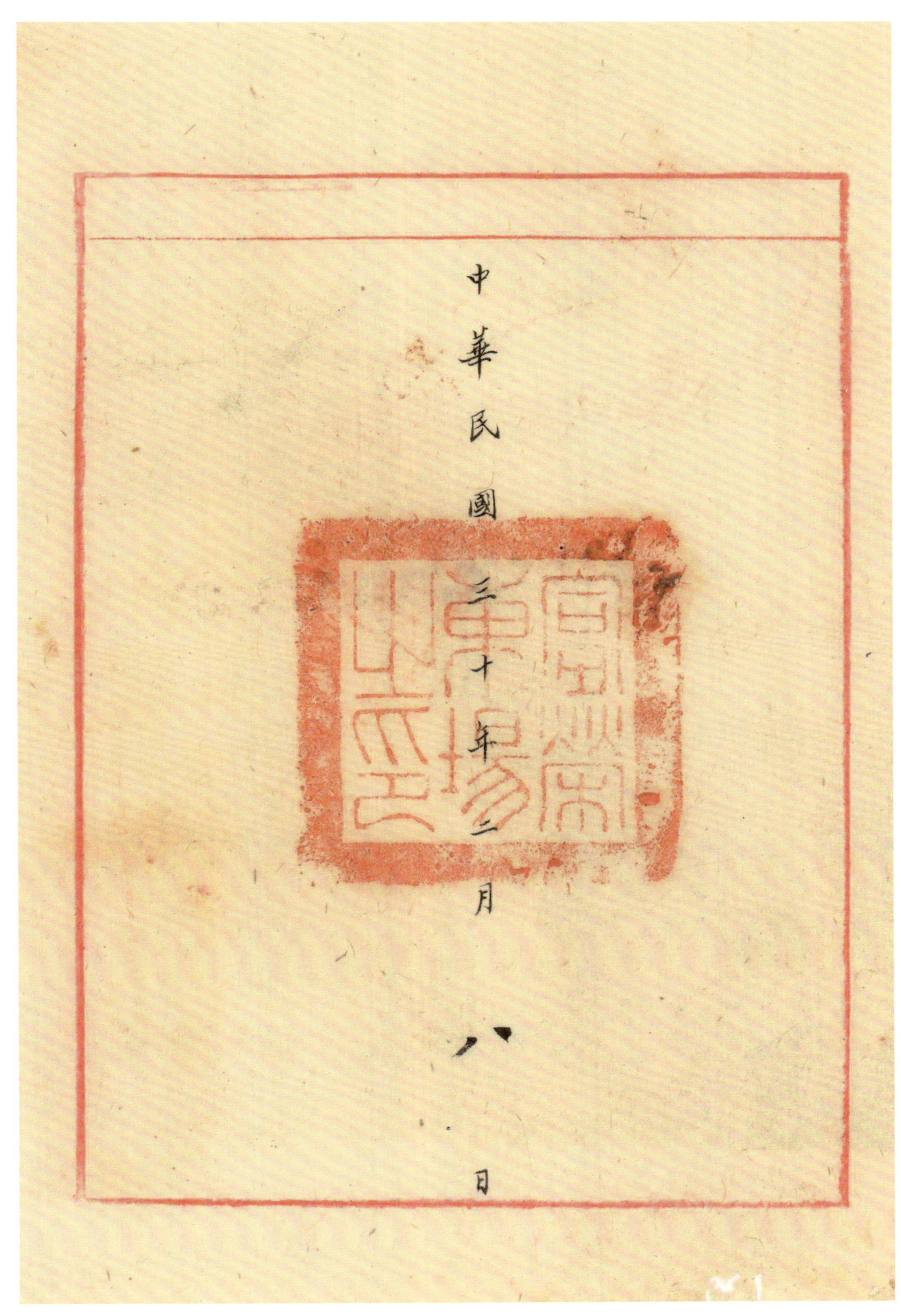

中華民國三十年二月八日

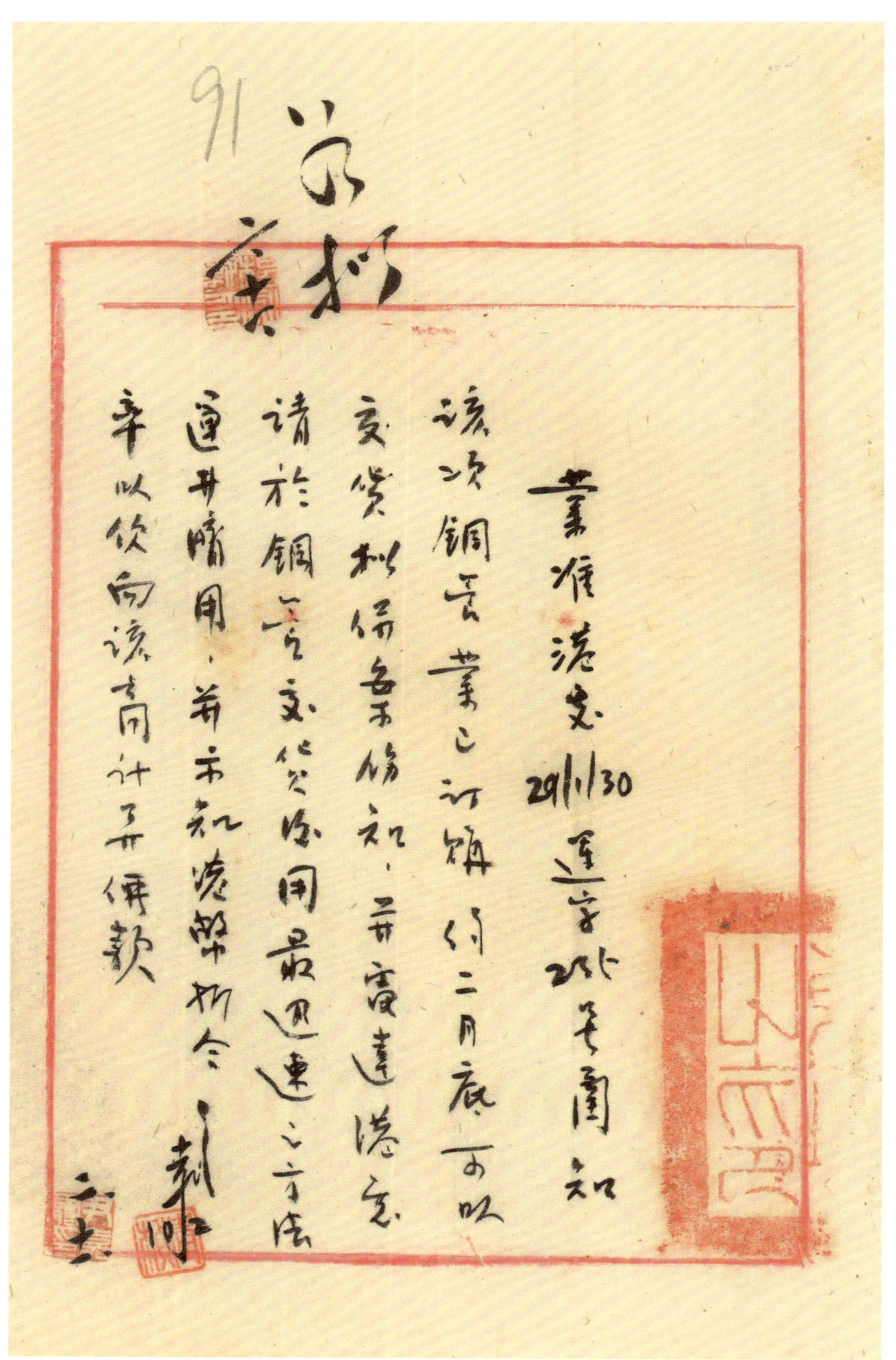

91

以前

存档

業准港處 29/1/30 運字 號呈開，知

該項鋼筋業已訂購，約二月底可以

交貨，擬俟各廠仿知，再會達港處

請於鋼筋交貨後用最迅速之方法

運井備用，並希知照為幫。此令

案以後向該商訂購備款

二十六

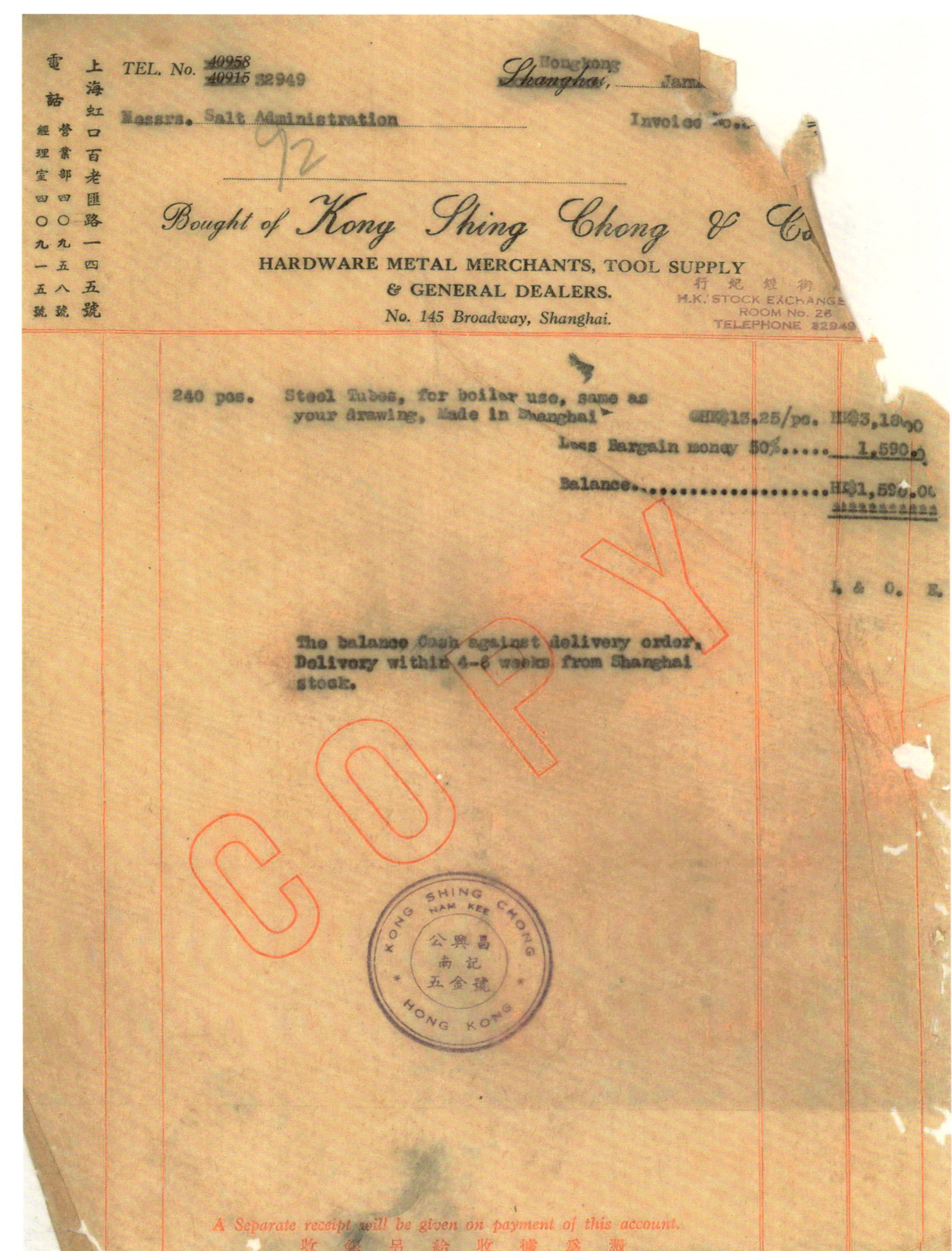

上海虹口百老匯路一四五號

電話 營業部四〇九五八號 經理室四〇九一五號

TEL. No. ~~40958~~ ~~40915~~ 32949

Hongkong ~~Shanghai~~, Jan…

Messrs. Salt Administration

Invoice No. …

92

Bought of ***Kong Shing Chong & Co.***

HARDWARE METAL MERCHANTS, TOOL SUPPLY & GENERAL DEALERS.

No. 145 Broadway, Shanghai.

H.K. STOCK EXCHANGE ROOM No. 26 TELEPHONE 32949

240 pcs.	Steel Tubes, for boiler use, same as your drawing, Made in Shanghai	@HK$13.25/pc.	HK$3,180.00
	Less Bargain money 50%.....		1,590.00
	Balance........................		HK$1,590.00

E. & O. E.

The balance Cash against delivery order.
Delivery within 4-6 weeks from Shanghai stock.

COPY

KONG SHING CHONG NAM KEE 公興昌 南記 五金號 HONG KONG

A Separate receipt will be given on payment of this account.

收銀另給收據爲憑

财政部盐务总局西南运输总处关于支付代运增产之物及其他运费致川康盐务管理局的代电（一九四一年二月十日）

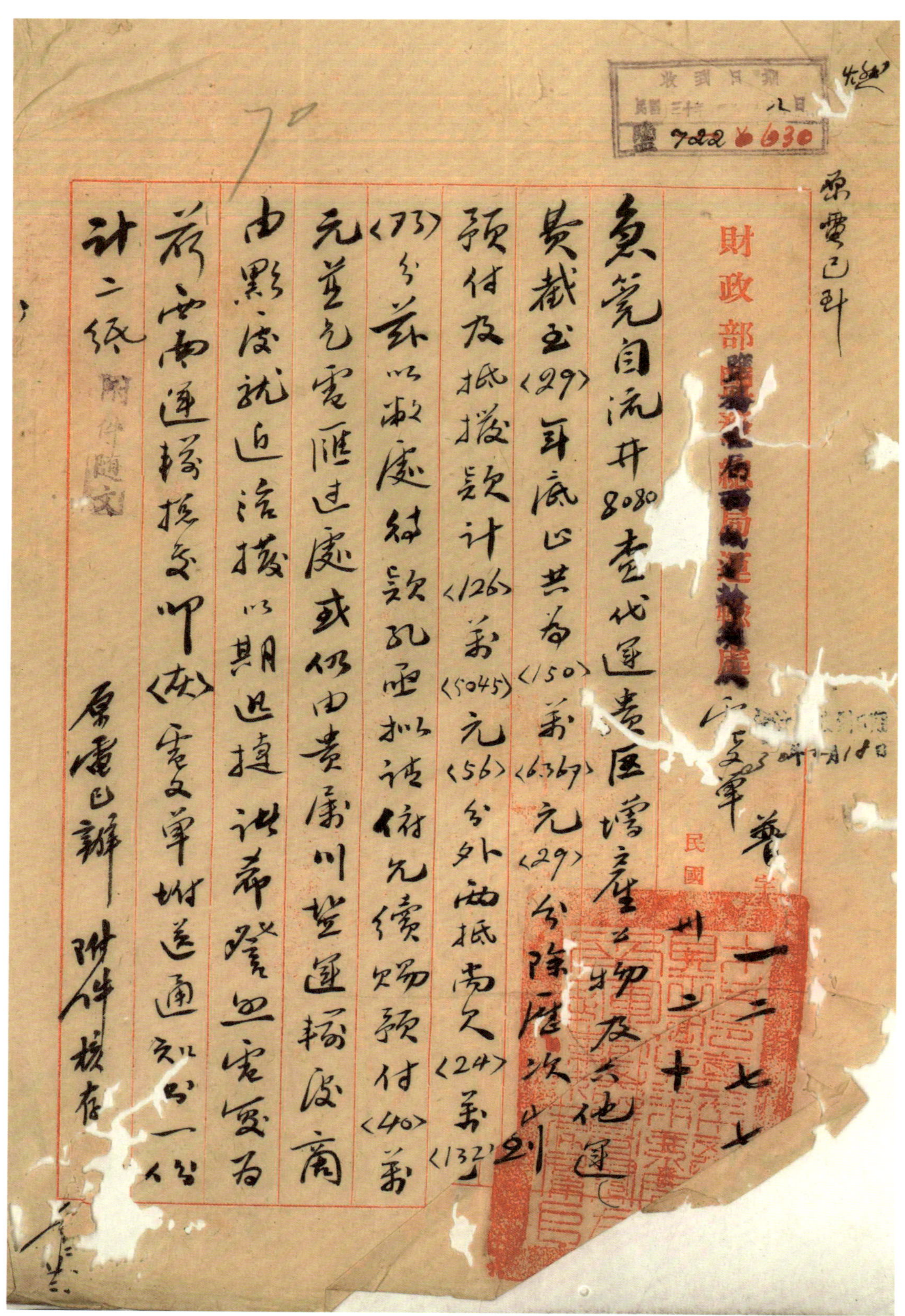

財政部鹽務總局西南運輸總處代電

急。自流井8080壹代運貴區增產之物及其他運費截至〈29〉年底止共為〈150〉萬〈6367〉元〈29〉分，除歷次[illegible]預付及抵撥款計〈126〉萬〈5045〉元〈56〉分外，兩抵尚欠〈24〉萬〈132〉〈73〉分。茲以敝處結款孔亟，擬請俯允續賜預付〈40〉萬元，並乞電匯過處，或仍由貴局川鹽運輸處商由黔處就近洽撥，以期迅捷，諸希賜覆並電覆為荷。西南運輸處叩〈灰〉。電文單據送通知一份計二紙。

附件隨文

原電已辦 附件核存

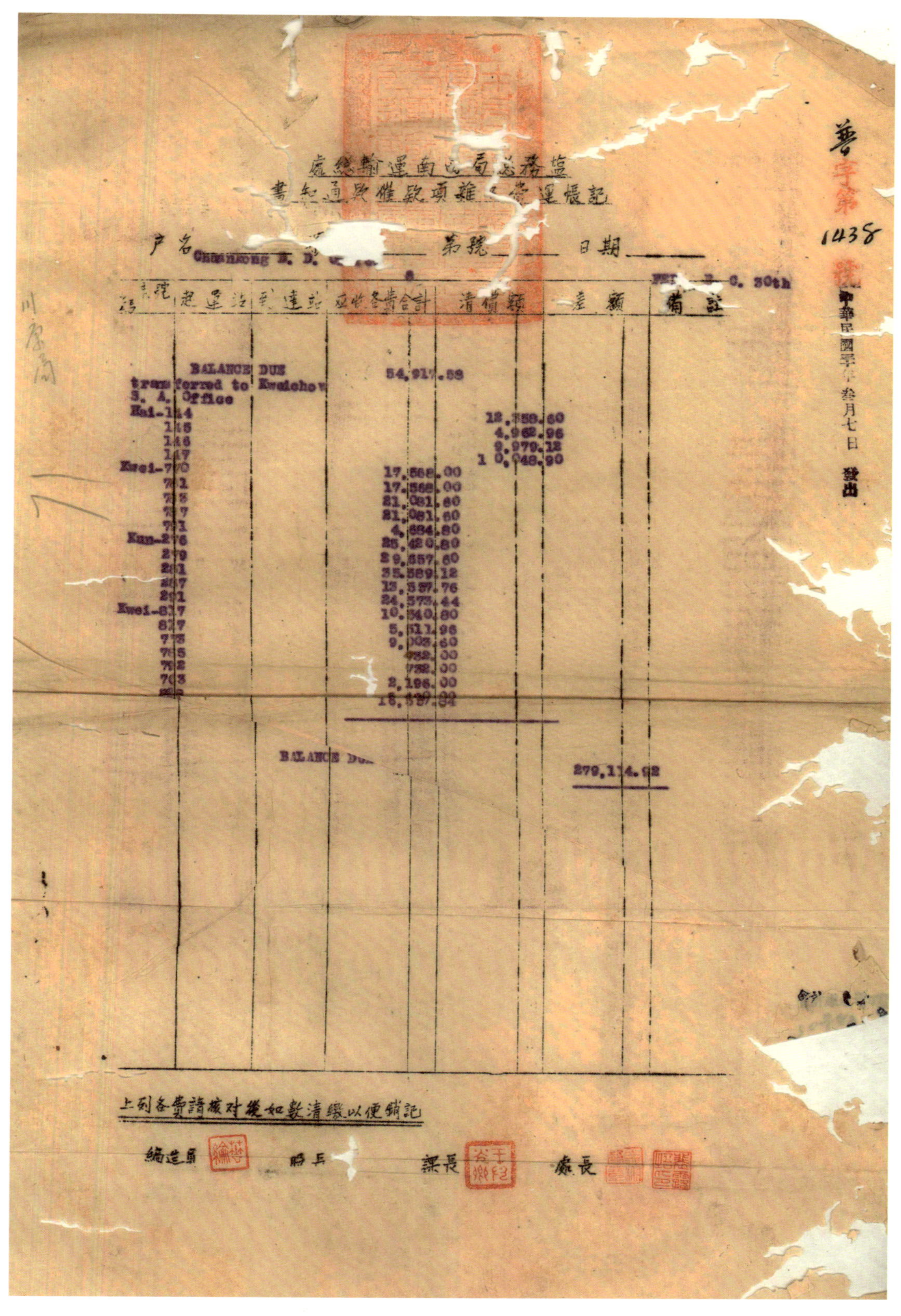

鹽務總局西南運輸總處

記帳運費及雜項款催款通知書

普字第1438號

中華民國[illegible]年叁月七日 發出

戶名 Chuankong S. D. [illegible]　第號　日期 FEB. R. C. 30th

號碼	起運站	到達站	應收各費合計	清償額	差額	備註
BALANCE DUE transferred to Kweichow S. A. Office			54,917.88			
Hai-144				12,359.60		
145				4,962.96		
146				9,979.12		
147				10,048.90		
Kwei-770			17,568.00			
771			17,568.00			
778			21,081.60			
777			21,081.60			
771			4,684.80			
Kun-276			25,420.80			
279			29,657.60			
281			35,589.12			
287			13,557.76			
291			24,573.44			
Kwei-817			10,540.80			
817			5,611.96			
773			9,003.60			
765			732.00			
762			732.00			
703			2,196.00			
[illegible]			16,537.84			
BALANCE DUE					279,114.92	

上列各費請核对後如數清繳以便銷記

編造員　股長　課長　處長

附：催款通知书（一九四一年二月十日）

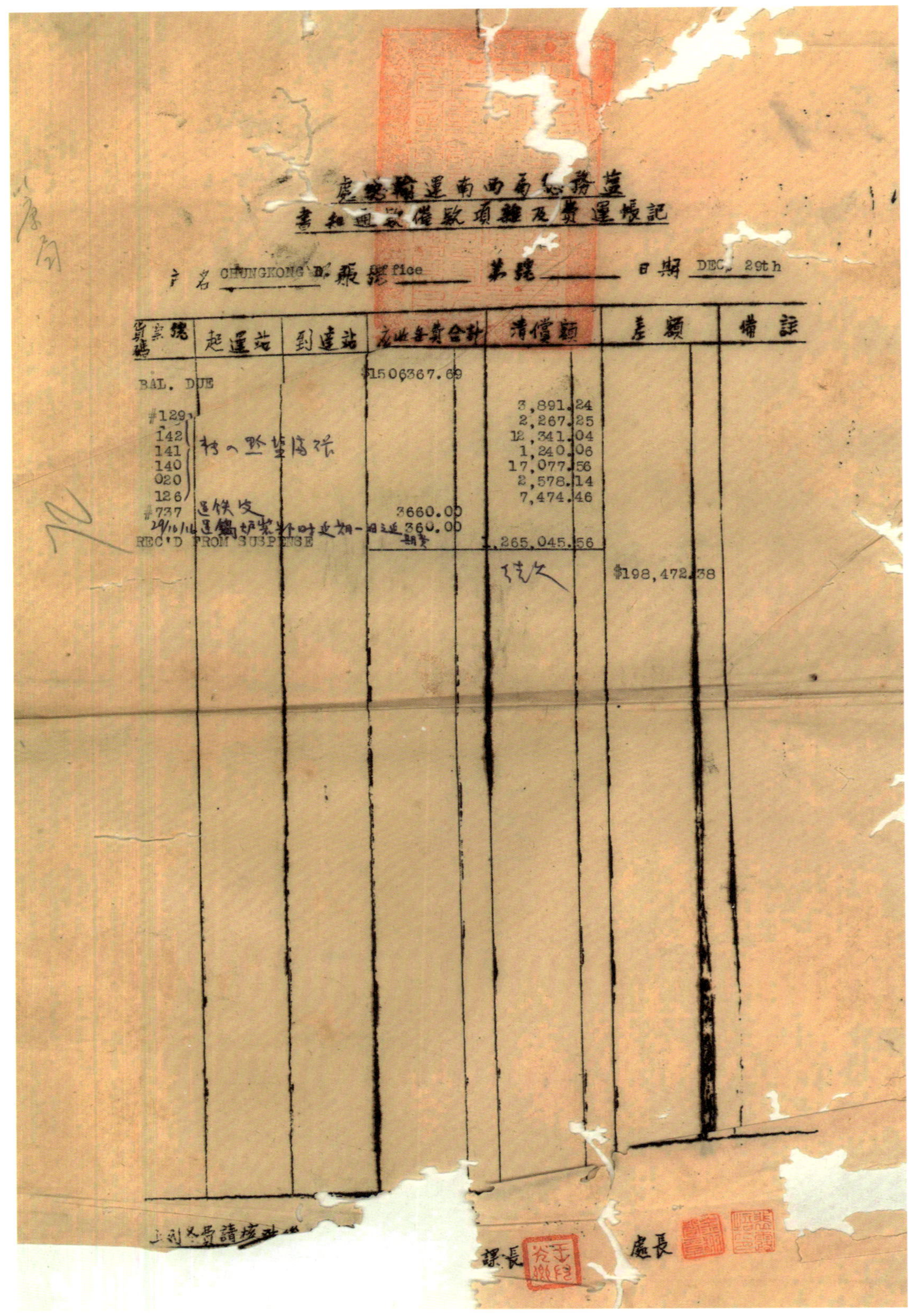

鹽務總局西南運輸處
記帳運費及雜項償款通知書

户名 CHUNGKONG Office 賬號 ______ 第 號 ______ 日期 DEC. 29th

號碼/案號	起運站	到達站	應出各費合計	清償額	差額	備註
BAL. DUE			$1506367.69			
#129	[illegible]			3,891.24		
142				2,267.25		
141				12,341.04		
140				1,240.06		
020				17,077.56		
126				2,578.14		
				7,474.46		
#737	運鐵皮		3660.00			
29/10/14	運鍋爐[illegible]延期費		360.00			
REC'D FROM SUSPENSE				1,265,045.56		
				[illegible]	$198,472.38	

上列各費請核對

課長　　處長

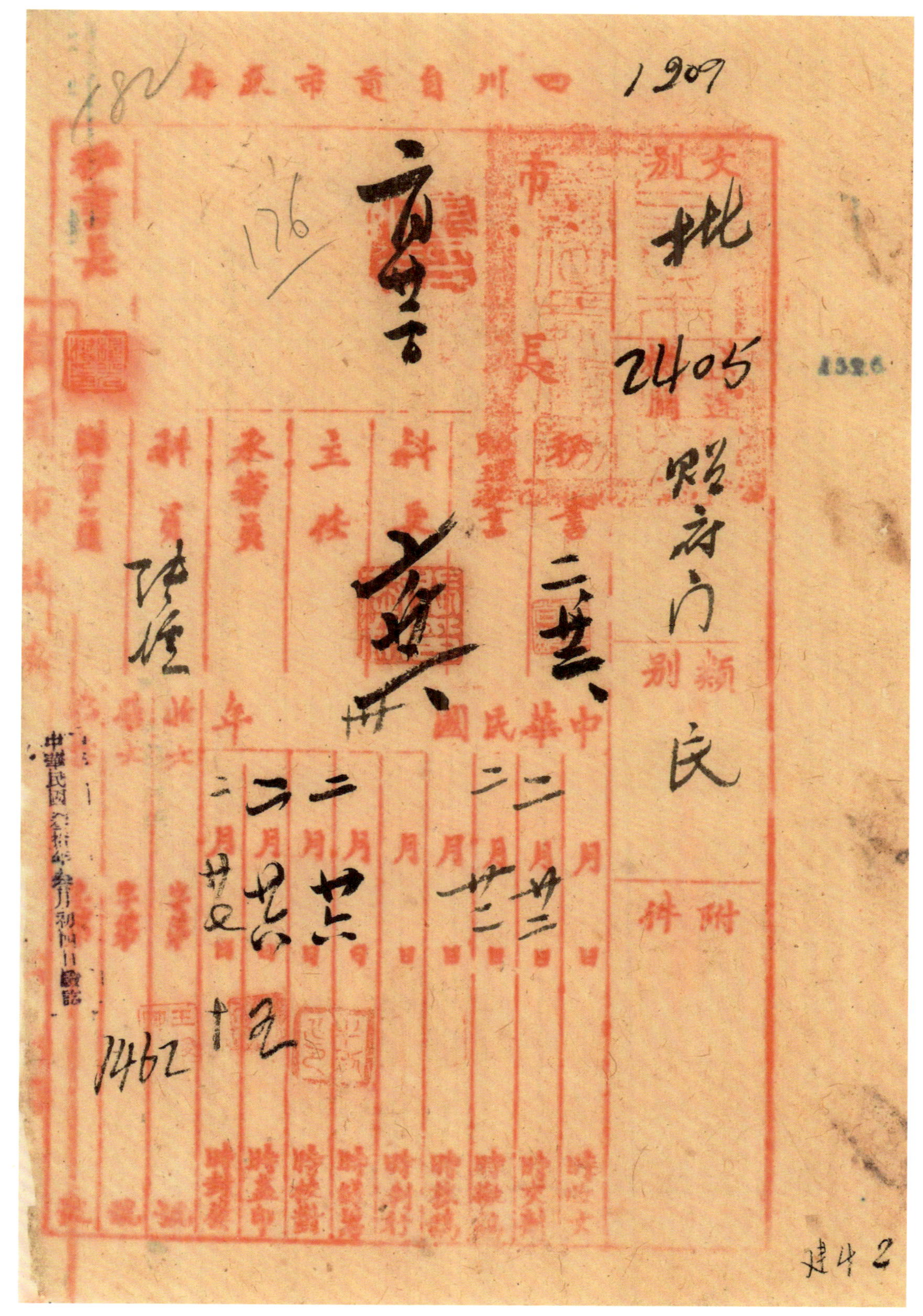

自贡市政府关于究办聚众阻运妨害增产致富荣西场复兴炭灶、同济炭灶的批示（一九四一年二月二十二日）

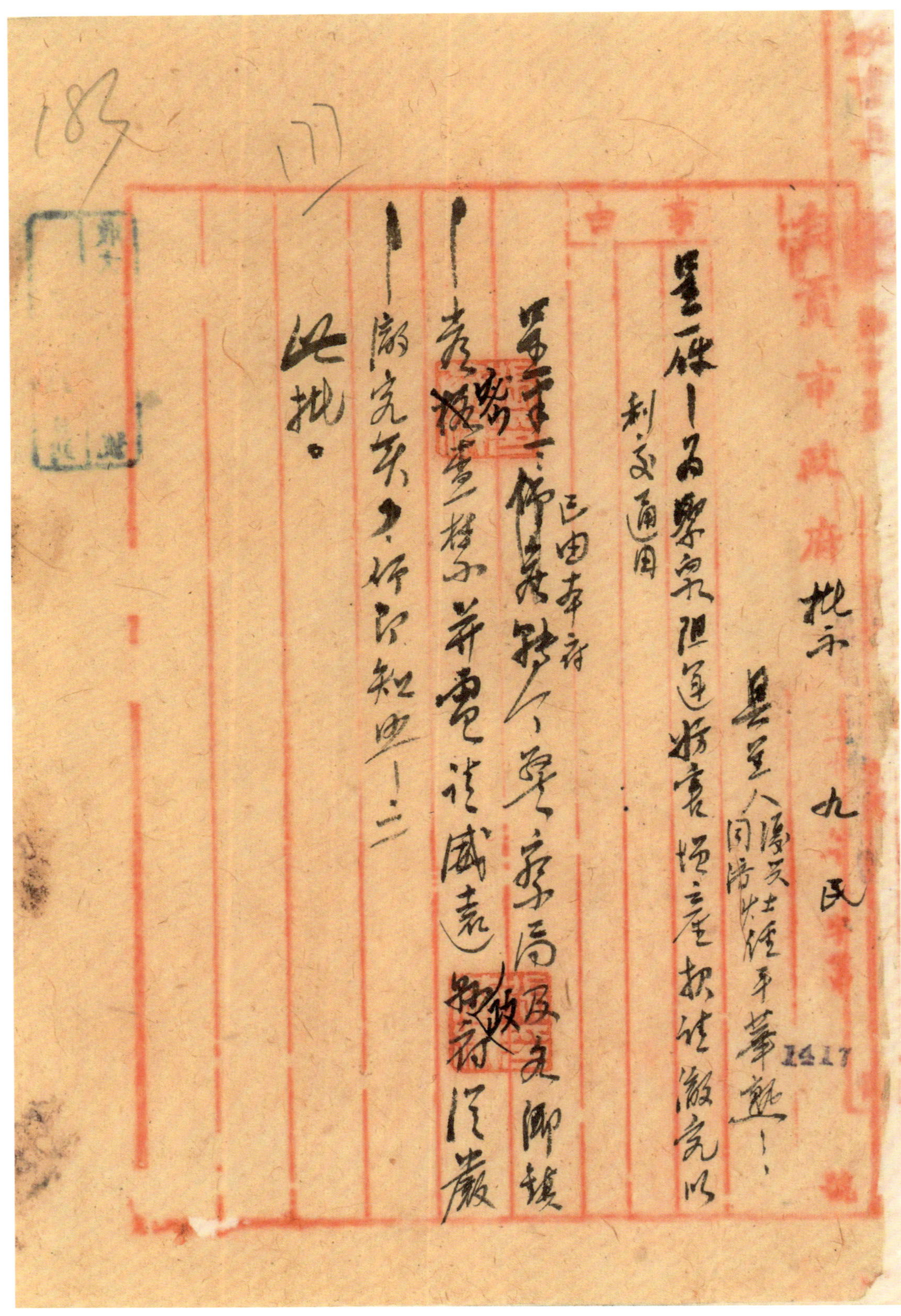

自贡市政府批示 九民

具呈人潘天生、同帮伙任平等联

呈一件，为聚众阻运，请予严惩，俾增产积运，彻究以利交通由。

呈悉。已由本府饬令警察局及五乡镇

严密查禁，并电请盐局严饬从严

彻究矣，仰即知照！

此批。

附：富荣西场复兴炭灶、同济炭灶致自贡市政府的呈（一九四一年二月十九日）

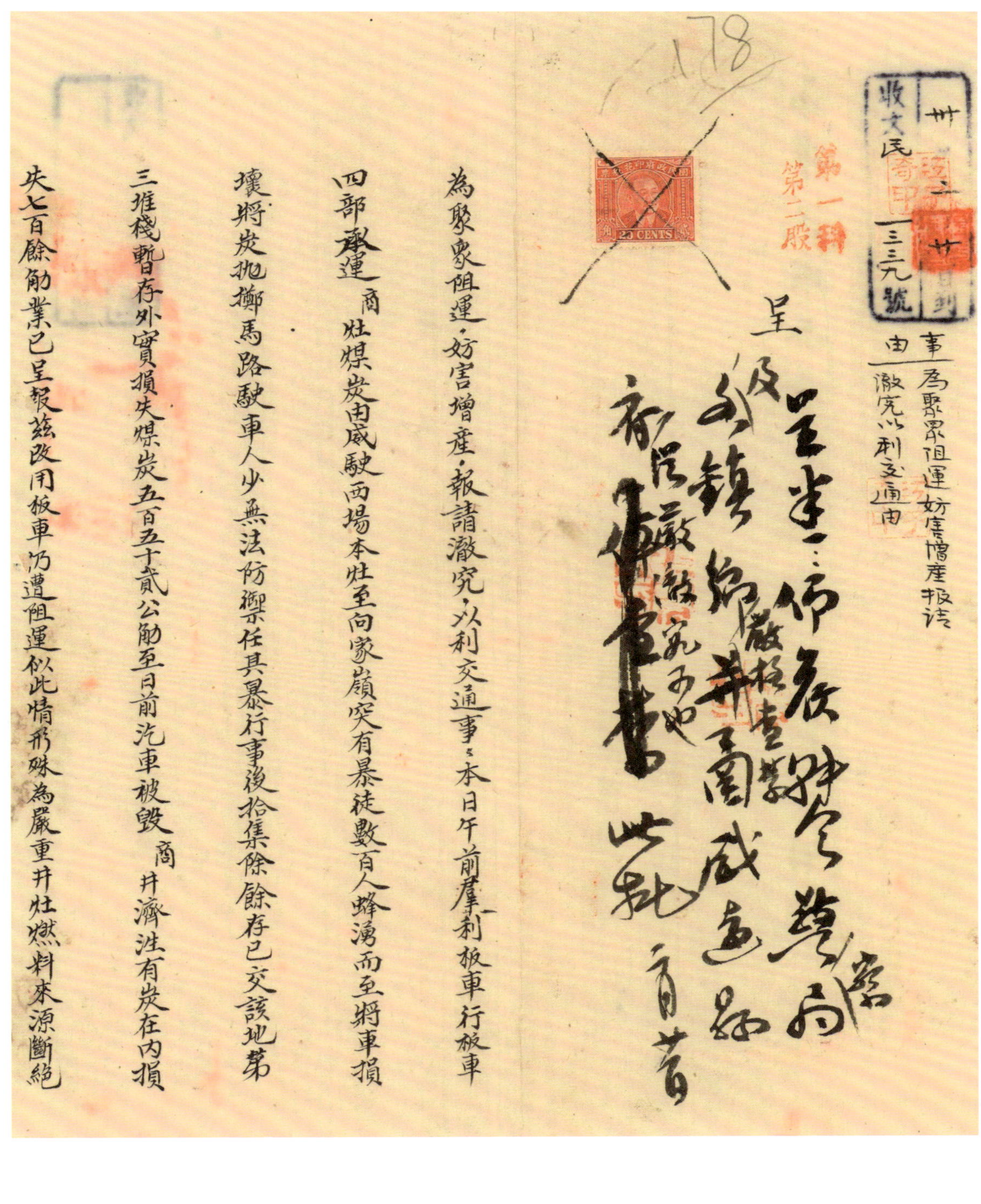

事由：為聚衆阻運妨害增産報請澈究以利交通由

呈

為聚衆阻運，妨害增産，報請澈究，以利交通事。本日午前雇到板車行板車四部承運商灶煤炭由威駛西場本灶至向家嶺突有暴徒數百人蜂湧而至將車損壞將炭抛擲馬路駛車人少無法防禦任其暴行事後拾集除餘存已交該地第三堆棧暫存外實損失煤炭五百五十貳公觔至日前汽車被毀商井濟灶有炭在内損失七百餘觔業已呈報茲改用板車仍遭阻運似此情形殊為嚴重井灶燃料來源斷絕

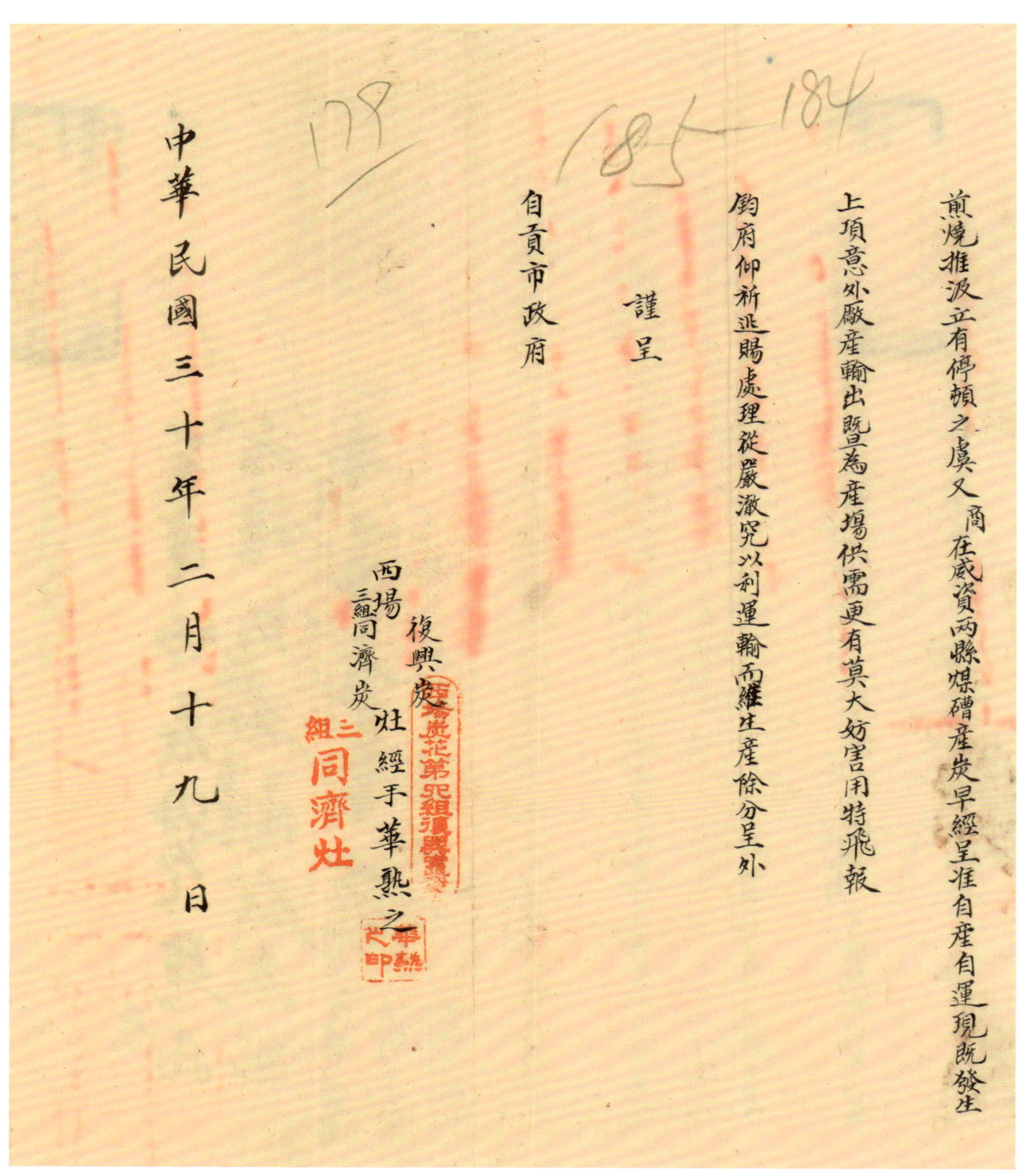
178 185—184

煎燒推波立有停頓之虞，又商在威資兩縣煤礶産炭早經呈准自産自運，現既發生上項意外，厰産輸出既虽為産場供需，更有莫大妨害，用特飛報

鈞府，仰祈迅賜處理，從嚴澈究，以利運輸，而維生産。除分呈外，

謹呈

自貢市政府

西場三組同濟炭灶、復興炭灶經手華熟之

中華民國三十年二月十九日

川康盐务管理局关于应积极安置车炉建设炭灶以利增产致富荣西场坤洋井的牌告（一九四一年三月三日）

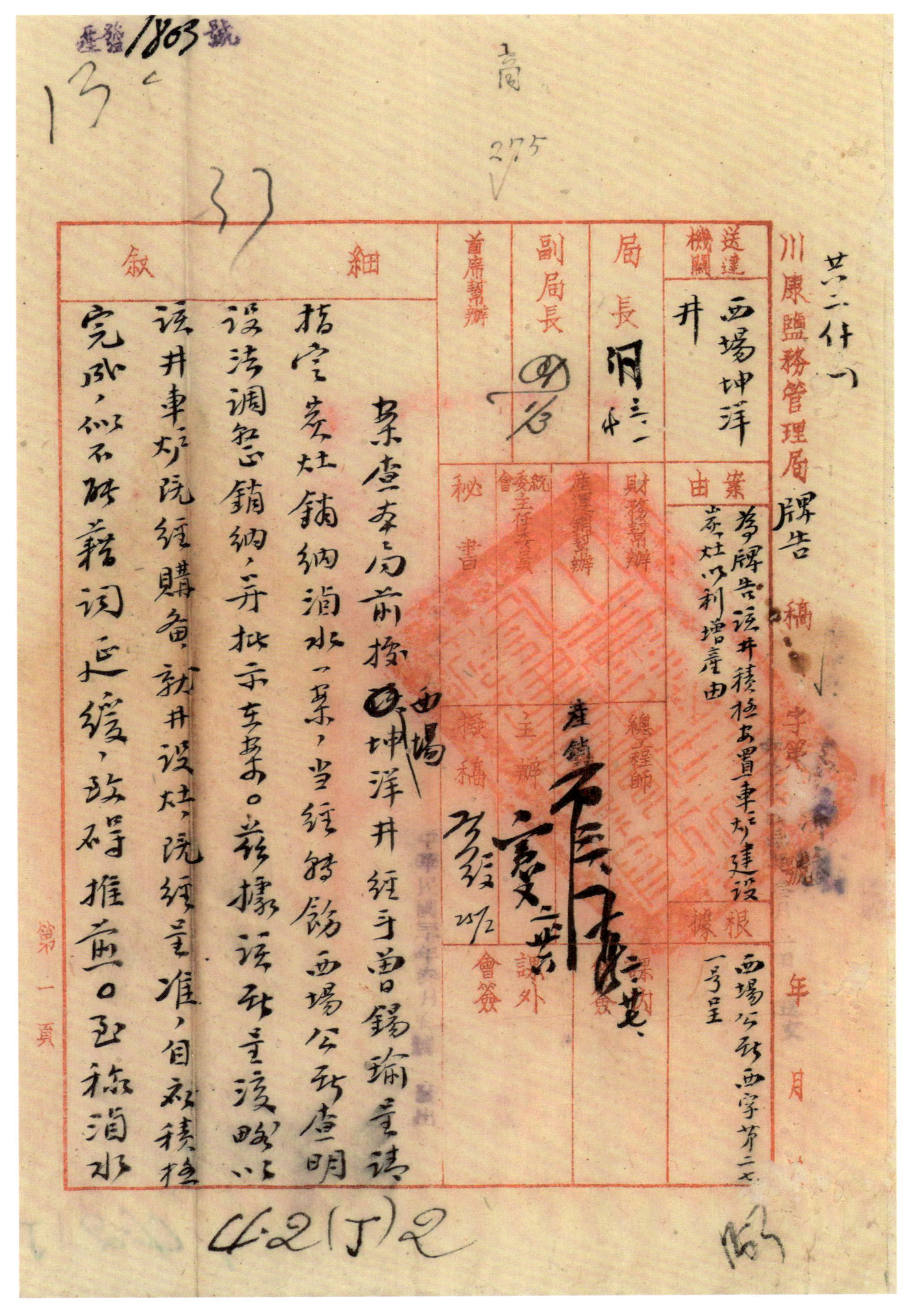

川康鹽務管理局牌告稿

送達機關：西場坤洋井

案由：為牌告該井積極安置車炉建設炭灶以利增產由

根據：西場公署西字第二七一號呈

細敘：

案查本局前據西場坤洋井經手曾錫瑜呈請指定炭灶鍋納滷水一案，當經轉飭西場公署查明設法調整鍋納，并批示在案。茲據該署呈復略以該井車炉既經購備，新井設灶既經呈准，自應積極完成，似不能藉詞延緩，致碍推廣，至稱滷水

第一頁

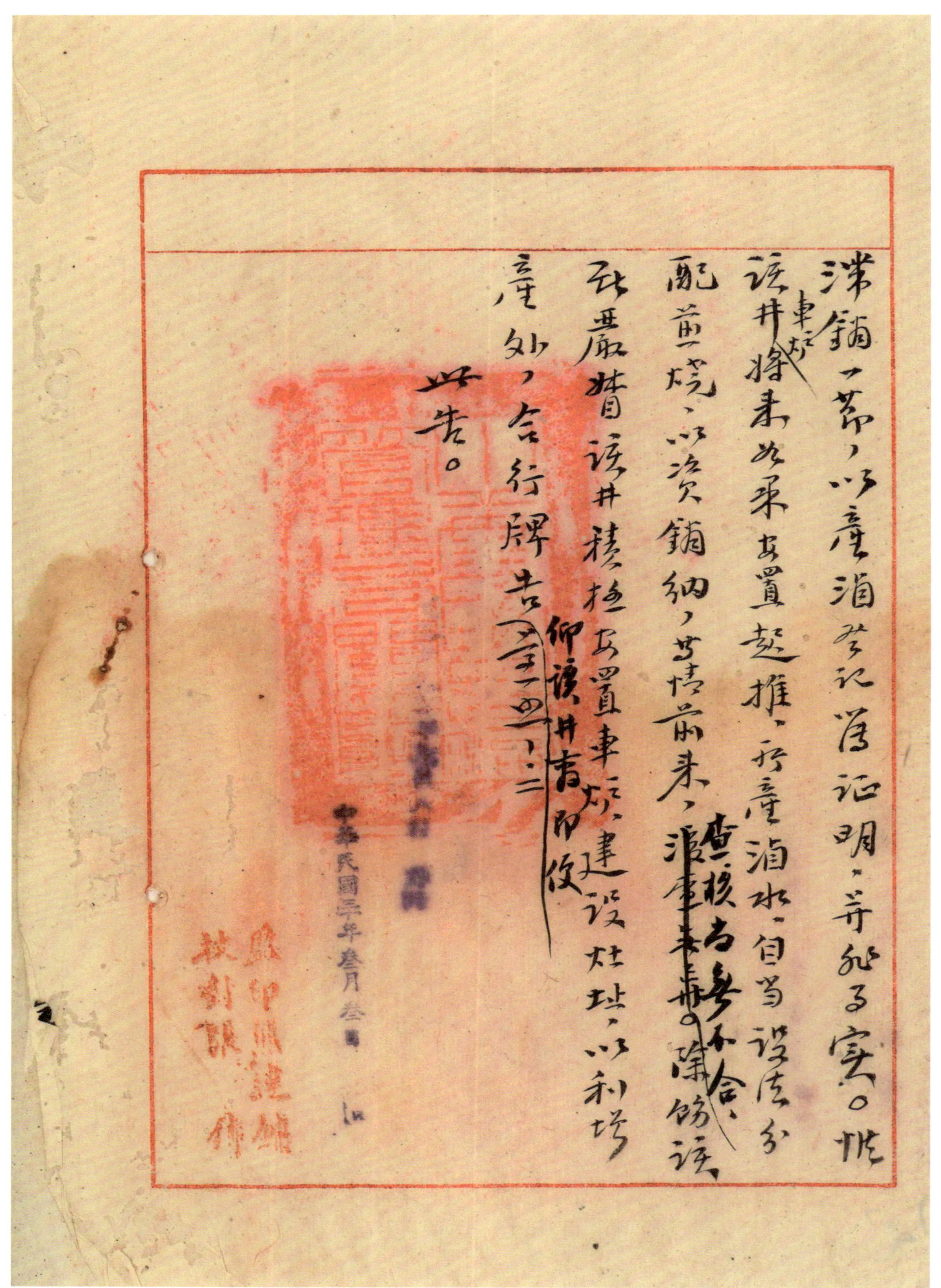

滯銷之弊，以產滷若記證明，並非不實。據該井（東場）將來如果安置起推，所產滷水，自當設法分配煎燒，以資銷納，等情前來。查核尚無不合，除飭該場嚴督該井積極安置車（東場）建設灶址，以利場產外，合行牌告，仰該井商即便[illegible]。

此告。

中華民國三十年叁月叁日

国民党四川省自贡市执行委员会关于请查照讯办烧工不服指挥妨害增产一案致大坟堡区分场署的函

（一九四一年五月十日）

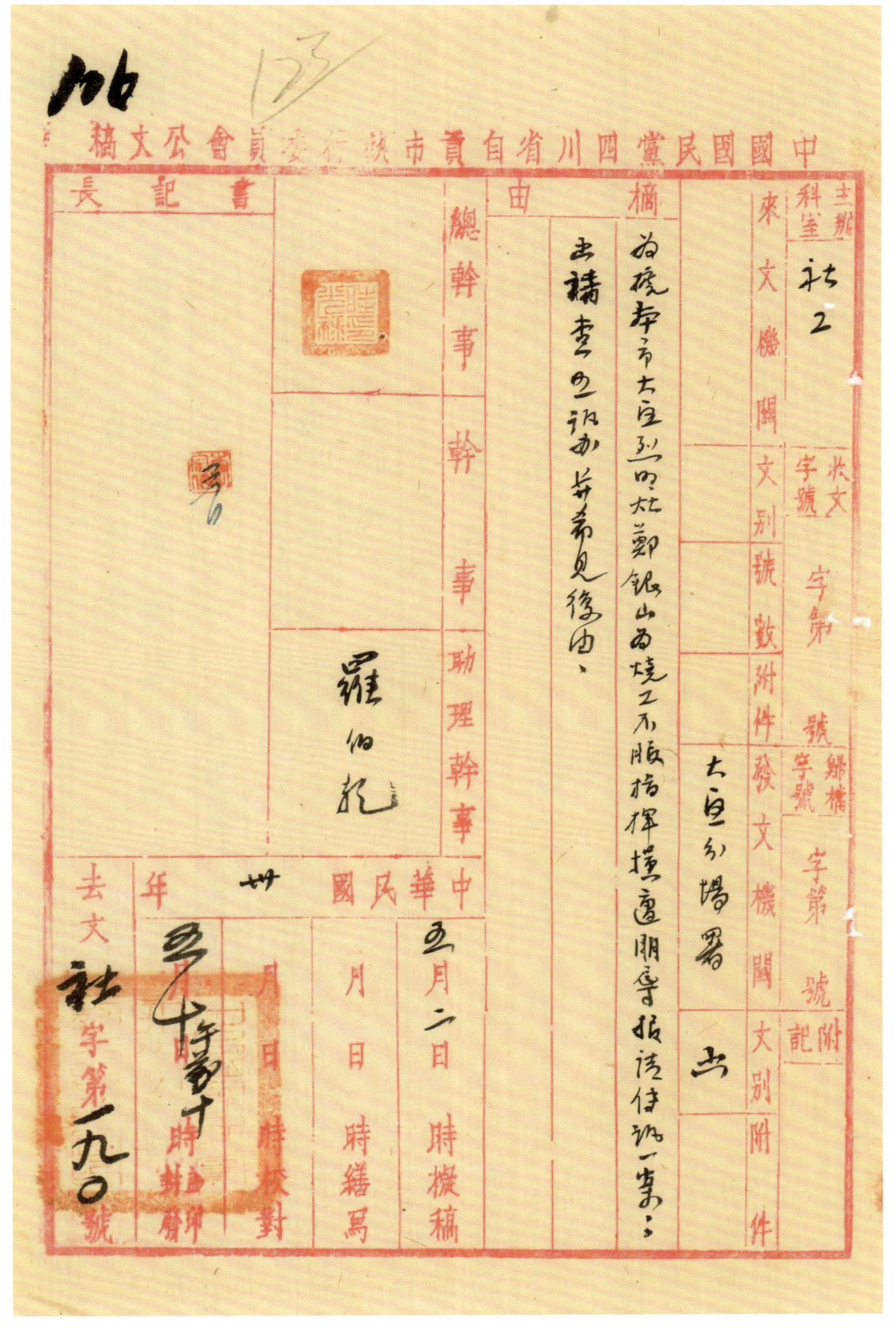

107

124

案據本市周家冲鳳儀井列明灶、坐灶鄭銀山呈為鹽工耗炭火熇出圈指揮妨害增產務懇據情轉訊懲戒以維秩序而杜暗害等情前來相應抄附原呈函請

貴分署查照訊辦為荷（並希見復）！！

此致

大區分場署

附抄送原呈一件。

書記長高○○

委員李○○

會銜

附：凤仪井烈明灶经手郑银山致自贡市党部的函（一九四一年四月）

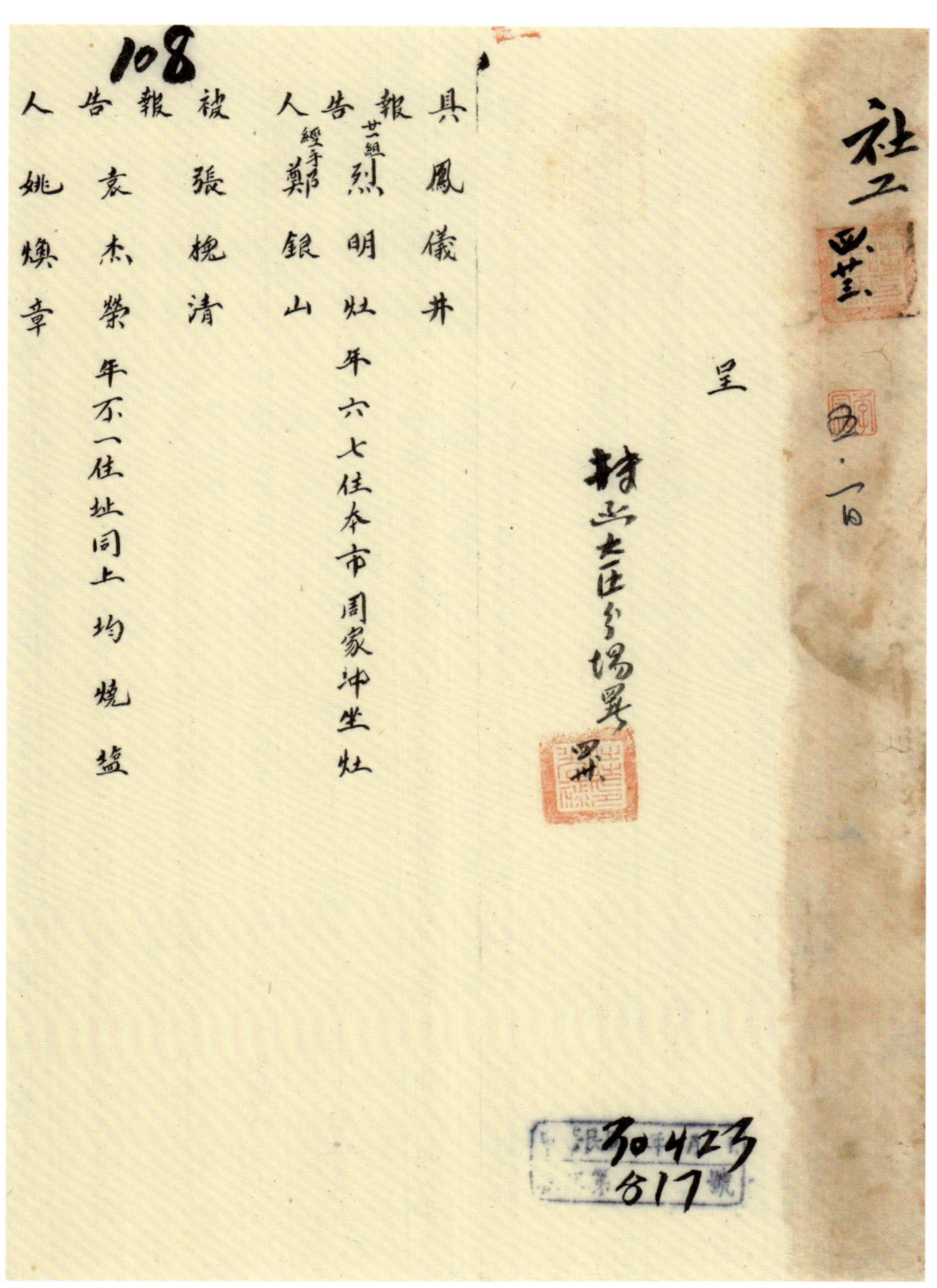
108

具　鳳儀井

報　廿一組烈明灶

告　經手鄭銀山

人

被　張槐清

報　袁杰榮　年不一住址同上均燒鹽

告　姚煥章

人

烈明灶　年六七住本市周家沖坐灶

呈

社工

呈為盐工耗炭火焰出圈指揮妨害增產物權横遭朋毆報請傳訊懲誡以維秩序而杜暗害事 緣民

受炭花二十一組烈明灶炭圈八連係灶主所請擔任坐灶指揮燒盐工人等職務責任非輕舉凡盐工對

於工作時如有疏忽職務者應由民負指揮責任如放盐水時盐工睡眠者其水往鍋外而流血耗難堪司坐灶人

其咎難辭及其他小過失按諸盐有劣色亦或潮湿花黄上炭多少不匀種種有失民有失經理責任各

盐工應受指揮不能反對何况公然侮辱而又施以拳頭乎窃於本月十一日接得坐灶一職因增產期促日脈上

前經理乃有張槐清袁杰榮姚煥章三人工作有失則見所上之炭其烟火由灶門突出數尺甫經民施以和

顏態度指導之對三人告曰民歷年經驗炭灶數連深知烟火往灶外火門而出之病可將溫鍋抬開視開

塞之洞通過火力歸礑而烟火即不外衝三人即聞此言不惟不聽指導反云你來辦善等語民見事不

諧情知各盐工勢焰彌張少起衝突施往柜房而入一經坐下三人滔滔而來渠等以無法辦理相推逼民

往前工作民當然不允三人刻不容緩張槐清首先施民耳掌餘二人用拳猛擊乙屬朋毆更可怪者敢

於手辱民後庭諸多盐工無制止權尤幸柜房多人施救而止似此勢焰滔滔不懼盐工乃坐灶人

指揮權只得報請懲誡以勇效尤便利增產大題不勝沾感謹呈

自貢市黨部 公鑒

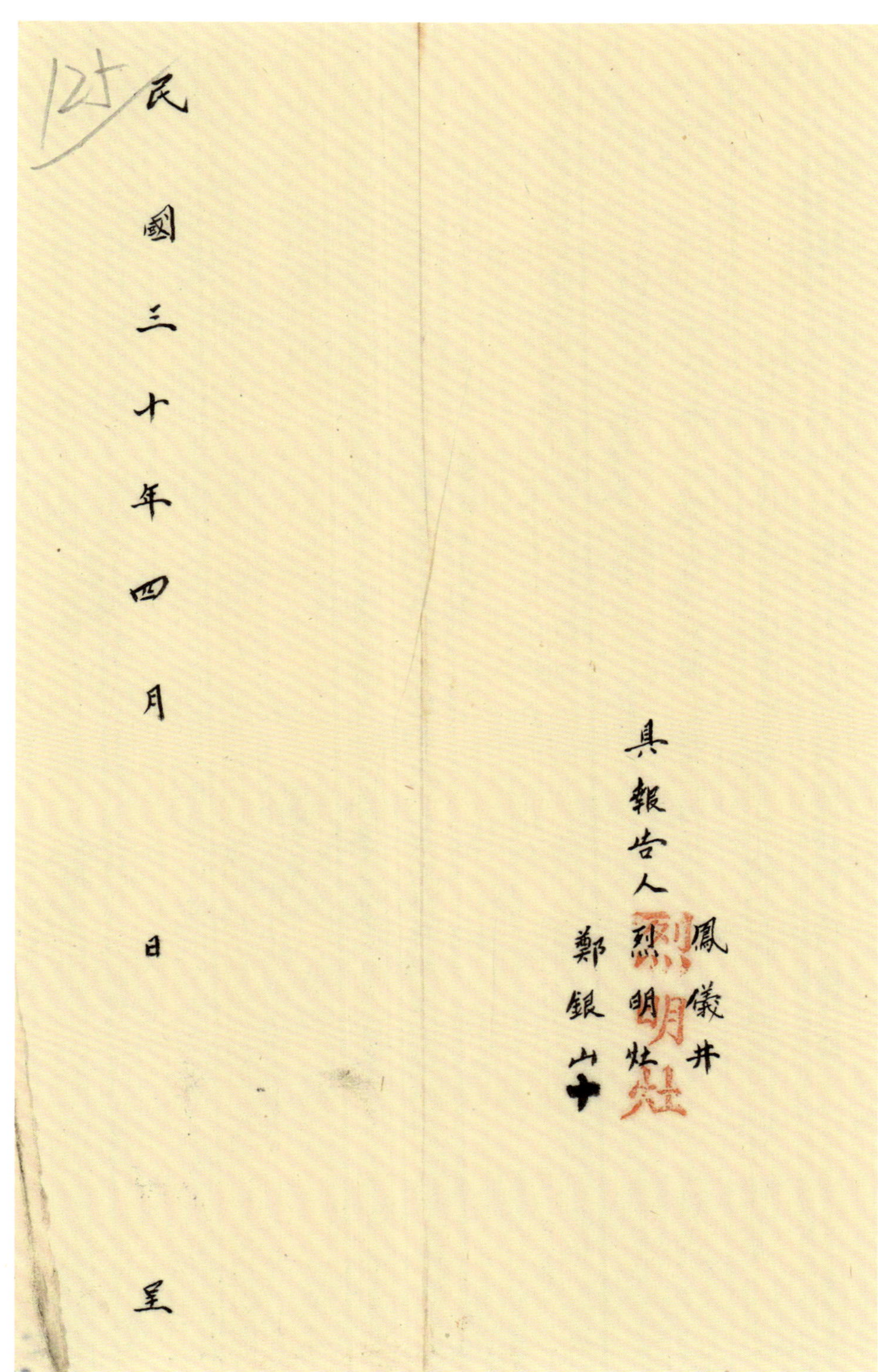
具報告人鳳儀井
烈明灶
鄭銀山十

民國三十年四月　日　呈

富荣东场公署关于遵令抄报原拟增产炭花盐员工保障储金办法六条致川康盐务管理局的呈及附件

（一九四一年七月二十五日）

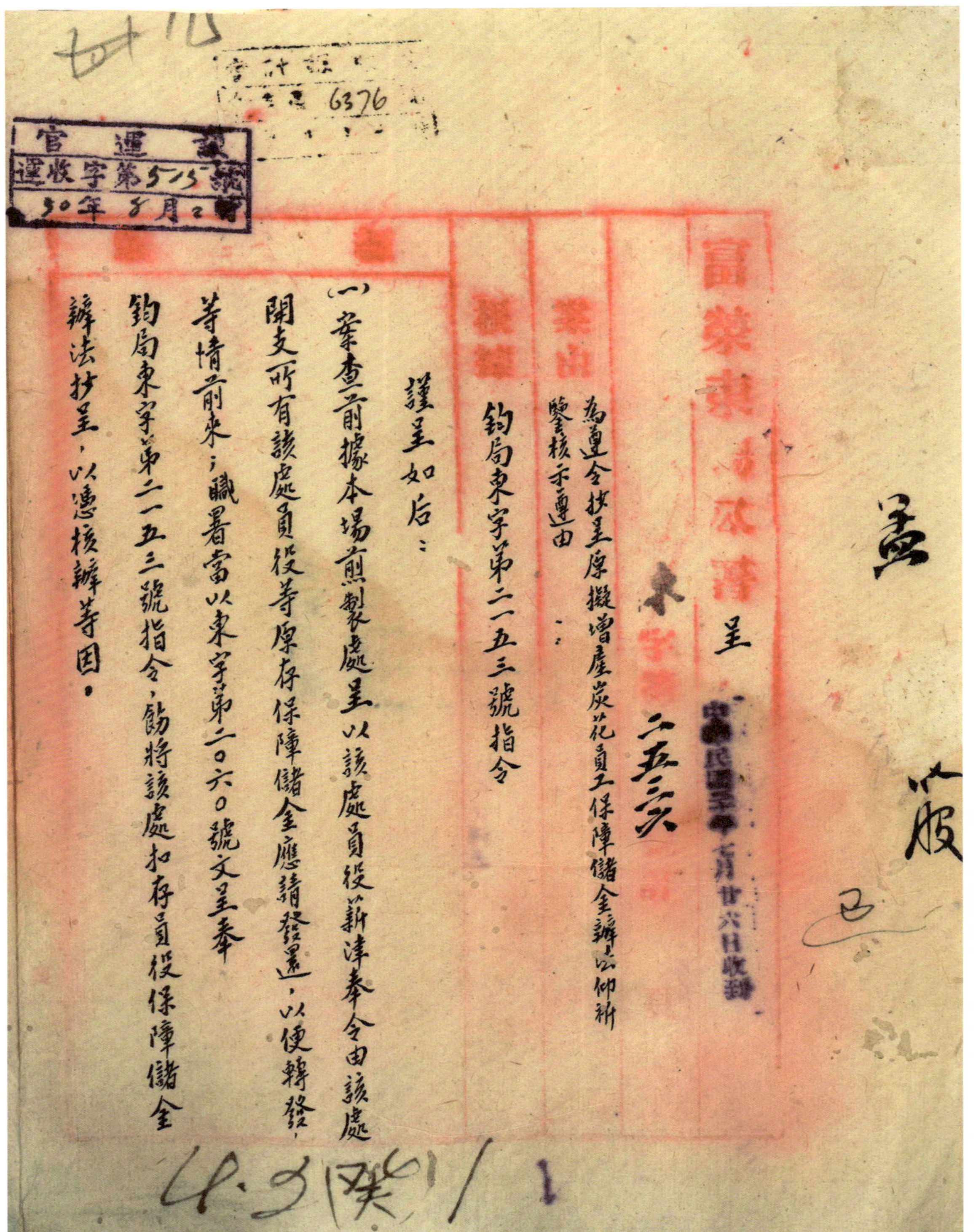

富榮東場公署呈　東字第二五三六號

事由：為遵令抄呈原擬增產炭花員工保障儲金辦法仰祈鑒核示遵由

附件：

案奉

鈞局東字第二一五三號指令

謹呈如后：

(一)案查前據本場煎製處呈以該處員役薪津奉令由該處開支，所有該處員役等原存保障儲金應請發還，以便轉發，等情前來；職署當以東字第二〇六〇號文呈奉

鈞局東字第二一五三號指令，飭將該處扣存員役保障儲金辦法抄呈，以憑核辦等因。

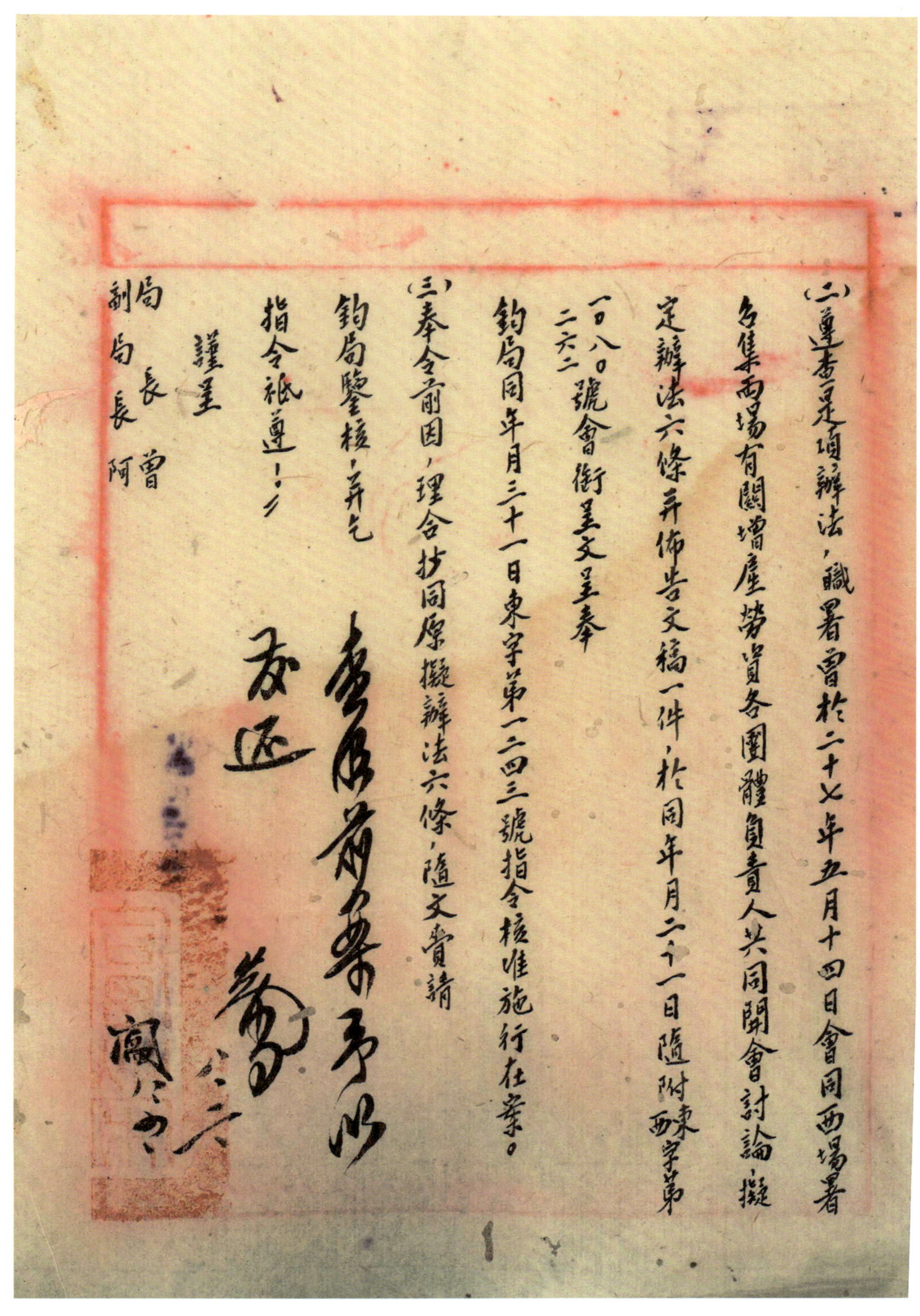

（二）遵查呈送辦法，職署曾於二十七年五月十四日會同西場署召集兩場有關增產勞資各團體負責人共同開會討論，擬定辦法六條，并佈告文稿一件，於同年月二十一日隨附東西字第一〇八〇／二六二號會銜呈文呈奉

鈞局同年月三十一日東字第一二四三號指令核准施行在案。

（三）奉令前因，理合抄同原擬辦法六條，隨文賫請

鈞局鑒核，并乞

指令祇遵！！

謹呈

局長曾

副局長阿

116
~~102~~

附抄呈原拟办法六条。

场长徐閒第

中華民國三十年七月廿五日

109 111

抄呈原擬辦法六條

(一)增產炭花鹽燒工上手每月工價增為壹拾弍元，連同津貼六元，共為壹拾五元。

(二)增產炭花鹽燒工下手，每月工價增為七元，連同津貼三元，共為壹拾元。

(三)增產炭灶，屬於臨時性質，為保障工人生活安定起見，此外并按照工資一賠，作為保障儲金，存於指定銀行生息，俟增產結束時一次發給承領，但工人服役，未及三個月以及因事開革者，均應停付。如服役在三個月以上，經勞資雙方同意因事請假者，仍予照付。

(四)增產炭灶為獎勵工人生產起見，另予規定獎勵金，按每灶每日應產鹽八包計算（每包重市秤二百六十斤），全月總核。蓋灶超出應產包數者，即按每多產一包發給獎勵金叁角，由上手得三分之二，下手得三分

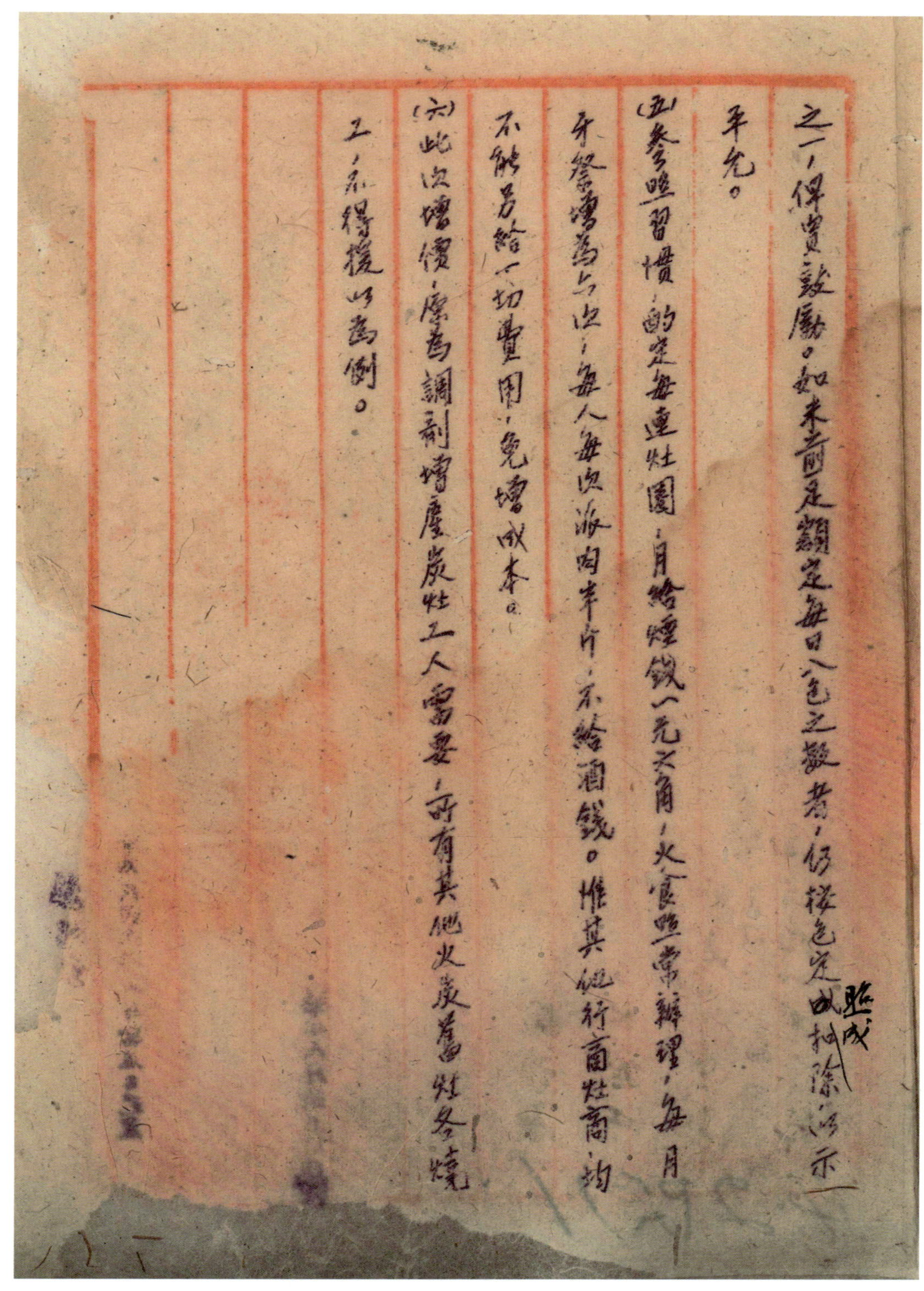

之一，俾資鼓勵。如未能足額定每日八色之數者，仍按色定照成扣除，以示

平允。

(五)参照習慣，酌定每連灶園，月給煙錢一元五角，火食照常辦理，每月

开祭灶為六次，每人每次派肉半斤，不給酒錢。惟其他行商灶商，均

不能另給一切費用，免增成本。

(六)此次增價，原為調劑增產炭灶工人需要，所有其他火炭商灶各燒

工，不得援以為例。

富荣东场公署关于增产前后各井笕旧有及新购牛只头数并每头平均价值致川康盐务管理局的呈（一九四一年九月二十四日）

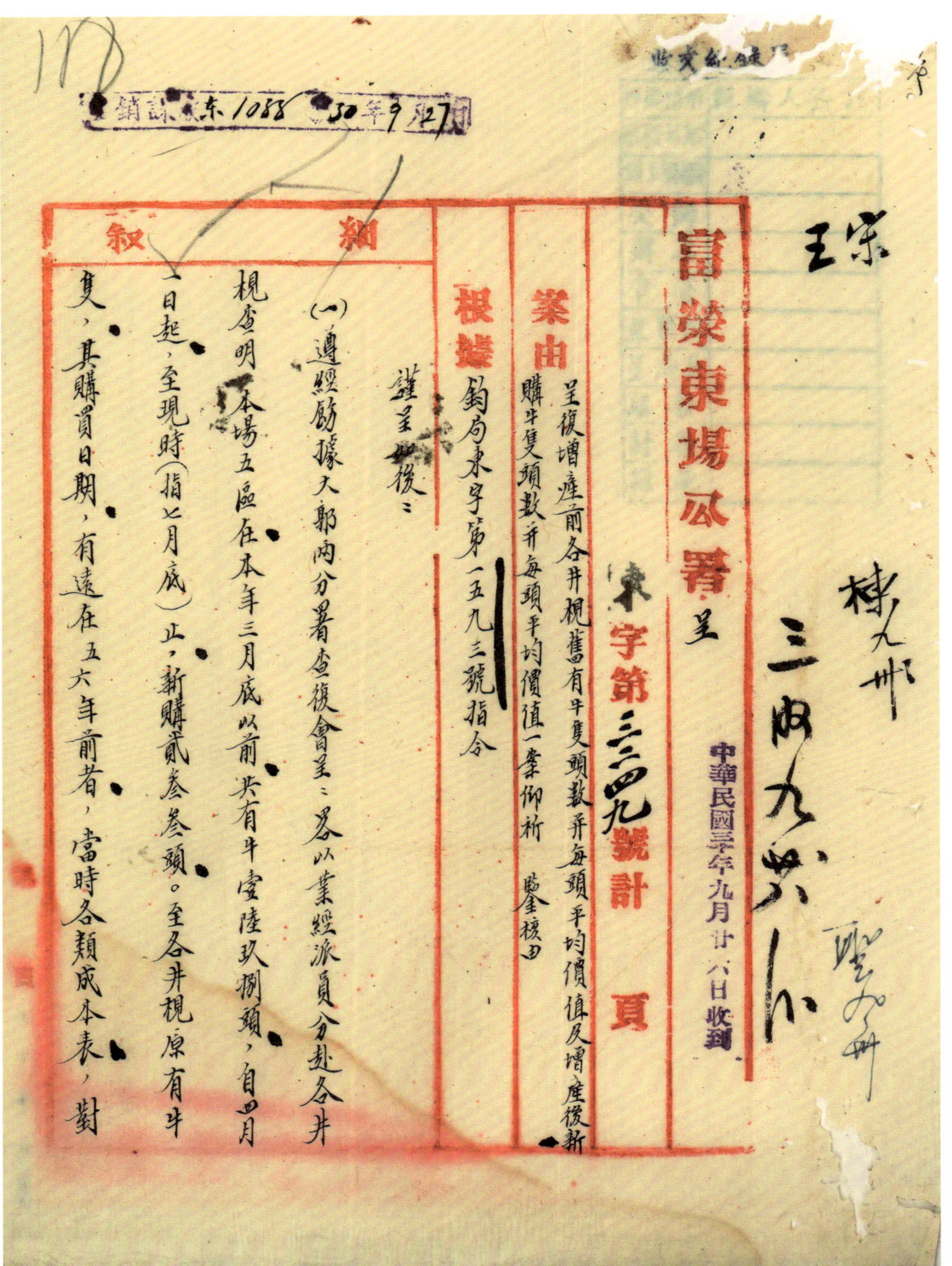

富榮東場公署 呈 東字第三三四九號 計 頁

中華民國三十年九月廿六日收到

案由：呈復增産前各井梘舊有牛隻頭數并每頭平均價值及增産後新購牛隻頭數并每頭平均價值一案仰祈 鑒核由

根據：鈞局東字第一五九三號指令

綱叙：

謹呈如後：

（一）遵經飭據大鄧兩分署查復會呈：略以業經派員分赴各井梘查明，本場五區在本年三月底以前，共有牛壹陸玖捌頭，自四月一日起，至現時（指七月底）止，新購貳叁叁頭。至各井梘原有牛隻，其購買日期，有遠在五六年前者，當時各類成本表，對於牛價一項，并無詳細紀載，實難求其平均，茲現有牛隻既佔少數，擬請轉請仍照增産以前原有牛價計算。等情，到署，當以來呈未將原有牛隻價值敘明，未便據以轉報，爰復指飭將增産前之舊有牛價，每頭平均數字詳查具復去訖。

(二)茲據大郭兩分署以業經該分場長等會同詳確查明增産前之原有牛隻，每頭平均價值為捌拾元等情，會銜呈復前來。

(三)查增産前之牛隻，據報為壹陸玖捌頭，每頭平均價為捌拾元，若以兩項相乘，其積數為一三五、八四〇、〇〇元。新購頭數為貳叁叁頭，每頭現價捌百伍拾元，兩項相乘，其積數為一九八、〇五〇。

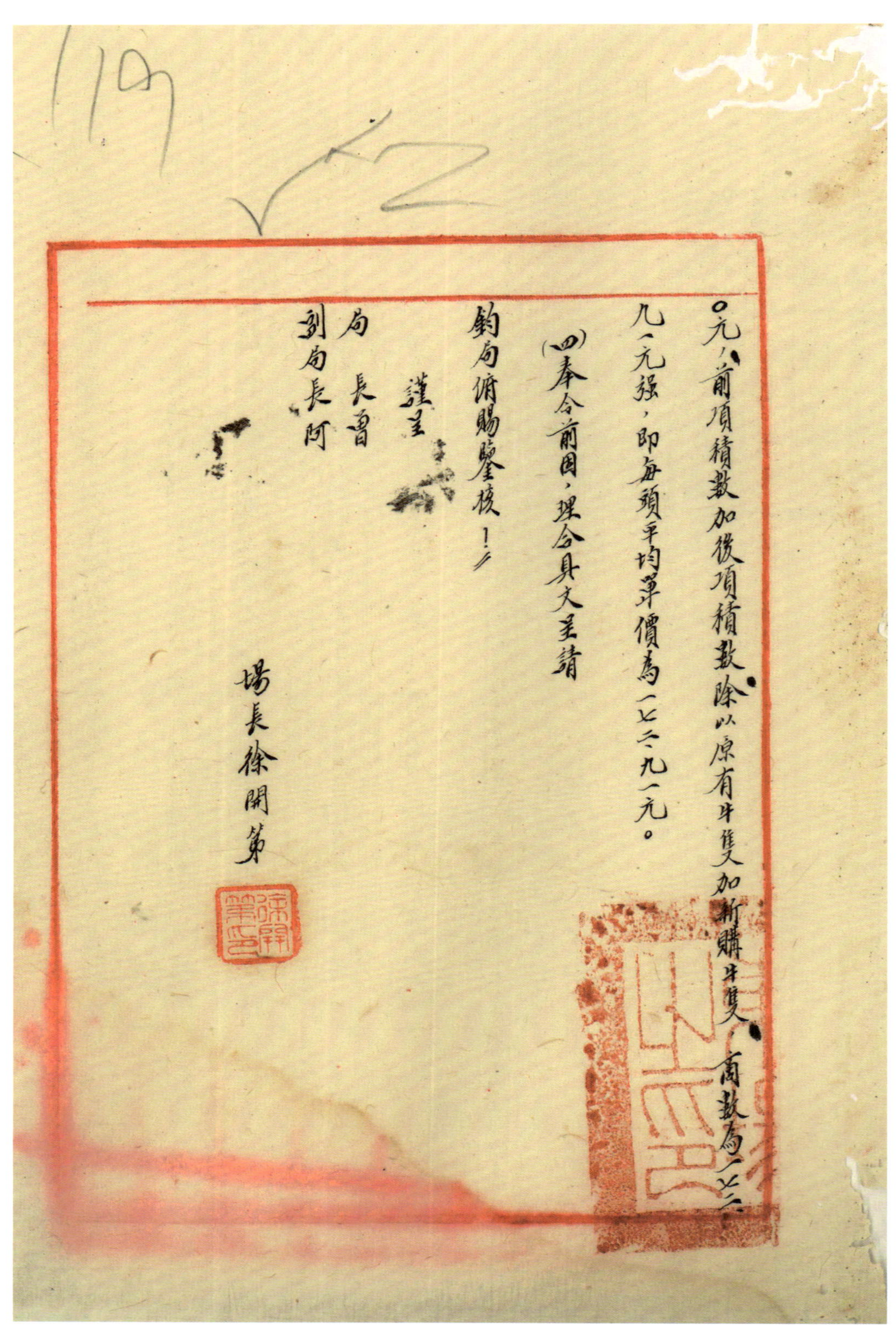

〇元，前項積數加後項積數除以原有牛隻加新購牛隻，商數爲一七二九一元强，即每頭平均單價爲一七二九一元。

（四）奉令前因，理合具文呈請

鈞局俯賜鑒核！

謹呈

局長曾

副局長阿

場長徐開第

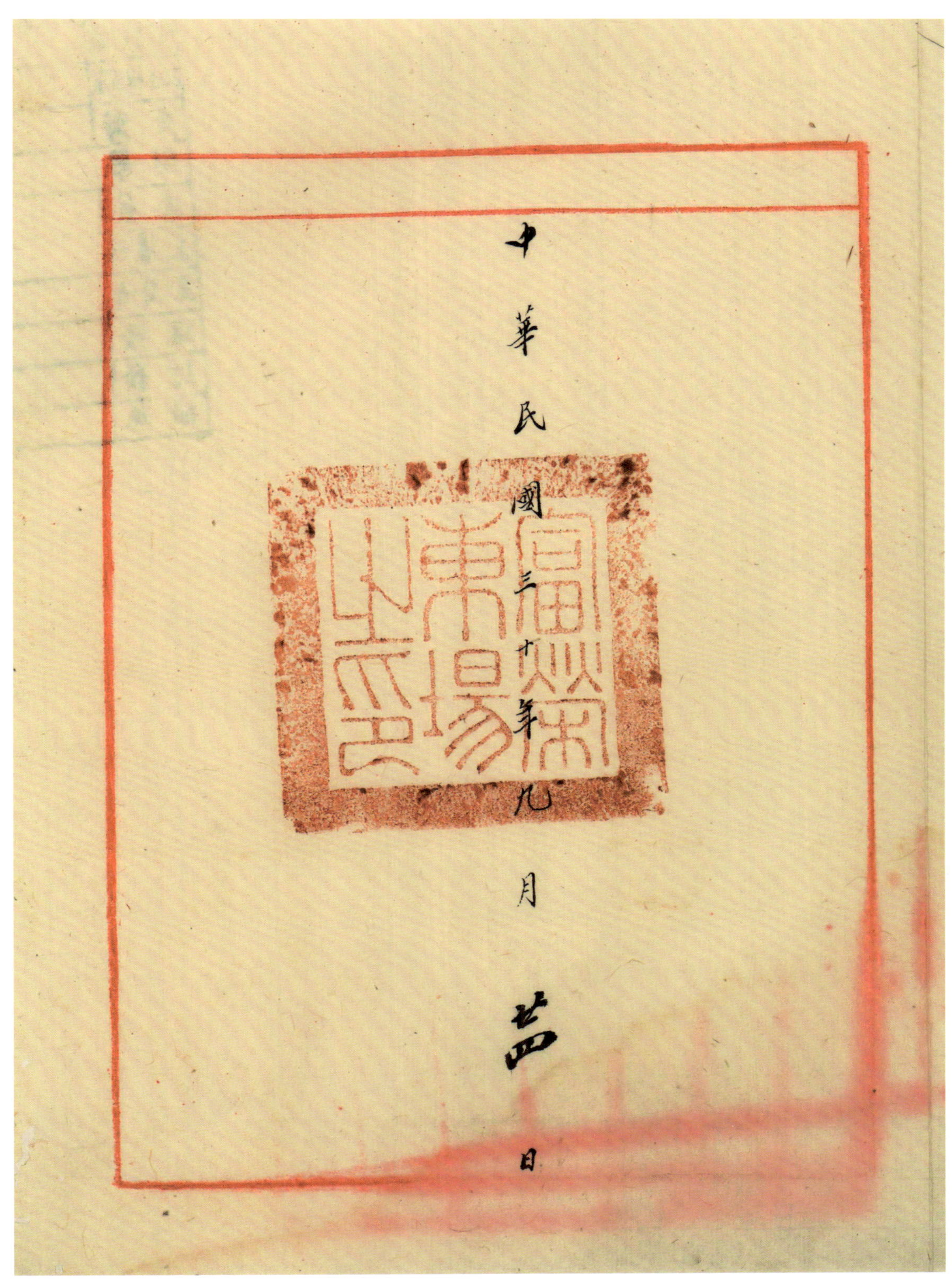
中華民國三十九年九月廿四日

财政部盐务总局关于富荣盐场增产井灶投资及设备状况表致川康盐务管理局的指令（一九四二年一月二十七日）

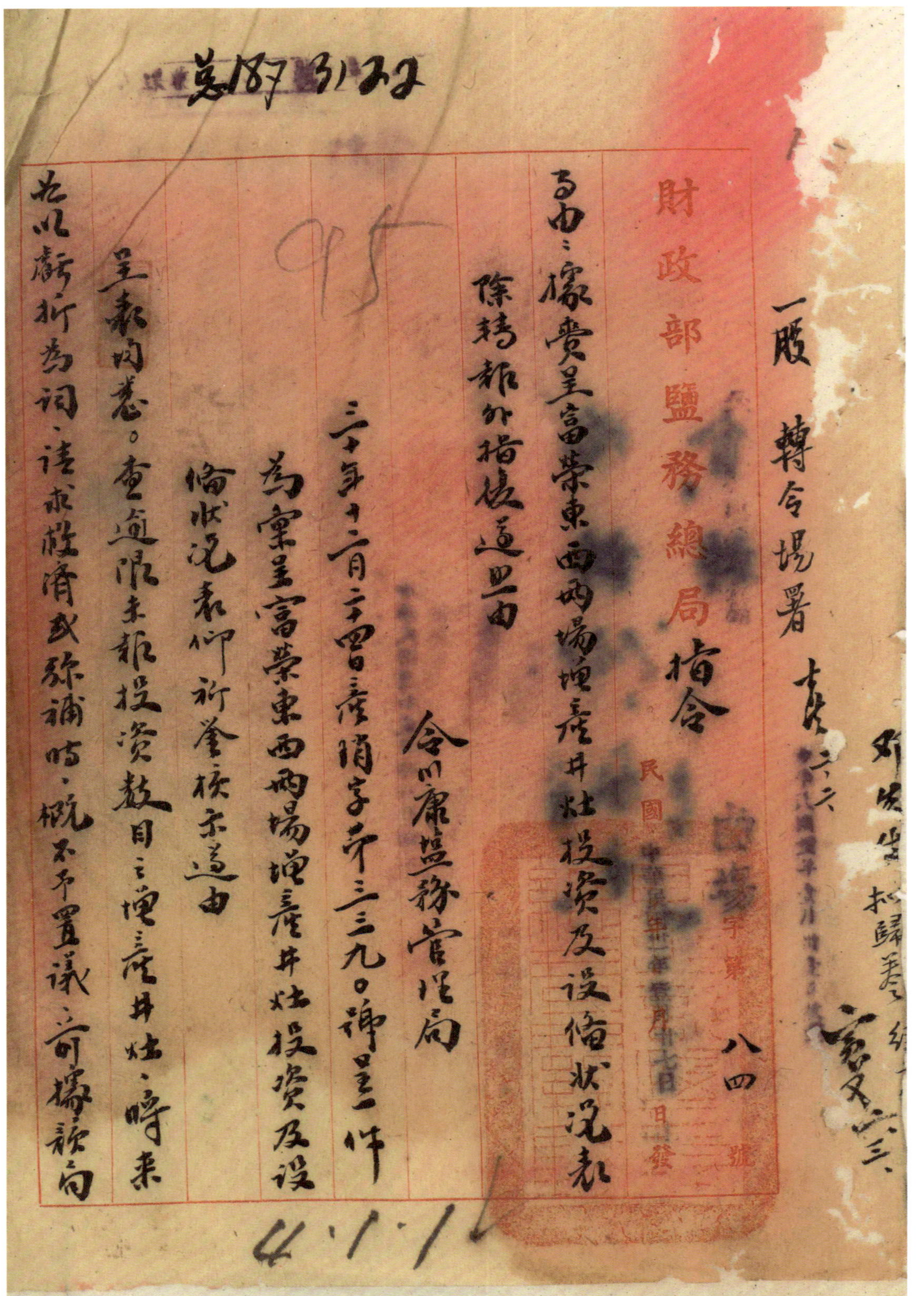

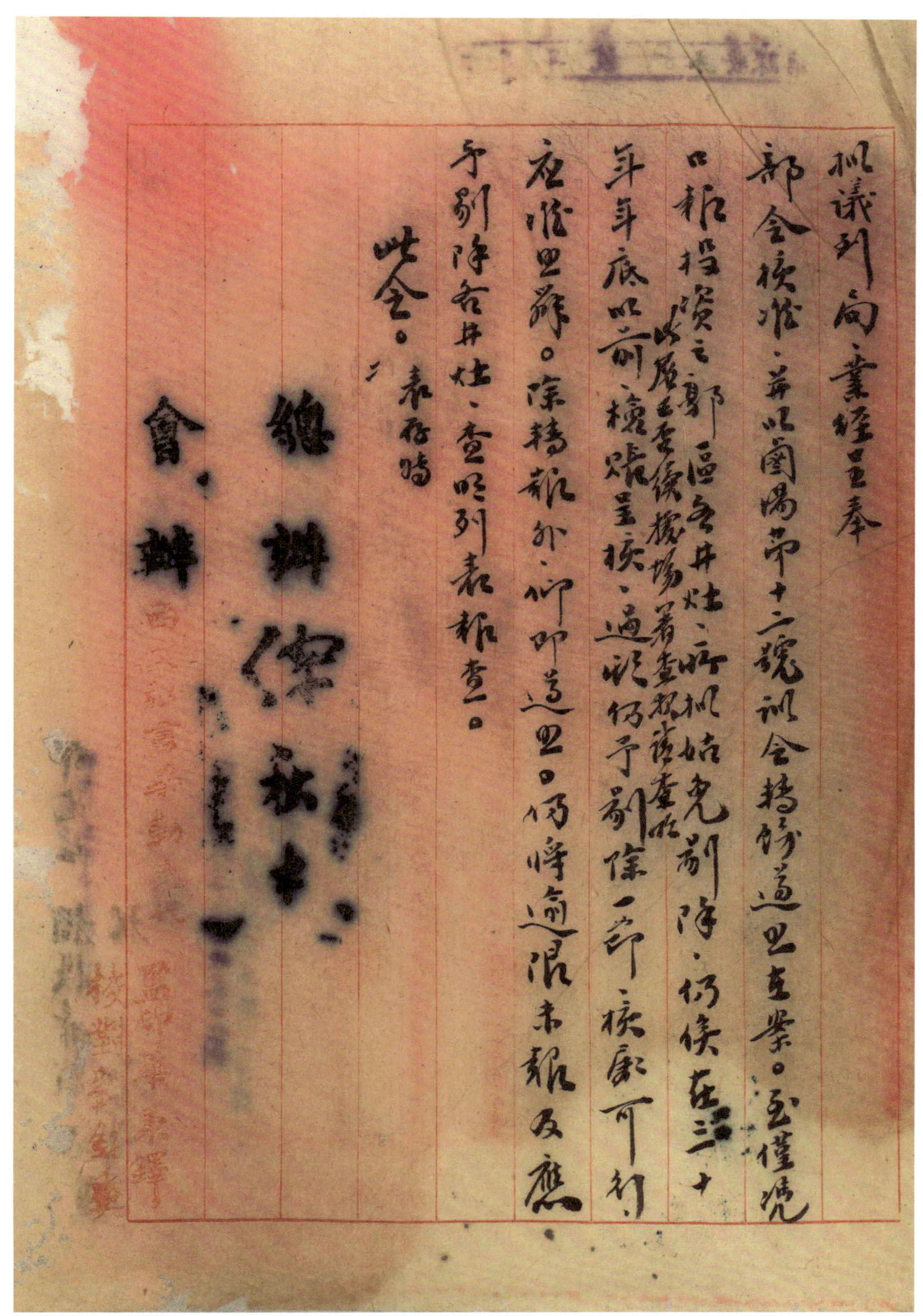

拟议列问，业经呈奉

部令核准，并以盐场第十二号训令转饬遵照在案。兹准况

口称：投资之郭区灶井灶，将拟姑免剔除，仍俟在三十（此层业经饬据场署查报，该查明）

年年底以前，检案呈核，遇旧仍予剔除一节，核属可行，

应准照办。除转报外，仰即遵照。仍将逾限未报及应

予剔除各井灶，查明列表报查。

此令。

二　表存档

總辦　繆秋杰

會辦

关于井灶职员加入盐业职员联谊社社并予保障其职务以利增产及兵员征调的函件（一九四二年五月六日至二十三日）

自贡市盐业职员联谊社致自贡市政府的呈（一九四二年五月六日）

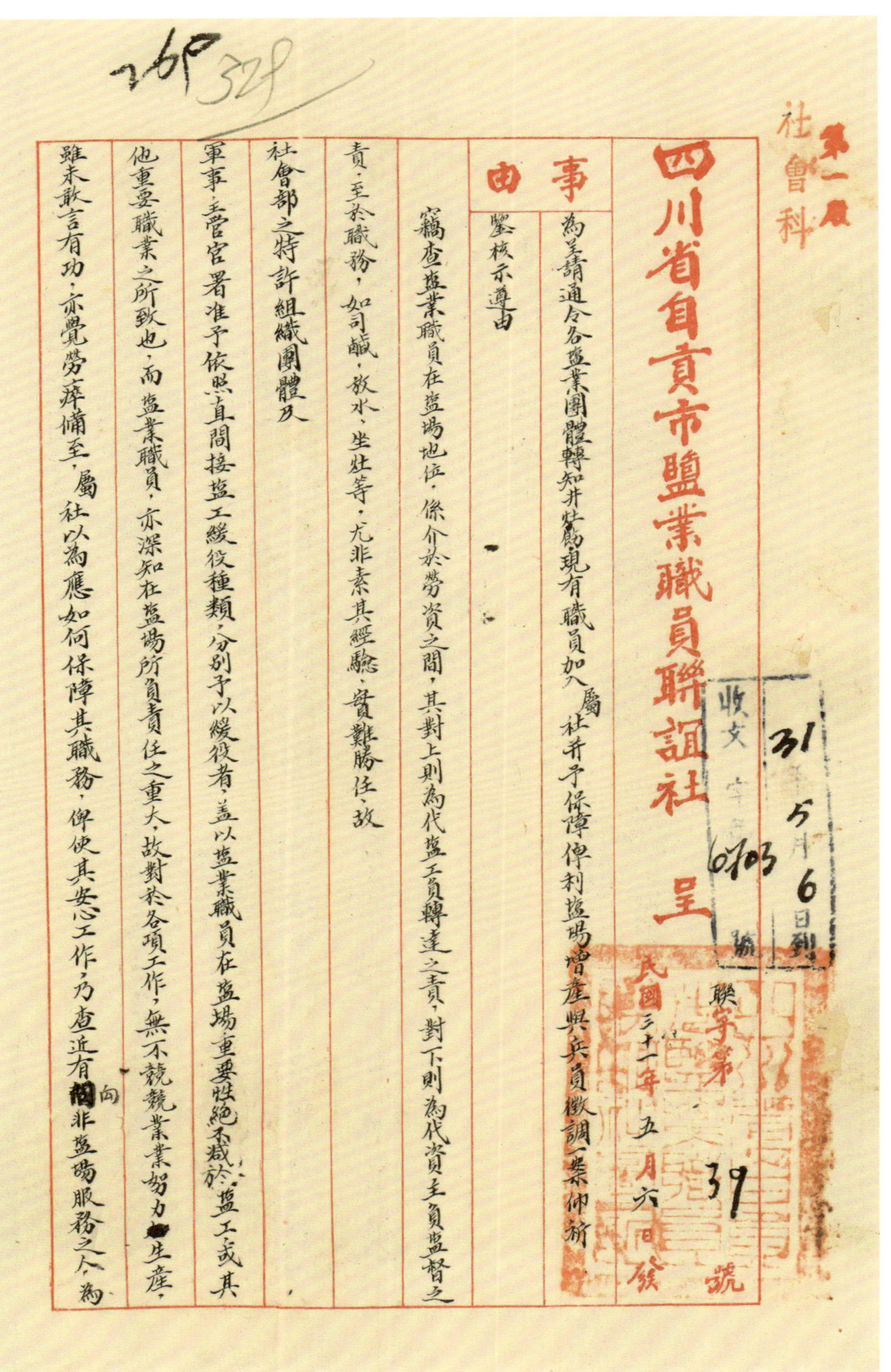

四川省自貢市鹽業職員聯誼社 呈

第一股 社會科

收文 字第6103號 31年5月6日到

民國三十一年五月六日 發 聯字第37號

事由：為呈請通令各鹽業團體轉知井灶廠現有職員加入屬社并予保障俾利鹽場增產與兵員徵調一案仰祈鑒核示遵由

竊查鹽業職員在鹽場地位，係介於勞資之間，其對上則為代鹽工負轉達之責，對下則為代資主負監督之責，至於職務，如司鹹、放水、坐灶等，尤非素具經驗，實難勝任，故

社會部之特許組織團體及

軍事主管官署准予依照直間接鹽工緩役種類，分別予以緩役者，蓋以鹽業職員在鹽場重要性絕不減於鹽工或其他重要職業之所致也。而鹽業職員，亦深知在鹽場所負責任之重大，故對於各項工作，無不兢兢業業，努力生產，雖未敢言有功，亦覺勞瘁備至，屬社以為應如何保障其職務，俾使其安心工作，乃查近有向非鹽場服務之人，為

380 270

規避兵役，遂藉人事關係，混入鹽場服務，不惟使富有經驗技能及服務多年毫無過失之鹽業職員，遭受失業痛苦，且因新陳代謝，使鹽業職員人數，始終無法統計，影響鹽場增產，妨碍兵員徵調，危害抗戰，莫此為甚，倘欲杜絕斯弊，則凡在鹽場服務之職員，均須加入屬社，俾人數有所統計，如已經辦理緩役手續職員若無重大過失，應予保障，縱因過失開除，亦宜雇用社員，以免彼去此來，使新社員人數增多，并可減少鹽場增產損失，與緩服兵役人數，於鹽役兩政，皆有利矣，惟以茲事體大，屬社未敢擅專，擬請

鈞府通令各鹽業團體轉知各井灶遵辦，用收實效，所有緣由，除分呈外，理合具文呈請

鑒核，是否之處，伏乞

示遵！

謹呈

自貢市政府

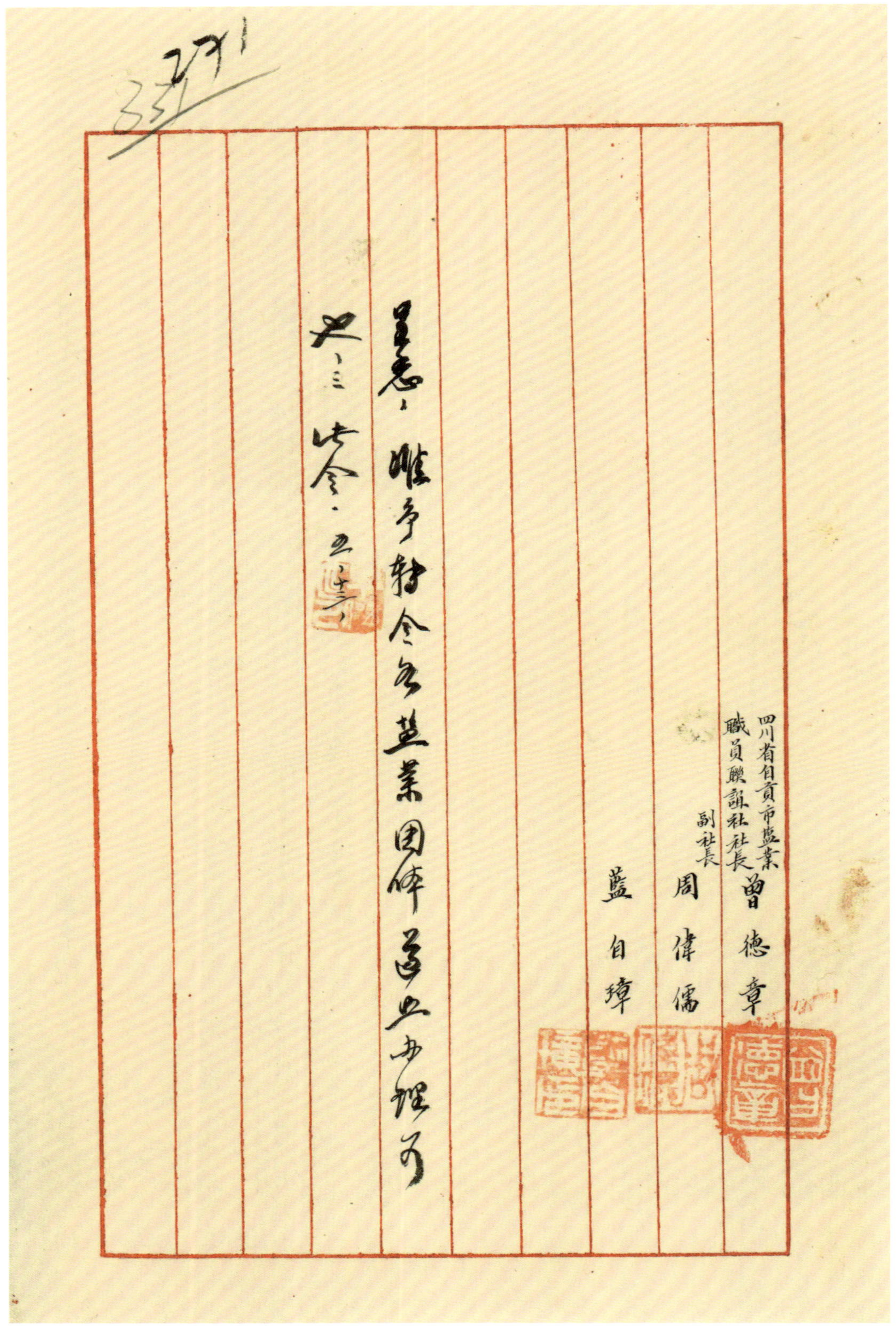

四川省自貢市鹽業職員聯誼社社長 曾德章

副社長 周偉儒

藍自璋

呈悉。准予轉令各鹽業團體遵照辦理可也。

此令。五、廿三

自贡市政府致自贡市各盐业公会的训令（一九四二年五月十四日）

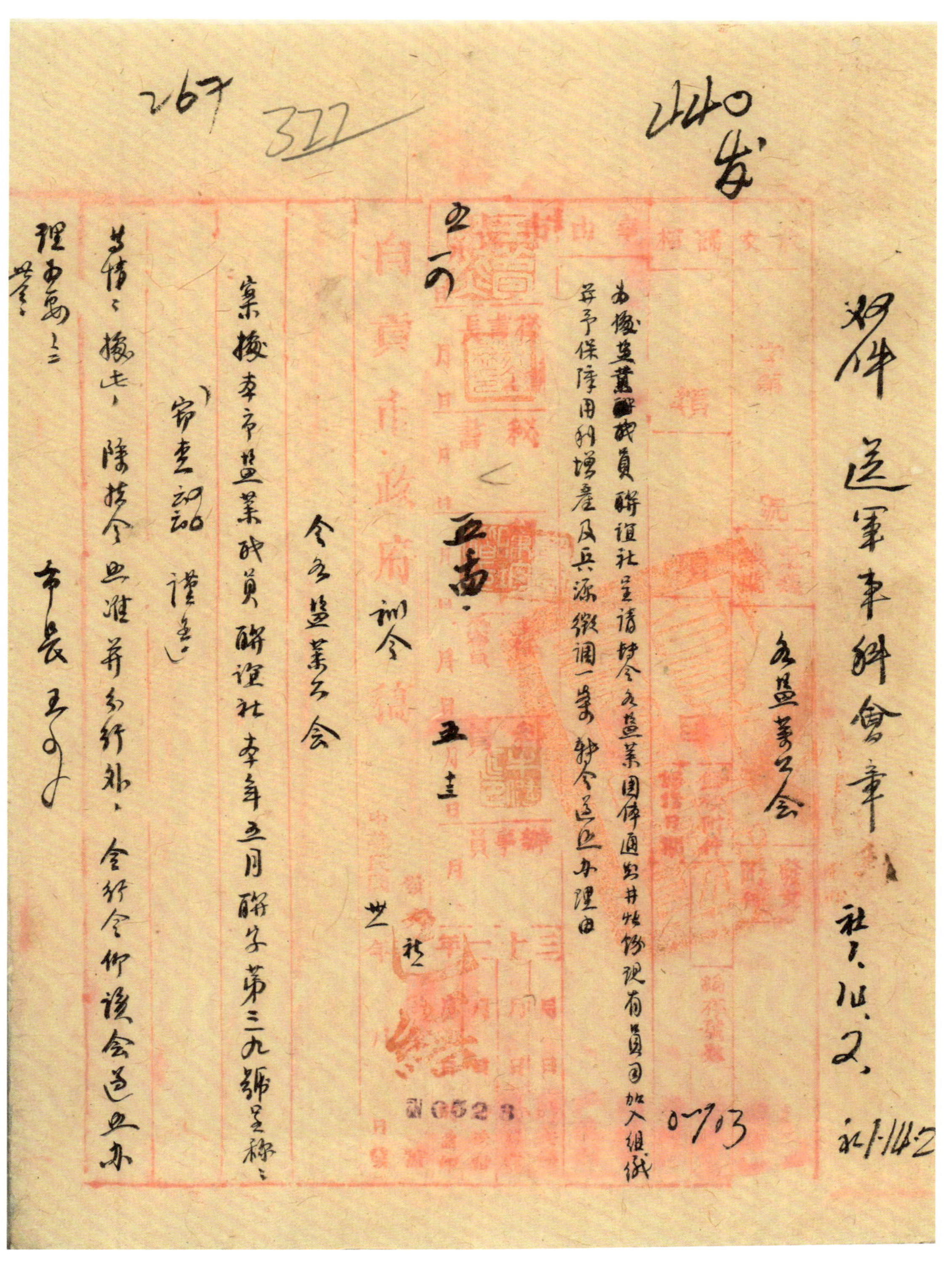

自贡市政府致自贡市盐业职员联谊社的指令（一九四二年五月二十三日）

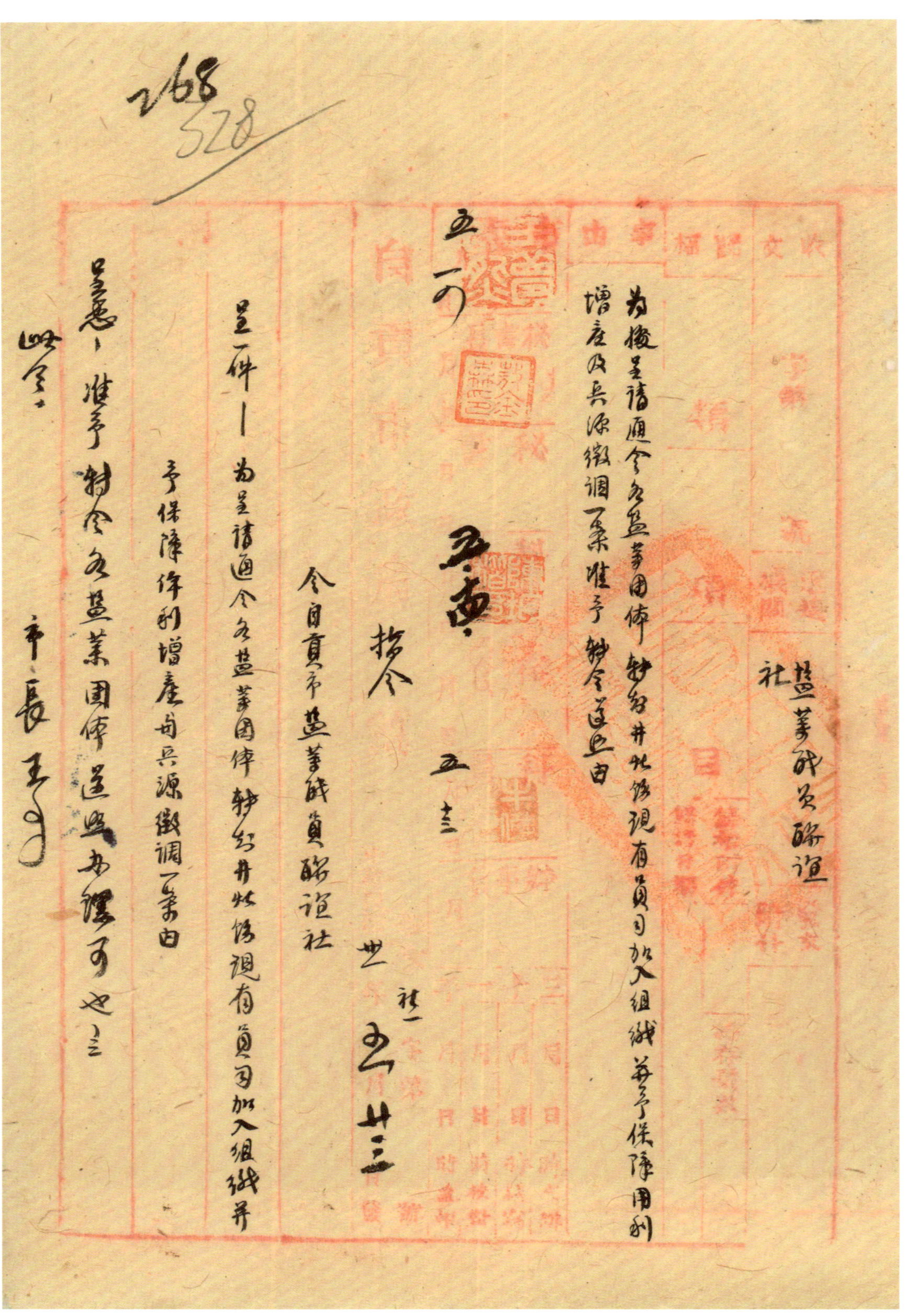

自贡市国民兵团团本部关于自贡市盐业职员联谊社编队训练并不影响工作及妨害增产致富荣西场公署的公函

（一九四二年六月五日）

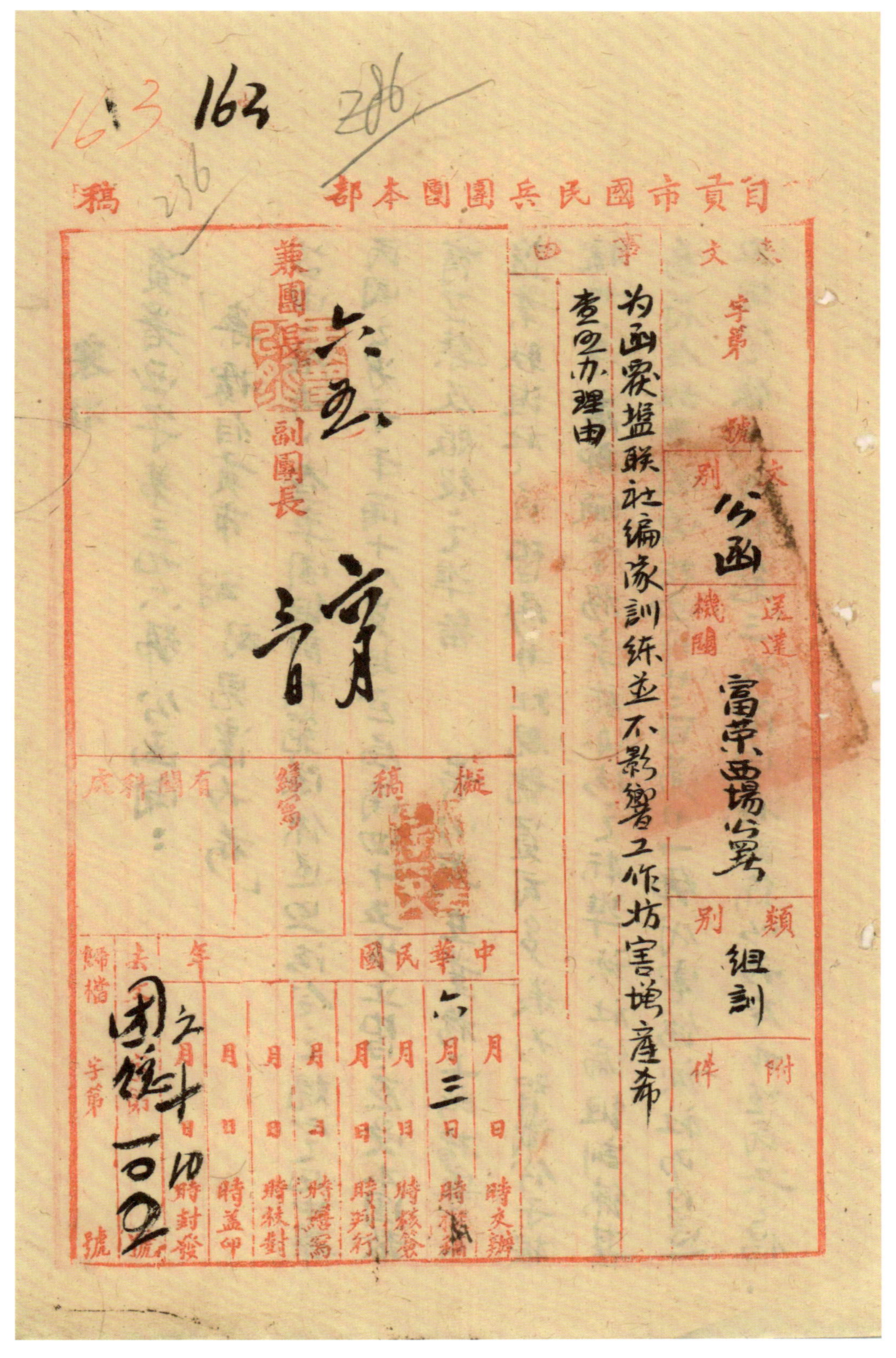

163 162 286 236

自貢市國民兵團團本部 稿

文別	公函
送達機關	富榮西場公署
類別	組訓
附件	
事由	为函覆盐联社编家訓练並不影響工作妨害增產希查照办理由

兼團長 六五

副團長

擬稿　繕寫　有關科處

中華民國　年 六月三日

歸檔 字第 號

案准

貴署西字第三九六號公函開：

「案據自貢市 [illegible] [illegible]見覆為荷」

等由；准此，查本團組訓模範隊係遵照法令之規定凡中華民國之男子年滿十八歲起至屆滿四十五歲止皆應受本國教育召集及服役之準備 貴公署在業務上指導之鹽業聯誼社社員皆為井灶視覺員司多数為智識份子根據卅一年度部頒業務實施辦法之標準該社編組訓練甚為符合，故本團曾於四月廿三日第廿一號代電飭該社即日遵照規定依法成模範三大隊開始訓練以為本市民兵之倡尊並規定於每日晨刻就各社員之附近地區選擇適當地點訓練二小時以集中不在營制為原則該社員均在散居各井灶梘垣倉號對工作並不影響於增產亦無妨害當此全國總動員之際該社編隊訓練為勢所必然茲准

前由相應函覆希

查照辦理為荷！！

此致

富榮西場公署

兼副團長 王[illegible]

关于谢鸿章加入筋包蔗笕篾商业同业公会被拒有碍增产的函件（一九四二年七月至八月）

谢鸿章致自贡市政府的呈（一九四二年七月）

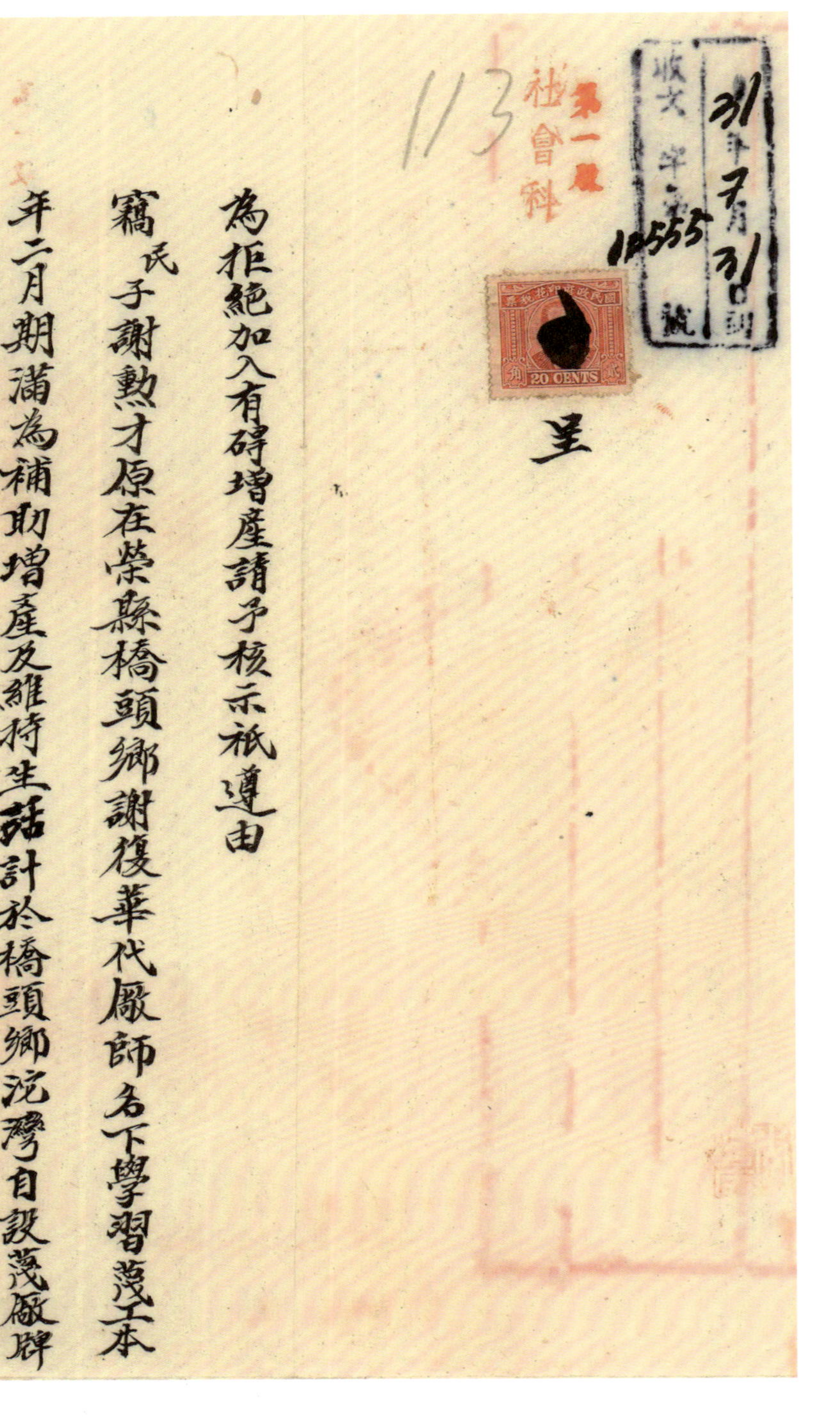

呈

為拒絕加入有碍增產請予核示祇遵由

竊民子謝勳才原在榮縣橋頭鄉謝復華代廠師名下學習篾工本年二月期滿為補助增產及維持生活計於橋頭鄉沱灣自設篾廠牌名勳華廠理應遵章加入規篾同業公會乃有該會主席彭樹云及幹事陳德三拒絕不許加入若要加入先出神底金六百元但公會設立原恐散蔓無緒有碍增產故未加入者政府迭令強制加入係非常時期人民團體規定

114

乃上令皇皇該主席幹事等不識何心竟拒絕民之加入其意在操縱利權恐人分潤抑或同業嫉妒壟斷獨登便行巧詐民以愚昧莫測其心若使民之素習此業而驟使停止登記勢必摧殘業務迫入流氓恐非上峯非常時期本旨規定理合具文呈請

鈞府鑒核懇予飭令視蔑公會依法登記是為公便謹呈

自貢市市政府

具呈人謝鴻章 [印：謝鴻章印]

現住貢井頤荷街子二九號

桂峯齋麗煥棠轉

呈悉。仰候饬令富荣盐场盐商业同业公会准该民依法办理入会手续。仰即知照。此批。八、四

中华民国三十一年七月　日

自贡市政府致谢鸿章的批（一九四二年八月七日）

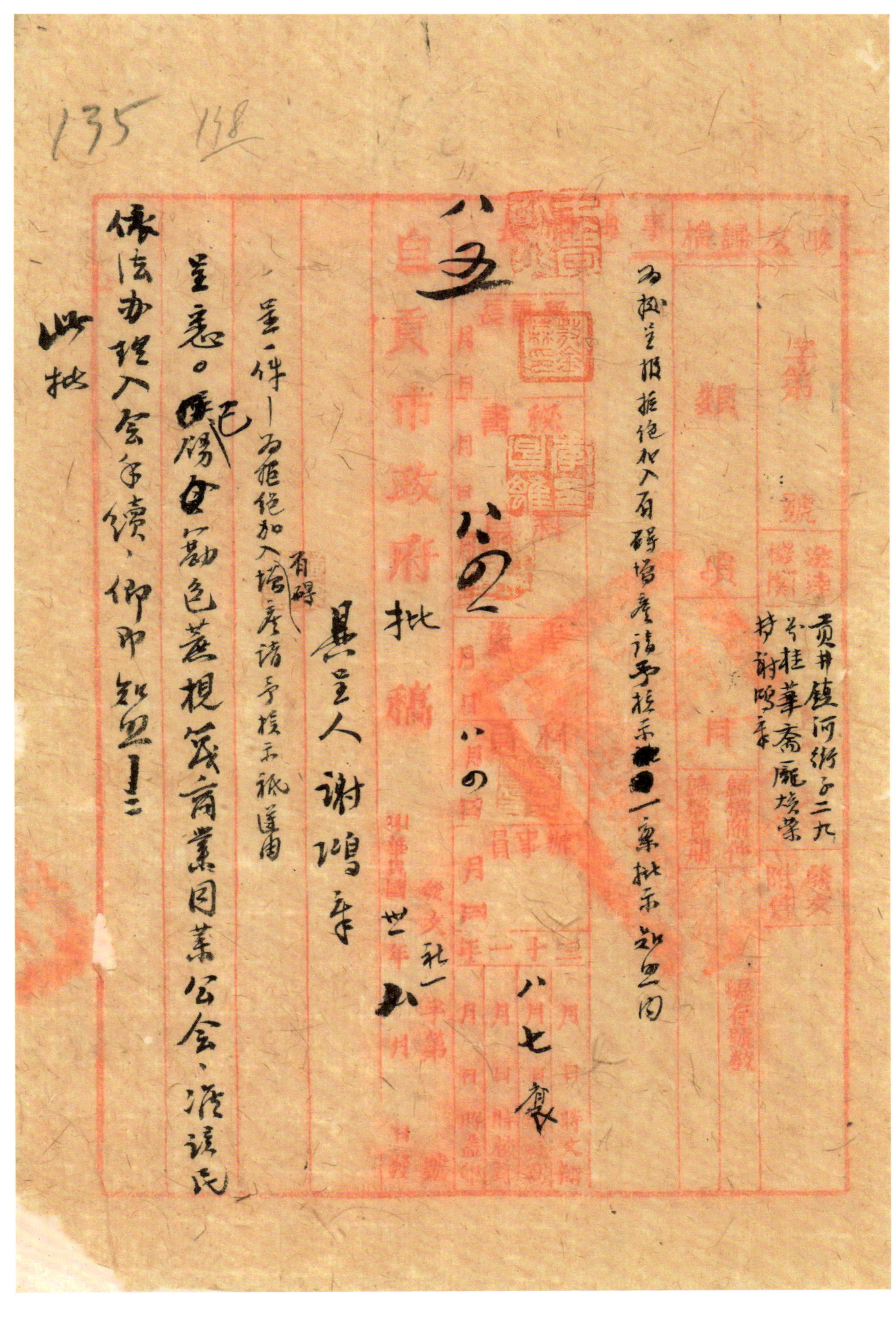
贡井镇河街子二九
号桂華斋碗炆業
户谢鸿章

呈报拒绝加入有碍产请予指示祗遵一案批示知照由

自贡市政府批

具呈人谢鸿章

呈一件：为拒绝加入有碍产请予指示祗遵由

呈悉。该民既系勤邑荔枝宽商业同业公会，仰该民依法办理入会手续，仰即知照！此批

自贡市政府致筋包蔗笕篾商业同业公会的训令（一九四二年八月七日）

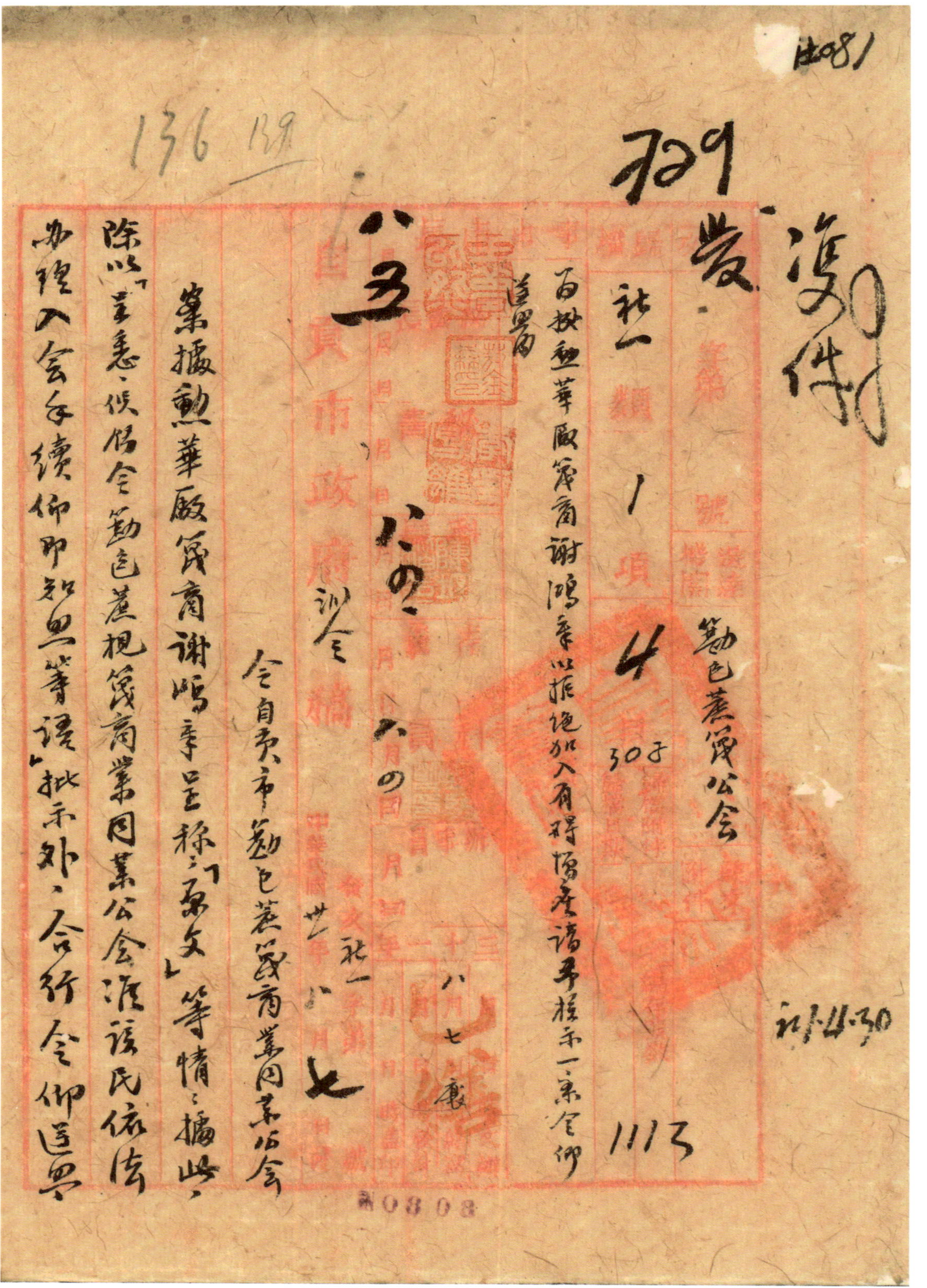

自贡市政府训令

令自贡市筋包蔗篾商業同業公会

案據鱼華厰篾商谢鸿章呈称：「……」等情。據此，除以「呈悉。候令筋包蔗挽篾商業同業公会准該民依法办理入会手续仰即知照」等語批示外，合行令仰遵照

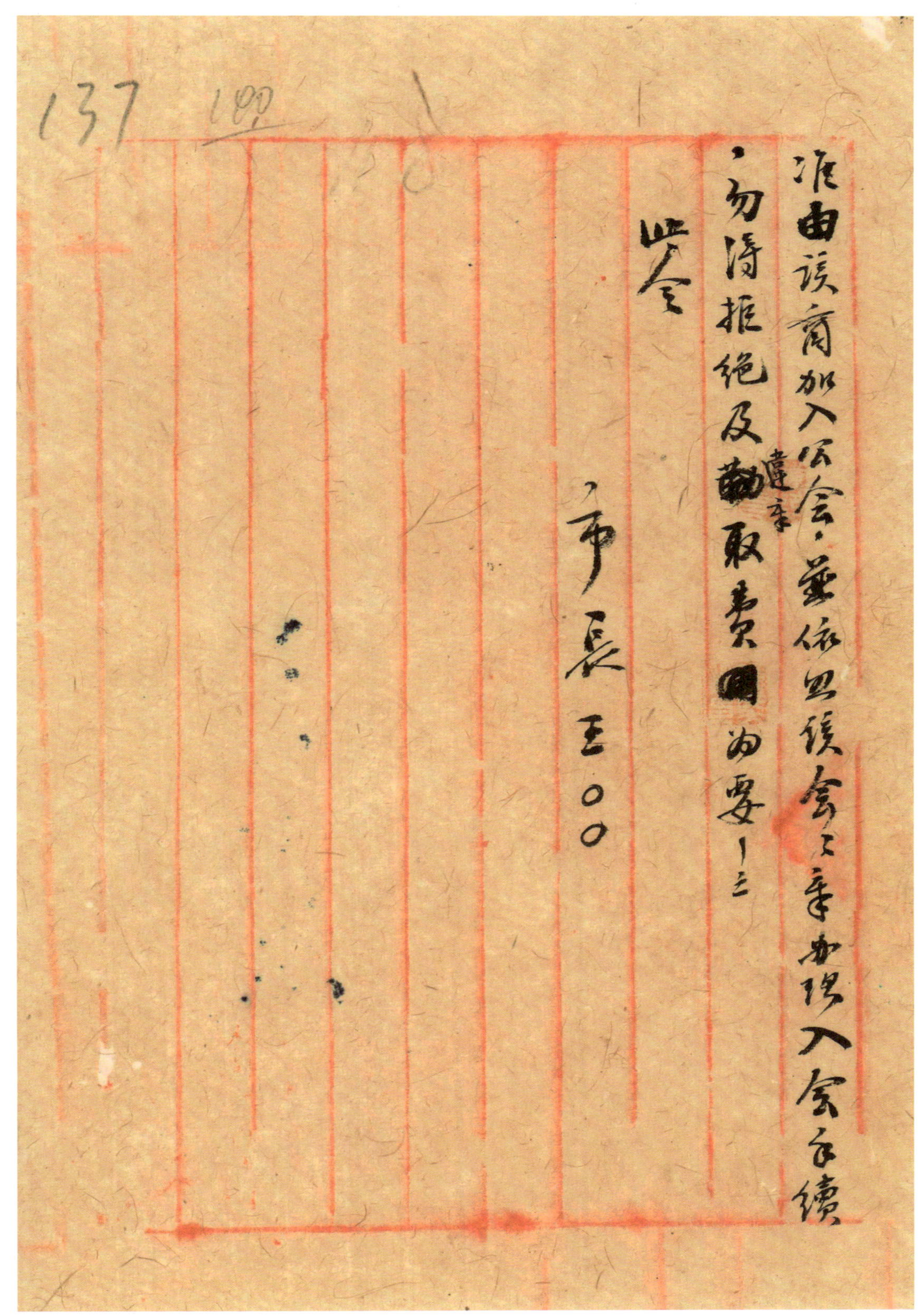

137　180

准由該商加入公會，並依照該會之章辦理入會手續，勿得拒絕及違章取費為要！

此令

市長　王〇〇

富荣各岸运商井河赶运联合办事处关于造具民国三十一年七月办事经费清册并请如数拨发致川康盐务管理局的呈及附件（一九四二年八月十九日）

31.8.19 写

拨字1467号

首十九日发

窃本处办理搬滩过堰六月份支出办公费，曾经造报，并蒙拨发垫款在案。兹将七月一日起至卅一日止支出办公经费各款共计[illegible]，理合缮造清册，连同支款证件，呈赍察核，并恳赐如数准发支票归垫，以资早结束，实沾法便，祗候核遵。谨呈

川康局。

计呈七月份搬支经费支出册一本、薪工表一册、粘存簿一本（两册）

（内附账据、表十张，收条、领条共[illegible]张）。

为造送卅一年七月份搬滩过堰办公费支出册表并粘存簿，呈恳核拨

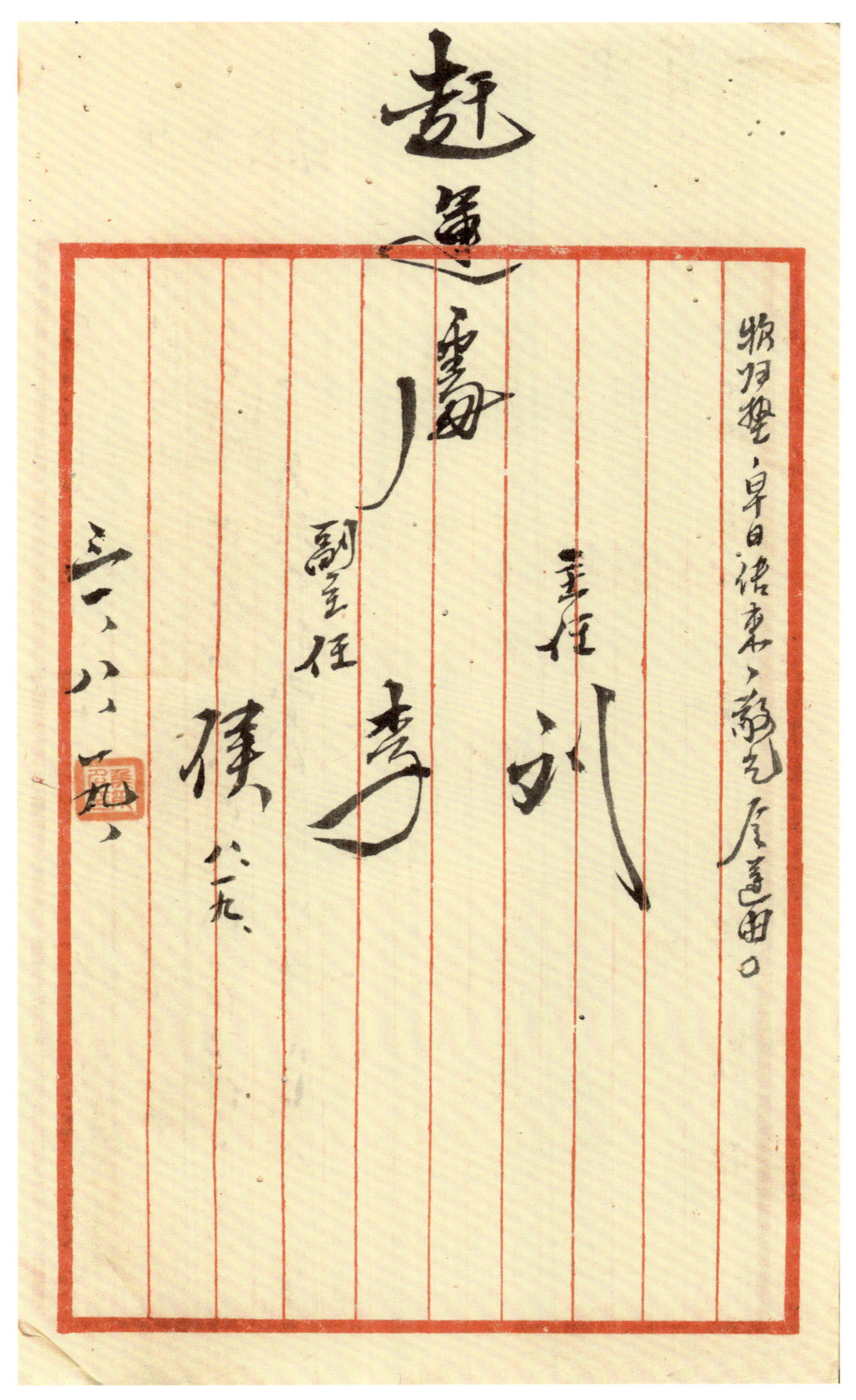
起

第[illegible]號

牧羽墊、阜白信東、[illegible]元[illegible][illegible]由[illegible]

主任 刘

副主任 李

侯 八、一九、

三一、八、一九、

6

富榮各岸運商井灶趕運聯合辦事處謹將經[illegible]從卅一年七月一日起至卅一日止所有辦事經費支出數目造具清冊呈核須冊者

計開

支出款目

(1) 薪工、津貼、補助費、臨時津貼 [illegible]元 細目如左

(一) 薪事 津貼 手續 費支 [illegible]元

右款支出本處全体員役伕夫等七月份薪工[illegible]元 附領薪表冊一份

均已盡數領取

(2) 公費 [illegible]元 細目如左

右款大粉賀紙十張 [illegible]元 附宏文購条一張 又刻字八個 [illegible]元 附黄榮村条一張

又增狼毫五支 [illegible]元 附新川書局發票一張 又条簿一本 合洋[illegible] 附鴻盛祥收条一張

又对条簿一本 合洋[illegible] 附永昌榮收条一張 又印花税[illegible]元 附郵局条一張 仙隊專差陳

置忠灯油二斤 合洋[illegible]元 附復興祥条一張 合為上數

（丙）臨時特別費 [illegible]元 細目如左

（一）仙隊六月份辦理墾隊雜缴費用 [illegible]元

右款附詳表一份 領条五張 均經陳管理員徐厚善手證明如上數

（二）仙隊七月份辦理墾隊雜缴費用 [illegible]元

右款附詳表一份 領条五張 均經陳管理員徐厚善手證明如上數

（三）沿隊卅年十月份辦理墾隊雜缴費用 [illegible]元

右款附詳表一份 領条廿張 均經羅管理員劉秋書管理員侯明善手證明及

上數

(四)沿灘卅年十二月份辦理擡灘雜缴費用 收[illegible]元

右款附詳表一份領條十二張均經羅管理員劉秋書管理候明蓋章證明如上數

(五)沿灘卅一年一月份辦理擡灘雜缴費用 [illegible]元

右款附詳表一份領條十了張均經羅管理員劉秋書管理候明蓋章證明如上數

(六)沿灘卅一年二月份辦理擡灘雜缴費用 [illegible]元

右款附詳表一份領條七張均經羅管理員劉秋書管理候明蓋章證明如上數

(七)沿灘卅一年三月份辦理擡灘雜缴費用 [illegible]元

右款附詳表一份領條十了張均經羅管理員劉秋書管理候明蓋章證明如上數

(八)沿灘卅一年四月份辦理擡灘雜缴費用 [illegible]元

右款附詳表一份領條十九了張經書管理候明蓋章證明如上數

（九）沿堤卅年五月份辦理堤雜役費用　[illegible]

右款附詳表一份領條廿張任曹管理員俊明蓋章證明如上數

（十）沿堤卅年六月份辦理堤雜役費用　[illegible]

右款附詳表一份領條九張任曹管理員俊明蓋章證明如上數

（十一）沿堤卅年七月份辦理堤雜役費用　[illegible]

右款附詳表一份領條八張任曹管理員俊明蓋章證明如上數

（十二）沿堤卅年十二月份追（僱備漁護運）款伙食旅費用　[illegible]

右款於卅年四月廿日奉鹽運處令轉發乃四月十七日兩字425號指令准於

十二月份起每名追補護運費十元共（連前）每名五十元每次四人計係已送

由再附領條七張任曹管理員俊明蓋章證明如上數

（十三）沿滩卅年一月份侦缉队护送费用 陆拾元

右据附侦缉队领条九张经书发理员倪明盖章证明如上数

（十四）沿滩卅年二月份侦缉队护送费用 [illegible]元

右据附侦缉队领条二张经书发理员倪明盖章证明如上数

（十五）沿滩卅年三月份侦缉队护送费用 伍拾元

右据附侦缉队领条六张经书发理员倪明盖章证明如上数

（十六）沿滩卅年四月份侦缉队护送费用 伍拾元

右据附侦缉队领条六张经书发理员倪明盖章证明如上数

右款定支库川币[illegible]张

附七月份 薪工册 一本

粘件簿 一本

内贴 仙滩沿滩缉私站领条 九张

收条领条共[illegible]张

川康盐务管理局局长曾仰丰关于请代为呈明将增产急需钢绳视同军用器材由美国提前航运致国民党四川省政府主席张群的函（一九四二年十一月十一日）

速

南字第1554號 發

82

本年十一、二、已由渝分局携電呈复

重慶
于右長代呈
張主席 鈞啓

岳公主席崇鑒：昨奉本月六日
手示，敬承種切。川康鹽務夙荷
關垂，國計民生交受其益。此間最感困難之問題，即一爲經
濟，一爲鋼繩。月前在蓉時曾向我
公面陳，現復經本局再三規劃，並均各有關方面切實研討，
經濟部份似可不生問題，至鋼繩部份既曾經呈請部向貴
特請由宋部長在美訂購一千圈（每三圈約重一噸），並請
視同軍用器材，交由飛機運渝，嗣既事復可由美方陸

中華民國卅一年十一月 日發出

續支貸但目前俞部長飛鵬蒞井時，仰。曾為道及俞部長謂目前航運數量無多，一時恐難應達，仰。以鋼繩為製鹽主要器材，設使不能大量接濟，則明年三四月間即將用罄，鹽産自必中輟。際此抗戰期間，川鹽不特為民食軍糈所係，抑且為全川經濟命脈所關，仍乞我公代向蔣委員長特為陳明，依其視同軍用器材提前航運，則一言九鼎，拜錫尤多。此次篤蒞陪都，甚盼我

183

公于返蓉時，來井指導，藉慰喁望。仍由渝啓程為晚，抵
井次日上午視察本市，下午即可赴五通橋視察，第三日即
可由橋直達成都，在我
公僅多一日之勞，而裨益鹽區寔有涯涘，茲特派重慶分局
于局長去疾趨
前晉謁，如
行期業經決定，并祈
告知先期晉井，俾便掃榻以待

高軒專此敬請

勛安

曾〇〇拜啓

月　日

瑞

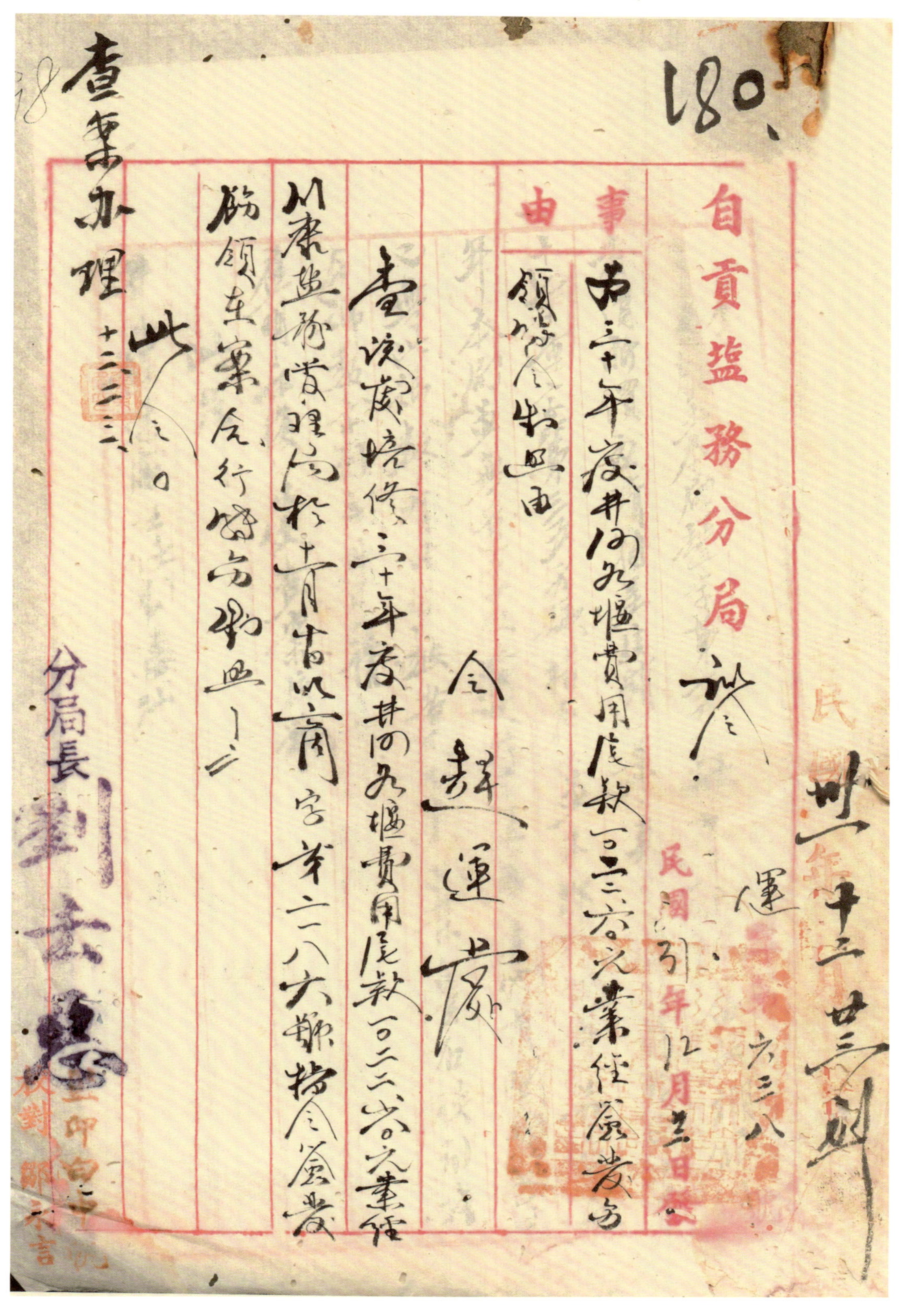
180

自貢盐務分局訓令

運 六三八

卅一年十二月廿二日

事由：為三十年度井河各堰費用尾款一〇二二六元業經簽發領條令仰知照由

令 井運處

查該處墊借三十年度井河各堰費用尾款一〇二二六元業經川康盐務管理局於十二月十日以商字第二一八六號指令簽發飭領在案合行令仰知照此令

分局長 劉

查案办理 十二、二三

民國31年12月22日發

自贡盐务分局关于饬领民国三十年度井河各堰费用尾款致富荣各岸运商井河赶运联合办事处的训令（一九四二年十二月二十二日）

熊森山关于熬煮钾硝以维机构而利增产致自贡市政府的呈（一九四三年四月）

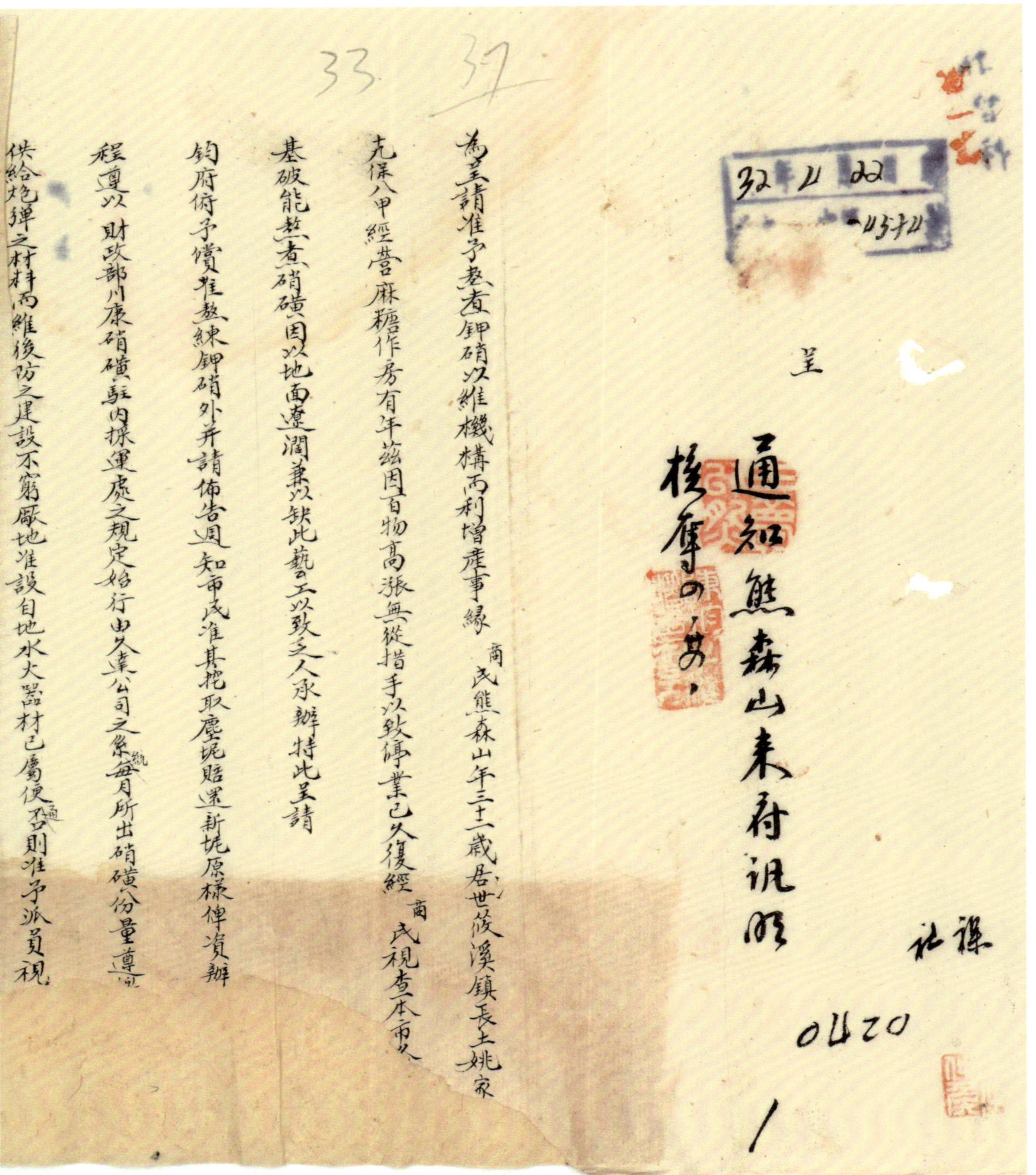

呈

通知熊森山来府讯明

为呈请准予熬煮钾硝以维机构而利增产事缘商民熊森山年三十一岁居世筱溪镇长土姚家凡保八甲经营麻糖作房有年兹因百物高涨无从措手以致停业已久复经商民视查本市久基破能熬煮硝礦因以地面辽阔兼以缺此艺工以致乏人承办特此呈请钧府俯予赏准熬炼钾硝外并请佈告周知市民准其挖取尘坭赔还新坭原样俾资办程遵以财政部川康硝礦驻内採运处之规定始行由久大公司之系统每月所出硝礦公份量遵[illegible]供给炮弹之材料而维后防之建设不穷厂地准设自地水火器材已属便通否则准予派员视

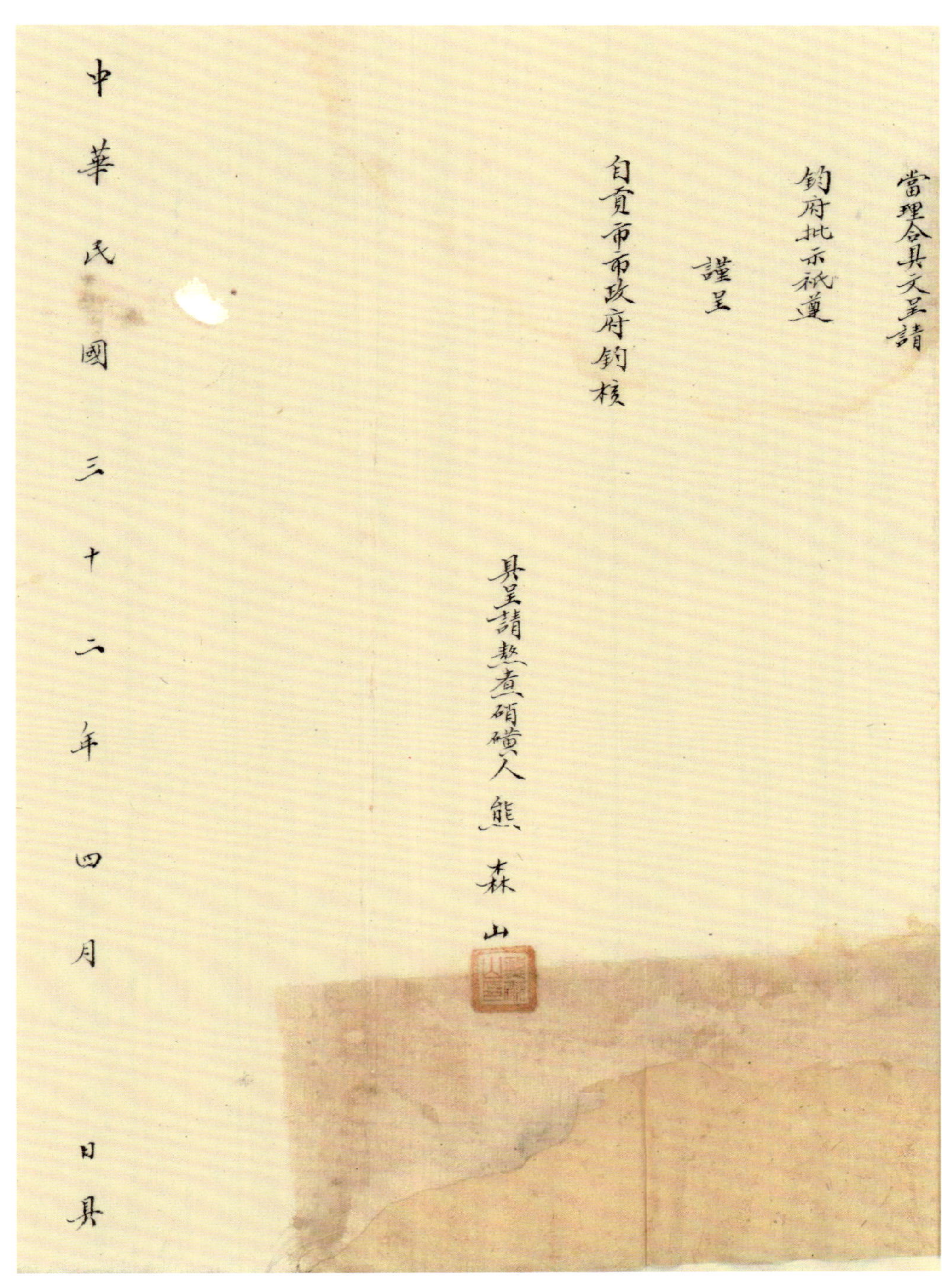
當理合具文呈請
鈞府批示祇遵
謹呈
自貢市市政府鈞核
具呈請熬煮硝礦人熊森山
中華民國三十二年四月日具

四川省政府关于普遍推行薪炭以利增产致自贡市政府的训令（一九四三年十一月）

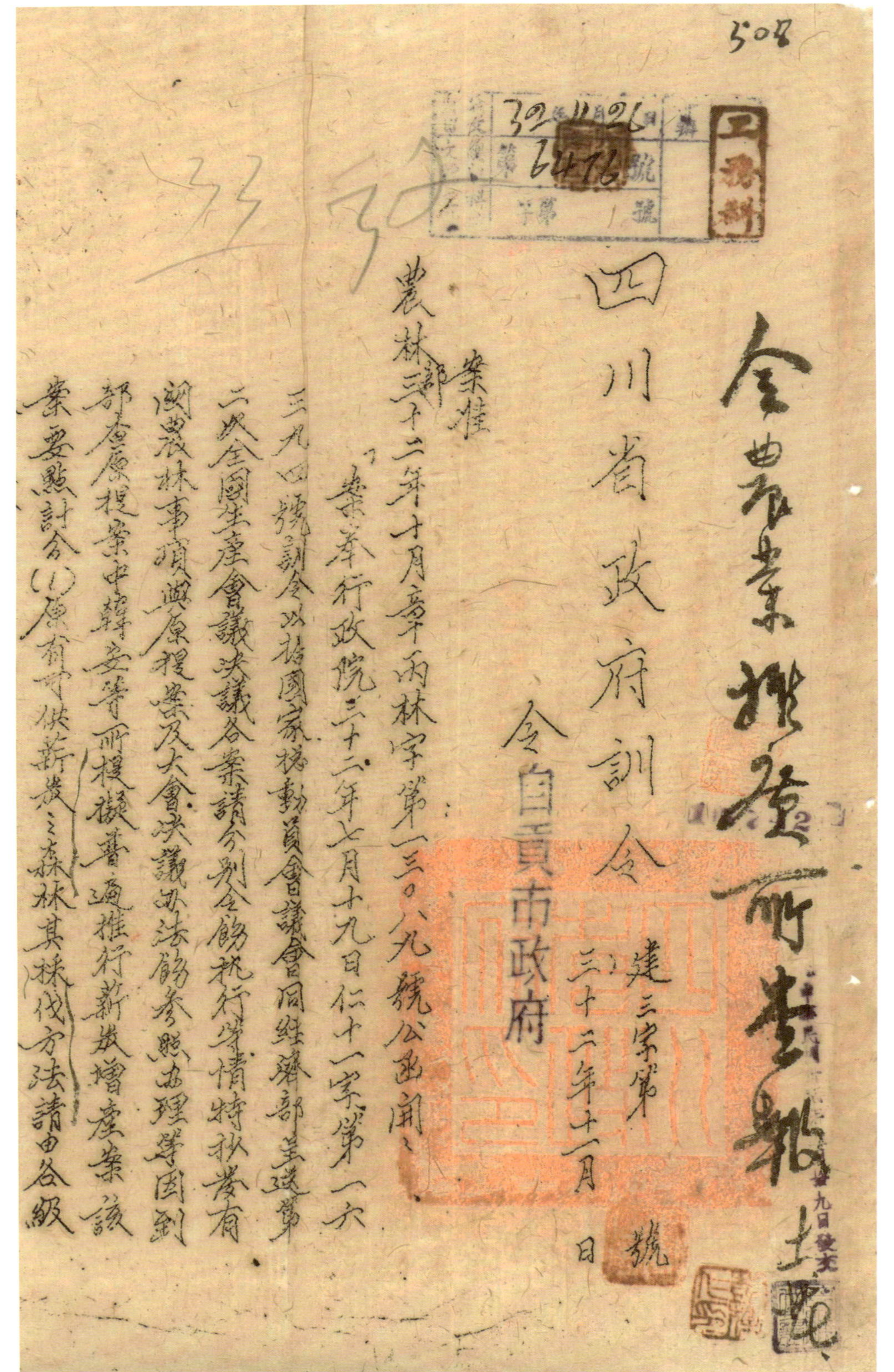
令農業推廣所[illegible]

四川省政府訓令　建三字第　　號

三十二年十一月　　日

令自貢市政府

案准

農林部三十二年十月產丙林字第一三〇八九號公函開：

「案奉行政院三十二年七月十九日仁十一字第一六三九四號訓令以據國家總動員會議會同經濟部呈送第二次全國生產會議決議各案請分別令飭執行等情特抄發有關農林事項與原提案及大會決議辦法飭參照辦理等因到部查原提案中韓安等所提擬普遍推行薪炭增產案該案要點計分(1)原有可供薪炭之森林其採伐方法請由各級

政府及林業主管机關監督依照林木生長狀況分別施行間伐及整枝等工作藉以增加生產（丙）在陝西甘肅等十省營造薪炭林五十萬畝（即每省約五萬畝）培育薪炭林苗木七千五百萬株（即每省約七百五十萬株）其辦法（一）公有荒山由鄉鎮保甲經營鄉鎮造產如鄉有林村有林及保有林（二）私有荒山由縣政府及地方林業機構責成地主遵照強制造林辦法所限期限從速造林其能提前於限期內造林者給予獎勵（丁）卅三年度預算計增產薪炭林一千五百萬担（即每省約增產一百五十萬担）、但凡團体及私人推廣或營造薪炭林有特殊成績者給予現金獎勵經大會決議由農林部將原案所開辦法通行各省參酌辦理紀錄在卷按本部為謀解決都市煤荒及補充動力燃料起見茲經分飭各省林業主管机關擬送推廣營造

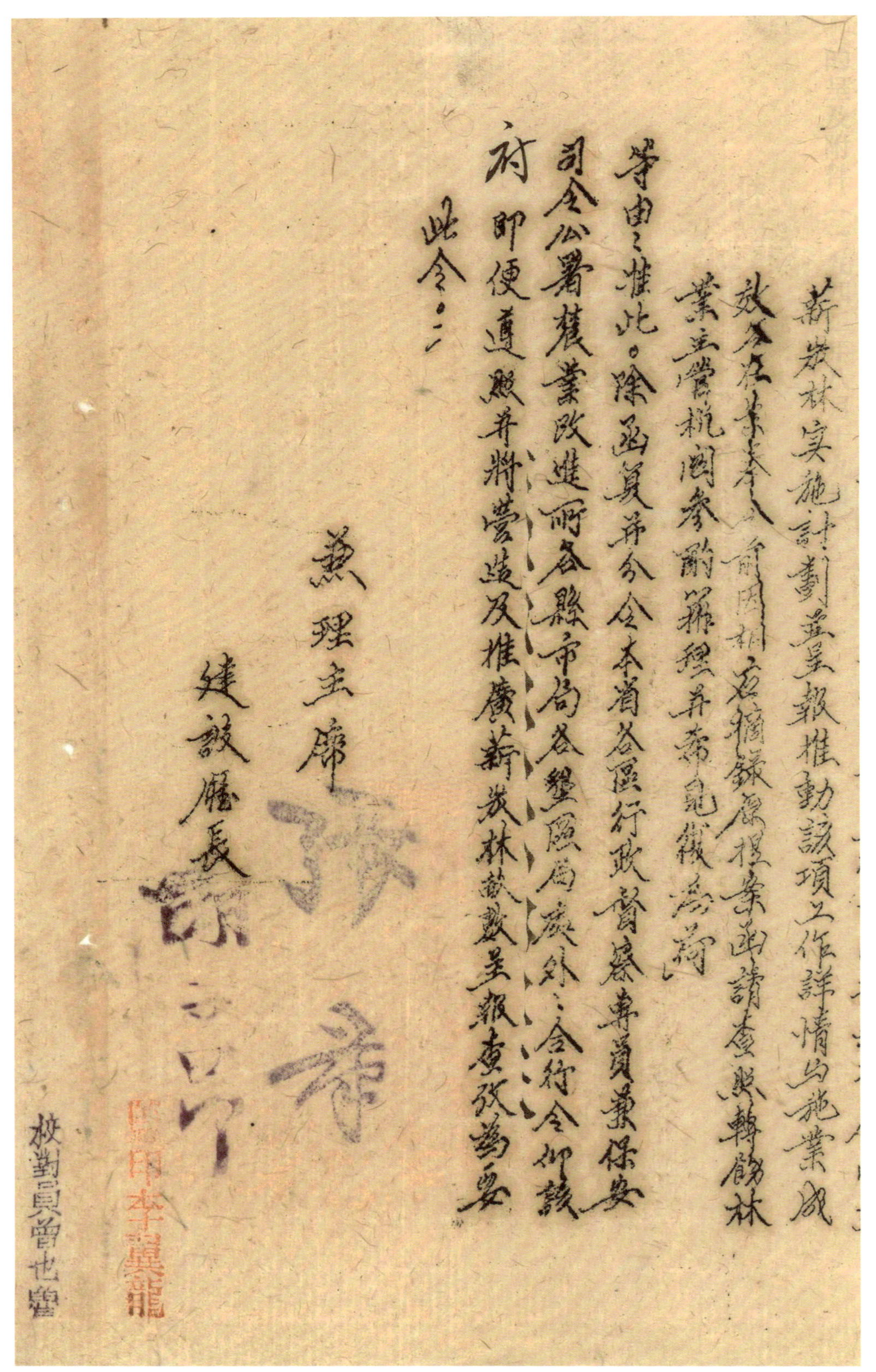

薪炭林實施計劃並呈報推動該項工作詳情以施業成效各在案。茲摘錄原提案函請查照轉飭林業主管机關參酌辦理并希見復為荷

等由。准此。除函復并分令本省各區行政督察專員兼保安司令公署、農業改進所、各縣市局、各墾殖局處外，合行令仰該

府即便遵照，并將營造及推廣薪炭林畝數呈報查考為要。

此令。

兼理主席

建設廳長

校對員曾也魯

李冀龍

自贡市政府关于附设电话线俾消息灵通而利增产致牛氏巷良记王绩良的批示（一九四三年十二月十五日）

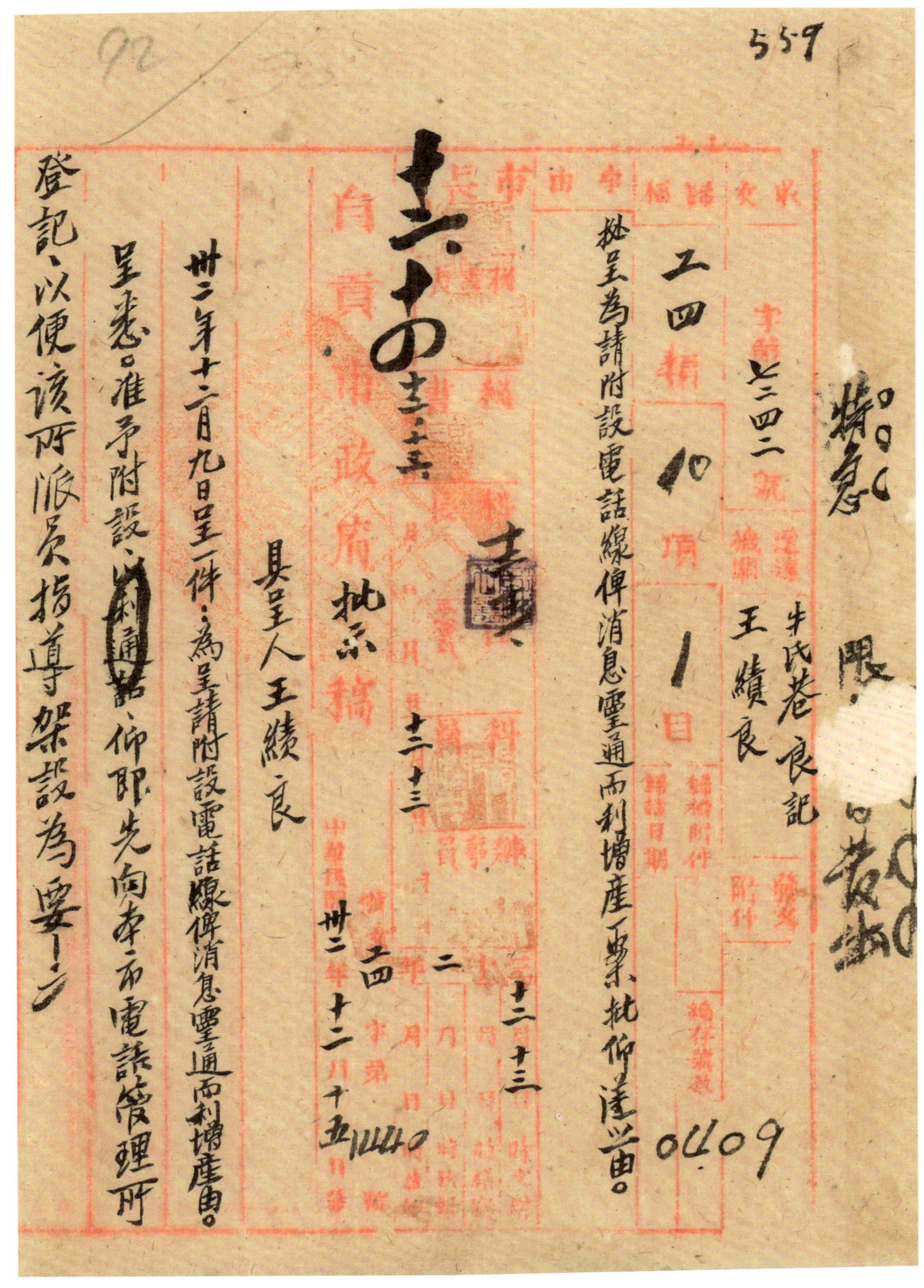

559

收文 工四 字第七三四二号 10 月 1 日

事由 拟呈为请附设电话线俾消息灵通而利增产，批仰遵照由。

具呈人 牛氏巷良记 王绩良

自贡市政府稿

批示

具呈人王绩良

卅二年十二月九日呈一件，为呈请附设电话线俾消息灵通而利增产由。

呈悉。准予附设，以利通话，仰即先向本市电话管理所登记，以便该所派员指导架设为要！

卅二年十二月十五

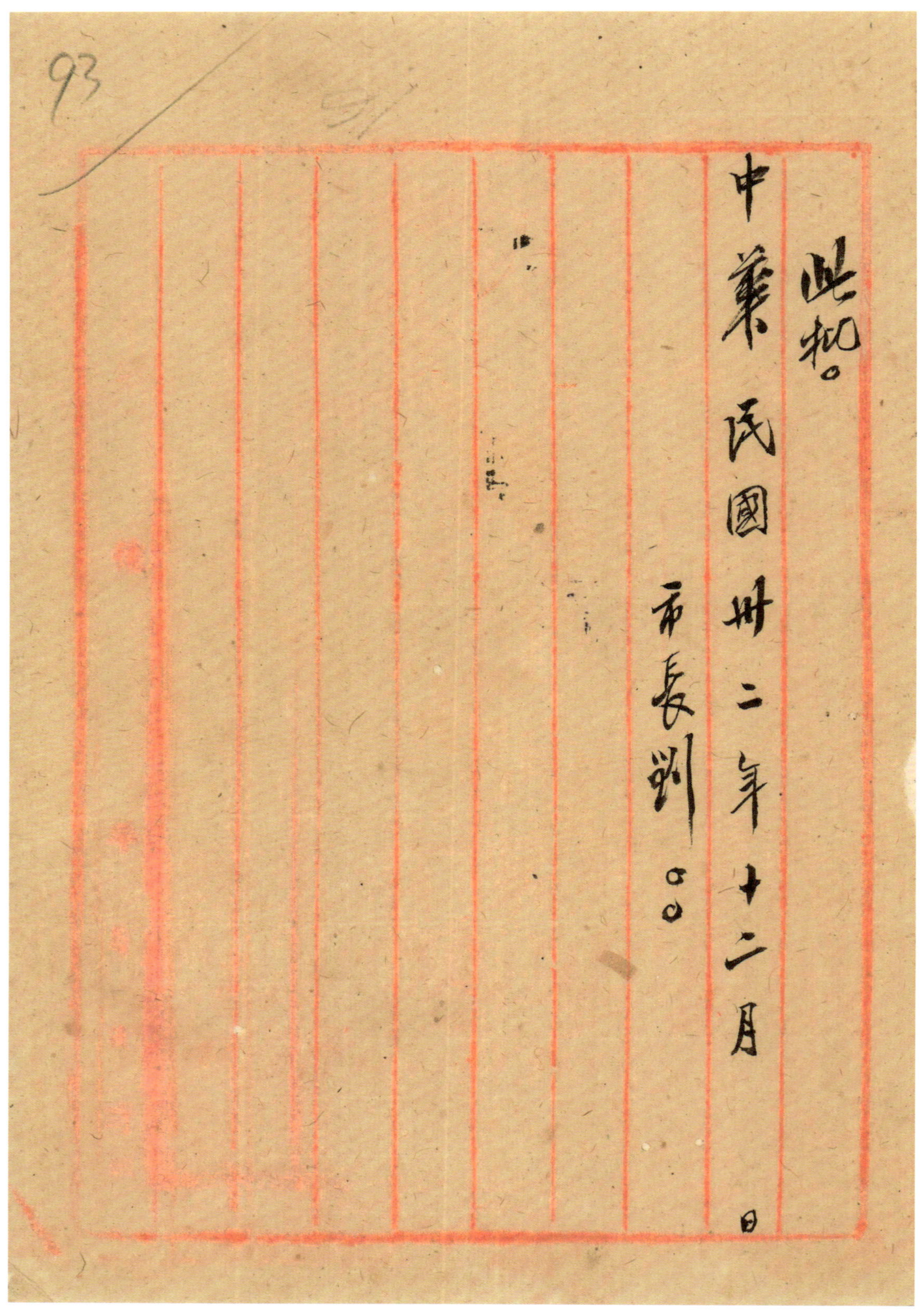
93

此批。

中華民國卅二年十二月　日

市長劉〇〇

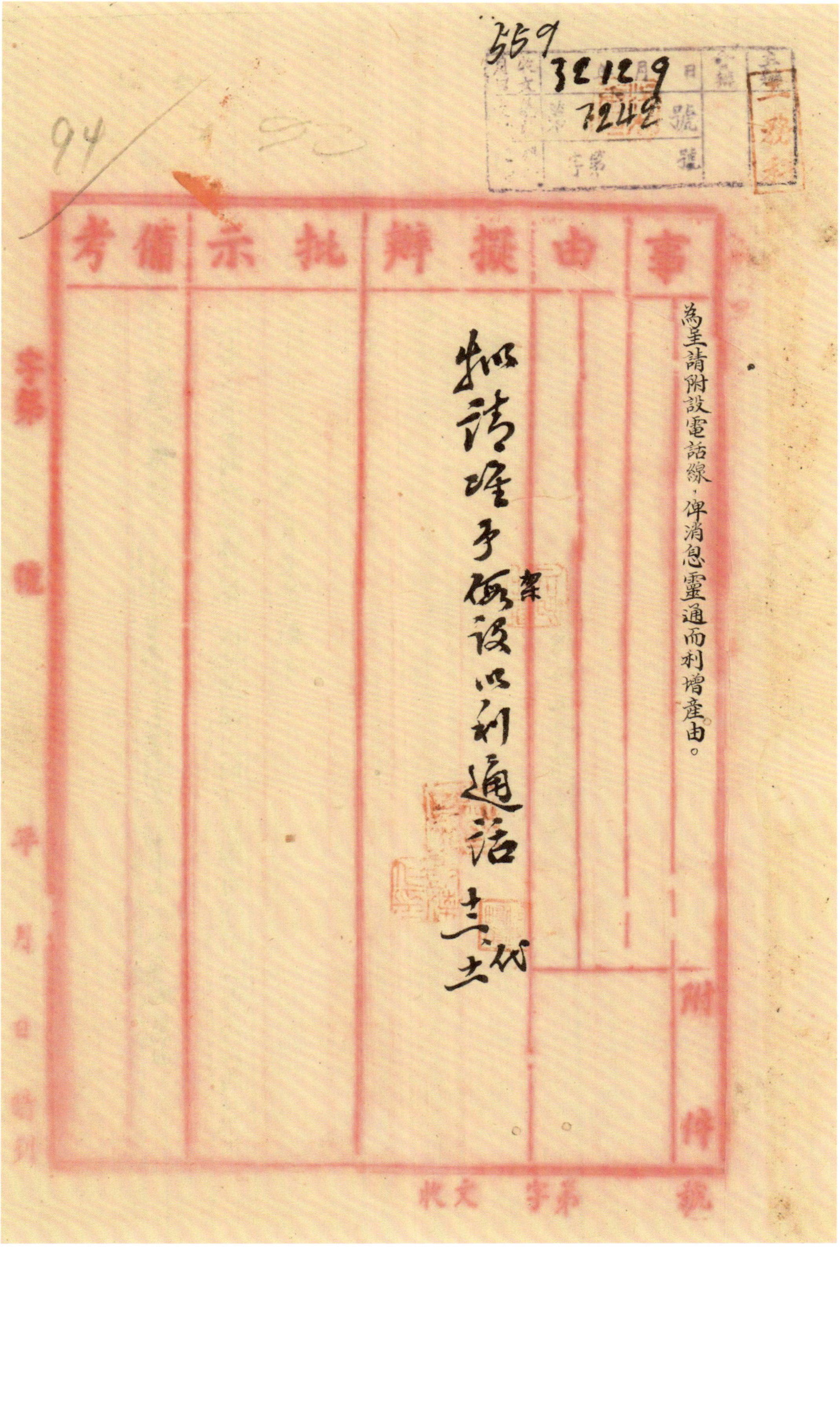

附：王绩良致自贡市政府的呈（一九四三年十二月）

為呈請附設電話線，俾消息靈通而利增産由。

擬請准予飭設，以利通話。十二·十六

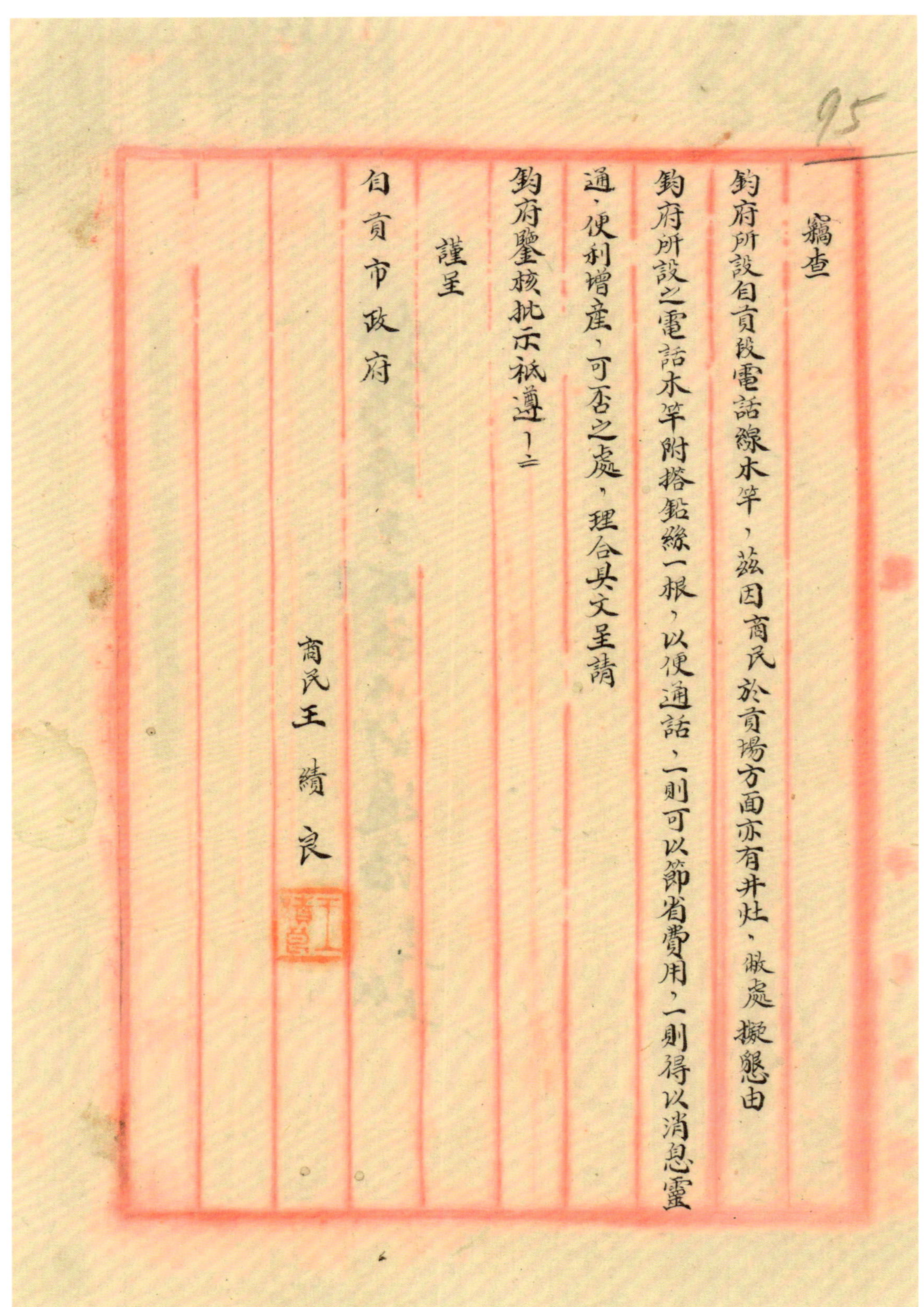
95

竊查

鈞府所設自貢段電話線木竿，茲因商民於貢場方面亦有井灶，敝處擬懇由

鈞府所設之電話木竿附搭鉛絲一根，以便通話，一則可以節省費用，一則得以消息靈

通，便利增產，可否之處，理合具文呈請

鈞府鑒核批示祗遵！

謹呈

自貢市政府

商民王績良

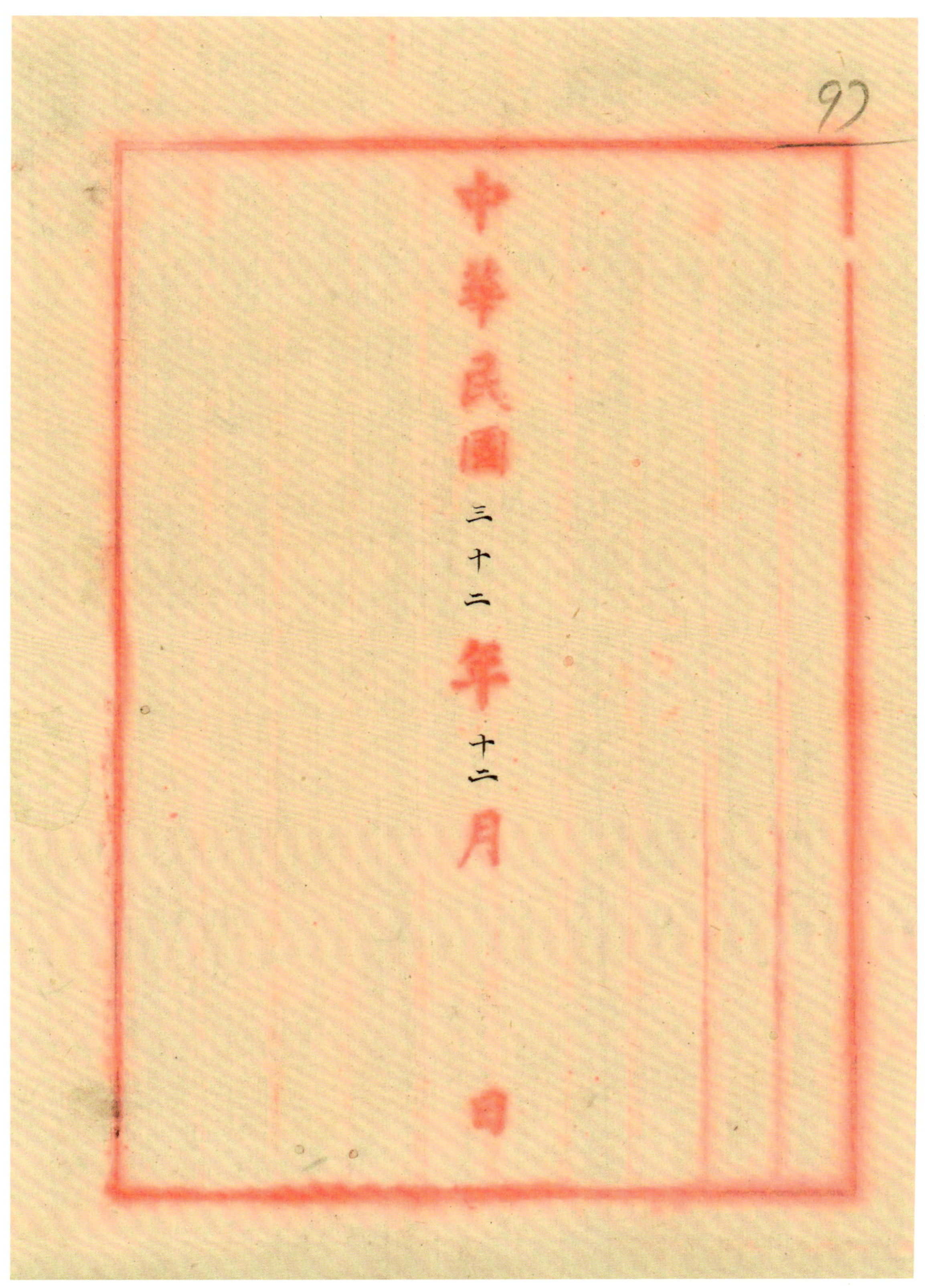

97

中華民國三十二年十二月　日

川康盐务管理局关于以往增产启复卤井中途因故停顿可否准其启复推汲致贡井盐场公署的指令及签呈（一九四四年七月十四日）

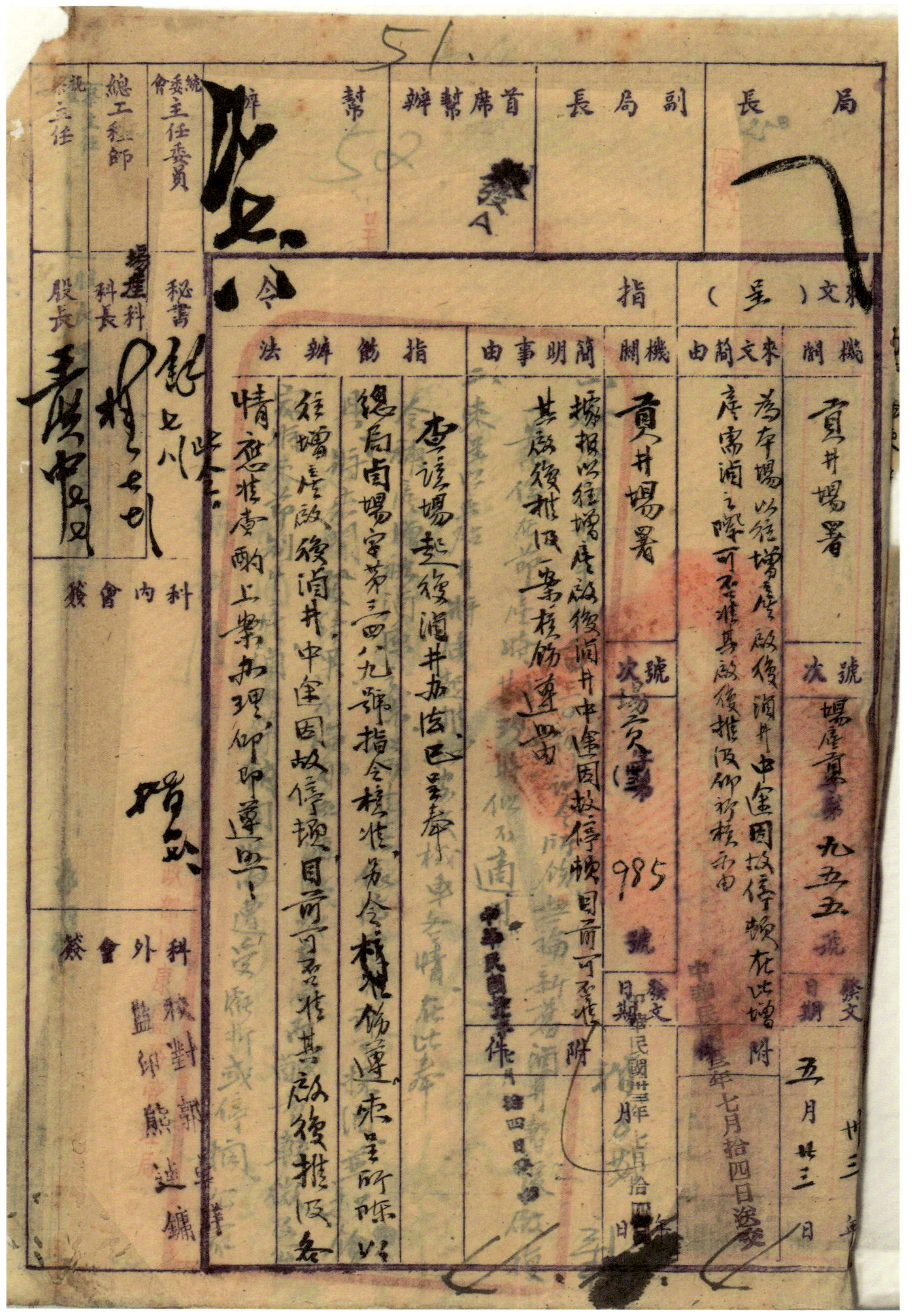

机关：贡井场署

来文简由：为本场以往增产启复卤井中途因故停顿，在此增产需卤之际，可否准其启复推汲，仰祈核示由

号次：场产贡字第九五五号

发文日期：卅三年五月卅三日

指（呈）令

机关：贡井场署

简明事由：据报以往增产启复卤井中途因故停顿，目前可否准其启复推汲一案，核饬遵由

号次：场贡字第985号

发文日期：中华民国卅三年七月拾四日

指饬办法：查该场赵复渭井业经呈奉总局卤场字第三四八九号指令核准有案，令行饬遵；来呈所陈以往增产启复卤井中途因故停顿，目前可否准其启复推汲，各情应准查酌上案办理，仰即遵照！

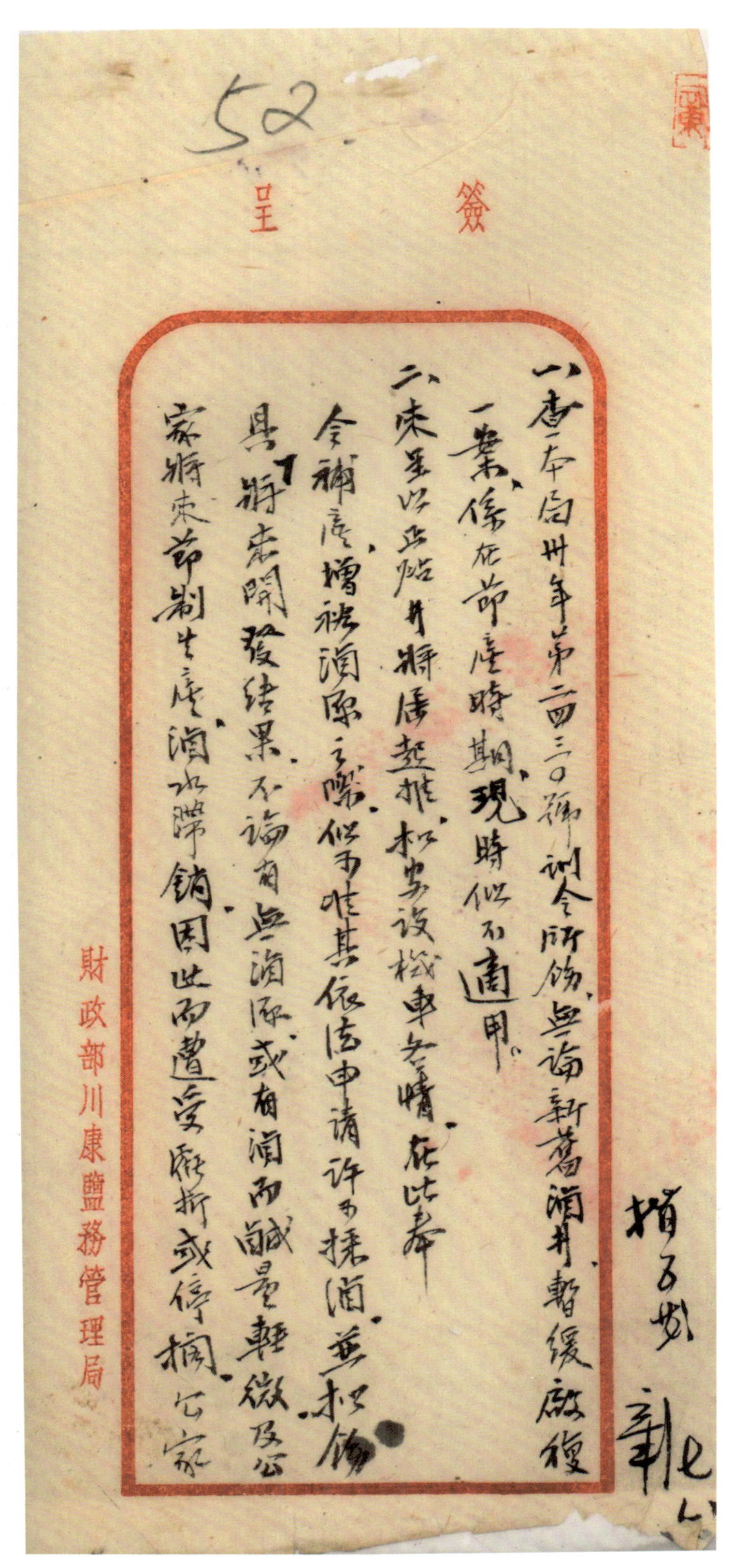

52

签呈

一、查本局卅年第二四三〇号训令所饬，无论新旧卤井暂缓启复一案，系在节产时期，现时似不适用。

二、未呈以前，开始井将原拟批示另设机车各情，在此奉令补产增加卤源之际，似可准其依法申请许可，采卤并批饬县将开凿结果，不论有无卤源，或有卤而咸量轻微，及公家将来节制生产，卤水滞销，因此而遭受损折或停搁，公家……

财政部川康盐务管理局

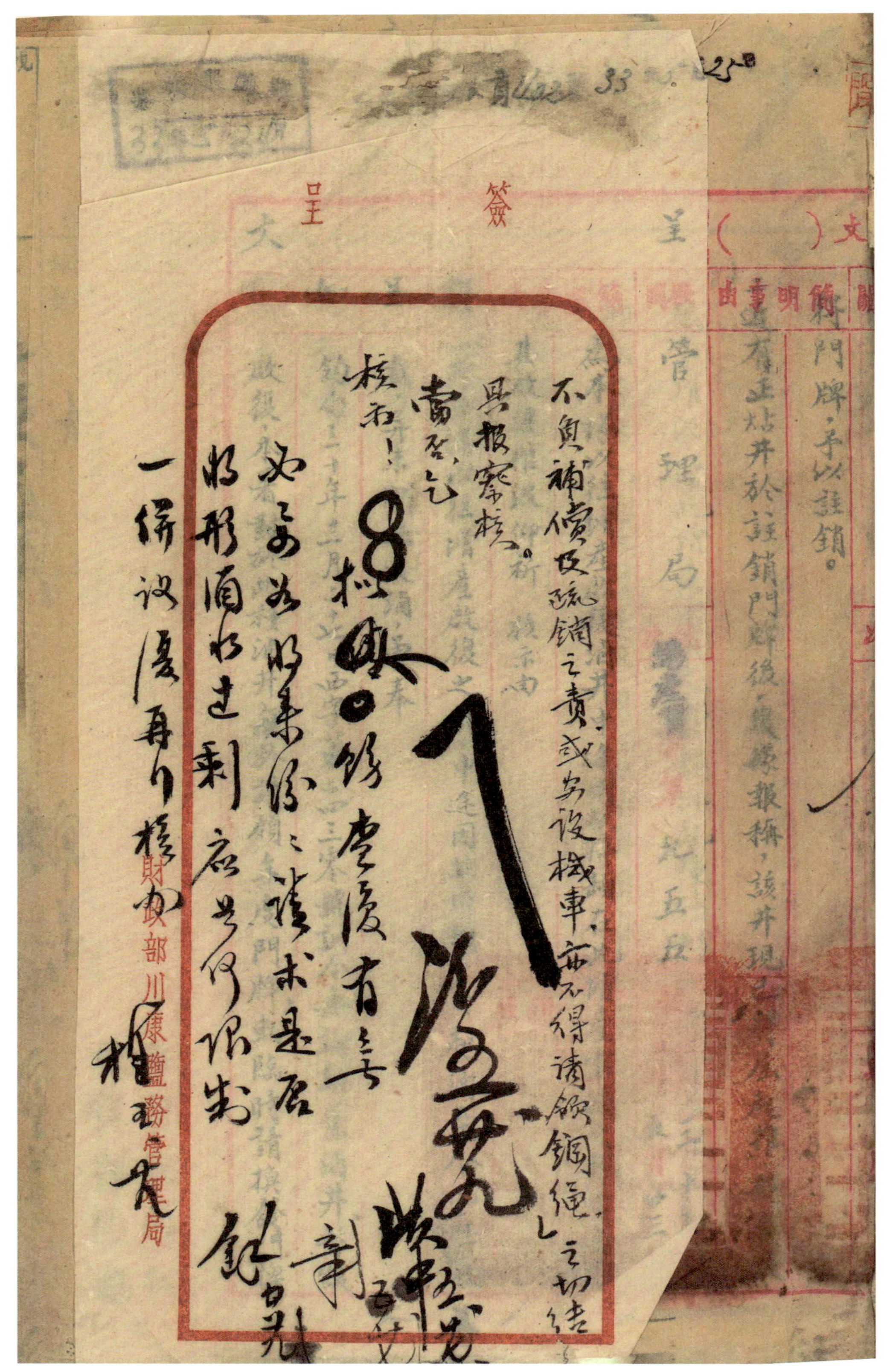

簽呈

財政部川康鹽務管理局

附：贡井盐场公署致川康盐务管理局的呈（一九四四年五月二十三日）

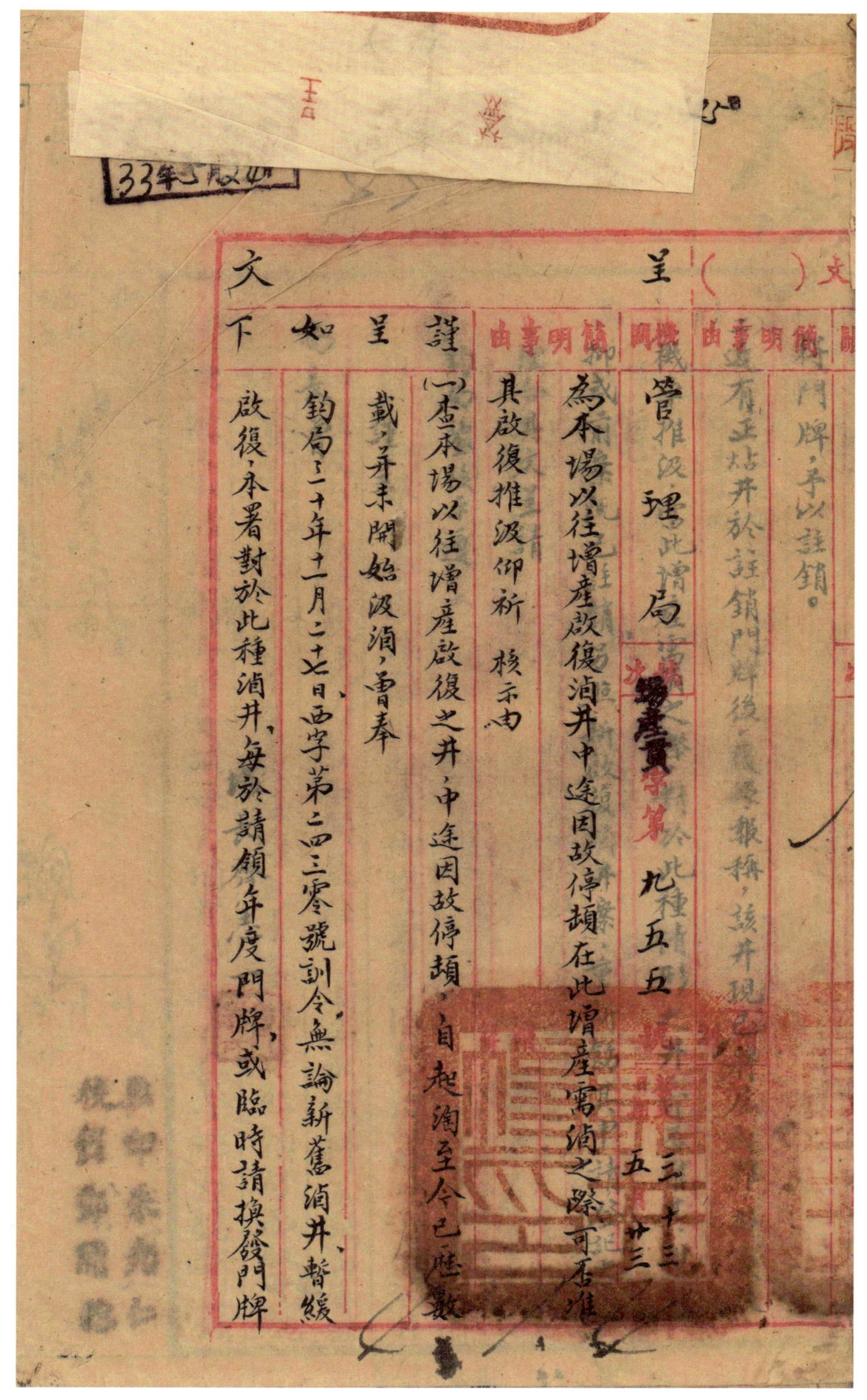

33年5月26日

呈文

機關	管理局
簡明事由	為本場以往增產啟復滷井中途因故停頓在此增產需滷之際可否准具啟復推汲仰祈 核示由
字號	場產貴字第九五五號
日期	三十三年五月二十三日

謹呈如下

(一)查本場以往增產啟復之井，中途因故停頓，自起淘至今已歷數載，并未開始汲滷，曾奉
鈞局三十年十一月二十七日西字第二四三零號訓令，無論新舊滷井，暫緩啟復，本署對於此種滷井，每於請領年度門牌，或臨時請換發門牌

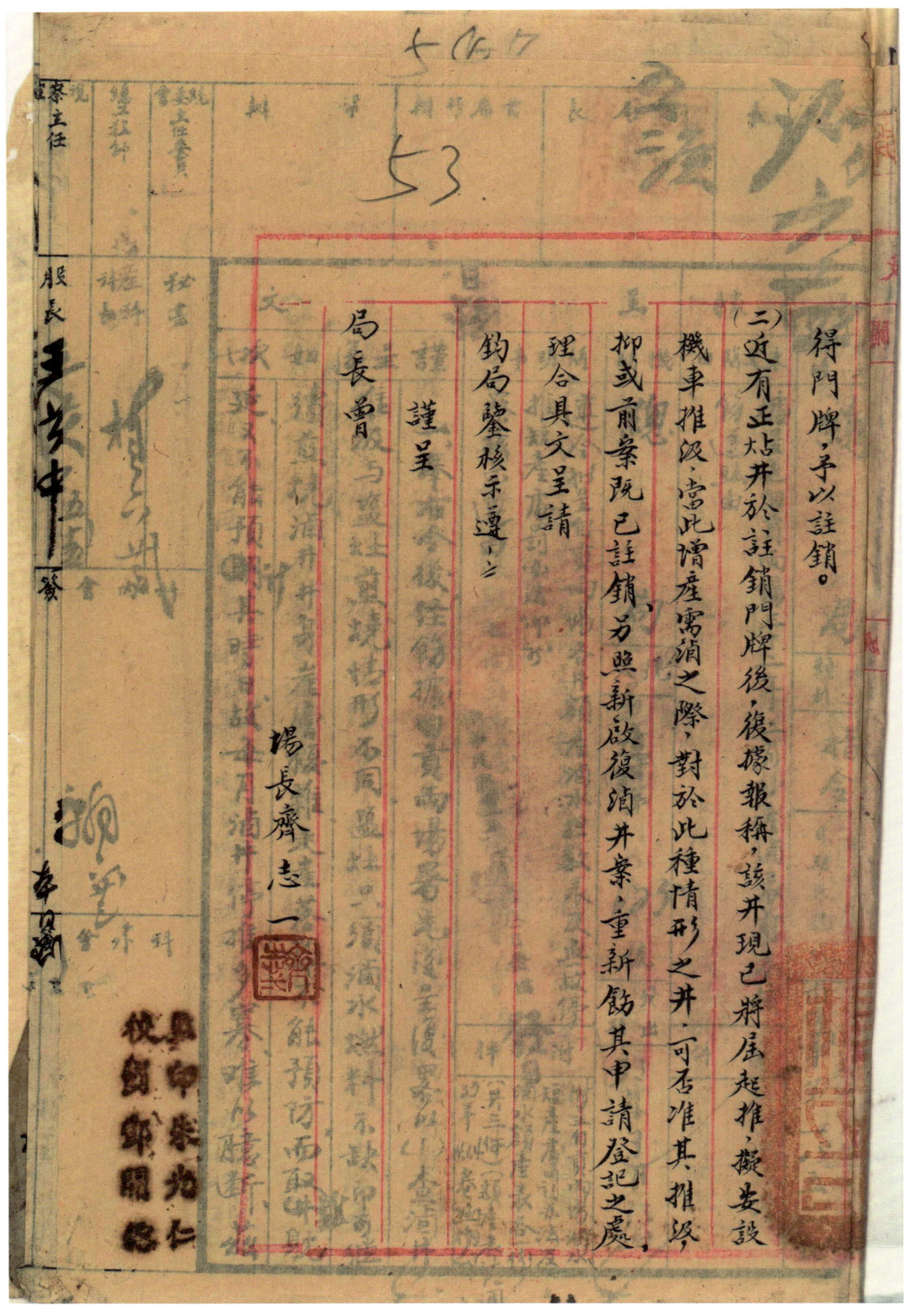

得門牌，予以註銷。

二）近有正沾井於註銷門牌後，復據報稱，該井現已將屋起推，擬安設機車推汲。當此增產需滷之際，對於此種情形之井，可否准其推汲，抑或前案既已註銷，另與新啟復滷井案，重新飭其申請登記之處，理合具文呈請

鈞局鑒核示遵！

謹呈

局長曾

場長齊志一

关于嘉奖增产出力之井灶商的函件（一九四五年一月至二月）

财政部盐务总局致川康盐务管理局的代电（一九四五年一月十一日）

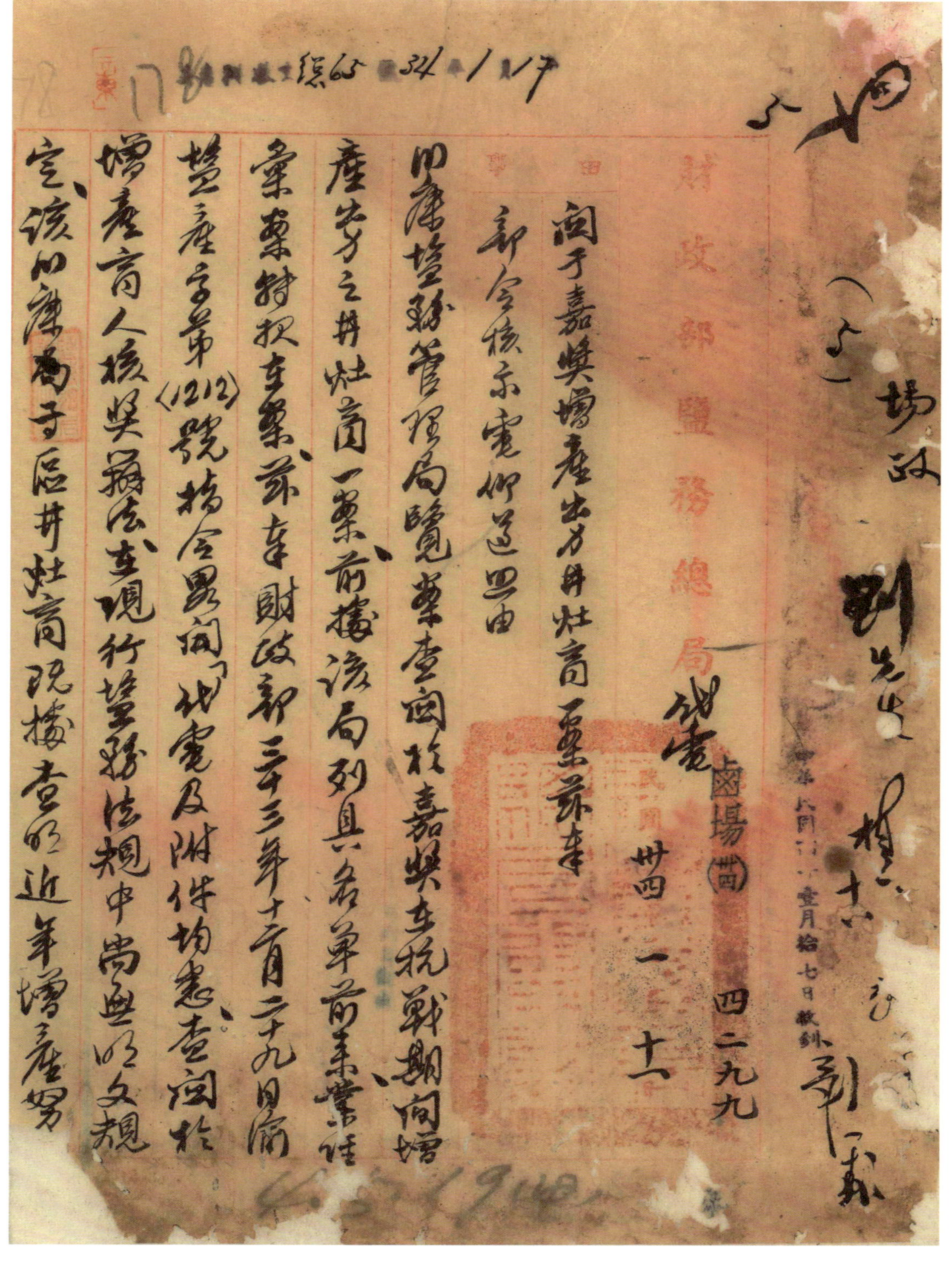

関于嘉獎增產出力井灶商呈薦案

部令核示電仰遵照由

川康鹽務管理局覽：案查關於嘉獎抗戰期間增

產出力之井灶商一案，前據該局列具名單前來，業經

彙案轉報在案。茲奉財政部三十三年十二月二十九日渝

鹽產字第〈1212〉號指令開："代電及附件均悉。查關於

增產商人核獎辦法，查現行鹽務法規中尚無明文規

定，該川康局所屬井灶商現據查明近年增產努

确属事实，所请嘉奖以资增产出力之井灶商一一

核尚可行。所有附赍名单内列川康区自流井场场

商王绩良、胡心章、张润铭、杨子南、熊佐周、王德谦、

侯策名、李伯权，贡井场场商余述怀、宋席九、刘

圣基、胡铁华、黄象权，犍为场场商毕顺泉、萧

济民、张仲权、陈世权，乐山场场商柯愈镗、卫家锡、

袁佛祥等，应准特饬该管理局分别传令嘉奖，

以昭激劝，仰即遵照遵照」等因。奉此，合行电仰遵照并饬

为要。真印

川康盐务管理局致自流井盐场公署的训令（一九四五年二月二十日）

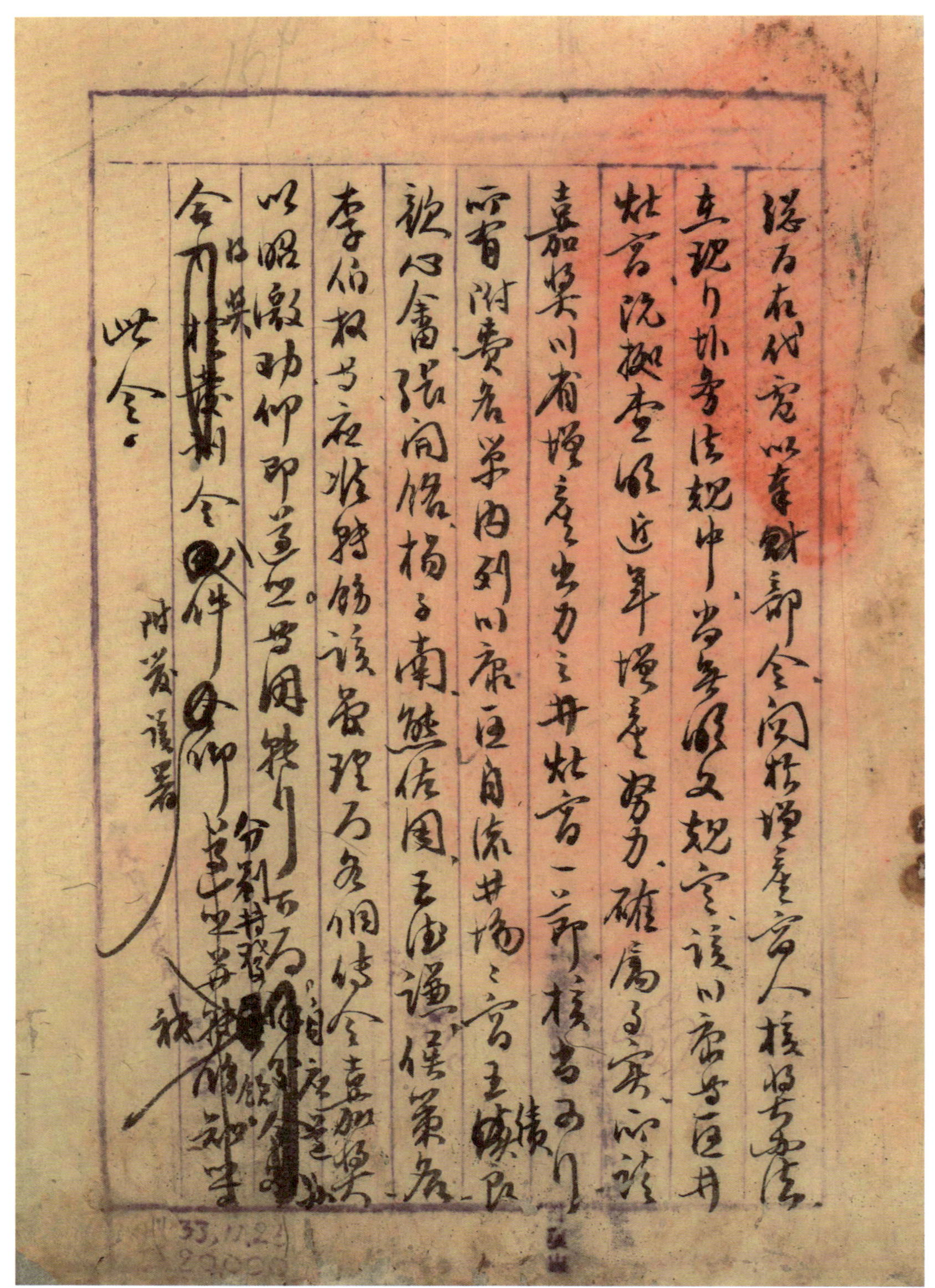

案奉在代電以奉財部令開據增產當人核將出力廠
商予以獎勵如有法規中尚無明文規定請以獎勵直井
灶商沈樾堂經近年增產努力確屬異常請
嘉獎以資增產出力之井灶商一節核查可行
本署附呈名單內列以康[illegible]自流井場之富王[illegible]績
歆心會張同倡楊子南熊佐周王德謙侯策名
李伯權等在案准轉飭該管理局各個傳令嘉獎
以昭激勵仰即遵照為因轉[illegible]
令[illegible]具報[illegible]令件[illegible]
此令。
附發護照

川康盐务管理局致贡井盐场公署的训令（一九四五年二月二十日）

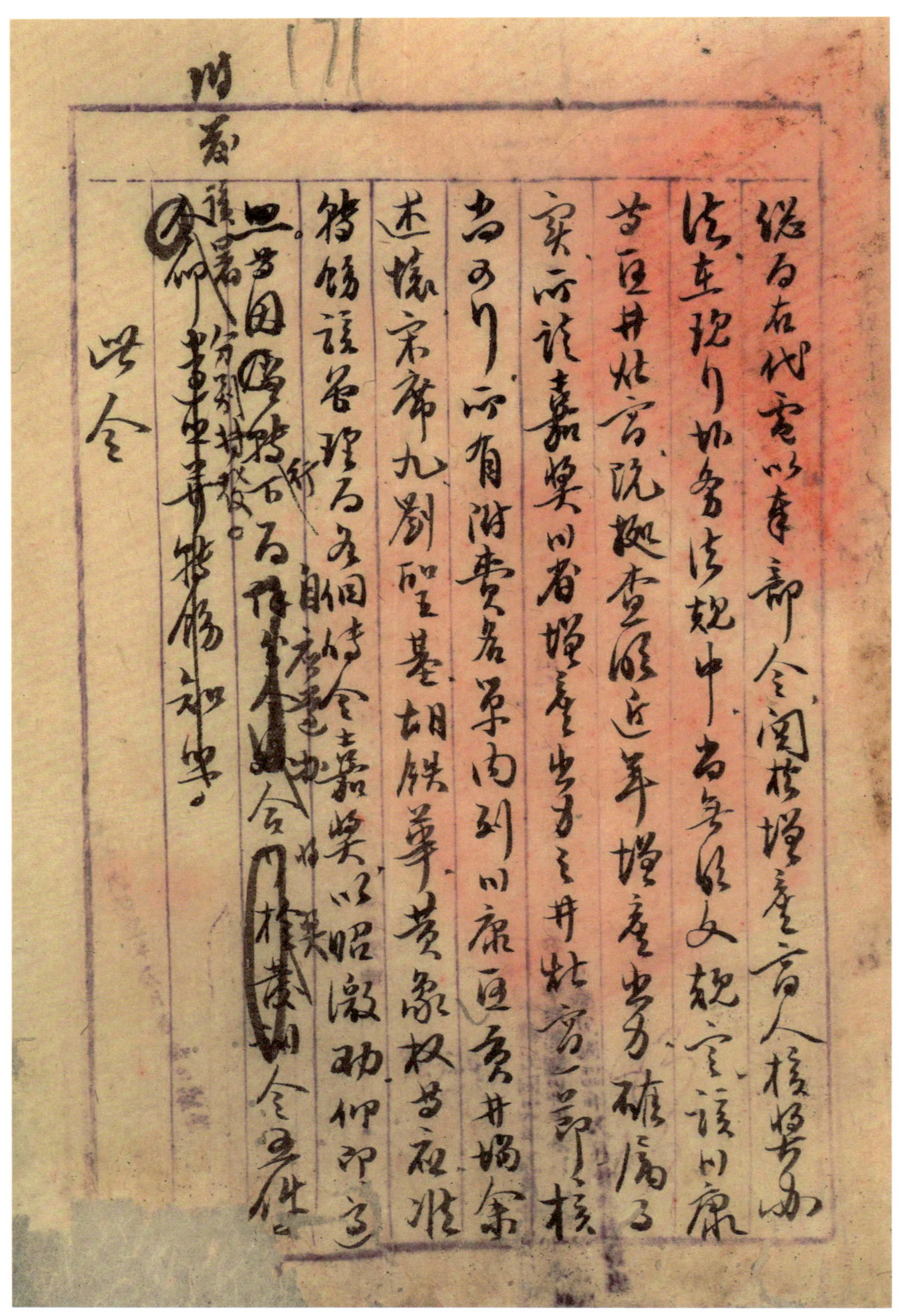
附簽
據局東代電，以奉部令關於增產商人核獎辦法，在總處核辦中，當經飭文飭令該以康節區井灶實況擬查照近年增產出力確屬可實所請嘉獎以資增產出力之井灶商一節，核尚可行，所有附費各單內列以康區貢井竈余述懷、宋席九、劉聖基、胡鐵華、黃象權、曾庶准轉飭該管理局分別傳令嘉獎，以昭激勸，仰即遵照。並因屬轉飭石局……令……令遵。
該署分別轉發。
令仰……知照。
此令

176

自流井場

王續良 欽心 雷 張潤銘 楫之 南

熊佑周 王鳳謙 侯策名 李伯叔

貢井場

余述懷 宋帝九 劉望基 胡鐵華

黃象叔

犍為場

畢順泉 蕭濬民 張竹叔 潘明叔

樂山場

柯念銓 衛家偈 袁佛祥

财政部盐政局关于川盐区增产考成办法致川康盐务管理局的代电及附件（一九四五年二月十六日）

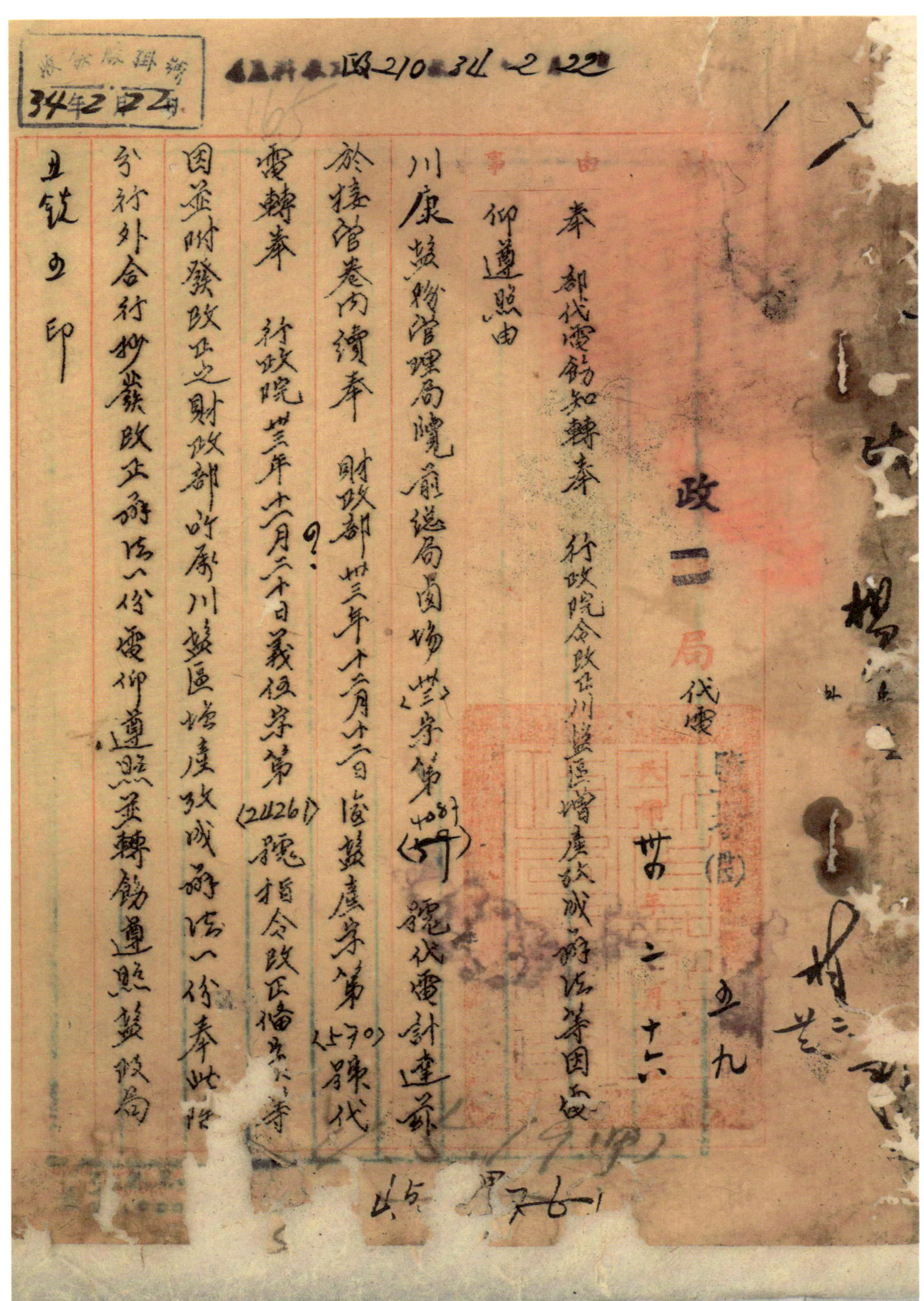

附蘇法人衔
兼件隨文

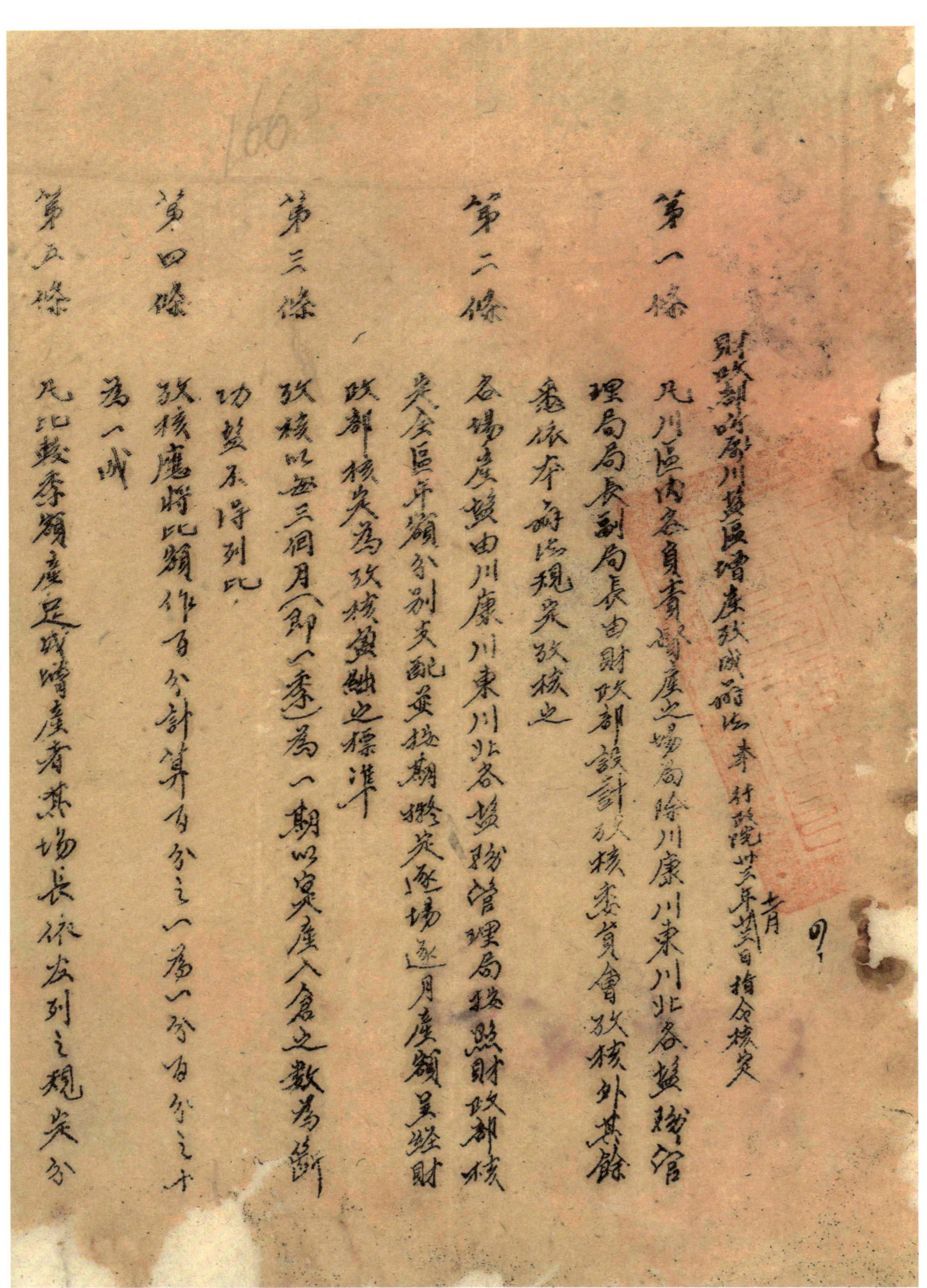

财政部订颁川盐区增产考成办法（奉行政院卅二年十二月廿二日指令核定）

第一條　凡川區內各負責鹽產之場局，除川康、川東、川北各鹽務管理局局長、副局長由財政部設計考核委員會考核外，其餘悉依本辦法規定考核之。

第二條　各場產鹽由川康、川東、川北各鹽務管理局按照財政部核定全區年額分別支配，並按期擬定各場逐月產額，呈經財政部核定，為考核產鹽之標準。

第三條　考核以每三個月（即一季）為一期，以實產入倉之數為斷，功鹽不得列比。

第四條　考核應將比額作百分計算，百分之一為一分，百分之十為一成。

第五條　凡比較季額產足或增產者，其場長依左列之規定分

別給獎

增産五分以上者嘉獎

增産一成以上者記功

增産二成以上者記大功

增産三成以上應記大功二次或進級升等

第六條

凡全年各期接續增産而增産總數達年額二成以上者

除按前條規定獎叙外並由財政部核給獎章

第七條

凡比較季額短産者其場長依左列之規定分別懲處

短産五分以上者申誡

短産一成以上者記過

短産二成以上者記大過

短産三成以上者記大過二次或降級降等

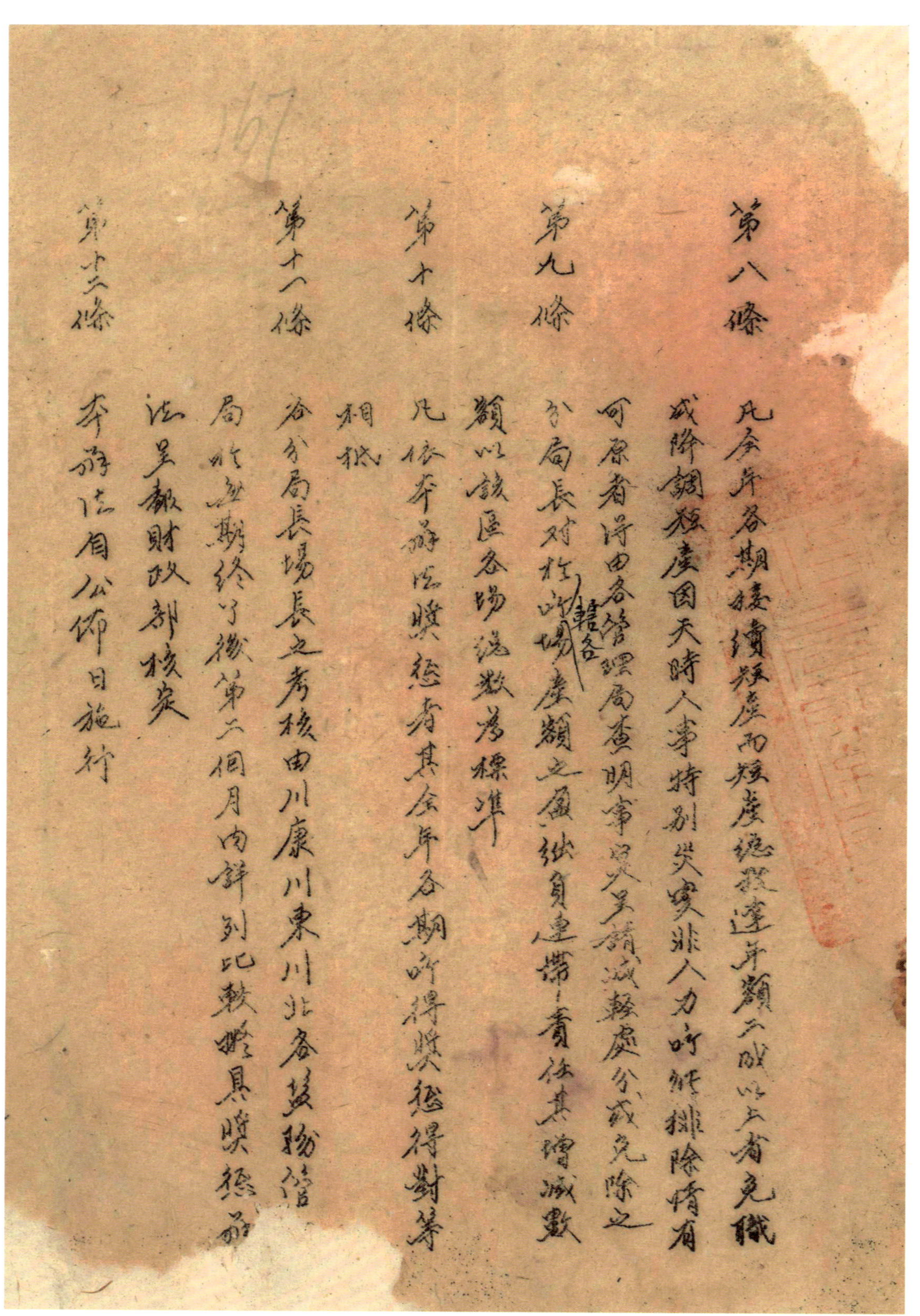

第八條　凡全年各期接續短產而短產總數達年額二成以上者免職或降調短產因天時人事特別災變非人力所能排除情有可原者得由各管理局查明事實呈請減輕處分或免除之

第九條　分局長對於所轄各場產額之盈絀負連帶責任其增減數額以該區各場總數為標準

第十條　凡依本辦法獎懲者其全年各期所得獎懲得對等相抵

第十一條　各分局長場長之考核由川康川東川北各鹽務管局於每期終了後第二個月內詳列比較表具獎懲辦法呈報財政部核奪

第十二條　本辦法自公佈日施行

自流井盐场公署关于民国三十三年度盐产短绌详情及产量比较表致川康盐务管理局的呈及附件（一九四五年二月十七日）

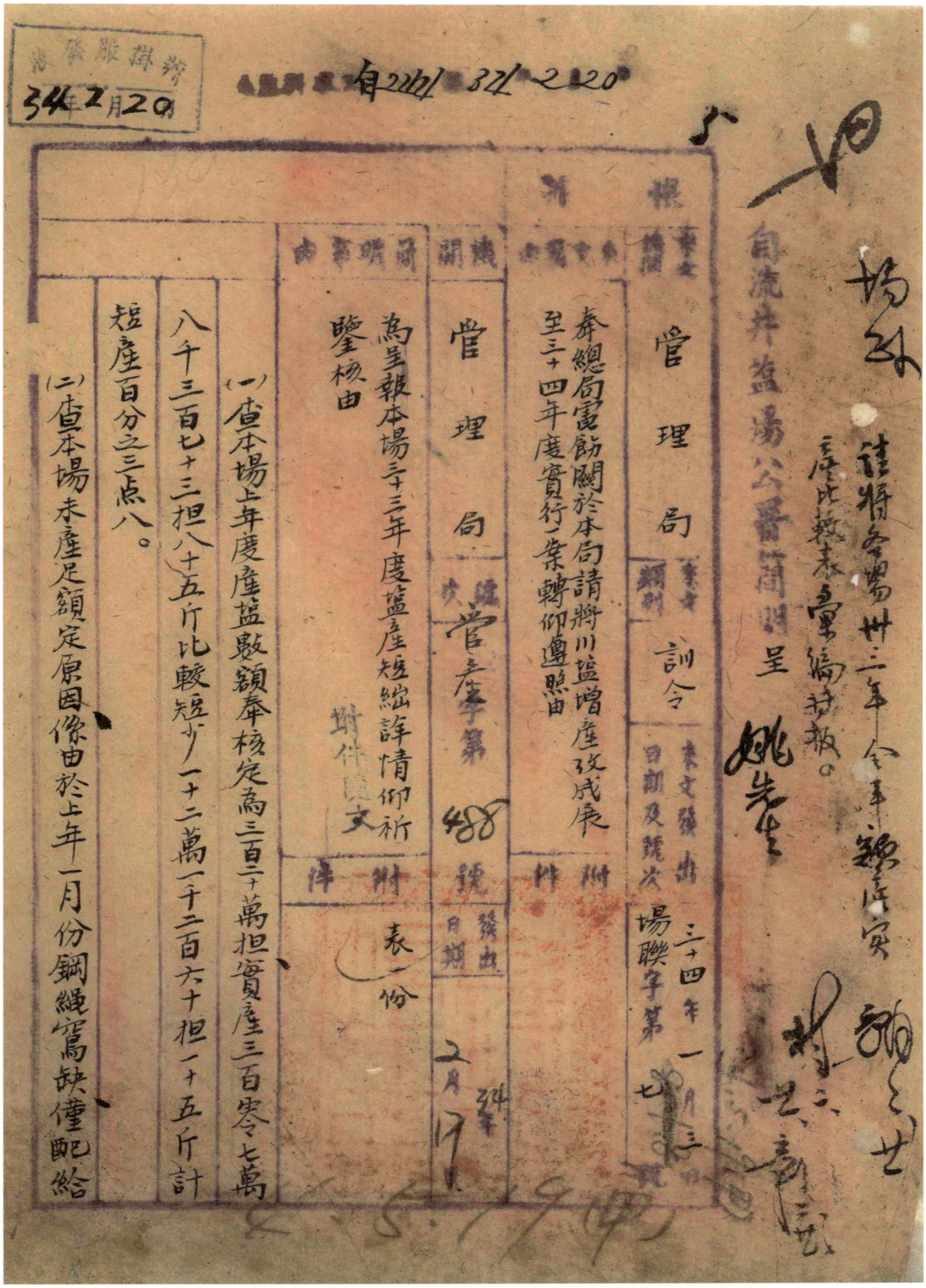

自流井盐場公署呈

受文機關	管理局
來文類別	訓令
來文發出日期及號次	三十四年一月七日 場聯字第
事由	奉總局電飭關於本局請將川盐增產改成展至三十四年度實行一案轉仰遵照由
機關	管理局
發文號	管產字第488號
發出日期	2月17日
事由	為呈報本場三十三年度盐產短絀詳情仰祈鑒核由
附件	表一份

(一)查本場上年度產盐數額奉核定為三百二十萬担實產三百零七萬八千三百七十三担八十五斤比較短少一十二萬一千二百六十担一十五斤計短產百分之三点八。

(二)查本場未產足額定原因係由於上年一月份鋼繩寫缺僅配給

十九根各井亦然多已爆欠不堪再用而新美纜又自二十日起始陸續發交各井推用各鹽產井徒然停推及取難躭延達一百八十八日約短產滷水十五萬担以致不敷灶煎鹽產銳減二月份配發三根三月份配發三十根且以不適於推汲故一至三月份共短產十二萬八千餘担約為當時產額百分之十六点六迨自四月份起配發鋼繩達三十八根又經改製美纜各井遂漸起復加強推汲致能鹽產較有起色雖嗣因十月份大牯井因鋼繩爆欠過甚新繩未能及時搭換致不幸落難躭延廿六日少產鹽約二萬担但以五七八等月鹽產約較定額超溢十二月份更超額三萬四千餘担故在四月以後鹽產短溢兩數略足抵補上年全年短額即約為一至三月份之總數。

（三）以上即為本場上年短產之重大癥結奉飭前因謹擬檢同本場上年額產實產比較表隨文賫請

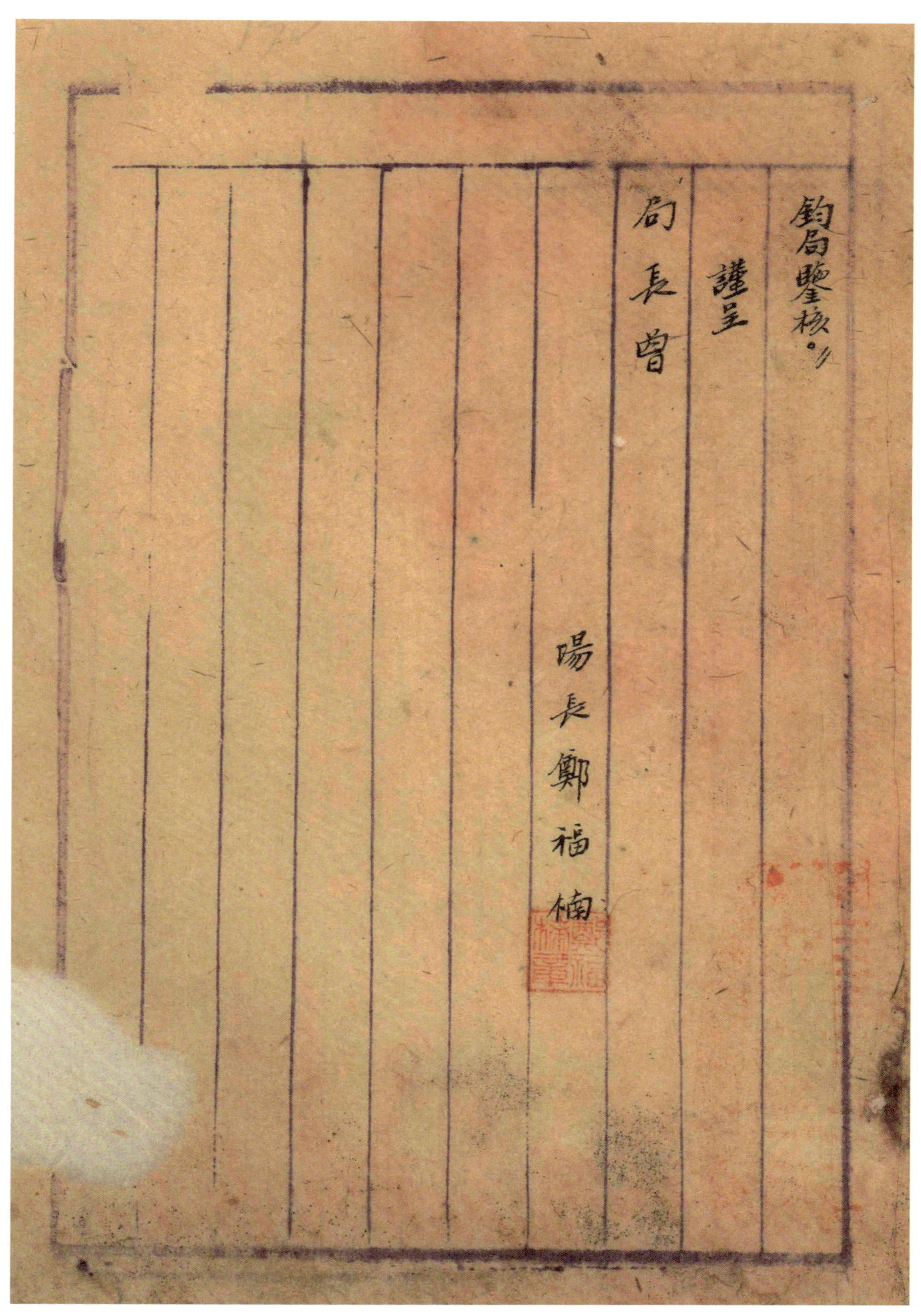
鈞局鑒核。

謹呈

局長曾

場長鄭福楠

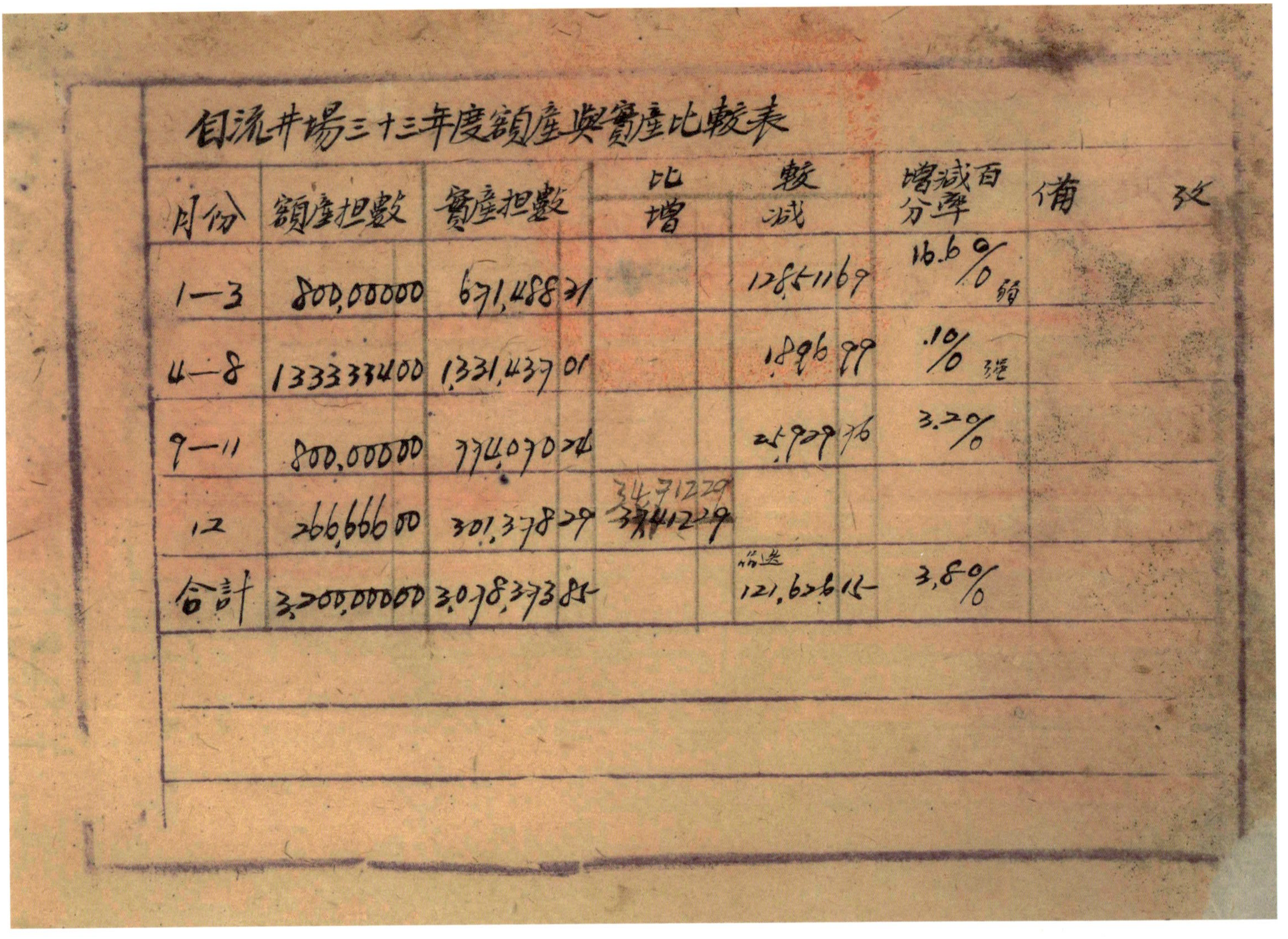

自流井場三十三年度額產與實產比較表

月份	額產担數	實產担數	比較 增	比較 減	增減百分率	備攷
1—3	800,00000	671,48831		128,51169	16.6%[弱]	
4—8	1333334,00	1,331,43701		1,89699	.1%[强]	
9—11	800,00000	774,07024		25,92976	3.2%	
12	266,666,00	301,37829	34,71229			
合計	3,200,00000	3,078,37385		[尚差] 121,62615	3,8%	

贡井盐场公署关于如膏井因补炉停推致川康盐务管理局的呈（一九四五年四月七日）

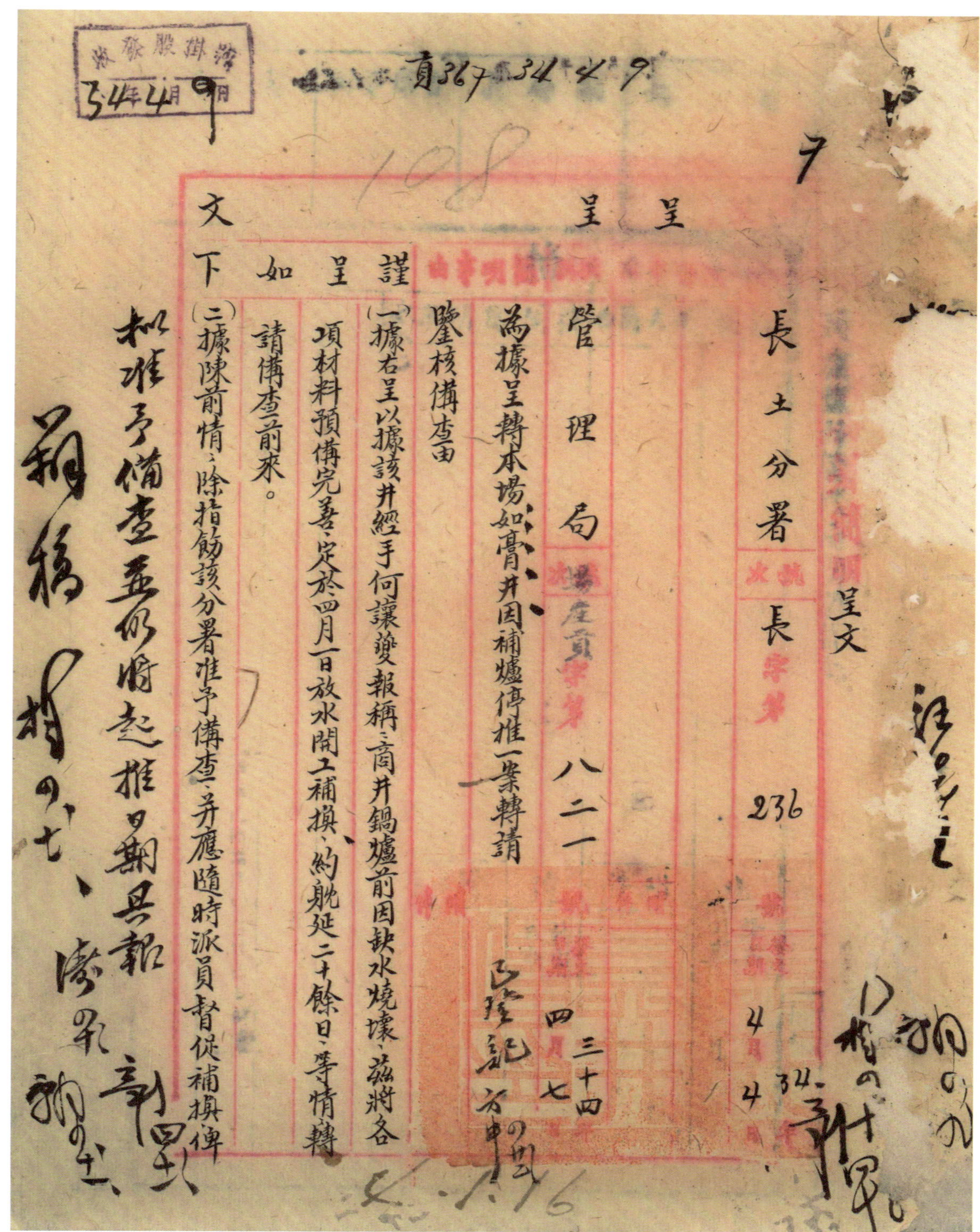

呈
管理局长
土分署长呈文
为据呈转本场如膏井因补炉停推一案转请
鉴核备查由
谨呈如下
(一)据右呈以据该井经手何让燮报称：商井锅炉前因缺水烧坏，兹将各项材料预备完善，定于四月一日放水开工补换，约耽延二十余日，等情转请备查前来。
(二)据陈前情，除指饬该分署准予备查，并应随时派员督促补换俾
文下

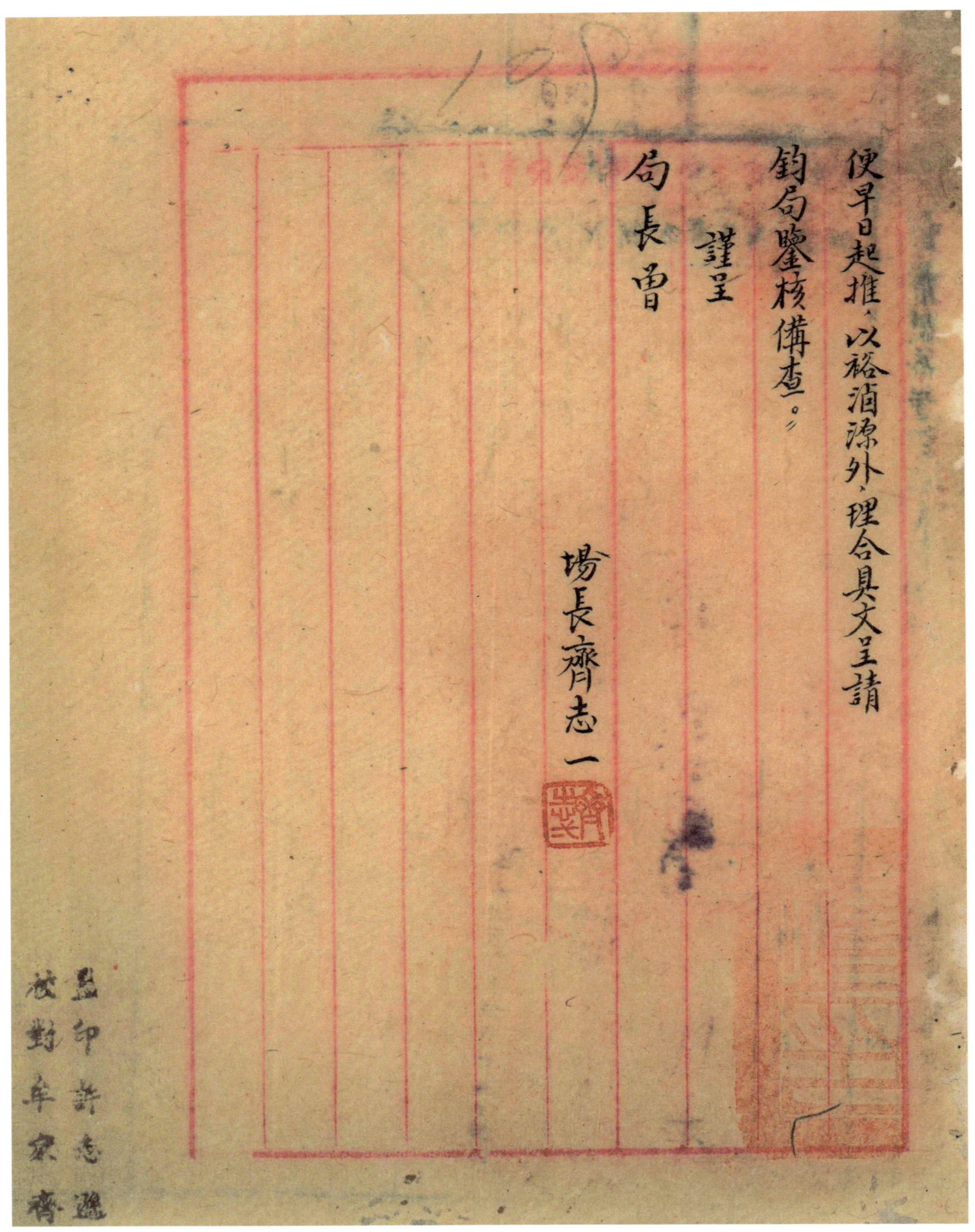
便早日起推，以裕酒源外，理合具文呈请
钧局鉴核备查。
谨呈
局长曾
场长齊志一
监印许志遥
校对牟家齐

关于呈报民国三十四年第一季度增产考成情况的函件（一九四五年四月九日至十八日）

自流井盐场公署致川康盐务管理局的呈及附表（一九四五年四月九日）

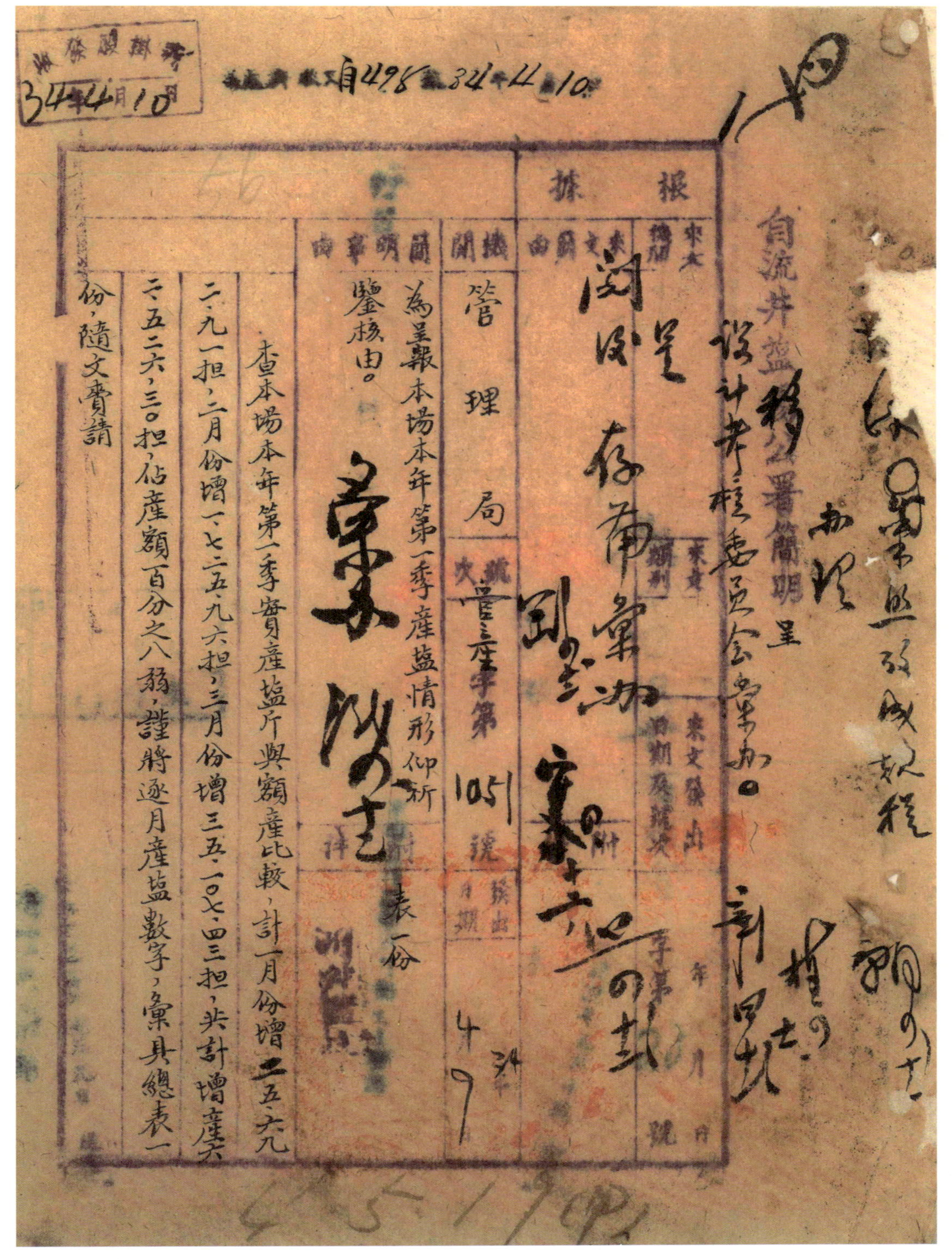

自流井盐務公署簡明 呈

管理局

量産字第1051號

為呈報本場本年第一季產盐情形仰祈鑒核由。

附表一份

查本場本年第一季實產盐斤與額產比較，計一月份增二五、六九二、九一担，二月份增一、七二五、九六担，三月份增三五、一〇七、四三担，共計增產六二、五二六、三〇担，佔產額百分之八弱，謹將逐月產盐數字，彙具總表一份，隨文賫請

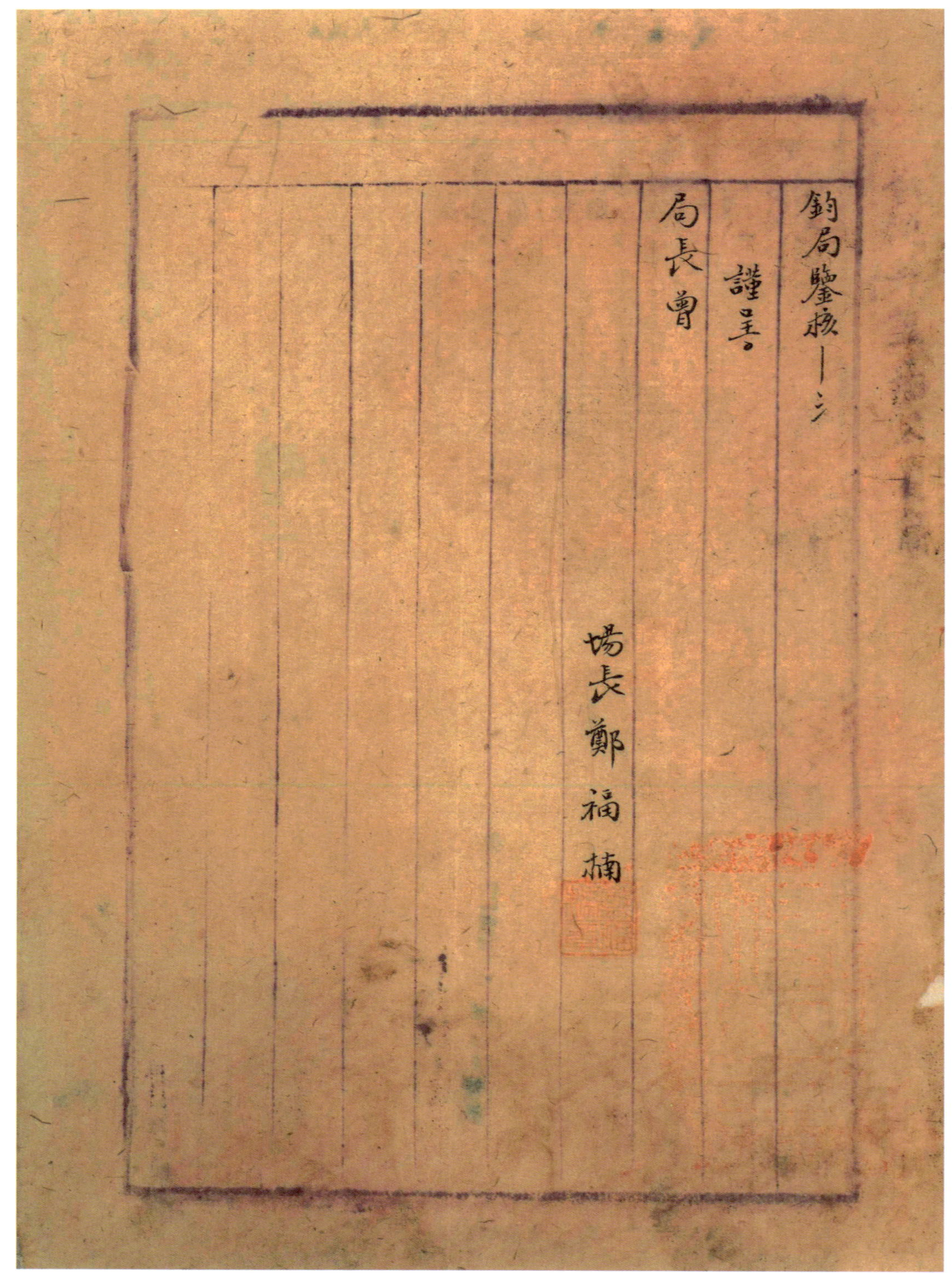

鈞局鑒核，

謹呈

局長曾

場長鄭福楠

自流井盐場公署造呈三十四年第一季額產與實產盐斤比較表

月份	額產担數	實產担數	比較		備考
			增	减	
1	26666700	29235991	2569291		
2	26666700	26839296	172596		
3	26666600	30177343	3510743		
合計	80000000	86252630	6252630		

贡井盐场公署致川康盐务管理局的呈（一九四五年四月九日）

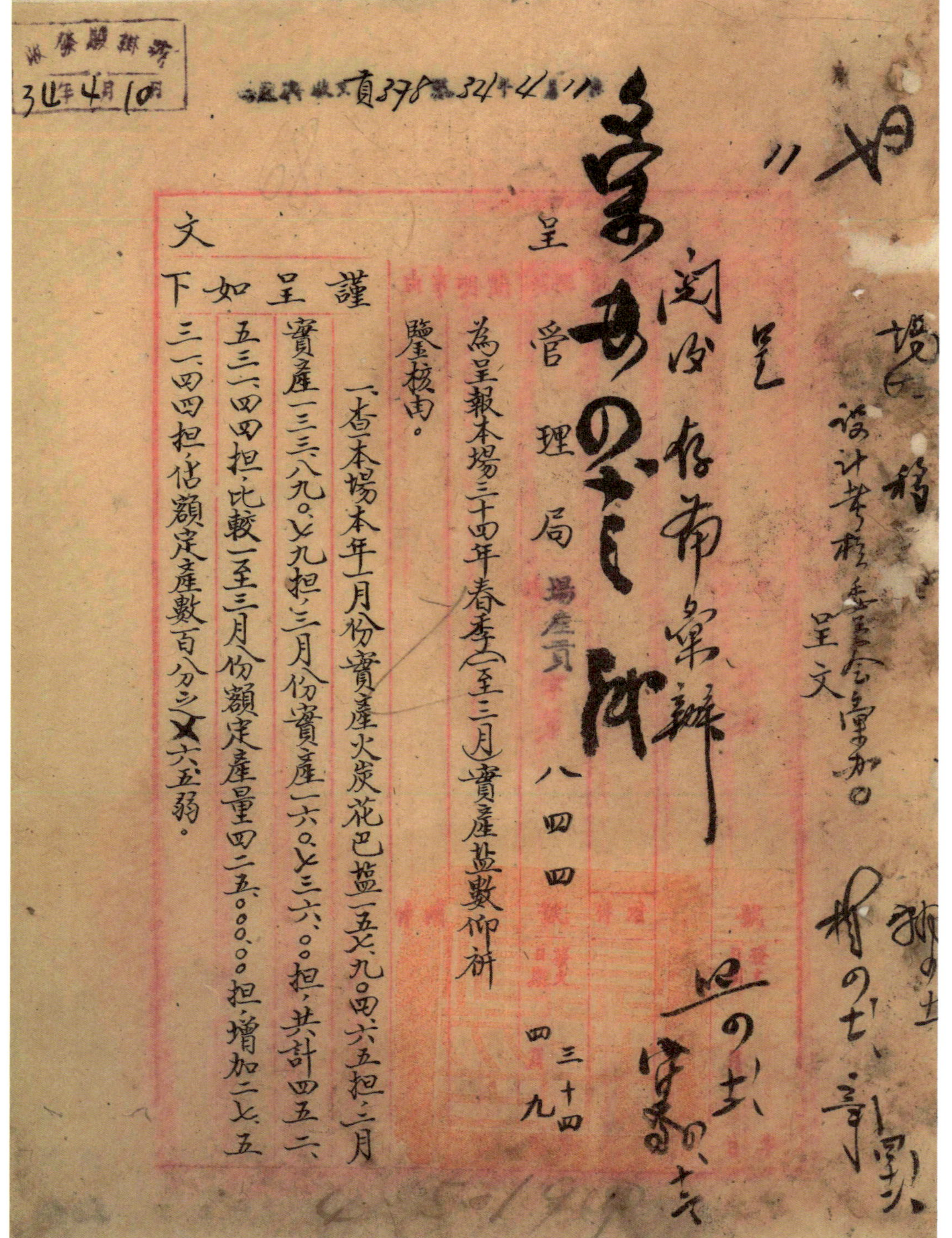

呈 管理局

場產貢字第八四四號

三十四年四月九日

為呈報本場三十四年春季（一至三月）實產盐數仰祈
鑒核由。

呈文

謹呈如下

一、查本場本年一月份實產火炭花巴盐一五七、九〇四六五担，二月實產一三三八九〇七九担，三月份實產一六〇七三六〇〇担，共計四五二五三一四四担，比較一至三月份額定產量四二五〇〇〇〇〇担，增加二七五三一四四担，估額定產數百分之六五弱。

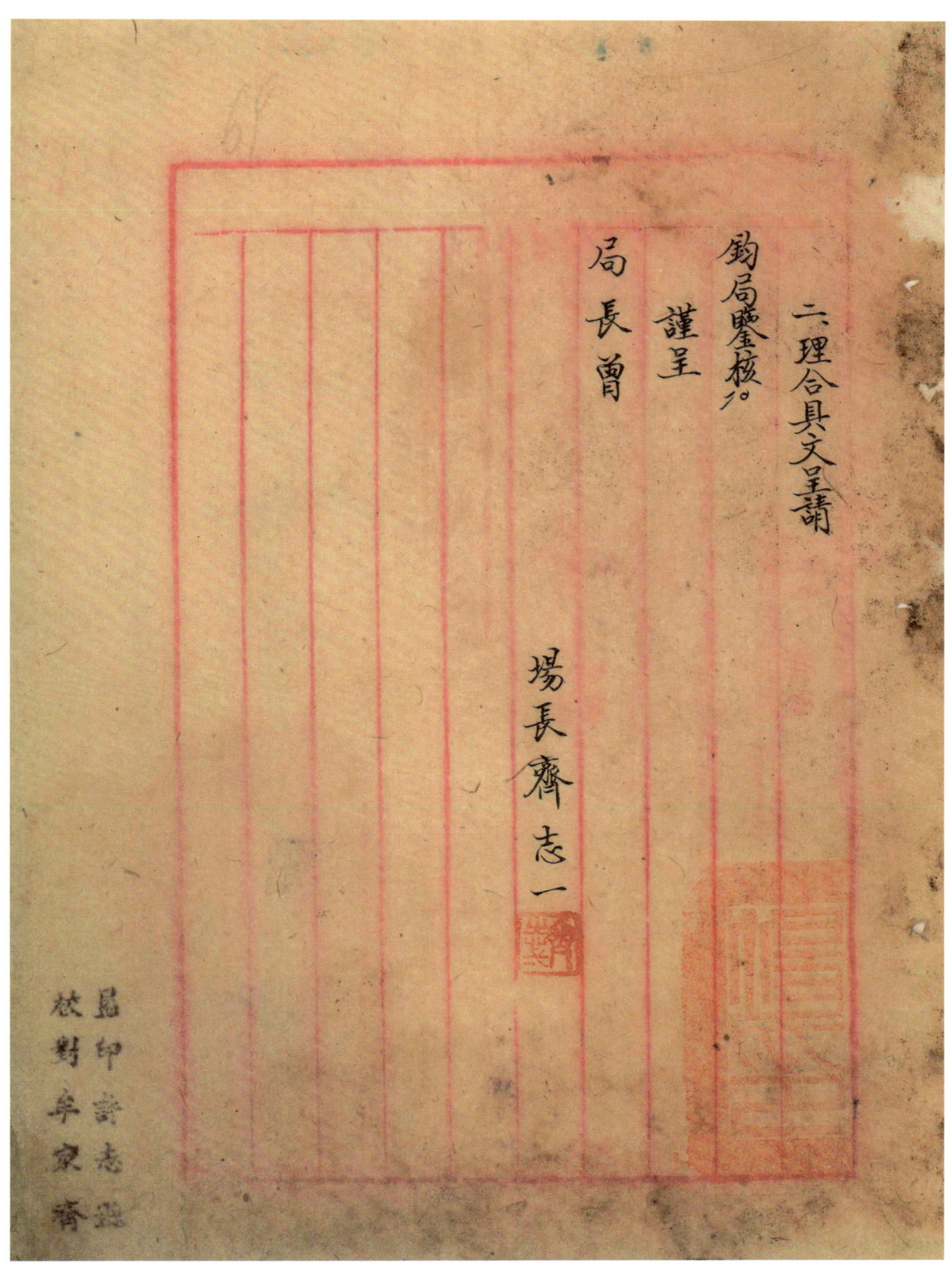
二、理合具文呈請

鈞局鑒核。

謹呈

局長曾

場長齊志一

監印許志巡
校對辛家齊

贡井盐场公署致川康盐务管理局的呈（一九四五年四月十一日）

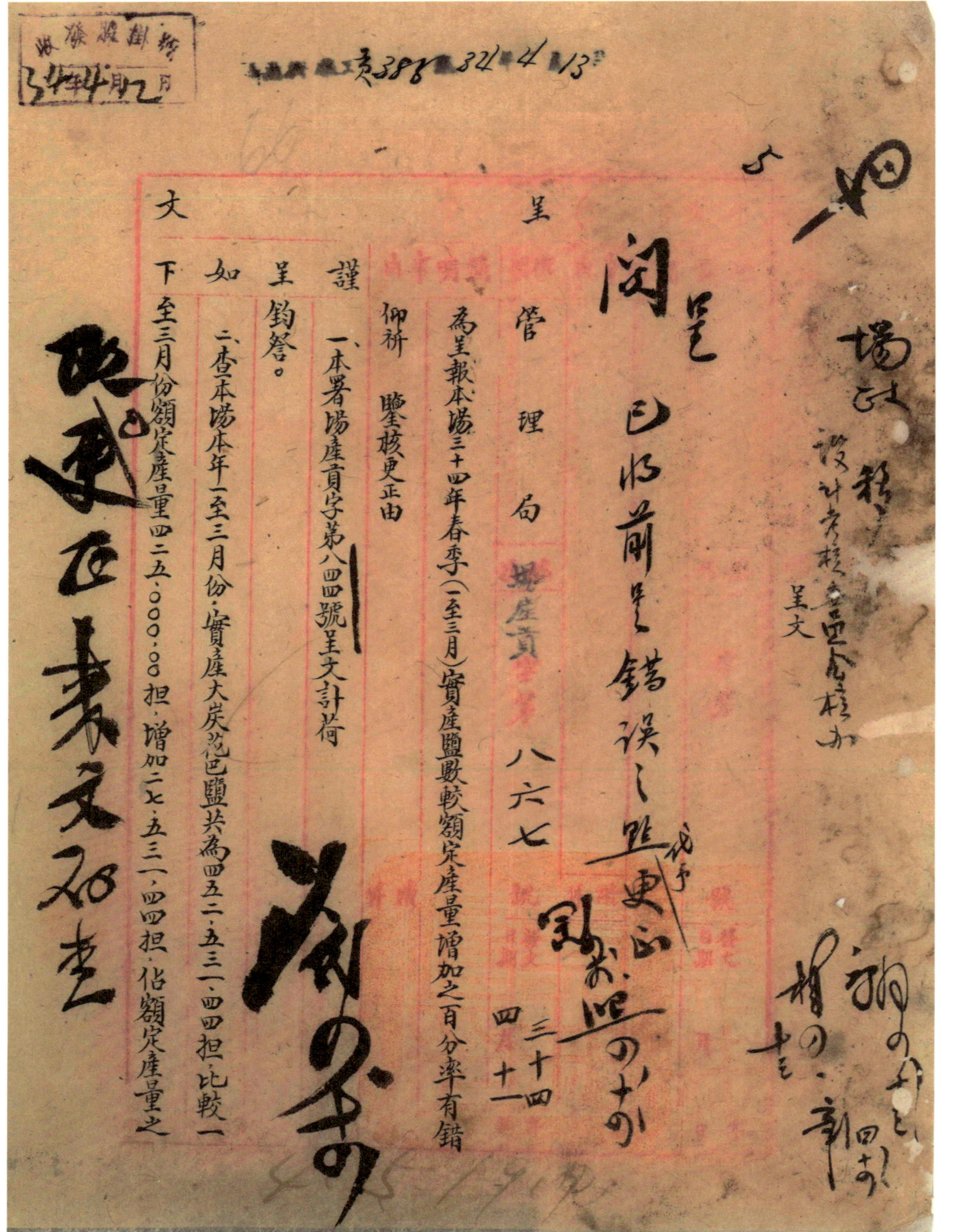

呈
文

呈 管理局

為呈報本場三十四年春季（一至三月）實產鹽數較額定產量增加之百分率有錯仰祈鑒核更正由

謹呈

一、本署場產貢字第八四四號呈文計荷鈞答。

二、查本場本年一至三月份，實產大炭花巴鹽共為四五二，五三一，四四担，比較一至三月份額定產量四二五，〇〇〇，〇〇担，增加二七，五三一，四四担，佔額定產量之

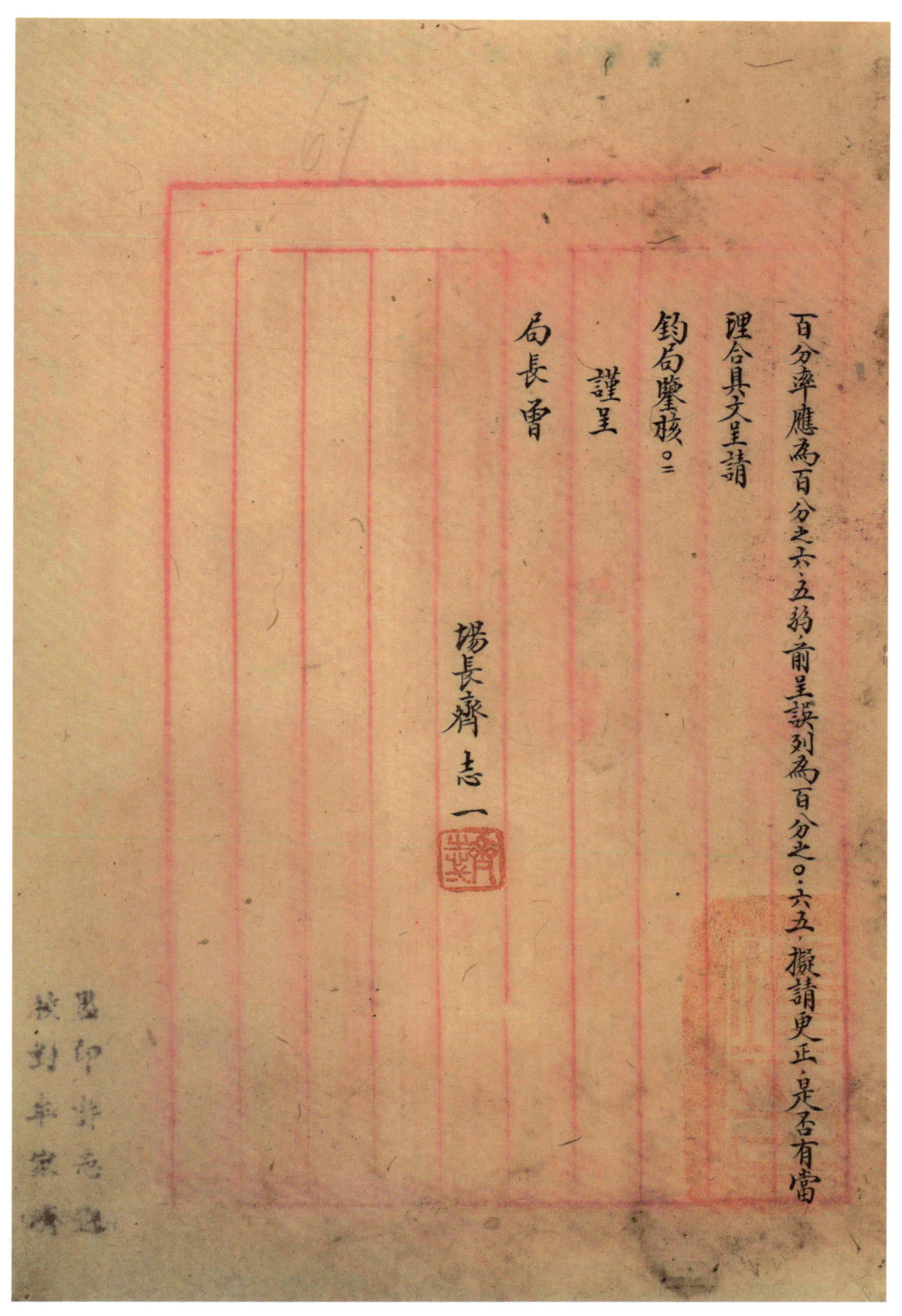
百分率應為百分之六·五約，前呈誤列為百分之〇·六五，擬請更正，是否有當，
理合具文呈請
鈞局鑒核。〇二
謹呈
局長曾
場長齊志一

贡井盐场公署致川康盐务管理局的呈及附表（一九四五年四月十八日）

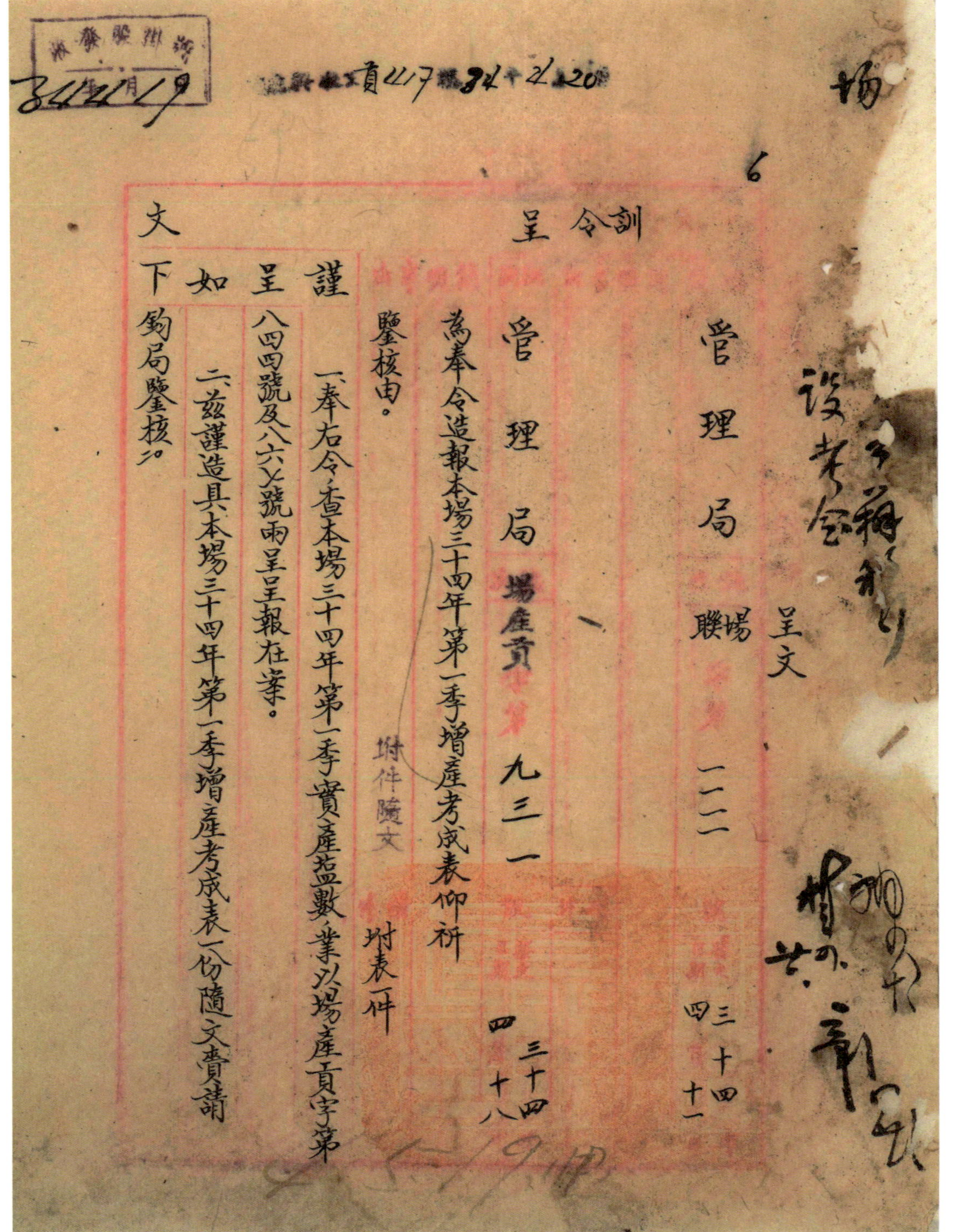

訓令 呈 文

管理局 場聯 一二一 三十四 四 十一

管理局 場產貢字第九三一 三十四 四 十八

為奉令造報本場三十四年第一季增產考成表仰祈鑒核由。

附件隨文 附表一件

謹呈如下

一、奉右令，查本場三十四年第一季實產盐數，業以場產貢字第八四四號及八六七號兩呈呈報在案。

二、茲謹造具本場三十四年第一季增產考成表一份隨文賫請鈞局鑒核。

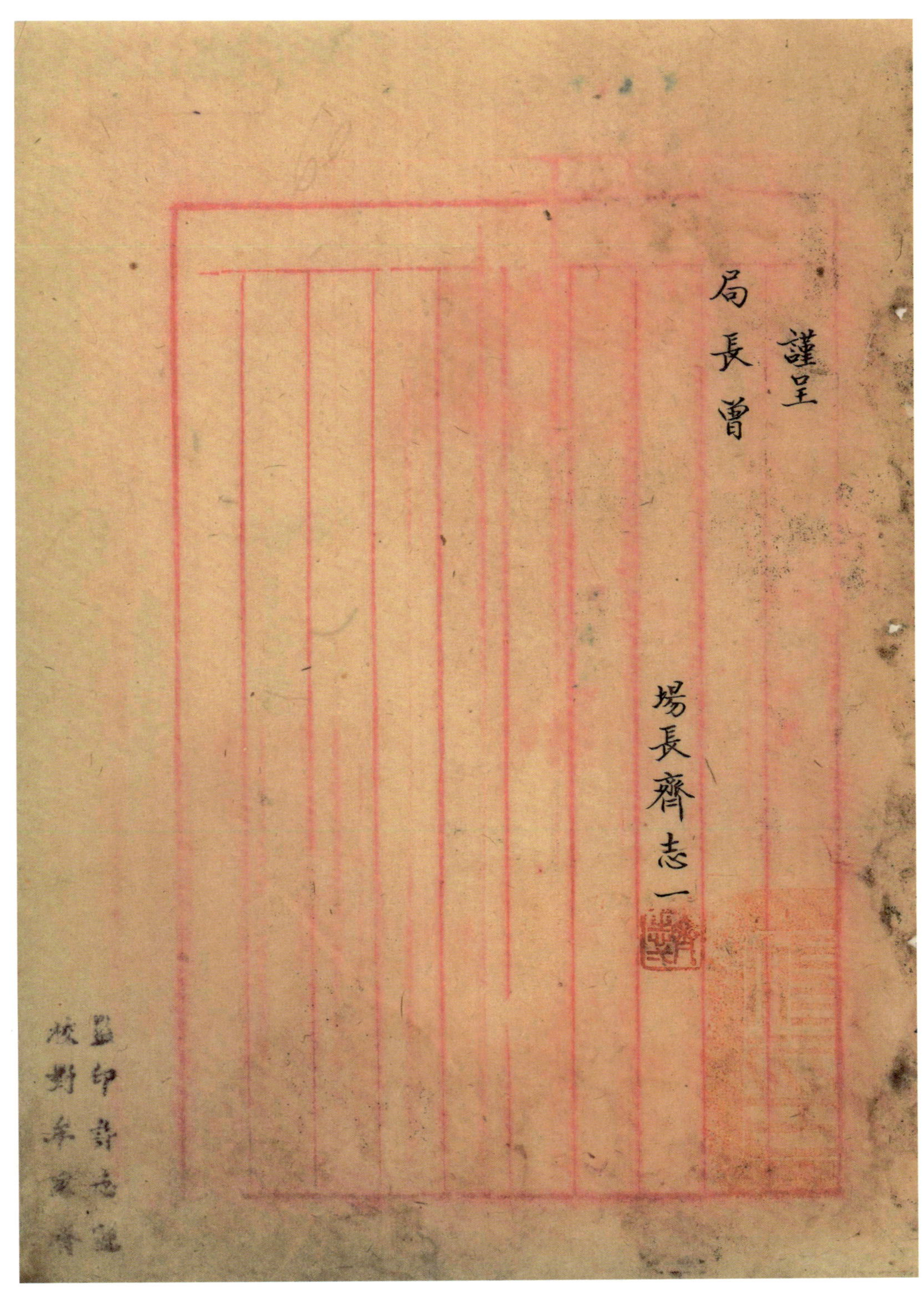

謹呈

局長曾

場長齊志一

監印許志超

校對朱家符

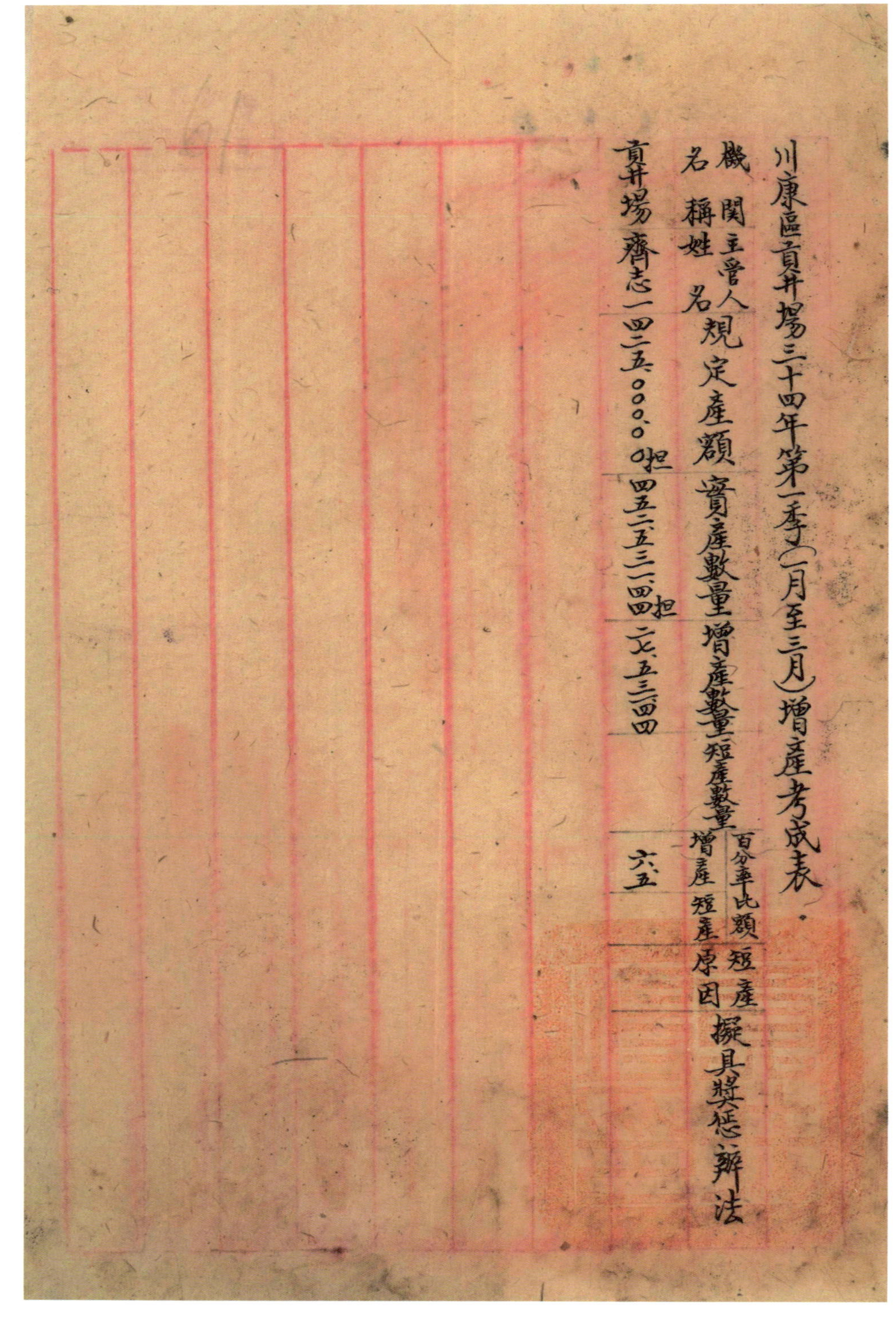

川康區貢井場三十四年第一季(一月至三月)增產考成表

機關名稱	主管人姓名	規定產額	實產數量	增產數量	短產數量	百分率比額 增產	百分率比額 短產	短產原因	擬具獎懲辦法
貢井場	齊志	一四二五〇〇〇.〇担	四五二五三一.四担	二七.五三一.四四		六.五			

訓令

受文者：自貢、貢（資）大鹽各場署 五通橋、重慶兩分局

事由：為規定各場每期增產考成表格式及免除短產處罰施行細則令仰遵照由

附件：計抄發三十三年度各場增產考成表暨各場每期增產考成表

案查本區規定各場三十三年度產鹽增減情形，業經本局逐一詳列增產考成表彙案呈請鹽政局鑒核，暨將短產各場困難情形詳細陳明懇轉陳財政部免予議處，并遵照手頒考成辦法第八條之規定，參酌

川康盐务管理局关于抄发民国三十三年度增产考成表及各场每期增产考成表格式并拟具免除短产处罚施行细则致自流井盐场公署、贡井盐场公署等的训令及附件（一九四五年四月十一日）

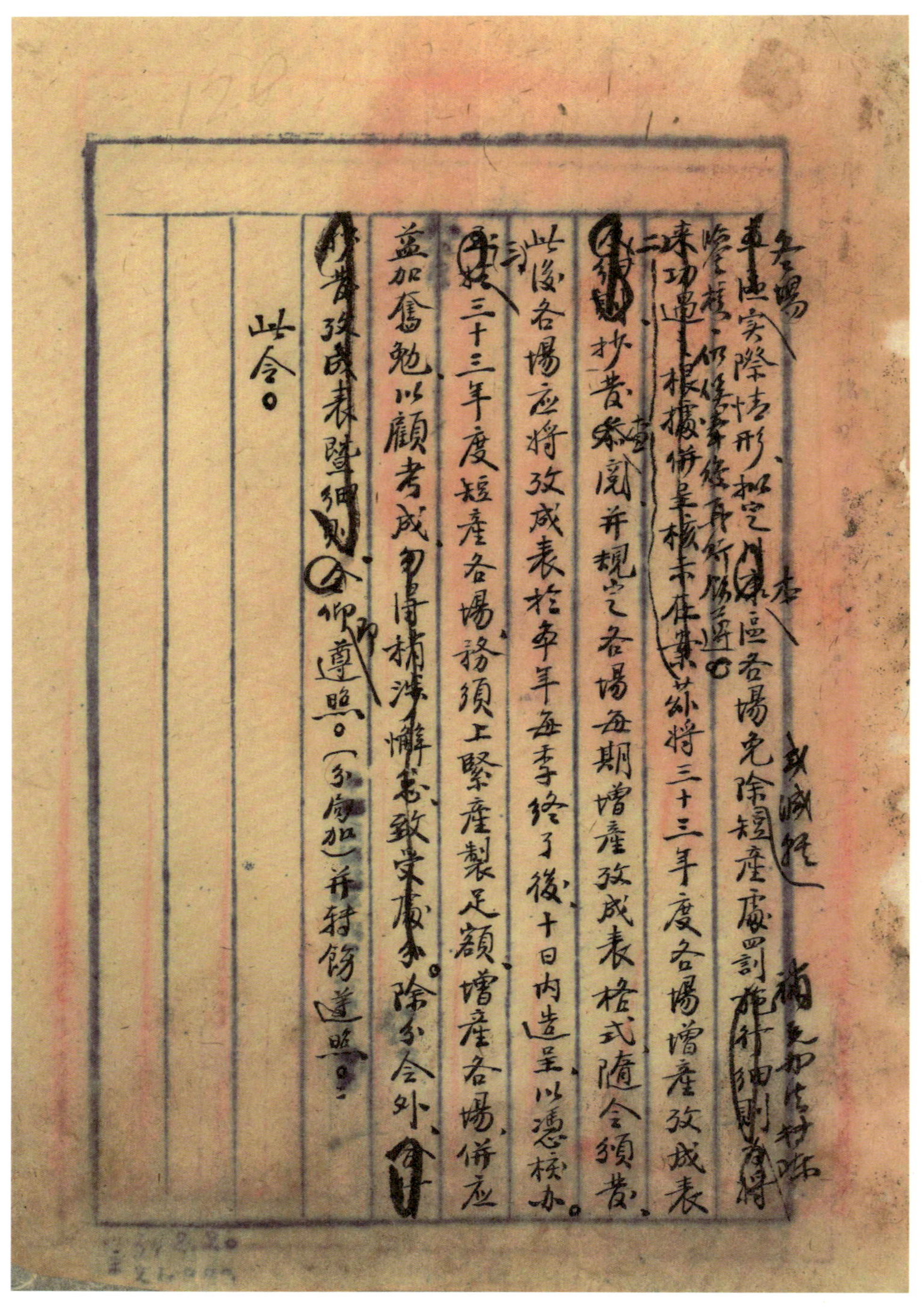

各場實際情形，擬定本區各場免除短產處罰施行細則，補充
簽核，仍俟奉准後再行飭遵。
二、奉功遞根據併呈核示在案，茲將三十三年度各場增產考成表
抄發，仰即查閱，并規定各場每期增產考成表格式，隨令須發，
三、此後各場應將考成表於本年每季終了後十日內造呈，以憑核辦。
三十三年度短產各場，務須上緊產製足額，增產各場，併應
益加奮勉，以顧考成，勿得稍涉懈怠，致受處分。除分令外，合
發考成表暨細則，令仰遵照。（分令加）并轉飭遵照。
此令。

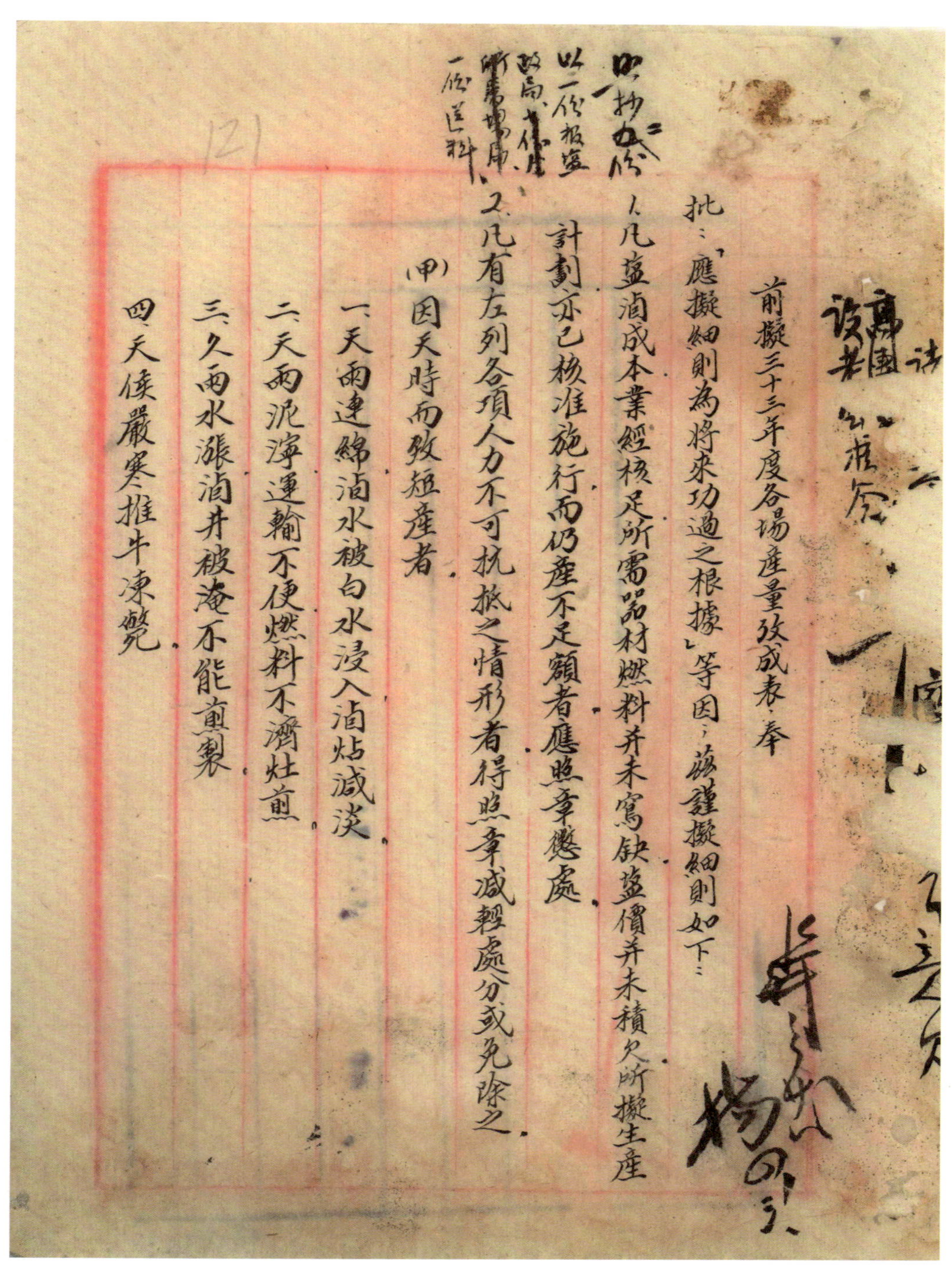

前擬三十三年度各場產量致成表，奉

批：「應擬細則為將來功過之根據」等因；茲謹擬細則如下：

1. 凡盐滷成本業經核足所需器材燃料并未短缺盐價并未積欠所擬生產計劃亦已核准施行而仍產不足額者應照章懲處

2. 凡有左列各項人力不可抗拒之情形者得照章減輕處分或免除之

(甲) 因天時而致短產者

一、天雨連綿滷水被白水浸入滷枯減淡

二、天雨泥濘運輸不便燃料不濟灶煎

三、久雨水漲滷井被淹不能煎製

四、天候嚴寒推牛凍斃

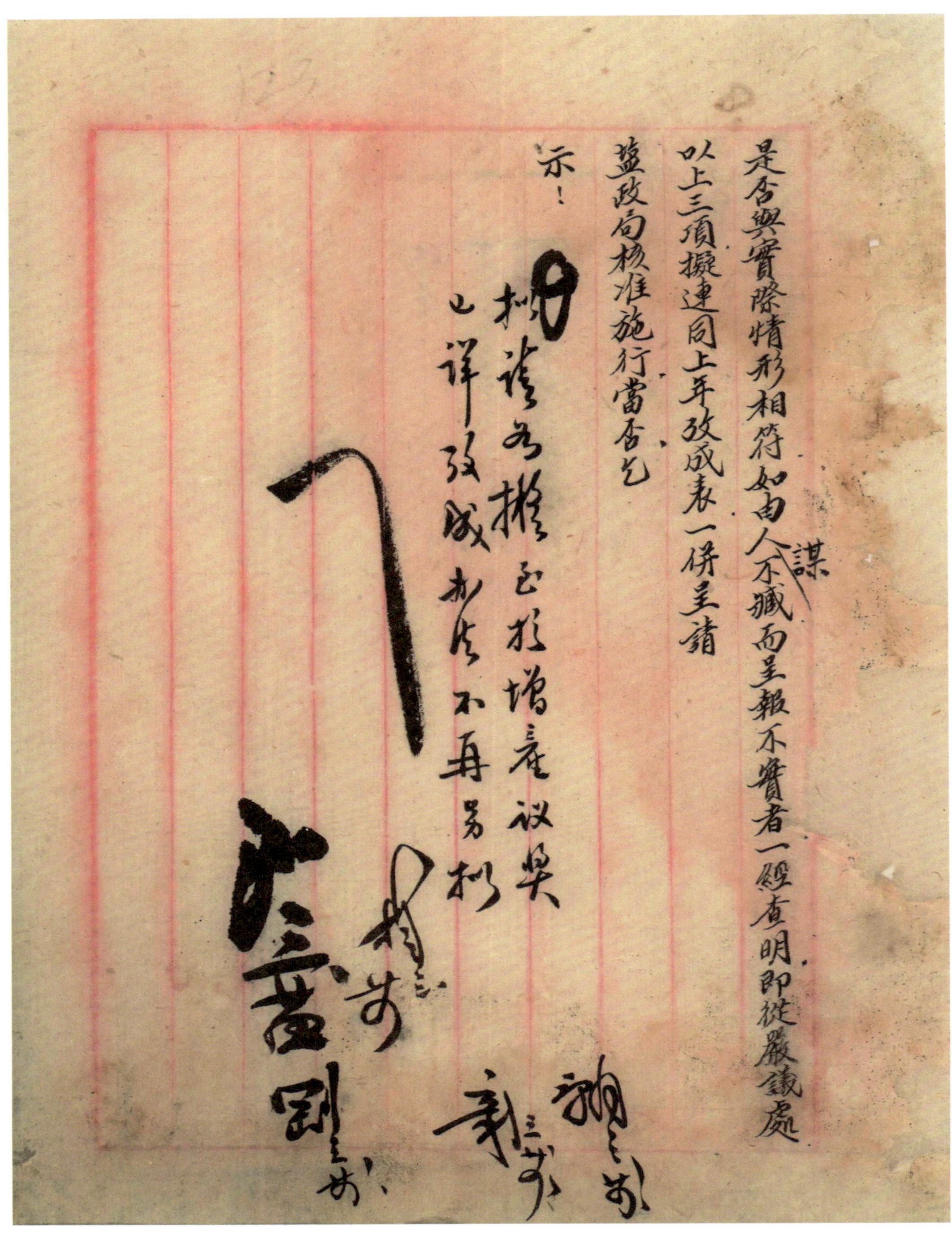

是否與實際情形相符如由人謀不臧而呈報不實者一經查明即從嚴議處

以上三項擬連同上年改成表一併呈請

鹽政局核准施行當否乞

示！

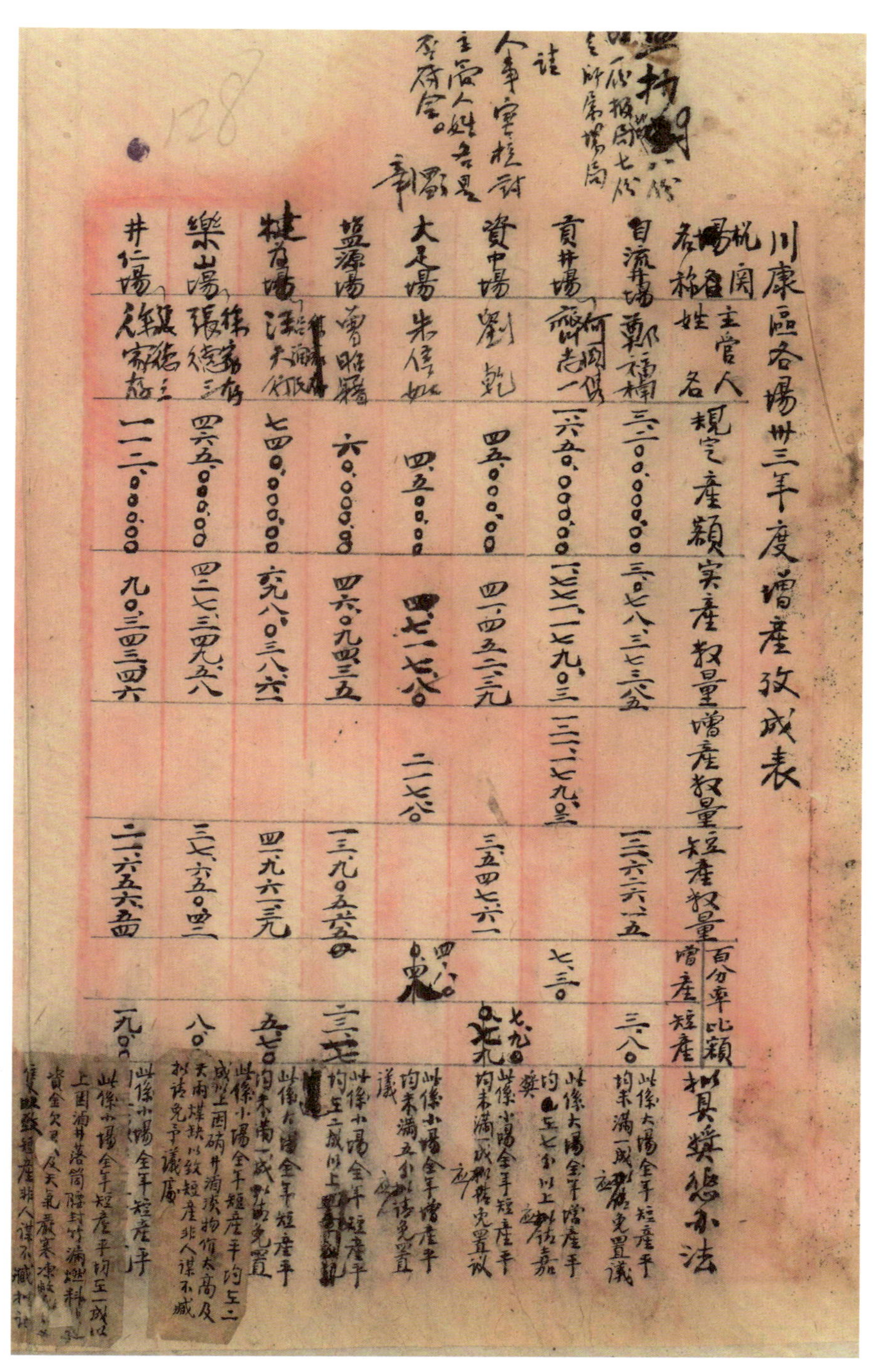

注　人事室核对主管人姓名是否符合。刘　章

川康区各场卅三年度增产数成表

场名称	主管人姓名	规定产额	实产数量	增产数量	短产数量	百分率比额 增产	百分率比额 短产	拟具奖惩办法
自流井场	郑福楠	三二〇、〇〇〇〇〇	三〇七八、三七三八五		一三、六二六一五		三八〇	此系大场全年短产平均未满一成拟请免置议
贡井场	齐志一（何□□）	一六五、〇〇〇〇〇	一七七、一七九〇三	一二、一七九〇三		七三〇		此系大场全年增产平均在七分以上拟请嘉奖
资中场	刘乾	四五、〇〇〇〇〇	四一、四五二三九		三、五四七六一		七九〇	此系小场全年短产均未满一成拟请免置议
大足场	朱伟如	四五〇〇〇〇	四七一七〇八	二一七〇八		四八〇		此系小场全年增产均未满五分拟请免置议
盐源场	曾昭藩	六〇、〇〇〇〇〇	四六〇九四三五		一三九〇五六五		二三、一七	此系小场全年短产均在二成以上[illegible]
犍为场	[illegible]	七四〇、〇〇〇〇〇	究八〇三八六二		四九六一三八		五七〇	此系大场全年短产均未满一成拟请免置
乐山场	张德存	四六五、〇〇〇〇〇	四二七三四九五八		三七六五〇四二		八〇	此系小场全年短产平均在二三成以上因硝井淡物价太高及天雨煤缺以致短产非人谋不臧拟请免予议处
井仁场	[illegible]	一一二、〇〇〇〇〇	九〇三四三四六		二一、六五六五四		一九〇〇	此系小场全年短产平均在一成以上因酒井落筒腰封竹满燃料资金欠足及天气严寒冻毙非人谋不臧拟请[illegible]

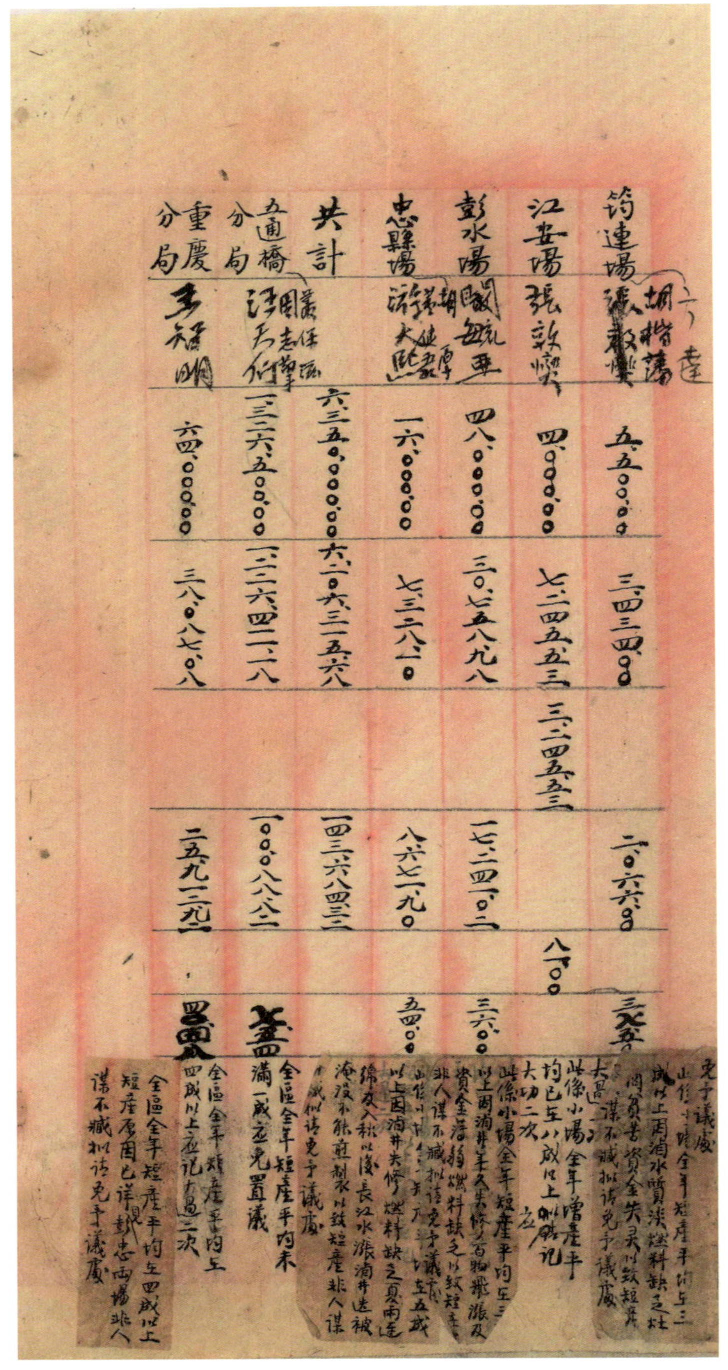

筠連場	張敘燮 胡楷蕩	五五〇〇〇〇	三四三四〇〇		二〇六六〇〇		三七五	該場全年短產平均在三成以上，因滷水質淡，燃料缺乏，[illegible]因負責資金失靈，以致短產，諒不藏拙，擬請免予議處
江安場	張敘燮	四〇〇〇〇〇	七二四五五三	三二四五五三		八〇〇		此係小場，全年增產平均已在八成以上，擬記大功二次
彭水場	閻毓華	四八〇〇〇〇	三〇七五八九八		一七二四一〇二		三六〇〇	此係小場，全年短產平均在三成以上，因滷井年久失修，百物飛漲及資金籌措，燃料缺乏，以致短產，非人謀不臧，擬請免予議處
忠縣場	胡[illegible]厚 游大[illegible]	一六〇〇〇〇〇	七三二八一〇		八六七一九〇		五四〇〇	該場全年短產平均在五成以上，因滷井失修，燃料缺乏，夏雨連綿，及入秋以後長江水漲，滷井迭被淹沒，不能煎製，以致短產，非人謀不臧，擬請免予議處
共計		六三五〇〇〇〇〇	六二〇六三一五六八		一四三六八四三二			
五通橋分局	黃任[illegible] 周[illegible] 汪[illegible]	一三二六五〇〇〇〇	一三二六四二一一八		一〇〇〇八八八二		七五四	全區全年短產平均未滿一成，應免置議
重慶分局	李[illegible]明	六四〇〇〇〇〇	三八〇八七〇八		二五九一二九二		四〇五	全區全年短產平均在四成以上，應記大過二次 全區全年短產平均在四成以上，短產原因已詳見彭忠兩場，非人謀不臧，擬請免予議處

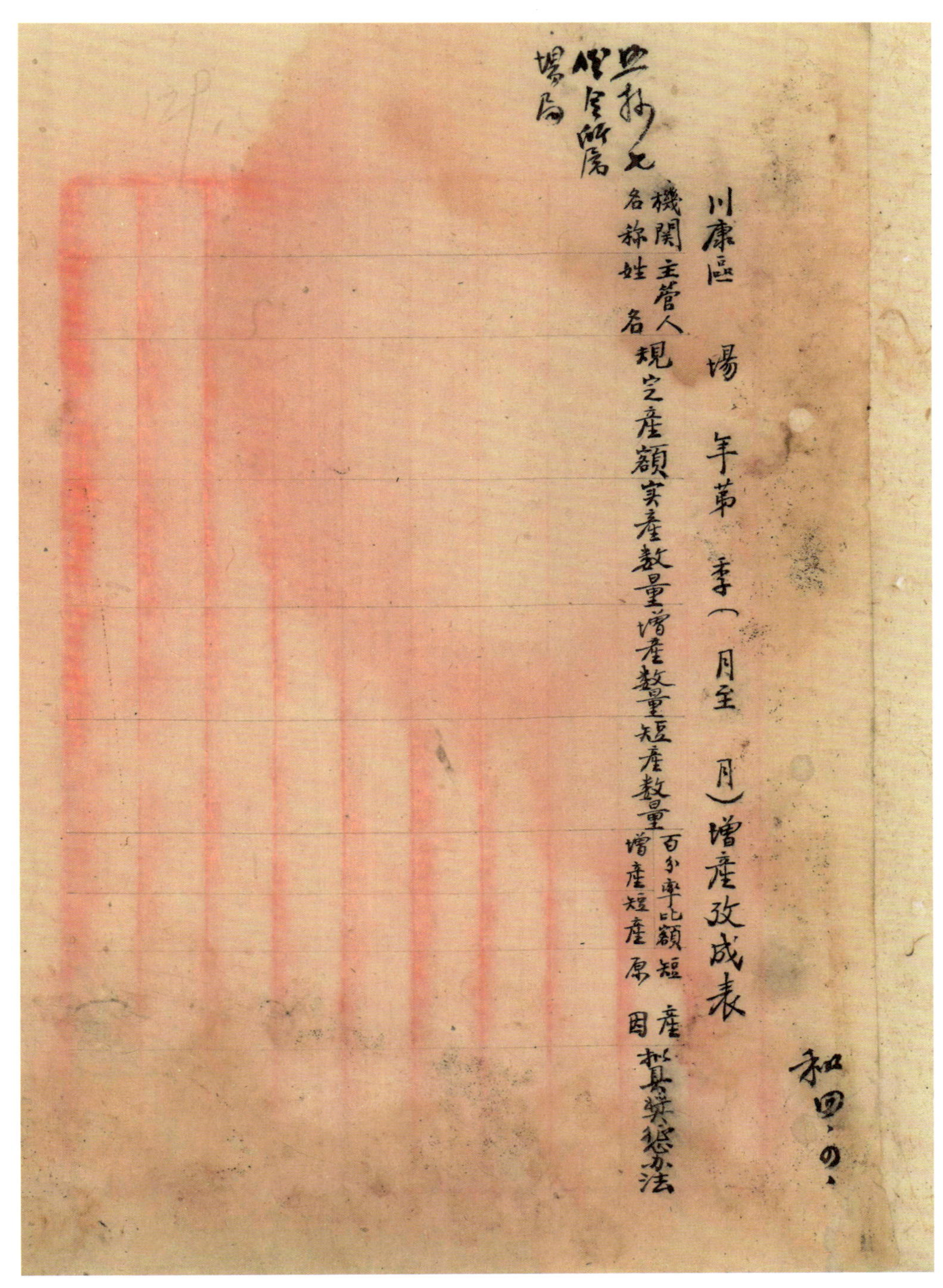

和田，の

川康區　場　年第　季（　月至　月）增產考成表

機關名稱	主管人姓名	規定產額	實產數量	增產數量	短產數量	短產額比率百分	增產短產原因	獎懲辦法

照抄發飭令所屬場局

川康盐务管理局关于民国三十三年六月济楚额盐成本结算致大昌裕盐号自流井分号的指令（一九四五年四月十八日）

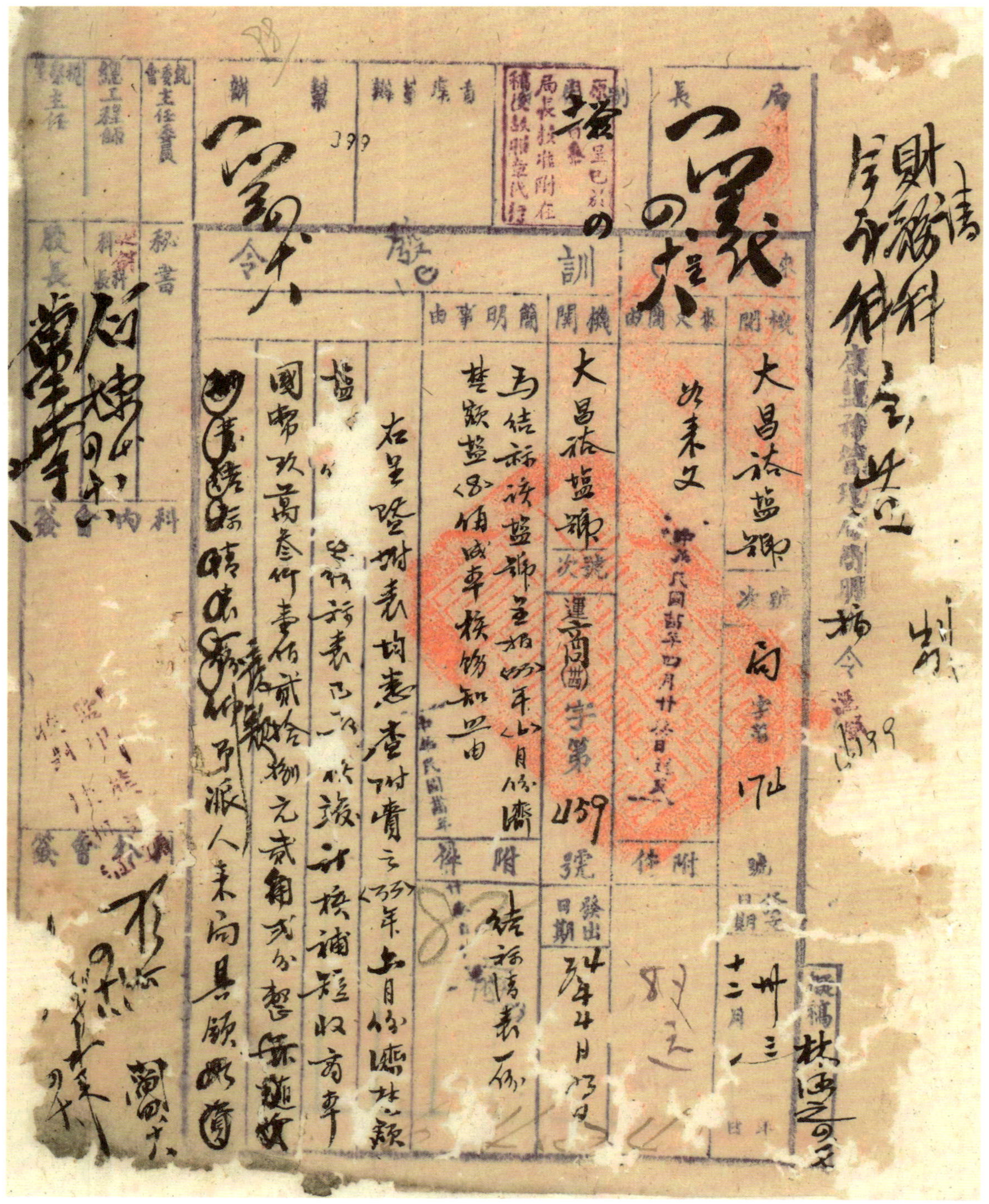

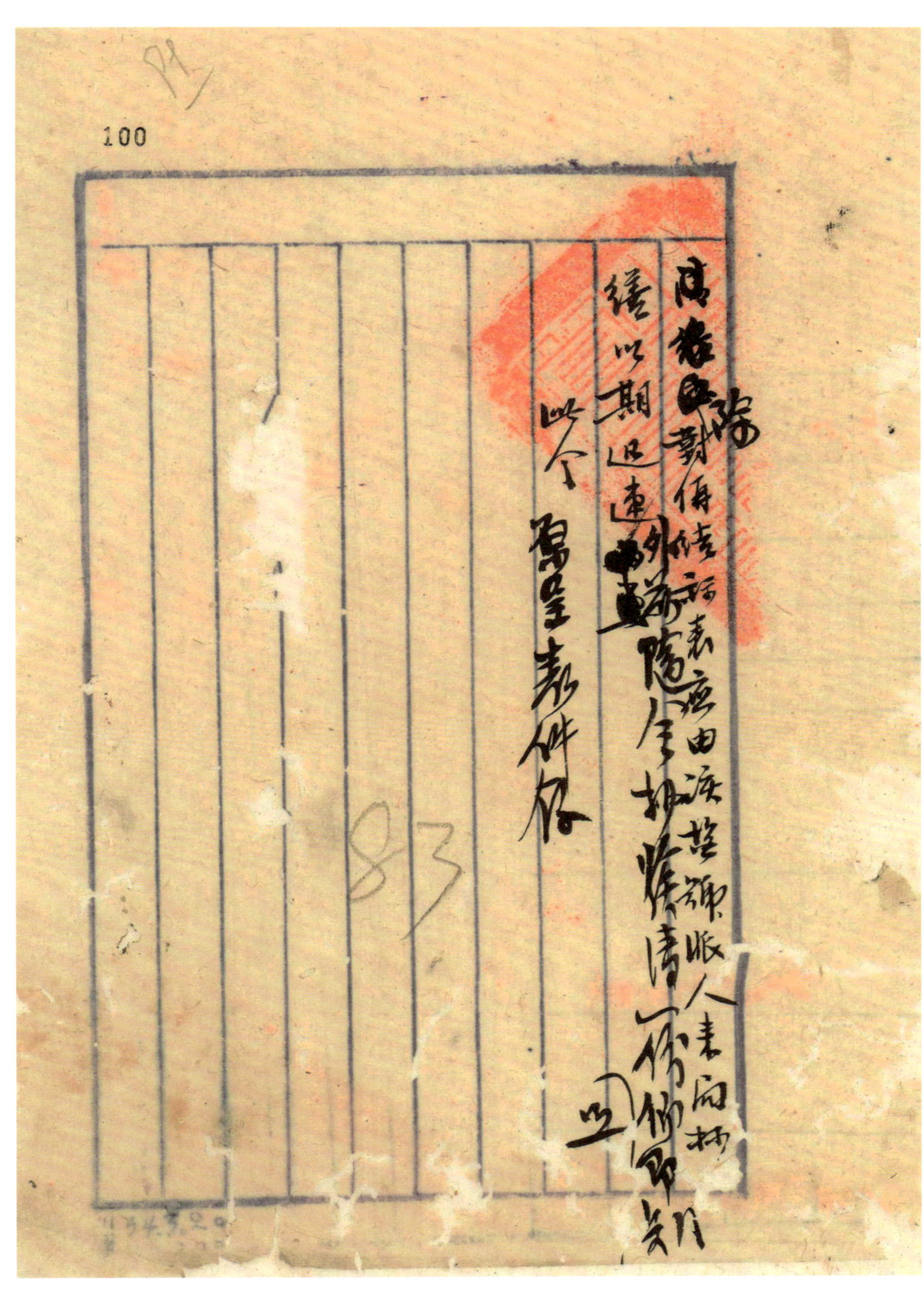
100

[illegible]公司[illegible]號[illegible]報：3[illegible]（引）[illegible]運照：17496 3161

[illegible]商號名稱	[illegible]	[illegible]別	鹽別	[illegible]	運商[illegible]成本	[illegible]岸價已[illegible]款	[illegible]撥補	應予[illegible]
大昌裕	7[illegible]63 31662	濟楚	花	6/33	2718,4[illegible]	2773,0[illegible]92		54,60[illegible]
〃	7496[illegible] 32191	〃	〃	〃	256,370 [illegible]0	2723,6[illegible]30		158,271 [illegible]0
〃	74976 32099	〃	〃	〃	3016,523 27	2837,[illegible]28	178,75099	
〃	74982 31663	〃	〃	〃	2715,879 54	2751,[illegible]2 53		36,192 99
〃	74987 32091	〃	〃	〃	2739,220 17	2850,722 13		111,[illegible]115
〃	74990 38291	〃	〃	〃	2833,485 94	2704,915 55	128,57039	
〃	74999 32192	〃	〃	〃	2671,741 73	2786,364 60		[illegible]62[illegible]
〃	84539 31690	〃	〃	〃	2922,577 59	2712,751 66	209,82653	
合	計				22,183,250 08	22,090,121 86	517,[illegible]7 91	4[illegible]21969

兩相品除應予撥補8 93,128,22元

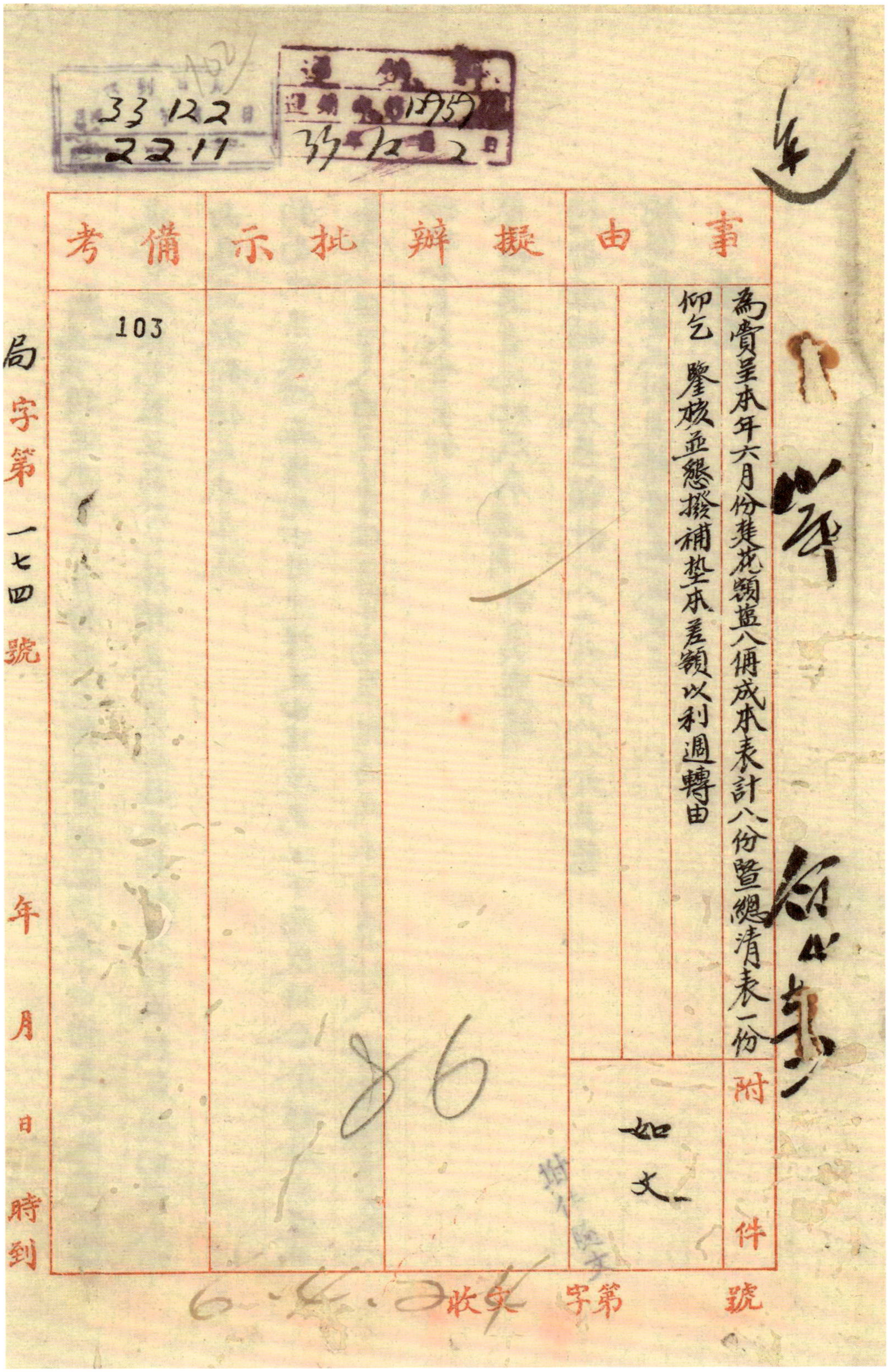

33 12 2
22 11

33 12 2

事由	擬辦	批示	備考
為賫呈本年六月份巴花類鹽八傳成本表計八份暨總清表一份仰乞鑒核並懇撥補墊本差額以利週轉由			103
附件：如文			

局字第一七四號　年　月　日　時到

收文　字第　號

104

竊屬商領運本年六月份楚花類鹽運補配共五十四傤奉令放運江津收倉掉換屯鹽至萬除已陸續交川東局接收按核定商收款數領回商本外尚應造報對傤成本呈送

鈞局照案核結茲謹將由井運津及由津運萬上下兩段併合全程檢齊運照第74963～31662號等八傤運付費証明單編製對傤成本結算表計八份暨總清表一份理合具文賚呈仰乞

鑒核再查此批成本屬商計算應請

鈞局撥補墊本差額計一八二、六八〇．八八元並懇

俯賜核發以利週轉實爲感便

謹呈

105

川康鹽務管理局局長曹

大昌裕鹽號自流井分號

胡耀堂章

謹呈

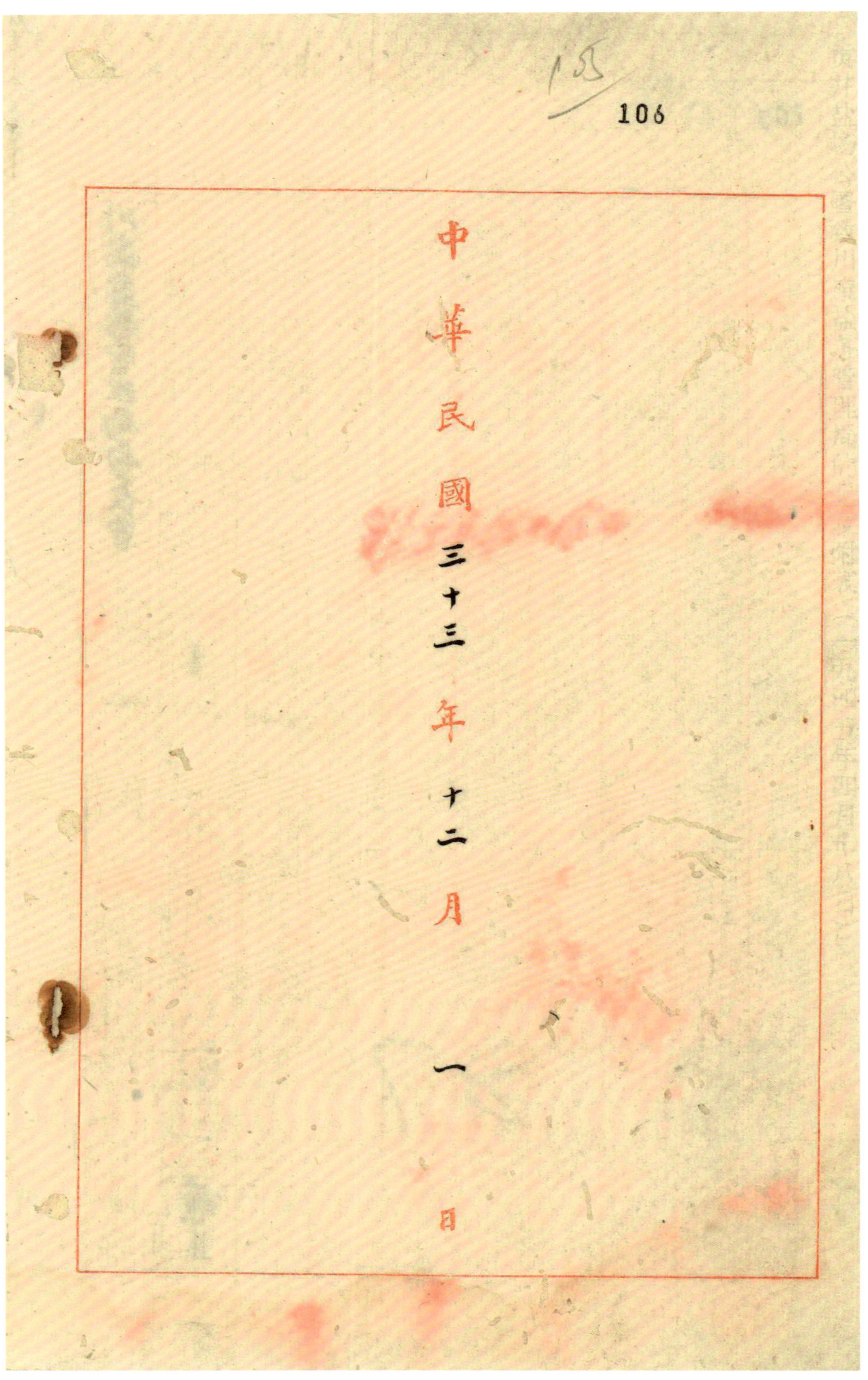

106

中華民國三十三年十二月一日

大昌□號

107 應請弥補墊本差額總表

月份	運照號次	運別	計算損款	墊本	在岸已收款	[illegible]	差額
6/33	74963–31662	輸	1,227.21	2,847,921.22	2,918,305.38	33,621.00	36[illegible]
〃	74966–32191	〃	〃	2,839,068.73	〃	[illegible]	[illegible]
〃	74976–32099	〃	〃	3,005,710.33	〃	113,662.60	201,067.56
〃	74982–31663	〃	〃	2,843,01[illegible].78	〃	54,565.80	
〃	74987–32091	〃	〃	2,767,402.91	〃	13,708.50	
〃	74990–32294	〃	〃	2,998,756.20	〃	59,076.90	139,527.70
〃	74999–32192	〃	〃	2,826,716.62	〃	33,135.20	
〃	84539–31690	〃	〃	3,013,247.63	〃	142,408.50	237,347.78
合計				23,141,870.62	23,346,443.04	387,253.30	1,826,800.88

33 4 20.3000

大昌[illegible]號[illegible]

經理

委託濟運鹽成本對帳結算表

運照號數 84539—31690	額鹽月份 33年6月份	售鹽日期 33年9月16日
運商牌名 大昌裕	繳付場價日期 〃年〃月15日	許算担數 1,227.21 担
鹽別 井花	繳付基金日期 〃年〃月〃日	已收每担商收款 2378.00 元
岸別 岷邊犍為楚鹽	場放日期 〃年7月7日	
規定途耗 32/12	到岸日期 〃年7月6日	附證明單據張數　張

運商實墊成本款目

科目	金額		備致
場價	1,558,204	20	
基金	13,230	00	
運繳	660,130	65	200,47.170 … 64,058.6 … 70,200 … 65,025.80 … 186,919.7
繳	62,483	82	2,231,564.85×2.8%
墊本子金	442,713	36	場價1,558,204.20 … 296,058.80 … 350,907.59
			1,909,111.79 … 4,772.78
			基金13,230.00 … 2,977.40
			運繳16,209.40 … 40.52
利潤			運繳660,13… 66,013.07
滙水	206,464	38	2,294,048.67×9%
核補耗款	58,500	00	462,925,000.00×12%
核補倉耗鹽斤			
其他	2000	00	
合計	2,985,726	41	
虧溢鹽斤 結價應 繳送歸公	26,554	32	借支盾本
撥補	142,405	50	

運商應收款	2,922,577.59
運商在岸已收款	2,712,751.06
商品損益應 撥繳送公	
撥補	29,8…

審核　汪國　覆核

9/4

委託商運鹽成本對儀結算表

日期 ____

109

登記編號 ____

運鹽儎數 [illegible] 產鹽月份 33年5月份 交官日期 33年9月[illegible]日

運商牌名 大昌裕 何月領鹽 33年6月份 在途日數 27天

鹽 類 [illegible] 繳付場價日期 33年6月15日 泊岸日數 [illegible]天

岸 別 [illegible] 繳付基金日期 33年6月15日 實交担數 [illegible]担

規定 途耗 32.12斤 場放日期 33年8月12日 已收每担商收款 2,378.00元

規定 固流 12.1875斤 到岸日期 33年9月8日 領款日期 33年9月27日

本儀到岸後第十一天起之逾期子金向川東鹽務管理局呈請補發

運商實在應收成本款目

科目	金額	單據張數	備考
場價	1,558,204.20		
基金	13,230.00		
運繳	686,675.85	8	井鹽 [illegible] 日津 408,185.10元
			津鹽 65,258.00 [illegible] 津子 278,490.75元
號繳	63,227.08		鹽本 [illegible] 按2%計
	2,000.00		奉令核給津貼
擱本子金	331,868.08		1. 償場 1,558,204.20 [illegible] 子金 315,380.53元
			[illegible] 16,487.55元
	2,817.74		2. 基金 13,230.00 [illegible] 子金 2,677.75元
			15,907.75 [illegible] 139.99元
	87,040.34		3. 運繳 日津 408,185.10 [illegible] 子金 63,750.51元
			津子 278,490.75 [illegible] 23,281.83元
匯水	59,084.00		鹽付各費約 2,954,200.00元 按2%計
利潤	209,100.34		鹽本號繳共 2,323,337.13元 按9%計
合計	3,013,347.63		

運商在岸已收款 2,9,3,305.38元 實交担數×已收每担商收款

段別／虧溢	鄧關	瀘縣	重慶	萬縣	合計
虧斤償款					
溢斤償款	29,555.00	20,4[illegible]50	28,130.00	65,193.00	162,40[illegible]

虧溢斤價補款 142,405.80元

兩相品除應 繳運蒭公 ____元

兩相品除應 請撥補 237,347.75元

經理 ____

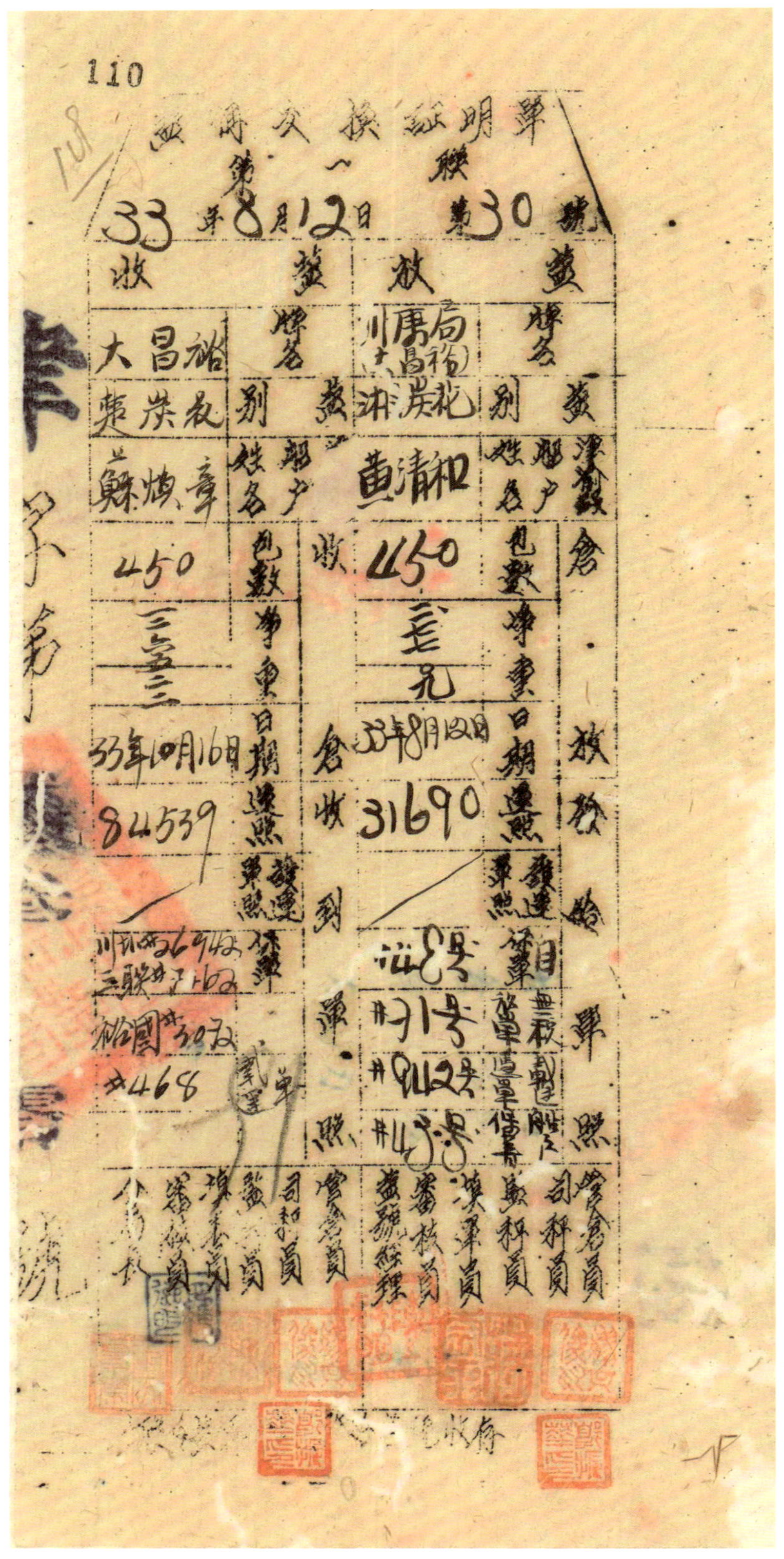

111　110

隘

六區鹽包裝運雜費用報告單

卅三年八月廿九日　字第六一三號

牌名	鹽別	倉灶名稱	運照號數	准單號數	倉單號數	到關日期	進倉日期	場放日期	出關日期
大昌裕鹽號	[illegible]	易表祥	〨〤〥〣〩	〤〦〦	易表祥	卅三、八、八		卅三、八、七	卅三、八、九

包裝運雜費用名稱	金額	備考
保險費	〦〩〧〧〦〨.〇〇	
滷鹽錢條	〨〧〤〨〨〦.〇〇	
成鹽簍包	〦〨〢〥.〇〇	
送包脚力	〢〇〤〤.〇〇	
攙船水力	〤〤〇〦〦〤.〇〇	
出倉脚力	〦〥〤.〇〇	
出倉車力	〤〥〤〤〥.〇〇	

包裝運雜費用名稱	金額	備考

共計弍拾叁萬叁千捌百柒拾壹元柒角叁分

經手人或運商

關外監運員查核後加註批語

查核無訛

分局長

查核員

說明：本表應填具三份除以一份留存外以二份送呈關外監運處查明無異經監運員蓋章証明發還一份交運商於該鹽僱到岸造呈對僱成本表時並呈管理局查核一份由關外監運處轉呈送管理局登記

112

商鹽到鄧收交重量及支付運雜費證明單

33年8月18日　字第213號

鹽傾號數	鹽別	運照號數	代運商牌名	承運船戶姓名	換輪號數	裝運包數及應支泊岸圍流	到鄧日期	在井原裝重量	扣去井段流折斤數在鄧應交斤量
	楚元	八四五三九	大昌裕	曾少文	｜	1150　｜	15/8	一三〇五二一斤	一三〇〇三六斤

收交重量	溢斤數	虧斤數	應付(收)溢(虧)斤價款	在鄧起運日期	鄧至瀘應付運費	在鄧已付運費	至瀘應付水尾	附註
一三〇五二一斤半	485斤	｜	六九五六五8	17/8	六六一五〇〇〇	叁三五8	六六一五8	12公半斤

運雜費名稱	金額	備考	運雜費名稱	金額	備考
撥船運費	五九五三五8	陳順仙等四册			
橹船水尾	四五三六〇				
共計	〇拾六萬四千〇百五拾八元六角〇分				

鄧關鹽務分局查核後加註批語

大昌裕鹽號　鄧關轉運處

113

商鹽到瀘縣收交重量及支付運雜費證明單

三十三年 九月 四日 字第 一五 號

鹽傳號數	鹽別	運照號數	官運或代運商牌名	承運船戶姓名	換輪號數	裝運包數	到瀘日期	在鄧關原裝重量	扣去鄧瀘段減折在瀘縣應交斤量
二一三	楚花	八四五二九	大昌裕	蘇明章	一五五	四五〇	八月廿日	一三〇五二一斤	一二九九七六斤

收交重量	溢斤	虧斤	應（付）（收）溢（虧）斤價款	在瀘起運日期	瀘津段應付運費	在瀘已付運費	至津應付水尾	附註
一三〇四九四斤	五一七斤		二五四九七五	九月 日	八一九九一元	五六九九一元	二五〇〇〇元	

運雜費名稱	金額	備考
瀘津段運費	五六九五九六	
獎金	三一四	
消磨費	一〇〇〇	
鄧瀘段水尾	六六五〇〇	
囤風	四四五〇〇	囤風六天[illegible]斤計七八斤[illegible]
換船帮費	二四〇〇〇〇	帮項六天[illegible]

運雜費名稱	金額	備考
營業帮項	二四〇〇〇〇	帮項六天[illegible]
		該價由井加張
		准田六二
		九月二三日元倆

共計柒萬零千柒百零拾叁元 〇角 〇分

查核無誤 [illegible]

分局長 鄧慶三章 代

大昌裕駐瀘縣辦事處 金耀華章

114

代運官鹽到　在渝收交重量及支付運雜費證明單　33年10月10日 字第 號

鹽載號數：楚花 846號
岸別 鹽別
運照號數：8456
代運商牌：大昌裕
承運船名：蘇幀章
換輪裝運號數包數：150
到渝日期：9月6日
在瀘原裝重量：毛1304894
折和積動流斤在渝應交斤量：毛1302……
收交重量：毛1313……
溢虧斤數目：溢……
應(付溢)(收虧)斤價款
在渝交運日期：10月16日
渝 運 費：
已付運費 在渝已付運費
至津應付水尾……單……次

運雜費名稱	金額	備考
渠沂水尾	250000	九月六日一十月十六日
津倉起力	56960	九月廿一十月十六日
報事合項	144000	
竣事留項	144000	

運雜費名稱	金額	備考
	4150000	

共計 拾肆萬陸千零百玖拾陸元 角 分正

監運員查核後加批註語

代運商 大昌裕鹽號江津臨時辦事處

江北鹽務支局局長

查核員

115

…運官鹽到　在渝收交重量及…費證明單　…年8月12日　裕字第

船名、號數：…
岸別：楚
鹽別：花
運照號數：21690
代運牌：大昌裕
船名：黃維和
換輪號數：
裝運包數：1160
到渝日期：　月　日
在渝原裝重量：毛1022700
扣除…片在…：毛1221…

收交重量：
溢虧斤數目：溢斤　虧斤
應（付溢）（收虧）斤價款：
在渝放運日期：8月12日
渝…付運郵：
在渝已付運費至渝應付水尾…單：

運雜費名稱　金額　備考：
自保保費　1461600
渠渝運費　1600000
渠…力　32…

運雜費名稱　金額　備考：
…60000
…1600000
…2000

共計△拾陸萬伍千弍百伍拾捌元△角△分正

監運員查核後加批註語

代運商　大昌裕鹽號江津臨時辦事處

…鹽務分局局長

江北鹽務支局局長

查核員

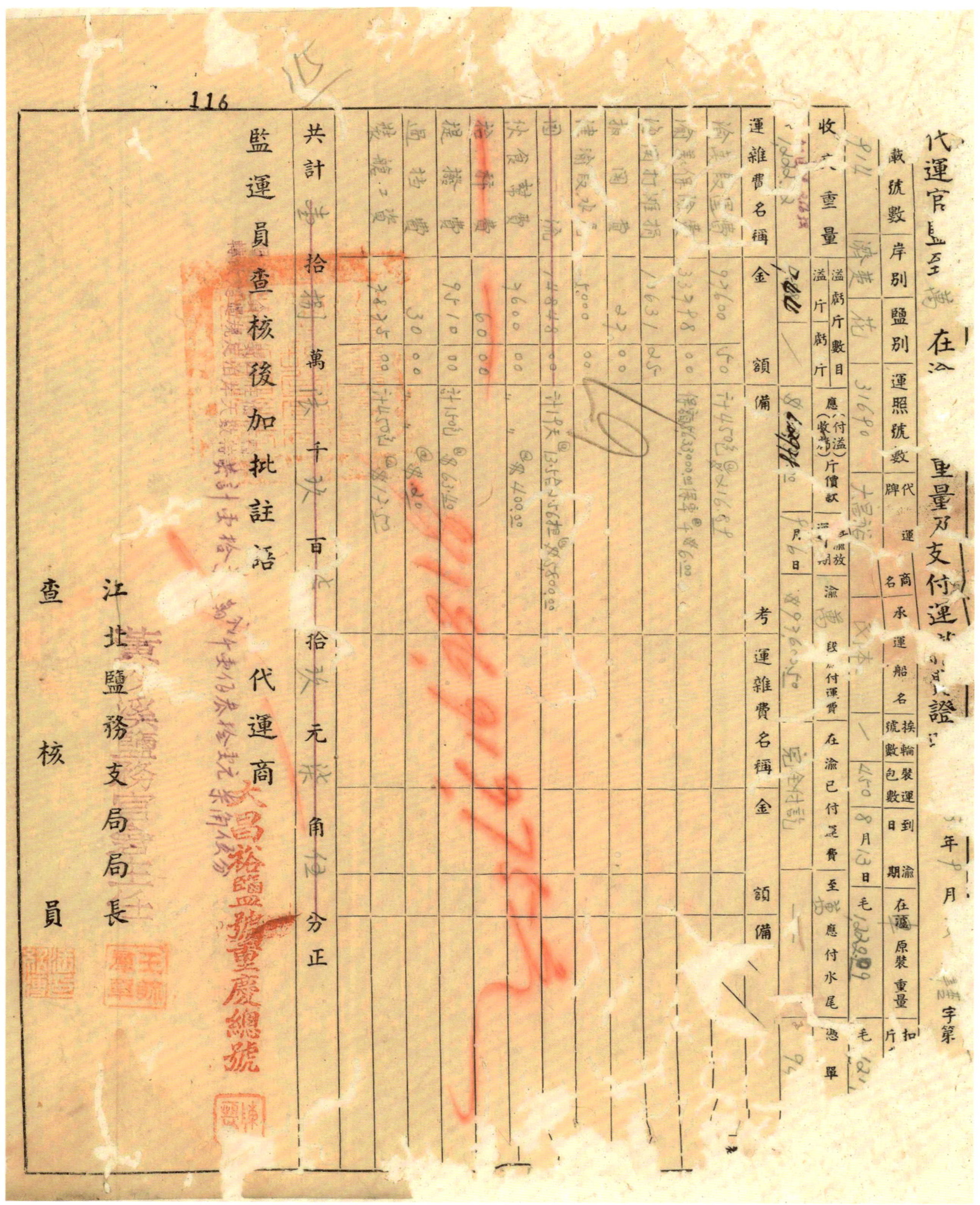

116

代運官鹽至 在 重量及支付運費證 年 月 字第

載號數	岸別	鹽別	運照號數	代運牌名	商承運船名	換輪裝運號數包數	到渝日期	在渝原裝重量	扣
914	濟楚	花	31690	大昌裕		450	8月13日	毛	

收交重量	溢斤 虧斤 數目	應（付溢）（收虧）斤價款	滬放日期	渝萬段應付運費	在渝已付運費	至萬應付水尾總單
			9月6日			

運雜費名稱	金額	備考	運雜費名稱	金額	備考

共計 拾 萬 千 百 拾 元 角 分正

監運員查核後加批註語

代運商 大昌裕鹽號重慶總號

江北鹽務支局局長

查核員

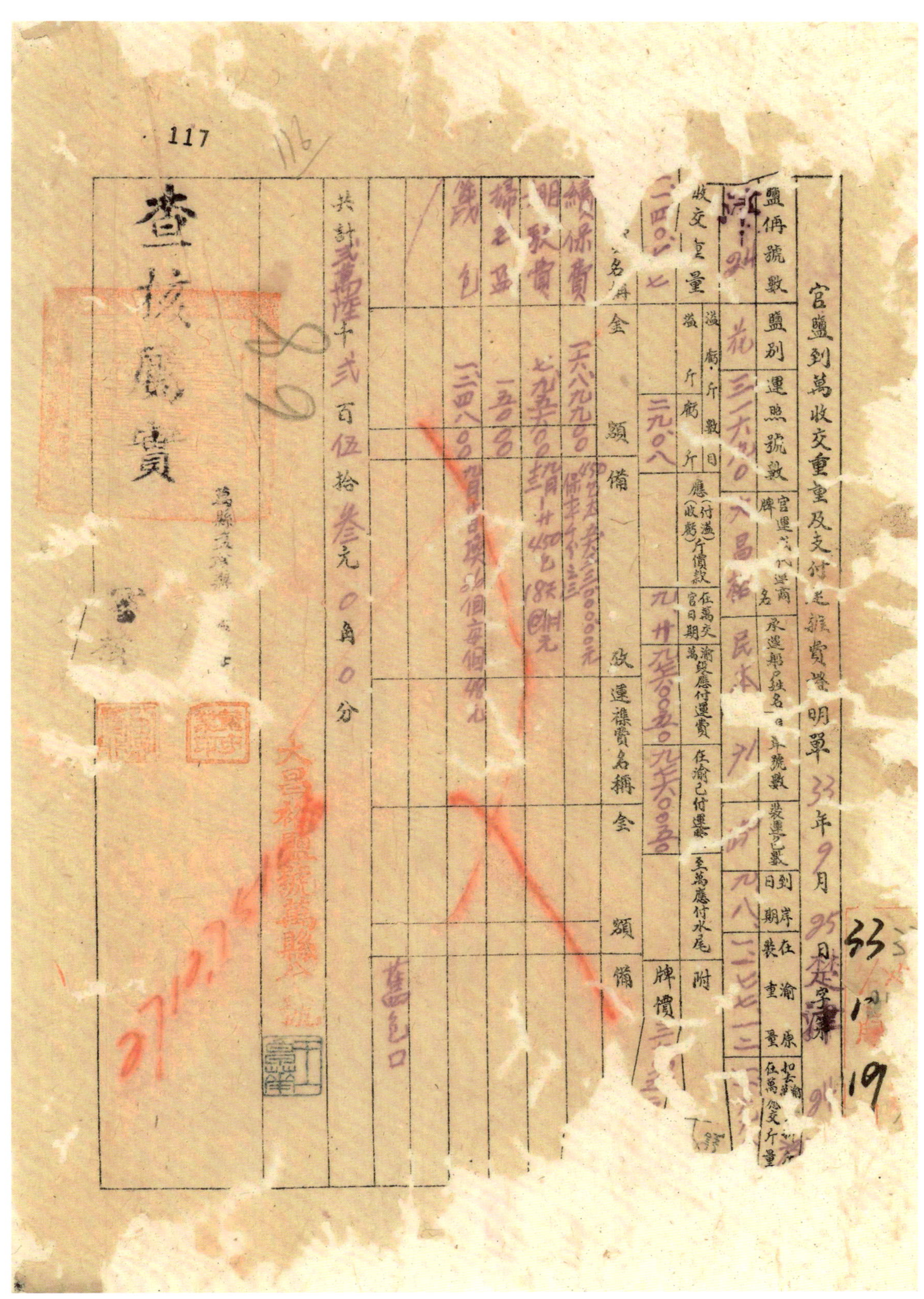

117

官盐到万收交重量及支付运杂费证明单　33年9月25日

盐仓号数　盐别　运照号数　官运代运商牌名　承运船户姓名　船只号数　装运包数　到岸日期　在渝装重量　在万收交斤量

收交总量

名称　金额　备考

运杂费名称　金额　备考

共计贰万陆千贰百伍拾叁元〇角〇分

查核属实

万县分县县长

委託商運鹽

運照號數 74999-32192　額鹽月份 33 年 6

運商牌名 大昌裕　繳付場價日期 〃 年 月 15

鹽　　別 井花　繳付基金日期 〃 〃 月 〃

岸　　別 代運簡陽楚鹽　場放日期 〃 7 月 29 日

規定途耗 32.12　到岸日期 〃 年 8 月 22 日

計每担 1,227.21

收每担商收款 2,378.

附證單據張數

118 運商實墊成本款目

科目	金額		備
場價	1,558,204	20	
基金	13,230	00	
運繳	[illegible]		萬 183,445.370 ［illegible］ 64,058.60 ［illegible］ 67,159.50 津 36,708.30 ［illegible］ 65,425.80 渝 166,991.9
號繳	60,3[illegible]	78	2,155,063.73 × 2.8%
攤本子金	348,495	30	場價 1,558,204.20 月息 6.6/7.5 分 46.3.16/47.3.18 62 天計息 54,848.79 / 241,521.65 ［illegible］
			基金 13,230.00 月息 6.6/7.5 分 46.3.16/47.3.18 天計息 455.70 / 2,050.65 ［illegible］
			運繳 583,629.539 月息 7.5 分 29/31 / 7/8 34 天計息 ［illegible］
利潤	199,386	50	2,215,405.51 × 9%
匯水	55,260	00	2,763,000.00 × 2%
核補途耗款			
核補倉耗鹽斤			
津貼	2,000	00	
合計	2,820,547	31	
虧溢鹽斤 結價應 繳公	181,940	78	備支商本
撥補	33,135	20	

運商應收款	2,671,741.73
運商在岸已收款	2,776,364.60
兩品相造應 提繳運公	104,622.87

補

委託商運鹽成本對償結□

登記編號＿＿＿＿

運鹽號數 24999-32492 產鹽月份 33年5月份 交官日期 33年8月14日

運商牌名 大昌裕 何月額鹽 33年6月份 在途日數 24 天

鹽類 119 繳付場價日期 33年6月15日 泊岸日數 23 天

岸別 化星濟子綦鹽 繳付基金日期 33年6月15日 實交担數 1227.21 担

規定 途耗 32.12 斤 場放日期 33年7月29日 已收每担商收款 元

規定 閏流 子12.1875 斤 到岸日期 33年8月22日 領款日期 33年9月16日

運商實在應收成本款目

科目	金額		單據張數	備考
場價	1,558,204	20		
基金	138,300	00		
運繳	610,683	53	8	井繳183453.50 … 井津351379.60元
號繳	61,099	30		津繳66,458.00 … 津子259,303.93元 整本2180,117.73元按28%計
	2,000	00		奉令核給津貼
擱本子金	27,815	89		1. 價場 1558,204.20元 15/6-1/9 息 2.00元
	2,299	37		2. 基金 138,300.00元 15/6-1/9 息 2.00元
	5,088	80		3. 運繳 井津351379.60元 1/8-1/9 日息 2.00元 子金3092… 津子259303.93 23/7-1/9 …… 子金1996.40
匯水	55,426	00		整付各費約 2771300.00元按2%計
利潤	202,069	53		整本號繳共 2245217.03元按9%計
合計	2,826,715	62		

運商在岸已收款 2918305.36 元 實交担數×已收每担商收款

虧溢 段別	鄧關	瀘縣	重慶	萬縣	合計
虧斤價款	7891.00	42196.80			50187.80
溢斤價款			28130.00	55193.00	83323.00

虧溢斤價淨溢 33,135.20 元

兩除應 { 發還歸公 / 請撥補 } 58455.56 元

元

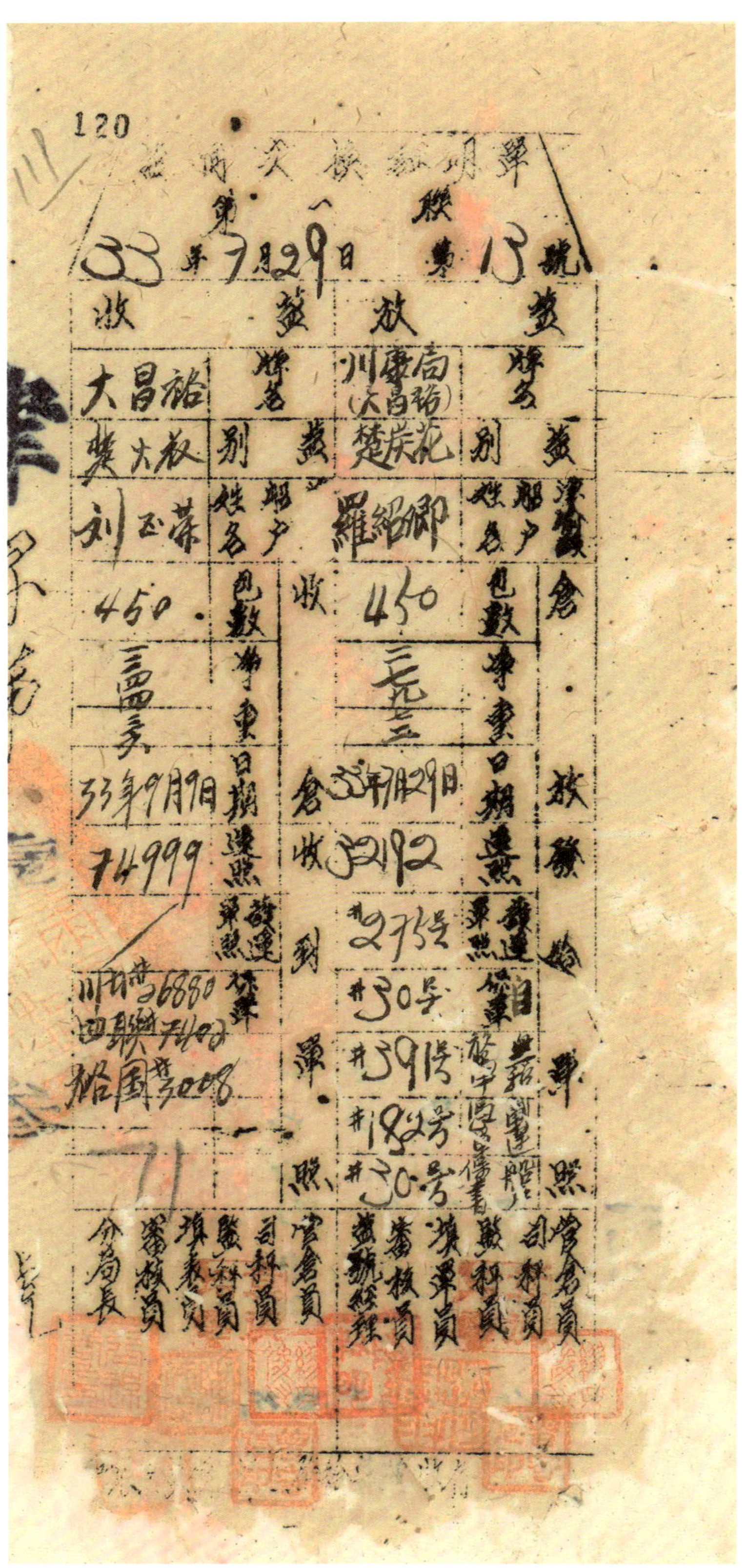

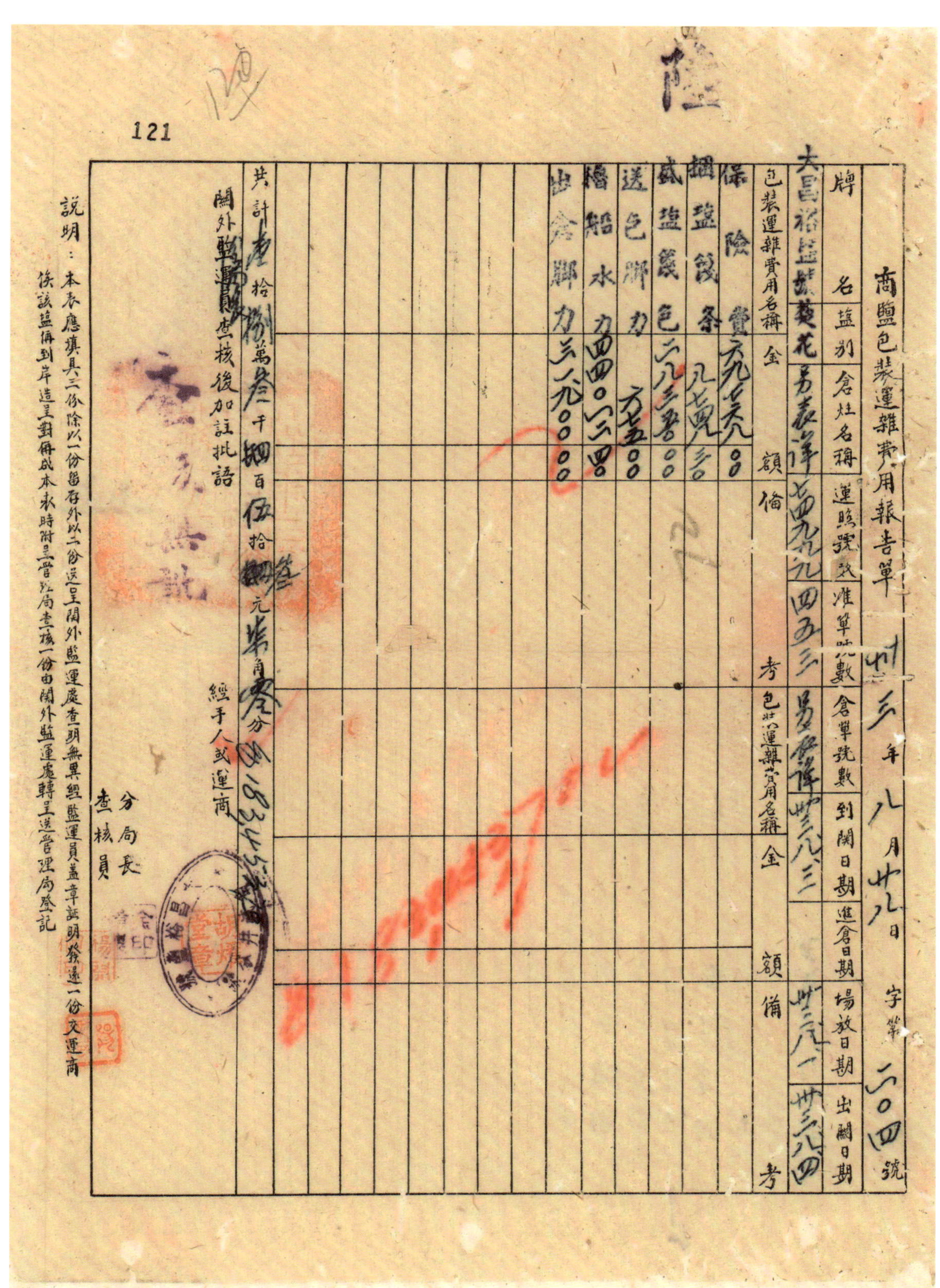

121

商鹽包裝運雜費用報告單　卅三年八月廿八日　字第二〇四號

牌名：大昌裕鹽號

鹽別：菱花

倉灶名稱：富義灶

運照號數：二四九九〇四五三

倉單號數：富義灶

到關日期：廿三八三

場放日期：廿三八一

出關日期：廿三八四

包裝運雜費用名稱	金額	備考
保險費	六九七八九.〇〇	
捆鹽篾条	九七〇〇〇	
貳鹽篾包	二〇八三三四.〇〇	
送包脚力	六〇五〇〇	
櫓船水力	四四〇二四	
出倉脚力	三二八九〇〇	

共計壹拾捌萬叁千捌百伍拾捌元柒角零分　$183458.70

關外監運員查核後加註批語

經手人或運商

分局長

查核員

說明：本表應填具三份除以一份留存外以二份送呈關外監運處查明無異經監運員蓋章証明發還一份交運商俟該鹽債到岸造呈對冊或本水時附呈管理分局查核一份由關外監運處轉呈送管理局登記

122

商鹽到鄧收交重量及支付運雜費證明單

33年8月14日 字第204號

鹽傾號數	
鹽別	楚花
運照號數	七四九九九
代運商牌名	大昌裕
承運船户姓名	馮德明
換輪號數	丨
裝運包數	450
及應支泊岸回流	丨
到鄧日期	11/8
在井原裝重量	三〇四八三斤
扣去井秋流折 485斤 在鄧應交斤量	三九九九八斤
收交重量	三九八六七斤
溢/短斤數目	131斤
應(補)(收)斤價款	七九九八 8
在鄧起運日期	15/8
鄧段應付運費	六六一五〇 8
在鄧已付運費	九五三五 8
至瀘應付水尾	六六一五 8

運雜費名稱	金額	備考
撥船運費	五九五三五 8	謝怡華等五舟
橹船水尾	四五三三	

共計〇拾六萬四千〇百五拾八元六角〇分

附註

鄧關鹽務分局查核後加註批語

分局長

主任 陳丽村

大昌裕鹽號 鄧關轉運處

渝總號 此證運江津收鹽

123 (122)

商鹽到瀘縣收交重量及支付運雜費證明單

三十三年八月廿八日 字第 九 號

鹽傳號數	鹽別	運照號次	官運或代運商牌名	承運船戶姓名換輪號數	裝運包數	到瀘日期	在鄧關原裝重量	扣去鄧瀘段流折在瀘縣應交斤量
二〇四	花巴	七四九九	大昌裕	劉桑 三三	四二〇	八月七日	一二九八六七斤	一二九三二二斤

收交重量	溢虧斤數目	應付溢斤價款（收虧）	在瀘起運日期	瀘收應付運費	在瀘已付運費	至瀘應付水尾	附註
一二八七二六斤	溢　斤 虧 五九六斤	四二九六八〇元	八月　日	八一九九一元	五六九九二元	三五〇〇元	

運雜費名稱	金額	備考
瀘渝段運費	五六九九六六	
獎金	二一〇	
消磨費	一〇〇	
鄧瀘段水尾	六六一五〇	
[illegible]風	二二二三〇	合同風[illegible]
提[illegible]帶費	一三〇〇	[illegible]

運雜費名稱	金額	備考
留渝帶費	一二〇〇	[illegible]

共計陸萬陸千叁百叁拾玖元〇角〇分

八月廿七日 元備

覆核相符

大昌裕鹽號瀘縣辦事處

分局長

代運官鹽到在渝收交重量及支付運雜費證明單 33年9月9日渝字第 號

鹽儎號數	岸別	鹽別	運照號數	代運商牌名	承運船名	換輪裝運號數	到渝日期	在瀘原裝重量	扣瀘渝段流折 970 斤在渝應交斤量
	楚	花	74999	大昌裕	劉正榮	450	8月30日	毛128726	毛127,486

收交重量	溢虧斤數目	應（付溢/收虧）斤價款	在渝發運日期	渝段應付運費	在渝已付運費	至津應付水腳	憑單號次
毛128,836	溢斤 1037 @4890	5,071,530	9月9日				

運雜費名稱	金額	備考	運雜費名稱	金額	備考
津瀘水尾	250000			$2500000 450	溢斤僅給長流970 圍瀘五千斤計67斤共如上數
津倉起力	2916.00	八月三十日—九月九日 @天400			
幫費	300000				
管事幫項	20000	八月三十日—九月九日 @天40			

共計△拾叁萬弍千捌百玖拾陸元△角△分正

監運員查核後加批註語 查核相符

代運商 大昌裕鹽號江津臨時辦事處

江津鹽務分局局長

江北鹽務支局局長

查核員

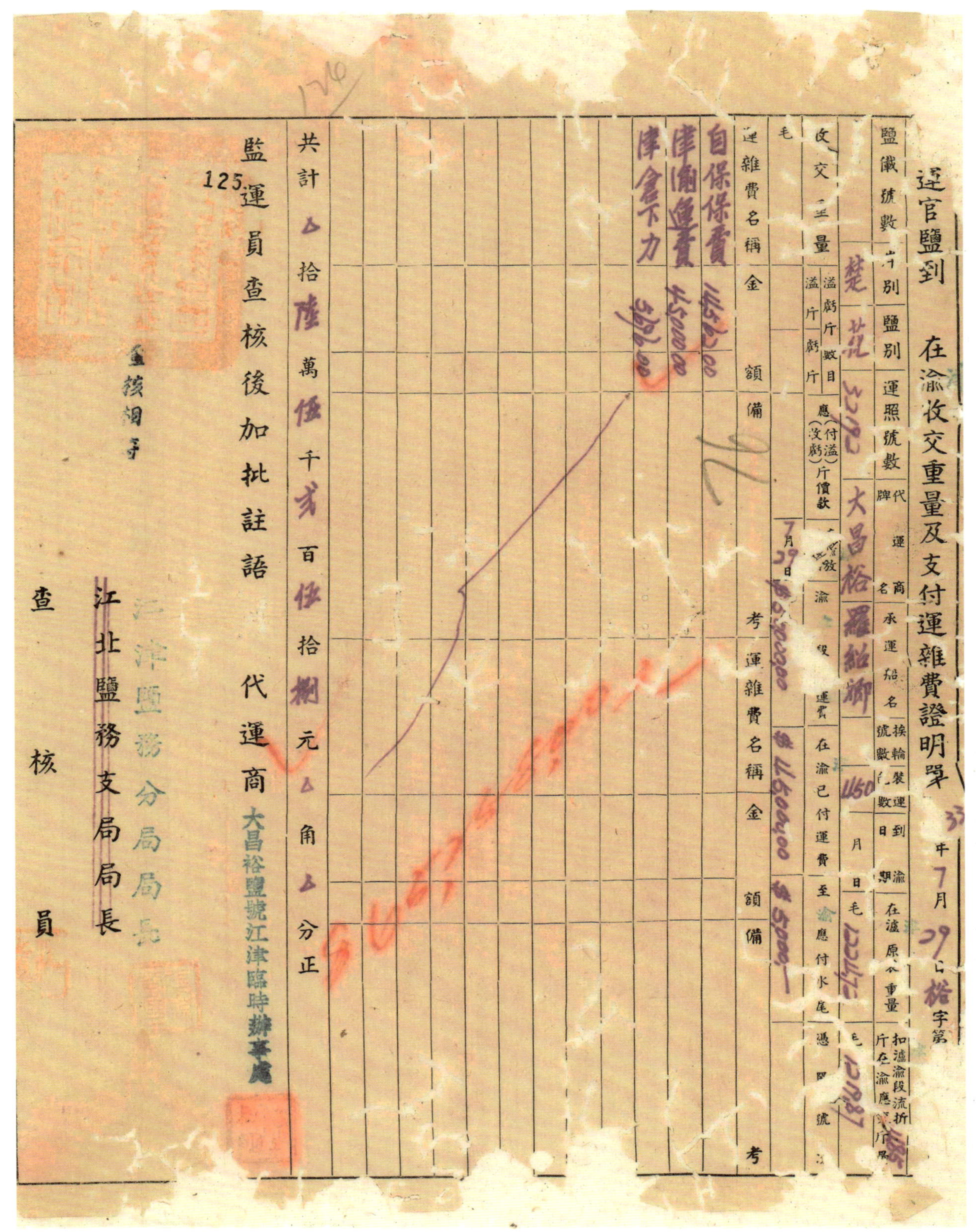

逕官鹽到在渝收交重量及支付運雜費證明單

33年7月29日 裕字第 號

鹽儎號數	岸別	鹽別	運照號數	代運商牌名	承運船名	換輪號數	裝運到渝日期	在瀘原交重量	扣瀘渝段流折斤 在渝應交斤
	楚	花	32792	大昌裕	羅紹卿	1150	月 日	毛 1334715	毛 129787 1335

收交斤量	溢虧斤數目 溢斤 虧斤	應付溢（收虧）斤價款	放渝段運費	在渝已付運費	至渝應付水尾 憑照號次
毛			7月29日 $8500000	$4600400	$5000,—

運雜費名稱	金額	備考
自保保費	1456200	
津渝運費	4500000	
津倉下力	58600	
共計	△拾陸萬伍千貳百伍拾捌元△角△分正	

125

監運員查核後加批註語

代運商 大昌裕鹽號江津臨時辦事處

江津鹽務分局局長

江北鹽務支局局長

查核員

查核胡

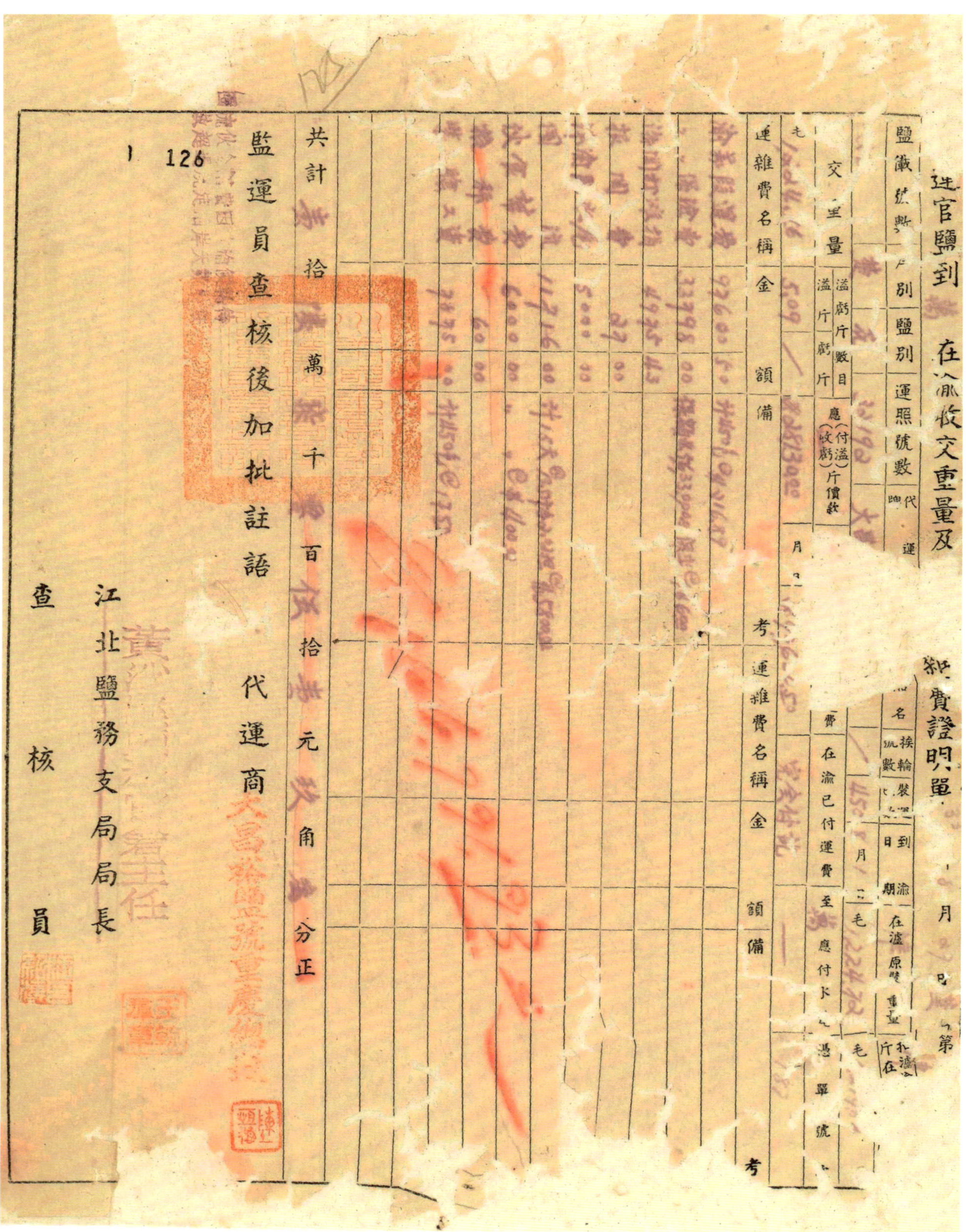

运官盐到在渝收交重量及杂费证明单

盐载号数 户别 盐别 运照号数

交重量 溢亏斤数目

运杂费名称 金额 备考

共计 拾 万 千 百 拾 元 角 分正

监运员查核后加批注语

代运商

江北盐务支局局长

查核员

127

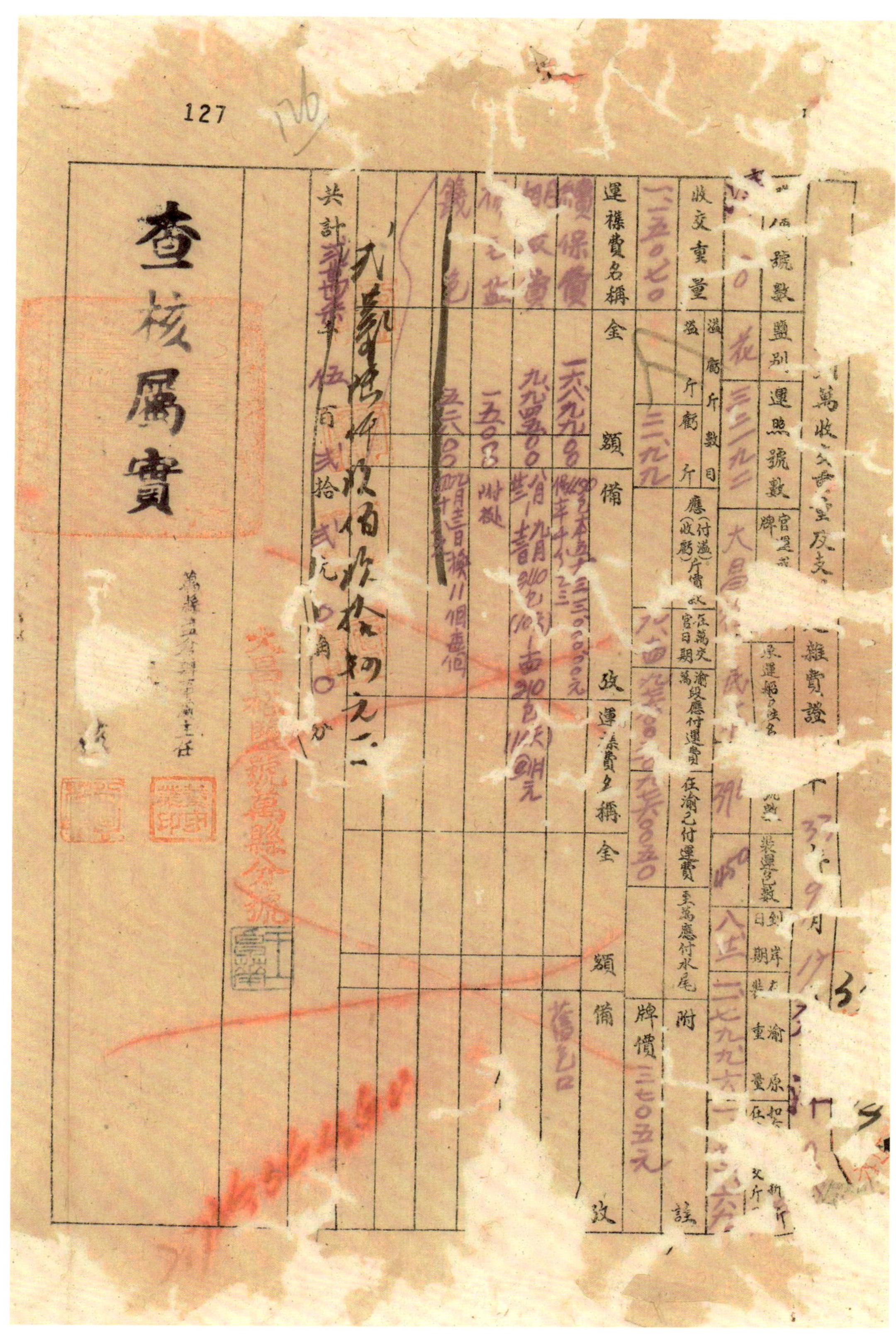

查核屬實

萬縣分局管理專員主任

收交重量

運照號數

運輸費名稱

共計

安 …… 商運 …… 成 …… 結

127

運照號數 74990-38274　　繳鹽月份 33年6月份　　售…日期
運商牌名 大昌裕　　繳付場價日期 〃 …月15日　　…計算担…
鹽 別 井花　　繳付基金日期 〃 年 …月 …日　　已收每…商收款 237…
岸 12引 代運濟濟楚鹽　　場放日期 〃 年 …月8日
規定途耗 32.12　　到岸日期 〃 年9月〃日　　附證明單據張數

運商實墊成本款目

科目	金額		備
場價	1,558,204	20	
基金	13,230	00	
運繳	652,571 / 652,607	93 / 03	…199,92…… 105,860 …6,952.0… 65,739.00 … 8.00 1881…
號繳	62,273	17 / 15	222,…1,23× 8%
擱本子金	… / 2…5,…7	52 / 12	場價 1,558,204.20 月息7.5分 … 計息 …879 …350,79…
			1,909,111.79 月息7.5分 …… 3天 計息 14,318…
			基金 13,230.00 月息7.5分 …… 計息 …… 2,579.40
			運繳 … 月息7.5分 …… 3天 計息 …
利潤			運繳 652,607.03 月息7.5分 …… 41天 計息 66,890.22 66,889.…
滙利潤水	205,765 / 205,768	65 / 29	2,286,314.38×9% 2,286,278.30×9%
核補途耗款	58,540	00	約2,927,000.00×2%
核補倉耗鹽斤			
津貼	2,000	00	
合計	2,987,998 / 2,987,841	87 / 79	2,987,798.87
結價應繳公益	213,389	83	借支商本
虧溢鹽斤 撥補	59,076	90	

運商應收款	2,833,528.86	2,833,485.94
運商在岸已收款	27049…	
…		
…公		

審…

9

委託商運鹽成本對價結算表

日期＿＿＿＿

登記編號＿＿＿＿

運照號數 34990-38094　產鹽月份 33 年 5 月份　交官日期 33 年 10 月 18 日

運商牌名 大昌裕　何月額鹽 33 年 6 月份　在途日數 津万 28 天

129

鹽　　類 井花　繳付場價日期 33 年 6 月 15 日　泊岸日數 津 35 万 10 天

岸　　別 化運濟万楚岸　繳付基金日期 33 年 6 月 15 日　實交担數 1,207.21 担

規定 途耗 32.12 斤　場放日期 33 年 8 月 11 日　已收每担商收款 2,378.00 元

規定 固流 渝 13.4375 万 12.1875 斤　到岸日期 33 年 9 月 8 日　領款日期 33 年 9 月 20 日

運商實在應收成本款目

科目	金額		單據數	備
場價	1,558,204	20		
基金	13,230	00		
運繳	675,642	35	8	井繳 399,25.68 鄧繳 64,058.60 瀘繳 69,521.60 津繳 65,702.… 井津 399,209.18 元
				津繳 65,258.00 渝繳 188,164.75 萬繳 23,010.42 津万 276,433.17 元
號繳	62,918	14		整本 2,247,076.55 元 按 2.8% 計
	2,000	00		奉令核給津貼
擱本子金	231,868	08		1. 價場 1,558,204.20 元 15/6–14/9 (3月) 息 22 元 子金 … 元
				1,873,584.73 元 15/9–18/9 (4天) …… 14,487.55 元
	2,817	74		2. 基金 13,230.00 元 15/6–14/9 (3月) 息 22 元 子金 2,677.75 元
				15,907.75 元 15/9–18/9 (4天) …… 139.99 元
	85,196	17		3. 運繳 井津 399,209.18 8/8–10/10 (2月) 息 22 元 子金 61,478.21 元
				津万 276,433.17 11/8–18/9 (38天) …… 23,717.96 元
匯水	58,800	00		墊付合資約 2,940,000.00 元 按 2% 計
利潤	208,078	52		整本號繳共 2,311,994.69 元 按 9% 計
合計	2,998,756	20		

運商在岸已收款　2,918,305.38 元　實交担數 × 已收每担商收款

段別 / 虧溢	鄧關	瀘縣	重慶	萬津縣	合計
虧斤價款	1,409.00				1,409.00
溢斤價款		27,759.00	27,144.00	18,264.90	73,167.90

加鹽斤貼價款 59,776.90 元

兩相品除應 繳還歸公 ＿＿＿＿元

兩相品除應 請撥補 139,527.72 元

經理＿＿＿＿

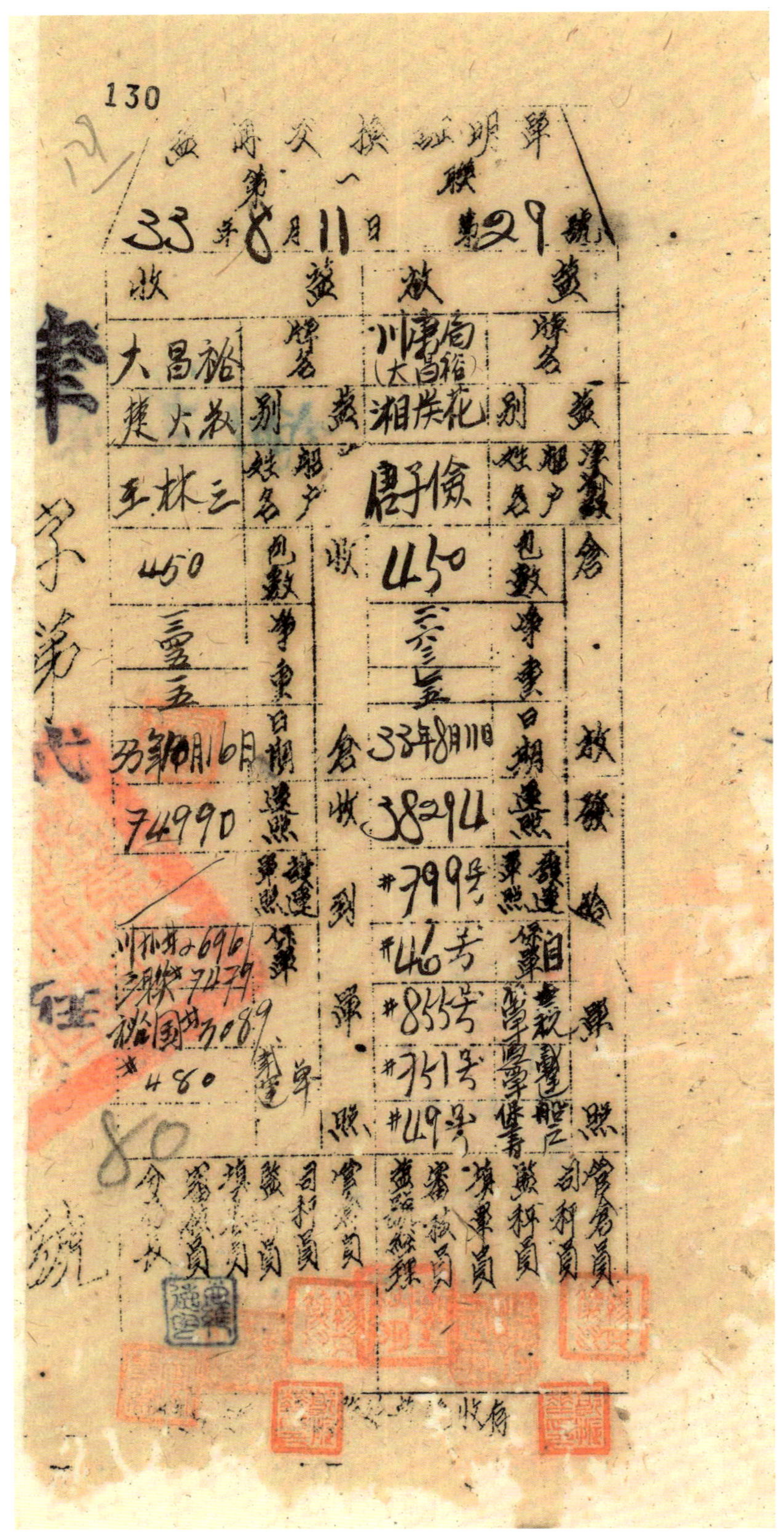

130

盐碼交換證明單

第一聯

33年8月11日 第29號

收	鹽	放	鹽
大昌裕	牌名	川康商（大昌裕）	牌名
楚大花	別 鹽	湘岸花	別 鹽
王林三	船户姓名	唐子儉	船户姓名
450	包數	450	包數
壹五	淨重	三六三五	淨重
33年8月16日	日期	33年8月11日	日期
74990	盐照	38294	盐照
	運鹽單照	#799号	運鹽單照
川孫井2696 之聯 7479 裕国井 7089 #480	自運票	#46号	自運票
		#855号	鹽稅票
		#351号	運鹽單
	運單	#49号	船户保書

司秤員 驗鹽員 填票員 審核員 主任（或收）

管倉員 司秤員 驗鹽員 填票員 審核員 鹽務稽核員

80

131

陸

商鹽包裝運雜費用報告單

卅三年九月八日　字第一九五號

牌名	鹽別	倉灶名稱	運照號數	准單號數	倉單號數	到關日期	進倉日期	場放日期	出關日期
大昌裕鹽號	粜花	易泰祥	〢〩〩〇	四四四四	易泰祥	卅三.八.十三		卅三.八.九	卅三.八.十四

包裝運雜費用名稱	金額	備考	包裝運雜費名稱	金額	備考
保險費	六九七六八〇〇				
綑鹽錢糸	八七四八三〇				
盛鹽錢包	六八三五〇〇				
送包脚力	一六〇三〇〇				
轉船水力	四四〇一二四				
出倉脚力	四七八四三九八				

共計壹拾玖萬玖千玖百貳拾伍元陆角捌分

199,925.68

關外監運員查核後加註批語

查核無訛

經手人或運商

分局長

查核員

說明：本表應填具三份除以一份留存外以二份送呈關外監運處查明無異經監運員蓋章證明發還一份交運商俟該鹽僱到岸造呈器價成本表時附呈管理局查核一份由關外監運處轉呈送管理局登記

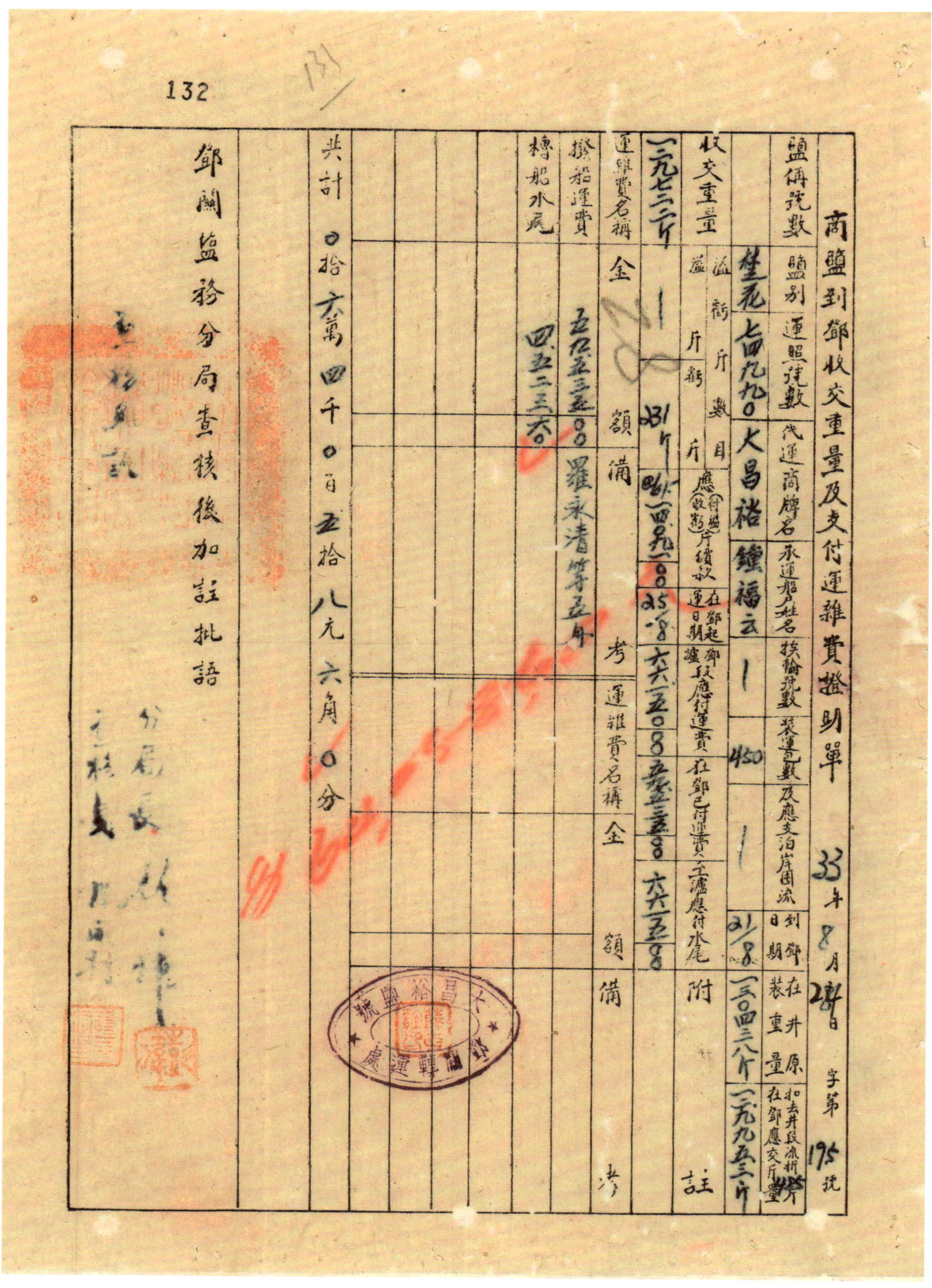

132

商鹽到鄧收交重量及支付運雜費撥助單

33年8月24日 字第175號

鹽傳號數	
鹽別	巴花
運照號數	七四九九〇
代運商牌名	大昌裕
承運船户姓名	鍾福云
挨輪號數	1
裝運包數	450
及應支泊岸囤流	1
到鄧日期	21/8
在井原裝重量	一三〇四三八斤
扣去井段流折4485斤在鄧應交斤量	一二九九五三斤
收交重量	一二九七二二斤
溢斤數目	溢 斤
	虧 231斤
應（付溢/收虧）斤價款	四九〇〇
在鄧起運日期	25/8
鄧爐段應付運費	六六一五〇8
在鄧已付運費	五六五三三8
至瀘應付水尾	六六一五8

運雜費名稱	金額	備考
撥船運費	五九五三五〇〇	羅永清等五户
橈船水尾	四五二三六	

運雜費名稱	金額	備考

附註

共計 〇拾 六萬 四千 〇百 五拾 八元 六角 〇分

鄧關鹽務分局查核後加註批語

分局長

大昌裕與記轉運處

133 132

渝總號

商鹽到瀘縣收交重量及支付運雜費證明單

三十三年 九月 九日 字第 [illegible] 號

鹽傳號數	一九五
鹽別	楚花
運照號數	七四九九〇
官運或代運商牌名	大昌裕
承運船戶姓名	王林三 張鴻榮
撥輪號數	一五八
裝運包數	四五〇
到瀘日期	廿日 八月
在鄧關原裝重量	一三九七二〇斤
扣去鄧瀘段流折在瀘縣應交斤量	一三九一七七斤
收交重量	一三九六六四斤
溢虧斤數目	溢 四八七 斤；虧 斤
應(付)(收)溢虧斤價款	二七七五九元
在瀘起運日期	廿日 八月
瀘津段應付運費	八一九九一元
在瀘已付運費	五六九九一元
至津應付水尾	二五八〇〇元
附註	

運雜費名稱	金額	備考
瀘津段運費	五六八九五九六	
獎金	三四	
消磨費	一〇〇	
鄧瀘段水尾	六六三五〇	
國風	三七〇五〇〇	國風五天(?)斤計六五斤數
護船幫費	二〇〇〇〇〇	幫費五天

運雜費名稱	金額	備考
管事幫項	二〇〇〇〇	幫項五天
		九月八日 元傳

共計陸萬玖千伍百貳拾柒元 〇角 〇分

大昌裕鹽號瀘縣辦事處 金耀華章

已核後加打字

查核相符

分局長 蕭慶三章 代

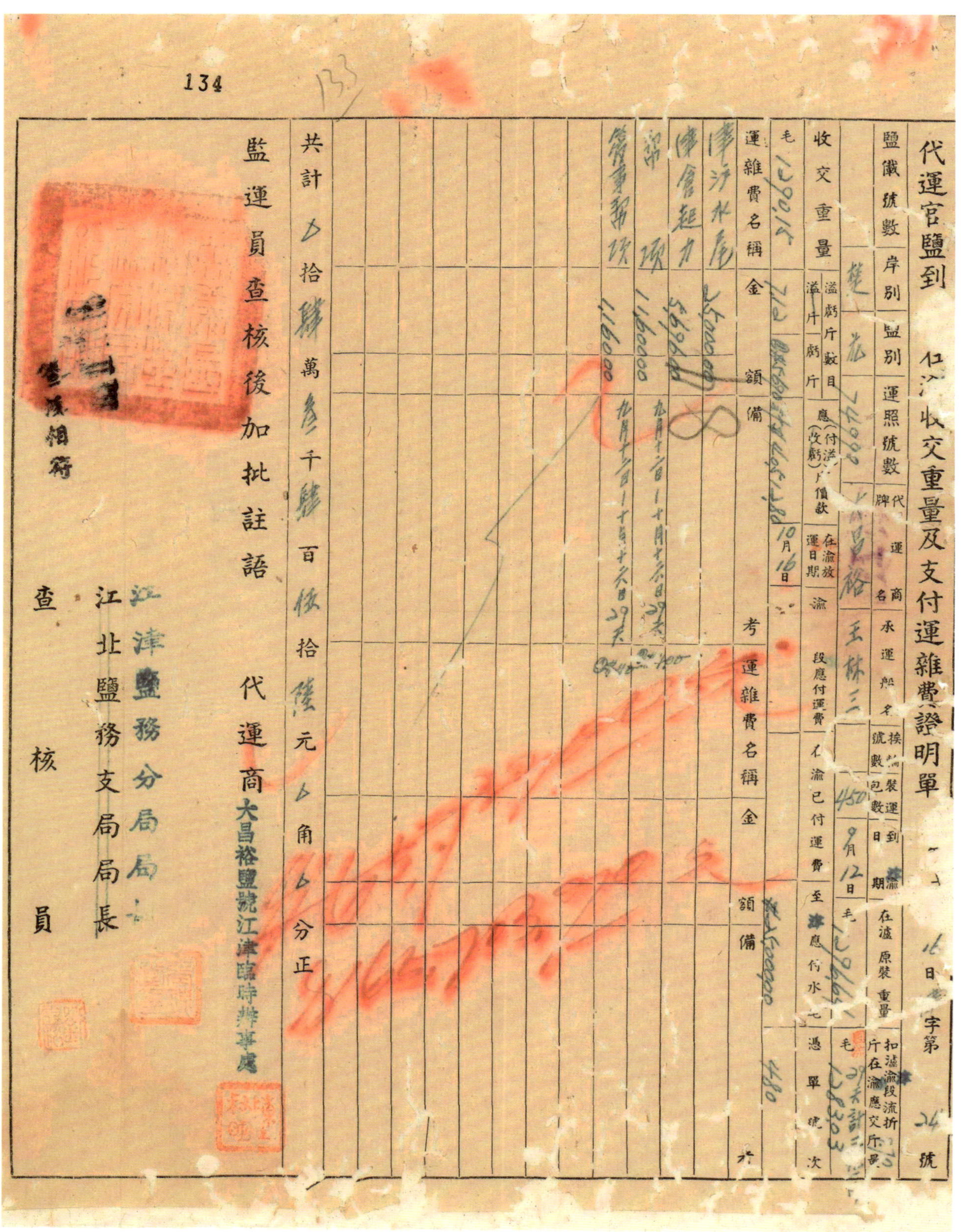

134

代運官鹽到仁沱收交重量及支付運雜費證明單

字第 24 號

鹽儎號數	岸別	鹽別	運照號數	代運商牌名	承運船名號數	換装運到包數	到渝日期	在瀘原裝重量	扣瀘渝段流折斤在渝應交斤量
	楚	花	74090	大昌裕	王林三	450	9月12日	毛129465	毛 38斤許 128303

收交重量	溢虧斤數目	息(付溢)(收虧)斤價款	在渝放運日期	渝段應付運費	在渝已付運費	至津應付水	憑單號次
毛129015	溢712 斤		10月16日				

運雜費名稱	金額	備考
津沱水費	45000	
練會起力	56960	九月十日—十月十六日
部項	1160000	
營事部項	1160000	九月十二日—十月十六日 29天

共計 肆拾肆萬叁千肆百伍拾陸元陸角陸分正

監運員查核後加批註語

代運商 大昌裕鹽號江津臨時辦事處

江津鹽務分局局長

江北鹽務支局局長

查核員

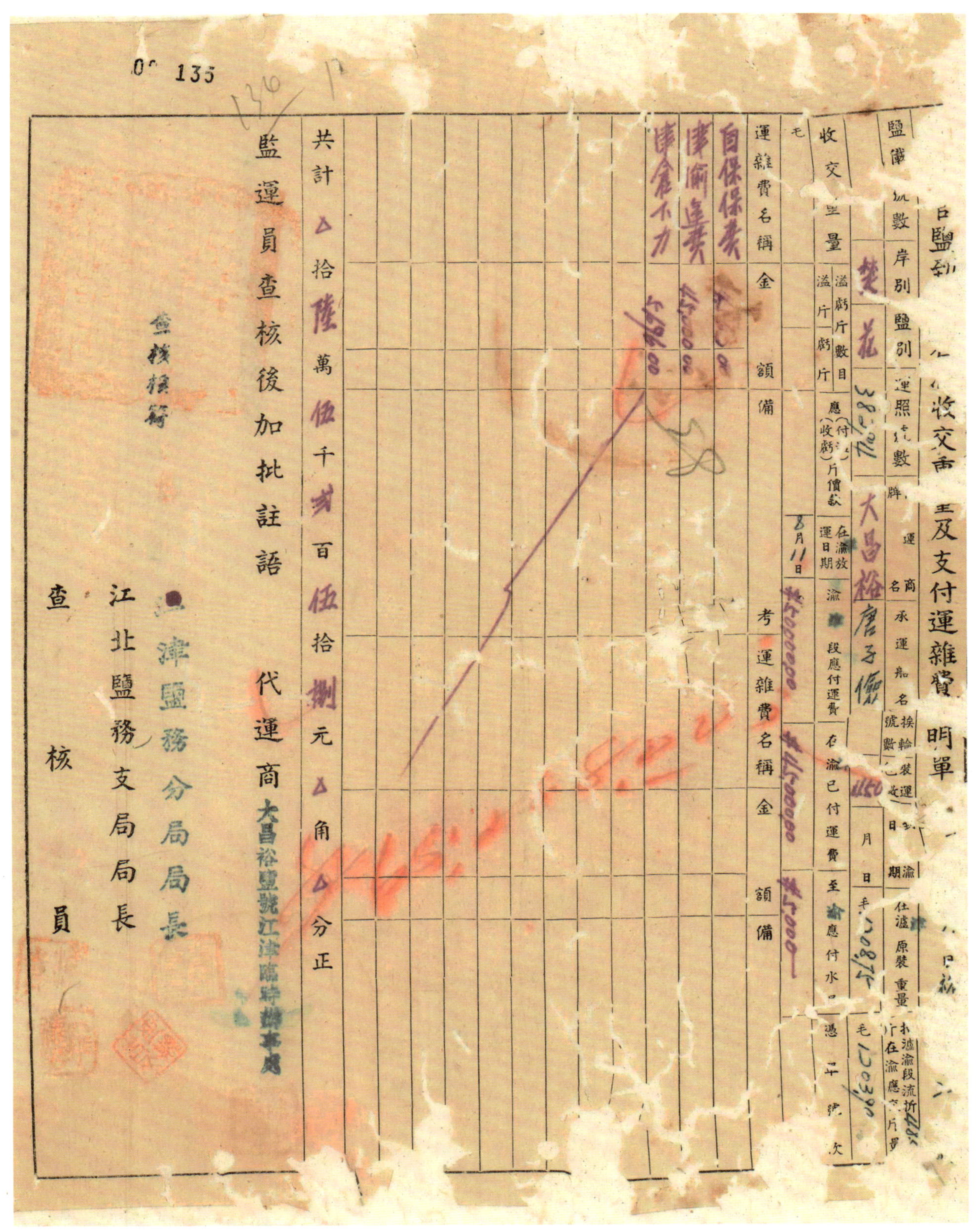

0? 135

□□鹽號收交鹽□及支付運雜費□明單

鹽儎	號數	岸別	鹽別	運照號數	牌名	承運船名	換輪裝運號數(已收運)	到渝日期
			楚花	3822	大昌裕	唐子偉	1150	

收交鹽量	溢虧斤數目	應(付收)虧斤價款	在渝放運日期	渝段應付運費	在渝已付運費	至渝應付水□
毛			8月11日			

運雜費名稱	金額	備考
自保保費		
津渝運費	45,000.00	
津倉力力	5,000.00	

運雜費名稱	金額	備考
	¥50,000.00	
	¥45,000.00	
	¥5,000	

共計△拾陸萬伍千貳百伍拾捌元△角△分正

監運員查核後加批註語

查核核符

代運商 大昌裕鹽號江津臨時辦事處

江津鹽務分局局長

江北鹽務支局局長

查核員

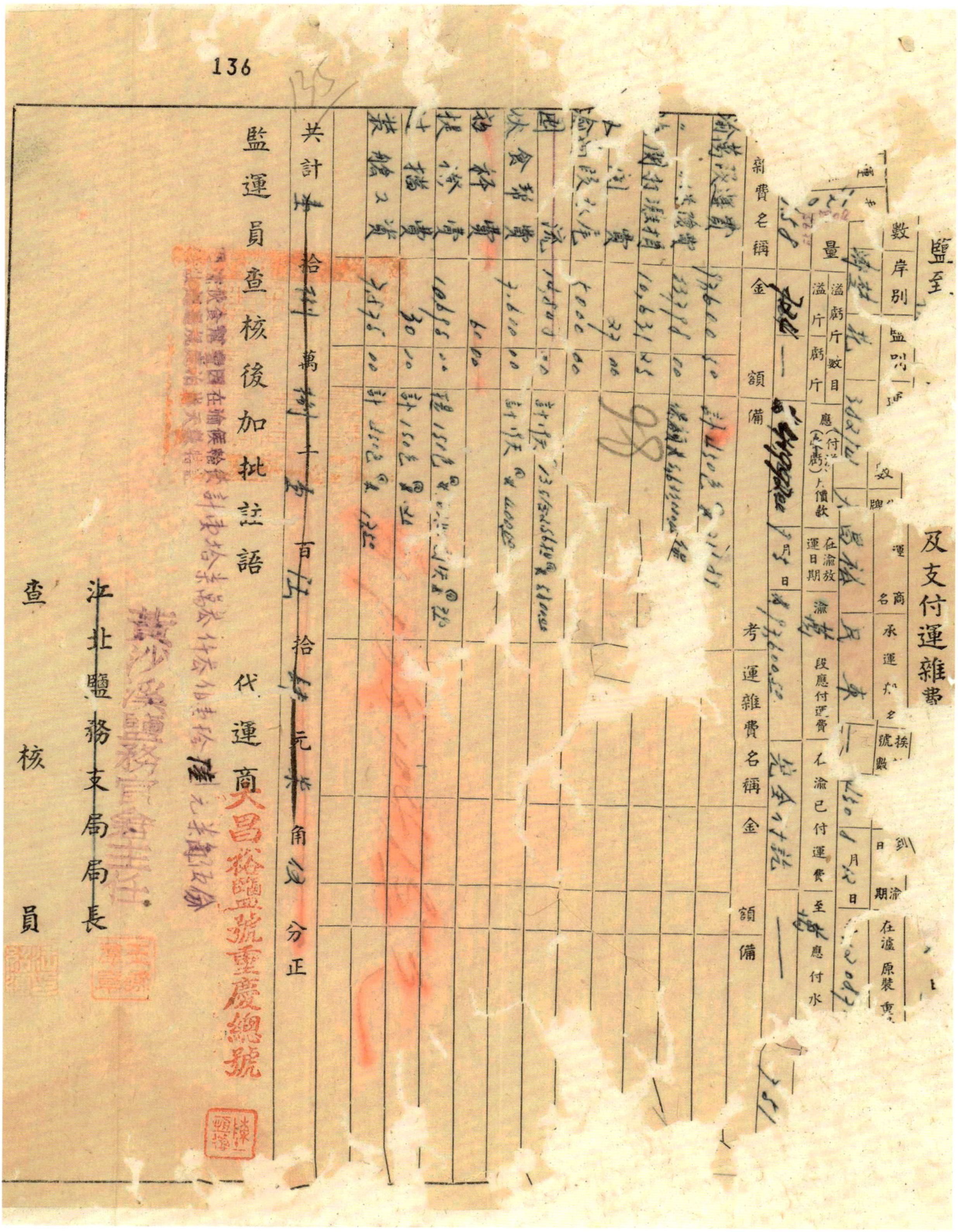

136

監運員查核後加批註語

共計　拾　萬　千　百　拾　元　角　分正

代運商 大昌裕鹽號重慶總號

泸北鹽務支局局長

查核員

137

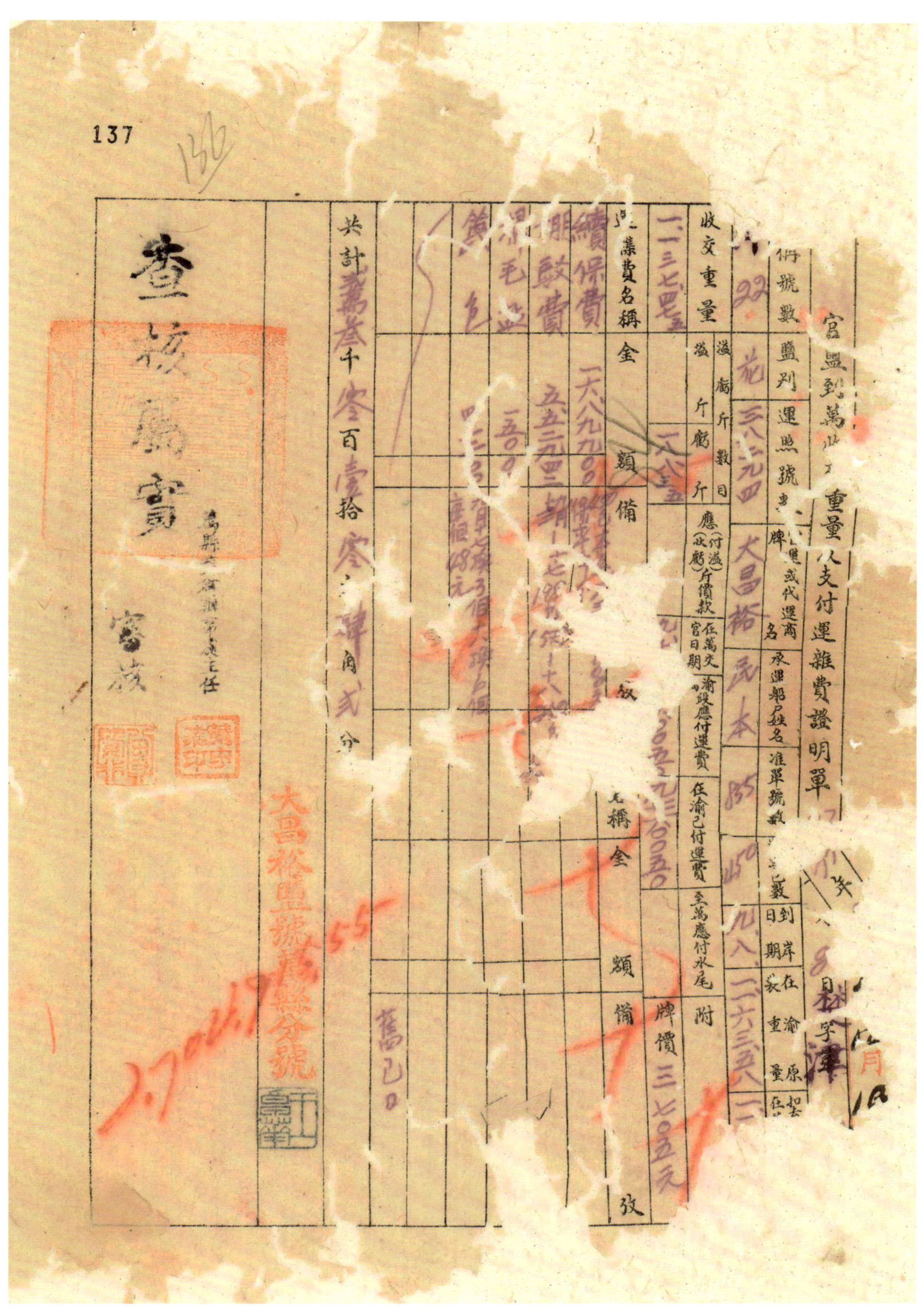

官鹽到萬[illegible]重量及支付運雜費證明單

年 八月 日

傳號數：22

鹽別：花

運照號數：三八六九四

牌名或代運商名：大昌裕

承運船戶姓名：民本

准單號數：835

[illegible]數：1450

在渝到岸日期：九、八

在渝原報重量：一一六三五八

收交重量：一、一三七四七五

溢斤（虧斤）斤數目：一八八三

應付溢（收虧）斤價款

在萬交官日期

渝段應付運費

任渝已付運費

至萬應付水尾

附牌價：三七〇五元

雜費名稱：續保費、船駁費、沿毛[illegible]、簽[illegible]

全額備[illegible]：一六八九〇〇、五五三六四、一五〇〇〇

共計：貳萬叁千零百壹拾零元[illegible]肆角貳分

查核屬實

審核

大昌裕鹽號萬縣分號

来计 运盐成本 一

138

運照號數 74987-32091　額鹽月份 33年 月分
運商牌名 大昌裕　繳付場價日期 〃 月 日
鹽別 井花　繳付基金日期 〃 年 〃 月 〃 日
岸別 代運濟[illegible]　場放日期 〃 年 7 月 10 日
規定途耗 321.2　到岸日期 〃 年 8 月 6 日

售 計算

已收每担商收款 238.00

附證明單據張數

運商實墊成本款目

科目	金額		備
場價	1,558,204	20	
基金	13,230	00	
運繳	609,653	23	[illegible]
號繳	61,070	45	2181,087.43 [illegible]
擱本子金	292,422	34	場價 1,558,204.20 [illegible]
			基金 13,230.00 [illegible] 1,521.45 共 1,987
			運繳 [illegible] 56,392.92
利潤	201,794	21	2,242,157.8 × 9%
匯水	54,720	00	2,736,000.00 × 2%
核補途耗款			
核補倉耗鹽斤			
[illegible]	2,000	00	
合計	2,793,094	43	
結價應繳公路運費	67,582	76	將交商本
虧溢鹽斤 撥補	13,708	50	

運商應收款	2,739,220.16
運商在岸已收款	2,850,722.42
兩品相抵應 撥收運公	[illegible]

[illegible]核[illegible]

委託商運鹽成本對價　算表

日期

139

登記編號

運鹽號數 74087-32091　產鹽月份 33年5月份　交官日期 33年8月8日

運商牌名 大昌裕　何月領鹽 33年6月份　在途日數 27天

鹽類 井花　繳付場價日期 33年6月15日　泊岸日數 2天

岸別 　　繳付基金日期 33年6月12日　實交担數 1227.21担

規定 途耗 32.12斤　場放日期 33年7月　日　已收每担商收款 2378.00元

規定 園流 2.12.1875斤　到岸日期 33年8月6日　領款日期 33年8月16

運商實在應收成本款目

科目	金額		單據張數	備考
場價	1558204	20		
基金	13230	00		
運繳	612846	73	11	
號繳	61159	87		按2%計
	2000	00		
擱本子金	212539	05		1. 價場 1558204.20元
	1804	57		2. 基金 13230.00元
	49086	82		3. 運繳
匯水	54262	00		按2%計
利潤	202269	67		按9%計
合計	2767402	91		

運商在岸已收款　2918305.38元　實交担數乘已收每担商收款

段別	鄒關	瀘縣	重慶	萬津縣	合計
虧斤價款	2750150	3222050			5956200
溢斤價款			1847750	5518300	7367050

虧溢斤調補款

13706.50元

131193.97元

元

兩相品除應 繳還歸公 請撥補

大昌裕鹽號 經理

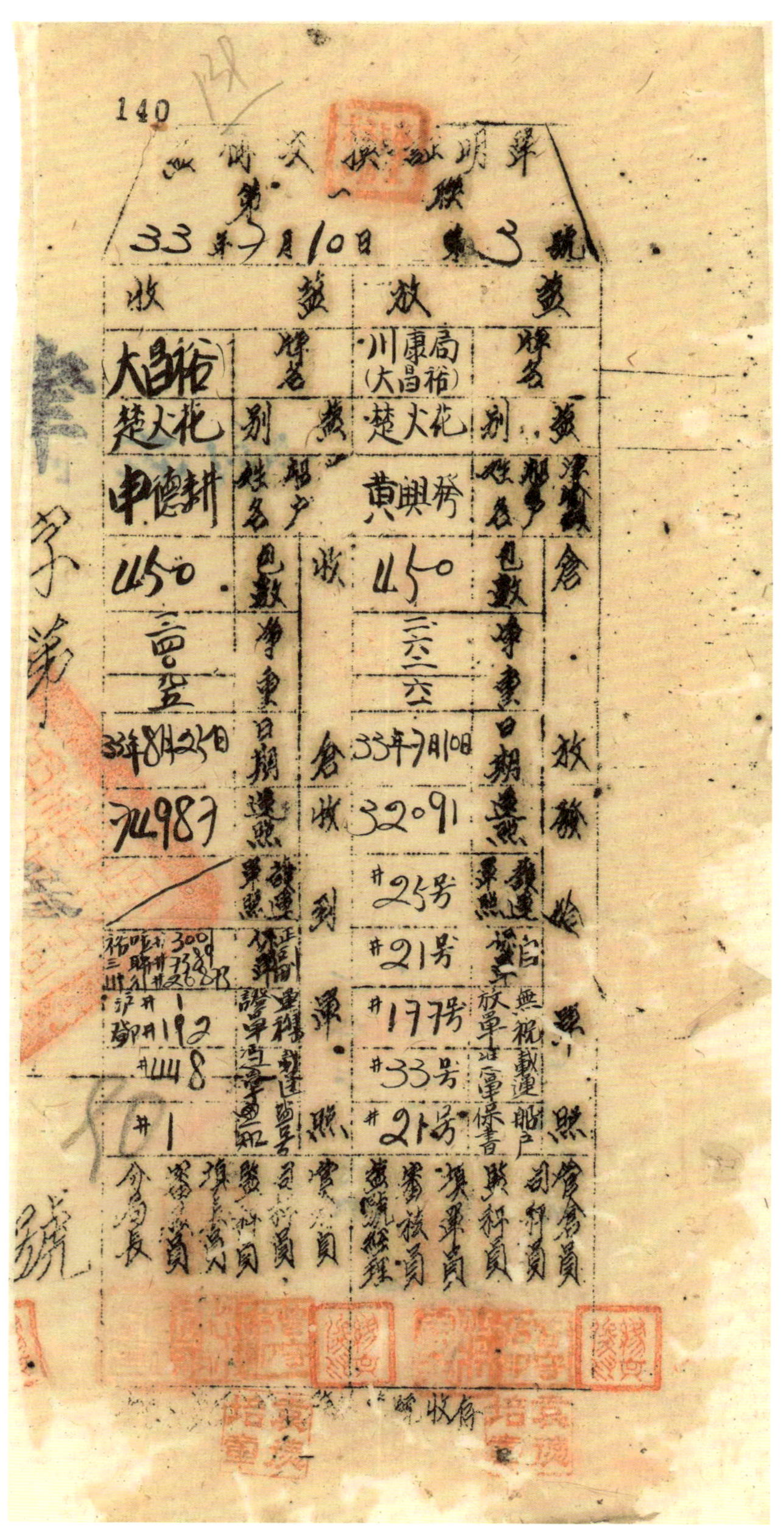

陸

141

160

商鹽包裝運雜費用報告單

卅三年九月八日　字第一九二號

牌名	鹽別	倉社名稱	運照號數	准單號數	倉單號數	到關日期	進倉日期	場放日期	出關日期
大昌裕鹽號	楚花	另表詳	一四九九七	四四一	另表詳	卅三.八.廿六		卅三.七.廿二	卅三.七.廿七

包裝運雜費用名稱	金額	備考	包裝運雜費名稱	金額	備考
保險費	六九七六八〇〇				
捆鹽篾索	八七四八〇〇				
盛鹽篾包	二八六三五〇〇				
送包脚力	一〇三三〇〇				
過船水力	四四〇一〇四〇				
出倉脚力	五六八六五〇〇				

共計貳拾零萬捌千柒百陸拾零元柒角零分

關外鹽運員查核後加註批語

查核無訛

經手人或運商

分局長

查核員

說明：本表應填具三份除以一份留存外以二份送呈關外鹽運處查明無異經鹽運員蓋章並明簽送一份交運商俟該鹽俤到岸送呈對偶成本表時附呈管理局查核一份由關外鹽運處轉呈送管理局登記

142

商盐到邓收交重量及支付运杂费证明单

33年8月6日 字第192号

盐海号数	
号别	楚花
运照号数	七四九八七
代运商牌名	大昌裕
承运船户姓名	宋海清
拨输号数	一
装运包数	450
及应支泊岸固流	一
到邓日期	2/18
在井原装重量	〡三五四七斤
扣去井段沫损斤 在邓应交斤量	〡三〇六二斤

收交重量	溢斤	耗斤	斤数	应（补溢）（收耗）价款	在邓起运日期	邓泸段应付运费	在邓已付运费	至泸应付水尾
〡元六〇斤	一		485斤	〡六〇八九五	7/18	六六五〇〇	五五三〇〇	六六五〇〇

运杂费名称	金额	备考	运杂费名称	金额	备考
拨船运费	五九五三〇五〇〇	谢竹华等五册			
樯船水尾	四五六三〇五				
共计	〇拾六万四千〇百五拾八元六角〇分				

附注

邓关盐务分局查核后加注批语

主核主任

分局长 彭□

查核员 □瑞村

大昌裕盐号运转部

¥60.058.60

143

142

商鹽到瀘縣收交重量及支付運雜費證明單

三十三年八月十九日 字第 1 號

鹽傳號數	一九二
鹽別	[illegible]
運照號數	七四九八七
官運或代運商牌名	大昌裕
承運船戶姓名	申德群
換輪號數	三七八
裝運包數	四五〇
到瀘日期	八月十八日
在鄧關原裝重量	一三九六〇〇斤
扣去鄧瀘段流折 斤 在瀘縣應交斤量	一二九〇六五斤
收交重量（溢 斤 虧 斤 數目）	
應付溢斤價款／應收虧斤	
在瀘起運日期	八月十九日
瀘段應付運費	八八九九一元
在瀘已付運費	五六九九三
至瀘應付水尾	二五〇〇元
附註	

運雜費名稱	金額	備考
一三八五一六分	五百斛	
瀘渝段運費	五六九九三	
獎金	三二〇	
消磨費	三二〇	
鄧瀘段水尾	六六二五〇〇	

共計 陸萬叁千陸百壹拾陸元〇角〇分

八月十七 元倆

大昌裕鹽號瀘縣辦事處 金耀華章

分局長 蕭慶三章 代

144

代運官鹽到 在渝收交重量及支付運雜費證明單 33年8月25日津字第 2 號

鹽儎號數	岸別	鹽別	運照號數	代運商牌名	承運船名	換輪號數	裝運包數	到渝日期	在瀘原裝重量	扣滬渝段流折斤在渝應交斤重
28	楚	花	74987	大昌裕	申德耕		1150	8月22日	毛128516	970 毛127546

收交重量	溢虧斤數目	溢(付溢)虧(收虧)斤價款	在渝放運日期	渝段應付運費	在渝已付運費	至津應付水尾	憑單號次
毛128595	溢斤1049	共 $51930.0	8月25日			$2500000	4118

運雜費名稱	金額	備考	運雜費名稱	金額	備考
津沪水尾	2500000				溢斤1049斤係核定在渝970斤@495.0共51930.0
津倉起力	569600				

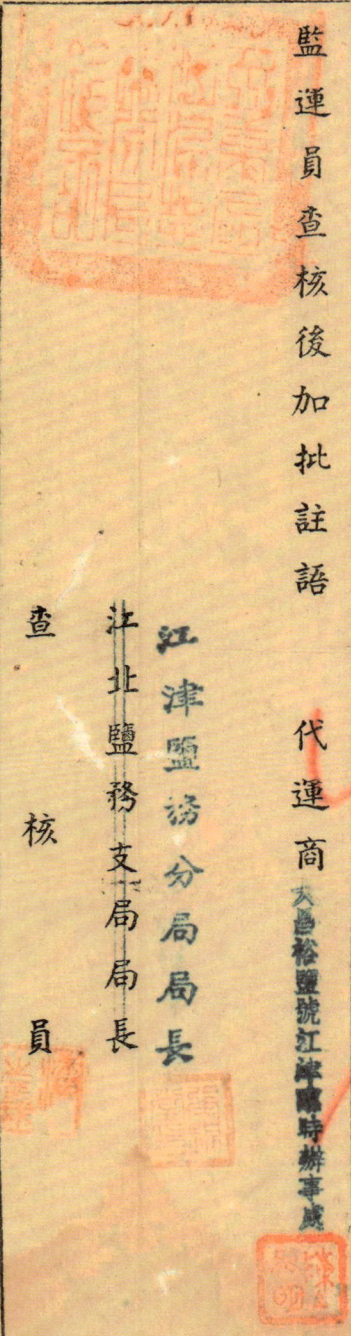

共計△拾捌萬伍千捌百捌拾玖元△角△分正

叁〇陸玖陸

監運員查核後加批註語

代運商 大昌裕鹽號江津臨時辦事處

江津鹽務分局局長

江北鹽務支局局長

查核員

145

代運官鹽到 在渝收交重量及支付運雜費證明單 33年7月 日庫字第 弍 號

鹽識號數	岸別	鹽別	運照號數	代運商牌名	承運船名	換輪裝運號數包數	到渝日期	在瀘原裝重量	扣瀘渝段流折斤在渝應交斤
楚		花	32091	大昌裕	黃興發	150	月 日	毛 ⺀(?)161	毛 ⺀(?)76

收交重量	溢虧斤數目 溢斤 虧斤	應（付溢）（收虧）斤價款	在渝放運日期	瀘渝段應付運費	在渝已付運費	至渝應付水尾	憑單號次
毛			7月11日	$59,465.00	$34,465.00	15,000.-	

運雜費名稱	金額	備考
自保保費	15,465.00	
津渝運費	34,465.00	
又庫駁	5,800.00	
庫倉下力	4,292.00	

共計 △拾陸萬零千伍百弍拾叁元△角△分正

監運員查核後加批註語

查核相符

代運商 大昌裕鹽號江津臨時辦事處

江津西撥分局局長
江北鹽務支局局長

查核員

146

代運官鹽到渝在渝收交重量及支付運雜費證明單

33年8月9日 字第 號

鹽載號數	岸別	鹽別	運照號數	代運商名牌	承運船名	換輪裝運包數	到渝日期	在瀘原裝重量	扣瀘渝段流折斤在渝應交斤數
1160							月 日	毛	毛

收交重量	溢虧斤數目	應(付溢/繳虧)斤價款	在渝放運日期	渝段應付運費	在渝已付運費	至應付水尾	憑單號次
毛	溢斤 虧斤		月 日				

運雜費名稱	金額	備考	運雜費名稱	金額	備考

共計 拾 萬 千 百 拾 元 角 分正

監運員查核後加批註語

代運商

江

黃沙鹽務支局局長

查核員

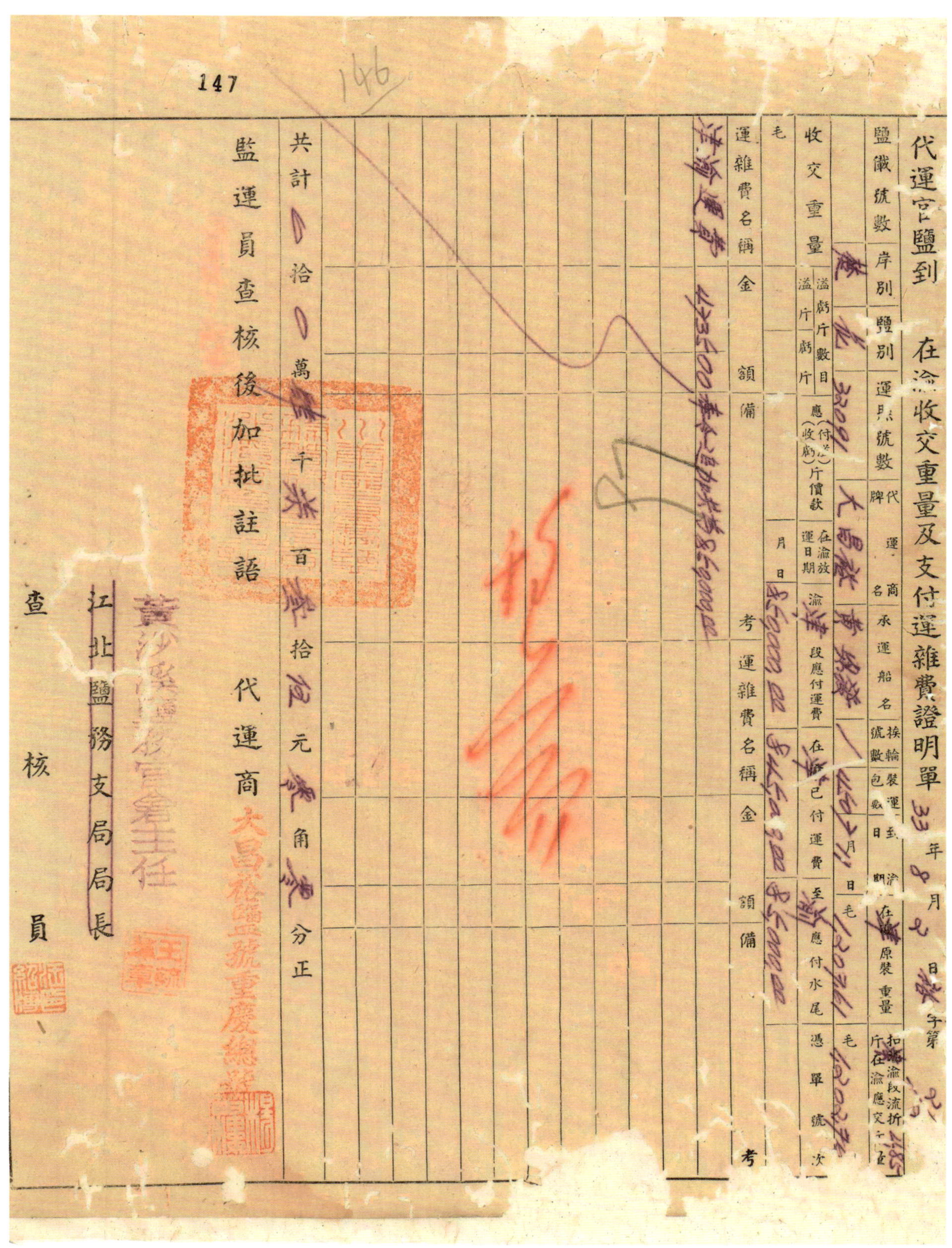

147

代運官鹽到渝收交重量及支付運雜費證明單 33年8月2日發字第

鹽載號數 岸別 鹽別 運照號數 代運商牌名 承運船名 換輪號數 裝運包數 到渝日期 原裝重量 扣除渝段流折 在渝應交斤數

收交重量 溢虧斤數 溢斤 虧斤 應付(收)溢(虧)斤價款 在渝放運日期 月 日 渝津段應付運費 在渝已付運費 至津應付水尾 憑單號次

運雜費名稱 金額 備考

共計　拾　萬　千　百　拾　元　角　分正

監運員查核後加批註語

代運商

查核員

江北鹽務支局局長

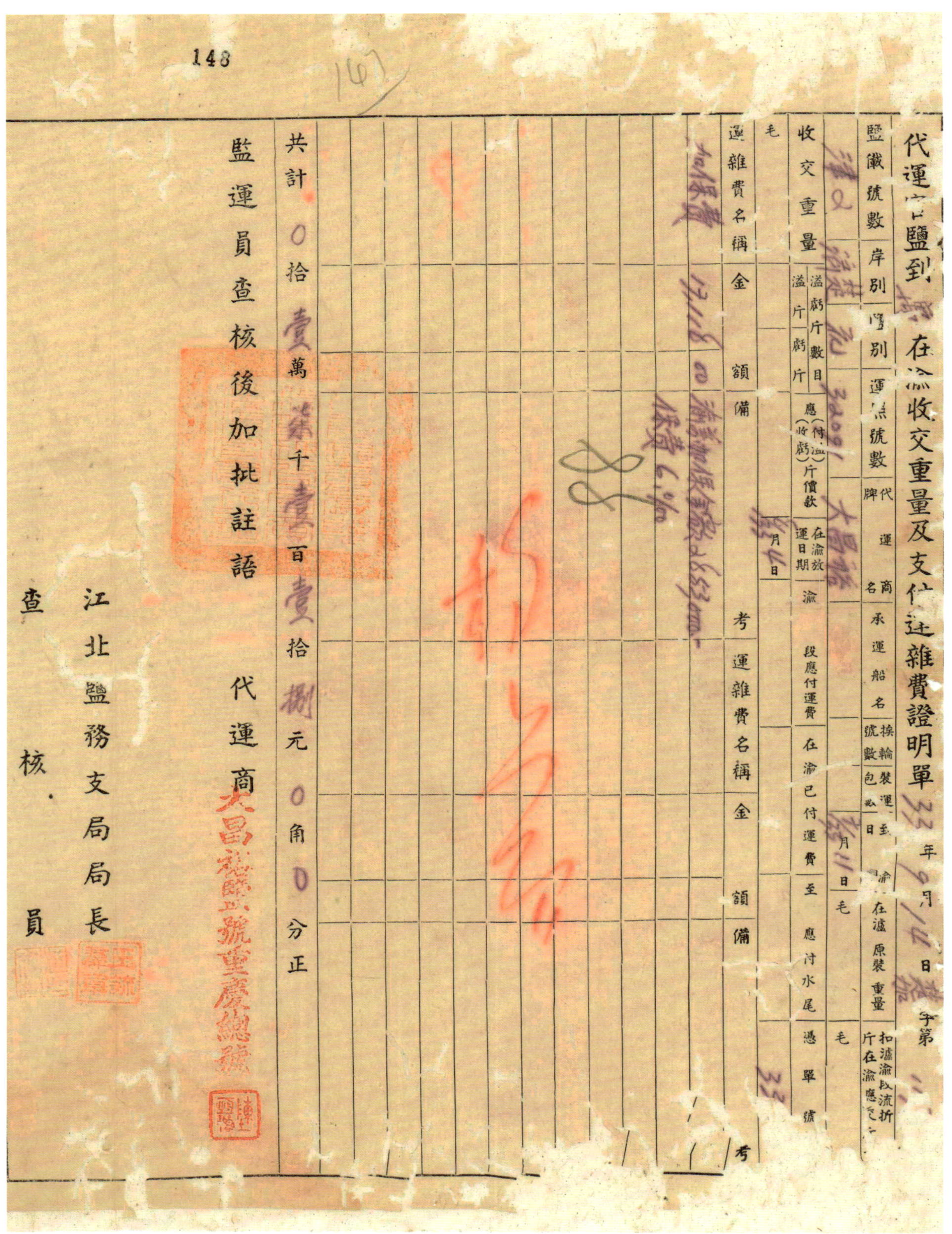

148

代運官鹽到渝在渝收交重量及支付運雜費證明單 33年9月14日 字第 號

鹽儎號數：津Q
岸別：綦岸
運照號數：32091
代運商名：大昌裕
承運船名：
換輪號數：
裝運包數：
到渝日：
在瀘原裝重量：
扣瀘渝段流折斤：
在渝應交斤：

收交重量
溢虧斤數目
應(待溢)(收虧)斤價款
在渝放運日期：9月4日
渝段應付運費
在渝已付運費：9月11日
至應付水尾
憑單號

運雜費名稱：加保費　金額：17118.00　備考：滿載加保額853800-　保費6‰

監運員查核後加批註語

共計　〇拾壹萬柒千壹百壹拾捌元〇角〇分正

代運商　大昌裕臨五號重慶總號

江北鹽務支局局長

查核員

149

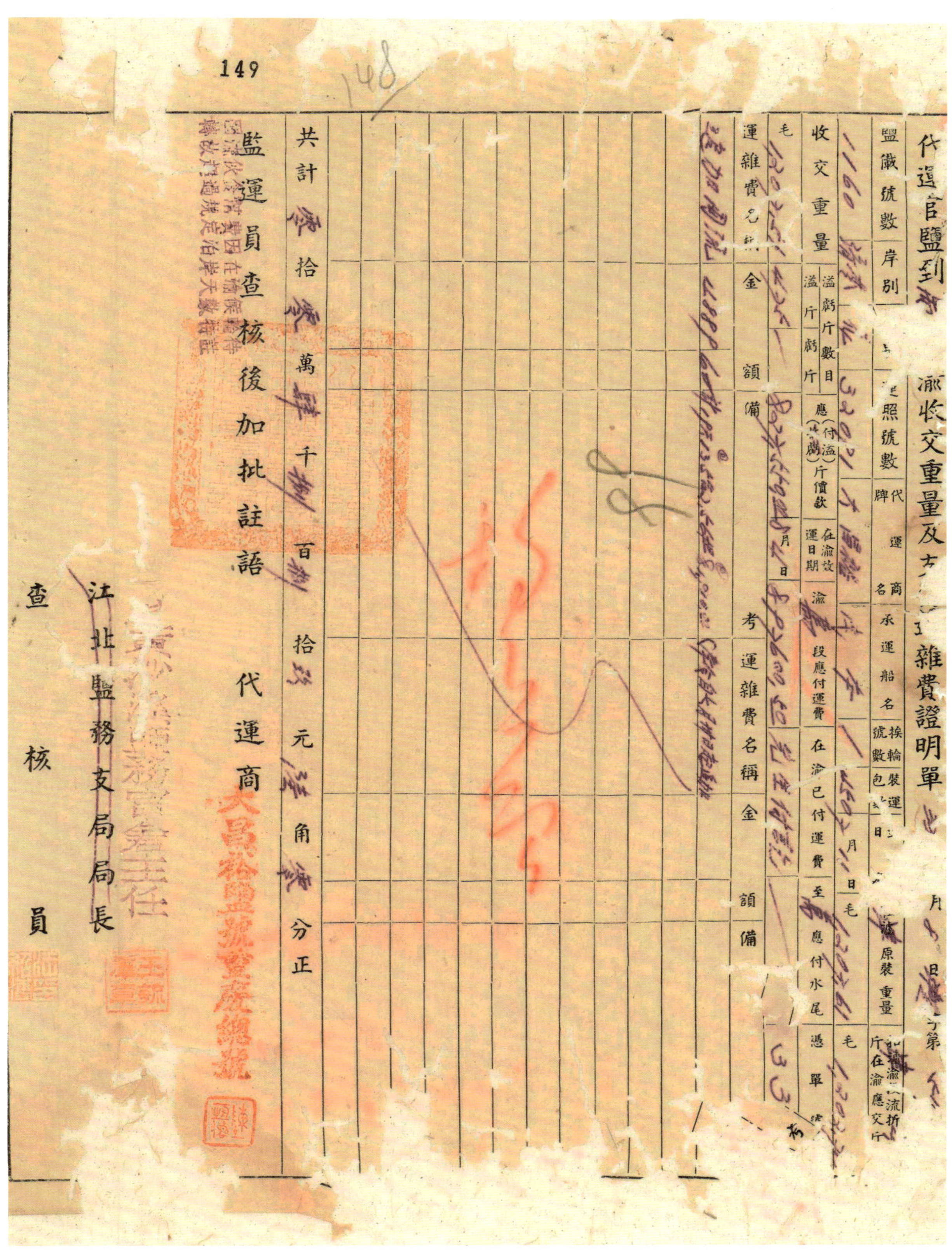

代運官鹽到渝收交重量及〔 〕雜費證明單　〔 〕月〔 〕日第〔 〕號

鹽繳號數	岸別	〔 〕照號數	代運商牌名	承運船名	換輪裝運號數包數日	原裝重量	在渝流折應交斤
1160		3201			月　日	毛	毛

收交重量	溢虧斤數目（溢斤／虧斤）	應（付溢／收虧）斤價款	在渝放運日期	渝〔 〕段應付運費	在渝已付運費	至〔 〕應付水尾	憑單
毛			月　日				

運雜費名稱	金額	備考	運雜費名稱	金額	備考

共計　零拾零萬肆千捌百捌拾伍元伍角零分正

監運員查核後加批批註語

代運商　大昌裕鹽號暨廠總號

江北監務支局局長

查核員

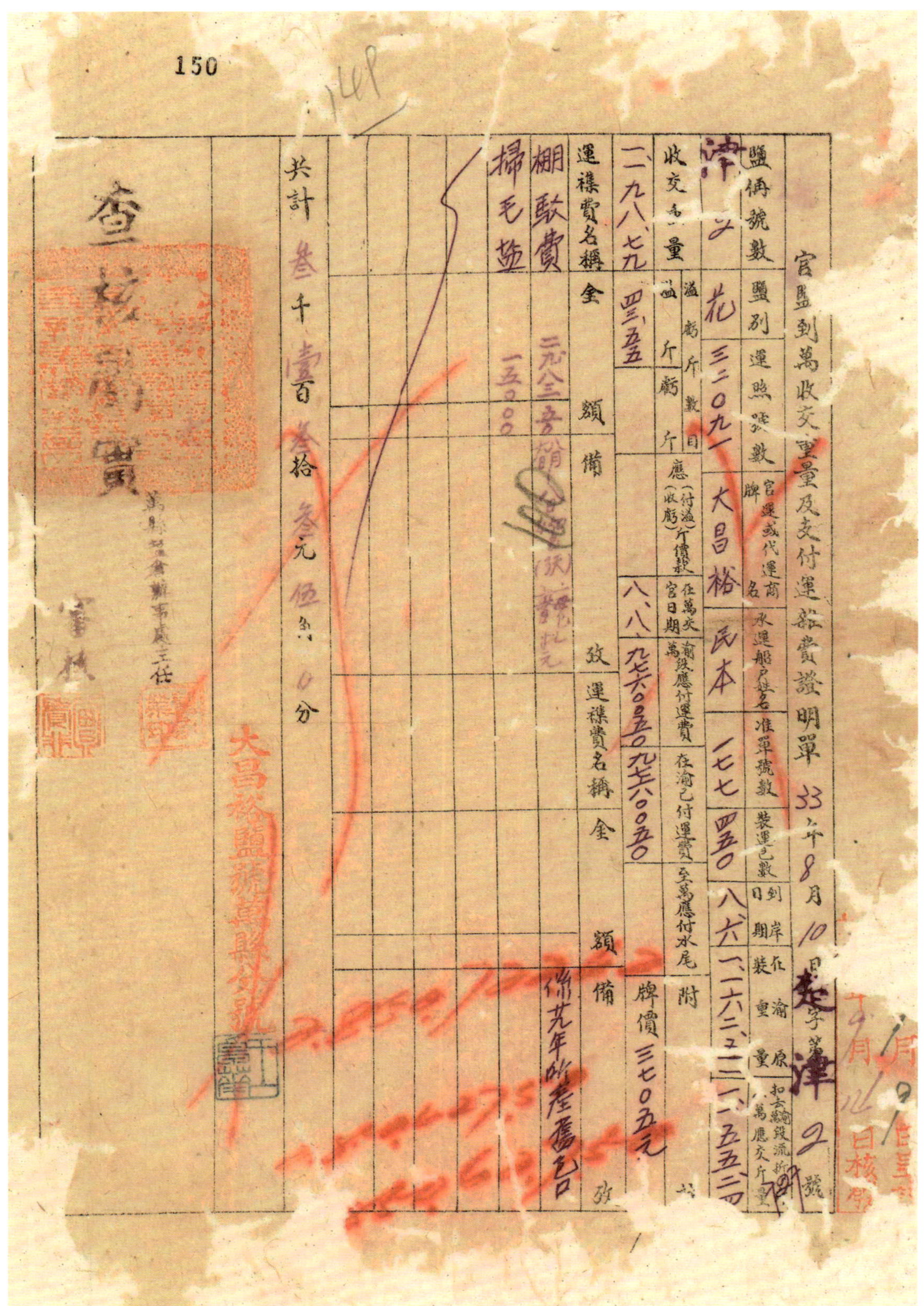

150

官盐到万收交重量及支付运杂费证明单　33年8月10日　走字第津2号

盐傤号数	盐别	运照号数	官运或代运商牌名	承运船户姓名	准单号数	装运包数	到岸日期	在渝装重原量	扣去渝万段流折万应交斤量
津9	花	三二〇九一	大昌裕	民本	一七七	四二〇	八、六	一、一六二、二二二	一、一五五、二

收交重量	溢斤	亏斤	应（付溢）（收亏）斤价款	在万交官日期	万前段应付运费	在渝已付运费	至万应付水尾	附
一一九八、七九	四三、五五			八、八	九七六〇五〇	九七六〇〇五〇		牌价三七〇五元

运杂费名称	金额	备致	运杂费名称	金额	备致
棚驳费	二九〇三元				系廿九年所产旧包
扫毛盐	一五〇〇				

共计叁千壹百叁拾叁元伍角〇分

查核　万县分会主任

大昌裕盐号万县分号

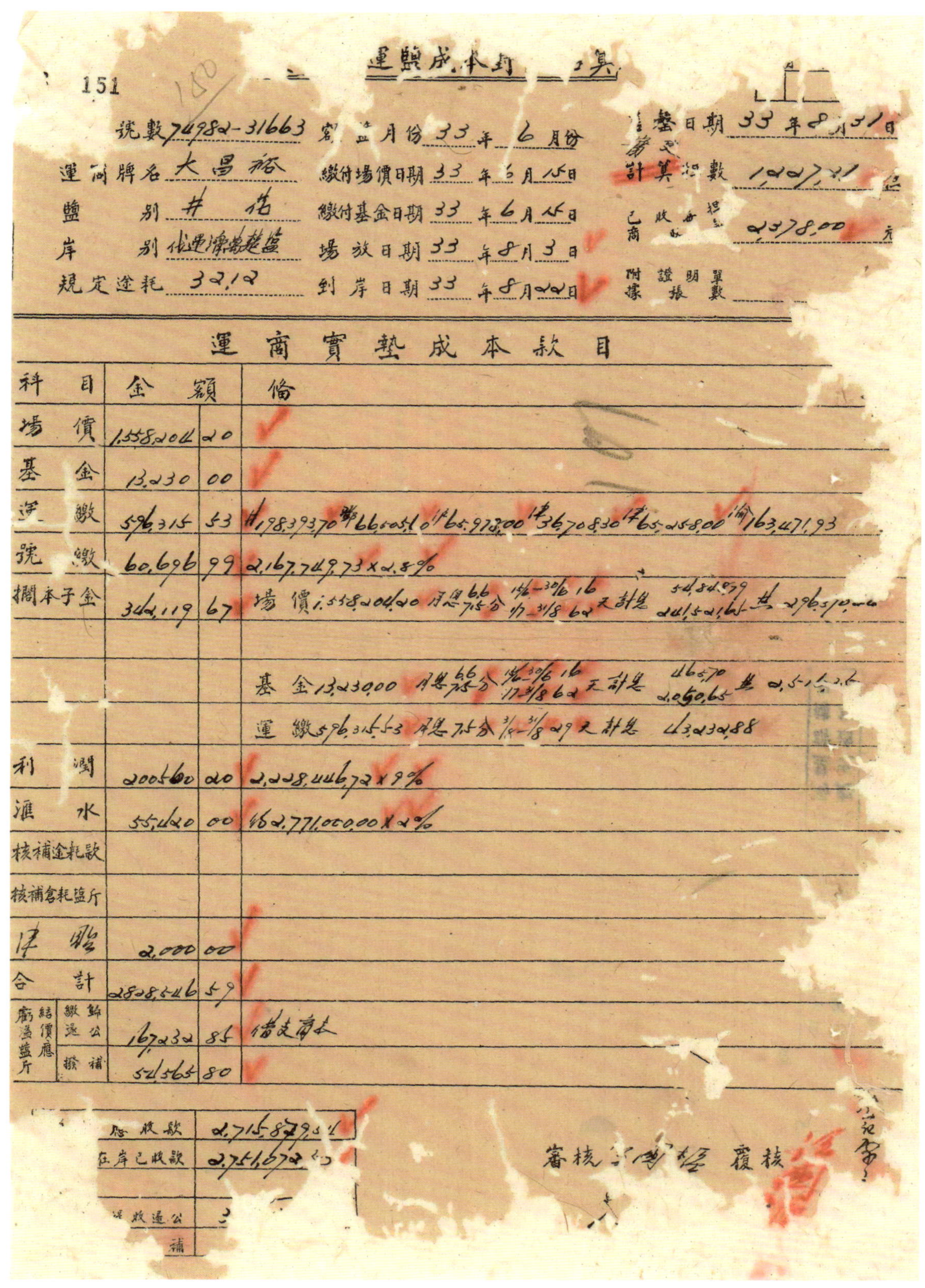

151

運鹽成本封……

號數 74982-31663　實……月份 33 年 6 月份　……墊日期 33 年 8 月 31 日

運商牌名 大昌裕　繳付場價日期 33 年 6 月 15 日　計算……數 ……

鹽　　別 井……　繳付基金日期 33 年 6 月 …… 日　已收……　2378.00 元

岸　　別 ……　場放日期 33 年 8 月 3 日

規定途耗 32.12　到岸日期 33 年 8 月 22 日　附據證明單張數

運商實墊成本款目

科目	金額		備
場價	1,558,204	20	
基金	13,230	00	
運繳	596,315	53	……
號繳	60,696	99	2,167,749.73×2.8%
擱本子金	342,119	67	場價 1,558,204.20 ……
			基金 13,230.00 ……
			運繳 596,315.53 …… 43,232.88
利潤	200,560	20	2,228,446.72×9%
匯水	55,420	00	2,771,000.00×2%
核補途耗款			
核補倉耗鹽斤			
……	2,000	00	
合計	2,828,546	59	
結價應虧溢鹽斤 繳公	167,232	85	……
撥補	54,565	80	

……收款	2,715,8……
在岸已收款	2,751,67……
……收還公	3……
補	

審核…… 覆核……

委託商運鹽成本對徵結算表

152　　151

日期
登記編號

運鹽號數 74982-31663	產鹽月份 33年5月份	交官日期 津33年⋯15日	
運商牌名 大昌裕	何月額鹽 33年6月份	在途日數 日津32 津万19天	
鹽類 月花	繳付場價日期 33年6月15日	泊岸日數 津10 万24天	
岸別 代恩濟万楚岸	繳付基金日期 33年6月15日	實交担數 1,227.21担	
規定 途耗 32.12斤	場放日期 日津33年8月3日	已收每担商收款 2,378.00元	
規定 潤流 渝13.4375 万12.1875斤	到岸日期 津万33年8月22日	領款日期 33年9月18日	

本件金另⋯第十一天起之逾期⋯鹽務管理局呈請補⋯

運商實在應收成本款目

科目	金額		單據張數	備考
場價	1,558,204	20		
基金	13,230	00		
運繳	604,237	53	8	井繳198,393.70 鄧繳46,505.60 盧繳65,978.00 津繳36,708.30元 井津367,585.60元
				津繳66,258.00 瀘繳163,531.93 嵩繳27,862.00 津万256651.93元
號繳	61,478	81		整本2,195,671.73元按2.8%計
	2,000	00		奉令核給津貼
擱本子金	270,815	89		1. 償場1558,204.20元 15/6-1/9 (79天)息2.20元
	20,998	37		2. 基金13,230.00元 15/6-1/9 (79天)息2.20元
	51,712	63		3. 運繳井津367,585.60 8/8-1/9 43天 日息2.7元 子金34,773.60元
				津万256651.93 3/8-1/9 (30天)⋯⋯子金16,939.03元
匯水	55,746	00		墊付各費約2,787,300.00元按2%計
利潤	203,323	55		整本號繳共2,259,150.54元按9%計
合計	2,843,047	98		

運商在岸已收款　　2918305.38 元　實交担數×已收商收款

段別 虧溢	鄧關	瀘縣	重慶	万津縣	合計
虧斤償款	11,956.00	5,022.00			16,978.00
溢斤償款			1,908.200	5,246.180	7,154.380

應溢斤須補款　54,565.80 元

兩相品除應 增還歸公 請撥補　20,691.60 元

　　　　　　　元

大昌裕鹽號　⋯號　總理 ⋯

153

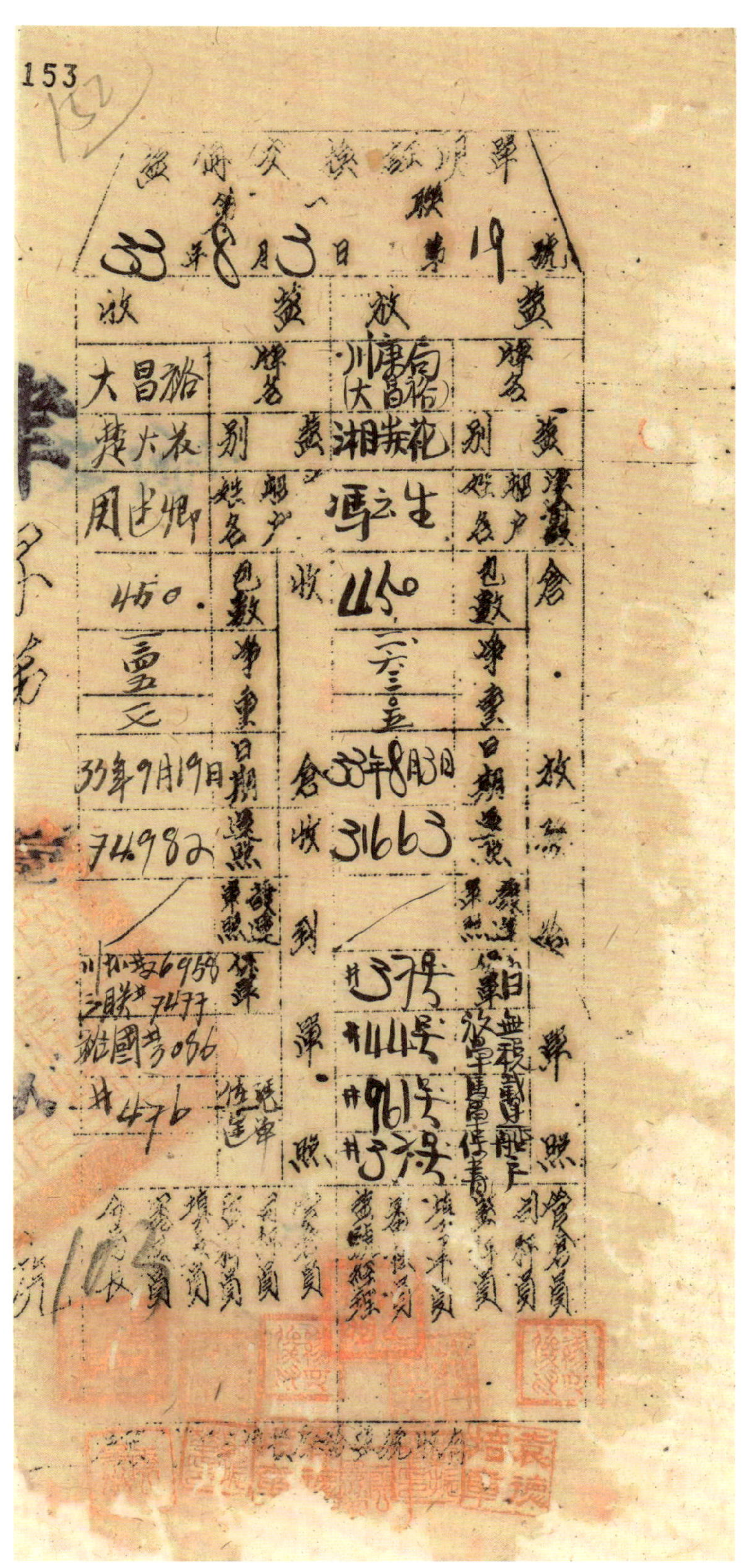

154

运

商鹽包裝運雜費用報告單

卅三年九月九日　字第一九七號

牌名	鹽別	倉灶名稱	運照號數	准單號數	倉單號數	到關日期	進倉日期	場放日期	出關日期
大昌裕鹽號	貴花	另表詳	芮九八〇	四三六	另表詳	卅三、八、十八		卅三、八、十九	卅三、八、廿二

包裝運雜費用名稱	金額	備考
保險費	六九七六八〇〇	
捆鹽篾条	九七四八三三	
盛鹽篾包	二八三五〇〇	
運包脚力	一一六五〇〇	
橹船水力	四四〇一六四	
出倉脚力	四六三五〇〇	

包裝運雜費名稱	金額	備考

共計壹拾玖萬捌千叁百玖拾叁元柒角叁分

關外監運處查核後加註批語

查核無誤

經手人或運商

分局長

查核員

說明：本表應填具三份，除以一份留存外，以二份送呈關外監運處查明無異，經監運員蓋章證明後，發還一份交運商，係該鹽擔到岸造呈對價成本表時，附呈管理局查核，一份由關外監運處轉呈送管理局登記。

商鹽到鄧收交重量及支付運雜費證明單

33年8月23日 字第187號

鹽俰號數	鹽別	運照號數	代運商牌名	承運船戶姓名	拨輸號數	裝運包數	及應支泊岸日數	到鄧日期	在井裝重量	原和去井放秋州在鄧應交斤量
	楚花	七四九八二	大昌裕	黃合林	一	450	二天	15/8	一三〇五六七斤	一二九八八二斤

收交重量	溢（耗）斤數		應（耗）（溢）斤價款	在鄧起運日期	鄧段應付運費	在鄧已付運費、至瀘應付水尾	附註
一二九六八六斤	溢　斤	耗　196斤	一一九六八〇	24/8	六六一五〇〇	五九五二五〇	六六一五〇

運雜費名稱	金額	備考	運雜費名稱	金額	備考
撥船運費	五九五二五〇	查總云算			
橹船水尾	四五三二五				
鄧項實	八〇〇				
國流	一六四七〇〇				

共計〇拾六萬六千五百〇拾五元六角〇分

鄧關鹽務分局查核後加註批語

分局長 ［簽名］

查核員 ［簽名］

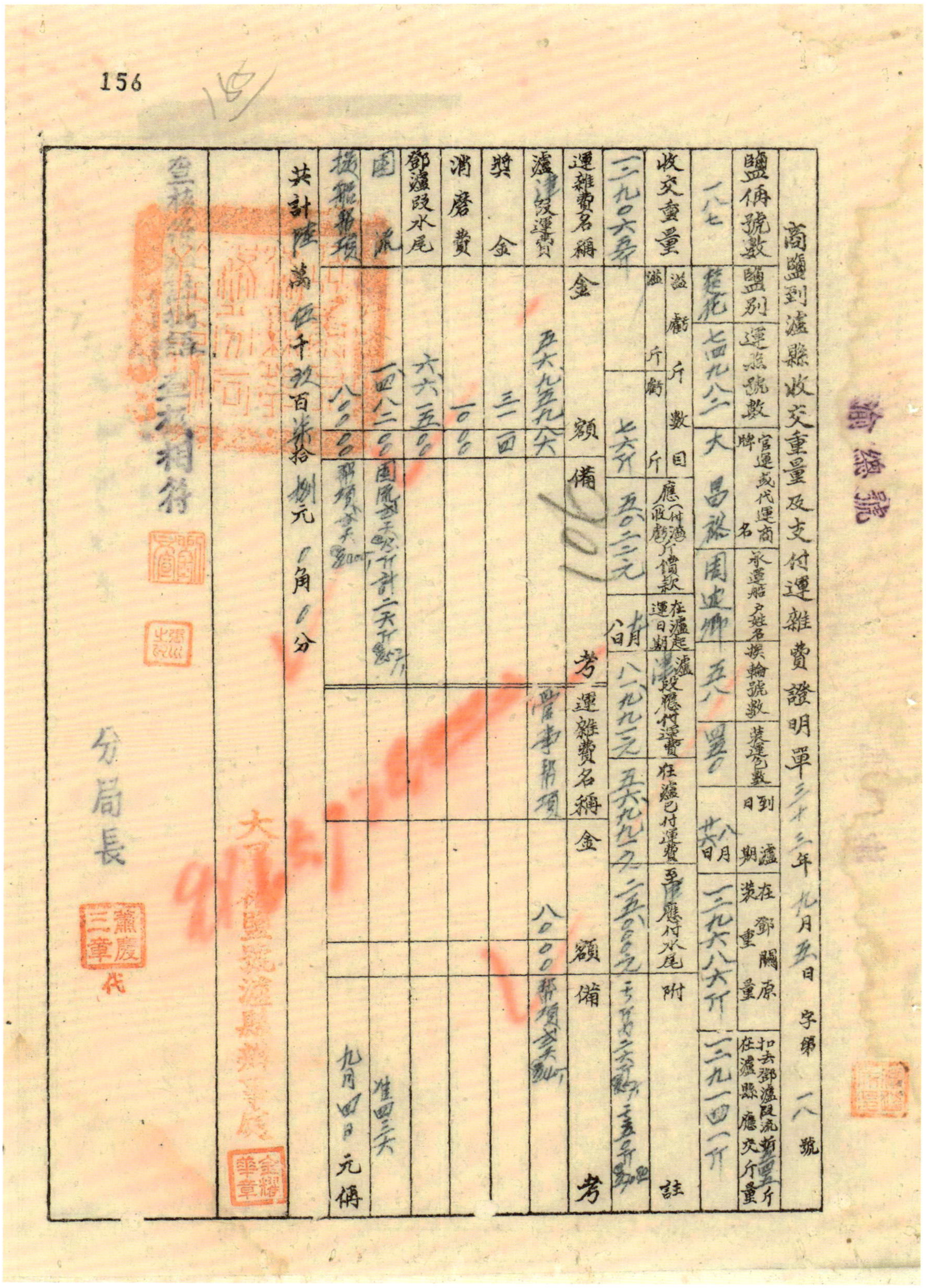

156

商鹽到瀘縣收交重量及支付運雜費證明單 三十三年九月五日 字第 一八 號

鹽傳號數	鹽別	運照號數	官運或代運商名牌	承運船户姓名	換輪號數	裝運包數	到瀘日期	在鄧關原裝重量	扣去鄧瀘段流折在瀘縣應交斤量
一八七	巴花	七四九八二	大昌祥	周述卿	五八	四五〇	八月廿六日	一二九六八六斤	一二九一四一斤

收交重量	溢虧斤數目		應付(收)溢虧斤價款	在瀘起運日期	瀘渝段應付運費	在瀘已付運費	至渝應付水尾	附註
一二九〇六斤	溢 斤	虧 七六斤	五〇二元	九月六日	八六九九二元	五六九九二元	二五〇〇〇元	三千斤二六斤點八 二三五斤點四

運雜費名稱	金額	備考
瀘津段運費	五六九九二元	
獎金	三一四	
消磨費	一〇〇〇	
鄧瀘段水尾	六六五〇〇	
團風	一四八二〇〇	團風六十五元十公斤計二八六斤點二斤
撥儲帮項	八〇〇〇〇	帮項五十元 點一
共計陸萬伍千玖百柒拾捌元 〇角 〇分		

運雜費名稱	金額	備考
帮事帮項	八〇〇〇〇	帮項五十元 點一
		准四三天 九月四日元俩

查核無誤照數支給相符

大川鹽務局瀘縣辦事處

分局長 蕭慶三章 代

157

代運官鹽到 在渝收交重量及支付運雜費證明單 33年9月19日津字第 號

鹽戳號數	岸別	鹽別	運照號數	代運商牌名	承運船名	換輪號數	裝運包數	到渝日期	在渝原裝重量	扣濾渝段沫折斤在渝應交淨斤量
	楚	花	7498	大昌裕	周述鄉		450	9月9日	毛128065	毛128083

收交重量	溢虧斤數目	應付溢(收虧)斤價款	在渝放運日期	渝段應付運費	在渝已付運費	至津應付水尾	憑單號次
毛128011	溢989		9月19日			

運雜費名稱	金額	備考	運雜費名稱	金額	備考
渝沪水尾	1000.00			
津倉起力	1696.00			
幫項	2000.00	九月九日—九月十九日五天		
管事幫項	2000.00	九月九日—九月十九日五天		

共計△拾叁萬貳千捌百玖拾陸元△角△分正

監運員查核後加批註語

代運商 大昌裕鹽號江津臨時辦事處

江北鹽務支局局長

查核員

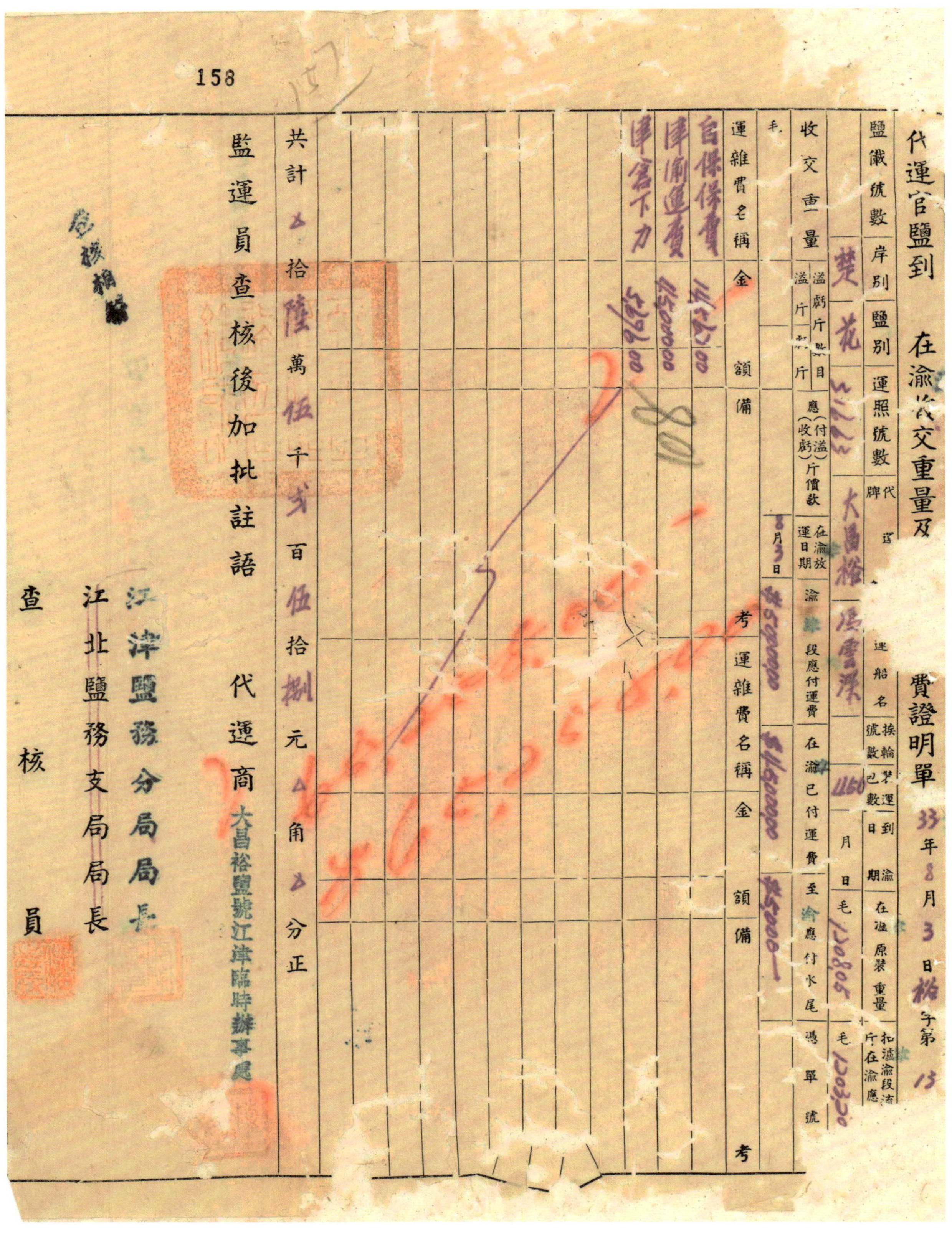

158

代運官鹽到 在渝交重量及運費證明單 33年8月3日裕字第13

鹽㪽號數 岸別 鹽別 楚 花 運照號數 牌代 大昌裕 運船名 馮雲溪 換輪裝運號數 已到 1160 數日期 月 日 在渝原裝重量 毛1308.05 扣溢渝段流 在渝應 毛1303.20

收交重量 溢虧斤數目 溢斤 虧斤 應(付溢)(收虧)斤價款 在渝放運日期 8月3日 渝段應付運費 $500000 在渝已付運費 $4500000 至渝應付水尾 $5000— 憑單號

運雜費名稱 金額 備考：官保保費 14963.00；津渝運費 4500000；津客下力 52976.00

運雜費名稱 金額 備考

共計 陸拾陸萬伍千貳百伍拾捌元 角 分正

監運員查核後加批註語

代運商 大昌裕鹽號江津臨時辦事處

江津鹽務分局局長

江北鹽務支局局長

查核員

159

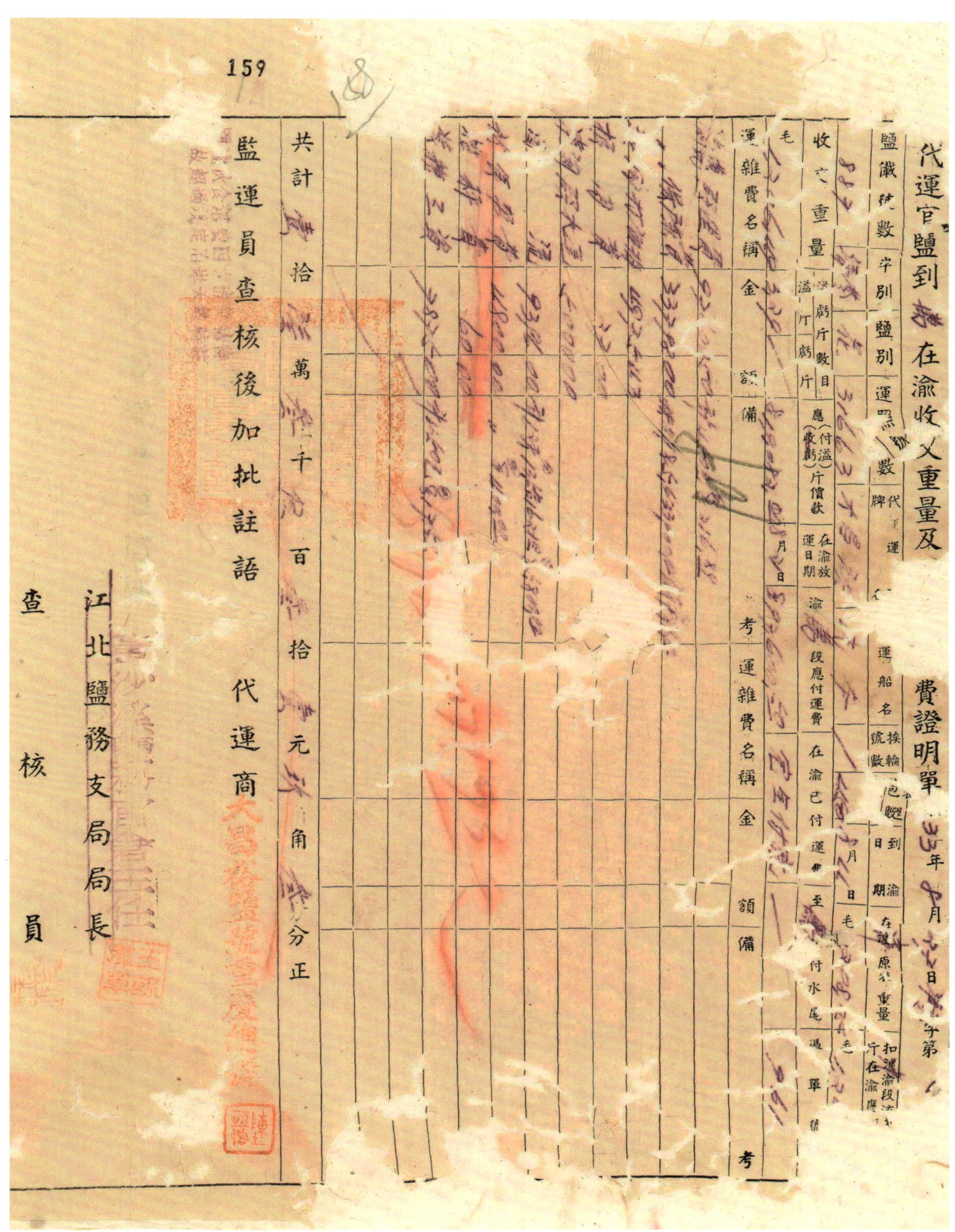

代運官鹽到[illegible]在渝收文重量及費證明單

33年8月[illegible]日[illegible]字第[illegible]號

鹽職號數	字別	鹽別	運照號數	代運牌	運船名號數	換輪包數	到渝日期	在渝原秤重量	扣運渝段法定在渝應耗
收文重量	溢斤 虧斤 數目	應付溢收虧斤價款	在渝放運日期	渝段應付運費	在渝已付運費	至付水尾	過單		
運雜費名稱	金額	備考	運雜費名稱	金額	備考				

共計 拾 萬 千 百 拾 元 角 分正

監運員查核後加批註語

代運商

江北鹽務支局局長

查核員

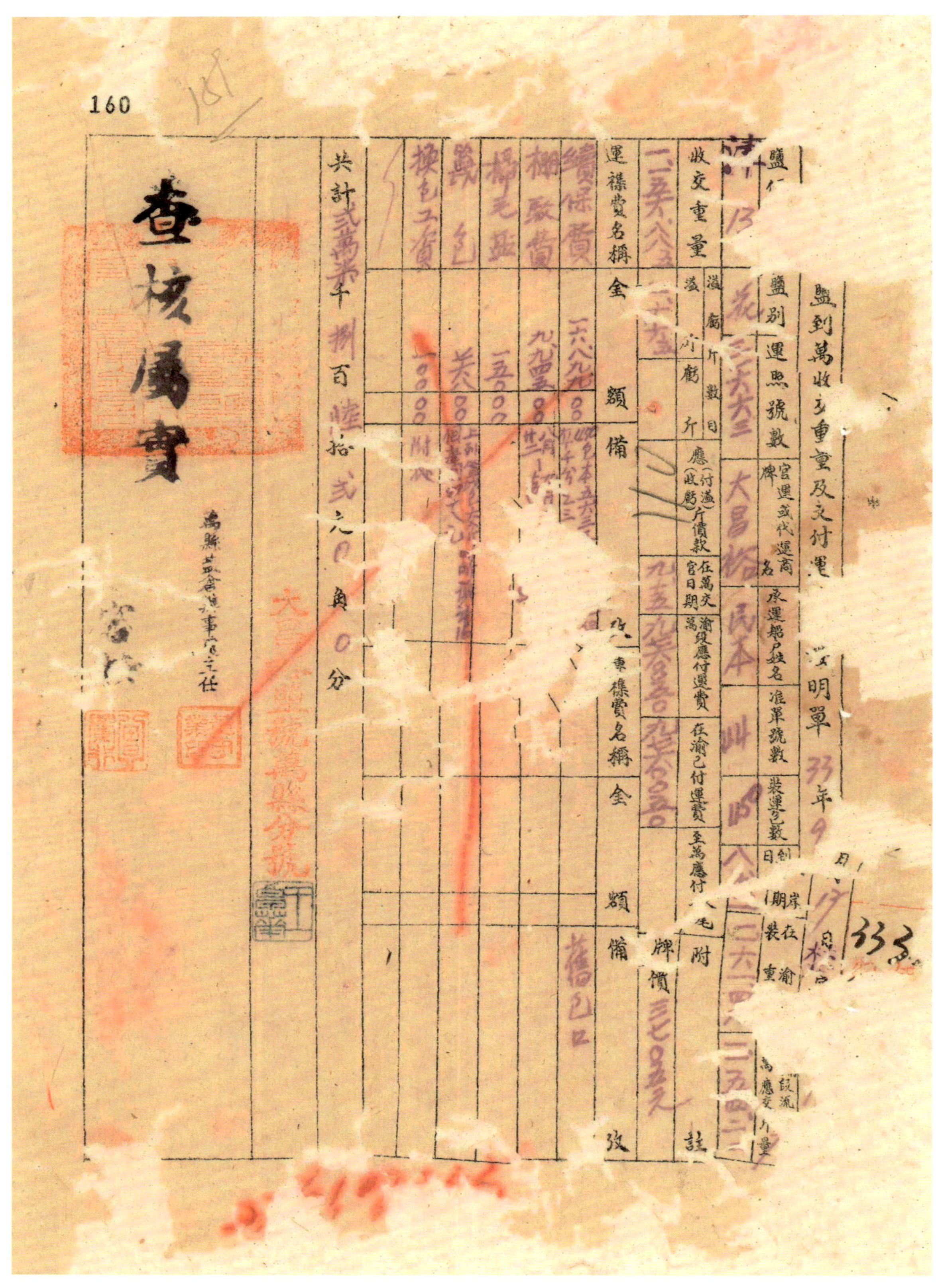

160

鹽到萬收支重量及支付運費證明單 33年9月

鹽別	運照號數	官運或代運商名	承運船戶姓名	准單號數	裝運包數	創日期	在渝裝重	萬應交斤量
花巴		大昌裕	本					

收交重量	溢斤數目	應(付溢)(收虧)斤價款	在萬交官日期	渝段應付運費	在渝已付運費	至萬應付	附註
							牌價

運雜費名稱	金額	備考
續保費		
櫃數費		
掃包鹽		
賤包		
換包工資		舊包

共計貳萬柒千捌百陸拾貳元〇角〇分

查核屬實

萬縣鹽倉…事…主任

大…號萬縣分號

托商……載結算單

運……號 74976-32097　額鹽月份 〃年6月
運商牌名 大昌裕　繳付場價日期 〃年〃月5日
鹽 161 别 井花　繳付基金日期 〃年〃月〃日
岸 别 ……　場放日期 〃年8月8日
規定途耗 3.2.12　到岸日期 〃年9月〃日

售鹽……
計算……
已故每担……商故……
附證明單……張數

運商實墊成本款目

科目	金額		備
場價	1,558,204	20	
基金	13,230	00	
運繳	654,443	45	193,403.70……671,883.00……65,258.00 …189,316.75
號[illegible]	62,324	57	2,225,871……8%
擱本子金	435,407	35	場價1,558……20 月息 66/75 分……計息 54,848.79 2,960,880 共3,40,907.59
			1,909,111.79 月息75分……計息 14,218.34
			基金13,230……月息 66/75 分……計息 4,657.0 2,513.70 共2,279.40
			運繳16,209……計息 121.57
利潤			運繳654,443.45 月息75分……41天計息 67,080.45
滙水	205,938	20	2,288,202……×9%
核補途耗款	58,600	00	35,293,000.00×2%
核補倉耗鹽斤			
津貼	2,000	00	
合計	2,990,147	77	
結價應劃溢鹽斤 繳歸公	80,733	10	備支成本
撥補	107,108	60	

運商應收款	3,016,323.27
運商……款	2,837,5……

審……覆

兩品……公
捐…… ……補

委託商運鹽成本對價結算表

日期

162 163

登記編號

運照號數 71976-72099 產鹽月份 33年5月份 交官日期 33年9月

運商牌名 大昌裕 何月領鹽 33年6月份 在途日數 27

鹽類 井花 繳付場價日期 33年6月15日 泊岸日數 10天

岸別 忠豐濟津 繳付基金日期 33年6月15日 實交担數 1207.01担

途耗 32.12 斤 場放日期 33年8月18日 已收每担商收款 2378.00元

規定 滷 圓流 212.1875 斤 到岸日期 33年9月8日 領款日期 33年9月20日

運商實在應收成本款目			
科目	金額	單據張數	備考
場價	1,558,204.20		
基金	13,230.00		
運繳	678,118.25	8	井繳 193,408.70 鄧繳 65,262.10 濾繳 71,858.00 渝繳 69,999.90元 井津 399,868.70元
			津繳 65,358.00 渝繳 18,937.675 萬繳 22,614.80 津萬 278,249.55元
號繳	62,987.17		整本 2,314,552.45元 按2%計
	2,000.00		奉令核給津貼
擱本子金	221,868.08		1. 價場 1,558,204.20 15/6-1/9 (…) 息 2.2元子金 315,380.…
			10,135… 1/9-8/9 (…) 息 2.2元子金 16,487.55元
	28,17…74		2. 基金 13,230.00 15/6-14/9 (92天) 息 2.2元子金 26,777.75元
			15,007.75 15/9-18/9 (4天) …… 13.99元
	89,240.00		3 運繳 井津 399,868.70 18/8-21/9 (…天) 息 2.2元子金 65,…
			津萬 278,249.55 18/8-18/9 (30天) …… 23,761…
匯水	58,936.00		整付合貨約 2,946,800.00元 按2%計
利潤	208,308.59		整本號繳共 2,314,539.…元 按…%計
合計	3,005,710.33		

運商在岸已收款 2,918,305.36 元 實交担數乘每担商收款

盈虧段別	鄧關	瀘縣	重慶	萬津縣	合計
虧斤價款					
溢斤價款	1,534.50	20,260.50	3,468.00	3,436.60	113,662.60

溢斤價款 113,662.60 元

繳運歸公 107,105.60 元

兩相品除應請撥補 201,067.55 元

大昌裕 經理

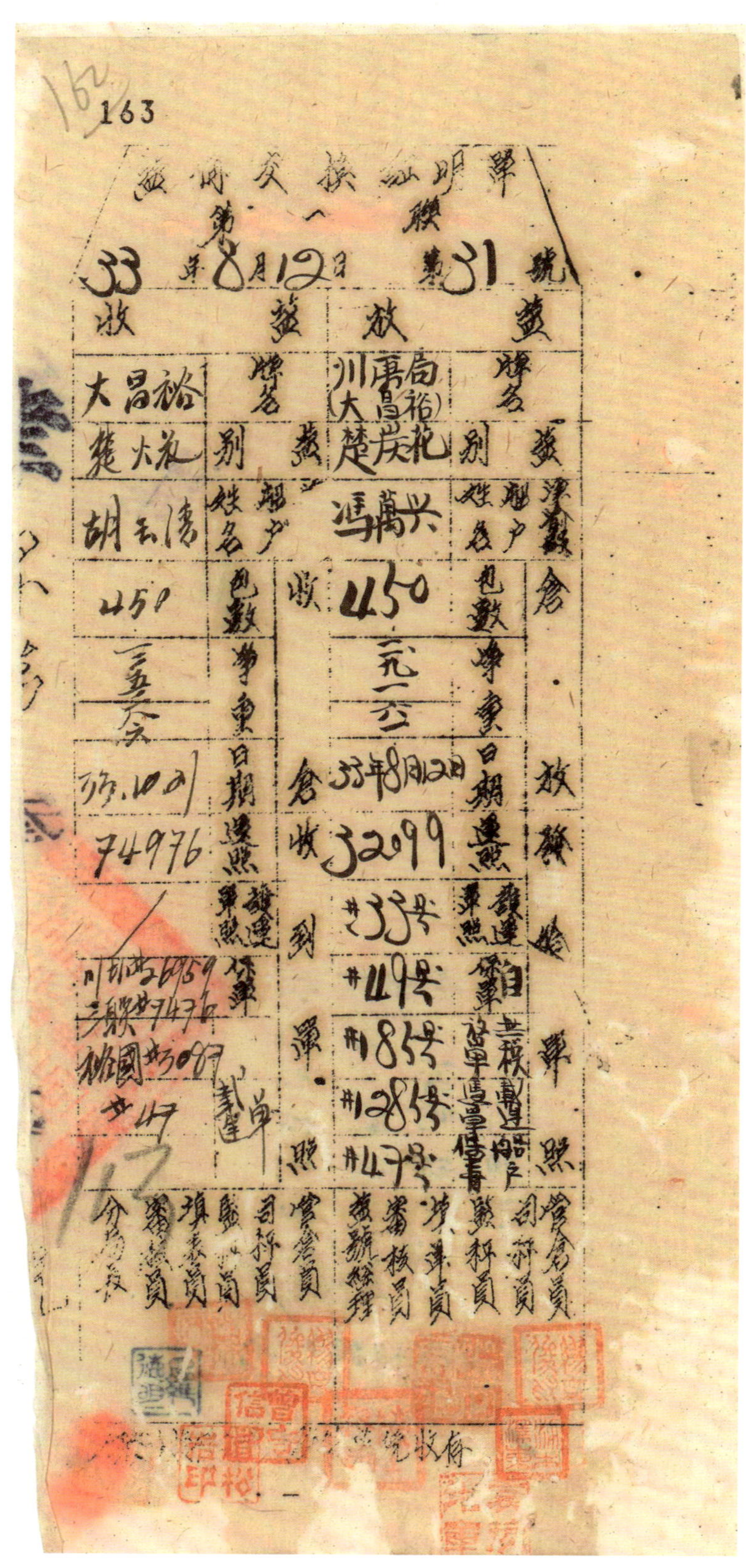
163

鹽商交换証明单

33年8月12日 第31號

收	鹽	放	鹽
大昌裕	牌名	川康局(大昌裕)	牌名
楚大花	别	楚岸花	别
胡玉清	船户姓名	馮萬兴	船户姓名
450	包數	450	包數
33年8月12日	日期	33年8月12日	日期
74976	運照	32099	運照

陸

164　153

商鹽包裝運雜費用報告單　卅三年九月八日　字第一九一號

牌名	鹽別	倉灶名稱	運照號數	准單號數	倉單號數	到關日期	進倉日期	場放日期	出關日期
大昌裕鹽號	花	先農津	七四九七六	四三〇	先農津			卅三八廿九	卅三八卅一

包裝運雜費用名稱	金額	備考	包裝運雜費用名稱	金額	備考
保險費	六九七六〇〇				
捆鹽篾条	八七四八三〇				
盛鹽篾包	二八三五〇〇				
送包脚力	六七五〇〇				
擔船水力	四四〇四〇〇				
出倉脚力	三六四五〇〇				
撥船節餘費	五四〇〇				
共計壹拾玖萬叁千捌百零拾叁元柒角零分					

關外監運處查核後加註批語

查核無訛

經手人或運商

分局長

查核員

說明：本表應填具二份除以一份留存外以二份送呈關外監運處查明無異經監運員蓋章證明發還一份交運商俟該鹽併到岸造呈對冊或本表時附呈管理局查核一份由關外監運處轉呈送管理局登記

165

商鹽到鄧收交重量及支付運雜費證明單　33年8月24日　字第181號

鹽觔號數	鹽別	運照號數	代運商牌名	承運船戶姓名	撥輸號數	裝運包數	及應支泊岸日流日期	到鄧日期	在井原裝重量	和去井段流損在鄧應交斤量
	楚花	七四九七六	大昌裕	馮福三	一	1150	一天	17/8	三一四七〇斤	二九九三二斤

收交重量	溢秤斤數目		應（收）繳斤價款	在鄧起運日期	鄧瀘段應付運費	在鄧已付運費	至瀘應付水尾	附註
	溢斤	耗斤						
三一八三〇斤	2482斤	一	86.1/五五三四一元	23/8	六六八一元	五九三五元	六六五元	

運雜費名稱	金額	備考
撥船運費	五九五三五〇〇	簡瑞祥等四舟
櫓船水尾	四五三三元	
邦項	一天 8400 四〇〇〇	
周流	132斤 86.1/ 八二三元	
共計	〇拾六萬五千二百八拾二元一角〇分	

運雜費名稱	金額	備考

鄧關鹽務分局查核後加註批語

分局長 [illegible]

大昌裕鹽號 鄧關

166

165

商鹽到瀘縣收交重量及支付運雜費證明單

三十三年九月十二日 字第二八號

渝綦號𨵿(關)運江津收鹽倉

鹽傳號數	鹽別	運照號數	官運或代運商牌名	承運船戶姓名	換輪號數	裝運包數	到瀘日期	在鄧關原裝重量	扣去鄧瀘段流折重量在瀘縣應交斤量
一八一	巴花	七四九七六	大昌裕	胡玉清 吳青和	三八三	四五〇	八月廿日	一三〇八三斤半	一二九六三八斤

收交重量	溢斤數目	虧斤	應付溢斤價款(應扣虧斤)	在瀘起運日期	瀘段應付運費	在瀘已付運費	至應付水尾
一三〇五二斤	五一三斤半		二九八六九五五	九月十三日	八八九九一元	五六九九二元	二〇〇〇元

附註

運雜費名稱	金額	備考
瀘津段運費	五六九九五九八六	
獎金	三一四	
消磨費	一〇〇〇	
鄧瀘段水尾	六六三五〇〇	
囤風	五一八七〇〇	囤風七天已計九一斤錢
摸船幫項	二八〇〇〇〇	幫項七天錢

運雜費名稱	金額	備考
運幫費項	六八〇〇〇	幫項七天錢

共計柒萬肆千捌百捌拾叁元 〇角 〇分

九月廿一日 元倆

准四三〇

大昌裕號瀘縣辦事處

金耀華章

查核後如無訛誤查核相符

分局長

蕭葆三章 代

167

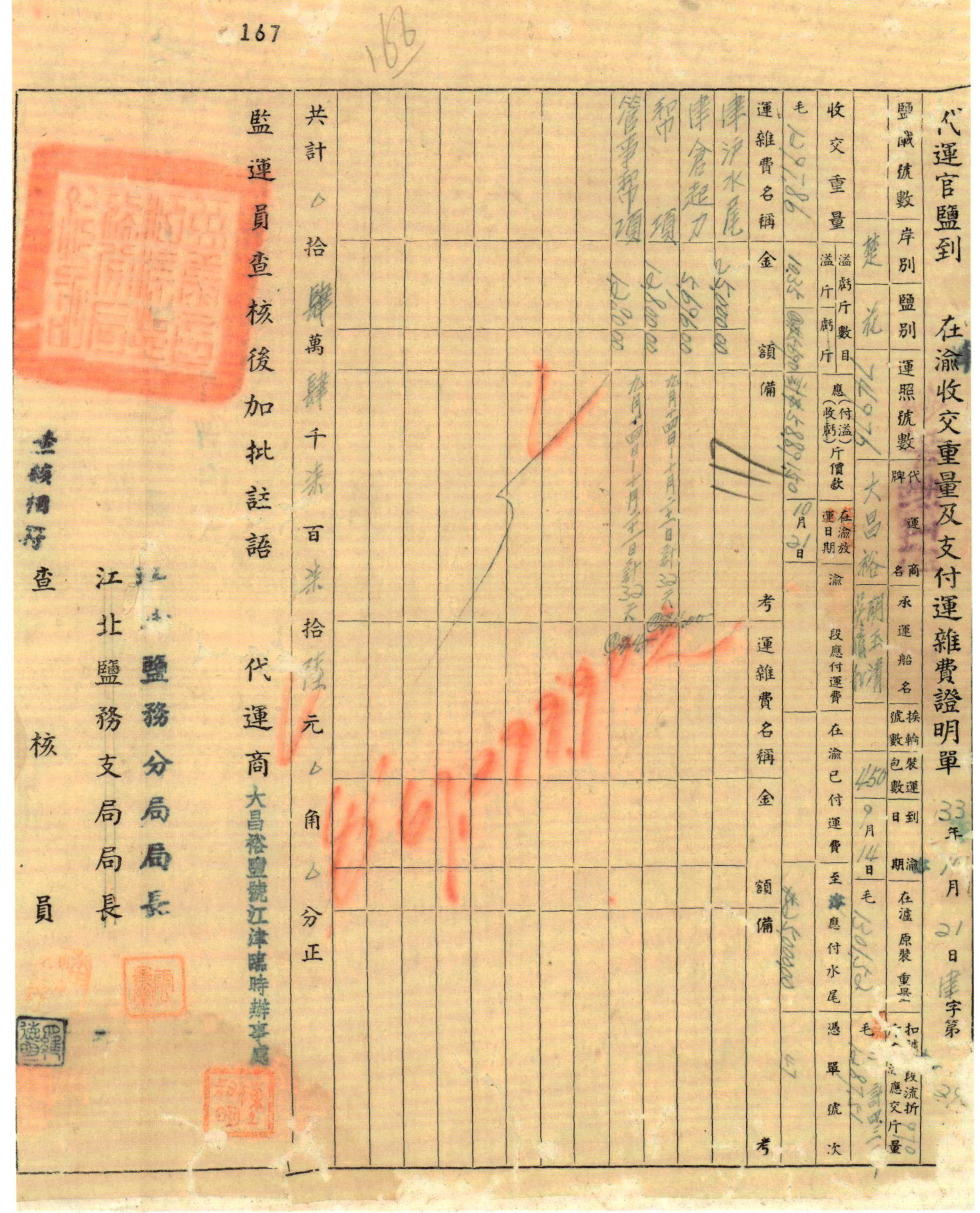

代運官鹽到在渝收交重量及支付運雜費證明單

33年10月21日津字第

鹽纖號數	岸別	鹽別	運照號數	代運商牌名	承運船名	換輪號數	裝運包數	到渝日期	在瀘原裝重量	扣除一段流折應交斤量
	楚	花	74079	大昌裕	吳樹清		450	9月14日	毛130152	

收交重量	溢虧斤數目	應付溢收虧斤價款	在渝放運日期	渝段應付運費	在渝已付運費	至津應付水尾	憑單號次
毛129786			10月21日				

運雜費名稱	金額	備考	運雜費名稱	金額	備考
津沪水尾	25000.00				
津倉起力	5696.00				
私巾	12800.00				
管事事項	2000.00				

共計○拾肆萬肆千柒百柒拾陸元○角○分正

監運員查核後加批註語

代運商 大昌裕鹽號江津臨時辦事處

江北鹽務分局局長

江北鹽務支局局長

查核員

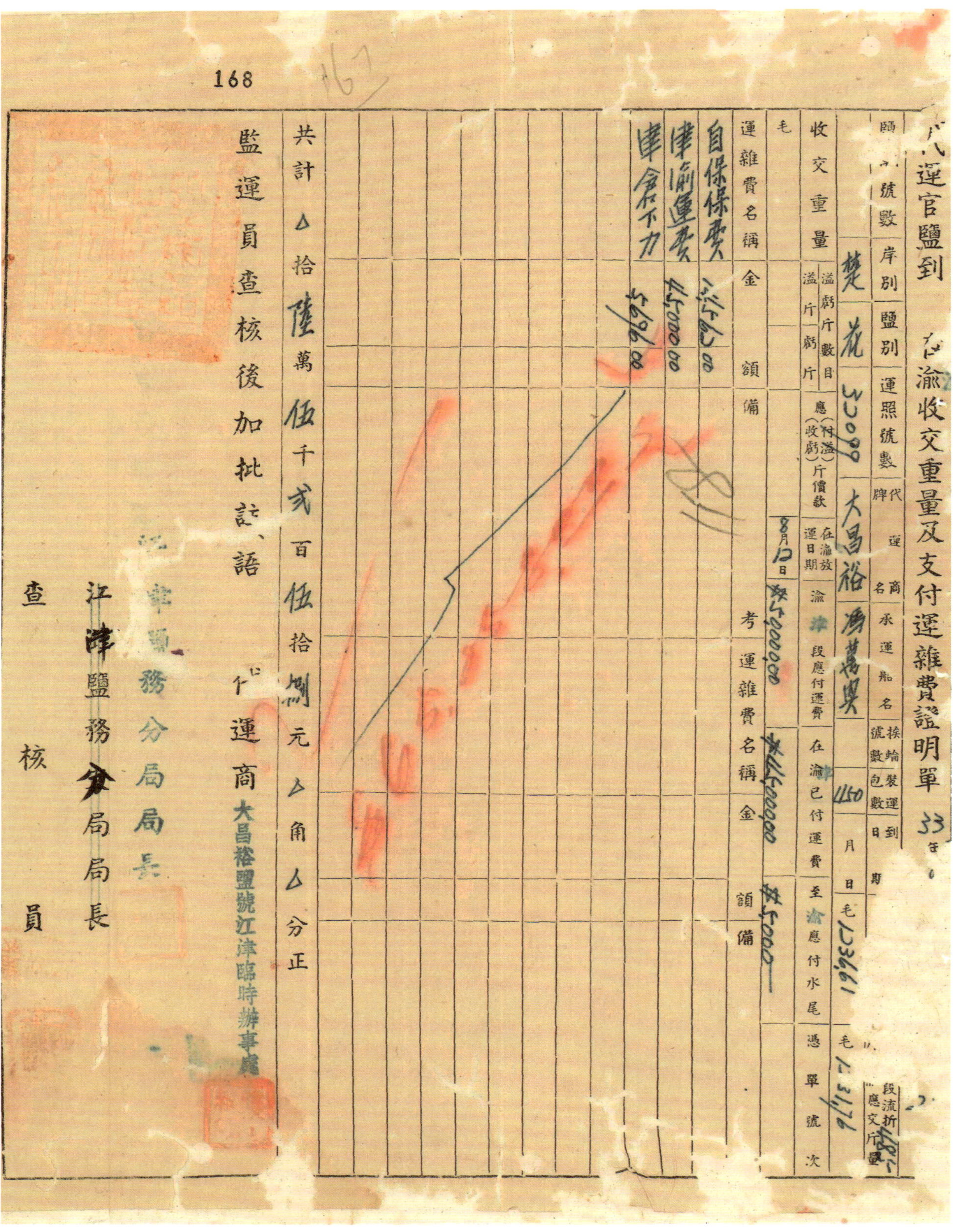

168

代運官鹽到渝收交重量及支付運雜費證明單 33年

鹽別號數	
岸別	
鹽別	楚花
運照號數	30099
代運商牌名	大昌裕
承運船名	馮萬興
換輪號數 / 裝運包數	1150
到渝日期	
段流折應交斤量	
收交重量	毛
溢斤數目 / 虧斤數目	
應（付溢／收虧）斤價款	
在渝放運日期	8月12日
渝津段應付運費	$45000.00
在渝已付運費	$45000.00
至渝應付水尾	$5000
憑單號次	
毛	123661
毛	123176

運雜費名稱	金額	備考
自保保費	3250.00	
津渝運費	45000.00	
津倉下力	5690.00	

共計△拾陸萬伍千貳百伍拾捌元△角△分正

監運員查核後加批註語

代運商 大昌裕鹽號江津臨時辦事處

江津鹽務分局局長

查核員

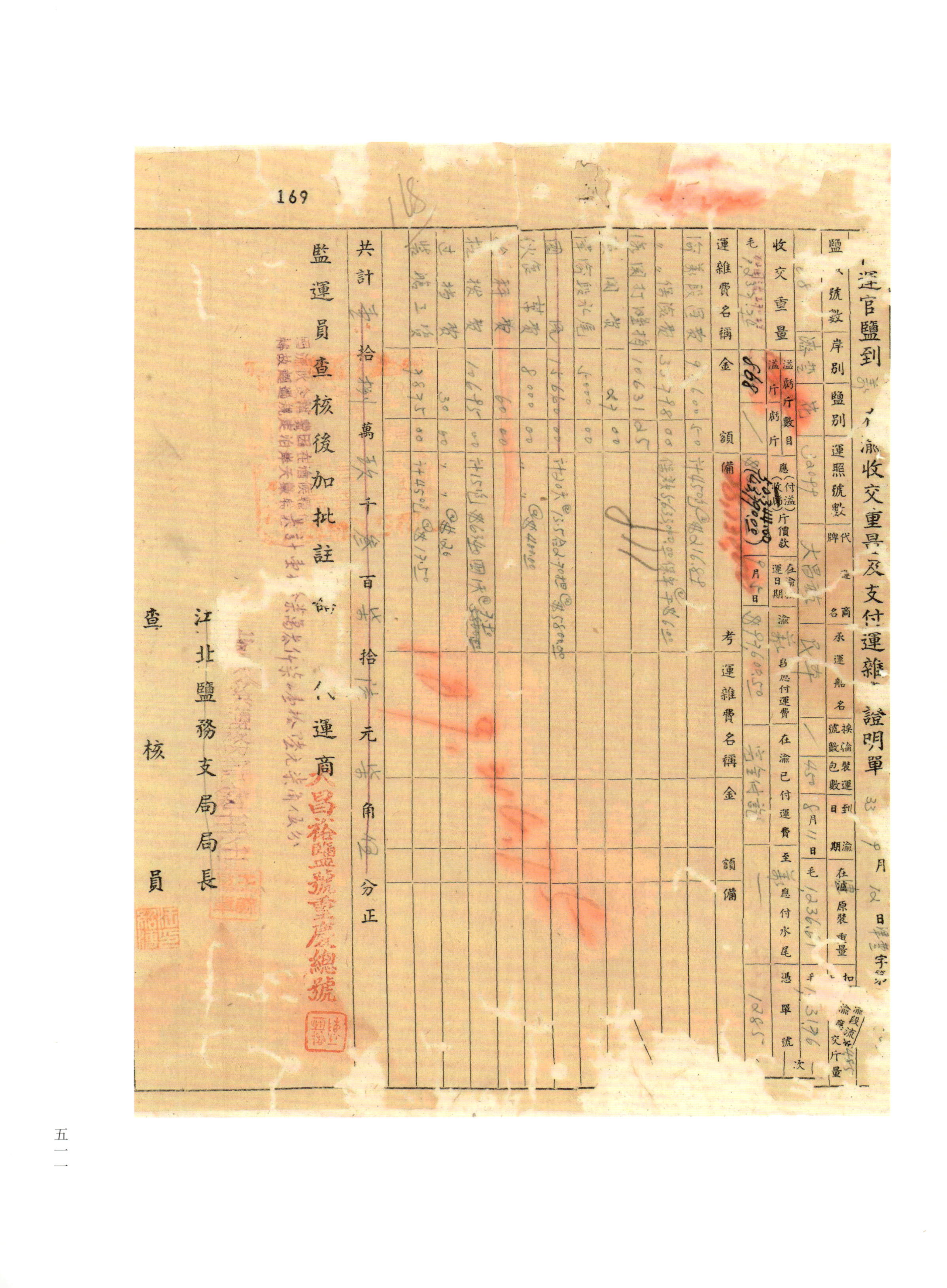

169

運官鹽到渝收交重量及支付運雜費證明單

監運員查核後加批註

共計 萬 千 百 拾 元 角 分正

運商 大昌裕鹽號票岸總號

江北鹽務支局局長

查核員

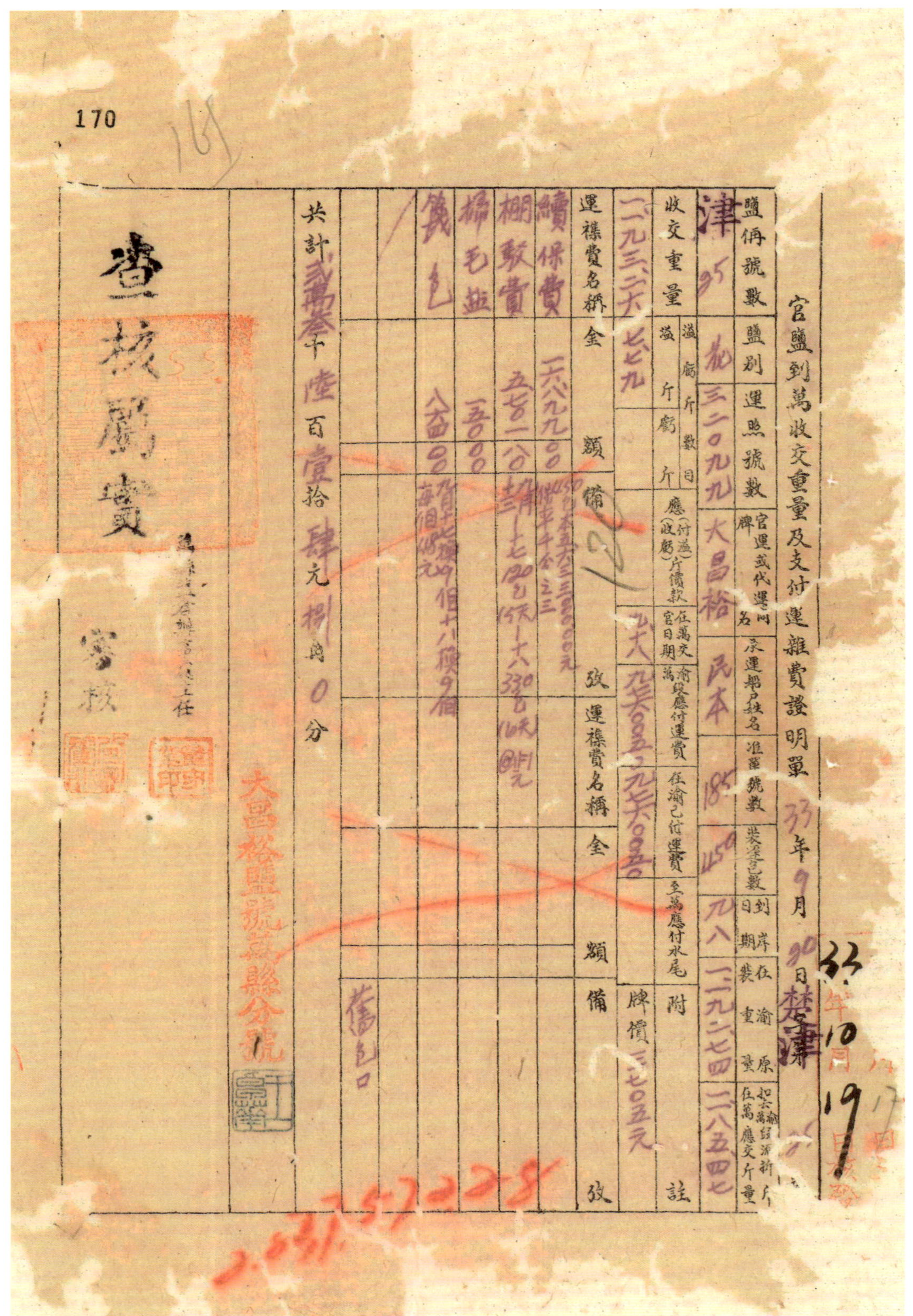

170

官鹽到萬收交重量及支付運雜費證明單 33年9月20日 楚津

鹽傤號數	鹽別	運照號數	官運或代運商牌名	承運船戶姓名	准單號數	裝載包數	到岸日期	在渝原裝重量	如由渝萬段運新斤在萬應交斤量
津25	花	三二〇九九	大昌裕	民本	185	1150	九八	一二九二七四	一二八五四七

收交重量	溢斤數目	虧斤數目	應(付溢/收虧)斤價款	在萬交官日期	渝萬段應付運費	在渝已付運費	至萬應付水尾	附註
一二九三、二六七七九	溢 斤	虧 斤		九、十八	九六〇〇五二	九六〇〇五二		牌價 二七〇五元

運雜費名稱	金額	備致
續保費	一六八九九〇〇	450包 本五六三三三八〇〇元 保率千分之三
棚駁費	五七一八〇〇	九月十七 120包 15天 一十八 330包 16天 @1元
掃毛鹽	一五〇〇〇	
篾包	八六四〇〇	九月廿七換29個 十八換9個 每個48元
舊包		

共計貳萬叁千陸百壹拾肆元捌角0分

查核屬實

運商[illegible]主任

審核

大昌裕鹽號萬縣分號

33年10月19日

2.6317.57228

171

委託商運鹽成本…

運　…票數 74966-32191	額鹽月份 33 年 6 月份	售…日期 33…	
運商牌名 大昌…	繳付場價日期 〃年〃月15日	計算担數 1…21	
鹽　別 井花	繳付基金日期 〃年〃月〃日	已收每担商貶款 …,800 元	
岸　別 …	場放日期 〃年8月1日	附證明單…張數	
規定途耗 32.12	到岸日期 〃年〃月22日		

運商實墊成本款目

科目	金額		備
場價	1,558,004	20	
基金	15,…	00	
運…	28…13	13	…
…繳	60,99	22	2,1606.8633×2.8%
擱本子金	344,553	83	場價 1,558,004.20 月息 7.5 分 … 共 …
			基金 13,000 月息 7.5 分 … 共 …
			運繳 559,252.13 月息 7.5 分 … 共 …
利潤	11…7	70	222118555×9%
滙水	55,320	00	… 2,766,000.00×2%
核補途耗款			
核補倉耗鹽斤			
津貼	2,00…	00	
合計	2,822,966	08	
虧溢鹽斤結價應 繳歸公 退補	257,5…	28	…

運…應收款	2,565,370.80
…已收款	2,723,642.30
兩品相抵應 提收歸公 … 補	158,27…0

審核 … 7/4

覆核 …

委託商運鹽成本對徵結算表

172

日期

登記編號

本徵到岸後〔 〕一次起息之價折予金另向川東鹽務管理局呈請撥發

運照號數	34966-32191	產鹽月份	33年5月份	交官日期	33年9月16日
運商牌名	大昌裕	何月領鹽	33年6月份	在途日數	21天
鹽類	井花	繳付場價日期	33年6月15日	泊岸日數	23天
岸別	代管渝岸綦江	繳付基金日期	33年6月15日	實交担數	1227.21担
規定 途耗	32.12斤	場放日期	33年8月1日	已收每担商收款	2378.00元
規定 囤流	流13.4375 斤10.1875	到岸日期	33年8月22日	領款日期	33年9月16日

運商實在應收成本款目

科目	金額		單據張數	備考
場價	1,558,204	20		
基金	13,230	00		
運繳	618,234	13	8	井繳18249970 … 6405860 瀘繳6952100 津繳41540.90元 井津357618.20元
				津繳65258.00 瀘繳166435.93 瀘繳2892200 津子260615.93元
號繳	61,310	71		毅字2189668.33元 按28%計
	2,000	00		奉令核給津貼
擱本子金	270815.	89		1. 價場 1558204.20元 15/6-1/9 (79天) 日息2.2元
	2299	37		2. 基金 13230.00元 15/6-1/9 (79天) 日息2.20元
	54538	32		3. 運繳 井津357618.20元 1/8-15/9 (46天) 日息2.2元 子金36190.96元
				津子260615.93 1/8-1/9 (32天) 18347.36元
壓水	55,668	00		按付各費約2782400.00元 按2%計
利潤	202,768	11		墊字號總共2252979.04元 按9%計
合計	2830068	73		

運商在岸已收款 2918305.38元 實收交每担担商數收×已收款

岸別 / 類別	鄧關	瀘縣	重慶	萬津綦	合計
虧斤價款	1140420.0	1798320	56100.00		1812520
溢斤價款				55103.00	55103.00

兩相品除應 繳還歸公 62932.20元

請撥補 140168.85元

元

大昌裕鹽號

經理

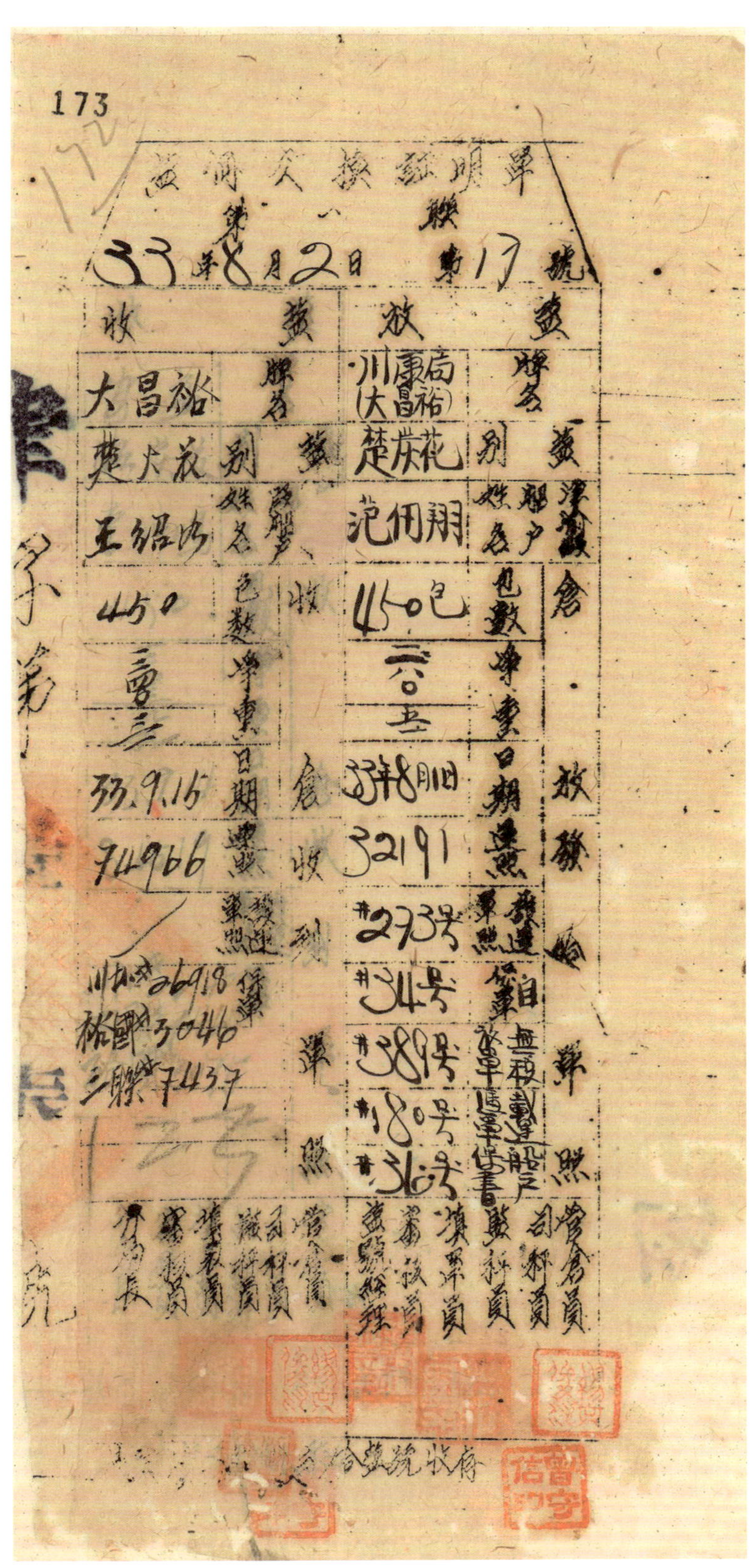

173

33年8月2日 第17號

收		放	
大昌裕	牌名	川康局(大昌裕)	牌名
楚大花	別	楚炭花	別
王绍洲	姓名	范佣翔	姓名
450	包數	450包	包數
三四三	净重	二〇五	净重
33.9.15	日期	33年8月1日	日期
74966		32191	
		#273号	
川加 26918		#34号	
裕國 3046		#38号	
三聯 7437		#18号	
		#36号	

174

陸

商鹽包裝運雜費用報告單　卅三年八月廿九日　字第二七八號

牌名	鹽別	倉灶名稱	運照號數	准單號數	倉單號數	到關日期	進倉日期	場放日期	出關日期
大昌裕鹽號	巴花	易義祥	〨〩〦〦	四〦〇	易義祥	卅三、八、三		卅三、八、一	卅三、八、四

包裝運雜費用名稱	金額	備考	包裝運雜費用名稱	金額	備考
保險費	〦〩〧〦〨〇〇				
鋪鹽篾條	〨〧〤〨〦				
盛鹽篾包	〦〨〥〦〇〇				
送包腳力	〥〩〇〇				
稽船水力	四四〇一〦四				
出倉腳力	〥〦〥〦〇〇				
換船節餘費	〥四〇〇〇				

共計壹拾捌萬貳千捌百玖拾〩元〦角零分

經手人或運商

關外監運員查核後加註批語

查核無訛

分局長

查核員

說明：本表應填具三份除以一份留存外以二份送呈關外監運處查明無異經監運員蓋章證明發還一份交運商俟該鹽運到岸造呈對角成本表時附呈管理局查核一份由關外監運處轉呈送管理局登記

175

商鹽到鄧收交重量及支付運雜費證明單　33年8月15日　字第171號

鹽into號數	鹽別	運照號數	代運商牌名	承運船户姓名	裝輸號數	裝運包數	及應支泊岸月底	到鄧日期	在井原裝重量	扣去井段准耗在鄧應交斤量
	花	七四九六六	大昌裕	繆銀三	—	1150	—	11/8	一三五〇三斤	一三〇〇一九斤

收交重量	溢耗斤數目		應（付／收）溢（耗）斤價款	在鄧起運日期	鄧段應付運費	在鄧已付運費	在瀘應付水尾	附註
	溢斤	耗斤						
一二九九六斤	—	又斤	三四四四〇〇	11/8	六六五〇〇〇	五五三五〇〇	六六五〇	

運雜費名稱	金額	備考
撥船運費	五九五三五〇	盧朱林等四舟
橹船水尾	四五三三七八	
共計	○拾六萬四千○百五拾八元六角○分	

運雜費名稱	金額	備考

鄧關鹽務分局查核後加註批語

大昌裕鹽號鄧關轉運處

176

渝 字 號 □鹽運江津收

商鹽到瀘縣收交重量及支付運雜費證明單

三十三年八月卅日 字第十一號

鹽傳號數	鹽別	運照號數	官運或代運商牌名	承運船戶姓名撥輪號數	裝運包數	到瀘日期	在鄧關原裝重量	扣去鄧瀘段流耗在瀘縣應交斤重
一七一	巴花	七四九六六	大昌裕	王紹如 一五二	四五〇	八月九日	一二九六二九六斤	一二八七五一斤

收交重量	溢斤數	虧斤數	應補溢斤價款 / 應扣虧斤價款	在瀘起運日期	瀘津段應付運費	在瀘已付運費	至津應付水脚	附註
一三八四九七斤		二五四斤	一七九八三三元	八月卅日	八一九九一元	五六九九一元	二五〇〇〇元	

運雜費名稱	金額	備考
瀘津段運費	五六九九五九六	
獎金	三一一四	
消磨費	一〇〇〇	
鄧瀘段水尾	六六一五〇	
國流	三七〇五〇〇	國流五天[illegible]計六五斤[illegible]
撥船幫項	二〇〇〇〇〇	幫項五天[illegible]

運雜費名稱	金額	備考
管事幫項	二〇〇〇〇	幫項五天[illegible]

共計陸萬玖千伍百貳拾壹元〇角〇分

准四三〇

八月廿九日元偶

大昌裕鹽號瀘縣辦事處

分局長

177

176

代運官鹽到渝收交重量及支付運雜費證明單

33年7月12日 津字第11號

鹽儎號數	岸別	鹽別	運照號數	代運商牌名	承運船名	換輪裝運號數包數	到瀘日期	在瀘原裝重量	扣瀘渝段流折 970 斤在渝應交斤量
	楚	花	7696	大昌裕	王紹如	450	9月1日	毛128437	毛127466

收交重量	溢虧斤數 溢 / 虧	應(付溢/收虧)斤價款	在渝放運日期	渝段應付運費	在渝已付運費	至津應付水尾	憑單號次
毛128521	溢1091斤	@$5690 計$6207790	9月15日			$2500000	456

運雜費名稱	金額	備考	運雜費名稱	金額	備考
津沂水尾	$2500000				溢斤1091斤 價給長坨 9.70元
津倉起力	$69600	九月一日—九月十五日 @$400			濕鹽121担 倉如上數
幫埮	$9600	九月一日—九月十五日 @$40			
簽事幫埮	$9600				

共計△拾叁萬肆千陸百伍拾陸元△角△分正

監運員查核後加批註語

代運商 大昌裕鹽號駐渝辦事處

江津鹽務分局局長

江北鹽務支局局長

查核員

查核組

173

代運官鹽到在渝收交重量及支付雜費證明單

33年8月1日　裕字第10號

鹽載號數	岸別	鹽別	運照號數	代運商牌名	承運船名	換輪號數	裝運到渝包數	到日	在滬原裝重量	扣滬渝段流折斤在渝應交
[illegible]	[illegible]	花	[illegible]	大昌裕	范伯翔		1150		斤 毛 [illegible]	毛 [illegible]

收交重量	溢虧斤數目（溢斤 / 虧斤）	應（付溢）（收虧）斤價款	在渝放運日期	渝段應付運費	在渝已付運費	至渝應付水尾	憑單
毛			8月1日	$54000.00	$45000.00	$5000.—	

運雜費名稱	金額	備考
自保保費	14566.00	
津渝運費	45000.00	
津倉下力	5692.00	

共計△拾陸萬伍千貳百伍拾捌元△角△分正

監運員查核後加批註語

代運商　大昌裕鹽號江津臨時辦事處

江津鹽務分局局長

江北鹽務支局局長

查核員

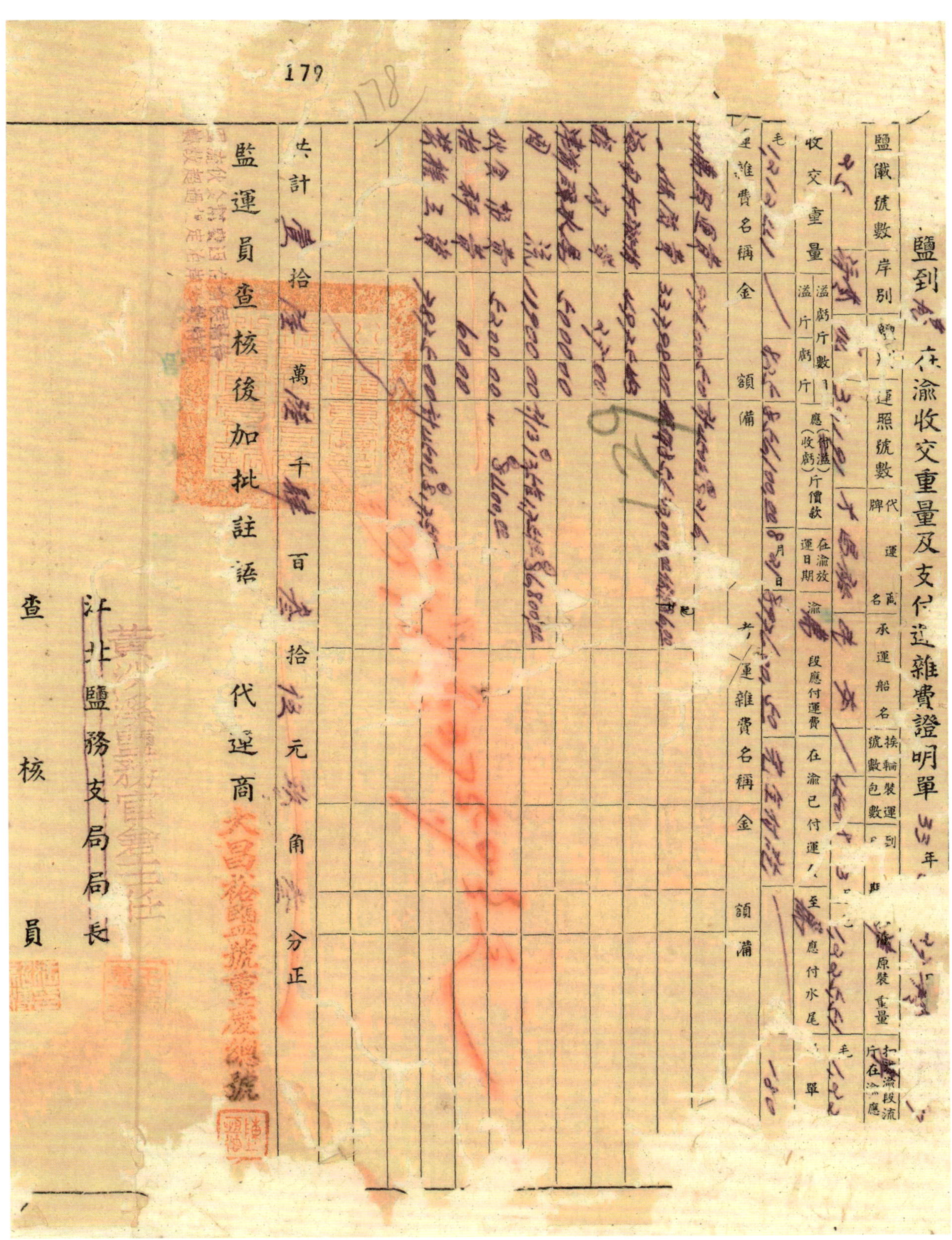
179

鹽到　在渝收交重量及支付運雜費證明單

鹽斤號數　岸別　運照號數　代運牌名　承運船名　換輪號數　裝運包數　到　期　原裝重量　在渝段流　應

收交重量　溢虧斤數　溢斤　虧斤　應(補溢)(收虧)斤價款　在渝放運日期　渝　段應付運費　在渝已付運　至　應付水尾　單

運雜費名稱　金　額　備

運雜費名稱　金　額　備

共計　拾　萬　千　百　拾　元　角　分正

監運員查核後加批註語　代運商

川北鹽務支局局長

查核員

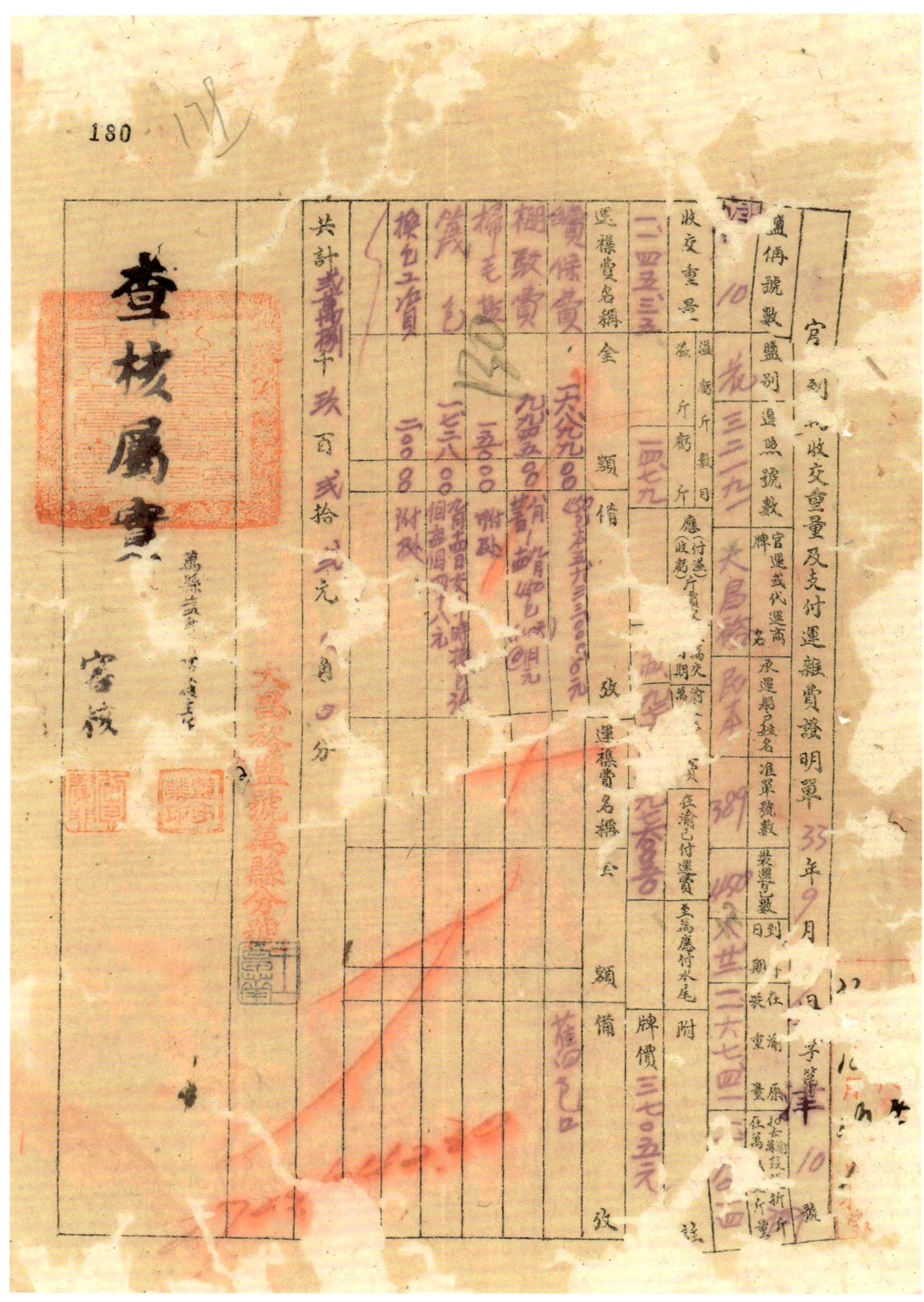

180

官到□收交重量及支付運雜費證明單　35年9月　日　字第10號

鹽傳號數	鹽別	運照號數	官運或代運商牌名	承運船戶姓名	准單號數	裝運包數	到岸日期	在渝重量	在萬重量
10	花	三二九一	大昌裕	邱本	389	1450	[illegible]	二六七四一	[illegible]

收交重量	溢虧斤數	應(付溢)(收虧)斤費	在渝已付運費	至萬應付水尾	附註
二一四五三	一四七九	[illegible]	九二〇〇 [illegible]		牌價三七〇五元

運雜費名稱	金額	備考
續保費	一八六八九〇〇	[illegible]
棚駁費	九二四五〇〇	[illegible]
掃毛鹽	一五〇〇〇	附卧
簑包	一七三八〇〇	[illegible]
換包工資	二〇〇〇	附批
共計	貳萬捌千玖百貳拾□元□角□分	

運雜費名稱	金額	備考
		舊包口

查核屬實

萬縣□□□□□

審核

大昌裕鹽號萬縣分號

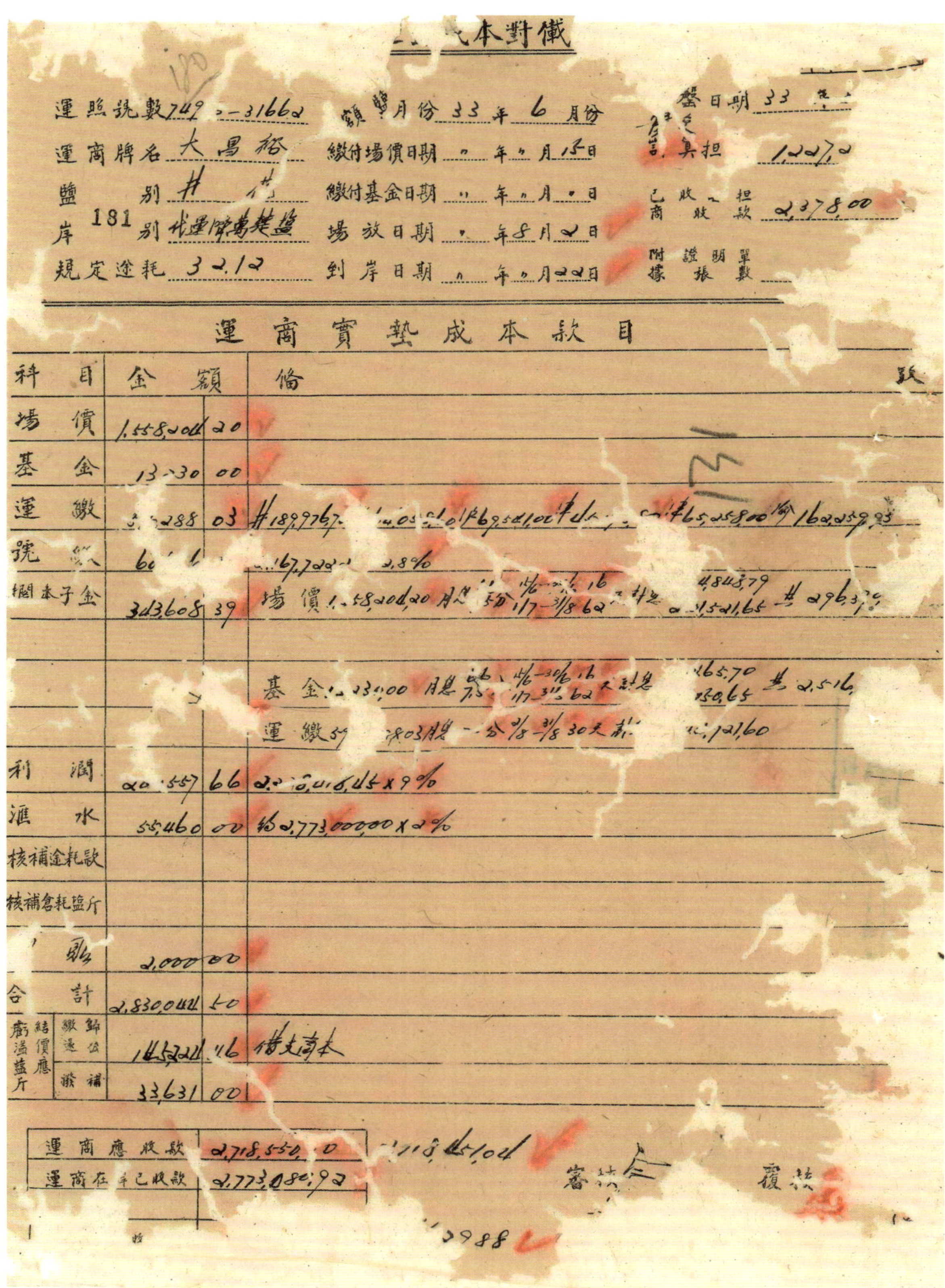

□□本對儀

運照號數 749 □-3166 □	領□月份 33 年 6 月份	簽日期 33 □
運商牌名 大昌裕	繳付場價日期 〃年〃月 13 日	□具担 1,227,□
鹽　別 □	繳付基金日期 〃年〃月〃日	已收之担商款 237,800
岸 181 別 代運□□楚鹽	場放日期 〃年 8 月 2 日	
規定途耗 32.12	到岸日期 〃年〃月 22 日	附證明單據張數

運商實墊成本款目

科目	金額		備
場價	1,558,204	20	
基金	13,□30	00	
運繳	□□288	03	共 189,767□ □□□□□ 465,258.00 偷 162,259.93
號□	6□□		□167,722□ □.8%
擱本子金	343,608	39	場價 1,□58,200.20 月息 □分 1/6-□/□ 16 □ 4,843.79 □□ 1/7-3/8 62 □ □,521.65 共 296,3□□
			基金 □□3□.00 月息 □ 1/6-□/□ 16 □ 165.70 1/7-3/8 62 □ 150.65 共 2,516
			運繳 5□ □803 月息 □分 3/8-3/8 30 天 □ □,121.60
利潤	2□,557	66	2,□□□,416.45×9%
匯水	55,460	00	約 2,773,000.00×2%
核補途耗款			
核補倉耗鹽斤			
□□	2,000	00	
合計	2,830,044	50	
虧溢鹽斤 結價應 繳歸還公	1□5,2□4	16	借支商本
虧溢鹽斤 結價應 撥補	33,631	00	

運商應收款	2,718,550.□0
運商在□已收款	2,773,080.92

□118,451.0□

審核 □ 覆核

□2988

委託商運鹽成本對儀結算表

日期＿＿＿＿

182

登記編號＿＿＿＿

運照號數	39963-3166	產鹽月份	33年5月份	交官日期	33年9月15日
運商牌名	大昌裕	何月領鹽	33年6月份	在途日數	井津 20天
額	井花	繳付場價日期	33年6月15日	泊岸日數	津 24天
岸別	北邑濟	繳付基金日期	33年6月15日	實交担數	1207.2担
規定 途耗	30.12斤	場放日期	33年8月2日	已收每担商收款	2378.00元
規定 岡流	渝13.4375 / 12.1875斤	到岸日期	33年8月22日	領款日期	33年9月18日

運商貢在應收成本款目

科目	金額	單據張數	備考
場價	[illegible]		
基金	13,230.00		井繳180036.80 鄧繳64158.60 濃繳69541.00 津繳451938.0元
運繳	623,922.03	8	井津368770.10元
			津繳65358.00 渝繳162319.03 萬繳27574.00 津寸255151.93元
號繳	61469.37		墊計219535.603元 按 %計
	8000.00		奉令核給津貼
擱本子金	271,815.89		1. 價場 1558,00…元 …
	2299.37		2. 基金 13230.00元 15/6-1/9 日息 2.20元
	56843.40		3. 運繳 井津368770.10 2/8-21/9 日息 2.2元 子金40564.71元
			津寸255151.93 4/8-1/9 …… 16278.69元
匯水	55842.00		墊付各費約 2792100.00元 按 2%計
利潤	203294.36		墊計號繳共 2258…20元 按 9%計
合計	2847,921.22		

運商在岸已收款 2,918,305.38元 實收 交每担 担數 商收 ×已收款

虧溢 段別	鄧關	瀘縣	重慶	萬寧縣	合計
虧斤價款		2979480			2979480
溢斤價款	1631750		574200	4136330	6342280

虧溢斤兩補款 33,631.00元

兩相品除應 繳 退 運商 補 ＿＿＿＿元

36753.16

26

本金另給 本件第十一天已逾期 應依照務管理局規定請付

經理＿＿＿＿

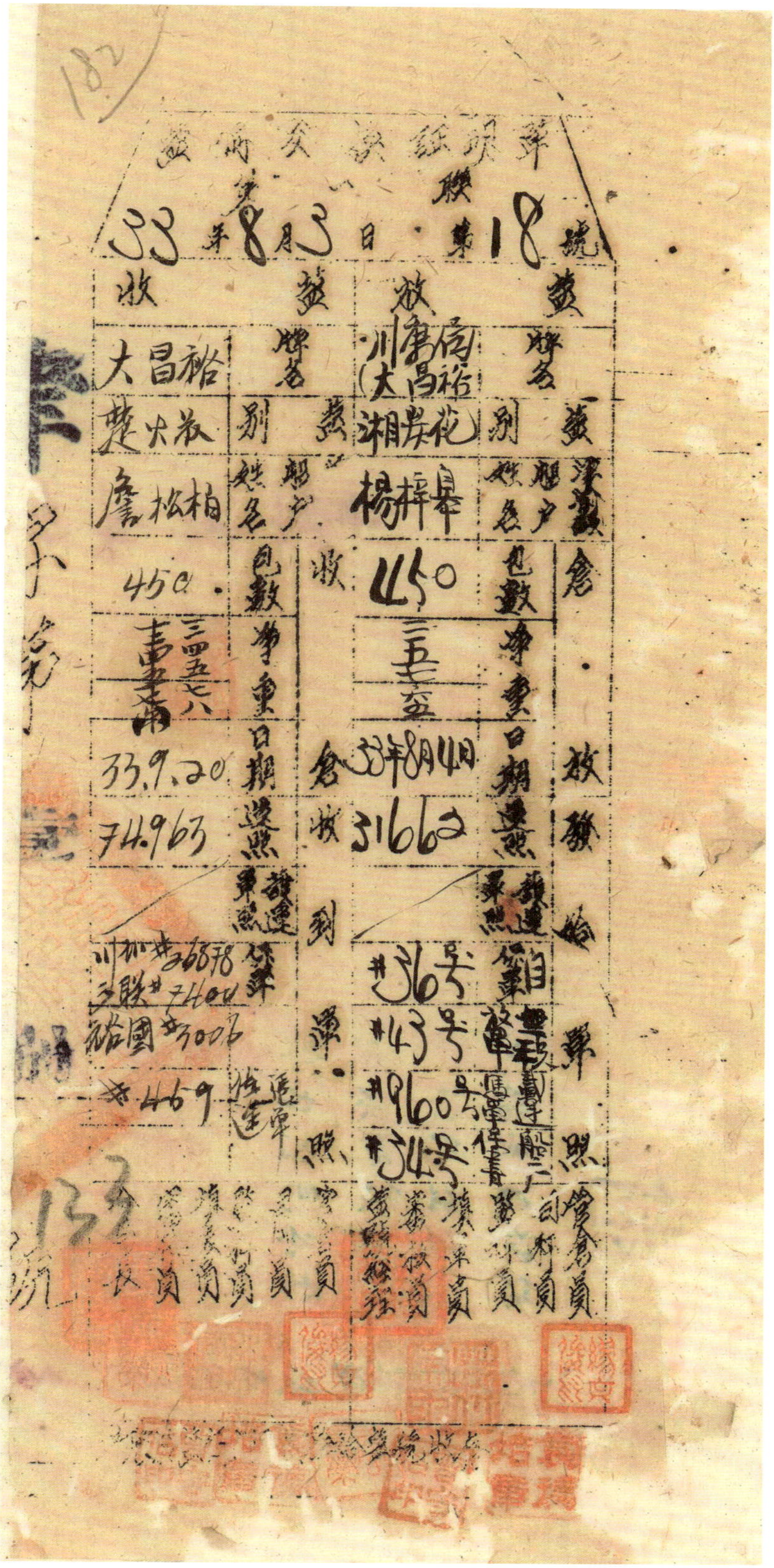

33 年 8 月 3 日 第 18 號
大昌裕
詹松柏
楊梓皋
450
450
33.9.20
33年8月4日
31662
#36号
#43号
#960号
#34号
#469

183

陸

商鹽包裝運雜費用報告單

卅六年八月廿九日　字第一六八號

牌名	鹽別	倉灶名稱	運照號數	准單號數	倉單號數	到關日期	進倉日期	場放日期	出關日期
大昌裕鹽號	楚花	易表祥	七四九六三	四一七	易表祥	卅六、八、六		卅六、八、五	卅六、八、七

包裝運雜費用名稱	金額	備考	包裝運雜費用名稱	金額	備考
保險費	六九七六八〇〇				
捆鹽篾条	八七四九三〇				
盛鹽包包	二八三五〇〇				
送包脚力	五六九〇〇				
擡船水力	四四〇一二四〇				
出倉脚力	三八五三九〇〇				

共計壹拾捌萬玖千玖百柒拾陸元柒角叁分

經手人或運商

關外監運員查核後加註批語

查核無訛

分局長

查核員

說明：本表應填具三份，除以一份留存外，以二份送呈關外監運處查明無異，經監運員蓋章證明，發還一份交運商，俟該鹽俑到岸造呈對冊或本表時附呈管理局查核，一份由關外監運處轉呈送管理局登記。

184

商鹽到鄧收交重量及支付運雜費證明單

33年8月15日　字第168號

鹽傳號數	鹽別	運照號數	代運商牌名	承運船户姓名	挨輪號數	装運包數	及應支泊岸圓流
超元	七四九六三	大昌裕	賴述云	一	450	一	

在鄧卸日期	在井原裝重量	扣去井頭秏斤在鄧應交斤量
8/8	三五七斤	三〇三斤

收交重量	溢斤數目	溢斤價款	應（付退）（收扣）斤價款	在鄧起運日期	鄧瀘段應付運費	在鄧已付運費	至瀘應付水尾
三〇九九斤	溢 斤	溢 斤	六二五七	8/8	六六一五〇〇	五九五五〇〇	六六一五〇

附註

運雜費名稱	金額	備考
撥船運費	五九五三五〇〇	鄒述卿等五船
橹船水尾	四五二三六〇	

運雜費名稱	金額	備考

共計 〇拾 六萬 四千 〇百 五拾 八元 六角 〇分

鄧關盐務分局查核後加註批語

查核無誤

局長　　科長　　股長　　經辦

大昌裕鹽號 鄧關轉運處

185

渝總號

收津江運站訖

商鹽到瀘縣收交重量及支付運雜費證明單

三十三年九月一日 東字第 十二號

鹽傳號數	鹽別	運照號數	官運或代運商牌名	承運船户姓名	撥輪號數	裝運包數	到瀘日期	在鄧關原裝重量	扣去鄧瀘段流斤在瀘縣應交斤量
一六八	裝花	七四九六三	大昌裕	詹裕柏	一三九	四五〇	八月七日	一三〇二九九斤	一二九七五四斤

收交重量	溢虧斤數目	應付(或扣)溢虧斤價款	在瀘起運日期	瀘津段應付運費	在瀘已付運費	至津應付水尾	附註
一二九三二二斤	溢 斤 虧 四三三斤	一九七八五八元	八月廿日	八一八九九一元	五六九九一元	二五〇〇〇元	每斤內國風五斤計36斤

運雜費名稱	金額	備考
瀘津段運費	五六九九八八六	
獎金	三二四〇	
消磨費	三〇〇〇	
鄧瀘段水尾	六六一五〇〇	
國流	三七五〇〇	國風五天%斤計三五斤
搭船帮項	二〇〇〇〇	帮項五天

運雜費名稱	金額	備考
置事帮項	二〇〇〇〇	帮項五天

共計 陸萬玖千伍百肆拾壹元 〇角 〇分

舊四一七 八月廿日 元備

大昌裕鹽號駐瀘縣辦事處

金耀華章

分局長 蕭慶三章 代

代運官鹽到在渝收交重量及支付運雜費證明

33年9月20日 𡍼字第 13 號

鹽識號數	岸別	鹽別	運照號數	代運商牌名	承運船名	換輪裝運包數號數	到渝日期	在渝原裝重量	扣滷渝段沿途在渝應交斤
		楚花	74963	大昌裕	詹松柏	450	9月3日	毛129321	毛[illegible]

收交重量	溢虧斤數目（溢斤／虧斤）	應（付溢）（收虧）斤價款	在渝放運日期	渝𡍼段應付運費	在渝已付運費	至𡍼應付水尾	憑單號次
毛129078	889	5058410	9月20日			250000.00	459

運雜費名稱	金額	備考	運雜費名稱	金額	備考
𡍼沪水尾	250000.00				
𡍼倉起力	56960.00				
郵𡍼	48000.00	九月三日至九月二十日十八天			
倉庫費	48000.00	九月三日至九月二十日十八天 @$4-$400			

共計△拾叁萬伍千玖百柒拾陸元△角△分正

監運員查核後加批註語

代運商 大昌裕鹽號江津臨時辦事處

江津鹽務分局局長

江北鹽務支局局長

查核員

187

代運官鹽到　在渝收□重及支付運雜費證明□

33年8月2日裕字第12號

鹽識	號數	岸別	鹽別	運照號數	代運商牌名	承運船名	換輪裝運號數之數	到渝日期	在滬原裝重量	扣滬渝段流折斤在渝應交斤
裝			花	31662	大昌裕	楊梓皋	1150	月　日	毛 120.05	毛 119.80

收交重量	溢虧斤數目	應(付溢)(收虧)斤價款	在渝放運日期	渝津段應付運費	在渝已付運費	至渝應付水尾	憑單號次
毛	溢斤 虧斤		8月2日	#5400000	#4500000	#5000	

運雜費名稱	金額	備考	運雜費名稱	金額	備考
自保保費	1456200				
津渝運費	4500000				
津倉下力	529600				

共計△拾陸萬伍千柒百伍拾捌元△角△分正

#6548.55

監運員查核後加批註語

代運商 大昌裕鹽號江津臨時辦事處

江津鹽務分局局長

江北鹽務支局局長

查核員

查核核簽

188

代運官鹽到□在渝收交重量及支付運雜費證明單

33年8月□日 □字第□號

鹽黻號數	岸別	鹽別	運照號數	代運商牌號	承運船名	換運包數	到渝日期	在渝原裝重量	扣除渝段耗斤在渝實交斤
							8月4日	毛	毛

收交重量	溢虧斤數目 溢斤	溢虧斤數目 虧斤	應付溢(收虧)斤價款	在渝放運日期	渝段應付運費	在渝已付運費	至□應付水尾	憑單號
毛				8月30日				

運雜費名稱	金額	備考	運雜費名稱	金額	備考

共計 壹拾壹萬貳千叁百壹拾伍元伍角叁分正

監運員查核後加批註語

代運商

江北鹽務支局局長

查核員

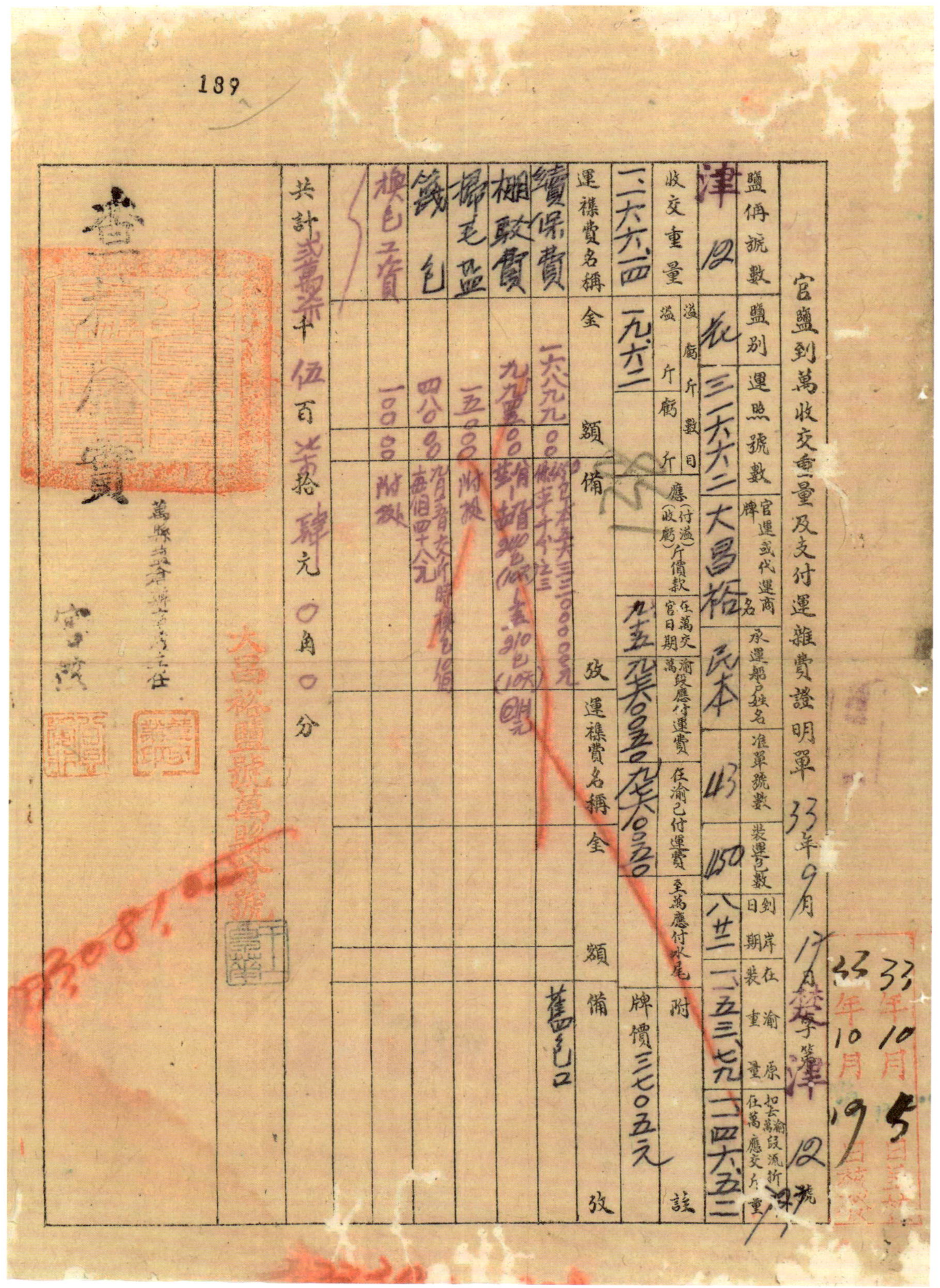

189

官鹽到萬收交重量及支付運雜費證明單　33年9月17日發　字第津12號

鹽傳號數	津12
鹽別	花
運照號數	三一六六二
官運或代運商牌名	大昌裕
承運船户姓名	民本
准單號數	113
裝運包數	150
到岸日期	八廿二
在渝原裝重量	一二五三、七九
扣去渝萬段流折在萬應交斤重	一二四六、五二
收交重量	一二六六、四
溢虧斤數目	溢 一九、六二 斤；虧 斤
應（付溢）（收虧）斤價款	
在萬交官日期	九廿五
渝萬段應付運費	[illegible]
在渝已付運費	[illegible]
至萬應付水尾	
附註	牌價三七〇五元

運雜費名稱	金額	備考
續保費	一六八九九〇〇	[illegible]
棚駁費	[illegible]	[illegible]
掃毛鹽	一五〇〇	附據
篾包	四〇〇	[illegible]
換包工資	一〇〇	附據

共計貳萬柒千伍百柒拾肆元〇角〇分

萬縣鹽倉管理處主任

大昌裕鹽號萬縣分號

33年10月19日

33年10月5日

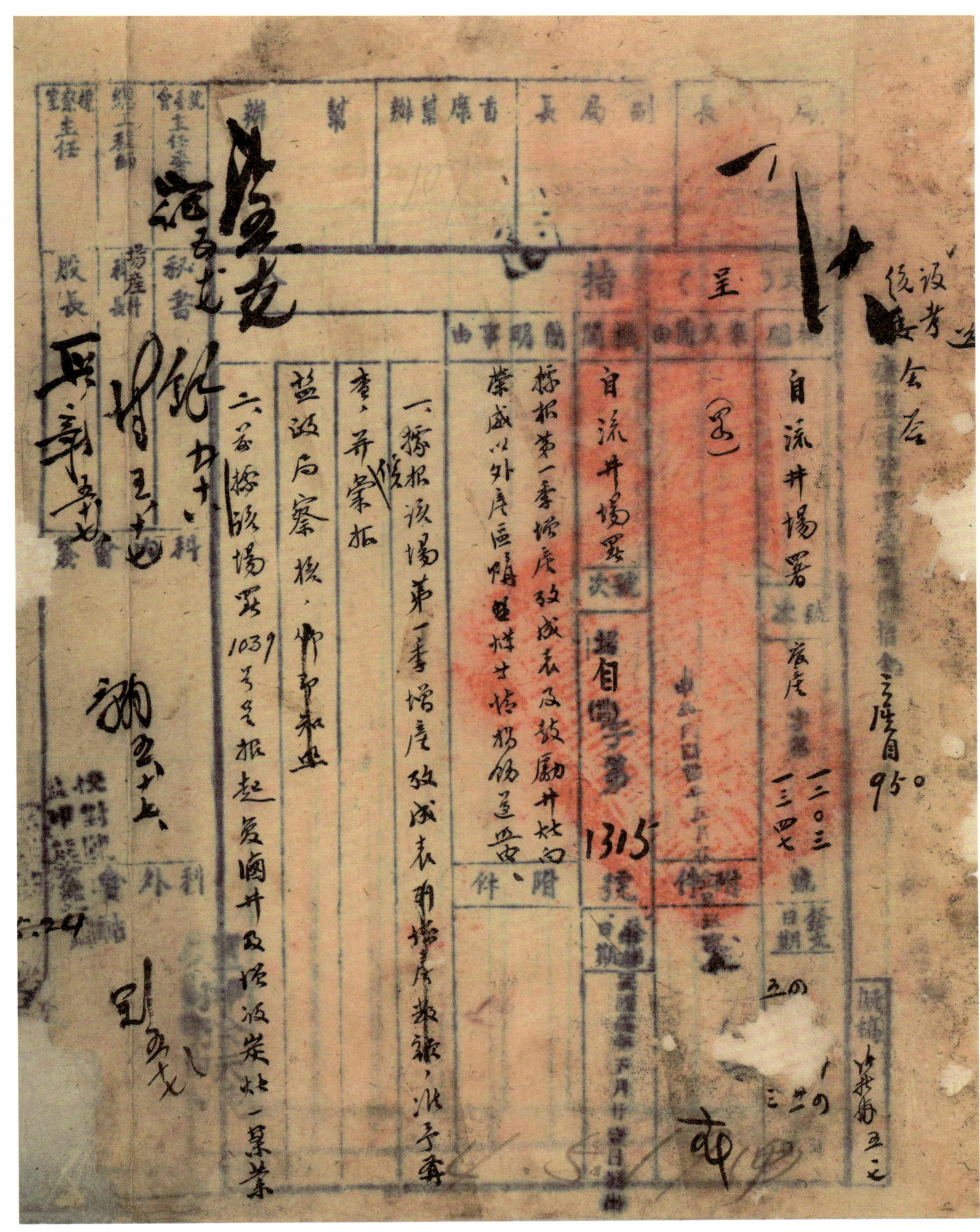

川康盐务管理局关于第一季增产考成表及增加炭锅等情致自流井场署的指令（一九四五年五月二十一日）

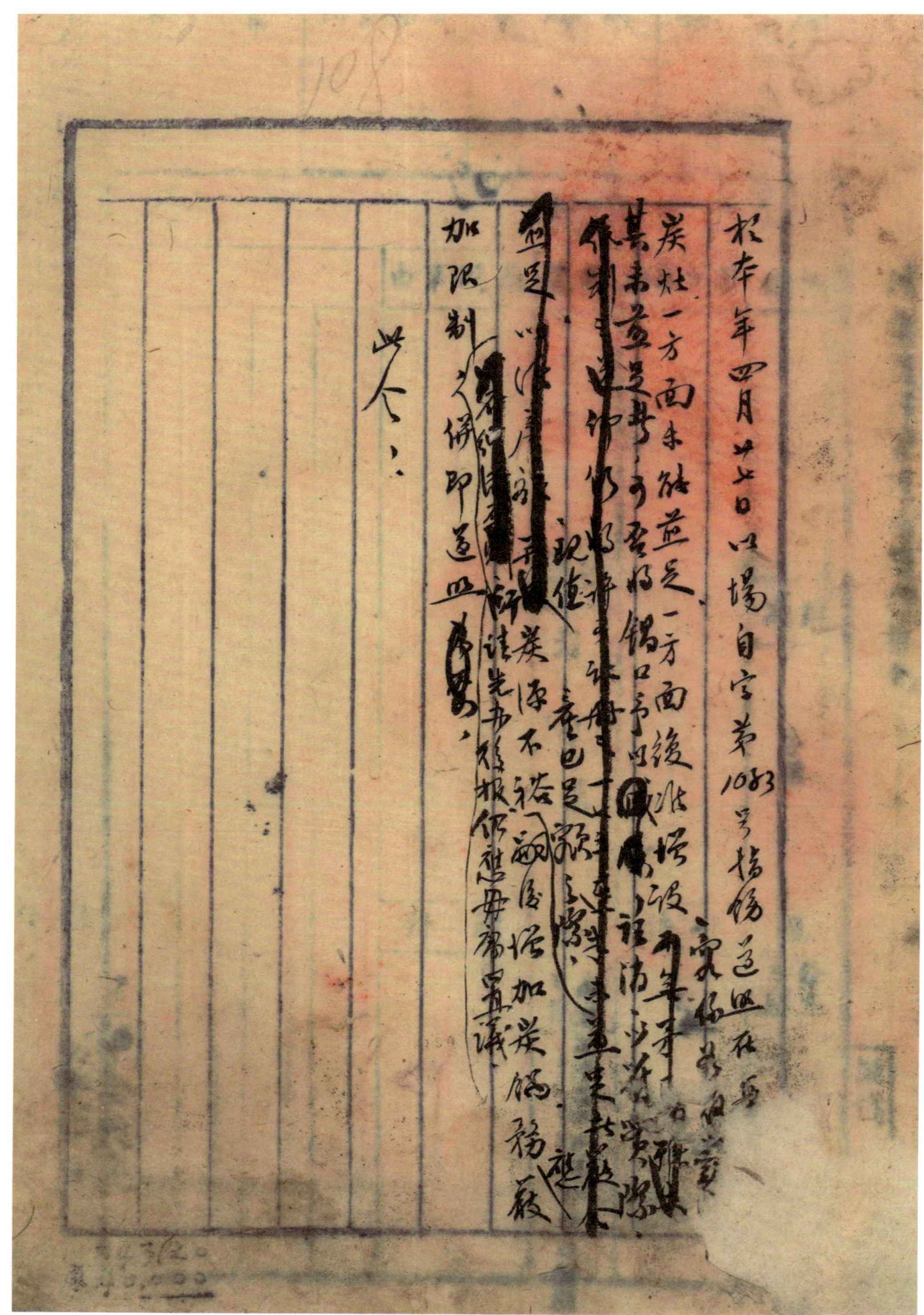

如擬［？］之回［？］

請
設計會核簽［？］案備之中 卅一年［？］成［？］正左［？］
劉五鈞［？］呈

簽擬自流井場署1039號呈報關於趕复及添設巖灶以
由場署先行核准一案，業經指飭以現在該場計可
花灶鍋口一七三連本為限，其未趁［？］並呈請飭局［？］並呈以補
再有設立者另案呈報，報核去後，茲呈報
鹽政局呈核在案，茲據呈報該場本年第一季實產鹽
斤，西場超過百分之八，嗣後對於灶增加鍋口，仍擬先行核准，用剩
場產者，惟查該場產炭花灶為未盡足，許可各地記數［？］，核［？］鹽產
既已增超，擬飭遵照［？］令仍以許可登記之一七三連本為
限，茲令並足以資維持現有產量（并因炭源不暢），嗣後增加鍋口，務予限
制，擬飭遵照登記［？］
案。

一方面未能兼足，一方面復難增設，不免矛盾，請暫從限制之道，擬請核示［？］

銘［？］ 劉五六［？］

附（一）：自流井盐场公署致川康盐务管理局的呈（一九四五年四月二十一日）

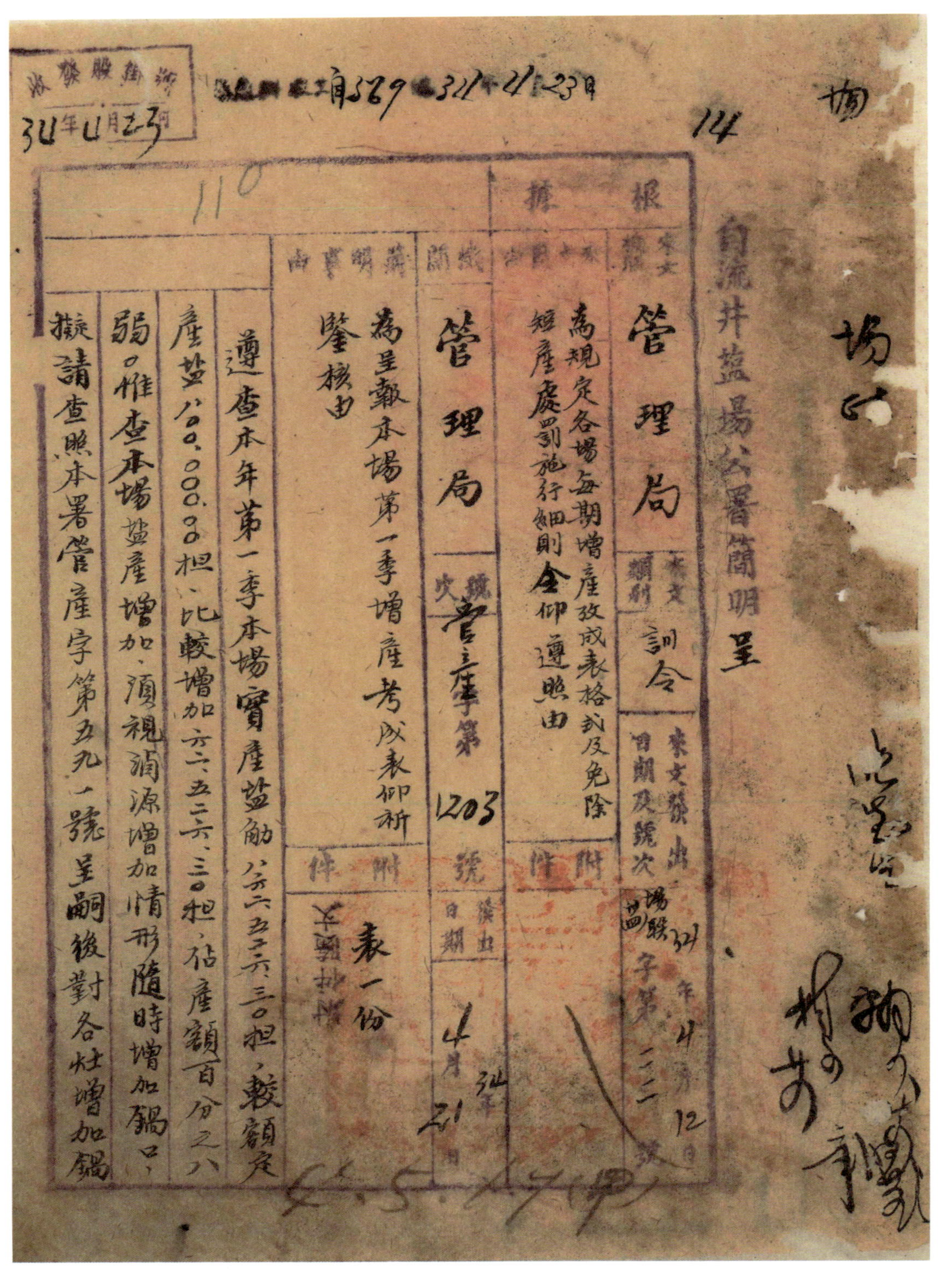
自流井盐场公署简明呈

报　摘

来文机关：管理局

来文类别：训令

来文发出日期及号次：34年4月12日　场盐字第二二　号

事由：为规定各场每期增产改成表格式及免除短产处罚施行细则仰遵照由

附件

管理局

号次：管产字第1203号

发出日期：34年4月21日

事由：为呈报本场第一季增产考成表仰祈鉴核由

附件：表一份

遵查本年第一季本场实产盐觔八六六，五二六，三〇担，较额定产盐八〇〇，〇〇〇担，比较增加六六，五二六，三〇担，估产额百分之八弱。惟查本场盐产增加，须视卤源增加情形随时增加锅口，拟请查照本署管产字第五九一号呈嗣后对各灶增加锅

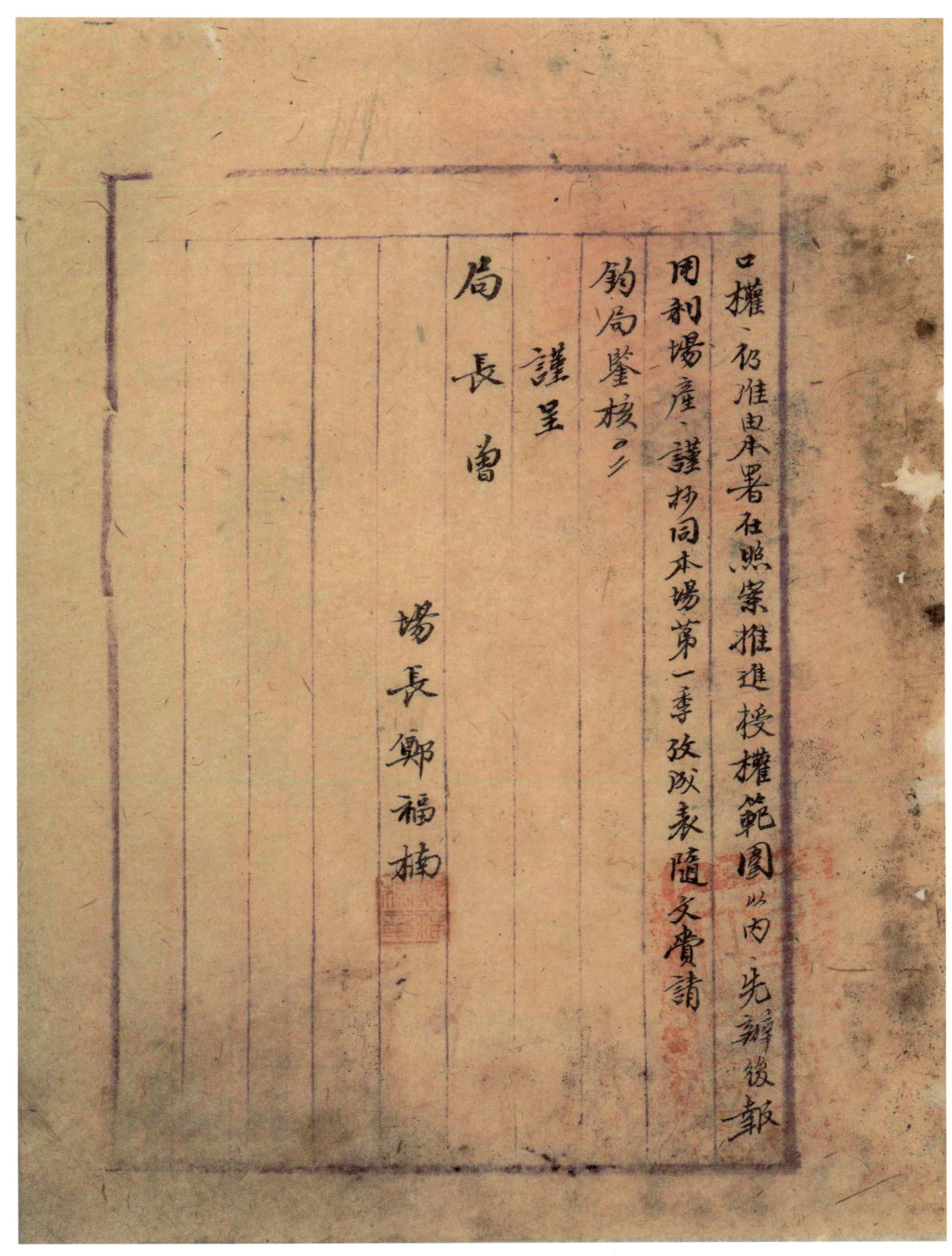

口權，仍准由本署在照案推進授權範圍以內，先辦後報

同到場處，謹抄同本場第一季改隊表隨文賫請

鈞局鑒核。

謹呈

局長曾

場長鄭福楠

附（二）：自流井盐场公署致川康盐务管理局的呈（一九四五年五月三日）

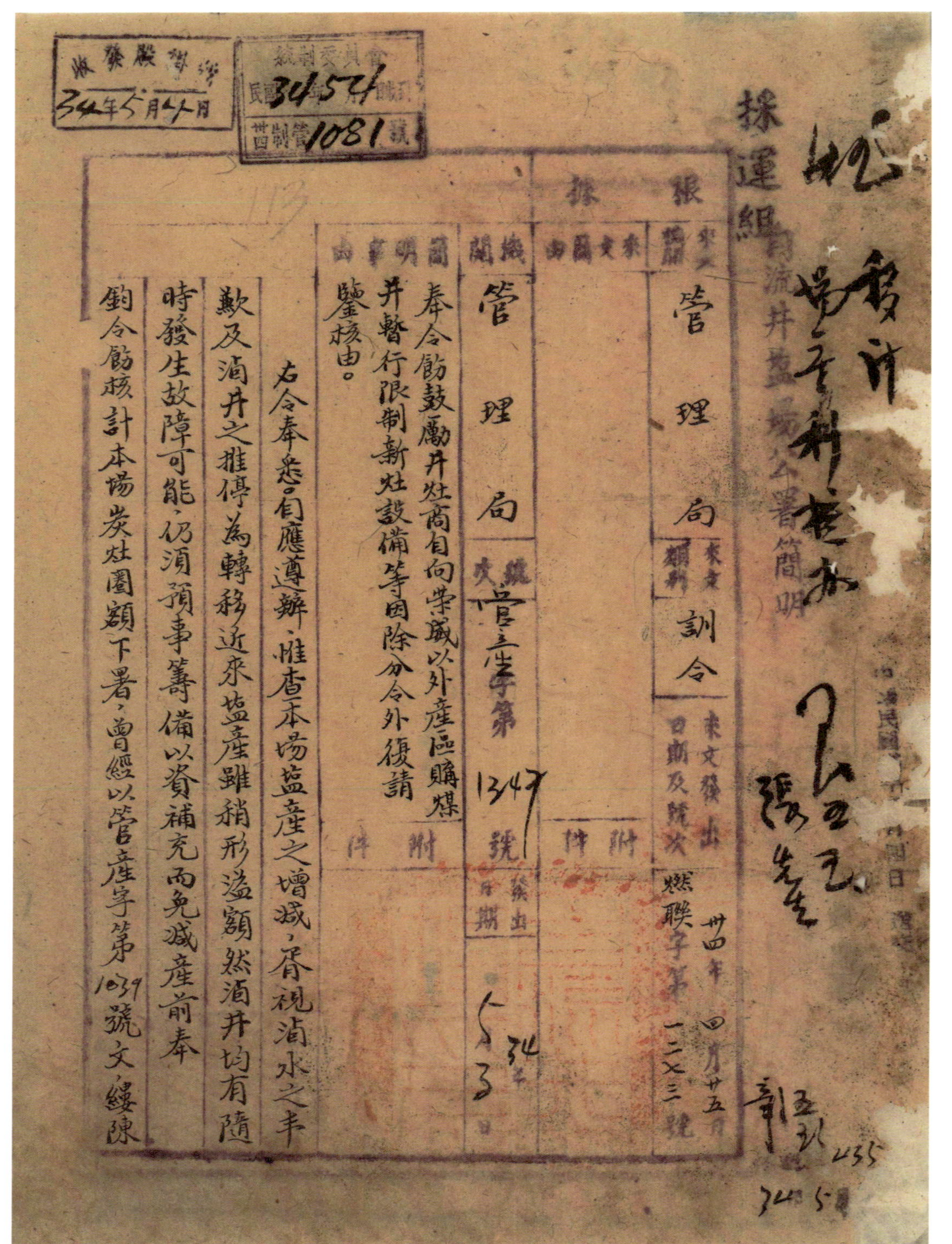

採運組

張	類別	來文	來文發出日期及號次	附件
機關	管理局	訓令	燃聯字第一二七三號 卅四年四月廿五日	

張	機關	文號	發出日期	附件
	管理局	管產字第1347號	34 5 3	

簡明事由：奉令飭鼓勵井灶商自向榮威以外產區購煤并暫行限制新灶設備等因除分令外復請鑒核由。

右令奉悉，自應遵辦。惟查本場鹽產之增減，胥視滷水之丰歉及滷井之推停為轉移。近來鹽產雖稍形溢額，然滷井均有隨時發生故障可能，仍須預事籌備以資補充而免減產。前奉鈞令飭核計本場炭灶圈額下署，曾經以管產字第1039號文，縷陳

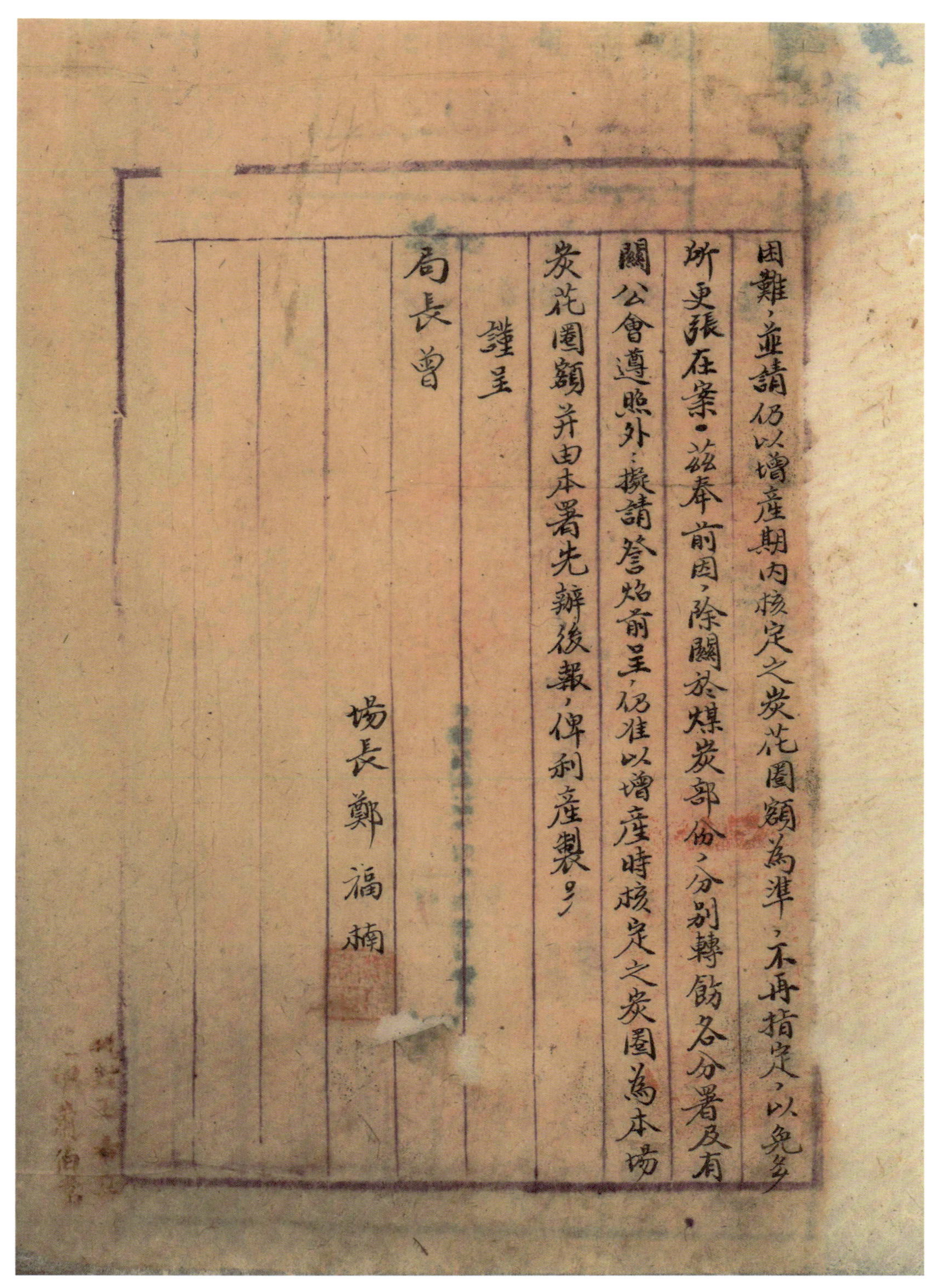
困難，並請仍以增產期內核定之炭花圈額為準，不再指定，以免多所更張在案。茲奉前因，除關於煤炭部份，分別轉飭各分署及有關公會遵照外，擬請參炤前呈，仍准以增產時核定之炭圈為本場炭花圈額，并由本署先辦後報，俾利產製。

謹呈

局長曾

場長鄭福楠

财政部关于废止各盐区增产考成办法暨川盐区增产考成办法致川康盐务管理局的训令（一九四五年九月至十二月）

关于自民国三十四年七月起停止适用川盐区增产考成办法的训令（一九四五年九月九日）

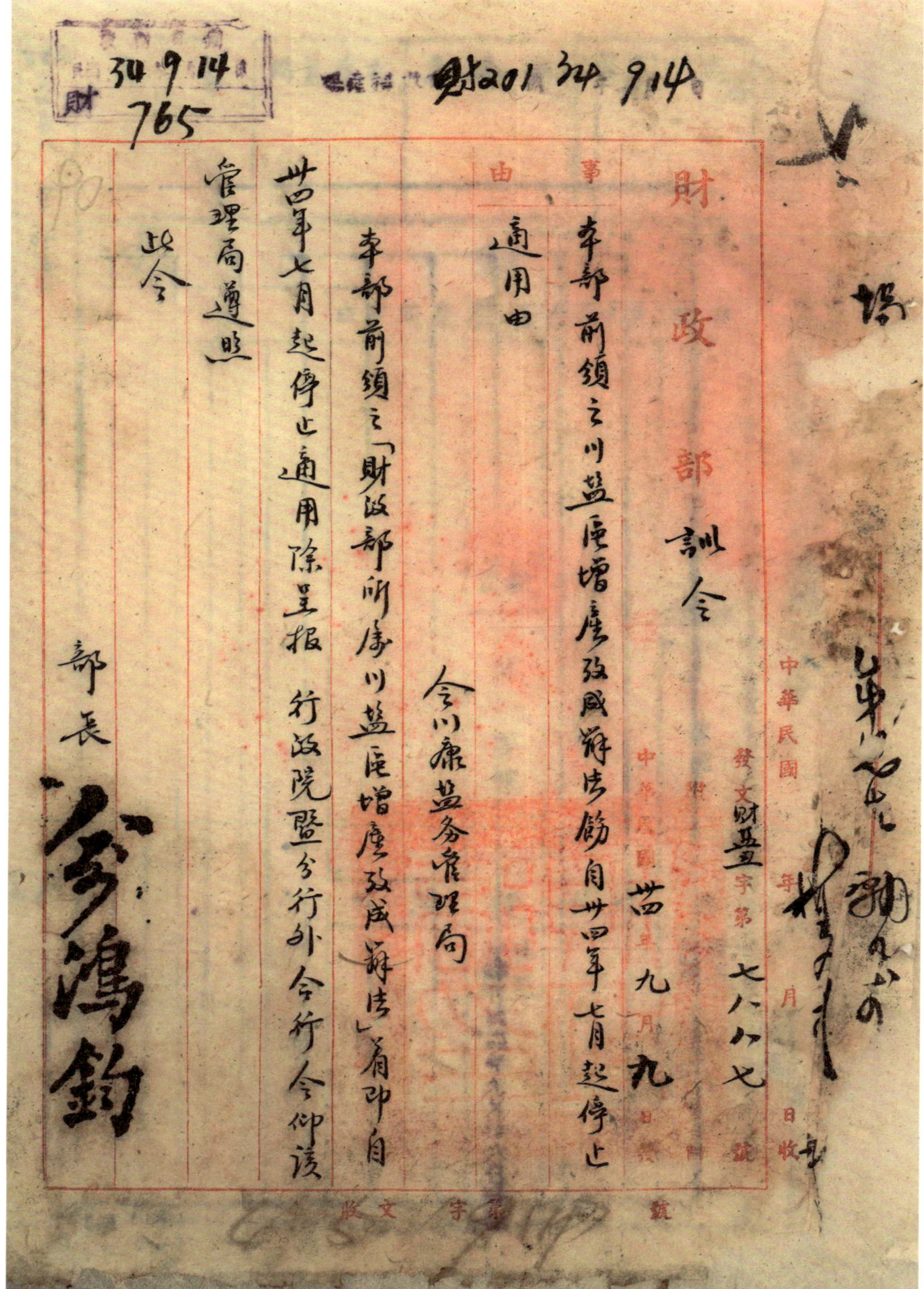

财 34 9 14 765

财201 34 9 14

财政部训令

发文财盐字第七八八七号

中华民国卅四年九月九日

事由：本部前颁之川盐区增产考成办法自卅四年七月起停止适用由

令川康盐务管理局

本部前颁之「财政部所属川盐区增产考成办法」着即自卅四年七月起停止适用，除呈报行政院暨分行外，合行令仰该管理局遵照。

此令

部长 俞鸿钧

关于废止各盐区增产考成办法暨川盐区增产考成办法的训令（一九四五年十一月十七日）

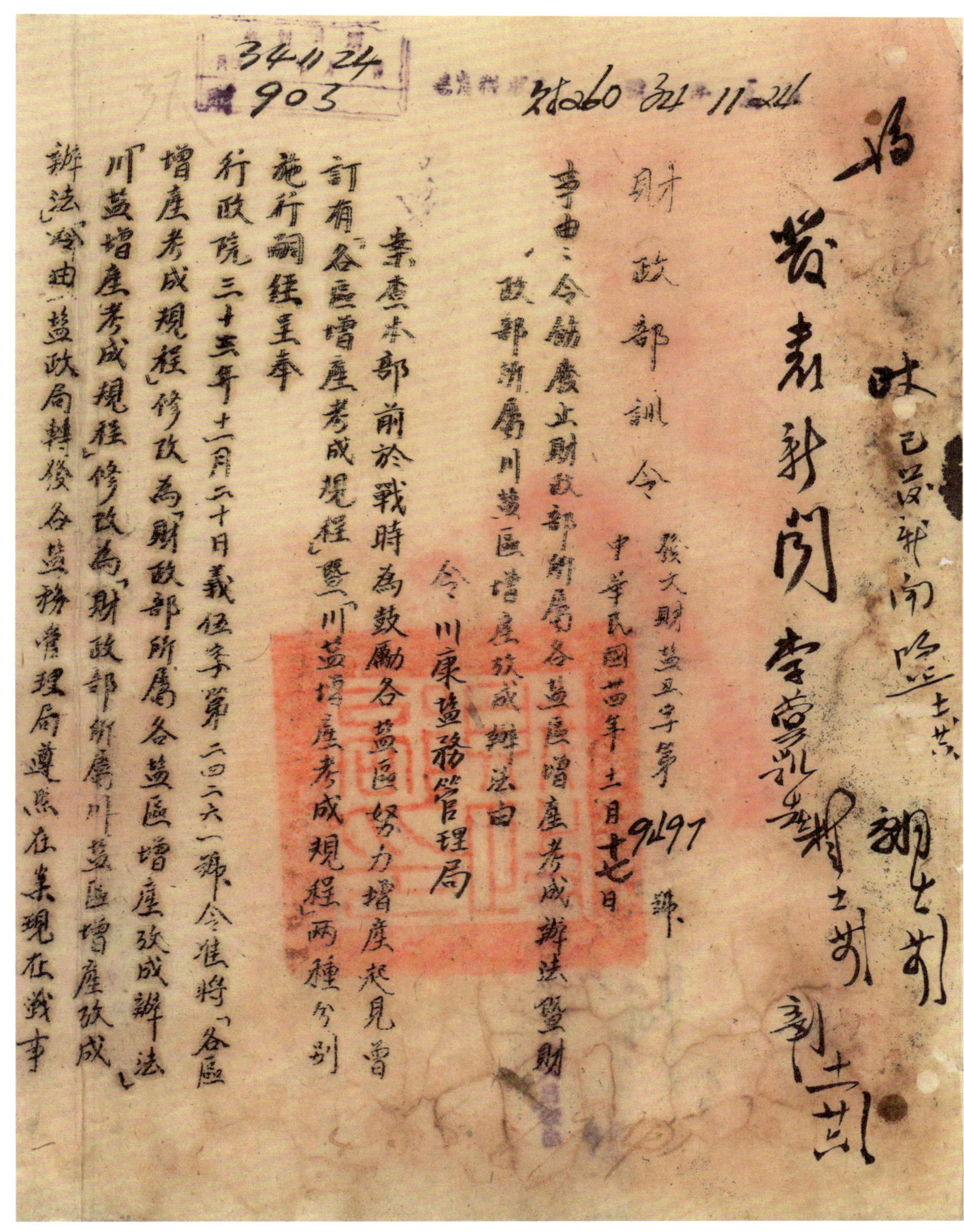

财政部训令　发文财盐五字第9197号
中华民国卅四年十一月十七日

事由：令饬废止财政部所属各盐区增产考成办法暨财政部所属川盐区增产考成办法由

令川康盐务管理局

案查本部前于战时为鼓励各盐区努力增产起见，曾订有「各区增产考成规程」暨「川盐增产考成规程」两种，分别施行，嗣经呈奉行政院三十三年十一月二十日义经字第二四二六一号令准将「各区增产考成规程」修改为「财政部所属各盐区增产考成办法」，「川盐增产考成规程」修改为「财政部所属川盐区增产考成办法」，令由盐政局转发各盐务管理局遵照在案。现在战事

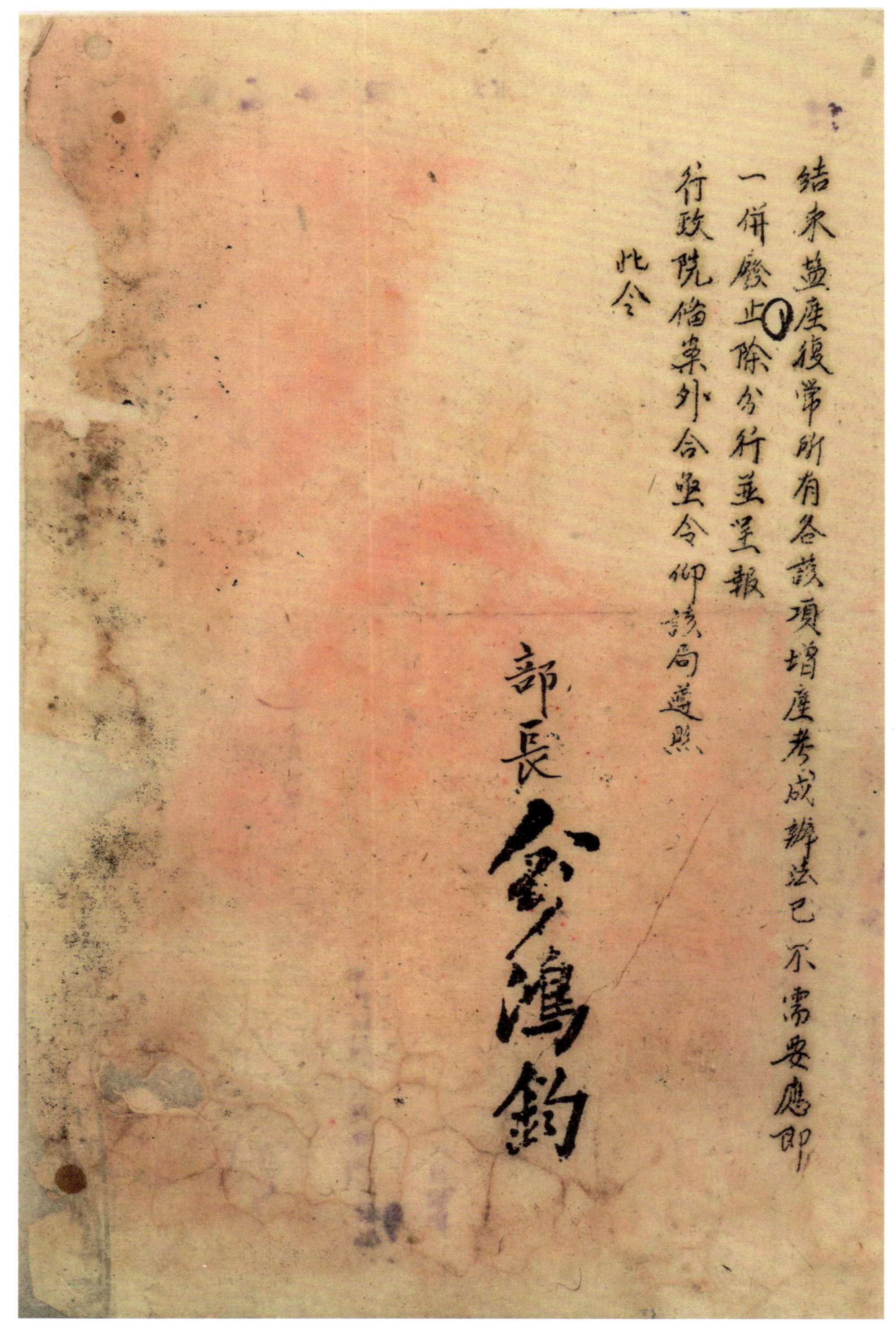

结束盐产复常所有各该项增产考成办法已不需要应即一併废止。除分行并呈报行政院备案外，合亟令仰该局遵照。此令。

部长 孔祥熙

关于废止各盐区增产考成办法暨川盐区增产考成办法一案已经行政院准予备案的训令
（一九四五年十二月十一日）

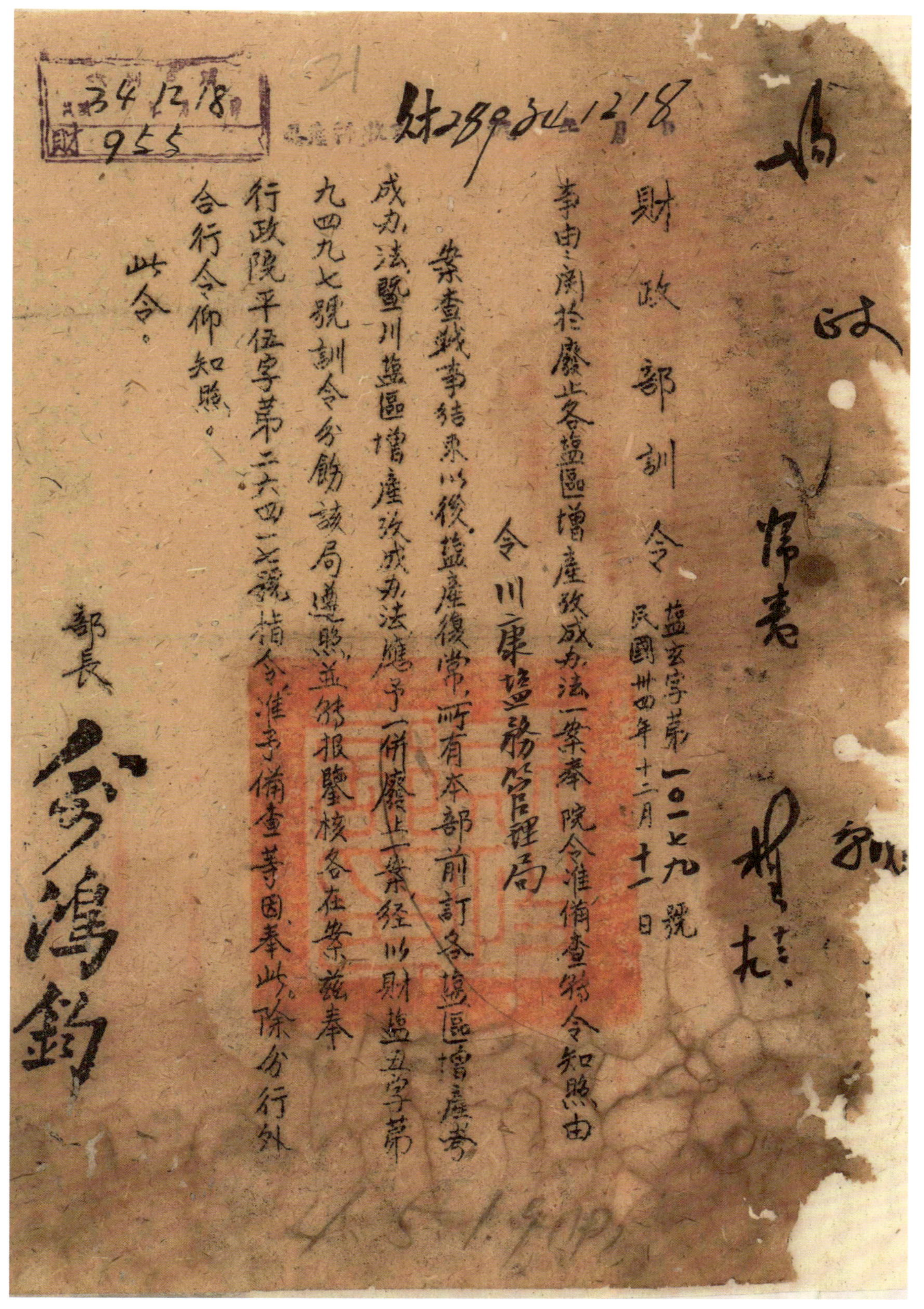

財政部訓令 盐玄字第一〇二七九號
民國卅四年十二月十一日

事由：關於廢止各盐區增產考成办法一案奉院令准備查，特令知照由

令川康盐務管理局

案查戰事結束以後，盐產復常，所有本部前訂各盐區增產考成办法暨川盐區增產考成办法，應予一併廢止一案，經以財盐五字第九四九七號訓令分飭該局遵照，並飭報鑒核各在案。茲奉行政院平伍字第二六四一七號指令：准予備查。等因奉此，除分行外，合行令仰知照。

此令。

部長 俞鴻鈞

财政部关于战事结束应停止核给自贡盐场盐崖淡卤补价致川康盐务管理局的代电（一九四五年十二月二十八日）

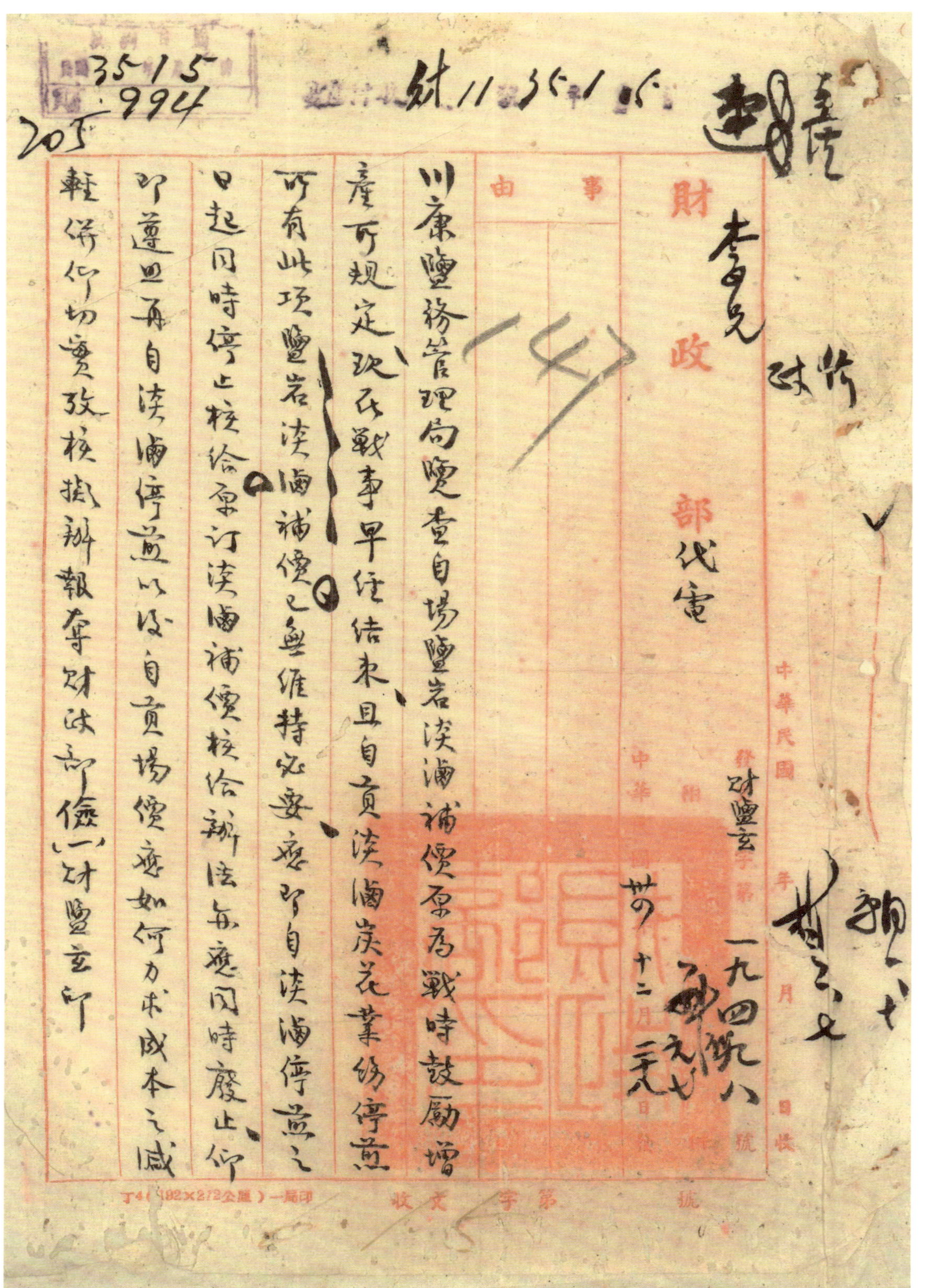
财政部代电

川康盐务管理局览：查自场盐岩淡卤补偿原为战时鼓励增产所规定，现在战事早经结束，且自贡淡卤炭花业经停煎，所有此项盐岩淡卤补偿已无维持必要，应即自淡卤停煎之日起同时停止核给。原订淡卤补偿核给办法亦应同时废止。仰即遵照。再自淡卤停煎以后自贡场价应如何力求成本之减轻，并仰切实考核拟办报夺。财政部（渝）财盐玄印

财盐玄 卅四 十二 二十八

自流井场盐崖井关于努力增产而遭受牺牲恳请准予起复淘办推汲卤井以维场产岸销致川康盐务管理局的会呈（一九四七年七月五日）

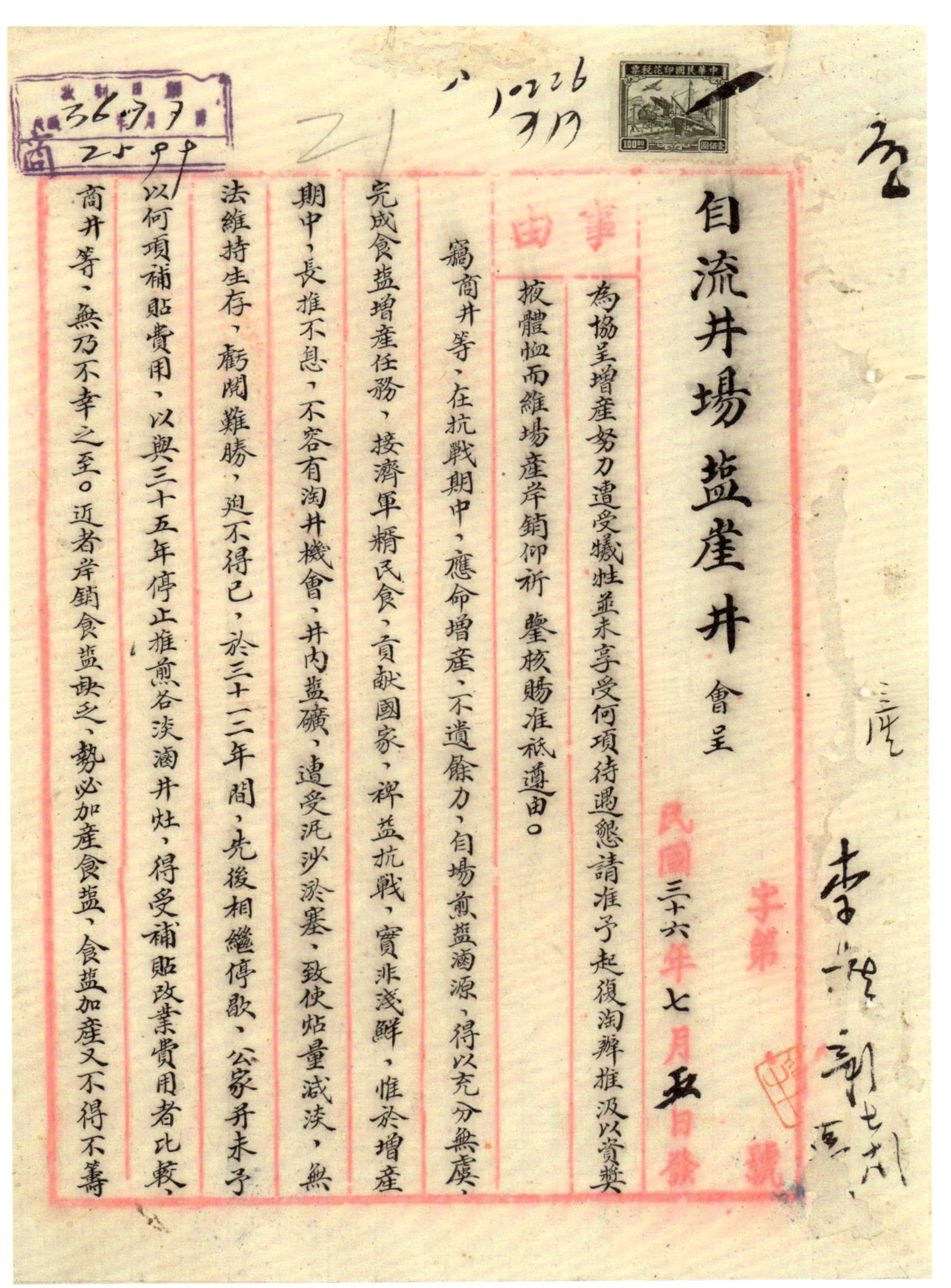

自流井場盐崖井 會呈

字第 號

民國三十六年七月五日發

事由：為協呈增產努力遭受犧牲並未享受何項待遇懇請准予起復淘辦推汲以資獎掖體恤而維場產岸銷仰祈 鑒核賜准祗遵由。

竊商井等，在抗戰期中，應命增產，不遺餘力，自場煎盐滷源，得以充分無虞，完成食盐增產任務，接濟軍糈民食，貢獻國家，裨益抗戰，實非淺鮮，惟於增產期中，長推不息，不容有淘井機會，井內盐礦，遭受泥沙淤塞，致使炶量減淡，無法維持生存，虧閼難勝，迫不得已，於三十一二年間，先後相繼停歇，公家并未予以何項補貼費用，以與三十五年停止推煎谷淡滷井灶，得受補貼改業費用者比較，商井等，無乃不幸之至。近者岸銷食盐缺乏，勢必加產食盐，食盐加產又不得不籌謀起復滷井、業經具領補貼改業費、飭令停推之滷井、奉令起復推汲、復係確鑿事實、商井等現經股東會議決議、再事集資淘辦復推、以裕產場滷源、而濟岸銷民食、再查商井等廊廠設備、完好如昔、起復淘推、既較他井成功便利、收效亦復迅速、應請

鈞局俯予核准、發給許可証、俾便興工淘辦、即使起復滷井明令公佈、尚需時日、然宜未雨籌繆、亦應請

鈞局俯賜賞准、早為之備、且商井等邀准起復淘辦推汲、實亦

鈞局對因增產努力遺受犧牲者之體恤獎掖、較之業經具領補貼改業費停推之井實有優先起復淘辦之權、謹特聯名協請

鈞局鑒核賞准、是否有當、伏候

批示祇遵。〇二

謹呈

川康鹽務管理局

自流井場鹽產湧海井股東代表牛楷文

江流井股東代表吳從周

實源井股東代表呂文祥

潤炶井股東代表周湘甫

龍湧井股東代表李漢光

利貞井股東代表顏天化

后记

本书编纂工作在《抗日战争档案汇编》编纂出版工作领导小组和编纂委员会的具体领导下进行。编者主要来自自贡市档案馆、四川轻化工大学。在编纂、修改过程中，自贡市档案馆信息技术科、保管利用科、安全保障科的相关同志参与了编纂服务工作。郑仁奎、张泉同志通过不同方式对本书编纂出版工作给予了支持和帮助，清华大学出版社对本书的编纂出版工作给予了鼎力支持，谨向上述同志和单位致以诚挚的感谢！

编 者